500만 독자 여러분께
감사드립니다!

세상이 아무리 바쁘게 돌아가더라도
책까지 아무렇게나 빨리 만들 수는 없습니다.

길벗은 독자 여러분이
가장 쉽게, 가장 빨리 배울 수 있는 책을
한 권 한 권 정성을 다해 만들겠습니다.

독자의 1초를 아껴주는
정성을 만나보세요.

미리 책을 읽고 따라해 본 2만 베타테스터 여러분과
무따기 체험단, 길벗스쿨 엄마 2% 기획단,
시나공 평가단, 토익 배틀, 대학생 기자단까지!
믿을 수 있는 책을 함께 만들어주신 독자 여러분께 감사드립니다.

엑셀 2019 매크로 & VBA 무작정 따라하기

이동숙 지음

엑셀 2019 매크로&VBA 무작정 따라하기 모든 버전 사용 가능

The Cakewalk Series - Excel 2019 Macro&VBA

초판 발행 · 2019년 8월 26일
초판 4쇄 발행 · 2023년 2월 3일

지은이 · 이동숙
발행인 · 이종원
발행처 · (주)도서출판 길벗
출판사 등록일 · 1990년 12월 24일
주소 · 서울시 마포구 월드컵로 10길 56(서교동)
대표 전화 · 02)332-0931 | **팩스** · 02)322-0586
홈페이지 · www.gilbut.co.kr | **이메일** · gilbut@gilbut.co.kr

기획 및 책임 편집 · 박슬기(sul3560@gilbut.co.kr) | **표지 디자인** · 박상희 | **본문 디자인** · 장기춘, 이도경
제작 · 이준호, 손일순, 이진혁 | **영업마케팅** · 전선하, 차명환, 박민영 | **영업관리** · 김명자 | **독자지원** · 윤정아, 최희창
편집 진행 · 안혜희북스 | **전산편집** · 예다움 | **CTP 출력 및 인쇄** · 두경 M&P | **제본** · 경문제책

ISBN 979-11-6050-878-9 03000
(길벗 도서번호 007064)

가격 25,000원

독자의 1초를 아껴주는 정성 길벗출판사

(주)도서출판 길벗 | IT교육서, IT단행본, 경제경영서, 어학&실용서, 인문교양서, 자녀교육서
www.gilbut.co.kr
길벗스쿨 | 국어학습, 수학학습, 어린이교양, 주니어 어학학습, 학습단행본
www.gilbutschool.co.kr

페이스북 · www.facebook.com/gilbutzigy
네이버 포스트 · post.naver.com/gilbutzigy

저자의 말

엑셀 2013 이후로 엑셀의 사용 환경이 많이 달라졌습니다. 회사뿐만 아니라 개인적인 업무에서도 클라우드 환경이 일반화되었고, PC에서만 동작되던 기능이 '디바이스'라고 총칭하는 다양한 기기(태블릿, 스마트폰 등)에서도 동작됩니다. 매크로를 구현하는 VBA 언어도 달라지리라 생각했지만 그대로 유지되고 있습니다.

엑셀에 빅데이터를 분석하는 파워 쿼리나 파워 피벗과 같은 다양한 기능이 지원되고 있는 상황에서 매크로의 중요성은 점점 떨어질 것이라고 생각했습니다. 하지만 필자가 현업에서 느끼는 매크로의 필요성은 점점 커지는 것 같습니다. 실무자가 다루어야 할 데이터가 더 많아지고 복잡해졌지만, 근무 시간이 줄어들고 있기 때문에 근무 환경의 개선을 위해서는 단순하고 복잡한 업무의 자동화가 필수가 되었습니다. '로보틱 프로세스 자동화(RPA)' 기술이 급상승하는 이유도 이 때문입니다. RPA를 도입할 수 있는 환경이 되지 않는 경우 엑셀 매크로는 그 무엇보다 필요한 기능입니다.

매크로가 꼭 필요한지 생각해 보세요!

이 책의 내용을 보기 전에 우선 자신이 어느 정도의 엑셀 기능과 함수를 알고 있는지 확인해 보세요. 저는 모든 사람들이 매크로를 활용할 필요는 없다고 생각합니다. 매크로는 정말 훌륭한 도구이지만, 원하는 형태로 활용하려면 어느 정도의 노력과 시간이 필요하기 때문에 처음 시작할 때 조금 답답할 수도 있습니다.

시작했다면 적어도 여기까지는 공부하세요!

여러 종류의 책과 인터넷을 통해 다양한 기능의 매크로 코드가 제공되기 때문에 이러한 기능을 쉽게 사용할 수 있습니다. 하지만 내 업무에 정확하게 일치하는 매크로 기능은 많지 않습니다. 원하는 기능으로 수정하려면 매크로의 원리와 구조를 이해하는 것이 중요합니다. 이렇게 하려면 적어도 이 책의 섹션 12까지는 공부해야 합니다.

복잡한 기능은 코드를 가져와서 사용하세요!

매크로의 기본 구조를 알고 있어도 처음부터 새로 작성하는 것은 쉽지 않습니다. 제가 실무에서 필요했던 매크로 기능을 모아 편리하게 사용할 수 있도록 섹션 15에 정리했습니다. 그러므로 전체적인 내용을 확인해 보고 필요에 따라 코드를 가져와서 사용하세요.

끝으로 수많은 책 중 이 책을 선택해 주신 독자분들께 진심으로 감사드립니다. 그리고 항상 좋은 책을 만들 수 있도록 도와주시는 길벗출판사 관계자 여러분들께 깊은 감사를 드립니다.

저자 **이동숙** 드림

'검색보다 빠르고 동료보다 친절한'
엑셀 2019 매크로&VBA 기본+업무 자동화, 이렇게 학습하세요!

활용 제안 1 일단, 『무작정』 따라해 보세요!

실제 업무에서 사용하는 핵심 기능만 쏙 뽑아 실무 예제를 중요도별로 배치하였기 때문에 **'무작정 따라하기'**만 해도 엑셀 2019 매크로&VBA 사용 능력이 향상됩니다. **'Tip'**과 **'잠깐만요'**는 예제를 따라하는 동안 주의해야 할 점과 추가 정보를 친절하게 알려줍니다. 또한 **'리뷰! 실무 예제'**로 자신의 실력을 점검해 보고 **'핵심! 실무 노트'**로 활용 능력을 업그레이드해 보세요.

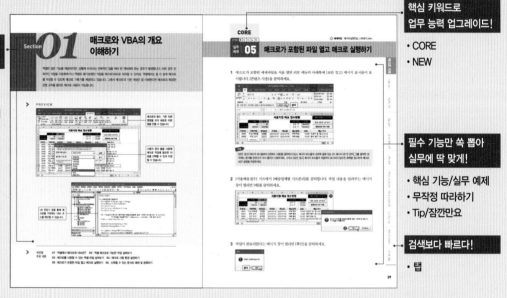

반드시 알고 넘어가야 할 주요 내용 소개!
- 학습안 제시
- 결과 미리 보기
- 섹션별 주요 기능 소개

핵심 키워드로 업무 능력 업그레이드!
- CORE
- NEW

필수 기능만 쏙 뽑아 실무에 딱 맞게!
- 핵심 기능/실무 예제
- 무작정 따라하기
- Tip/잠깐만요

검색보다 빠르다!
- 탭

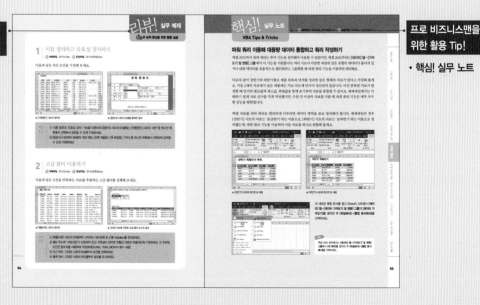

업무 능력 향상을 위한 활용 실습
- 리뷰! 실무 예제

프로 비즈니스맨을 위한 활용 Tip!
- 핵심! 실무 노트

2 자신의 『레벨에 맞는 학습법』을 찾아보세요!

엑셀 매크로&VBA를 최대한 쉽고 친절하게 알려주기 때문에 **초보 사용자**도 단기간에 **중급 사용자로 도약**할 수 있어요. **중·고급 사용자**라도 실무에서 다루는 현장감 넘치는 예제를 접할 수 있어서 업무에 필요한 기능을 바로 적용할 수 있는 **응용력**을 높일 수 있어요! 자신의 단계에 맞는 **체계적인 학습법**을 찾아보세요.

'엑셀 매크로&VBA' 사용 수준에 따른 학습 단계는?

기초 완성	핵심 기능	실무 활용
Section 01~09의 내용을 꼼꼼하게 숙지하고 매크로 작업에 필요한 기본 기능을 익힙니다.	Section 10~12는 매크로를 구성하는 VBA의 기본 구조와 사용법에 대한 내용으로, 확실하게 내용을 이해해야 다음 단계로 도약할 수 있습니다.	Section 13~15는 다양한 형태로 매크로를 활용하는 기능을 소개합니다. 이 부분까지 마스터하면 엑셀의 자동화 작업을 하는 데 큰 어려움이 없습니다.

단기간에 끝내는 맞춤 학습 계획

《엑셀 2019 매크로&VBA 무작정 따라하기》는 다른 사람의 도움 없이 혼자서도 공부할 수 있도록 예제를 최대한 친절하고 자세하게 설명하였습니다. 또한 초보자도 쉽게 볼 수 있도록 VBA 코드 한 줄마다 무슨 뜻인지 알려줄 뿐만 아니라, 그대로 베껴 쓸 수 있도록 텍스트 파일을 제공합니다. 여기에서 제시하는 학습 계획표로 따라하다 보면 단기간에 내 업무에 딱 맞는 자동화 프로그램을 완성할 수 있어요.

주	해당 섹션	주제	과제
1주	Section 01	엑셀 매크로와 VBA의 개요	리뷰! 실무 예제
2주	Section 02~03	• 매크로 학습 전에 알아야 할 엑셀 핵심 기능 • 매크로 기록기의 활용	리뷰! 실무 예제
3주	Section 04	편집기 창과 VBA 용어	리뷰! 실무 예제
4주	Section 05	엑셀 개체 사용	리뷰! 실무 예제
5주	Section 06	엑셀의 주요 속성 및 메서드 사용	리뷰! 실무 예제
6주	Section 07	VBA 문법	리뷰! 실무 예제
7주	Section 08	VBA 제어문과 반복문 작성	리뷰! 실무 예제
8주	Section 09~10	• 오류 처리문과 배열 사용 • 이벤트 프로그래밍	리뷰! 실무 예제
9주	Section 11	ActiveX 컨트롤을 사용한 자동화	리뷰! 실무 예제
10주	Section 12	사용자 정의 폼 사용	리뷰! 실무 예제
11주	Section 13	회사 실무 문서 자동화	리뷰! 실무 예제
12주	Section 14~15	• MS-Office 프로그램과 연동 • 유용한 매크로와 함수 사용	리뷰! 실무 예제

우선순위 『CORE 20』을 적극 활용하세요!

엑셀 매크로 사용자라면 필수적으로 알아야 하는 내용과 궁금해 하는 내용 20개를 정리해 보았습니다. 본문 중 가장 중요한 내용은 'CORE'라고 표시했기 때문에 이 부분은 꼭 이해하고 넘어가야 하는 내용입니다. CORE는 필자의 경험과 사용자들의 질문 등을 모아 정리한 내용이므로 해당 부분에 대한 학습은 더욱 꼼꼼하게 따라하고 응용해 보세요.

순위	키워드	간단하게 살펴보기	빠른 쪽 찾기
1 ▲	매크로 기록	VBA로 엑셀 실행 과정 기록한 후 재사용하기	p59~66
2 ▲	매크로 실행 단추	단추나 그림 클릭해 매크로가 실행하도록 연결하기	p76
3 ▲	자동 검색	자동 필터나 고급 필터 이용해 표 내용 검색하기	p72~74, p342
4 ▲	피벗 테이블	피벗 테이블 새로 고침 자동화 또는 피벗 테이블 데이터의 원본 변경하기	p160, p494
5 ▲	중복 제거	'중복된 항목 제거' 기능을 활용하거나 컬렉션 개체 이용해 중복된 내용 제거하기	p304, p418
6 ▲	엑셀 함수 사용	VBA 코드에서 엑셀 워크시트 함수 사용하기	p200
7 ▲	이름 및 표 정의	VBA 코드 사용 시 이름과 표를 활용할 때의 장점 및 사용 방법 익히기	p35~40, p146~149
8 ▲	변수 사용	입·출력 값이나 계산 값을 저장하는 메모리 공간인 변수 사용하기	p217
9 ▲	MsgBox	메시지 창을 표시하는 다양한 방법 익히기	p226
10	파일 열 때 자동 실행	파일을 열 때마다 자동으로 실행되는 매크로 작성하기	p313, p323
11	셀 변경 시 자동 실행	특정 셀의 내용을 변경하면 자동으로 실행되는 매크로 작성하기	p321
12	작업 범위 지정	효과적인 작업 범위를 지정하기 위한 중요 속성 및 개체 사용하기	p145~159
13	범위 입력받기	대화상자에서 작업 범위 지정해 셀 주소 입력받기	p231, p418
14	복사하기	복사 및 붙여넣기 방법과 선택하여 붙여넣기 사용하기	p185~189
15	여러 파일 합치기	형식이 같은 여러 파일들을 하나로 합치기	p201, p488
16	그룹별 내용 분리	하나의 표에서 특정 항목별로 내용 분리해 시트나 파일로 저장하기	p194, p552
17	차트 자동 작성	차트의 작성과 차트의 기본 서식 변경하기	p501
18	[열기] 대화상자	작업 대상 파일을 선택하기 위한 [열기] 대화상자 다루기	p494, p421
19	셀에 사진 삽입	셀에 맞게 사진 선택하여 삽입하고 서식 지정하기	p276
20	콤보 상자	드롭다운 동작으로 셀 내용을 목록으로 보면서 선택하여 입력하기	p348, p399

활용제안 4 길벗출판사 홈페이지에 무엇이든지 물어보세요!

책을 읽다 막히는 부분이 있으면 '길벗 홈페이지(www.gilbut.co.kr)' 회원으로 가입하고 '고객센터' → '1 : 1 문의' 게시판에 질문을 올리세요. 지은이와 길벗 독자지원센터에서 신속하고 친절하게 답해 드립니다.

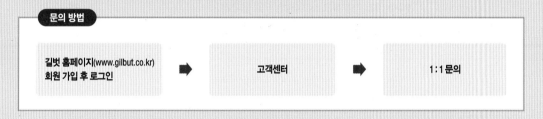

문의 방법

| 길벗 홈페이지(www.gilbut.co.kr) 회원 가입 후 로그인 | ➡ | 고객센터 | ➡ | 1:1 문의 |

해당 도서의 페이지에서도 질문을 등록할 수 있어요. 홈페이지의 검색 창에 『엑셀 2019 매크로&VBA 무작정 따라하기』를 입력해 해당 도서의 페이지로 이동하세요. 질문이 있거나 오류를 발견한 경우 퀵 메뉴의 [도서문의]를 클릭해 문의 내용을 입력해 주세요. 꼭 로그인한 상태로 문의해 주세요.

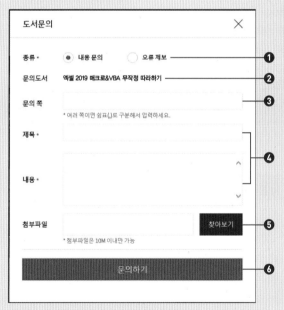

① 문의의 종류를 선택해 주세요.

② 문의할 도서가 맞는지 확인해 주세요.

③ 질문에 대한 답을 빠르게 찾을 수 있도록 해당 쪽을 기재해 주세요.

④ 문의 내용을 입력해 주세요.

⑤ 길벗 A/S 전담팀과 저자가 질문을 빠르게 파악할 수 있도록 관련 파일을 첨부해 주시면 좋아요.

⑥ 모든 내용을 입력했다면 [문의하기]를 클릭해 질문을 등록하세요.

목차

Section 04 VB 편집기 창과 VBA 용어 익히기

부록 실습 파일
사용법

길벗 홈페이지(www.gilbut.co.kr)의 검색 창에 도서명을 입력하고 [검색]을 클릭해 해당 도서 페이지의 [자료실]에서 부록 실습 파일을 다운로드 하세요. 이 책의 부록 실습 파일에는 실습을 따라할 수 있는 예제파일과 완성파일이 각 챕터의 안에 수록되어 있습니다. 부록 실습 파일의 예제파일 및 완성파일은 내 컴퓨터에 복사하여 사용할 것을 권장합니다.

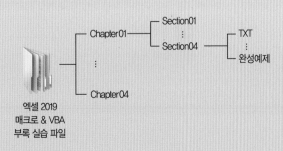

엑셀 2019
매크로 & VBA
부록 실습 파일

목차

목차

CHAPTER

4

회사 실무 문서 자동화

목차

CORE	엑셀 2019 매크로&VBA의 우선순위
NEW	이 책에 새로 추가된 기능

Section 14　MS-Office 프로그램과 연동하기

Section 15　그대로 가져와서 사용하는 함수와 매크로 활용하기

여러분도 길벗의 베타테스터에 참여해 보세요!

길벗출판사는 독자의 소리와 평가를 바탕으로 더 나은 책을 만들려고 합니다. 원고를 미리 따라해 보면서 잘못된 부분은 없는지, 더 쉬운 방법은 없는지 길벗과 함께 책을 만들어 보면서 여러분의 소중한 의견을 전달해 주세요.

참여 방법

길벗 홈페이지(www.gilbut.co.kr) 회원 가입 후 로그인하기 고객센터 – 이벤트, 설문, 모집 베타테스터 모집 공고 확인

CHAPTER 01

엑셀 자동화 기능을 위한 준비

엑셀의 수많은 기능 중에서도 매크로에 관심이 있다면 아마도 복잡하거나 반복적인 작업을 좀 더 효율적으로 작업하고 싶기 때문일 것입니다. 실제로 매크로(VBA)를 조금만 사용해도 많은 작업 과정이 단축되지만, 무조건 매크로를 사용하는 것은 매우 비효율적입니다. 엑셀에는 유용한 기능이 매우 많기 때문에 이 기능이 적절하게 작동되도록 연결하는 고리로 매크로를 사용한다면 최고의 작업 효율성을 얻을 수 있을 것입니다. 이번 챕터에서는 매크로의 개념과 매크로를 배우기 전에 반드시 알아야 할 사항을 점검해 보겠습니다.

매크로와 VBA의 개요 이해하기

엑셀은 많은 기능을 제공하지만, 상황에 따라서는 반복적인 일을 여러 번 계속해야 하는 경우가 발생합니다. 이런 경우 반복적인 작업을 자동화하거나 엑셀로 불가능했던 작업을 매크로(VBA)로 처리할 수 있어요. 엑셀에서는 좀 더 쉽게 매크로를 작성할 수 있도록 매크로 기록기를 제공하고 있습니다. 그래서 매크로의 기본 개념만 잘 이해한다면 매크로의 복잡한 문법 규칙을 몰라도 매크로 사용이 가능합니다.

> PREVIEW

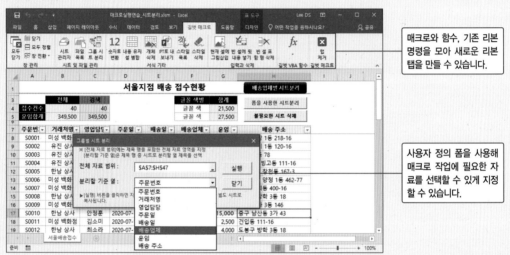

매크로와 함수, 기존 리본 명령을 모아 새로운 리본 탭을 만들 수 있습니다.

사용자 정의 폼을 사용해 매크로 작업에 필요한 자료를 선택할 수 있게 지정할 수 있습니다.

VB 편집기 창을 통해 매크로를 구현하는 VBA 코드를 확인할 수 있습니다.

핵심기능 01 엑셀에서 매크로와 VBA란?

1 | 매크로

IT 분야에서 '매크로(macro)' 기능은 여러 개의 특정 명령을 반복해서 자주 사용할 때 각각의 명령을 하나하나 사용하지 않고 바로 가기 키를 누르거나 메뉴를 선택하여 **일련의 명령 집합을 실행시키는 기능**입니다. 매크로는 엑셀에만 있는 기능이 아니라 흔글과 같은 워드프로세서와 MS-Office 제품군 등에서도 지원하는 기능입니다.

매크로 작성은 처리할 일련의 명령 순서와 조건을 특정 키 동작에 정의하는 과정입니다. 따라서 해당 프로그램의 기능 중에서 가장 효율적이고 적절한 기능과 순서를 정의하는 것이 중요합니다. **엑셀 매크로를 작성할 때 엑셀 기능을 많이 알고 있을수록 좋은 매크로를 구현할 수 있어요.** 매크로를 제외한 엑셀 사용 능력이 중·고급 이상은 되어야 이 책에서 진행하는 매크로 기록 과정을 이해하기 쉽습니다. 매크로 작성을 위해 기본적으로 알고 있어야 하는 기능은 섹션 02(34쪽)에서 정리하고 있으므로 매크로를 학습하기 전에 본인의 엑셀 사용 능력을 반드시 점검해 보세요.

2 | VBA

VBA는 'Visual Basic for Application'의 약자로, MS(Microsoft)가 MS-Office 응용 프로그램에서 매크로를 기록하는 데 사용하는 프로그래밍 언어입니다. MS에서 엑셀에 매크로 기능을 처음 제공했던 엑셀 2.0(1987년)에서는 XLM(eXceL Macro) 매크로 언어를 사용했습니다. 이 언어는 순차적으로 실행되는 함수들로 구성되어 강력한 기능을 제공했지만, 배우거나 사용하기가 어렵습니다. 그래서 좀 더 쉬운 방법을 제공하기 위해 엑셀 5.0(1993년)부터 매크로를 VBA로 작성할 수 있게 지원하고 있어요.

매크로 기능을 지원하는 응용 프로그램에서 매크로를 기록하는 방법은 각각의 응용 프로그램에 따라 다릅니다. 예를 들어 흔글에서 매크로 기능은 자바스크립트 언어로 기록하고 정의합니다. 2019년 현재 윈도우(Windows) 플랫폼을 사용하는 PC용 MS-Office 제품군인 MS-Word, MS-PowerPoint, MS-Access, MS-Outlook 등에서도 매크로를 VBA로 정의하고 사용합니다. 하지만 각 응용 프로그램마다 특징이 다르기 때문에 엑셀 VBA를 그대로 다른 응용 프로그램에서 사용할 수 없습니다. 기초적인 구조와 문법은 동일하기 때문에 엑셀 VBA를 잘 사용할 수 있다면 다른 MS-Office 응용 프로그램의 매크로 작성도 크게 어렵지 않습니다.

다음의 두 화면은 워드와 엑셀에서 1번부터 10번까지 열 줄(셀)에 입력하는 매크로의 VBA 코드입니다. For로 시작하는 구조는 비슷한 것 같지만, 줄(셀) 변경과 내용을 입력하는 방법은 워드와 엑셀이 다릅니다.

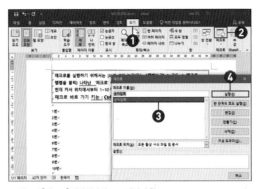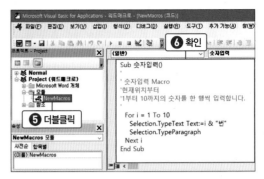

▲ 워드의 [매크로] 대화상자와 VBA 편집기 창

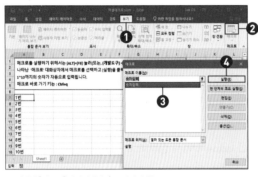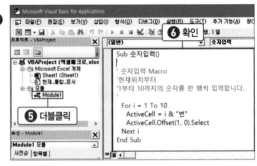

▲ 엑셀의 [매크로] 대화상자와 VBA 편집기 창

3 │ VBA와 VB

VBA는 VB(Visual Basic)를 기초로 MS-Office 매크로용으로 제작된 프로그래밍 언어입니다. VBA의 기본 문법 구조는 VB의 규칙을 따르고 각 응용 프로그램 개체가 추가된 형태로 응용 프로그램 안에서만 동작한다는 것이 특징입니다.

VB는 독립적인 프로그래밍 언어이기 때문에 VB로 작성한 프로그램은 실행 가능한 파일 형태(확장자 EXE)로 저장이 가능합니다. 하지만 **VBA로 작성한 엑셀 매크로 프로그램은 엑셀 파일에 포함되기 때문에 엑셀 파일 형태로만 존재하고 엑셀이 실행된 상태에서만 실행 가능**합니다. 그래서 엑셀 매크로도 매크로가 작성된 엑셀 파일의 버전에 따라 정상적으로 실행할 수 있어요. 하위 버전에서 작성한 매크로는 대체로 상위 버전에서 실행됩니다. 하지만 상위 버전에서만 사용하는 엑셀 기능을 사용하여 상위 버전에서 작성한 매크로는 하위 버전에서 실행이 안 될 수 있으므로 주의하세요.

잠깐만요 **스크립트 언어(scripting language)**

스크립트 언어는 일반적으로 응용 프로그램의 언어와 다른 언어로 사용되어 최종 사용자가 응용 프로그램의 동작을 사용자의 요구에 맞게 수행할 수 있도록 해 주는 언어로, 응용 프로그램과 독립적으로 사용됩니다. 대표적인 스크립트 언어에는 자바스크립트, PHP, JSP, 파이썬, VBScript 등이 있어요.

– 참고 : 위키백과(http://ko.wikipedia.org)

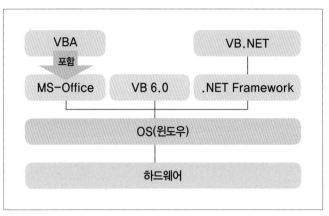

▲ VB, VBA, MS-Office와의 관계

매크로 이해

이름 정의

데이터 관리

고급 필터

데이터 영역 선택

파워 쿼리

매크로 작성&저장

매크로 수정&기록

VB 편집기 창

VBA 코드&용어

매크로 실행

4 │ VBA와 자바스크립트

오피스 2019가 출시되면서 VBA가 자바스크립트(JavaScript)나 파이선(Python)으로 대체될 수도 있다고 예측되었습니다. 왜냐하면 MS-Office 2016 이후부터 제품의 사용 환경에 따라 다른 프로그래밍 언어를 제공하기 시작했기 때문이죠. MS-Office는 2013 버전부터 구독 형태의 오피스 365와 기존 설치 방식인 MS-Office 20XX 형태로 제공되었습니다. 오피스 365를 사용하는 경우 웹 브라우저에서 앱 형태로 사용할 수 있지만, 이 경우에는 VBA로 작성한 매크로를 사용할 수 없습니다. 그러므로 웹 브라우저 환경에서 주로 사용하는 개발 언어인 자바스크립트를 사용하여 오피스 365의 자동화를 제공하고 있습니다.

자바스크립트는 대표적인 웹 프로그래밍 언어로, 구글 스프레드시트에서도 자바스크립트를 사용합니다. 그러므로 웹 브라우저 환경에서 사용하는 앱 형태의 엑셀 자동화를 구현하려면 자바스크립트를 배워야 해요. 단 이 부분은 작업 방법과 문법적인 구조가 VBA와 전혀 다르기 때문에 별도로 배워야 합니다. 기존 PC에서 운영되는 MS-Office 제품에 대한 매크로 기능은 앞으로도 오랫동안 VBA로 구현되기 때문에 지금 VBA를 배워도 20년 이상 충분히 사용할 수 있어요.

▲ 웹 브라우저에서 엑셀(Excel) 앱으로 매크로 문서를 열었을 때 오류 메시지가 표시된 경우

엑셀 매크로로 가능한 작업 살펴보기

1 | 반복적이고 복잡한 작업 자동화

엑셀에서 동일한 작업을 셀 단위로 또는 시트 단위로 반복해서 사용하는 경우가 많습니다. 한 가지 기능만 반복된다면 F4 를 이용해 마지막으로 실행한 명령이나 작업을 반복할 수 있지만, 여러 가지 작업이 반복되는 경우에는 F4 를 사용할 수 없어요.

하나의 워크시트에 정리한 배송 비용 상세 정보를 그룹별로 분리해서 저장해야 한다고 가정해 볼게 요. 우선 자동 필터를 이용해서 데이터를 필터링한 후 해당 그룹의 자료만 복사하여 다른 시트에 붙 여넣기하는 작업을 그룹 항목별로 반복해야 합니다. 즉 다음과 같이 [배송업체] 시트의 개수만큼 단 계가 반복되는 것입니다.

① 그룹 항목별로 필터링하기 **예** '국제 특송', '대륙 통운', '한일 특급' 배송 업체별로 데이터 분리
② 필터링한 자료 복사하기
③ 새 워크시트 추가하고 필터링한 자료 붙여넣기
④ 시트 이름을 필터링한 배송 업체명으로 변경하기

이런 일련의 작업을 매크로를 이용해 기록한 후 특정 단추나 키를 눌러 한 번에 매크로를 실행할 수 있습니다. 이것에 대한 자세한 작성 과정에 대해서는 552쪽을 참고하세요.

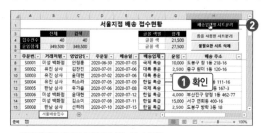

▲ 전체 내용이 하나로 표시되어 있는 초기 문서　　　　▲ 새 워크시트에 배송 업체별로 복사한 데이터

2 | 복잡한 수식을 단순하게 사용하는 새로운 함수 정의(사용자 정의 함수)

엑셀의 다양한 함수를 이용하면 웬만한 계산은 가능합니다. 그런데 너무 복잡해서 사용하기 불편한 함수식을 자주 사용해야 한다면 VBA 코드를 이용해 새로운 함수를 만든 후 해당 기능을 대체할 수 있어요. 이 경우에는 엑셀에서 불가능했던 계산식도 새로운 함수를 이용해서 가능해집니다.

사용자가 만든 함수를 '사용자 정의 함수(UDF; User Defined Function)'라고 하고 일반 함수와 같은 방법으로 사용합니다. 예를 들어 일정한 영역에서 특정한 글꼴 색으로 지정한 셀의 합계만 계

산하고 싶을 때 이것을 지원하는 함수는 없어요. 하지만 VBA를 이용하면 글꼴 색이나 배경색 등을 지정해 색이 같은 셀의 합계를 계산하는 함수를 만들 수 있습니다. 이것의 자세한 작성 과정에 대해서는 543쪽을 참고하세요.

▲ '표1'의 '운임' 항목에서 글꼴 색이 F4셀의 글꼴 색과 같은 셀의 합계 계산하기

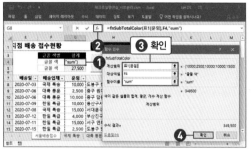

▲ [함수 인수] 대화상자에서 G4셀의 사용자 정의 함수 확인하기

3 | 엑셀 기능으로 불가능한 작업 자동화

엑셀의 '병합하고 가운데 맞춤' 기능을 통해 여러 개의 셀들을 하나의 셀로 병합하면 셀 영역 중에서 왼쪽 위의 첫 번째 셀 내용만 기억되고 다른 셀 내용은 모두 없어집니다. 만약 이런 기능이 필요하다면 201쪽의 작성 과정을 참고하여 매크로로 만들 수 있어요.

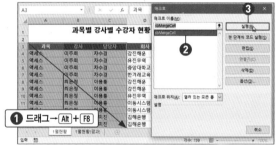

▲ 선택 영역에서 연속된 내용을 하나의 셀로 병합하는 매크로 실행하기

▲ 내용이 같은 셀들을 하나의 셀로 병합하기

4 | 엑셀 환경을 사용한 전문적인 프로그램 개발

여러 사람들이 엑셀에서 사용할 추가 기능을 개발하거나 전문적인 느낌의 엑셀 자동화 프로그램을 작성할 때 매크로(VBA)를 이용합니다. VBA 기능 중 하나인 사용자 정의 폼을 사용하면 대화상자를 통해 쉽고 친숙한 입력 화면과 조회 화면을 만들 수 있어요.

매크로를 이용하면 엑셀의 일반적인 기능과 엑셀 이외의 기능을 연결하여 자동화할 수도 있고, 리본 메뉴에 새로운 탭을 추가하여 엑셀의 명령을 실행하듯이 리본 메뉴를 클릭해 매크로를 실행할 수도 있어요. 사용자 정의 폼은 꼭 필요한 기능은 아니지만, 자동화 처리를 위해 필요한 여러 가지 정보를 실제 사용자와 대화식으로 주고받을 때 효과적인 화면을 제공합니다. 이 기능에 대해서는 231쪽을 참고하세요.

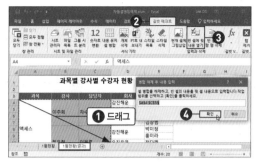

▲ 리본 메뉴에 매크로 실행 명령 추가하고 해당 명령으로 매크로 실행하기　　▲ 셀의 병합이 해제되어 자동으로 내용이 채워진 결과

5 │ 다른 프로그램과의 협업 작업 자동화

엑셀 VBA를 이용해서 엑셀의 기능만 자동화할 수 있는 것은 아닙니다. VBA를 사용하여 다른 MS-Office 제품인 파워포인트나 워드 문서를 자동으로 생성하고 제어할 수 있는데, 이 기능에 대해서는 507쪽과 511쪽을 참고하세요. 이밖에도 아웃룩을 사용한다면 메일을 자동으로 생성해서 전송할 수도 있고, 윈도우 API를 이용해 컴퓨터의 정보를 확인하거나 변경할 수도 있어요. 또한 ActiveX 컨트롤을 추가 사용한다면 인터넷 검색이나 데이터베이스 연동 등을 통해 증권거래 자동화 기능도 가능합니다.

다른 프로그램과의 협업 기능은 엑셀 뿐만 아니라 다른 응용 프로그램에 대한 지식이 필요하기 때문에 쉽게 접근하지 못한다는 단점이 있습니다. 하지만 계단을 올라가듯이 한 단계씩 VBA 기초와 자동화 작업을 실행하다 보면 어느 순간에는 다양한 형태의 자동화 작업도 가능해질 것입니다.

▲ 엑셀에서 [Word로] 단추를 클릭해 자동으로 생성된 워드 화면　　▲ 엑셀에서 [PPT로] 단추를 클릭해 자동으로 생성된 파워포인트 화면

03 # 매크로를 사용할 수 있는 엑셀 파일 살펴보기

매크로 이해

이름 정의

데이터 관리

고급 필터

데이터 영역 선택

파워 쿼리

매크로 작성&저장

매크로 수정&기록

VB 편집기 창

VBA 코드&용어

매크로 실행

1 │ 파일 확장자 표시하기

윈도우에서 파일을 더블클릭하면 파일에 기본적으로 연결된 프로그램이 자동으로 실행됩니다. 일반 적으로 파일명의 앞에 파일 종류를 표시하는 아이콘이 표시되어 어떤 종류의 파일인지 알 수 있어 요. 하지만 좀 더 정확하게 파일의 종류를 알고 싶으면 파일명 뒤에 있는 마침표(.) 다음에 기록되는 문자인 확장자(extension)를 확인해야 합니다. 확장자는 윈도우 탐색기에서 다음의 과정을 통해 표시할 수 있습니다.

윈도우 8이나 윈도우 10에서 파일 탐색기를 열고 **[보기]** 탭-**[표시/숨기기]** 그룹에서 **[파일 확장명]**에 체 크하면 파일명의 뒤에 확장자가 표시됩니다.

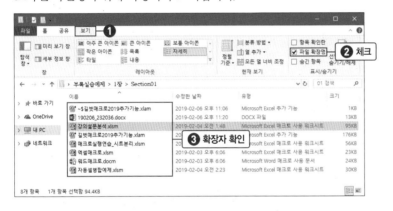

2 │ 매크로가 포함된 엑셀 파일의 종류

엑셀 2007 버전 이후부터 엑셀의 파일 확장자는 'Excel 통합 문서'를 의미하는 xlsx로 지정되었습 니다. 하지만 매크로(VBA)가 포함된 엑셀 파일의 경우에는 특별한 확장자를 이용해서 저장해야 합 니다. 왜냐하면 엑셀 매크로는 VBA를 사용하는 프로그램이기 때문에 악의적인 기능의 매크로 프 로그램이 작성되어 사용자가 모르게 실행될 수도 있기 때문이죠. 이렇게 파일 확장자를 다르게 지정 하여 매크로가 포함된 문서라는 것을 엑셀이 인지하고 사용자에게 경고하는 것입니다.

잠깐만요 **윈도우 7에서 파일 확장자 표시하기**

윈도우 7에서는 다음의 과정을 통해 파일 확장자를 표시할 수 있어요.

① 윈도우 탐색기에서 **[구성]**-**[폴더 및 검색 옵션]**을 선택합니다.
② **[폴더 옵션]** 대화상자가 열리면 **[보기]** 탭의 '고급 설정'에서 **[열려진 파일 형식의 파일 확장명 숨기기]**의 체크를 없애 고 **[확인]**을 클릭하세요.

다음은 엑셀의 대표적인 파일 형식을 정리한 표입니다.

형식	아이콘 모양	확장자	기능
Excel 통합 문서		xlsx	• 엑셀 2007 이후 기본 엑셀 파일 형식으로, XML을 기반으로 함 • 매크로(VBA) 저장 불가
Excel 매크로 사용 통합 문서		xlsm	**매크로(VBA) 저장 가능**
Excel 바이너리 통합 문서		xlsb	• 바이너리(이진 파일) 형식으로 저장 • **매크로(VBA) 저장 가능** • 대용량 파일 처리 시 속도와 파일 크기를 줄일 수 있음
Excel 매크로 사용 서식 파일		xltm	**매크로(VBA) 저장 가능한 서식 파일 형식**
Excel 추가 기능		xlam	**매크로(VBA) 저장 가능한 추가 기능(Add-in) 파일 형식**
Excel 97 – 2003 통합 문서		xls	• 엑셀 2003 이전의 파일 형식 • 매크로(VBA) 저장 가능

Tip

바이너리 파일은 2진수로 이루어진 파일로, 엑셀 2003 이전 버전의 기본 저장 파일 형식입니다. XML 파일 형식으로 저장되는 엑셀 2007 이상 파일 버전의 경우 파일명의 확장자를 zip으로 변경하면 여러 개의 XML 파일과 폴더가 압축된 형태로 구성됩니다.

잠깐만요 **엑셀의 탄생 이야기**

엑셀과 같은 표 계산을 위한 프로그램을 '스프레드시트(spread sheet)'라고 합니다. 개인용 스프레드시트는 1978년 하버드대학교의 경영대학원 학생이었던 댄 브릭클린(Dan Bricklin)이 창조한 비지칼크(VisiCalc)를 시작으로 출발했습니다. 비지칼크는 애플Ⅱ에서 동작하는 최초의 PC용 스프레드시트로, 기능은 매우 간단했죠.

비지칼크 다음으로 큰 성공을 거둔 스프레드시트는 1983년 미치 카프(Mitch Kapor)가 이끄는 팀이 만든 로터스(Lotus) 1-2-3입니다. 기존의 비지칼크는 계산 기능만 제공했지만, 로터스 1-2-3는 차트 작성과 데이터베이스 기능이 포함되었습니다. 로터스 1-2-3의 성공을 계기로 1982년 MS는 '멀티플랜(MultiPlan)'이라는 자체적인 스프레드시트를 개발했습니다. MS-DOS 기반 시스템에서 작동하도록 개발된 멀티플랜은 로터스 1-2-3보다 더욱 크게 성공했고, 1985년에는 '엑셀(Excel)'이라는 이름으로 바뀌면서 처음으로 그래픽 인터페이스가 포함되었습니다. 엑셀은 1984년에 처음 생산될 때는 애플 맥에서만 사용할 수 있었지만, MS가 윈도우 운영체제를 안정화한 후인 1987년에 '엑셀 2.0'이라고 부르는 엑셀의 윈도우용 첫 번째 버전이 생산되었습니다. 이후 1989년 말에 엑셀 3.0 버전이 나오면서 널리 사용되었고 MS의 주력 제품이 되었습니다. 엑셀의 매크로 기능은 엑셀 5.0에 VBA가 포함되면서부터 더욱 활성화되어 현재에 이르고 있습니다.

매크로 사용 환경 설정하기

매크로(VBA)가 포함된 통합 문서를 열 때 매크로를 포함해서 열어야 정상적인 작동이 가능합니다. 엑셀 환경이 기본 설정 상태이면 매크로를 차단하기 때문에 사용 가능한 환경으로 설정해야 해요. 이때 매크로 관리를 도와주는 리본 메뉴에 **[개발 도구] 탭**도 표시해야 매크로를 편리하게 작업할 수 있어요.

리본 메뉴에 [개발 도구] 탭 표시하기

1 [파일] 탭-[옵션]을 선택하세요.

2 [Excel 옵션] 창이 열리면 [리본 사용자 지정] 범주를 선택하고 '리본 메뉴 사용자 지정'에서 [개발 도구]에 체크한 후 [확인]을 클릭하세요.

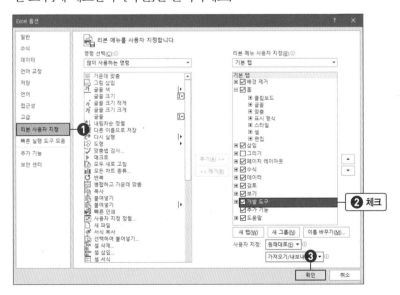

27

3 리본 메뉴의 오른쪽에 [개발 도구] 탭이 추가되었는지 확인해 보세요.

매크로 보안 설정 변경하기

4 [개발 도구] 탭-[코드] 그룹에서 [매크로 보안]을 클릭하세요.

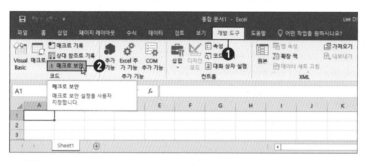

> **Tip**
>
> [개발 도구] 탭-[코드] 그룹에서 [매크로 보안]을 클릭하는 대신 [Excel 옵션] 창에서 [보안 센터] 범주를 선택하고 'Microsoft Excel 보안 센터'의 [보안 센터 설정]을 클릭해도 됩니다.

5 [보안 센터] 창이 열리면 [매크로 설정] 범주를 선택하고 '매크로 설정'에서 [모든 매크로 제외(알림 표시)]를 선택한 후 [확인]을 클릭하세요.

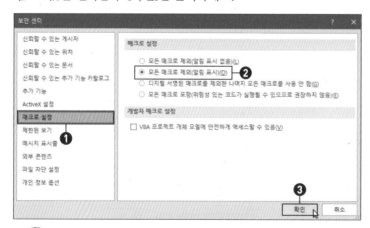

> **Tip**
>
> 매크로를 정상적으로 사용하려면 [보안 센터] 창의 [매크로 설정] 범주에서 '매크로 설정'의 [모든 매크로 제외(알림 표시)]나 [모든 매크로 포함(위험성 있는 코드가 실행할 수 있으므로 권장하지 않음)]을 선택하세요. [모든 매크로 포함(알림 표시)]을 선택하면 매크로(VBA)가 포함된 문서를 열 때 리본 메뉴의 아래쪽에 나타나는 [보안 경고] 메시지 표시줄이 표시되지 않고 무조건 매크로가 포함되어 열립니다.

난이도 1 2 3 4 5

매크로가 포함된 파일 열고 매크로 실행하기

예제파일 : 매크로실행연습_시트분리.xlsm

1 매크로가 포함된 예제파일을 처음 열면 리본 메뉴의 아래쪽에 [보안 경고] 메시지 표시줄이 표시됩니다. [콘텐츠 사용]을 클릭하세요.

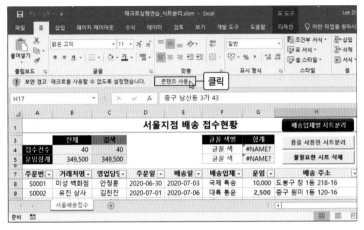

> **Tip**
>
> [보안 경고] 메시지 표시줄에서 [콘텐츠 사용]을 클릭하지 않고, 메시지 표시줄의 오른쪽 끝에 있는 [이 메시지 닫기] 단추(×)를 클릭한 경우에는 문서를 닫았다가 다시 열어서 사용하세요. 그리고 [보안 경고] 메시지 표시줄이 처음부터 표시되지 않으면 28쪽을 참고하여 매크로 보안 설정을 변경하세요.

2 [서울배송접수] 시트에서 [배송업체별 시트분리]를 클릭합니다. 작업 내용을 알려주는 메시지 창이 열리면 [예]를 클릭하세요.

3 작업이 완료되었다는 메시지 창이 열리면 [확인]을 클릭하세요.

4 매크로가 실행되면서 [서울배송접수] 시트의 내용이 F열의 배송 업체에 따라 [국제 특송] 시트, [대륙 통운] 시트, [한일 특급] 시트로 분리되어 복사됩니다. [대륙 통운] 시트를 클릭하여 '대륙 통운'의 주문 배송 자료만 필터링되었는지 확인하고 [닫기] 단추(☒)를 클릭하여 예제파일을 저장하지 않고 닫으세요.

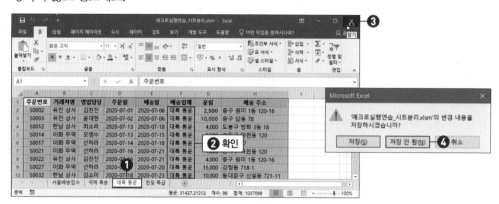

5 매크로가 포함된 예제파일을 다시 열면 [보안 경고] 메시지 표시줄이 표시되지 않고 곧바로 열려서 매크로 사용이 가능합니다. 왜냐하면 엑셀 2010 이후 버전에서 신뢰할 수 있는 문서로 등록되었기 때문입니다.

[보안 경고] 메시지 표시줄 삭제 확인

잠깐만요 **매크로 실행이 안 되는 경우의 처리 방법 살펴보기**

매크로를 실행할 때 다음과 같은 메시지 창이 열리면 매크로가 포함되지 않은 상태입니다. 이 경우에는 [확인]을 클릭한 후 해당 파일을 닫았다가 다시 열고 29쪽의 **1** 과정처럼 [보안 경고] 메시지 표시줄에서 [콘텐츠 사용]을 클릭하세요.

> Microsoft Excel
>
> ⚠ '매크로실행연습_시트분리.xlsm!배송업체별그룹분리' 매크로를 실행할 수 없습니다. 이 통합 문서에서 사용할 수 없는 매크로이거나 모든 매크로를 사용하지 못할 수 있습니다.
>
> 확인 ─ 클릭

핵심 기능 06 신뢰할 수 있는 문서로 해제 및 등록하기

'신뢰할 수 있는 문서'의 등록 해제하기

엑셀 2010 이상부터는 매크로가 포함된 파일을 열면 [보안 경고] 메시지 표시줄이 나타납니다. 여기서 [콘텐츠 사용]을 클릭하면 '신뢰할 수 있는 문서'로 자동 등록되어 이후 해당 문서를 열 때는 [보안 경고] 메시지 표시줄이 나타나지 않고 곧바로 매크로가 포함되어 열립니다. 만약 다시 [보안 경고] 메시지 표시줄을 표시하려면 다음과 같이 '신뢰할 수 있는 문서'의 등록을 해제해야 합니다.

1 [파일] 탭-[옵션]을 선택해 [Excel 옵션] 창을 열고 [보안 센터] 범주에서 [보안 센터 설정]을 클릭합니다.

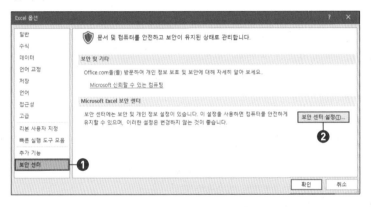

2 [보안 센터] 창이 열리면 [신뢰할 수 있는 문서] 범주에서 [지우기]를 클릭합니다. 신뢰할 수 있는 문서 목록을 지워서 더 이상 신뢰하지 않도록 하겠냐고 묻는 메시지 창이 열리면 [예]를 클릭합니다. [보안 센터] 창으로 되돌아오면 [확인]을 클릭하고 [Excel 옵션] 창에서도 [확인]을 클릭한 후 예제파일을 저장하지 않고 닫으세요.

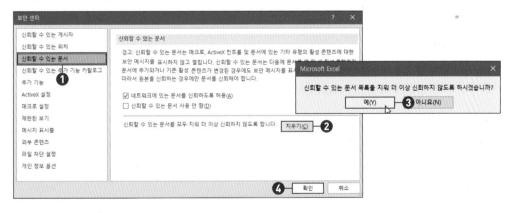

3 29쪽에서 열었던 예제파일을 다시 열고 [보안 경고] 메시지 표시줄이 나타나는지 확인해 보세요.

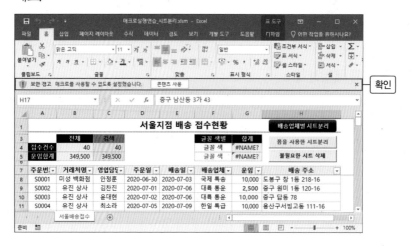

특정 폴더에 저장된 파일들을 모두 신뢰할 수 있는 문서로 등록하기

파일 단위로 신뢰할 수 있는 문서를 등록할 수 있지만, 특정 폴더에 저장하면 자동으로 신뢰할 수 있는 문서로 등록할 수 있어요. [보안 센터] 창의 [신뢰할 수 있는 위치] 범주에서 [새 위치 추가]를 클릭하여 해당 폴더를 지정하면 됩니다.

1 | 매크로와 VBA의 개념 정확하게 이해하기

정답파일 : 01-Ex1(풀이).xlsx

다음 질문에 답해 보세요.

① '매크로(macro)'와 'VBA'에 대해 설명해 보세요.
② 리본 메뉴의 [개발 도구]는 어떻게 표시하나요?
③ 매크로를 작성한 후 저장하려면 어떤 파일 형식을 사용하나요?
④ '신뢰할 수 있는 문서'는 어떤 문서이고 신뢰할 수 있는 문서로 등록된 내용은 어떻게 지우나요?
⑤ 매크로를 실행했을 때 다음과 같은 메시지 창이 열리면 가장 먼저 무엇을 확인해야 하나요?

2 | 엑셀 매크로로 가능한 작업 판단하기

정답파일 : 01-Ex2(풀이).xlsx

다음 중 엑셀 매크로를 이용해서 자동화 작업할 때 현재 작업에 비해 효율성이 높아진다고 생각되는 작업을 선택하고 이유를 설명해 보세요.

① 매주 같은 형식으로 보고되는 판매현황 보고서를 하나로 취합하는 작업
② 현재 데이터에서 중복된 자료를 제거하고 하나의 데이터만 남기는 작업
③ 분기별로 공공 DB에서 다운로드한 1개의 파일 내용을 가공하여 피벗 테이블로 작성하는 작업
④ 제품번호별로 정리된 제품 상세 정보 목록에서 제품번호를 선택하면 자동으로 제품 상세 정보 출력 보고서가 완성되는 작업
⑤ 일자별로 정리되어 있는 매출 자료에서 특정 연도만 선택하면 해당 연도의 월별 매출이 막대 차트로 작성되는 작업

Section 02 매크로에 필요한 엑셀의 핵심 기능 살펴보기

엑셀에서는 기초 데이터를 먼저 정리한 후 그 자료를 바탕으로 계산이나 검색 등의 작업을 하는 경우가 많습니다. 그래서 자료를 효율적으로 등록해 놓은 것이 가장 중요합니다. 매크로를 이용한 자동화 기능을 이용할 때도 기초적인 자료의 정리가 가장 중요하죠. 이번 섹션에서는 기초 자료를 엑셀에 입력할 때 어떤 형태로 관리해야 가장 효과적으로 엑셀 문서를 완성할 수 있는지 살펴보겠습니다.

PREVIEW

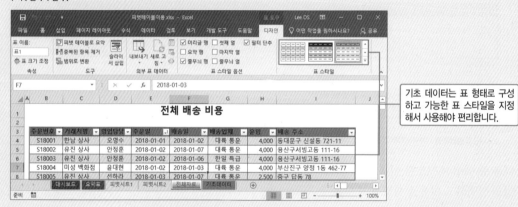

기초 데이터는 표 형태로 구성하고 가능한 표 스타일을 지정해서 사용해야 편리합니다.

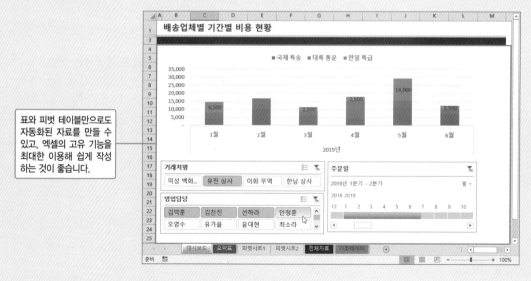

표와 피벗 테이블만으로도 자동화된 자료를 만들 수 있고, 엑셀의 고유 기능을 최대한 이용해 쉽게 작성하는 것이 좋습니다.

예제파일 : 이름정의.xlsx

셀 이름 정의하고 활용하기

1 | 이름 정의 이해하기

엑셀에서 특정 셀 영역을 셀 주소(예 $A$1, $A$1:$A$10) 형태로 지정하지 않고 '전화번호', '번호' 등과 같이 쉽게 알 수 있게 이름을 부여하는 것을 '**이름 정의**'라고 합니다. 이름 정의는 셀 참조, 상수, 수식, 표 등에 지정할 수 있어요. 복잡한 수식을 작성하거나 조건부 서식, 고급 필터, 데이터 유효성 검사 기능 등을 지정할 때 정의한 이름을 사용하면 일일이 셀 주소를 입력할 필요가 없어서 편리하고 이해하기도 쉽습니다.

셀 영역에 이름을 정의하면 셀 주소는 절대 참조 형태가 됩니다. 예를 들어 [Sheet1] 시트의 B4:E10 범위를 '급여'로 이름 정의한 경우 '급여'라는 이름은 'Sheet1!$B$4:$E$10' 형식으로 참조됩니다.

이름 정의의 형태

다음은 이름을 이용해서 수식을 작성한 예입니다.

셀 또는 값	정의된 이름	이름 사용 수식 예	설명
[급여대장] 시트의 E6:E12	기본급	=SUM(기본급)	'=SUM(급여대장!$E$6:$E$12)'와 같은 결과
1250.25	환율	=100*환율	'=100*1250.25'와 같은 결과

다음은 '직위' 항목을 편리하게 입력하기 위해 '데이터 유효성 검사' 기능의 목록을 '직급목록'이라는 이름을 사용해서 지정한 예입니다. '직급목록' 이름은 [기초정보] 시트의 D3:D11 범위를 의미합니다. 즉 '=직급목록'은 '=기초정보!$D$3:$D$11'과 같은 의미입니다.

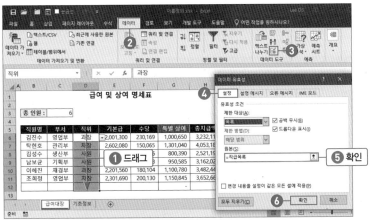

▲ [데이터 유효성] 대화상자에서 정의된 이름 확인하기

매크로 이해

이름 정의

데이터 관리

고급 필터

데이터 영역 선택

파워 쿼리

매크로 작성&저장

매크로 수정&기록

VB 편집기 창

VBA 코드&용어

매크로 실행

2 │ 이름을 정의하는 다양한 방법

이름을 정의할 때는 다음 중 편리한 방법을 이용하면 됩니다.

방법 1 이름 상자 이용하기

특정 셀 영역을 선택하고 수식 입력줄의 왼쪽에 있는 이름 상자에 이름을 입력한 후 Enter 를 누르세요.

> **Tip**
> 이름 상자에 이미 정의된 이름을 입력하는 경우에는 새로운 이름이 정의되는 것이 아니라 이름 정의된 영역이 선택됩니다.

▲ C3셀에 '총인원'이라는 이름 정의하기

방법 2 이름 정의 이용하기

특정 셀 영역을 선택하고 [수식] 탭-[정의된 이름] 그룹에서 [이름 정의]를 클릭하세요. 상수나 수식을 이름으로 정의할 때는 [새 이름] 대화상자에 이름과 참조 대상을 직접 입력하면 됩니다.

▲ [새 이름] 대화상자에서 상수 '50%'를 '상여금요율'이라는 이름으로 정의하기

방법 3 열/행 단위 이용하기

특정 셀 영역을 선택하고 [수식] 탭-[정의된 이름] 그룹에서 [선택 영역에서 만들기]를 클릭하세요. [선택 영역에서 이름 만들기] 대화상자가 열리면 이름 항목으로 지정할 행/열 기준에 체크하고 [확인]을 클릭하세요.

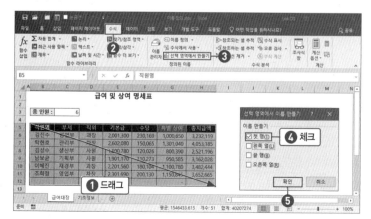

3 │ 이름을 정의할 때의 규칙

이름을 정의할 때는 다음과 같은 규칙을 지키면서 정확하게 지정해야 문제가 없습니다.

① 이름의 첫 번째 문자는 문자나 밑줄(_)로 시작하고 나머지 문자는 문자, 숫자, 마침표 및 밑줄을 사용하여 공백 없이 지정합니다.

② 이름은 'A$100' 또는 'R1C1'과 같이 셀 참조 이름과 같은 형태로 지정할 수 없습니다.

③ 최대 255문자로 지정합니다.

④ 영문자의 대소문자를 구별하지 않습니다.

⑤ 'C', 'AB'와 같은 열 이름이나 SUM, AVERAGE와 같은 함수명은 사용하지 않습니다.

4 │ 이름 관리 방법

[수식] 탭-[정의된 이름] 그룹에서 [이름 관리자]를 선택하여 [이름 관리자] 대화상자를 열고 워크시트에 정의된 모든 이름과 표 이름을 관리할 수 있어요. 오류가 발생한 이름을 찾아볼 수도 있고, 이름 목록을 정렬하거나 필터링하여 한 곳에서 쉽게 이름을 추가 및 변경, 삭제할 수도 있습니다.

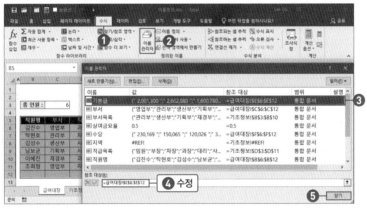

▲ [이름 관리자] 대화상자에서 이름 정의한 [기본급]의 참조 범위 확인하고 수정하기

잠깐만요 **표 크기 조절 핸들로 표의 크기 직접 조절하기**

표 크기 조절 핸들을 이용해 드래그하면 표의 크기를 직접 조절할 수 있어요. 표 크기 조절 핸들이 있는 셀에서 Tab 을 누르면 한 행씩 표가 증가합니다. 만약 Tab 을 눌렀을 때 표가 증가하지 않고 오른쪽 셀이 선택되면 [자동 고침] 설정이 선택되지 않았기 때문입니다. 이 경우에는 [파일] 탭-[옵션]을 선택하여 [Excel 옵션] 대화상자를 열고 [언어 교정] 범주에서 [자동 고침 옵션]을 클릭하세요. [자동 고침] 대화상자가 열리면 [입력할 때 자동 서식] 탭에서 [표에 새 행 및 열 포함]에 체크하고 [확인]을 클릭하세요.

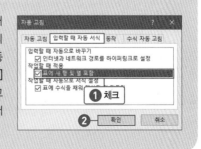

핵심 기능 | 02   표 정의하고 활용하기

1 | 표로 정의하는 이유

엑셀 2007 이상부터는 표(table) 기능이 추가되었습니다. 일정한 형식을 갖춘 데이터를 표로 정의하면 데이터를 효과적으로 관리 및 분석할 수 있고, 엑셀에서 기본적으로 제공되는 필터링, 정렬, 표 서식, 요약 등의 기능을 활용할 수 있어요. 특히 **자료가 계속 늘어나는 경우 이름으로 정의한 영역의 아래쪽 내용은 자동으로 증감되지 않지만, 표로 정의한 영역은 동적으로 자료 범위가 변경됩니다.** 그래서 데이터를 관리하는 매크로 작업에서 표 정의를 사용하면 매크로 코드를 간략하게 지정할 수 있어요.

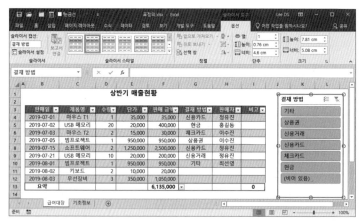

▲ 표로 정의하고 슬라이서와 '요약' 행 추가하기

표 정의를 사용하면 표를 사용할 때 다음과 같은 작업은 불가능합니다.

① **셀 병합** : 표 안에서 여러 셀들은 병합하지 못합니다.
② **부분합 처리** : 부분합 기능을 사용할 수 없습니다.
③ **파일 공유** : 표로 정의한 자료가 있으면 **[검토] 탭-[보호] 그룹**에서 **[통합 문서 공유]**를 사용할 수 없습니다.

2 | 표로 정의하는 방법

자료를 표로 정의하려면 우선 영역의 첫 행을 열 제목(필드명)으로 사용할 수 있어야 하고 병합된 셀이 없어야 합니다.

① 표에 포함될 셀 영역을 선택합니다. 이때 제목(필드)으로 사용할 행을 첫 행으로 지정해야 합니다.
② **[삽입] 탭-[표] 그룹**에서 **[표]**를 클릭하여 [표 만들기] 대화상자를 열고 [확인]을 클릭하세요.

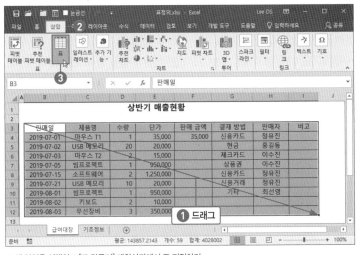

▲ 셀 영역을 선택하고 [표 만들기] 대화상자에서 표 지정하기

표 이름과 서식은 다음과 같은 규칙을 고려해서 지정해야 합니다.

① 표 이름은 이름 정의 규칙에 맞게 지정합니다(37쪽 참고).

② 표로 정의된 영역 안의 셀을 선택하고 [표 도구]의 **[디자인] 탭-[속성] 그룹**에서 '표 이름'의 입력 상자에 표 이름을 입력하여 지정합니다.

③ [표 도구]의 [디자인] 탭에 있는 명령을 이용해서 표 스타일을 변경하고 슬라이서 삽입 및 요약 행 등을 표시할 수 있습니다.

④ 표 기능을 해제할 때는 [표 도구]의 **[디자인] 탭-[도구] 그룹**에서 **[범위로 변환]**을 클릭합니다.

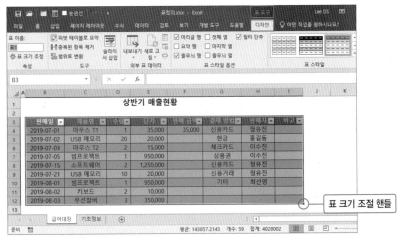

▲ 표 안에 셀 포인터를 올려놓아 리본 메뉴에 [표 도구]의 [디자인] 탭이 표시된 경우

3 | 표 정의된 영역에서 열 및 셀을 지정하는 방법(구조적 참조)

표로 정의한 데이터 영역의 각 열에는 자동으로 이름이 지정됩니다. 표 안의 열, 행, 셀 단위를 참조하는 수식을 작성할 때 자동으로 지정된 이름이 '표 이름[열 이름]' 또는 '표 이름[@[열 이름]]' 형식으로 표시되는데, 이것을 '표의 구조적 참조'라고 합니다.

이러한 방법은 이름을 정의해서 사용하는 것보다 구조적이고 동적이기 때문에 대량의 데이터를 관리하는 매크로를 작업할 때 편리하게 수식을 지정할 수 있어요. 예를 들어 표로 정의된 영역 안에서 같은 행의 다른 열을 참조하는 수식을 작성한 경우 '=[@수량]*[@단가]' 형식으로 수식이 작성됩니다.

▲ 표로 정의된 영역에서 판매금액을 '=[@수량]*[@단가]' 형식으로 계산하기

위의 화면에서 정의된 표의 이름을 '표1'이라고 가정하면 구조적 참조 수식을 통해 다음과 같이 계산됩니다.

식 작성 위치	수식	참조 범위 설명
표의 내부	=[@수량]*[@단가]	같은 행의 '수량' 열과 '단가' 열의 곱
	=COUNTA(표1[@[판매일]:[판매자]])	• 같은 행의 '판매일' 열부터 '판매자' 열까지 영역에서 비어있지 않는 자료의 개수
	=IF([@[결재 방법]]="신용거래","확인"," ")	• 같은 행의 [결재 방법]이 '신용거래'인 경우 '확인' 표시 • 첫 행(머리글)에 공백이나 특수 문자가 있으면 대괄호로 한 번 더 묶어서 표시
표의 외부 (정규화된 표현)	=COUNTA(표1)	첫 행(머리글)을 제외한 전체 표 영역 참조
	=COUNTA(표1[#모두])	첫 행(머리글)을 포함한 전체 표 영역 참조
	=COUNTA(표1[#머리글])	첫 행(머리글) 영역만 참조
	=COUNTA(표1[판매일])	첫 행을 제외한 '판매일' 영역 참조
	=COUNTA(표1[[#모두],[판매일]])	첫 행을 포함한 '판매일' 영역 참조
	=COUNTA(표1[[#머리글],[판매일]])	'판매일' 열의 첫 셀만 참조
	=COUNTA(표1[[판매일]:[제품명]])	첫 행을 제외한 '판매일' 열부터 '제품명' 열 영역 참조

Tip

매크로(VBA)에서는 표를 구조적으로 참조할 때 [#모두]는 [#ALL]로, [#머리글]은 [#HEADER]로 표시됩니다.

핵심 기능 **03** 데이터 관리할 때의 주의 사항 살펴보기

매크로 이해

이름 정의

데이터 관리

고급 필터

데이터 영역 선택

파워 쿼리

매크로 작성&저장

매크로 수정&기록

VB 편집기 창

VBA 코드&용어

매크로 실행

엑셀의 다양한 기능 중에서도 데이터 관리 기능을 자동화하는 작업을 할 때 매크로가 자주 사용됩니다. 예를 들어 좀 더 편리하게 필터링하거나, 여러 개로 분리된 데이터를 하나로 취합하거나, 중복된 자료를 제거할 때 데이터 관리 기능을 이용한 자동화 기능을 많이 활용합니다. **효율적으로 데이터를 관리하려면 최초의 자료를 작업이 편리한 형태로 작성하는 것이 좋습니다.** 최초의 자료를 입력하거나 모양을 만드는 과정에 참여할 수 있다면 다음과 같은 데이터 관리 기본 규칙을 꼭 지켜서 작성해야 합니다.

1 | 첫 행에는 제목을, 그 아래쪽 행에는 관련 데이터 입력하기

정렬, 필터, 피벗 테이블, 통합, 중복과 같은 대부분의 엑셀 기능은 위쪽에서 아래쪽 방향으로 작성된 데이터를 기준으로 처리됩니다. 따라서 새로운 자료를 입력하는 양식을 작성할 때 첫 행에는 제목(필드명)을 입력하고 그 아래쪽으로 관련 내용을 순차적으로 입력하세요.

판매일	제품명	수량	단가	판매 금액	결제 방법	판매자	비고
2019-07-01	마우스 T1	1	35,000	35,000	신용카드	정유진	
2019-07-02	USB 메모리	20	20,000		현금	홍길동	
2019-07-03	마우스 T2	2	15,000		체크카드	이수진	
2019-07-05	빔프로젝트	1	950,000		상품권	이수진	
2019-07-15	소프트웨어	2	1,250,000		신용카드	정유진	
2019-07-21	USB 메모리	10	20,000		신용거래	정유진	
2019-08-01	빔프로젝트	1	950,000		기타	최선영	
2019-08-02	키보드	2	10,000				
2019-08-03	무선장비	3	350,000				

상반기 매출현황
(단위: 원)

① 클릭 → Alt + ↓

결제 방법
기타
상품권
신용거래
신용카드
체크카드
현금 ②

표형태로 작성 | 표구분은 빈 행,열 | 유효성검사를 위한 기초정... | 역정보 | 한 열에는 같은 데이...

준비

▲ G11셀에서 Alt + ↓를 눌러 해당 열에 입력된 자료 목록을 자동으로 표시하기

2 | 표와 표는 완전히 빈 행과 빈 열로 구분하기

완전히 빈 행이나 빈 열이 있어야 하나의 표를 다른 데이터와 분리할 수 있어요. 다음의 화면에서 표 형태를 보면 B3:I12 범위가 하나의 표입니다. 하지만 완전한 빈 행이 없기 때문에 B3:I12 범위에 있는 하나의 셀에서 Ctrl + A를 누르면 B3:I12 범위만 선택되는 것이 아니라 연속된 B1:I12 범위가 모두 선택됩니다. 매크로를 사용할 때 사용 범위는 동적으로 지정하는 경우가 많기 때문에 완전히 빈 행이나 빈 열을 두어서 연관성 있는 자료의 범위를 한 번에 쉽게 지정하는 습관을 가져야 합니다.

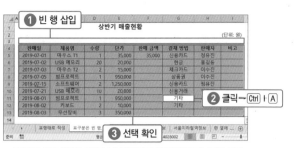

▲ G11셀에서 Ctrl + A 누르기 | ▲ 3행에 빈 행을 삽입해 제목과 표를 분리하고 G11셀에서 Ctrl + A 누르기

3 │ 가급적 셀 병합하지 않기

셀 병합된 경우 피벗 테이블이나 표 등을 포함하는 여러 가지 엑셀의 데이터 관리 기능을 사용할 수 없습니다. 그러므로 최종 결과물이 아니라 데이터를 입력 및 관리하는 용도의 표이면 셀을 병합하지 않고 작성하는 것이 좋습니다.

4 │ 데이터의 종류를 구분해서 입력하기

셀에 입력된 데이터에 따라 처리 방법이 달라지기 때문에 어떤 형태로 입력할지 결정해야 합니다. 인터넷이나 오라클 등과 같은 데이터베이스로부터 자료를 다운로드했으면 숫자가 모두 텍스트로 전달되는 경우가 많은데, 이때 숫자와 숫자로 구성된 텍스트는 계산 방법이 다릅니다.

다음의 화면은 '서울시 열린 데이터 광장(http://data.seoul.go.kr)'에서 다운로드한 '서울특별시 노선별 지하철역 정보' 자료입니다. 자료를 그대로 다운로드한 후 [표1]을 대상으로 COUNTA 함수와 INDEX 함수를 이용하여 지하철 노선을 검색하는 함수식을 입력했는데, 같은 함수식을 사용한 H11셀과 H14셀의 결과가 다릅니다. 왜냐하면 E열에 있는 '외부코드' 항목의 전철역 외부 코드가 숫자로 보이지만, 실제로는 텍스트 형식으로 입력되었기 때문이죠. 따라서 사용자가 외부 코드를 입력할 때 『751』이 아니라 작은따옴표(')를 이용해서 『'751』과 같이 입력해야 합니다. 그래서 텍스트로 입력한 G14셀을 참조하는 H14셀의 결과값만 정상 처리되었습니다.

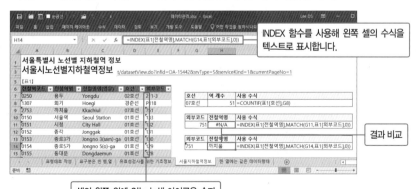

5 | 같은 필드(열)에는 같은 종류의 자료만 입력하기

엑셀은 셀에 입력하는 자료의 종류를 텍스트, 숫자, 날짜, 수식 등으로 구분합니다. 합계와 같은 수치적인 계산이 필요한 경우에는 숫자 데이터로, 기간 계산이 필요한 경우에는 날짜 데이터로 분리해서 입력해야 합니다. 같은 종류의 데이터라면 셀 서식도 일정하게 지정하여 자료를 정확하게 처리하는 것이 좋습니다.

다음 화면의 표에서 B5:B7 범위의 '출시일' 항목에는 일정한 셀 서식이 적용되지 않았기 때문에 날짜의 형식이 다르게 보입니다. B7셀의 경우에는 날짜가 아닌 텍스트 『7월 1일』을 입력할 수 있지만, 이렇게 텍스트로 입력하면 날짜 간의 기간을 계산할 때 G7셀처럼 오류가 발생할 수 있습니다. 또한 E5:E7 범위의 '마진율' 항목에도 일정한 서식을 지정하지 않으면 결과값이 정확하지 않을 수 있어요.

출시일	제품명	원가	마진율	판매가	출시 경과일
07월 01일	마우스 T1	35,000	20%	₩ 42,000	62
2019-07-01	USB 메모리	20,000	0.5	₩ 30,000	62
7월 1일	마우스 T2	15,000	원가의 130%	#VALUE!	#VALUE!

▲ '출시일'과 '마진율'의 입력 방법에 따라 '판매가'와 '출시 경과일'에 오류가 발생한 경우

6 | 적절하게 피벗 테이블 이용하기

1천 건 이하의 자료이면 다중 조건 체크 함수(SUMIFS 함수, AVERAGEIFS 함수 등)나 찾기 함수(VLOOKUP 함수 등), 배열 수식(SUMPRODUCT 함수 포함)의 계산 속도는 크게 차이가 느껴지지 않습니다. 하지만 자료가 많고 수식이 복잡할수록 재계산 시간은 길어집니다. 파일 크기가 작아도 배열 수식과 같은 복잡한 수식이 많이 작성되었으면 파일을 열 때나 셀 내용이 변경되어 재계산될 때 시간이 많이 걸립니다. 이 경우 피벗 테이블과 GETPIVOTDATA 함수를 적절하게 이용하면 작업 시간이 단축될 뿐만 아니라 작업 효율성도 높아집니다. 새로운 데이터를 추가할 때 피벗 테이블을 다시 수정해야 해서 불편하지만, 매크로를 이용하면 이러한 불편함을 간단하게 해결할 수 있어요.

예제파일 '처리속도비교_함수이용.xlsx'의 [요약표] 시트에는 SUMPRODUCT 함수를 이용하여 [전체자료] 시트의 내용이 작성되어 있어요. 여기에서는 시트의 셀 내용이 변경될 때마다 재계산 작업이 실행되고 컴퓨터 성능에 따라 실행 시간이 조금 지연됩니다.

다른 예제파일인 '처리속도비교_피벗테이블이용.xlsx'에는 피벗 테이블을 이용한 요약 표가 작성되어 있는데, 연도를 변경하면 빠르게 재계산됩니다. 개인별 컴퓨터 성능에 따라 처리 속도가 조금씩 다르지만, 데이터의 양이 늘어나고 수식이 입력된 셀 수가 많아질수록 2개의 파일 간의 재계산 처리 시간은 더욱 차이가 커집니다.

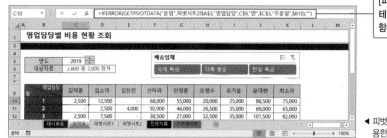

[피벗시트2] 시트에 작성해 놓은 피벗 테이블을 참조하는 GETPIVOTDATA 함수식

◀ 피벗 테이블과 GETPIVOTDATA 함수를 이용한 요약 표

7 | 표 기능 활용하기

함수를 통해 최종 요약 계산 결과표를 작성하는 것이 아니라 판매일지, 고객 명단, 제품 정보 등과 같이 순수한 자료만 입력하는 시트이면 엑셀의 **[삽입] 탭-[표] 그룹**에서 **[표]**를 클릭하여 표 기능을 이용하는 것이 좋아요. 표 기능의 장점은 38쪽에서도 자세히 다루었지만, 자료가 많고 동적으로 증가되는 자료이면 표로 지정해야 수식 작성과 기타 데이터 관리 기능을 편리하게 다룰 수 있어요.

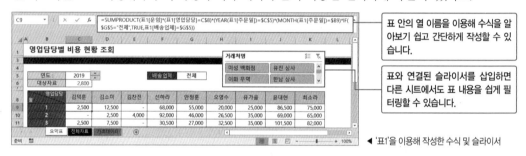

표 안의 열 이름을 이용해 수식을 알아보기 쉽고 간단하게 작성할 수 있습니다.

표와 연결된 슬라이서를 삽입하면 다른 시트에서도 표 내용을 쉽게 필터링할 수 있습니다.

◀ '표1'을 이용해 작성한 수식 및 슬라이서

8 | 셀 내용을 제한적으로 입력할 때 데이터 유효성 검사 이용하기

판매자를 입력할 때 하나의 셀에는 『정유진』을, 다른 셀에는 『정 유진』을 입력했으면 엑셀은 서로 다른 자료라고 판단합니다. 사람의 경우 공백 하나쯤은 무시하고 이해할 수 있지만, 엑셀에서는 하나의 공백 때문에 결과가 다르게 나타나기도 합니다. 특히 자료를 많이 입력하다 보면 틀리게 입력하는 경우가 발생합니다. 따라서 일정한 범위에서 자료를 선택하는 경우이면 입력 데이터를 제한하기 위해 데이터 유효성 검사를 지정하는 것이 좋아요.

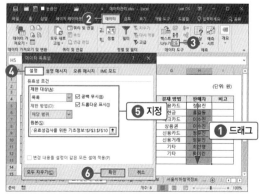

▲ '판매자' 열에 데이터 유효성 검사를 지정해 입력 가능한 값 목록 지정하기

▲ H13셀에서 목록 단추(▼)를 클릭하여 입력 가능한 목록 표시하기

9 | 관련 데이터는 하나의 시트에서 관리하기

특별한 경우가 아니면 같은 데이터 형태의 자료는 같은 시트에서 관리해야 피벗 테이블을 포함한 데이터를 관리하거나 계산할 때 편리합니다. 어쩔 수 없이 데이터를 분리해서 작성한 경우에도 201쪽에서 다룰 매크로 기능을 이용하여 하나로 취합해서 작업하는 것이 좋아요.

▲ 배송 업체별로 독립적인 시트로 분리 작성한 경우

 Tip

이 경우 배송 업체별 조회는 편리하지만, 월별/연도별 합계 계산 등을 계산할 때는 불편해요

10 | [선택하여 붙여넣기] 이용해 적절한 값만 붙여넣기

여러 사람들이 분리 작성한 파일들을 하나로 취합할 경우 복사와 붙여넣기 작업을 많이 합니다. 이때 기존 파일에 없던 셀 서식도 함께 복사되기 때문에 셀 서식이 많아지면서 파일 크기도 커집니다. 다른 언어를 사용하는 곳에서 복사 원본 파일을 작성했다면, 해당 국가에서 사용하는 셀 서식이 모두 복사되어 추가되기 때문에 종종 '셀 서식이 너무 많습니다'라는 오류가 발생하기도 합니다. 따라서 셀 서식을 가져올 필요가 없으면 '값만 붙여넣기' 작업을 해야 합니다. 마우스 오른쪽 단추를 누르면 나타나는 [선택하여 붙여넣기]의 하위 명령을 적절하게 이용하면 '값만 붙여넣기' 작업을 할 수 있어요.

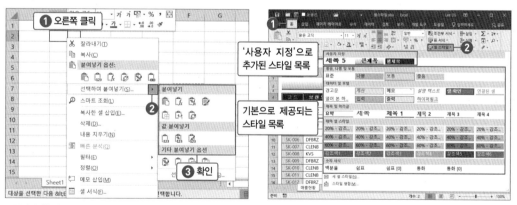

▲ 붙여넣기할 셀에서 마우스 오른쪽 단추를 누르면 나타나는 [선택하여 붙여넣기] 명령

▲ [셀 스타일] 명령으로 셀 스타일 목록 확인하기

Tip

악의적인 목적으로 기본 셀 스타일 외에 수천 개의 '사용자 지정' 스타일을 추가하는 악성 매크로도 있습니다. '사용자 지정' 스타일이 많아지면 파일의 크기가 커지면서 계산 속도도 느려집니다.

매크로 이해

이름 정의

데이터 관리

고급 필터

데이터 영역 선택

파워 쿼리

매크로 작성&저장

매크로 수정&기록

VB 편집기 창

VBA 코드&응용

매크로 실행

다양한 조건 지정해 고급 필터링하기

1 | 고급 필터의 기능

자동 필터는 조건에 따라 데이터를 필터링하는 가장 쉽고 편리한 방법입니다. 그리고 **자동 필터보다 좀 더 다양한 조건으로 필터링할 때 고급 필터를 사용**합니다. 고급 필터는 사용 방법이 번거롭지만, 여러 열(필드)의 OR 조건을 지정하거나 조건에 맞는 자료만 다른 셀로 복사할 수 있어서 **대용량의 데이터를 추출할 때 매크로와 함께 사용할 수 있는 좋은 기능**입니다. 고급 필터의 주요 기능은 다음과 같습니다.

① 고급 필터는 데이터 표에서 다른 영역에 작성하는 조건을 만족하는 행을 추출하거나 다른 영역에 복사합니다.

② 고급 필터를 실행하기 전에는 조건을 지정한 영역이 필요하고, 복사 기능을 이용하는 경우에는 복사 위치에 출력할 필드명을 작성해야 합니다.

③ 조건을 지정할 때 같은 줄은 AND 조건으로, 다른 줄은 OR 조건으로 처리하고 빈 행이 포함되어 있으면 모든 레코드를 출력합니다.

④ 결과가 TRUE나 FALSE로 표시되는 함수식을 조건으로 지정할 때 필드명은 빈 셀이거나 기존 필드명 중에는 없는 임의의 내용으로 입력합니다.

⑤ 조건이 바뀔 때마다 고급 필터 명령을 다시 실행해야 변경된 조건이 적용된 데이터가 추출됩니다.

2 | 고급 필터의 사용 방법

다음의 화면과 같이 [전체자료] 시트에 첫 행을 제목(필드명)으로 하면서 표 형태로 자료가 정리되어 있으면 고급 필터를 사용할 수 있어요. 하지만 자료가 반드시 표로 정의되어 있지 않아도 됩니다.

고급 필터에 적용할 필터 조건과 조건에 맞는 자료만 복사하여 출력할 필드명을 적당한 위치에 작성한 후 [데이터] 탭-[정렬 및 필터] 그룹에서 [고급]을 클릭하세요.

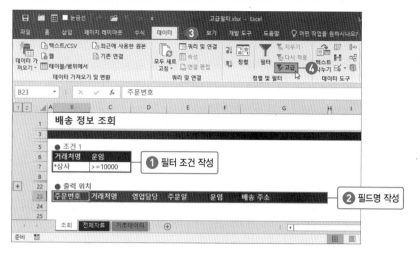

[고급 필터] 대화상자가 열리면 필터링을 적용할 목록 범위와 조건 범위, 복사 범위를 지정하고 [확인]을 클릭하세요.

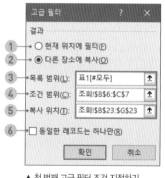

▲ 첫 번째 고급 필터 조건 지정하기

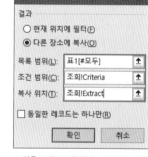

▲ 같은 조건으로 두 번째 고급 필터 조건 지정하기

① **현재 위치에 필터** : 현재 원본 데이터 영역에서 조건에 맞는 데이터만 필터링합니다.

② **다른 장소에 복사** : '복사 위치'로 지정한 영역에 조건에 맞는 데이터를 복사합니다.

③ **목록 범위** : 필터 기능을 적용할 원본 데이터 영역을 지정합니다. 이때 항상 첫 행이 제목(필드명)이 되어야 합니다.

④ **조건 범위** : 조건이 입력된 영역을 지정합니다. 조건 범위를 생략하면 전체 자료가 표시되고, 두 번째 이후 실행할 경우 동일 조건 범위는 'Criteria'라고 표시됩니다.

⑤ **복사 위치** : 결과를 복사할 영역을 지정합니다. 복사 영역은 출력 필드명만 포함되도록 한 행으로 지정합니다. 두 번째 이후 실행할 때 복사 위치가 같으면 'Extract'라고 표시됩니다.

⑥ **동일한 레코드는 하나만** : 조건을 만족하는 행 중에서 같은 행은 한 행만 표시합니다.

> **Tip**
>
> 고급 필터로 지정할 '목록 범위'와 '복사 위치' 영역이 다른 시트에 있는 경우 '복사 위치' 영역으로 셀 포인터를 이동한 후 고급 필터 명령을 실행해야 정상적으로 처리됩니다.

매크로 이해

이름 정의

데이터 편집

고급 필터

데이터 영역 선택

파워 쿼리

매크로 작성&저장

매크로 수정&기록

VB 편집기 창

VBA 코드&용어

매크로 실행

3 | 고급 필터의 조건을 지정할 때의 규칙

조건 영역을 작성할 때 다음의 규칙을 고려해서 작성해야 합니다.

① **필드명 사용** : 조건 범위의 첫 행은 원본 데이터에서 첫 행의 필드명을 입력하고 그 아래쪽 행에 조건을 입력합니다. 같은 필드명을 사용해야 하므로 복사해서 사용하는 것이 좋아요.

② **비교 연산자 이용** : 필드명의 아래쪽에 값을 입력하면 해당 값만 찾습니다. 숫자나 날짜의 경우 비교 연산자(〉, 〈, 〉=, 〈=, 〈〉, =)를 사용하여 특정 값과 비교하여 검색할 수 있어요. 예를 들어 '운임' 필드의 아래쪽 셀에 『10000』을 입력하면 운임이 10000인 자료를 찾지만, 『〉=10000』을 입력하면 10000 이상인 자료를 찾습니다.

③ **와일드카드 문자(*, ?) 사용** : 와일드카드 문자는 숫자, 날짜 등에는 사용할 수 없고 '거래처명', '영업담당', '주소' 등과 같이 텍스트가 입력된 필드에서만 사용할 수 있어요. '거래처명' 필드의 아래쪽 셀에 『유진*』을 입력하면 '거래처명'이 '유진'으로 시작하는 자료를 찾고 '*상사'라고 지정하면 '상사'로 끝나는 자료가 아닌 '상사'가 포함된 자료를 찾습니다. ? 기호는 하나의 문자를 대체하므로 검색 자료의 문자 개수를 제한하면서 검색할 때 사용합니다.

4 | 고급 필터의 조건 예

고급 필터는 다음과 같은 조건을 이용해서 검색할 수 있습니다.

AND 조건

같은 행에 조건을 입력하면 AND 조건이 됩니다. 이때 조건은 검색할 필드명의 아래쪽에 입력합니다. 다음 조건은 '거래처명'에 '상사'가 포함되어 있고 '운임'이 10000 이상인 데이터를 찾습니다.

거래처명	운임
*상사	>=10000

OR 조건

서로 다른 행에 조건을 입력하면 OR 조건이 됩니다. 다음 조건은 '거래처명'이 '유진 상사'이거나 '주문일'이 '2019-1-31' 이전인 데이터를 찾습니다.

거래처명	주문일
유진 상사	
	<=2019-1-31

AND와 OR 결합 조건

다음과 같이 조건을 지정하면 '거래처명' 필드가 '유진 상사'이고 '주문일'이 '2019-1-1' 이후이거나 '2019-1-31' 이전인 데이터를 찾습니다.

거래처명	주문일
유진 상사	>=2019-1-1
유진 상사	<=2019-1-31

필드명이 포함되지 않는 수식 조건

'유진 상사'의 자료 중 '운임'이 10000 이상 15000 이하인 자료를 찾을 때 두 행에 걸쳐 조건을 지정하는 대신 결과가 TRUE나 FALSE인 수식을 작성해도 됩니다. 이 경우 조건 필드명은 원본 데이터 필드명에 없는 내용으로 작성해야 합니다.

다음은 '운임 조건'이라는 필드명으로 '운임'이 10000 이상이고 15000 이하인 자료가 TRUE가 되도록 수식을 지정해 검색하는 조건입니다. 이 식에서 참조하는 [전체자료] 시트의 F4셀은 필드명을 제외하고 실제 데이터가 시작되는 첫 행인 '운임' 셀의 주소입니다. 고급 필터가 실행되면 엑셀 내부에서 '운임 조건'으로 지정한 함수식 '=AND(전체자료!F4>=10000,전체자료!F4<=15000)'의 F4셀이 F5셀, F6셀 등으로 변경되면서 이 수식의 결과값이 TRUE인 자료만 찾아 추출됩니다.

날짜를 대상으로 하는 함수식 조건

숫자가 아닌 날짜를 대상으로 하는 경우 DATE 함수나 DATEVALUE 함수 등을 이용해서 조건을 지정해야 합니다.

다음은 '거래처명'이 '유진 상사'인 자료 중 '주문일' 필드가 2019-1-1 이후이고 2019-1-15 이전인 자료를 찾는 함수식입니다.

조건을 지정하지 않거나 빈 행이 포함된 경우

일반적으로 중복된 자료를 제거하여 다른 곳에 복사할 때 조건을 지정하지 않고 고급 필터를 실행합니다. 다음과 같이 조건 영역에 빈 행을 포함시켜서 지정하면 전체 자료를 추출합니다.

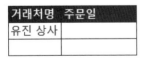

매크로 이해

이름 정의

데이터 관리

고급 필터

데이터 영역 선택

파워 쿼리

매크로 작성&저장

매크로 수정&기록

VB 편집기 창

VBA 코드&용어

매크로 실행

효율적인 데이터 선택 방법 익히기

엑셀 문서를 작성할 때 작업 대상을 지정하기 위해 드래그하거나 Shift 를 누른 상태에서 클릭하여 범위를 지정합니다. 하지만 수십 개 또는 수천 개의 행/열에 걸쳐 작성한 대용량 자료이거나 빈 셀만 선택하는 것처럼 특수한 자료 영역을 설정할 때는 마우스 동작으로는 불가능합니다. 이러한 작업을 쉽게 처리하는 바로 가기 키와 엑셀 기능을 알아두면 매크로나 엑셀 문서를 작업할 때 매우 유용합니다.

1 | [이동 옵션] 대화상자에서 영역 지정 및 이동하기

F5 를 눌러 [이동] 대화상자를 열고 [옵션]을 클릭하거나 [홈] 탭-[편집] 그룹에서 [찾기 및 선택]을 클릭한 후 [이동 옵션]을 선택하세요. [이동 옵션] 대화상자가 열리면 다양한 조건에 따라 영역 안에 있는 특정 셀을 선택할 수 있어요.

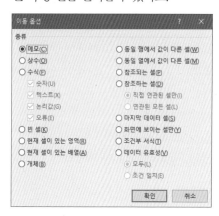

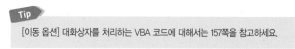

Tip

[이동 옵션] 대화상자를 처리하는 VBA 코드에 대해서는 157쪽을 참고하세요.

응용 1 빈 셀만 선택하기

주어진 표 영역에서 빈 셀만 선택하려면 다음과 같이 작업하세요.

① [기사정리] 탭의 B3셀에서 Ctrl + * 이나 Ctrl + A 를 눌러 연속 데이터 영역을 선택하고 F5 를 누르세요.

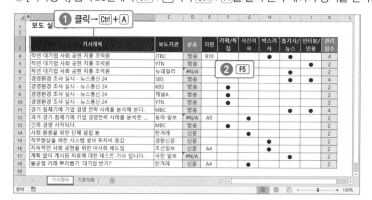

② [이동] 대화상자가 열리면 [옵션]을 클릭하세요.

③ [이동 옵션] 대화상자가 열리면 [빈 셀]을 선택하고 [확인]을 클릭하세요.

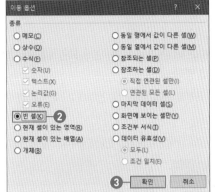

④ 선택 영역에서 빈 셀만 선택되었는지 확인해 보세요.

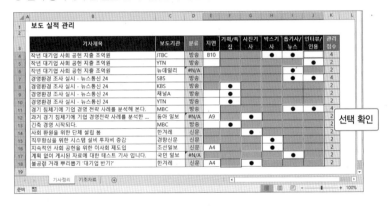

응용 2 수식 계산 중 오류가 발생한 셀만 선택하기

수식 계산 도중에 오류가 발생한 셀만 선택하려면 다음과 같이 작업하세요.

① [기사정리] 탭의 B3셀에서 Ctrl+*이나 Ctrl+A를 눌러 연속 데이터 영역을 선택하고 F5를 누르세요.

② [이동] 대화상자가 열리면 [옵션]을 클릭하세요.

③ [이동 옵션] 대화상자가 열리면 [수식]을 선택하고 [오류]에 체크한 후 [확인]을 클릭하세요. 선택 영역에서 수식 결과
중 오류가 발생한 셀만 선택되었는지 확인해 보세요.

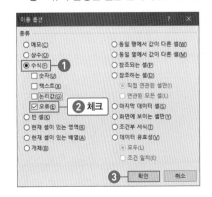
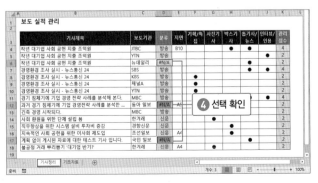

매크로 이해
이름 정의
데이터 관리
고급 필터
데이터 영역 선택
파워 쿼리
매크로 작성&저장
매크로 수정&기록
VB 편집기 창
VBA 코드&용어
매크로 실행

화면에 보이는 셀만 선택하기

윤곽 영역에서 윤곽 축소 단추(➖)를 클릭하여 F열부터 J열까지 숨긴 상태에서 화면에 보이는 셀만 선택하려면 다음과 같이 작업하세요.

① [기사정리] 탭의 B3셀에서 [Ctrl]+[*]이나 [Ctrl]+[A]를 눌러 연속 데이터 영역을 선택하고 [F5]를 누르세요.

② [이동] 대화상자가 열리면 [옵션]을 클릭하세요.

③ [이동 옵션] 대화상자가 열리면 [화면에 보이는 셀만]을 선택하고 [확인]을 클릭하여 선택 영역에서 숨겨진 열을 제외한 영역만 선택하세요.

④ 윤곽 영역에서 윤곽 확대 단추(➕)를 클릭하여 숨겨져 있던 F열부터 J열 영역의 셀은 선택되지 않은 것을 확인하세요.

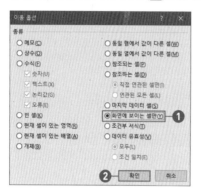

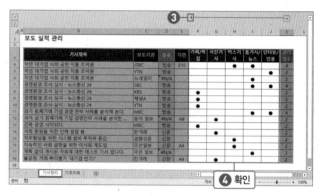

2 | 영역 지정 및 이동에 사용하는 주요 바로 가기 키

다음은 일상적인 엑셀 작업뿐만 아니라 매크로 기록기를 이용할 때 자주 사용하는 바로 가기 키(단축키)입니다.

바로 가기 키(단축키)	기능
[Ctrl]+[Shift]+[8] 또는 [Ctrl]+[*]	현재 셀을 기준으로 전체 데이터 영역 선택
[Ctrl]+[A]	워크시트 또는 데이터 영역의 전체 셀 선택
[Ctrl]+[Shift]+방향키(←, →, ↑, ↓)	선택 영역을 현재 셀과 같은 열이나 행의 연속된 마지막 셀까지 확장하여 선택
[Ctrl]+방향키(←, →, ↑, ↓)	연속된 데이터의 상하 좌우 끝으로 이동
[Ctrl]+[End]	현재 워크시트에서 사용 영역의 마지막 셀로 이동
[Ctrl]+[Home]	현재 워크시트의 A1셀로 이동
[F5] 또는 [Ctrl]+[G]	[이동] 대화상자 열기
[Ctrl]+[Shift]+[O]	메모가 입력된 모든 셀 선택

핵심 기능 06 매크로와 함께 사용하는 엑셀 함수 살펴보기

엑셀이 제공하는 다양한 함수들은 VBA보다 사용이 쉽고 강력한 기능을 제공합니다. **VBA를 이용해 특정 기능을 직접 매크로로 구현하는 것보다 이미 제공되는 함수를 사용하는 것이 효과적입니다.** 예를 들어 일정한 조건에 맞는 합계를 계산하는 SUMIFS 함수를 사용하면 쉽지만, VBA 코드로 직접 구현하려면 쉽지 않고 함수에 비해 성능도 떨어집니다.

계산 기능을 구현할 때는 매크로 안에서 적절한 함수를 사용하는 것이 훨씬 효과적입니다. (200쪽 참고). 매크로 안에서 함수를 사용하려면 함수 사용법을 잘 알고 있어야 응용이 가능합니다. 앞으로 진행할 매크로의 여러 가지 기능을 실습하려면 적어도 아래에서 기술한 함수들의 사용법은 미리 알고 있는 것이 좋습니다. 여기서는 함수에 대한 자세한 설명을 하지 않기 때문에 필요하다면 엑셀 기본서나 함수 도움말을 이용하세요.

분류	매크로 작성에 유용한 함수
조건 처리	AVERAGEIFS 함수, COUNTIFS 함수, IF 함수, SUMIFS 함수
찾기	INDEX 함수, MATCH 함수, VLOOKUP 함수
기타	INDIRECT 함수, OFFSET 함수, 배열 수식 등

◀ 다양한 함수 및 배열 수식을 이용해 [표1]에서 마지막 주문 정보 조회하기

Tip

예제파일 '함수활용.xlsx'에서 [자료검색] 시트의 D4:D9 영역에는 2013년부터 추가된 FORMULATEXT 함수를 사용했기 때문에 엑셀 2010 이하 버전에서는 이 부분의 수식이 오류로 표시됩니다.

1 이름 정의하고 유효성 검사하기

📁 예제파일 : 02-Ex1.xlsx   📁 완성파일 : 02-Ex1(완성).xlsx

다음과 같은 처리 조건을 지정해 보세요.

▲ [직원명단] 시트의 데이터

▲ [증명서] 시트의 B3셀을 클릭한 결과

처리 조건	① '이름 정의'와 '유효성 검사' 기능을 이용하여 [증명서] 시트의 B3셀에는 [직원명단] 시트의 '사번' 중 하나만 목록에서 선택해서 입력할 수 있게 지정하세요. ② [증명서] 시트에서 B8셀의 '용도'에는 [은행 제출용], [재 취업용], [기타] 중 하나만 목록에서 선택하여 입력할 수 있게 지정하세요.

2 고급 필터 이용하기

📁 예제파일 : 02-Ex2.xlsx   📁 완성파일 : 02-Ex2(완성).xlsx

다음과 같은 조건을 만족하는 자료를 추출하는 고급 필터를 실행해 보세요.

▲ [매출자료] 시트의 데이터

▲ [조회] 시트에 지정한 고급 필터 조건과 결과

처리 조건	① [매출자료] 시트의 B3셀부터 시작하는 데이터에 표 이름 'tblSales'를 정의하세요. ② 배송 주소에 '서빙고동'이 포함되어 있고 주문일이 2019년 10월인 자료만 추출하도록 지정하세요. 단 주문일 조건은 함수식을 사용하여 작성하세요(AND, YEAR, MONTH 함수 사용). ③ 조건 위치 : [조회] 시트의 B4셀부터 조건을 입력하세요. ④ 출력 위치 : [조회] 시트의 B10셀부터 결과를 표시하세요.

파워 쿼리 이용해 대용량 데이터 통합하고 쿼리 작성하기

엑셀 2013까지 파워 쿼리는 추가 기능을 설치해야 사용할 수 있었지만, 엑셀 2016부터는 [데이터] 탭-[가져오기 및 변환] 그룹에서 이 기능을 지원합니다. 여러 시트나 다양한 파일에 같은 유형의 데이터가 흩어져 있거나 대량 데이터를 효율적으로 필터링하고 그룹화할 때 파워 쿼리 기능을 이용하면 편리해요.

다음과 같이 상반기와 하반기별로 제품 목록과 단가를 정리한 같은 형태의 자료가 있다고 가정해 볼게요. 이들 2개의 자료에서 같은 제품에는 서로 다르게 단가가 정리되어 있습니다. 이런 중복된 자료가 발생할 때 단가의 평균값과 최소값, 최대값을 함께 표기하여 자료를 통합할 수 있어요. 예제파일에서는 이해하기 쉽게 자료 건수를 적게 작성했지만, 수천 건 이상의 자료를 다룰 때 파워 쿼리 기능은 매우 우수한 성능을 발휘합니다.

엑셀 자료를 파워 쿼리로 편리하게 다루려면 데이터 영역을 표로 정의해야 합니다. 예제파일의 경우 [상반기] 시트의 자료는 '표상반기'라는 이름으로, [하반기] 시트의 자료는 '표하반기'라는 이름으로 정의했는데, 파워 쿼리 기능을 이용하여 이들 자료를 하나로 취합해 볼게요.

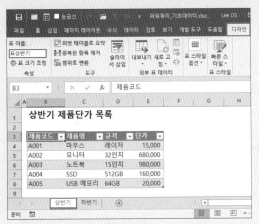

▲ [상반기] 시트에 정리한 표 내용

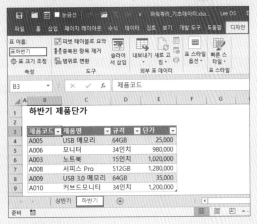

▲ [하반기] 시트에 정리한 표 내용

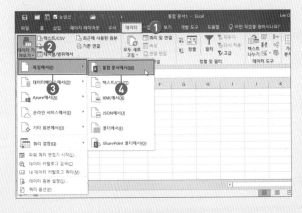

1 새로운 통합 문서를 열고 [Sheet1] 시트에서 [데이터] 탭-[데이터 가져오기 및 변환] 그룹의 [데이터 가져오기]를 클릭한 후 [파일에서]-[통합 문서에서]를 선택하세요.

> **Tip**
>
> 엑셀 2016 버전에서는 [데이터] 탭-[가져오기 및 변환] 그룹에서 [새 쿼리]를 클릭한 후 [파일에서]-[통합 문서에서]를 선택하세요.

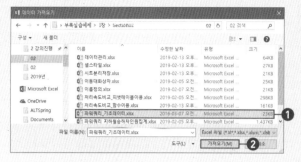

② [데이터 가져오기] 창이 열리면 제품 목록이 정리된 예제파일 '파워쿼리_기초데이터.xlsx'를 선택하고 [가져오기]를 클릭하세요.

③ [탐색 창]이 열리면서 선택한 파일의 시트명과 정의된 표 이름 목록이 표시되면 2개의 표 내용을 병합해 볼게요. 2개의 표를 모두 선택해야 하므로 [여러 항목 선택]과 [표상반기], [표하반기]에 차례대로 체크하고 [데이터 변환]을 클릭하세요.

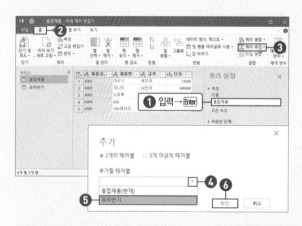

④ [파워 쿼리 편집기] 화면이 열리면 [쿼리 설정] 작업 창에서 '속성'의 '이름'에 『통합제품』을 입력하고 Enter를 누르세요. [홈] 탭-[결합] 그룹에서 [쿼리 추가]를 클릭하여 [추가] 창을 열고 '추가할 테이블'에서 [표하반기]를 선택한 후 [확인]을 클릭하세요.

Tip

엑셀 2016에서는 [홈] 탭-[조합] 그룹에서 [쿼리 추가]를 클릭하세요.

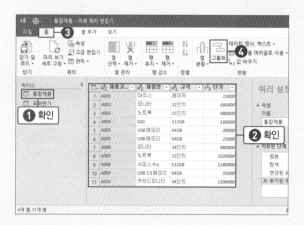

⑤ [표상반기]에 [표하반기] 내용이 추가되어 [통합제품]이라는 쿼리로 표시되었는지 확인해 보세요. 통합된 자료에 중복된 데이터가 있으면 이것을 제거하면서 중복된 자료의 개수를 계산하기 위해 [홈] 탭-[변환] 그룹에서 [그룹화]를 클릭하세요.

Tip

이 예제에서는 [상반기] 탭의 'A005 USB 메모리' 데이터가 [하반기] 탭에도 중복되어 있습니다.

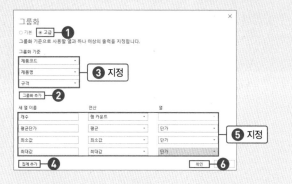

6 [그룹화] 창이 열리면 [고급]을 선택하고 [그룹화 추가]를 클릭하여 [제품코드], [제품명], [규격]이라는 3개의 그룹화 필드를 추가하세요. [집계 추가]를 클릭하여 왼쪽 화면과 같이 '새 열 이름'과 '연산', '열'을 차례대로 지정하고 [확인]을 클릭하세요.

> **Tip**
>
> 엑셀 2016에서는 [그룹화 추가], [집계 추가] 대신 ✛ 단추를 클릭하세요.

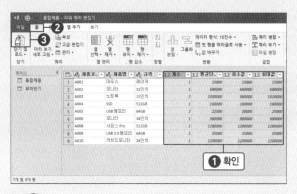

7 '제품코드', '제품명', '규격'이 같은 자료는 하나로 그룹화되면서 해당 그룹에 속한 자료의 '개수'와 '평균단가', '최소값', '최대값' 등이 표시됩니다. 이렇게 구한 자료를 워크시트에 반영하기 위해 **[홈] 탭-[닫기] 그룹**에서 **[닫기 및 로드]의** 🗔**를** 클릭하세요.

> **Tip**
>
> 쿼리 편집기에서 작업한 내용은 [쿼리 설정] 작업 창의 '적용된 단계'에 작업 순서대로 표시됩니다. '적용된 단계'에서 작업명 앞의 ✖를 클릭하면 해당 작업이 취소되고 ✿를 클릭하면 편집 창이 표시됩니다.

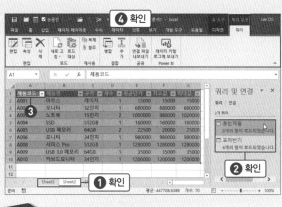

8 새로운 통합 문서에 2개의 워크시트([Sheet2], [Sheet3] 시트)가 추가되면서 [파워 쿼리 편집기] 화면에 표시했던 2개의 쿼리 내용이 표시됩니다. 이제 쿼리 결과 중 하나의 셀을 클릭하여 셀 포인터를 올려놓으면 쿼리 내용을 수정할 수 있는 [쿼리 도구]의 **[쿼리] 탭**이 표시되는지 확인해 보세요.

> **Tip**
>
> 표시된 쿼리 결과는 원본 파일과 연결된 상태이므로 [쿼리 도구]의 **[쿼리] 탭-[로드] 그룹**에서 **[새로 고침]**을 클릭하여 최신 데이터를 반영하세요.

매크로 이해

이름 정의

데이터 편집

고급 필터

데이터 영역 선택

파워 쿼리

매크로 작성&저장

매크로 수정&기록

VB 편집기 창

VBA 코드&용어

매크로 실행

매크로 기록기 활용해 매크로 작성 및 수정하기

엑셀 매크로는 VBA로 작성합니다. VBA 내용은 엑셀 워크시트 화면이 아니라 VB 편집기 창을 통해 확인 및 수정이 가능합니다. 엑셀 매크로 작성을 위해 VBA 코드를 직접 작성하는 것은 어렵기 때문에 엑셀에서는 '매크로 기록기'를 제공합니다. 매크로 기록기는 녹음기처럼 엑셀 작업 과정을 VBA 코드로 기록한 후 매크로 실행을 통해 같은 작업을 자동으로 실행합니다.

> PREVIEW

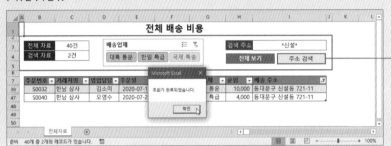

도형이나 단추(양식 컨트롤)를 이용해 매크로 단추를 작성하면 클릭하여 매크로를 실행할 수 있습니다.

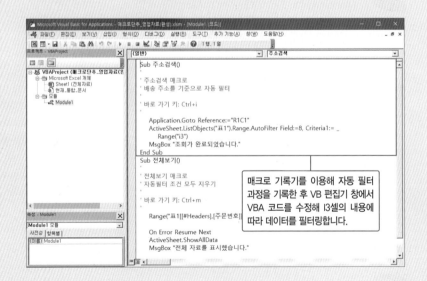

매크로 기록기를 이용해 자동 필터 과정을 기록한 후 VB 편집기 창에서 VBA 코드를 수정해 I3셀의 내용에 따라 데이터를 필터링합니다.

> **섹션별 주요 내용**
>
> **01** │ 매크로의 작성 방법 익히기 **02** │ 매크로 기록하기 **03** │ 매크로가 포함된 파일 저장하기
>
> **04** │ 매크로 수정해 매크로 오류 해결하기 **05** │ 매크로 수정하기 **06** │ 매크로 삭제하기
>
> **07** │ 도형이나 아이콘 이용해 매크로 실행하기 **08** │ 상대 참조로 매크로 기록하기
>
> **09** │ 표의 빈 행에 날짜 입력하는 매크로 기록하기

핵심 기능 **01** 매크로의 작성 방법 익히기

1 | 매크로 작성 시 주의 사항

매크로 작성 방법에는 매크로 기록기를 이용하는 쉬운 방법과 직접 VBA를 사용하여 작성하는 방법이 있어요. 매크로 기록기는 엑셀에서의 작업 과정을 VBA로 자동 기록하는 기능을 제공하기 때문에 가장 일반적으로 매크로를 작성하는 방법입니다. 하지만 매크로 기록기가 모든 것을 기록하지 않기 때문에 조건이나 상황에 따른 처리 방법이나 불필요하게 기록된 내용은 VB 편집기 창을 통해 VBA 코드를 수정해야 합니다.

매크로 기록기는 엑셀에서 이루어지는 작업을 기록하므로 작업 과정 중 불필요하게 화면을 이동하거나 메뉴를 선택하는 경우에는 기록된 VBA 코드가 복잡해질 수 있습니다. 그러므로 다음의 작업 순서를 참고하여 주의해서 매크로 기록기를 사용하세요.

① 자동화하려는 작업의 내용을 정리합니다.
　　예 최초 입력 자료의 형태, 최종 결과물의 형태 등 정리
② 작업의 기능을 가장 효율적으로 처리할 수 있는 최적의 기능을 찾고 작업의 순서를 정리합니다.
　　예 매크로 기록 전 셀 포인터의 위치 결정 및 사용할 엑셀 기능 선택
③ 불필요한 내용이 기록되지 않도록 ②에서 결정한 작업의 순서대로 매크로 작성을 연습합니다.
④ 상태 표시줄에서 [매크로 기록] 단추(🖿)를 클릭하여 기록을 시작합니다.
⑤ ②~③에서 결정한 작업 순서대로 매크로 기록을 실행합니다.
⑥ 상태 표시줄에서 [기록 중지] 단추(■))를 클릭하여 기록을 중지합니다.

한 번에 기록하는 매크로 내용은 가능한 최소 단위로 지정하여 기록되는 매크로 내용이 많지 않아야 합니다. 왜냐하면 기록된 내용이 많으면 어떤 내용이 기록되었는지 찾기가 어렵기 때문입니다. 기록된 내용을 이해하면서 VBA 코드를 배워야 하므로 가능한 한 가지 작업 단위로 기록해야 처음 매크로를 시작할 때 도움이 됩니다.

2 | [매크로 기록] 대화상자의 구성 요소

상태 표시줄에서 [매크로 기록] 단추(🖿)를 클릭하거나 [개발 도구] 탭-[코드] 그룹에서 [매크로 기록]을 클릭하면 [매크로 기록] 대화상자가 열립니다. [매크로 기록] 대화상자에서는 기록할 매크로의 이름과 저장할 파일의 위치 및 매크로 실행에 사용할 바로 가기 키 등을 지정할 수 있으므로 각 항목의 기능과 규칙을 잘 이해하고 정확하게 작성해야 합니다.

매크로 이해

이름 정의

데이터 관리

고급 필터

데이터 영역 선택

파워 쿼리

매크로 작성&저장

매크로 수정&기록

VB 편집기 창

VBA 코드&용어

매크로 실행

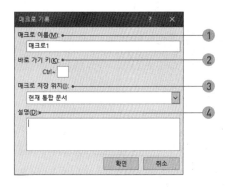

① **매크로 이름** : '매크로 이름'은 숫자가 아닌 문자로 시작해야 하고 문자와 숫자, 밑줄(_) 등을 조합하여 64자를 넘을 수 없습니다. 공백 및 특수 문자를 사용할 수 없고, 엑셀에서 사용하는 함수 이름이나 다른 개체의 이름을 사용하면 충돌하므로 중복되지 않게 지정해야 합니다.

가능한 이름	불가능한 이름	불가능한 이유
HAP	SUM	엑셀 함수 이름이기 때문
Hap_2019	2019_Hap	숫자로 시작할 수 없기 때문

② **바로 가기 키** : '바로 가기 키'는 선택 항목으로, Ctrl과 하나의 키를 눌러 매크로를 실행할 수 있게 지원합니다. 영문자의 대소문자를 구별하기 때문에 가능한 소문자로 지정하는 것이 좋습니다. 엑셀에서 저장의 바로 가기 키인 Ctrl + S로 '바로 가기 키'를 지정한 경우 이 매크로가 포함된 문서가 열려있는 동안에는 Ctrl + S가 저장 대신 매크로 실행 기능으로 사용됩니다. 그러므로 엑셀에서 자주 사용하는 바로 가기 키는 가급적 사용하지 않는 것이 좋아요.

③ **매크로 저장 위치** : '매크로 저장 위치'는 주로 [현재 통합 문서]를 선택하여 현재 작업 중인 통합 문서에 기록합니다. 만약 [개인용 매크로 통합 문서]를 선택하면 현재 컴퓨터에 설치된 엑셀에서 공통적으로 사용하는 매크로를 작성한 후 'PERSONAL.XLSB'라는 매우 특별한 파일로 엑셀 시작(XLSTART) 폴더에 저장됩니다. 이렇게 엑셀 시작(XLStart) 폴더에 저장된 파일은 엑셀을 시작할 때 자동으로 열리기 때문에 해당 폴더에 작성된 'PERSONAL.XLSB' 파일도 자동으로 열려서 엑셀을 사용할 때 항상 매크로를 실행할 수 있게 됩니다. 만약 'PERSONAL.XLSB' 파일을 삭제하려면 엑셀을 종료한 후 엑셀 시작(XLSTART) 폴더를 찾아 삭제하세요. 엑셀 시작(XLSTART) 폴더는 윈도우 계정별로 폴더 위치가 다르므로 109쪽을 참고하여 위치를 확인하는 것이 좋습니다.

④ **설명** : '설명'은 매크로에 대한 설명을 작성하는 곳으로, 선택 항목입니다. VBA 코드에서는 설명을 '주석(comment)'이라고 하고 입력된 설명 내용은 VBA 코드에 작은따옴표(')가 붙어서 표시됩니다.

예제파일 : 매크로기록_영업자료.xlsx

매크로 기록하기

배송 주소 중에서 특정 단어가 포함된 자료를 자동으로 필터링하는 작업과 필터를 해제한 후 전체 자료를 조회하는 작업을 매크로로 기록해 보겠습니다. 매크로 기록기를 사용하기 전에 기록할 작업과 순서를 정리한 후 충분히 익숙해질 때까지 연습하세요.

매크로 기록기로 기록할 엑셀 작업 순서 정리하기

❶ 첫 번째 매크로는 '배송 주소' 항목에 '원미'가 포함된 자료를 자동 필터링하는 기능입니다. [전체시트] 시트의 A1셀부터 화면이 표시되도록 F5 를 눌러 [이동] 대화상자를 열고 『A1』을 입력한 후 [확인]을 클릭하세요.

❷ I7셀의 '배송 주소' 항목에 있는 필터 단추(▼)를 클릭합니다.

❸ 자동 필터 목록이 표시되면 조건 입력 상자에 『원미』를 입력하고 [확인]을 클릭합니다.

❹ 두 번째 매크로는 필터 조건을 모두 지워서 전체 자료를 표시하는 기능입니다. [데이터] 탭-[정렬 및 필터] 그룹에서 [지우기]를 클릭합니다. [지우기] 명령은 필터링된 상태에서만 사용 가능하기 때문에 작업 전에 필터 상태를 확인해야 합니다.

'주소검색' 매크로 작성하기

1 [전체자료] 시트에서 상태 표시줄의 [매크로 기록] 단추(▦)나 [개발 도구] 탭-[코드] 그룹에서 [매크로 기록]을 클릭하세요.

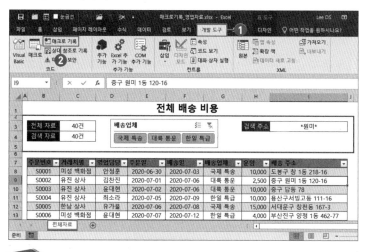

> **Tip**
>
> 예제파일의 주문 번호는 '표1'이라는 이름으로 표 정의된 상태로, 엑셀 2013부터 [표 도구]의 [디자인] 탭에서 제공하는 [슬라이서 삽입] 명령을 이용해 배송 업체를 필터링할 수 있어요

매크로 이해

이름 정의

데이터 관리

고급 필터

데이터 영역 산택

파워 쿼리

매크로 작성&저장

매크로 수정&기록

VB 편집기 창

VBA 코드&용어

매크로 실행

2 [매크로 기록] 대화상자가 열리면 '매크로 이름'에는『주소검색』을, '바로 가기 키'에는 영문 소문자『i』를 입력하세요. '매크로 저장 위치'에서 [현재 통합 문서]가 선택된 상태인지 확인하고 '설명'에『배송 주소를 기준으로 자동 필터』를 입력한 후 [확인]을 클릭하세요.

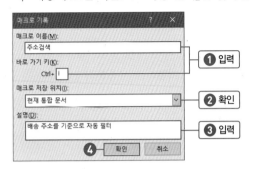

3 상태 표시줄의 [매크로 기록] 단추(📖)가 [기록 중지] 단추(■)로 변경되면서 엑셀 창에서의 모든 동작이 기록되기 시작합니다. F5 를 눌러 [이동] 대화상자를 열고 '참조'에『A1』을 입력한 후 [확인]을 클릭하세요.

4 A1셀이 선택되면 I7셀의 '배송 주소' 항목의 필터 단추(▼)를 클릭하고 조건 입력 상자에『원미』를 입력한 후 [확인]을 클릭하세요.

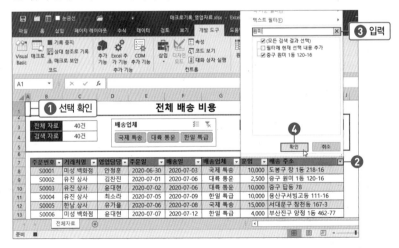

5 '배송 주소' 항목에서 '원미'라는 단어가 포함된 자료만 필터링되었는지 확인해 보세요. 매크로 기록을 중단하기 위해 상태 표시줄에서 [기록 중지] 단추(■)를 클릭하세요.

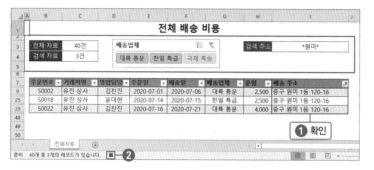

Tip

[개발 도구] 탭-[코드] 그룹에서 [기록 중지]를 클릭해도 매크로 기록을 중지할 수 있어요.

'전체보기' 매크로 작성하기

6 이번에는 필터 조건을 모두 해제하는 기능을 매크로로 기록하기 위해 상태 표시줄에서 [매크로 기록] 단추(🗒)를 클릭하세요.

Tip

필터링된 상태에서만 [데이터] 탭-[정렬 및 필터] 그룹에서 [지우기] 명령이 활성화되므로 매크로를 기록하기 전에 필터링된 상태인지 확인하세요.

7 [매크로 기록] 대화상자가 열리면 '매크로 이름'에는 『전체보기』를, '바로 가기 키'에는 영문 소문자 『m』을 입력하세요. '매크로 저장 위치'에서 [현재 통합 문서]가 선택된 상태인지 확인하고 '설명'에 『자동필터 조건 모두 지우기』를 입력한 후 [확인]을 클릭하세요.

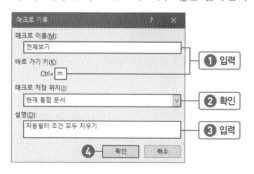

8 [데이터] 탭-[정렬 및 필터] 그룹에서 [지우기]를 클릭하세요.

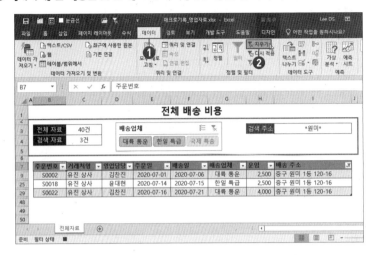

9 모든 필터 조건이 해제된 상태로 표시되면 상태 표시줄에서 [기록 중지] 단추(■)를 클릭합니다.

기록한 매크로 확인하고 실행하기

10 [개발 도구] 탭-[코드] 그룹에서 [매크로]를 클릭하거나 [보기] 탭-[매크로] 그룹에서 [매크로]를 클릭하세요.

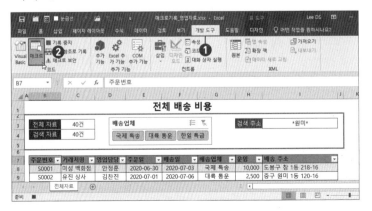

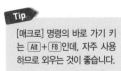

> **Tip**
> [매크로] 명령의 바로 가기 키는 Alt+F8인데, 자주 사용하므로 외우는 것이 좋습니다.

11 [매크로] 대화상자가 열리면서 '매크로 이름'에 앞에서 기록한 2개의 매크로 이름이 표시되면 [주소검색]을 선택하고 [실행]을 클릭하세요.

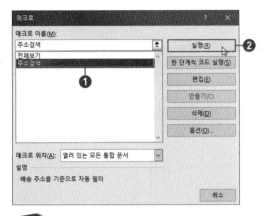

Tip

'주소검색' 매크로의 바로 가기 키는 62쪽의 **2** 과정에서 Ctrl+I로 지정했어요. 따라서 [매크로] 대화상자를 이용하지 않고 바로 가기 키인 Ctrl+I를 눌러도 '주소검색' 매크로가 실행됩니다.

12 '배송 주소' 항목에서 '원미'가 포함된 자료만 필터링되었는지 확인해 보세요. 이번에는 바로 가기 키를 이용해 매크로를 실행하기 위해 '전체보기' 매크로의 바로 가기 키인 Ctrl+M을 누르세요.

Tip

'전체보기' 매크로의 바로 가기 키는 63쪽의 **7** 과정에서 Ctrl+M으로 지정했습니다.

잠깐만요   **기존 매크로 이름으로 다시 기록하기**

작성한 매크로를 지우고 같은 이름으로 다시 기록하려면 [매크로 기록] 대화상자에서 같은 이름을 지정하고 [확인]을 클릭하세요. 기존의 매크로를 바꾸겠냐고 묻는 메시지 창이 열리면 [예]를 클릭합니다.

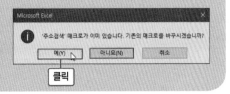

13 필터 조건이 모두 지워지면서 전체 자료가 표시되었는지 확인해 보세요. 현재 파일은 다음 실습 단계인 67쪽에서 저장할 거에요.

확인

> **Tip**
>
> 기록한 매크로를 실행하는 도중에 아래쪽의 '잠깐만요'와 같이 오류 메시지 창이 열리면 [종료]를 클릭하세요. 만약 오류 메시지 창에서 [종료] 대신 [디버그]를 클릭했으면 69쪽을 참고하여 실행 중인 매크로를 강제로 중단해야 합니다. 매크로가 정상적으로 실행되지도 않고 종료되지도 않는다면 Esc를 여러 번 눌러 매크로의 실행을 중단하세요.

잠깐만요 **오류 메시지 창 강제 종료하기**

필터 조건이 모두 지워진 상태에서 Ctrl+M을 눌러 다시 필터 조건을 지우려면 오류 메시지 창이 열립니다. 이 경우에는 [종료]를 클릭하여 오류 메시지 창을 강제 종료하세요. 이것에 대해서는 69쪽의 **2** 과정을 참고하세요.

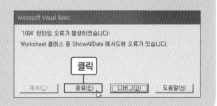

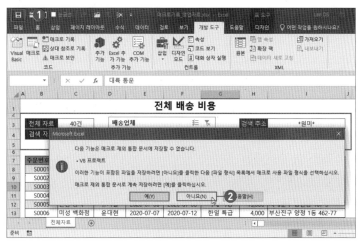

📄 예제파일 : 66쪽에서 실습한 예제로 계속 실습하세요. 📄 완성파일 : 매크로기록_영업자료.xlsm

매크로가 포함된 파일 저장하기

매크로가 포함된 문서는 일반 문서와 다른 파일 형식으로 지정해야 합니다. 매크로 포함 문서의 다양한 파일 종류에 대해서는 26쪽의 표를 참고하세요.

1 매크로를 추가한 엑셀 파일을 저장하려면 빠른 도구 모음에서 [저장] 도구(🖫)를 클릭하거나 Ctrl+S를 누릅니다. 매크로 제외 통합 문서로 계속 저장할 것인지 묻는 경고 메시지 창이 열리면 [아니요]를 클릭하세요.

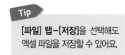

> **Tip**
>
> [파일] 탭-[저장]을 선택해도 엑셀 파일을 저장할 수 있어요.

2 [다른 이름으로 저장] 화면이 나타나면 저장할 위치를 지정하세요. 파일을 저장하는 위치는 아무 폴더나 상관없습니다.

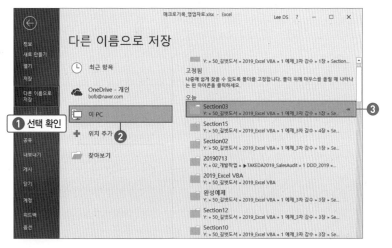

3 [다른 이름으로 저장] 대화상자가 열리면 '파일 형식'에서 [Excel 매크로 사용 통합 문서 (*.xlsm)]를 선택하세요. 파일 형식을 바꿔서 저장했기 때문에 '파일 이름'의 확장자가 xlsm으로 변경되었는지 확인하고 [저장]을 클릭하세요.

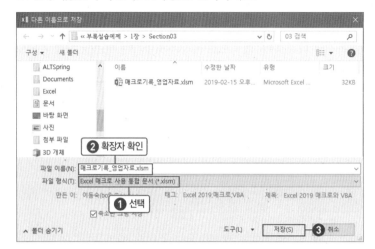

Tip

한 번 매크로 사용 통합 문서로 저장한 후에는 Ctrl+S를 누르거나 빠른 실행 도구 모음에서 [저장] 도구(🖫)를 클릭하여 곧바로 저장할 수 있어요.

4 매크로 사용 형식으로 저장된 파일을 닫았다가 다시 여세요. 리본 메뉴의 아래쪽에 매크로를 사용할 수 없도록 설정했다는 [보안 경고] 메시지 표시줄이 표시되면 [콘텐츠 사용]을 클릭해야 포함된 매크로를 사용할 수 있어요.

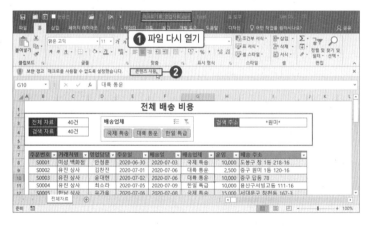

Tip

[보안 경고] 메시지 표시줄은 매크로가 포함된 파일을 처음 열었을 때만 표시됩니다. [콘텐츠 사용]을 클릭하면 같은 파일을 다음에 다시 열었을 때 더 이상 [보안 경고] 메시지 표시줄이 나타나지 않아요.

잠깐만요 **매크로 포함해서 열기**

VB 편집기 창이 열려있는 상태이면 [보안 경고] 메시지 표시줄 대신 [Microsoft Excel 보안 알림] 창이 열립니다. 이 창에서는 [매크로 포함]을 클릭하세요.

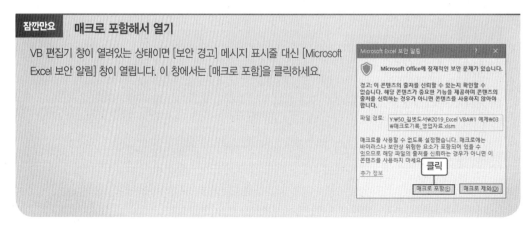

🔵 예제파일 : 매크로수정_영업자료.xlsm 🔵 완성파일 : 매크로수정_영업자료(완성).xlsm

매크로 수정해 매크로 오류 해결하기

매크로 기록기로 기록된 내용은 100% 완벽하지 않습니다. 따라서 처음 매크로가 기록된 상태와 다르면 매크로 실행 도중에 오류가 발생할 수 있어요. 매크로의 처리 조건을 변경하는 기능은 VB 편집기 창을 이용해 직접 수정해야 합니다. 이번에는 66쪽 **13**과정의 〈Tip〉에서 설명한 '전체보기' 매크로의 오류 원인을 확인해 보고 오류에 대처하는 방법을 알아보겠습니다.

1 매크로가 포함된 예제파일을 열면 [데이터] 탭-[정렬 및 필터] 그룹에서 [지우기] 명령을 사용할 수 없는 상태입니다. 현재 표에는 필터 조건이 없기 때문에 [지우기] 명령을 선택할 수 없는데, 이 상태에서 '전체보기'로 정의된 매크로를 실행하기 위해 Ctrl+M을 누르세요.

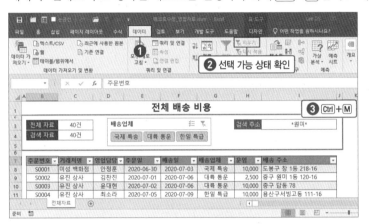

> **Tip**
>
> 63쪽의 **7**과정에서 '전체보기' 매크로의 바로 가기 키를 Ctrl+M으로 지정했어요.

2 런타임 오류가 발생했다는 메시지 창이 열리면 오류 내용을 확인하기 위해 [디버그]를 클릭하세요.

> **Tip**
>
> 매크로 실행중 오류가 발생하는 것은 기록된 VBA 코드의 내용이 잘못된 상태이기 때문입니다. 초보자는 VBA 코드를 직접 수정하는 것이 어렵기 때문에 초보 단계에서는 오류가 발생했을 때 [종료]를 클릭해서 오류 메시지 창을 닫아야 합니다.

3 VB 편집기 창이 열리면서 '전체보기' 매크로의 VBA 코드 중 오류가 발생한 행이 노란색으로 반전되어 표시됩니다. 이 상태에서는 엑셀 기능이 정상적으로 작동하지 않기 때문에 [표준] 도구 모음에서 [재설정] 도구(■)를 클릭하여 매크로를 중단하고 'ActiveSheet.ShowAllData'의 앞에 커서를 올려놓고 Enter를 누릅니다.

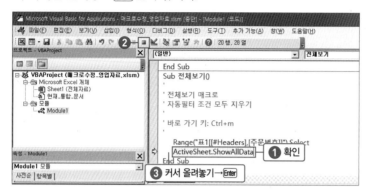

4 빈 행이 삽입되면 『On Error Resume Next』를 입력하고 'ActiveSheet.ShowAllData'의 아래쪽 행에는 『msgbox "전체 자료를 표시했습니다."』를 입력하세요.

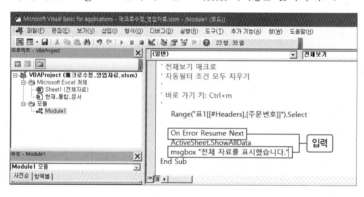

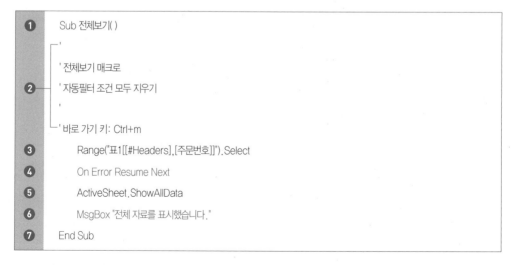

① Sub 전체보기( )

'

② ' 전체보기 매크로
' 자동필터 조건 모두 지우기
'
' 바로 가기 키: Ctrl+m

③ Range("표1[[#Headers],[주문번호]]").Select

④ On Error Resume Next

⑤ ActiveSheet.ShowAllData

⑥ MsgBox "전체 자료를 표시했습니다."

⑦ End Sub

❶ 매크로의 시작을 지정하는 VBA 코드로, Sub 다음에 매크로 기록기에서 지정한 매크로 이름이 표시됩니다. 여기서 직접 이름을 변경할 수 있어요.

❷ 모두 첫 문자가 작은따옴표(')로 지정되어 있고 기본적으로 연두색으로 표시되는 내용으로, '주석(comment)'이라고 합니다. 주석에는 매크로 기록기에서 입력한 내용과 바로 가기 키에 대한 설명도 추가됩니다. 주석은 매크로 실행과 관련 없는 내용이므로 삭제하거나 추가할 수 있어요.

❸ Range() 안에 문자열로 셀 주소를 입력하면 해당 셀을 지정합니다. '표1[[#Headers],[주문번호]]'는 '표1'의 머리글 행의 '주문번호' 셀인 B7셀을 의미합니다. Select는 마우스를 클릭해서 선택하는 동작을 실행하는데, 대상은 마침표(.) 앞의 개체가 됩니다. 그래서 이 명령문은 [전체자료] 시트의 B7셀을 선택합니다.

❹ 이 문장이 입력된 이후에 발생하는 오류는 모두 무시하고 다음 행의 명령(VBA 코드)을 실행하는 선언문입니다. '전체보기' 매크로를 여러 번 연속해서 실행해도 오류 메시지가 표시되지 않도록 사용합니다(287쪽 참고).

❺ ActiveSheet는 현재 워크시트를, ShowAllData는 자동 필터 조건인 '지우기' 동작을 실행하는 VBA 코드입니다. 이 명령문은 엑셀 창에서 [데이터] 탭-[정렬 및 필터] 그룹에서 [지우기] 명령을 사용할 수 있을 때만 정상 처리됩니다. 69쪽의 ❶과정에서 '전체보기' 매크로를 실행할 때는 [지우기] 명령을 사용할 수 없는 상태였기 때문에 오류가 발생한 것입니다.

❻ MsgBox는 뒤에 입력하는 문자열 내용을 메시지 창으로 표시합니다(226쪽 참고).

❼ 매크로의 끝을 지정합니다.

Tip

VBA 코드 입력 창에서 영문자는 소문자로 입력하는 것이 좋습니다. 영문 소문자로 입력하면 엑셀에 이미 예약되어 있는 키워드들을 자동으로 인식하여 첫 번째 문자가 대문자로 자동 변환됩니다. 이렇게 자동 변환되지 않으면 입력한 단어의 철자가 잘못된 것이므로 오타를 빠르게 확인할 수 있어요.

5 수정한 매크로를 엑셀 창에서 실행하기 위해 VB 편집기 창에서 [닫기] 단추(✕)를 클릭하거나 [표준] 도구 모음에서 [보기 Microsoft Excel] 도구(📊)를 클릭하여 창을 닫으세요.

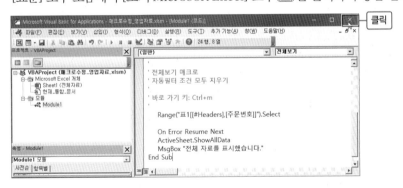

6 엑셀 창으로 되돌아오면 Ctrl+M을 눌러 '전체보기' 매크로를 실행하세요. 오류 메시지 대신 전체 자료를 표시했다는 메시지 창이 열리면 [확인]을 클릭하세요.

매크로 이해
이름 정의
데이터 관리
고급 필터
데이터 영역 선택
피벗 처리
매크로 작성&저장
매크로 수정&기록
VB 편집기 창
VBA 코드&오류
매크로 실행

🔵 예제파일 : 매크로수정2_영업자료.xlsm   🔵 완성파일 : 매크로수정2_영업자료(완성).xlsm

매크로 수정하기

62쪽에서 작성한 '주소검색' 매크로는 최초로 지정한 '원미' 단어만 포함해서 검색됩니다. 이번에는 I3셀에 입력하는 내용을 이용해서 좀 더 다양하게 검색되도록 '주소검색' 매크로를 수정해 보겠습니다.

1 매크로가 포함된 예제파일을 열고 [Alt]+[F8]을 누르거나 [개발 도구] 탭-[코드] 그룹에서 [매크로]를 클릭하세요.

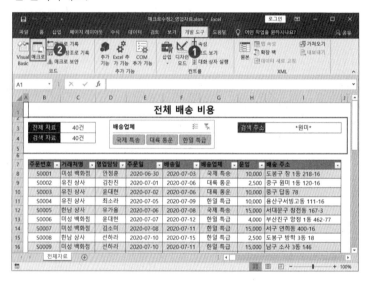

2 [매크로] 대화상자가 열리면 '매크로 이름'에서 [주소검색]을 선택하고 [편집]을 클릭하세요.

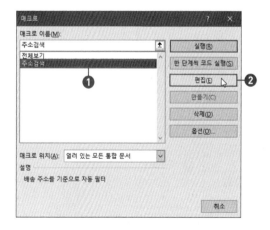

3 VB 편집기 창이 열리면서 자동 필터 기능이 기록된 VBA 코드가 표시되었는지 확인해 보세요. 검색 조건이 "'중구 원미 1동 120-16"'으로 지정되어 있기 때문에 매번 같은 조건으로만 검색됩니다.

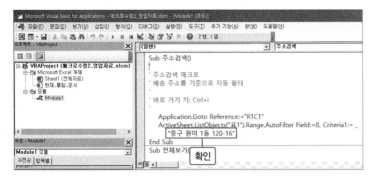

4 코드에서 "중구 원미 1동 120-16"'을 삭제하고 『Range("i3")』을 입력한 후 Enter를 누릅니다. 행이 바뀌면 『MsgBox "조회가 완료되었습니다."』를 입력하세요.

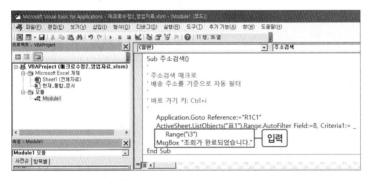

```
❶   Sub 주소검색( )

    ' 주소검색 매크로
    ' 배송 주소를 기준으로 자동 필터
❷   '
    ' 바로 가기 키: Ctrl+i
    '

❸       Application.Goto Reference:="R1C1"
❹       ActiveSheet.ListObjects("표1").Range.AutoFilter Field:=8, Criteria1:= _
❺           Range("i3")
❻       MsgBox "조회가 완료되었습니다."
❼   End Sub
```

매크로 이해

이름 정의

데이터 관리

고급 필터

데이터 영역 선택

파워 쿼리

매크로 작성&저장

매크로 수정&기록

VB 편집기 창

VBA 코드&용어

매크로 실행

73

❶ 매크로의 시작을 지정하는 VBA 코드입니다.

❷ 모두 첫 문자가 작은따옴표(')로 지정되어 있고 기본적으로 연두색으로 표시되는 주석(comment)입니다.

❸ Application.Goto는 다음에 오는 셀 주소로, 셀 포인터를 이동합니다. 엑셀 창에서 [이동] 대화상자를 통해 특정 시트의 셀로 이동하는 동작을 기록한 것으로, Reference:="R1C1"은 1행(Row) 1열(Column)인 A1셀을 의미합니다. 이 명령문은 엑셀 창에서 A1셀이 화면의 왼쪽 위가 되도록 화면의 위치와 셀을 이동시킵니다. ❹의 자동 필터 기능과 관련 없는 명령문이지만, 화면의 위치에 따라 필터링된 자료가 안 보일 수도 있기 때문에 화면의 위치를 먼저 이동합니다.

❹ 각 개체들은 마침표(.)로 구분됩니다. 상위 개체인 ActiveSheet는 현재 워크시트를, ListObjects("표1")은 표 이름이 '표1'인 자료를 의미합니다. Range는 앞에 지정한 '표1'의 범위를, AutoFilter는 자동 필터 기능을, 공백을 두고 지정된 Field는 필터 조건이 표의 여덟 번째 열인 '배송 주소' 항목(필드)을 의미합니다. Criteria1은 필터 조건을 지정할 때 사용하고, "중구 원미 1동 120−16"으로 지정되었던 조건을 I3셀의 내용으로 변경합니다.

❺ ❹∼❺는 하나의 명령으로, 내용이 길어지면 윗줄의 끝에 공백과 밑줄(_)을 입력한 후 줄을 변경하여 입력할 수 있습니다. 이 명령은 'ActiveSheet.ListObjects("표1").Range.AutoFilter Field:=8, Criteria1:=Range ("i3")'과 같이 한 줄로 입력하는 명령과 같습니다.

❻ MsgBox는 큰따옴표("") 안의 내용을 메시지 창으로 표시합니다.

❼ 매크로의 끝을 지정합니다.

5 VB 편집기 창에서 [닫기] 단추(✕)를 클릭하여 창을 닫으세요.

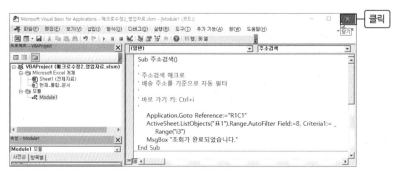

6 엑셀 창으로 되돌아오면 I3셀에 『*중구*』를 입력하고 Enter를 누른 후 '주소검색' 매크로의 바로 가기 키인 Ctrl+I를 누르세요. '배송 주소' 항목에 '중구'가 포함된 자료만 필터링되면서 조회가 완료되었다는 메시지 창이 열리면 [확인]을 클릭하세요.

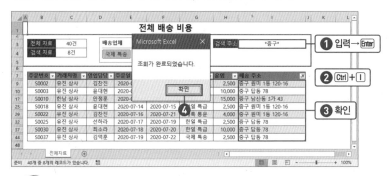

Tip

자동 필터 기능에서 별표(*)는 '포함'을 의미하기 때문에 단어 '중구'가 포함된 주소를 찾기 위해서 I3셀에 『*중구*』를 입력한 것입니다.

매크로 삭제하기

● 예제파일 : 매크로삭제_영업자료.xlsm   ● 완성파일 : 매크로삭제_영업자료(완성).xlsm

기록한 매크로는 [매크로] 대화상자에서 삭제하거나 VB 편집기 창에서 Sub~End로 지정된 매크로 내용을 지우는 방법으로 삭제할 수 있습니다.

1 매크로가 포함된 예제파일을 열고 Alt + F8 이나 [개발 도구] 탭–[코드] 그룹에서 [매크로]를 클릭하세요. [매크로] 대화상자가 열리면 '매크로 이름'에서 [주소검색]을 선택하고 [삭제]를 클릭하세요.

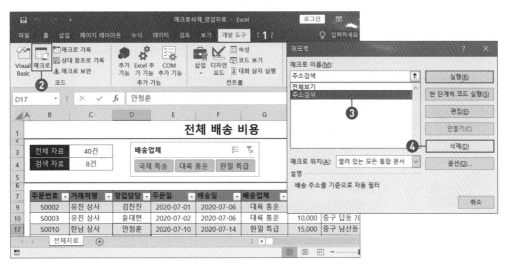

2 '주소검색' 매크로를 삭제하겠느냐고 묻는 메시지 창이 열리면 [예]를 클릭하세요.

3 Alt + F8 을 눌러 [매크로] 대화상자를 열고 '주소검색' 매크로가 삭제되었는지 확인해 보세요.

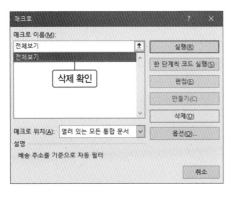

> **Tip**
> 매크로를 지웠어도 파일을 저장하지 않고 파일을 종료하면 매크로는 지워지기 이전의 상태가 유지됩니다.

CORE

난이도 ①②③④⑤

◉ 예제파일 : 매크로단추_영업자료.xlsm ◉ 완성파일 : 매크로단추_영업자료(완성).xlsm

실무
예제 | **07**   도형이나 아이콘 이용해 매크로 실행하기

매크로를 실행하는 방법 중 매크로 단추를 작성하는 방법이 가장 편리하고 쉽습니다. 매크로 단추
는 양식 컨트롤이나 그리기 도형, 그림과 같은 개체에 실행 가능한 매크로를 지정한 단추로, 해당 개
체를 클릭만 해도 매크로가 실행되어 매우 편리합니다.

양식 컨트롤로 매크로 단추 만들기

1 매크로가 포함된 예제파일을 열고 [전체자료] 시트에서 [개발 도구] 탭-[컨트롤] 그룹의 [삽입]을 클
릭한 후 '양식 컨트롤'에서 [단추](□)를 클릭하세요.

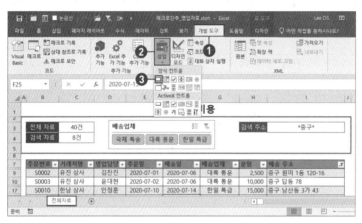

> **Tip**
>
> [개발 도구] 탭-[컨트롤] 그
> 룹에서 [삽입]을 클릭하면
> 나타나는 '양식 컨트롤'과
> 'ActiveX 컨트롤'은 모양과
> 이름이 비슷하지만, 사용 방
> 법이 다릅니다. 그러므로 반
> 드시 '양식 컨트롤'의 [단추]
> (□)를 클릭하세요.

2 마우스 포인터의 모양이 +으로 바뀌면 단추가 놓일 위치와 크기를 지정하기 위해 I4셀의 중간
에서 J4셀의 중간까지 드래그하다가 마우스에서 손을 뗍니다. 손을 떼자마자 [매크로 지정] 대화
상자가 열리면 '매크로 이름'에서 [주소검색]을 선택하고 [확인]을 클릭하세요.

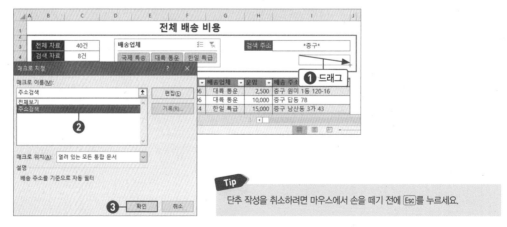

> **Tip**
>
> 단추 작성을 취소하려면 마우스에서 손을 떼기 전에 [Esc]를 누르세요.

3 단추가 편집 가능한 선택 상태로 바뀌면 『주소 검색』을 입력하고 `Esc` 를 누르거나 단추의 바깥쪽 셀을 클릭하여 단추의 선택을 해제하세요.

> **Tip**
>
> 작성한 단추를 다시 선택하려면 `Ctrl` 을 누른 상태에서 클릭하거나 단추에서 마우스 오른쪽 단추를 누르세요.

4 I3셀에 『*신설*』을 입력하고 `Enter` 를 누르세요. [주소 검색] 단추의 위에 마우스 포인터를 올려놓고 🖑 모양으로 바뀌면 단추를 클릭하세요.

> **Tip**
>
> 단추에서 마우스 오른쪽 단추를 누르고 [텍스트 편집]을 선택하면 매크로 단추의 텍스트를 다시 편집할 수 있어요.

5 단추에 지정된 '주소검색' 매크로가 실행되면서 I3셀의 내용인 '신설'이 포함된 배송 주소만 필터링되었는지 확인해 보세요. 조회가 완료되었다는 메시지 창이 열리면 [확인]을 클릭하세요.

매크로 이해

이름 정의

데이터 관리

고급 필터

데이터 연락 선택

파워 쿼리

매크로 작성&저장

매크로 수정&기록

VB 편집기 창

VBA 코드&용어

매크로 실행

도형으로 매크로 단추 만들기

6 [삽입] 탭-[일러스트레이션] 그룹에서 [도형]을 클릭하고 '사각형'에서 [직사각형](□)을 클릭하세요.

> **Tip**
>
> 매크로 단추를 지정하기 위한 도형의 모양은 직사각형 대신 다른 도형을 선택해도 됩니다.

7 마우스 포인터의 모양이 +으로 바뀌면 H4셀에서 I4셀의 중간까지 드래그하여 직사각형을 그리세요.

8 작성한 도형에 『전체 보기』를 입력하고 채우기 색이나 글꼴 서식 등을 보기 좋게 지정하세요.

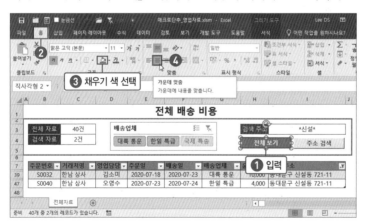

9 도형에서 마우스 오른쪽 단추를 눌러 [매크로 지정]을 선택하세요.

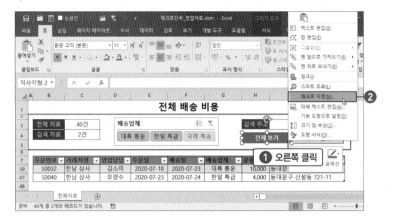

10 [매크로 지정] 대화상자가 열리면 '매크로 이름'에서 [전체보기]를 선택하고 [확인]을 클릭하세요.

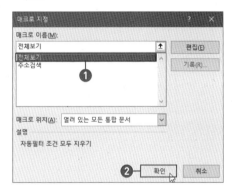

11 [Esc]를 누르거나 도형의 바깥쪽 셀을 클릭하여 매크로로 지정된 도형의 선택을 해제합니다. [전체 보기] 단추의 직사각형 위에 마우스 포인터를 올려놓고 🖑 모양으로 바뀌면 단추를 클릭하세요.

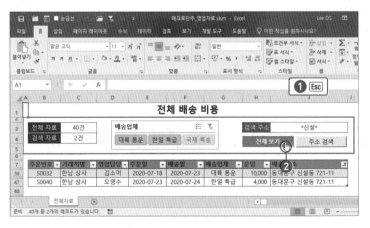

매크로 이해

이름 정의

데이터 관리

피벗 필터

데이터 영역 선택

파워 쿼리

매크로 작성&저장

매크로 수정&기록

VB 편집기 창

VBA 코드&용어

매크로 실행

12 단추에 지정된 '전체보기' 매크로가 실행되면서 필터 조건이 모두 해제되었는지 확인해 보세요. 전체 자료를 표시했다는 메시지 창이 열리면 [확인]을 클릭하세요.

> **Tip**
>
> 도형이나 아이콘, 개체에 지정된 매크로를 다시 지정하거나 지우려면 개체에서 마우스 오른쪽 단추를 누르고 [매크로 지정]을 선택하세요.

잠깐만요 **Application.Goto 메서드 이용해 특정 화면의 위치로 이동하기**

VB 편집기 창에서 Application.Goto 메서드를 이용하는 것은 엑셀 창에서 F5 를 누른 후 이동할 위치(시트와 셀 주소)를 지정하면 해당 위치로 즉시 이동하는 기능과 같습니다. Application.Goto 메서드는 지정한 위치(셀 영역)가 포함된 시트를 선택한 후 지정한 셀 영역으로 이동합니다. 이때 지정한 셀 영역이 엑셀 창의 왼쪽 위가 되도록 화면을 스크롤하는 기능도 제공합니다. Application.Goto 메서드는 단순히 선택만 하는 Select 메서드와 다르기 때문에 엑셀 화면에 특정 위치를 표시할 때 매우 편리합니다.

형식	Application.Goto (*Reference*, *Scroll*)

- *Reference* : 이동할 위치를 셀 영역(Range 개체)으로 지정합니다.
- *Scroll* : 이동할 위치의 셀이 엑셀 창에서 왼쪽 위의 셀이 되도록 창을 스크롤할지의 여부를 True나 False로 지정합니다.

사용 예	기능
Application.Goto Sheets(2).Range("F100"), True	두 번째 시트에서 F100셀을 선택하고 F100셀이 화면 왼쪽 위의 셀이 되도록 창을 스크롤
Application.Goto Sheets(1).Range("F100")	첫 번째 시트에서 F100셀을 선택만 하기 때문에 창의 상태에 따라 화면 왼쪽 위의 셀이 다름
Application.Goto Range("부서")	'부서'라고 이름 정의된 영역 선택

⏺ 완성파일 : 매크로기록방법차이(완성).xlsm

실무 예제 08 │ 상대 참조로 매크로 기록하기

엑셀 수식에서 셀을 참조하는 방식에는 '절대 참조'(예 $A$1, $B$3)와 '상대 참조'(예 A1, B3)가 있습니다. 예를 들어 B2라는 셀에 '=$A$1'이라는 절대 참조 수식이 입력된 경우 B2셀을 복사해 다른 영역에 붙여넣기해도 항상 '=$A$1'이라는 수식을 그대로 유지합니다. 하지만 '=A1'로 상대 참조 수식이 입력된 경우 다른 영역에 붙여넣기하면 상대적인 주소로 변경됩니다.

매크로 기록기를 사용할 때도 셀 영역을 기록하는 방법을 '절대 참조'와 '상대 참조'로 선택할 수 있습니다. **기본적으로 매크로 기록기는 절대 참조 형태로 선택한 셀 영역의 주소를 기록합니다.** 그런데 현재 셀에서 상대적인 위치의 셀 영역을 대상으로 매크로를 실행하려면 '상대 참조로 기록'을 사용합니다. **상대 참조로 기록한 매크로에서는 셀 영역이 Offset 속성을 사용하여 지정됩니다.**

다음의 결과 화면과 같이 현재 셀 포인터를 기준으로 간단한 표 내용을 작성하는 매크로를 기록하기 위해 표 작성 작업 순서를 정리해 보세요.

결과 화면	매크로 기록기로 기록할 엑셀 작업 순서 정리하기
(Sheet1에 표: B3 제품명, C3 서울, D3 경기 / B4 오피스 / B5 윈도우)	❶ 『제품명』을 입력하고 Tab ❷ 『서울』을 입력하고 Tab ❸ 『경기』를 입력하고 Enter ❹ 『오피스』를 입력하고 Enter ❺ 『윈도우』를 입력하고 Enter

'주소검색' 매크로 작성하기

1 새 통합 문서를 열고 [Sheet1] 시트에서 B3셀을 선택한 후 상태 표시줄의 [매크로 기록] 단추(▦)나 [개발 도구] 탭-[코드] 그룹에서 [매크로 기록]을 클릭하세요.

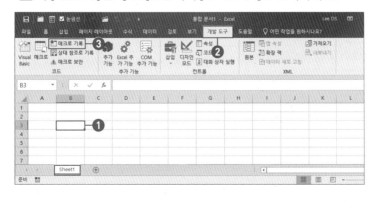

2 [매크로 기록] 대화상자가 열리면 '매크로 이름'에는『절대참조』를, '바로 가기 키'에는 영문 소문 자『i』를 입력하세요. '매크로 저장 위치'에서 [현재 통합 문서]가 선택된 상태인지 확인하고 '설 명'에『일반적인 기록방법(절대 참조기록)』를 입력한 후 [확인]을 클릭하세요.

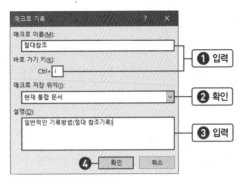

3 B3셀부터『제품명 [Tab] 서울 [Tab] 경기 [Enter] 오피스 [Enter] 윈도우 [Enter]』를 입력하고 매크로 기록을 중단하기 위해 상태 표시줄에서 [기록 중지] 단추(■)를 클릭하세요.

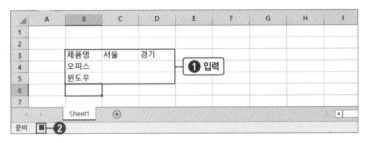

4 1~3 과정에서 기록한 매크로를 새 워크시트에서 실행하기 위해 시트 표시줄에서 [새 시트] 단추 (⊕)를 클릭하세요. 새로운 [Sheet2] 시트가 생성되면 A1셀을 선택한 상태에서 '절대참조' 매크 로의 바로 가기 키인 [Ctrl]+[i]를 누르세요.

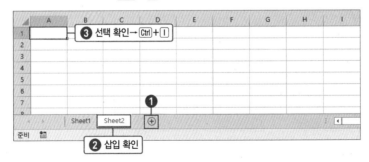

5 A1셀에 『제품명』이 입력되지만 **3** 과정에서 입력한 형태가 아닙니다. '절대참조' 매크로를 시작
할 때 A1셀이 선택된 상태였기 때문에 첫 셀의 내용만 위치가 다르고 나머지 셀은 일정한 위치에
입력되었습니다. 기록된 매크로 내용을 확인하기 위해 Alt + F8 을 누르세요.

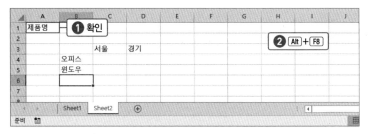

6 [매크로] 대화상자가 열리면 '매크로 이름'에서 [절대참조]를 선택하고 [편집]을 클릭하세요.

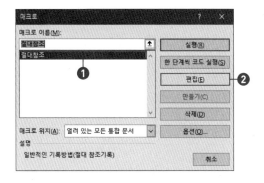

7 VB 편집기 창에 해당 코드 내용이 표시되었는지 확인하고 [닫기] 단추(▣)를 클릭하세요. 일반
적인 매크로 기록에서는 현재 셀이 ActiveCell로 기록되고, 이동한 셀의 주소는 'Range("셀 주
소")' 형식으로 기록되는 것을 알 수 있어요.

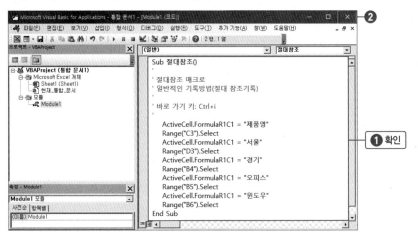

매크로 이해

이름 정의

데이터 관리

고급 필터

데이터 영역 선택

파워 쿼리

매크로 작성&저장

매크로 수정&기록

VB 편집기 창

VBA 코드&용어

매크로 실행

```
❶    Sub 절대참조( )
     '
     ' 절대참조 매크로
❷    ' 일반적인 기록방법(절대 참조기록)
     '
     ' 바로 가기 키: Ctrl+i
     '

❸        ActiveCell.FormulaR1C1 = "제품명"
❹        Range("C3").Select
❺    ┌── ActiveCell.FormulaR1C1 = "서울"
     └── Range("D3").Select
❻    ┌── ActiveCell.FormulaR1C1 = "경기"
     └── Range("B4").Select
❼    ┌── ActiveCell.FormulaR1C1 = "오피스"
     └── Range("B5").Select
❽    ┌── ActiveCell.FormulaR1C1 = "윈도우"
     └── Range("B6").Select
❾    End Sub
```

❶ 매크로의 시작을 지정합니다.

❷ 모두 첫 문자가 작은따옴표(')로 지정되어 있는 주석(comment)입니다.

❸ ❸~❹는 매크로 기록 전 B3셀에 셀 포인터를 올려놓고 『제품명』을 입력한 후 Tab 을 눌렀기 때문에 B3셀에 『제품명』이 입력되고 오른쪽 셀인 C3셀이 선택되는 과정이 기록된 것입니다. ActiveCell은 현재 셀 포인터가 놓인 셀을 의미하고 FormulaR1C1은 마침표(.)의 앞에 지정한 셀 내용을 지정하거나 가져올 때 사용합니다. 이 명령문은 현재의 셀에 텍스트 『제품명』을 입력합니다.

❹ Range는 셀 영역을 지정할 때 사용하는데, 여기서는 C3셀을 선택합니다. Range에 대해서는 145쪽을 참고하세요.

❺ ❹를 실행한 후 ActiveCell은 C3셀이 되기 때문에 C3셀에 『서울』을 입력합니다. FormulaR1C1 속성에 대해서는 171쪽을 참고하세요.

❻ 현재 셀인 D3셀에 『경기』를 입력하고 B4셀을 선택합니다.

❼ 현재 셀인 B4에 『오피스』를 선택하고 B5셀을 선택합니다.

❽ 현재 셀인 B5에 『윈도우』를 입력하고 B6셀을 선택합니다.

❾ 매크로의 끝을 지정합니다.

상대 참조로 매크로 기록하기

8 엑셀 창으로 되돌아오면 시트 표시줄의 [새 시트] 단추(⊕)를 클릭하여 새로운 [Sheet3] 시트를 만들고 B3셀을 선택하세요. **[개발 도구] 탭-[코드] 그룹**에서 **[상대 참조로 기록]**을 클릭하고 상태 표시줄에서 [매크로 기록] 단추(🔲)를 클릭하세요.

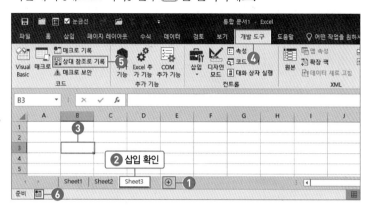

9 [매크로 기록] 대화상자가 열리면 '매크로 이름'에는 『상대참조』를, '바로 가기 키'에는 영문 소문자 『m』을 입력하세요. '매크로 저장 위치'에서 [현재 통합 문서]가 선택된 상태인지 확인하고 '설명'에 『현재 셀 기준으로 상대적인 셀 주소 참조』를 입력한 후 [확인]을 클릭하세요.

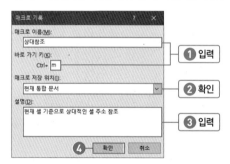

10 『제품명 Tab 서울 Tab 경기 Enter 오피스 Enter 윈도우 Enter』를 입력하고 매크로 기록을 중지하기 위해 상태 표시줄에서 [기록 중지] 단추(■)를 클릭합니다. **[개발 도구] 탭-[코드] 그룹**에서 **[상대 참조로 기록]**을 클릭하여 상대 참조 기록을 해제하세요.

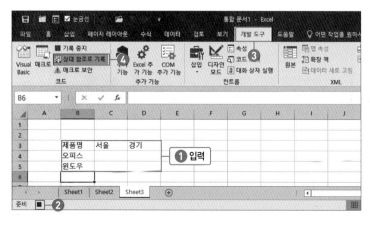

매크로 이해

이름 정의

데이터 편집

고급 필터

데이터 영역 선택

파워 쿼리

매크로 작성&저장

매크로 수정&기록

VB 편집기 창

VBA 코드&용어

매크로 실행

11 기록한 '상대참조' 매크로를 실행해 볼게요. G3셀을 선택하고 [Ctrl]+[M]을 클릭하여 G3셀부터 표 내용을 입력하세요. 기록된 상대 참조 매크로의 내용을 확인하기 위해 [Alt]+[F8]을 누르세요.

12 [매크로] 대화상자가 열리면 '매크로 이름'에서 [상대참조]를 선택하고 [편집]을 클릭하세요.

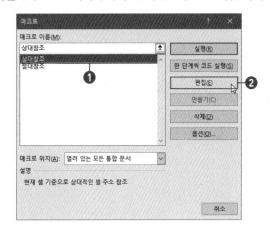

13 VB 편집기 창에 해당 코드가 표시되면 **7** 과정의 '상대참조' 매크로 내용과 어떻게 다른지 비교하고 적당한 이름으로 파일을 저장하세요.

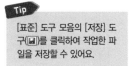

Tip

[표준] 도구 모음의 [저장] 도구(🖫)를 클릭하여 작업한 파일을 저장할 수 있어요.

```
Sub 상대참조( )
'
' 상대참조 매크로
' 현재 셀 기준으로 상대적인 셀 주소 참조
'
' 바로 가기 키: Ctrl+m
'
❶      ActiveCell.FormulaR1C1 = "제품명"
❷      ActiveCell.Offset(0, 1).Range("A1").Select
       ActiveCell.FormulaR1C1 = "서울"
❸      ActiveCell.Offset(0, 1).Range("A1").Select
       ActiveCell.FormulaR1C1 = "경기"
❹      ActiveCell.Offset(1, −2).Range("A1").Select
       ActiveCell.FormulaR1C1 = "오피스"
❺      ActiveCell.Offset(1, 0).Range("A1").Select
       ActiveCell.FormulaR1C1 = "윈도우"
❻      ActiveCell.Offset(1, 0).Range("A1").Select
End Sub
```

❶ 현재 셀에 『제품명』을 입력합니다.

❷ Offset 속성은 'Offset(행 위치 이동, 열 위치 이동)' 형식으로 사용하여 마침표(.) 앞에 지정한 영역에서 상대적인 위치의 영역을 지정할 때 사용합니다. 이 매크로는 '상대 참조로 기록'을 선택했기 때문에 현재 셀을 기준으로 이동한 거리를 Offset 속성으로 기록합니다. 이 명령문은 현재 셀에서 같은 행을 기준으로 오른쪽으로 1개의 열을 이동한 하나의 셀을 선택합니다. 예를 들어 현재의 셀이 B3셀이면 C3셀을, D4셀이면 E4셀을 선택합니다. Offset 속성에 대해서 151쪽을 참고하세요.

❸ 현재 셀에 『서울』을 입력하고 같은 행을 기준으로 오른쪽으로 1개의 열을 이동한 하나의 셀을 선택합니다. ❶에서 ActiveCell이 B3인 경우 ❷~❸을 실행한 후에는 D3셀이 선택됩니다.

❹ 현재 셀에 『경기』를 입력하고 아래쪽으로 한 행, 왼쪽으로 2개의 열을 이동한 하나의 셀을 선택합니다. 매크로를 시작하기 전에 ActiveCell이 B3인 경우 ❶~❹를 실행한 후에는 B4셀이 선택됩니다.

❺ 현재 셀에 『오피스』를 입력하고 아래쪽으로 한 행, 같은 열의 하나의 셀을 선택합니다.

❻ 현재 셀에 『윈도우』를 입력하고 아래쪽으로 한 행, 같은 열의 하나의 셀을 선택합니다. ❶에서 ActiveCell이 B3인 경우 ❷~❻을 실행한 후에는 B6셀이 선택됩니다.

표의 빈 행에 날짜 입력하는 매크로 기록하기

매크로 기록 방법은 일반적인 방법과 상대 참조로 기록하는 두 가지 방법이 있는데, 어떤 경우에 사용해야 하는지 선택하기가 어렵습니다. 원하는 답을 찾을 때까지 두 가지 방법으로 모두 기록해 보는 것이 VBA 공부에 도움이 됩니다.

예제파일에서 매크로를 실행하면 셀 포인터의 위치에 상관없이 항상 [전체자료] 시트에서 표의 아래쪽에 있는 빈 행을 찾아 셀 포인터를 올려놓고 '주문일'에 오늘 날짜가 입력되도록 작성해 보겠습니다. 우선 매크로가 아닌 수작업으로 작업할 때 어떤 방법과 순서로 작업이 진행되는지 정리해 보세요. 정리한 내용을 살펴보면 빈 행의 위치는 특정 셀 위치가 아닌 표의 크기에 따라 상대적인 위치로 기록해야 하기 때문에 '상대 참조로 기록'을 하는 것이 좋습니다.

매크로 기록기로 기록할 엑셀 작업 순서 정리하기

❶ 표의 '주문번호' 열로 이동하기 위해 F5를 눌러 [이동] 대화상자를 열고 『=표1[[#머리글],[주문번호]]』를 입력한 후 [확인]을 클릭하세요. 표 정의 지정 방법은 38쪽을 참고하세요.

❷ 끝 행으로 이동하기 위해 End+↓를 누릅니다. 이동키에 대해서는 52쪽을 참고하세요.

❸ 빈 행으로 이동하기 위해 ↓를 누릅니다.

❹ '주문일'에 날짜를 입력하기 위해 →를 3번 누릅니다.

❺ 『2020-7-7』을 입력하고 '주문일' 위치로 되돌아오기 위해 ←를 3번 누릅니다.

---

1 [전체자료] 시트에서 [개발 도구] 탭-[코드] 그룹의 [상대 참조로 기록]을 클릭하고 상태 표시줄에서 [매크로 기록] 단추(▦)를 클릭하세요.

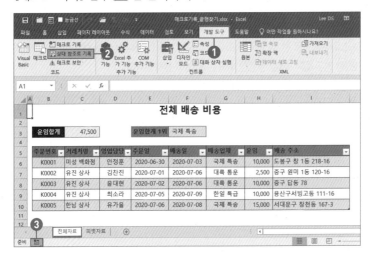

2 [매크로 기록] 대화상자가 열리면 '매크로 이름'에는 『자료추가』를, '바로 가기 키'에는 영문 소문자 『k』를 입력하세요. '매크로 저장 위치'에서 [현재 통합 문서]가 선택된 상태인지 확인하고 '설명'에 『표 끝 행에 자료 추가하기』를 입력한 후 [확인]을 클릭하세요.

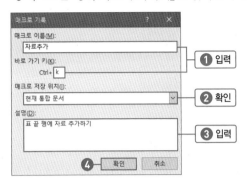

3 F5 를 눌러 [이동] 대화상자를 열고 '참조'에 『표1[[#머리글],[주문번호]]』를 입력한 후 [확인]을 클릭하세요.

> **Tip**
>
> '표1[[#머리글],[주문번호]]' 대신 『B5』를 입력해도 되지만, 표의 위치가 이동하는 경우 'B5'라는 셀 주소는 변경될 수 있어요. 따라서 절대 참조 개념인 표 명칭을 이용해서 작성한 '표1[[#머리글],[주문번호]]'로 지정해야 항상 일정한 위치를 지정할 수 있습니다.

4 '주문번호' 필드의 제목인 B5셀을 선택한 상태에서 End + ↓ 를 눌러 끝 행으로 이동한 후 다시 ↓ 를 누르세요.

> **Tip**
>
> 연속된 셀 영역의 끝 위치를 찾을 때 표에서 End + ↓ 를 사용할 수 있는 전제 조건이 적어도 하나 이상 있어야 합니다. 만약 제목 행 외에 한 행도 자료가 없다면 End + ↓ 는 워크시트의 끝 행인 B1048576셀로 이동합니다. 자료가 몇 행인지에 따라 다르게 처리하려면 249쪽에서 다룰 IF문을 배워야 합니다.

매크로 이해

이름 정의

데이터 관리

고급 필터

데이터 영역 선택

파워 쿼리

매크로 작성&저장

매크로 수정&기록

VB 편집기 창

VBA 코드&응용

매크로 실행

5 '주문번호' 필드의 빈 행인 B11셀을 선택한 상태에서 →를 3번 누르세요.

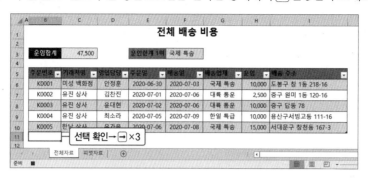

6 E11셀을 선택한 상태에서 『2020-7-7』을 입력하고 ←를 3번 눌러 다시 B11셀로 되돌아간 후 상태 표시줄에서 [기록 중지] 단추(■)를 클릭하여 매크로 기록을 중지하세요. **[개발 도구] 탭-[코드] 그룹**에서 **[상대 참조로 기록]**을 클릭해 상대 참조 기록도 해제하세요.

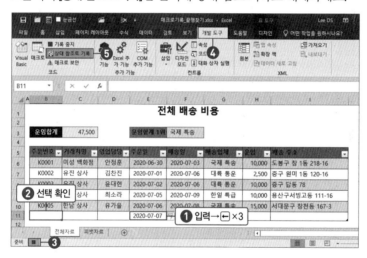

7 B11셀에 주문 번호『K0006』을 입력하고 Enter를 누른 후 Ctrl + K를 누르세요. '자료추가' 매크로 가 실행되면서 B12셀이 선택되는지 확인하고 기록된 매크로 내용을 보기 위해 Alt + F8을 누르세요.

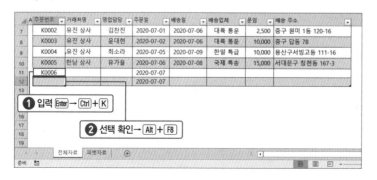

> **Tip**
>
> 기록한 '자료추가' 매크로는 '주문번호' 필드를 기준으로 연속된 자료의 끝 행을 찾기 때문에 B11셀에 내용이 입력되어 있어야 B12셀이 선택됩니다.

8 [매크로] 대화상자가 열리면 '매크로 이름'에서 [자료추가]를 선택하고 [편집]을 클릭하세요.

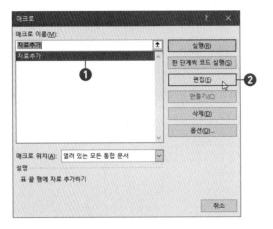

9 VB 편집기 창에 코드가 표시되었는지 확인해 보세요.

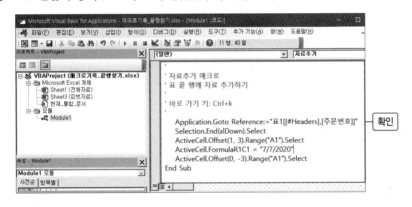

10 코드 내용 중에서 'ActiveCell.FormulaR1C1 = "7/7/2020"'을 'ActiveCell.FormulaR1C1 = Date'로 변경하고 [닫기] 단추(✕)를 클릭하세요.

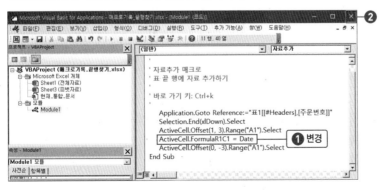

매크로 이해

이름 정의

데이터 관리

고급 필터

데이터 영역 선택

파워 쿼리

매크로 작성&저장

매크로 수정&기록

VB 편집기 창

VBA 코드&용어

매크로 실행

```
Sub 자료추가( )
'
' 자료추가 매크로
' 표 끝 행에 자료 추가하기
'
' 바로 가기 키: Ctrl+k
'
①      Application.Goto Reference:="표1[[#Headers],[주문번호]]"
②      Selection.End(xlDown).Select
③      ActiveCell.Offset(1, 3).Range("A1").Select
④      ActiveCell.FormulaR1C1 = Date
⑤      ActiveCell.Offset(0, -3).Range("A1").Select
End Sub
```

❶ Application.Goto는 다음에 오는 셀 주소로 셀 포인터가 이동합니다. '"표1[[#Headers],[주문번호]]"'는 '표1'의 머리글 행 중 '주문번호' 셀을 의미히므로 이 명령문은 '표1'의 위치가 달라져도 항상 '표1'의 '주문번호' 머리글을 선택합니다.

❷ Selection은 현재 선택 영역을 의미합니다. ActiveCell과는 조금 다른데, 이것에 대해서는 139쪽에서 자세히 다룹니다. Selection.End(xlDown)은 현재 선택 영역에서 아래쪽으로 연속된 끝 셀을 지정하므로 이 명령문 후에는 '주문번호' 머리글로부터 아래쪽 끝 셀이 선택됩니다.

❸ 4~5 과정을 통해 현재 셀이 아래쪽으로 1번, 오른쪽으로 3번 이동했기 때문에 Offset(1,3)으로 기록됩니다. 이 명령문이 실행되면 '주문일'의 빈 셀이 선택됩니다.

❹ Date는 VB 함수로 컴퓨터의 오늘 날짜를 반환합니다. '=Today( )'라는 엑셀 함수를 사용하면 수식이 입력되지만, Date라는 VB 함수를 사용하면 오늘 날짜가 상수로 입력됩니다.

❺ 현재 셀에서 같은 행의 왼쪽 세 번째 셀인 '주문번호' 입력 셀을 선택합니다.

> **Tip**
>
> VBA로 기록된 내용을 쉽게 이해하려면 88쪽에서 정리했던 작업 단계의 순서와 맞춰보세요. 그러면 엑셀의 어떤 동작이 어떻게 기록되는지 이해할 수 있어요.

11 엑셀 창으로 되돌아오면 셀 포인터의 위치에 상관없이 Ctrl+K를 누르세요. 그러면 '표1'의 빈 행을 찾아 오늘의 날짜를 '주문일'에 입력하고 '주문번호' 필드의 빈 셀로 이동하는 것을 확인할 수 있어요.

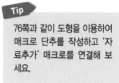

> **Tip**
>
> 76쪽과 같이 도형을 이용하여 매크로 단추를 작성하고 '자료추가' 매크로를 연결해 보세요.

1 매크로 이름 규칙 이해하기

🔵 **정답파일** : 03-Ex1(풀이).xlsx

다음 중 매크로 이름으로 적당하지 않은 것을 모두 고르고 이유를 설명해 보세요.

① 2019_Excel   ② VBA(2019)   ③ sb주소검색-2019
④ Sub   ⑤ sbAutoFilter

2 매크로 기록하기

🔵 **예제파일** : 03-Ex2.xlsx   🔵 **완성파일** : 03-Ex2(완성).xlsm

예제파일에 다음과 같은 기능을 가진 매크로를 기록한 후 저장해 보세요.

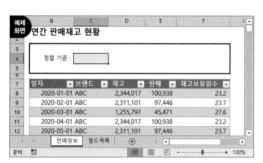

▲ [판매일보] 시트의 데이터

▲ 브랜드로 정렬된 매크로 실행 결과

처리 조건	① C4셀에는 데이터 유효성 검사로 [필드목록] 시트의 필드 목록(B3:B7)을 표시하세요(매크로 기능에 포함 안 함). ② 매크로 기능 : C4셀에서 지정한 필드 항목별로 오름차순 정렬한 후 메시지 창을 표시하세요. ③ 매크로 이름 : sbSort ④ 바로 가기 키 : Ctrl+Q ⑤ 적당한 도형을 사용하여 [정렬실행] 매크로 단추를 작성하세요.

Hint	① '매크로 기록' 기능을 이용하여 정렬 과정을 기록하고 VBA 코드 내용 중에서 정렬 항목을 지정하는 일부 내용 을 수정하세요. ② 매크로를 기록하기 전에 작업 순서를 정리하고 연습한 후 기록하세요. ③ VB에서도 문자 연결 연산자는 & 기호를 사용하므로 C4셀의 내용 앞뒤에 대괄호([])를 붙이려면 '"[" & Range ("C4") & "]"' 형식으로 사용하세요.

파일별로 구성되는 빠른 실행 도구 모음 만들기

특정 파일에서만 사용하는 매크로 및 명령 도구가 필요한 경우 빠른 실행 도구 모음을 이용할 수 있습니다. 이번에는 해당 파일이 열렸을 때만 표시되는 빠른 실행 도구 모음을 작성해 보겠습니다.

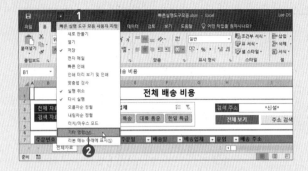

1 매크로가 포함된 예제파일을 열고 빠른 실행 도구 모음의 오른쪽 끝에 있는 [빠른 실행 도구 모음 사용자 지정] 단추(ⓧ)를 클릭한 후 [기타 명령]을 선택하세요.

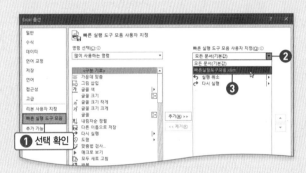

2 [Excel 옵션] 창이 열리면서 [빠른 실행 도구 모음] 범주가 선택되면 '빠른 실행 도구 모음 사용자 지정'에서 현재 파일명인 '빠른실행도구모음.xlsm'을 선택하세요.

Tip

> 현재 파일명이 표시되지 않는다면 파일을 [읽기 전용]으로 열어놓았는지 확인해 보세요.

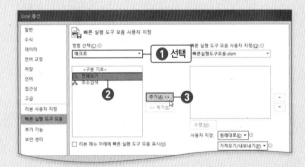

3 '명령 선택'에서 [매크로]를 선택하세요. 현재 통합 문서에 작성된 매크로 목록이 표시되면 [전체보기]를 선택하고 [추가]를 클릭하세요.

Tip

> 매크로 기능이 아닌 다른 명령을 선택할 수도 있습니다.

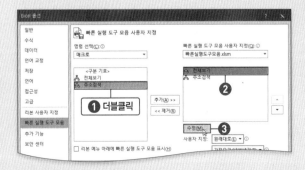

4 [주소검색]을 더블클릭하여 오른쪽에 있는 '빠른 실행 도구 모음 사용자 지정' 목록에 추가하세요. 추가한 명령 중에서 [전체보기]를 선택하고 [수정]을 클릭하세요.

5 [단추 수정] 대화상자가 열리면 변경할 아이콘을 선택하고 [확인]을 클릭하세요.

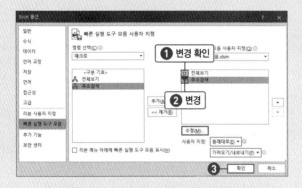

6 [전체보기]의 아이콘이 변경되었는지 확인합니다. 4~5 과정과 같은 방법으로 [주소검색]의 단추 아이콘을 변경하고 [확인]을 클릭하세요.

7 엑셀 창에서 빠른 실행 도구 모음의 오른쪽에 새로 추가한 매크로 도구들을 확인하고 **[파일] 탭-[옵션]**을 선택하세요. 빠른 실행 도구 모음에 추가된 이 도구들을 클릭해도 매크로가 실행되지만, 현재 실행중인 엑셀 파일을 닫으면 새로 추가한 해당 도구들이 더 이상 표시되지 않아요.

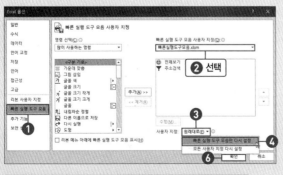

8 [Excel 옵션] 창이 열리면 [빠른 실행 도구 모음] 범주의 '빠른 실행 도구 모음 사용자 지정'에서 해당 파일을 선택하고 [원래대로]-[빠른 실행 도구 모음만 다시 설정]을 선택하세요. 빠른 실행 도구 모음을 기본 콘텐츠로 복원하겠느냐고 묻는 메시지 창이 열리면 [예]를 클릭하세요. [Excel 옵션] 창으로 되돌아오면 [확인]을 클릭하여 파일에 개별적으로 지정한 빠른 실행 도구 모음을 제거합니다.

매크로 이해

이름 정의

데이터 관리

고급 필터

데이터 입력 양식 선택

파워 쿼리

매크로 작성&저장

매크로 수정&기록

VB 편집기 창

VBA 코드&명령어

매크로 실행

04

VB 편집기 창과 VBA 용어 익히기

엑셀 매크로는 매크로 기록기로 기록하거나 직접 입력하여 VBA 코드로 작성합니다. VB 편집기 창은 VBA 코드를 작성하는 창으로, 이번 섹션에서는 VBA 편집기 창의 구성과 주요 기능에 대해 살펴보겠습니다. 자주 사용하는 매크로 실행과 관련된 바로 가기 키는 잘 외워두어야 관리하기 편리합니다. 따라서 VB 편집기 창의 환경 설정도 편리한 환경으로 지정해야 작업하기에 편리합니다.

> PREVIEW

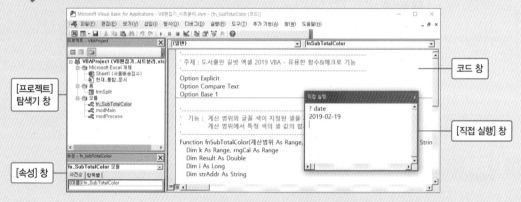

[프로젝트] 탐색기 창

[속성] 창

코드 창

[직접 실행] 창

VB 편집기 창을 통해 사용자 정의 함수(UDF)를 작성하여 엑셀 창에서 일반 함수와 같이 직접 입력하거나 '함수 인수' 창을 사용할 수 있습니다.

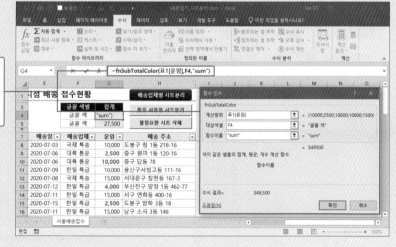

VB 편집기 창의 표시 방법과 구성 요소 살펴보기

1 │ VB 편집기 창의 표시 방법

엑셀 '매크로 기록' 기능을 이용하여 기록한 내용은 엑셀 워크시트가 아니라 엑셀에 내장된 'VB 편집기 창'이라는 별도의 화면에서 관리됩니다. 모든 VBA 작업은 VB 편집기 창에서 처리되고 다음과 같은 방법으로 표시할 수 있어요.

표시 방법	기능
Alt + F11	• 엑셀 창과 VB 편집기 창을 교대로 표시 • 가장 일반적으로 사용하는 표시 방법
[개발 도구] 탭-[코드] 그룹에서 [Visual Basic] 클릭	Alt + F11과 같은 기능
[보기] 탭-[매크로] 그룹에서 [매크로]를 클릭하여 [매크로] 대화상자를 열고 매크로를 선택한 후 [편집] 클릭	VB 편집기 창에 선택한 매크로 내용이 곧바로 표시됨
시트 탭에서 마우스 오른쪽 단추를 눌러 [코드 보기] 선택	• VB 편집기 창에 선택한 시트의 코드 창 표시 • 주로 시트 이벤트를 작성할 때 이용하면 편리

위의 네 가지 방법 중 편리한 방법으로 VB 편집기 창을 열면 됩니다.

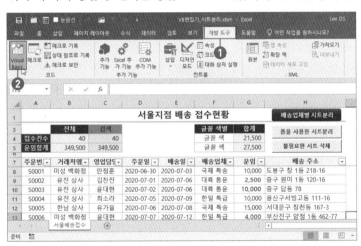

▲ [개발 도구] 탭-[코드] 그룹에서 [Visual Basic]을 클릭해 VB 편집기 창 열기

2 │ VB 편집기 창의 구성 요소

VB 편집기 창을 처음 실행하면 기본적으로 [프로젝트] 탐색기 창과 [속성] 창, 코드 창이 표시됩니다. 각 창에는 별도의 [닫기] 단추(✕)가 있으므로 필요에 따라 닫았다가 [보기] 메뉴나 바로 가기 키를 이용해 다시 표시할 수 있어요. 각 창은 제목 표시줄을 드래그하여 자유롭게 이동할 수도 있고 창의 경계선을 드래그하여 창의 크기도 조절 가능합니다.

매크로 이해

이름 정의

데이터 관리

고급 필터

데이터 영역 선택

파워 쿼리

매크로 작성&저장

매크로 수정&기록

VB 편집기 창

VBA 코드&용어

매크로 실행

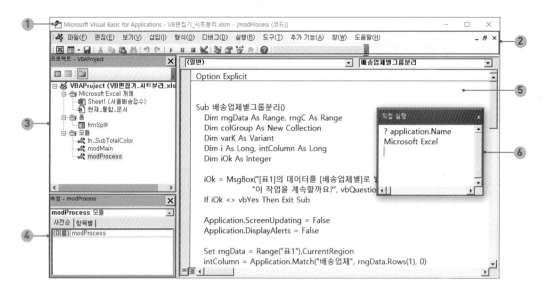

① **제목 표시줄** : 파일명을 표시합니다. 코드 창이 확대된 상태에서는 '파일 이름 – [modProcess (코드)]' 형식으로 파일 이름이 나타나고, 확대한 코드 창의 개체명이 함께 표시됩니다.

② **메뉴와 도구 모음** : VB 편집기 창에는 기본적으로 [표준] 도구 모음이 표시되고, 이 외에 [디버그] 도구 모음, [사용자 정의 폼] 도구 모음, [편집] 도구 모음 등이 제공됩니다. 도구 모음은 **[보기]–[도구 모음]** 메뉴나 도구 모음에서 마우스 오른쪽 단추를 눌러 선택할 수 있어요.

③ **[프로젝트] 탐색기 창** : VB 편집기 창에서는 엑셀 파일을 프로젝트(project) 개념으로 사용해요. [프로젝트] 탐색기 창에서는 현재 열어놓은 엑셀 파일들이 'VBAProject(파일명)'으로 나타나고 파일에 속한 워크시트([Sheet1], [Sheet2] 등으로 표시), 폼, 모듈이 윈도우 탐색기의 계층 구조처럼 표시됩니다. 폴더 아이콘 앞의 [확장] 단추(+)와 [축소] 단추(−)를 클릭하여 구성 항목을 확인할 수 있어요.

④ **[속성] 창** : VBA에서는 워크시트, 파일, 모듈과 같은 엑셀의 각 요소를 '개체'라고 하고 개체의 색, 글자 크기, 이름 등과 같이 개체의 특징을 '속성'이라고 합니다. [속성] 창은 현재 선택한 개체의 속성과 해당 값을 표시하고 변경할 수 있는 창입니다. 위의 화면에서 [속성] 창은 세 번째 모듈 'modProcess'를 선택한 상태로, 해당 모듈의 '이름' 속성이 'modProcess'임을 표시하고 있어요. '이름' 속성은 매크로 이름 지정 규칙을 적용해서 필요에 따라 변경이 가능합니다.

⑤ **코드 창** : 매크로의 실제 내용인 VBA 코드가 작성되는 창으로, 워크시트와 폼, 모듈 개체마다 개별적인 코드 창을 가집니다. 위의 화면은 세 번째 모듈 'modProcess'의 코드 창이 표시된 상태입니다. [프로젝트] 탐색기 창에서 [Shee1] 개체를 더블클릭하면 'Sheet1'의 코드 창이 표시됩니다. 코드 창은 워드패드처럼 VBA 코드를 직접 작성하고 복사 및 삭제, 이동 등이 가능해요. 그리고 코드 창에 입력된 VBA 코드는 코드의 종류에 따라 글꼴 색이 다르게 표시됩니다. 예를 들어 설명(comment; 주석)은 녹색으로, VB 예약어는 파란색으로 표시됩니다.

⑥ **[직접 실행] 창** : 간단한 함수나 명령문을 직접 실행하여 결과를 확인할 수 있는 창입니다. [직접 실행] 창에 Print 명령이나 물음표(?)를 입력하고 VBA 코드를 입력한 후 Enter를 누르면 실행 결과를 바로 확인할 수 있어요.

3 | VB 편집기 창의 환경 설정하기

VB 편집기 창에서는 사용자가 작업하기에 좀 더 편리한 상태로 작업 환경을 변경할 수 있어요. **[도구]-[옵션]** 메뉴를 선택하여 [옵션] 대화상자를 열고 코드 창의 글꼴, 크기, 색상 등의 서식부터 사용자 정의 폼의 눈금 단위, 각 창들의 정렬 방식 등을 변경할 수 있습니다.

[편집기] 탭

[편집기] 탭에서는 코드 창에서 VBA 코드를 입력할 때 지원되는 기능을 지정합니다.

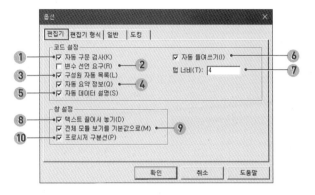

① **자동 구문 검사** : 코드 창에서 VBA 코드를 입력하고 줄을 변경하면 자동으로 VBA 문법을 확인합니다. 잘못 입력된 내용이 있으면 명령문 전체가 빨간색으로 표시되면서 오류 메시지 창이 열립니다.

② **변수 선언 요구** : 이 옵션에 체크한 후 [모듈 삽입] 도구(▦)를 클릭해서 새 모듈을 삽입하면 추가된 개체 코드 창의 첫 줄에 'Option Explicit'가 자동으로 표시됩니다.

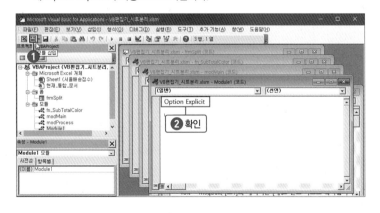

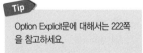

Tip
Option Explicit문에 대해서는 222쪽을 참고하세요.

매크로 이해

이름 정의

데이터 관리

고급 필터

데이터 영역 선택

피벗 쿼리

매크로 작성&저장

매크로 수정&기록

VB 편집기 창

VBA 코드&용어

매크로 실행

③ **구성원 자동 목록** : 개체명의 뒤에 마침표(.)를 입력하거나 매개변수의 입력 위치에서 선택 가능한 속성과 메서드, 하위 개체 목록 등이 자동으로 표시됩니다. 수동으로 구성원 목록을 표시하려면 Ctrl + J를 누르세요.

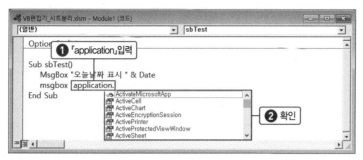

▲ Application 개체 입력 후 마침표(.)를 입력해 구성원 목록 표시하기

④ **자동 요약 정보** : VBA 명령어를 입력할 때 매개변수 정보를 노란색 풍선 도움말로 표시하는 기능으로, 입력할 매개변수 정보를 미리 확인 가능하기 때문에 입력 오류를 줄일 수 있어요.

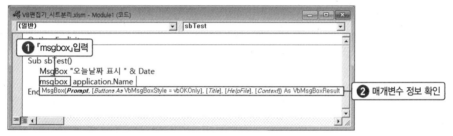

▲ MsgBox 메서드를 입력할 때 나타나는 자동 요약 정보

⑤ **자동 데이터 설명** : 중단점을 설정하여 매크로 실행 중 실행이 중단된 상태에서 변수나 개체 속성의 위에 마우스 포인터를 올려놓으면 해당 값을 노란색 풍선 도움말로 표시하는 기능입니다. 중단점과 자동 데이터에 대해서는 123쪽을 참고하세요.

⑥ **자동 들여쓰기** : 코드 창에서 한 행을 입력하고 Enter를 누르면 바로 윗 줄에서 들여쓴 만큼 자동으로 들여쓰기됩니다.

⑦ **탭 너비** : Tab을 누를 때 이동하는 문자 개수를 지정합니다. 기본값은 4로 지정되고 1~32까지 지정할 수 있어요.

⑧ **텍스트 끌어서 놓기** : [직접 실행] 창이나 조사식 창을 이용할 때 코드 창의 내용을 블록으로 지정하고 해당 창으로 드래그할 수 있어요.

⑨ **전체 모듈 보기를 기본값으로** : 코드 창에 여러 개의 프로시저가 있는 경우 전체 내용을 표시합니다.

⑩ **프로시저 구분선** : [전체 모듈 보기를 기본값으로]에 체크한 상태에서 여러 개의 프로시저가 있는 경우 각 프로시저 사이에 구분선을 표시합니다.

▲ 2개의 프로시저 사이에 구분선이 표시된 상태

[편집기 형식] 탭

[편집기 형식] 탭에서는 주로 코드 창에 사용하는 글꼴, 크기, 색 등을 지정합니다. [편집기 형식] 탭에서 글꼴과 크기를 지정하면 코드 창의 글꼴과 크기가 변경됩니다.

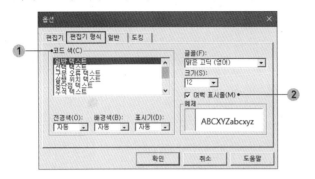

① **코드 색** : 목록 상자에서 코드 색을 변경할 항목을 선택하고 전경색, 배경색, 표시기 색 등을 새로 지정합니다.

② **여백 표시줄** : 중단점을 설정할 때 사용하는 코드 창의 왼쪽에 있는 여백 표시줄을 표시하거나 숨깁니다.

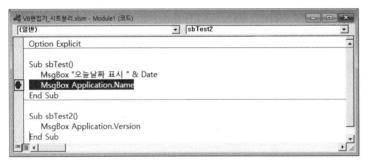

▲ 여백 표시줄을 클릭해 중단점을 지정한 상태

[일반] 탭

[일반] 탭에서는 사용자 정의 폼(UserForm)에 대한 환경과 VB 편집기 창의 일반적인 환경을 설정합니다.

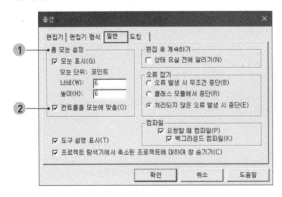

① **폼 모눈 설정** : 모눈의 표시 여부와 모눈의 단위를 너비와 높이를 기준으로 2~60 사이의 값으로 설정합니다. 모눈 단위의 기본값은 6입니다.

② **컨트롤을 모눈에 맞춤** : 사용자 정의 폼에서 컨트롤의 바깥쪽 모서리를 자동으로 모눈에 맞추어 컨트롤의 이동과 크기를 모눈 단위로 지정합니다.

매크로 이해

이름 정의

데이터 관리

고급 필터

데이터 영역 선택

파워 쿼리

매크로 작성&저장

매크로 수정&기록

VB 편집기 창

VBA 코드&용어

매크로 실행

[도킹] 탭

[도킹] 탭에서는 VB 편집기 창에 포함된 [프로젝트] 탐색기 창이나 [속성] 창, 코드 창 등의 여러 창이 VB 편집기 창의 상하좌우 끝으로 자동 배열되도록 도킹(docking) 기능을 제공합니다.

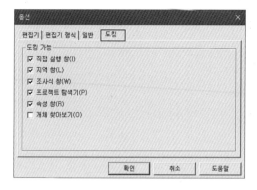

해당 창의 제목 표시줄을 드래그하거나 더블클릭하면 VB 편집기 창의 상하좌우 4개의 방향 중 한쪽에 도킹됩니다.

▲ 도킹되지 않은 상태의 [직접 실행] 창

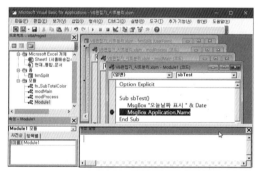

▲ [직접 실행] 창 제목을 더블클릭하여 도킹된 상태

난이도 1 2 3 4 5

실무
예제 **02**

편리하게 VB 편집기 창 사용하기

2개의 영역으로 코드 창 나누기

1 매크로가 포함된 예제파일을 열고 Alt + F11 을 누르세요. VB 편집기 창이 열리면 [프로젝트] 탐색기 창에서 '모듈'-'modProcess'를 더블클릭하세요.

Tip

'VBAProject'의 하위 개체인 'Sheet1'과 '현재_통합_문서', 'frmSplit', 'fn_SubTotalColor'를 각각 더블클릭하면 개체별 코드 창이 표시됩니다.

2 'modProcess'의 코드 창이 열리면 화면의 오른쪽 위에 있는 수직 스크롤바의 창 구분선 위에 마우스 포인터를 올려놓고 ⬍ 모양으로 바뀌면 아래쪽으로 드래그하여 적당한 위치에 구분선을 삽입하세요.

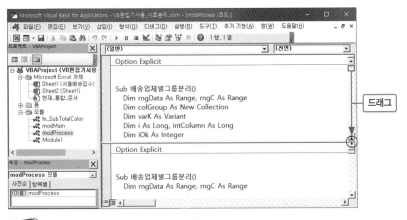

Tip

위의 화면은 코드 창이 최대화된 상태로, 제목 표시줄에 코드 창의 제목이 표시됩니다. VB 편집기 창을 마지막으로 본 상태에 따라 코드 창이 별도 창으로 표시될 수도 있어요.

3 코드 창의 가운데에 프로시저 구분선이 나타나면서 2개의 영역으로 구분되면 아래쪽 영역에 커서를 올려놓고 코드 창의 오른쪽 위에 있는 [프로시저] 단추(▼)를 클릭한 후 [불필요한시트삭제]를 선택하세요.

Tip

'프로시저'는 VBA로 일련의 작업 순서를 정의하는 단위로, 매크로는 프로시저 단위로 저장됩니다. 즉 하나의 매크로가 하나의 프로시저라고 볼 수 있어요.

4 코드 창의 아래쪽 영역에 선택한 프로시저에 대한 VBA 코드가 표시됩니다. 구분선을 제거하기 위해 구분선의 위에 마우스 포인터를 올려놓고 ↥ 모양으로 바뀌면 더블클릭하세요.

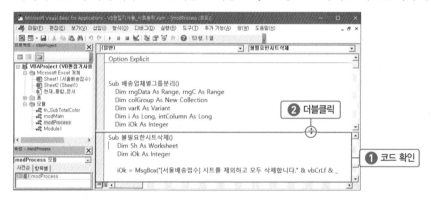

[편집] 도구 모음 사용해 주석 지정/해제하기

5 여러 줄을 동시에 주석 처리하거나 해제할 때 [편집] 도구 모음을 이용하면 편리해요. [표준] 도구 모음에서 마우스 오른쪽 단추를 누르고 [편집]을 선택하여 [편집] 도구 모음을 표시하세요.

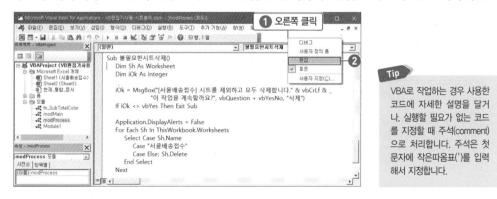

Tip

VBA로 작업하는 경우 사용한 코드에 자세한 설명을 달거나, 실행할 필요가 없는 코드를 지정할 때 주석(comment)으로 처리합니다. 주석은 첫 문자에 작은따옴표(')를 입력해서 지정합니다.

6 '불필요한시트삭제' 프로시저가 보이도록 아래쪽 화면으로 이동합니다. 여백 표시줄과 VBA 코드 사이의 빈 공간에 마우스 포인터를 올려놓고 ⬈ 모양으로 바뀌었을 때 더블클릭하여 '불필요한시트삭제' 프로시저 전체를 선택하세요.

매크로 이해

이름 정의

데이터 관리

고급 필터

데이터 영역 선택

파워 쿼리

매크로 작성&저장

매크로 수정&기록

VB 편집기 창

VBA 코드&용어

매크로 실행

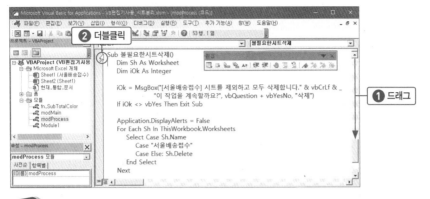

> **Tip**
>
> 여백 표시줄과 VBA 코드가 입력되는 사이의 약간의 공간을 '선택 영역'이라고 합니다. 이 공간을 클릭하면 해당 줄(또는 하나의 명령문)이 선택되고 더블클릭하면 프로시저 단위로 선택됩니다. 선택 영역을 이용하지 않고 직접 드래그하여 블록을 설정해도 됩니다.

7 [편집] 도구 모음에서 [주석 블록 설정] 도구(☰)를 클릭하여 블록으로 설정한 부분을 주석으로 지정하세요.

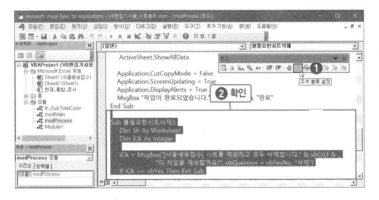

> **Tip**
>
> 주석을 해제할 때는 [편집] 도구 모음에서 [주석 블록 해제] 도구(☲)를 클릭합니다. 그리고 [편집] 도구 모음의 제목 표시줄을 드래그하여 위치를 변경할 수 있어요.

8 블록 영역의 바깥쪽을 클릭하여 블록을 해제하세요. 그러면 블록으로 지정했던 영역이 녹색으로 표시되고 각 줄마다 첫 번째 열에 작은따옴표(')가 삽입된 것을 확인할 수 있어요.

> **Tip**
>
> 주석 처리된 '불필요한시트삭제' 프로시저(매크로)는 더 이상 실행할 수 없지만, 주석을 해제하면 이 매크로를 다시 실행할 수 있어요.

[속성] 창 이용해 개체 이름 변경하기

9 [프로젝트] 탐색기 창에서 '모듈'-'Module1'이 선택되었는지 확인해 보세요. [속성] 창의 '(이름)' 속성에 『modTest』를 입력하고 Enter를 눌러 'Module1' 모듈의 이름을 변경합니다.

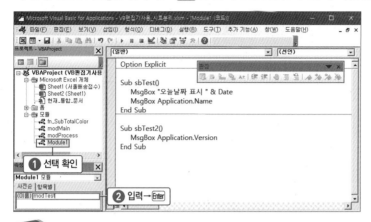

> **Tip**
>
> 폼 개체 'UserForm1'과 엑셀 개체인 'Sheet1', 'Sheet2' 등도 이름 속성을 지정하여 개체명을 변경할 수 있어요. 단 다른 프로시저에서 해당 개체의 이름을 사용 중이면 프로시저의 내용도 함께 변경해야 합니다.

잠깐만요 **VB 편집기 코드 창에서 사용하는 유용한 바로 가기 키**

• 실행 및 창 관련 단축키

단축키	메뉴 및 아이콘	기능
F5	[실행]-[Sub/사용자 정의 폼 실행] 메뉴(▶)	현재 선택한 폼이나 프로시저 실행
F8	[디버그]-[한 단계씩 코드 실행] 메뉴(🖫)	현재 마우스 포인터 위치의 명령문을 실행하고 멈춤
Ctrl + Break 또는 Esc	[실행]-[중단] 메뉴	작업 중인 매크로(프로시저) 중단
Alt + F11	[보기]-[Microsoft Excel] 메뉴	엑셀 창 활성화
Alt + Q	[파일]-[닫고 Microsoft Excel(으)로 돌아가기] 메뉴	VB 편집기 창 닫고 엑셀 창 표시
Ctrl + S	[파일]-[저장] 메뉴	현재 통합 문서(VBA 내용 포함) 저장
Ctrl + G	[보기]-[직접 실행 창] 메뉴	[직접 실행] 창 표시
Ctrl + R	[보기]-[프로젝트 탐색기] 메뉴	[프로젝트] 창 표시 및 활성화
F1	[도움말]-[Microsoft Visual Basic for Applications 도움말] 메뉴	온라인 도움말 사이트 표시
F2	[보기]-[개체 찾아보기] 메뉴	[개체 찾아보기] 창 표시 및 활성화
F4	[보기]-[속성 창] 메뉴	[속성] 창 표시 및 활성화
F7	[보기]-[코드] 메뉴	선택한 개체의 코드 창 활성화
Shift + F7	[보기]-[개체] 메뉴	선택한 개체의 활성화

• [코드] 창 관련 단축키

단축키	메뉴 및 아이콘	기능
Tab	[편집] 도구 모음의 [들여쓰기] 도구(🔢)	• 선택한 영역의 명령문을 한 단계 들여쓰기 • [도구]-[옵션] 메뉴를 선택하여 [옵션] 대화상자를 열고 [편집기] 탭의 '탭 너비'에서 들여쓰기 간격 지정 • '탭 너비'의 기본값은 4
Shift + Tab	[편집] 도구 모음의 [내어쓰기] 도구(🔢)	선택한 영역의 명령문을 한 단계 내어쓰기
Ctrl + A	[편집]-[전체 선택] 메뉴	현재 코드 창 또는 현재 폼 안의 모든 컨트롤 선택
Ctrl + Z	[편집]-[실행 취소] 메뉴(🔄)	실행 취소
Ctrl + Home		코드 창의 맨 처음으로 이동
Ctrl + End		코드 창의 맨 끝으로 이동
Shift + F2	[보기]-[정의] 메뉴	커서가 선택한 변수, 상수, 프로시저가 정의된 위치로 이동
Ctrl + Shift + F2	[보기]-[이전 위치] 메뉴	커서가 이동되기 바로 이전의 위치로 되돌아감
Ctrl + F	[편집]-[찾기] 메뉴	[찾기] 대화상자 열기
F3		바로 전 찾기 기능에 대한 다음 찾기
Ctrl + H	[편집]-[바꾸기] 메뉴	[바꾸기] 대화상자 열기
Ctrl + J	[편집] 도구 모음의 [속성/메서드 목록] 도구(🔳)	마우스 포인터가 위치한 키워드에 대한 속성/메서드 목록 표시
Ctrl + Shift + J	[편집] 도구 모음의 [상수 목록] 도구(🔳)	마우스 포인터가 위치한 키워드에 대한 상수 목록 표시
Ctrl + I	[편집] 도구 모음의 [요약 정보] 도구(🔳)	마우스 포인터가 위치한 키워드에 대한 요약 정보 표시
Ctrl + Shift + I	[편집] 도구 모음의 [매개 변수 정보] 도구(🔳)	마우스 포인터가 위치한 키워드에 대한 매개변수 정보 표시
Ctrl + Spacebar	[편집] 도구 모음의 [단어 채우기] 도구(A🔳)	마우스 포인터가 위치한 키워드에 대한 단어 채우기
F9	[편집] 도구 모음의 [중단점 설정/해제] 도구(🔳)	선택한 영역에 중단점(●) 설정/해제
	[편집] 도구 모음의 [주석 블록 설정] 도구(🔳)	블록 설정한 내용 중 첫 열에 작은따옴표(')를 삽입하여 주석으로 지정
	[편집] 도구 모음의 [주석 블록 해제] 도구(🔳)	블록 설정한 내용 중 첫 열의 작은따옴표(') 제거

매크로 이해

이름 정의

데이터 관리

고급 필터

데이터 영역 선택

피벗 테이블

매크로 작성&저장

매크로 수정&기록

VB 편집기 창

VBA 코드&용어

매크로 실행

🔵 예제파일 : VBA기본규칙_영업자료.xlsm

VBA 코드의 기본 규칙 익히기

VBA 코드는 일정한 규칙에 의해 작성되므로 기본 작성 규칙을 잘 익혀두세요.

1 | 밑줄(_)의 의미

VBA 명령문은 한 줄로 작성해야 하지만, **윗줄의 끝에 공백과 밑줄(_)을 입력한 후 줄을 변경하여 여러 줄로 작성**할 수 있어요. 아래쪽 화면은 61쪽에서 매크로 기록기를 이용하여 자동 필터 과정을 기록한 매크로 코드입니다. 여기서도 'ActiveSheet.'로 시작하는 줄의 오른쪽 끝에 공백 한 칸과 밑줄(_)이 표시되어 있고 다음 줄에 'Range("i3")'이 표기되어 있어요. 매크로 기록기가 한 줄로 표시하기에 길다고 판단되는 코드이면 공백과 밑줄을 이용하여 여러 줄로 기록합니다. 줄 변경된 코드를 한 줄로 표기할 때는 공백과 밑줄을 삭제하면 됩니다.

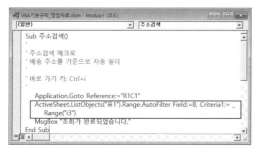

▲ 자동 필터 기능과 관련된 코드가 2줄로 표시된 상태

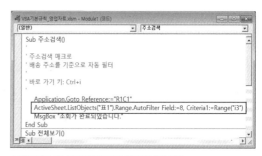

▲ 자동 필터 기능과 관련된 코드가 1줄로 표시된 상태

2 | 마침표의 의미

엑셀은 엑셀 자체(Application), 통합 문서(ActiveWorkbook 등), 워크시트(ActiveSheet, Sheets 등), 셀(Cells, Range 등)을 '개체(object)'라는 개념으로 다룹니다. 이러한 **개체들이 실행할 수 있는 작업(동작)과 속성을 지정할 경우에는 개체 다음에 마침표(.)를 붙여 개체와 구분합니다. 이때 마침표의 앞뒤에는 공백을 사용할 수 없습니다.** 엑셀 개체와 동작, 속성에 대해서는 110~111쪽에서 자세히 다룰 것입니다.

3 | 단어의 글꼴 색의 의미

VBA 코드를 표시하는 글꼴 색의 경우 **기본적으로 주석(comment)은 녹색, VBA 키워드(Sub, End Sub 등)는 파란색, VBA 식별자(MsgBox, Application 등)는 검은색입니다.** 그리고 자동 구문 검사를 해 잘못 입력된 코드는 빨간색으로 표시됩니다.

4 | 대소문자의 구분

C나 자바(Java) 등의 일반적인 프로그래밍 언어는 영문자의 대소문자를 구별하여 사용하지만, VBA는 상관없습니다. 즉 **VBA에서 소문자로 입력했을 때 VBA 예약어는 내부적으로 정의된 형태의 대소문자로 표시**됩니다. 따라서 매크로 이름, 셀 이름과 같이 사용자가 직접 정의하는 이름을 제외한 VBA 코드는 소문자로 입력하는 습관을 갖는 것이 좋습니다.

잠깐만요 **엑셀이 설치된 폴더의 경로명 확인하기**

엑셀 프로그램이 설치된 폴더 및 엑셀 프로그램과 관련된 중요한 정보를 반환해 주는 예약어를 정리하면 다음과 같습니다. 다음 예약어의 기능을 확인할 때는 [직접 실행] 창에 물음표(?)를 입력하고 명령어를 입력한 후 [Enter]를 누르세요. 결과 값은 사용자의 컴퓨터 환경에 따라 다르게 나타납니다.

키워드	기능
Application.Version	• 엑셀의 버전을 숫자로 알려줌 • 16.0은 엑셀 2019를, 15.0은 엑셀 2016을, 14.0은 엑셀 2013을, 13.0은 엑셀 2010을 의미
Application.UserName	• 엑셀 창에서 **[파일] 탭-[옵션]**을 선택하면 열리는 [Excel 옵션] 대화상자의 [일반] 탭에서 'Microsoft Office 개인 설정'의 '사용자 이름'에 지정한 이름이 표시됨 • 엑셀 창에서 메모를 최초로 입력할 때 표시되는 이름과 같음
Application.Path	엑셀 설치 폴더 경로명 반환
Application.StartupPath	• 엑셀의 시작 폴더(XLSTART) 경로명 반환 • 시작 폴더가 중요한 이유는 [매크로 기록] 대화상자에서 '매크로 저장 위치'를 [개인용 매크로 통합 문서]로 지정한 경우 시작 폴더에 'PERSONAL.XLSB'라는 이름의 통합 문서로 저장되기 때문
Application.DefaultFilePath	처음 [열기] 대화상자를 표시할 때 선택되는 경로명 반환
Application.PathSeparator	• 폴더와 폴더를 구분하는 기호 반환 • OS 언어 버전이나 설치 환경에 따라 폴더 구분 기호가 다름. 즉 한글 OS가 설치되면 ₩가, 영문 OS 환경에서는 \가 표시됨

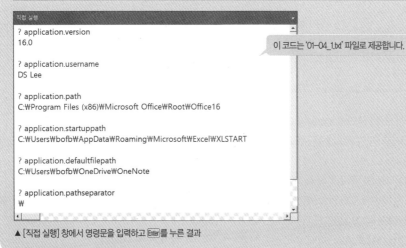

```
직접 실행                                                          ×
? application.version
16.0

? application.username
DS Lee

? application.path
C:\Program Files (x86)\Microsoft Office\Root\Office16

? application.startuppath
C:\Users\bofb\AppData\Roaming\Microsoft\Excel\XLSTART

? application.defaultfilepath
C:\Users\bofb\OneDrive\OneNote

? application.pathseparator
\
```

이 코드는 '01-04_1.txt' 파일로 제공합니다.

▲ [직접 실행] 창에서 명령문을 입력하고 [Enter]를 누른 결과

매크로 이해

이름 정의

데이터 관리

고급 필터

데이터 영역 선택

파워 쿼리

매크로 작성&저장

매크로 수정&기록

VB 편집기 창

VBA 코드&용어

매크로 실행

핵심 VBA 용어 정리하기

1 | 개체(object)

개체는 작업(명령)의 대상이 되는 각각의 실체를 말하는데, 프로그래밍 작업을 효율적으로 처리하기 위한 개념입니다. 엑셀 VBA에서 개체는 큰 개체로부터 세부적인 개체로 구성되는 계층적인 구조를 가집니다. 엑셀 자체를 의미하는 Application 개체로부터 시작하여 엑셀 문서는 Workbook 개체로 표현합니다. 그리고 엑셀 문서를 구성하는 시트는 Sheet로, 시트를 구성하는 셀 영역은 Range로, Range는 선(Borders)과 글꼴(Font) 등으로 구성됩니다. 작업의 대상에 따라 개체를 적절하게 선택하는 것이 중요하기 때문에 엑셀 개체의 종류를 정확하게 이해해야 합니다.

2 | 프로시저(procedure)

프로시저는 특정 작업을 처리하는 명령문의 집합으로, 'Sub 프로시저', 'Function 프로시저', 'Property 프로시저'로 구분합니다. 일반적으로 매크로는 Sub 프로시저를, 함수는 Function 프로시저를 의미하고 새로운 개체를 선언할 때 Property 프로시저를 사용하여 개체의 속성을 정의합니다.

매크로 기록 기능을 통해 자동으로 기록된 매크로의 VBA 코드를 살펴보면 'Sub 매크로명()' 형식으로 시작하는 것을 확인할 수 있어요. 'Function 함수명(매개변수)' 형식으로 사용하는 Function 프로시저는 함수를 새로 정의할 때 사용하는데, 일반적으로 이러한 함수를 '사용자 정의 함수(UDF; User Defined Function)'라고 합니다.

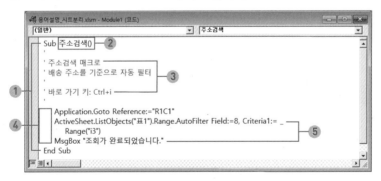

① Sub 프로시저의 시작(Sub)과 끝(End Sub)을 의미하는 키워드로, 프로시저의 범위를 지정합니다.

② 프로시저 이름으로, 사용자가 217쪽의 이름 규칙에 따라 자유롭게 지정할 수 있습니다. 프로시저 매개변수가 없어도 괄호(( ))를 입력해야 합니다.

③ 주석(comment)은 작은따옴표(')를 입력한 후 작성한 내용으로, 기본적으로 연두색 글자로 표시됩니다.

④ Tab이나 Spacebar를 눌러 프로시저 안의 명령문이 들여쓰기(indent)되도록 합니다. 프로시저의 구성을 구조적으로 볼 수 있게 들여쓰기하는 것이 좋지만, 반드시 지켜야 하는 규칙은 아닙니다.

⑤ 명령문으로, 실제 실행할 내용을 VBA 규칙에 따라 작성합니다.

프로시저의 종류는 다음과 같습니다.

종류	사용 목적	구조	사용 예
Sub	매크로 정의	Sub 매크로명(매개변수) 　　명령문 End Sub	Sub Hello( ) 　　MsgBox "Hello!!!!" End Sub
Function	함수 정의	Function 함수명(매개변수) 　　명령문 　　함수명 = 반환값 End Function	Function fnAdd(a, b) 　　c = a * b 　　fnAdd = c End Function
Property	개체 속성 정의	Property Get[Let|Set] name (매개변수) 　　명령문 　　[Get인 경우에만 name=expression] End Property	Property Get PenColor( ) As String 　　PenColor = "Blue" End Property

> **Tip**
> '매개변수(parameter)'와 '인수(argument)'는 같은 의미로 사용됩니다. 매크로나 함수를 정의할 때는 '매개변수', 매크로를 호출하거나 함수를 사용하면서 값을 전달할 때는 '인수'라고 부릅니다.

3 | 명령문(statement)

명령문은 프로그램을 구성하는 단위로, **문장의 기능에 따라 '선언문'과 '실행문'(대입문, 조건문, 반복문 등)으로 구분합니다.** 명령문은 약속된 단어(예약어, reserved word 또는 키워드)를 이용하여 특별한 기능을 실행하고, 하나 이상의 명령문이 모여 하나의 프로시저가 작성됩니다.

4 | 컬렉션(collection)

컬렉션은 관련 있는 **1개 이상의 개체 집합**으로, 특정 개체들에 대한 작업을 한 번에 처리할 때 사용합니다. 일반적으로 개체 이름에 복수형 s를 붙여 컬렉션을 사용합니다. 예를 들어 하나의 시트 개체는 'Sheet', 통합 문서를 구성하는 전체 시트(시트, 차트 시트 등)를 한꺼번에 표현할 때는 'Sheets'라고 표시합니다. 컬렉션 중에서 개별적인 개체를 지정할 때 '개체명(숫자)'나 '개체명(이름)' 형식으로 사용합니다. 예를 들어 이름이 'Main'인 첫 번째 시트를 가리킬 때 'Sheets(1)' 또는 'Sheets("Main")'으로 표시합니다.

5 | 속성(property)

속성은 개체의 크기, 색, 모양 등과 같은 개체의 특성이나 상태를 말합니다. VBA 명령문에서 개체와 속성 사이는 마침표(.)를 이용해서 구분합니다. 속성에 값을 대입할 때는 '개체.속성 = 값' 형식(이 형식을 '대입문'이라고 표현)으로, 속성에 저장된 값을 가져올 때는 '개체.속성' 형식으로 사용합니다. 이때 개체에 따라 사용할 수 있는 속성이 다릅니다.

구분	개체의 속성을 확인할 때	개체에 새 속성을 지정할 때(대입문)
형식	개체.속성	개체.속성 = 속성값
사용 예	MsgBox Sheets(1).Name	Sheets(1).Name = "일사분기"
설명	첫 번째 시드명을 대화상자로 표시	첫 번째 시트명을 '일사분기'로 변경

6 │ 메서드(method)

메서드는 **개체가 실행할 수 있는 동작 및 행동**으로, 개체에 따라 사용 가능한 속성과 메서드가 다릅니다. 개체가 특정 동작을 하도록 메서드를 지정할 경우 **개체와 메서드를 빈 칸 없이 마침표(.)로 구분하여 '개체.메서드' 형식으로 사용**합니다. 메서드에 필요한 매개변수 값은 메서드의 다음에 공백을 두고 사용합니다.

구분	매개변수가 없는 형태	매개변수가 필요한 형태
형식	개체.메서드	개체.메서드 매개변수
사용 예	Sheets(1).Select	Sheets.Add After:=Sheets(1)
설명	첫 번째 시트 선택	첫 번째 시트의 뒤에 새 시트 삽입

7 │ 이벤트(event)

이벤트는 **개체에 어떤 사건이 발생할 때**로, 개체에 따라 이벤트의 종류가 다릅니다. **특정 이벤트에 실행되는 매크로를 '이벤트 프로시저(event procedure)'라고 합니다.** 이벤트 프로시저는 개체와 이벤트의 종류를 선택하면 자동으로 삽입되는 프로시저로, 그 안에 실행할 명령문만 VBA 코드로 작성합니다. **이벤트 프로시저는 '개체명_이벤트 종류( )' 형식으로 구성**됩니다.

기능	엑셀 문서가 열릴 때 자동으로 실행되는 매크로	첫 번째 시트가 선택될 때 자동으로 실행되는 매크로
작성 방법	'현재_통합_문서'(ThisWorkbook) 개체를 선택한 후 코드 창에서 'Workbook' 개체와 'Open' 이벤트 선택	'Sheet1' 개체를 선택한 후 코드 창에서 'Worksheet' 개체와 'Activate' 이벤트 선택
사용 예		
설명	'Workbook_Open'으로 프로시저명이 자동으로 생성되면 그 안에 실행할 내용만 입력	'Worksheet_Activate'로 프로시저명이 자동 생성되면 그 안에 실행한 내용만 입력

8 | 클래스(class)와 인스턴스(instance)

클래스는 개체를 정의하는 것으로, 개체의 속성과 메서드, 이벤트 등을 정의하여 개체를 사용할 수 있게 합니다. 이렇게 정의된 클래스를 복제하여 실제 사용하는 개체를 만드는 과정을 '인스턴스'라고 해요. 예를 들어 엑셀 창의 **[삽입] 탭–[일러스트레이션] 그룹**에서 **[도형]** 명령에 등록된 도형들은 '클래스(class)'이고 이들 도형을 클릭하여 워크시트에 작성한 도형들은 해당 도형에 대한 '인스턴스(instance)'입니다.

잠깐만요 **개체 언어와 자연어의 개념 비교하기**

VBA와 같은 객체 지향 언어의 구성 요소는 사람이 사용하는 언어인 자연어의 요소와 다음과 같이 비교할 수 있습니다.

VBA 요소	자연어	사용 예
개체(object)	명사	시트나 셀
컬렉션(collection)	복수 명사	여러 시트 중 하나의 첫 번째 시트 : Sheets(1)
메서드(method)	동사	첫 번째 시트 삭제 : Sheets(1).Delete
매개변수(parameter)	부사	• :=로 매개변수와 값 구분 • 현재 날짜를 표시하는 대화상자 : MsgBox prompt:=Date

속성(property)	형용사	• 속성에 값 지정(Set)
		  현재 셀에 현재 날짜 입력 : ActiveCell.Value = Date
		• 속성 값 가져오기(Get)
		  현재 셀의 내용을 가져와 A1셀에 입력 : Range("A1").Value = ActiveCell.Value

매크로 이해

이름 정의

데이터 관리

고급 필터

데이터 영역 선택

파워 쿼리

매크로 작성&저장

매크로 수정&기록

VB 편집기 창

VBA 코드&용어

매크로 실행

[직접 실행] 창의 사용법 익히기

1 | ?와 Print문 이용해 결과 확인하기

[직접 실행] 창은 VB 편집기 창에서 Ctrl + G를 누르거나 [보기]-[직접 실행 창] 메뉴를 선택하면 열 수 있습니다. [직접 실행] 창은 한 줄 단위로 명령을 실행할 때 사용합니다. [직접 실행] 창에 결과를 표시할 때는 『?』나 『print』를 입력하고 실행할 내용을 입력한 후 Enter를 누르세요.

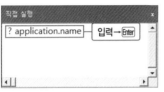

▲ [직접 실행] 창에 실행할 내용 입력 후 Enter

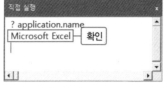

▲ 결과값 표시

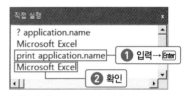

▲ 『?』 대신 『print』 입력해 결과값 확인하기

Tip

Application.Name은 현재 응용 프로그램의 이름을 표시하기 때문에 엑셀의 명칭이 표시됩니다. 워드 VB 편집기 창에서 같은 코드를 실행하면 'Microsoft Word'가 표시됩니다.

[직접 실행] 창의 내용은 메모장에 표시된 내용처럼 복사, 붙여넣기, 삭제 등이 가능합니다. [직접 실행] 창에서 Ctrl + A를 누르면 전체 내용이 선택되고 Delete를 눌러 삭제할 수도 있어요.

2 | 직접 프로시저 이름 입력해 매크로 실행하기

Sub로 시작하는 매크로를 작성한 경우 엑셀 창에서 실행하지 않고 [직접 실행] 창에서 Sub 다음에 입력된 매크로명(프로시저명)을 입력해서 실행할 수 있어요.

다음의 화면과 같이 [직접 실행] 창에 Sub 프로시저 이름인 『sbtest2』를 입력하고 Enter를 누르면 해당 프로시저(매크로)가 실행되어 엑셀 창에 현재 엑셀 버전이 표시됩니다.

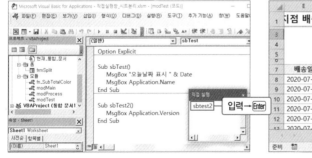

▲ [직접 실행] 창에 『sbtest2』 입력 후 Enter

▲ 'sbTest2' 프로시저가 실행된 결과

🔵 예제파일 : 모듈추가_영업자료.xlsm　　🔵 완성파일 : 모듈추가_영업자료(완성).xlsm

모듈 삽입해 표에 자료 추가 매크로로 작성하기

88쪽에서는 매크로 기록기를 이용하여 표의 끝의 빈 행을 찾아 이동하는 기능을 작성해 보았습니다. 이번에는 모듈을 추가하여 직접 VBA 코드를 입력하여 해당 기능을 만들어 보겠습니다.

1 매크로가 포함된 예제파일을 열고 Alt + F11 을 누릅니다.

2 VB 편집기 창이 열리면 [표준] 도구 모음에서 [삽입] 도구의 목록 단추(⁃)를 클릭하고 [모듈] (📘)을 선택하거나 **[삽입]-[모듈]** 메뉴를 선택하세요.

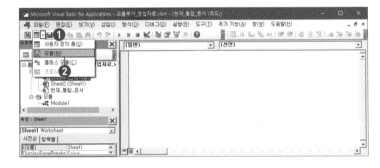

> **Tip**
>
> [표준] 도구 모음의 [삽입] 도구는 마지막에 삽입한 개체에 따라 사용자 정의 폼(📄), 모듈(📘), 클래스 모듈(🗄), 프로시저(📄) 중 하나로 표시됩니다. [삽입] 도구의 모양에 따라 해당 도구를 곧바로 클릭해도 됩니다.

3 [프로젝트] 탐색기 창에 새로운 'Module2' 모듈이 삽입되면서 빈 코드 창이 표시되는지 확인해 보세요.

> **Tip**
>
> **[도구]-[옵션]** 메뉴를 선택하여 [옵션] 대화상자를 열고 [편집기] 탭의 [변수 선언 요구]에 체크하면 모듈 코드 창 첫 행에 'Option Explicit'가 자동으로 입력됩니다.

4 빈 코드 창에 다음과 같이 입력하여 새로운 '신규자료입력' 매크로를 작성하고 [닫기] 단추(✕)를 클릭하세요.

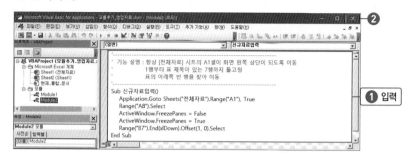

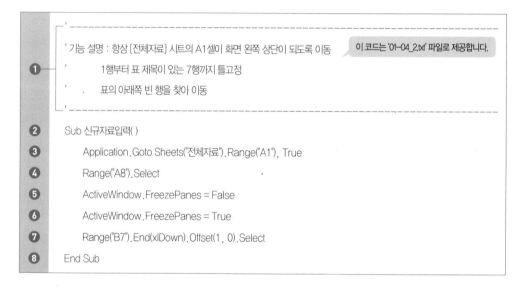

① ' ───
' 기능 설명 : 항상 [전체자료] 시트의 A1셀이 화면 왼쪽 상단이 되도록 이동   이 코드는 '01-04_2.txt' 파일로 제공합니다.
'   1행부터 표 제목이 있는 7행까지 틀고정
' .   표의 아래쪽 빈 행을 찾아 이동
' ───

② Sub 신규자료입력( )

③   Application.Goto Sheets("전체자료").Range("A1"), True

④   Range("A8").Select

⑤   ActiveWindow.FreezePanes = False

⑥   ActiveWindow.FreezePanes = True

⑦   Range("B7").End(xlDown).Offset(1, 0).Select

⑧ End Sub

① 주석 내용으로 첫 문자를 작은따옴표(')로 시작한 후 두 번째 이후 문자는 자유롭게 입력합니다. 프로시저(매크로) 작성할 때 기능 등에 대해 간단히 작성해 주는 습관을 갖는 것이 좋습니다.

② Sub 프로시저의 시작을 표시하고 Sub 다음의 프로시저 이름은 매크로 이름이 됩니다. 프로시저 중 Sub라고 시작하는 프로시저는 일반적으로 매크로라고 할 수 있습니다. 프로시저의 이름 규칙은 매크로의 이름 규칙(60쪽 참조)처럼 문자로 시작하고, 공백과 특수 문자 없이 문자와 숫자, 밑줄(_)로 구성하여 255자 이내(한글은 2Byte로 처리되고, 매크로 기록 창을 이용할 때는 64자 이내)에서 작성합니다. Sub문을 입력하고 Enter를 누르면 자동으로 ⑧의 End Sub가 입력됩니다.

③ Application.Goto는 특정 위치로 이동하는 기능을 제공하는 VBA 명령(메서드)으로, 'Application.Goto 이동 위치[, 화면 스크롤의 여부]' 형식으로 지정합니다. [전체자료] 시트의 A1셀로 셀 포인터를 이동하고 셀 포인터의 위치가 창의 왼쪽 첫 번째 셀이 되도록 스크롤합니다.

④ A8셀을 선택하는 명령으로, 셀 포인터가 A8셀에 놓입니다.

⑤ 현재 창(ActiveWindow)의 틀 고정을 해제합니다. ⑥의 틀 고정을 정상적으로 처리하기 위해 지정된 틀 고정 해제 기능을 먼저 실행합니다. 현재 틀 고정 상태가 아니어도 오류가 발생하지 않습니다.

❻ 현재 창의 현재 셀 위치(A8셀)에서 틀 고정을 실행합니다.

❼ B7셀부터 아래쪽으로 연속된 셀의 끝에서 한 행 아래쪽 셀로 셀 포인터를 이동합니다. 즉 데이터가 아무리 많아도 B열 ('주문번호'가 입력되는 열)의 연속된 자료 끝의 첫 번째 빈 셀로 셀 포인터가 이동합니다.

❽ Sub 프로시저의 끝을 의미합니다.

5 엑셀 창이 열리면 직접 작성한 매크로를 확인하면서 바로 가기 키를 연결하기 위해 **[개발 도구]** **탭-[코드] 그룹**에서 **[매크로]**를 클릭하세요.

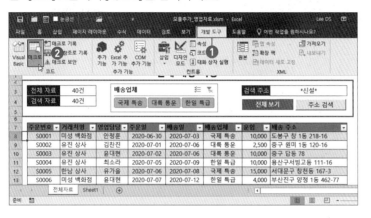

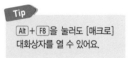

> **Tip**
> Alt + F8 을 눌러도 [매크로] 대화상자를 열 수 있어요.

6 [매크로] 대화상자가 열리면 '매크로 이름'에서 [신규자료입력]을 선택하고 [옵션]을 클릭하세요.

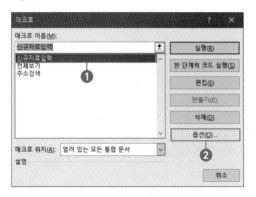

> **Tip**
> '신규자료입력' 매크로는 매크로 기록기로 기록한 매크로와 똑같이 실행 할 수 있고 편집 및 삭제가 가능합니다.

7 [매크로 옵션] 대화상자가 열리면 '바로 가기 키'에는 『q』를, '설명'에는 『신규 자료 입력 위치로 이동』을 입력하고 [확인]을 클릭하세요.

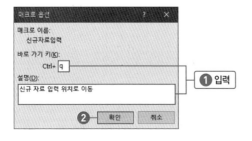

매크로 이해

이름 정의

데이터 관리

고급 분석

데이터 영역 선택

파워 쿼리

매크로 작성&저장

매크로 수정&기록

VB 편집기 창

VBA 코드&용어

매크로 실행

8 [매크로] 대화상자로 되돌아오면 [닫기] 단추(✕)를 클릭하세요. [전체자료] 시트에서 임의의 셀을 선택하고 Ctrl + Q를 누르세요.

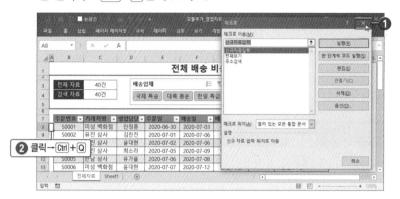

9 '신규자료입력' 매크로가 실행되면서 A8셀에서 틀 고정된 상태가 되고 B7셀로부터 아래쪽으로 연속된 자료의 마지막 셀인 B47셀의 한 행 아래쪽 셀인 B48셀이 선택됩니다. 화면의 크기에 따라 표시되는 행의 개수가 다르지만, 1~7행 사이는 틀 고정되어 항상 표시되고 화면의 세로 크기에 따라 47행까지 표시됩니다.

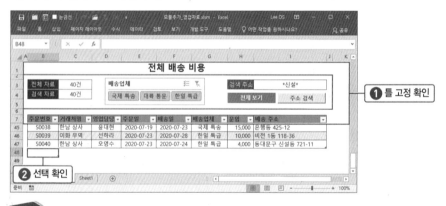

> **Tip**
>
> 표에 자료를 추가한 후에 다시 실행하면 해당 자료를 포함한 자료의 끝으로 이동하는데, 이때 B열의 '주문번호' 항목에 빈 셀이 없어야 합니다. 매크로 실행 도중에 오류가 발생하면 [종료]를 클릭한 후 VBA 코드의 내용을 다시 확인해 보세요.

💿 예제파일 : 매크로강제중단.xlsm

잠깐만요 **바로 가기 키로 매크로 강제 중단하기**

매크로 기록기로 잘못 기록된 매크로는 종료되지 않고 계속 실행되는 오작동이 발생할 수 있습니다. 이 경우 매크로 기록 중이면 기록을 중지하면 됩니다. 하지만 매크로가 실행 중이면 강제로 매크로를 종료하기 위해 Ctrl + Break 나 Esc 를 누르세요. 코드 실행이 중단되었다는 메시지 창이 열리면 [종료]를 클릭하세요.

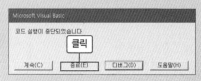

▲ Esc 를 누르면 열리는 경고 메시지 창

실무
예제 **07**   ## 시트명 반환하는 사용자 정의 함수 작성하기

1 [Sheet1] 시트의 C3:C4 범위에는 특정 시트의 셀을 참조하여 시트명을 반환하는 함수식이 작성되어 있습니다. 이들 함수식은 길고 복잡하기 때문에 기능이 같은 사용자 정의 함수를 작성하기 위해 Alt + F11 을 누르세요.

> **Tip**
>
> D3셀과 D4셀에는 엑셀 2013 버전부터 추가된 FormulaText 함수를 사용하여 C3셀과 C4 셀의 수식을 곧바로 확인할 수 있어요. 단 엑셀 2010 이하 버전에서는 이 부분의 셀이 공백으로 표시됩니다.

2 VB 편집기 창이 열리면 [표준] 도구 모음에서 [삽입] 도구의 목록 단추(·)를 클릭하고 [모듈] (圖)을 선택하거나 **[삽입]-[모듈]** 메뉴를 선택하세요.

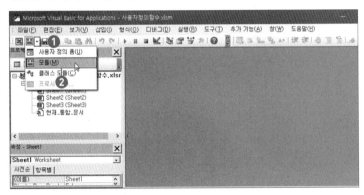

3 [프로젝트] 탐색기 창에 'Module1' 모듈이 삽입되면서 빈 코드 창이 표시됩니다. 코드 창에 함수(Function) 프로시저를 쉽게 작성하기 위해 **[삽입]-[프로시저]** 메뉴를 선택하세요.

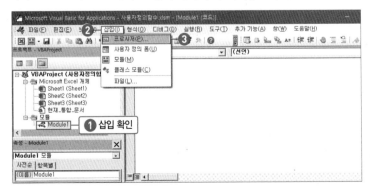

4 [프로시저 추가] 대화상자가 열리면 '형식'에서 'Function'을 선택하고 '이름'에 『fnSheetName』을 입력한 후 [확인]을 클릭하세요.

5 'Module1' 코드 창에 삽입된 'Function' 프로시저의 내용을 다음과 같이 변경하고 [닫기] 단추 (⊠)를 클릭하세요.

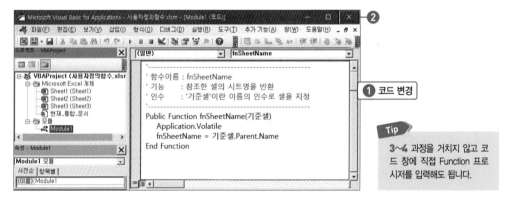

① 코드 변경

이 코드는 '01-04_3.txt' 파일로 제공합니다.

```
① ' 함수이름 : fnSheetName
  ' 기능      : 참조한 셀의 시트명을 반환
  ' 인수      : '기준셀'이란 이름의 인수로 셀을 지정

② Public Function fnSheetName(기준셀)
③     Application.Volatile
④     fnSheetName = 기준셀.Parent.Name
⑤ End Function
```

❶ 함수 기능을 설명하는 주석입니다.

❷ 'Function' 프로시저의 시작을 표시하고 Function 다음의 프로시저 이름은 함수명이 됩니다. 괄호 안의 '기준셀'은 '매개
변수'라고 하고 함수의 계산에 필요한 정보를 전달합니다. 매개변수는 217쪽에서 다루는 변수의 일종으로, 매개변수명과
함수명은 모두 프로시저 이름 규칙에 따라 문자로 시작하고, 문자와 숫자, 밑줄(_)을 이용하여 지정합니다. 이때 Public
은 생략할 수 있는데, 이것에 대해서는 237쪽을 참고하세요.

❸ 엑셀에서 셀 내용이 변경되는 것처럼 재계산이 필요할 때 이 프로시저의 내용도 함께 재계산되도록 정의하는 명령문입
니다.

❹ '함수명 = 반환값' 형식으로 오른쪽의 값을 왼쪽에 저장(전달)하는 대입문입니다. '기준셀'의 부모 개체(Parent)의 이름 속
성(Name)을 함수명 'fnSheetName'에 전달합니다.

❺ 'Function' 프로시저의 끝을 의미합니다.

6 엑셀 창으로 되돌아오면 작성한 함수(fnSheetName)를 사용하기 위해 [Sheet1] 시트에서 C5
셀을 선택하고 수식 입력줄의 [함수 삽입] 단추(_f_x_)를 클릭하세요.

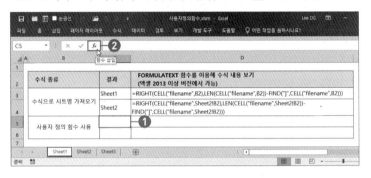

7 [함수 마법사] 대화상자가 열리면 '범주 선택'에서는 [사용자 정의]를, '함수 선택'에서는 [fnSheet
Name]을 선택하고 [확인]을 클릭하세요.

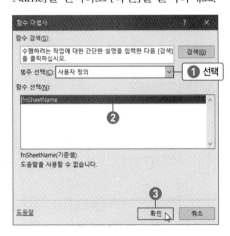

> **Tip**
>
> 'Function' 프로시저로 작성한 사용자 정의 함수는 [사용자 정의] 함수 범
> 주에서 확인할 수 있어요.

8 [함수 인수] 대화상자가 열리면 '기준셀'에 커서를 올려놓고 B2셀을 선택하여 [B2]로 지정한 후 [확인]을 클릭하세요.

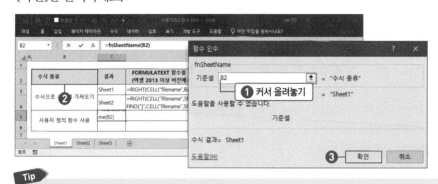

Tip

'Function' 프로시저의 매개변수로 지정한 이름이 [함수 인수] 대화상자에 표시되기 때문에 매개변수 이름은 의미를 알아보기 쉬운 단어로 지정해야 합니다.

9 C5셀에는 시트명이 결과로 표시되고 D5셀에는 미리 작성해 놓은 수식에 의해 C5셀에 사용한 수식이 표시됩니다. C6셀에는 직접 『=fnSheetName(Sheet2!A1)』을 입력하고 Enter를 누르세요.

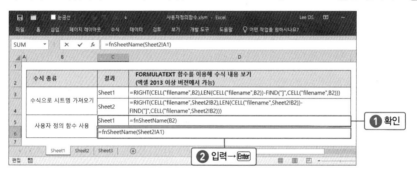

10 C6셀에는 두 번째 시트의 이름이, D6셀에는 C6셀에 사용한 수식이 표시됩니다. 이와 같이 사용자 정의 함수도 일반 함수처럼 직접 입력해서 사용할 수 있어요.

Tip

시트명을 변경해 보면 C3:C6 범위의 결과가 달라지는 것을 확인할 수 있어요.

● 예제파일 : 한단계씩_영업자료.xlsm   ● 완성파일 : 한단계씩_영업자료(완성).xlsm

실무
예제 **08** 　**한 단계씩 매크로 실행하면서 오류 확인하기**

1 　여러 개의 명령문으로 구성된 매크로의 실행 과정을 이해하거나 중간에 발생한 오류를 확인할 때 매크로 실행 명령문을 하나씩 실행할 수 있어요. 매크로가 포함된 예제파일을 열고 [Sheet1] 시트에서 Alt + F11 을 누르세요.

2 　VB 편집기 창이 열리면 [프로젝트] 탐색기 창에서 '모듈'-'Module2'를 더블클릭하세요. 코드 창에 코드가 표시되면 'Sub 신규자료입력' 프로시저에서 두 번째 명령문인 'Range("A8"). Select'의 앞에 있는 여백 표시줄을 클릭하여 중단점(●)을 표시하세요.

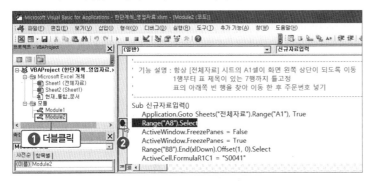

> **Tip**
> 중단점(●)은 프로시저를 실행하다가 실행을 잠시 멈출 위치에 표시하는 기호로, 여백 표시줄을 클릭하거나 커서가 있는 위치에서 F9 를 눌러 표시 및 해제할 수 있어요.

3 　'Sub 신규자료입력' 프로시저의 안에 커서를 올려놓고 프로시저를 실행하기 위해 **[실행]-[Sub/사용자 정의 폼 실행]** 메뉴를 선택하거나 F5 를 누르세요.

> **Tip**
> [표준] 도구 모음의 [Sub/사용자 정의 폼 실행] 도구(▶)를 클릭해도 커서가 놓인 프로시저를 실행할 수 있어요.

매크로 이해

이름 정의

데이터 관리

고급 필터

데이터 영역 선택

파워 쿼리

매크로 작성&저장

매크로 수정&기록

VB 편집기 창

VBA 코드&용어

매크로 실행

4 중단점 위치에서 프로시저의 실행이 중단되면서 다음의 화면과 같이 노란색으로 반전되어 표시됩니다. 중단된 상태에서 엑셀 창을 확인해 보면 [전체자료] 시트의 A1셀이 선택되어 있는데, 현재 반전된 부분은 아직 실행되지 않은 상태입니다.

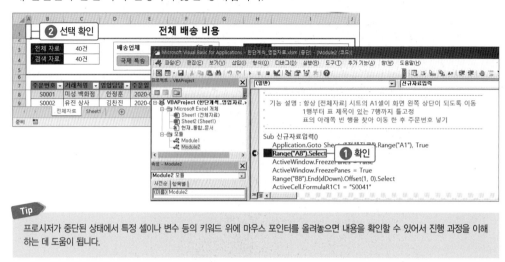

> **Tip**
> 프로시저가 중단된 상태에서 특정 셀이나 변수 등의 키워드 위에 마우스 포인터를 올려놓으면 내용을 확인할 수 있어서 진행 과정을 이해하는 데 도움이 됩니다.

5 계속 한 명령문씩 실행하기 위해 **[디버그]–[한 단계씩 코드 실행]** 메뉴를 선택하세요.

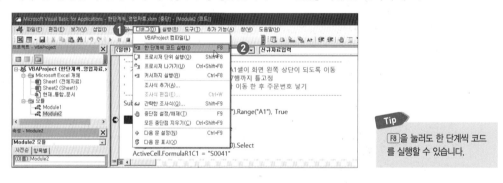

> **Tip**
> F8 을 눌러도 한 단계씩 코드를 실행할 수 있습니다.

6 중단점이 설치되어 있던 부분이 실행되다가 그 다음 명령문에서 실행이 중단되어 노란색으로 반전됩니다. 엑셀 창을 확인해 보면 A8셀이 선택되어 있는데, 다시 한 명령문씩 실행하기 위해 F8 을 누르세요.

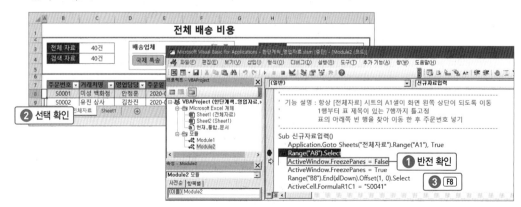

7 'ActiveWindow.FreezePanes = False' 명령문이 실행되고 엑셀 창을 확인해 보면 7행과 8행 사이의 틀 고정선이 없어진 것을 알 수 있습니다. 다시 [F8]을 눌러보세요.

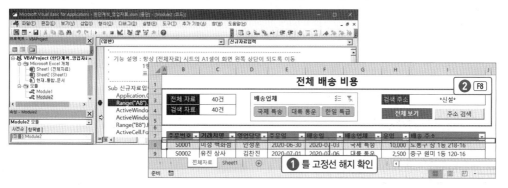

8 'ActiveWindow.FreezePanes = True' 명령문이 실행되고 엑셀 창을 확인해 보면 7행과 8행 사이의 틀 고정선이 표시된 것을 알 수 있습니다. 이제 나머지 프로시저 내용을 모두 실행하기 위해 [F5]를 누르세요.

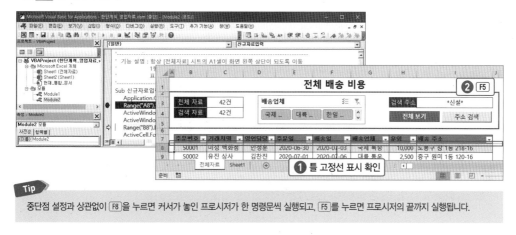

> **Tip**
>
> 중단점 설정과 상관없이 [F8]을 누르면 커서가 놓인 프로시저가 한 명령문씩 실행되고, [F5]를 누르면 프로시저의 끝까지 실행됩니다.

9 프로시저가 모두 실행된 후 엑셀 창을 확인하면 B7셀의 아래쪽으로 연속된 셀 끝의 빈 셀이 선택되면서 'S0041'이 입력됩니다. VB 편집기 창에서 여백 표시줄의 중단점(●)을 클릭해 중단점을 해제하세요.

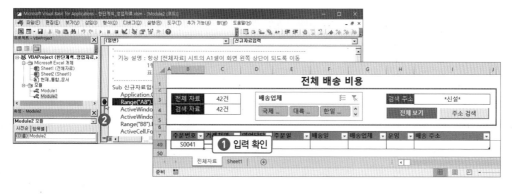

● 예제파일 : 암호지정_영업자료.xlsm ● 완성파일 : 암호지정_영업자료(완성).xlsm

난이도 ① ② ③ ④ ⑤

실무 예제 | 09 암호 지정 및 해제해 매크로 코드 보호하기

1 작성한 매크로나 사용자 정의 함수를 사용할 수는 있지만, 해당 코드를 수정하거나 코드 내용을 확인할 수 없도록 암호를 지정해서 보호해 볼게요. 매크로가 포함된 예제파일을 열고 [전체자료] 시트에서 Alt + F11 을 누르세요.

> **Tip**
> 여기서의 암호는 파일을 열 때의 암호와 상관없는 암호입니다. 매크로나 사용자 정의 함수는 정상적으로 사용되지만, 해당 VBA 코드를 숨기는 암호입니다.

2 VB 편집기 창이 열리면 [도구]-[VBAProject 속성] 메뉴를 선택하세요.

3 [VBAProject - 프로젝트 속성] 대화상자가 열리면 [보호] 탭에서 '프로젝트 잠금'의 [읽기 전용으로 프로젝트 잠금]에 체크하세요. '암호'와 '암호 확인'에 『1234』를 입력하고 [확인]을 클릭하세요.

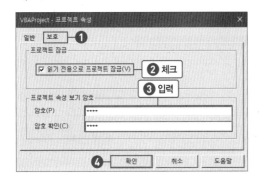

> **Tip**
> 암호는 영문자의 대소문자를 구별하므로 영문으로 지정할 때 주의해야 합니다. [읽기 전용으로 프로젝트 잠금]에 체크하지 않고 암호만 지정하면 매크로의 내용은 확인 및 수정할 수 있지만, [도구]-[VBAProject 속성] 메뉴를 실행할 때 암호를 확인합니다.

4 [Ctrl]+[S]를 눌러 파일을 저장하고 엑셀 예제파일을 닫았다가 다시 연 후 [Alt]+[F11]을 누르세요. VB 편집기 창이 열리면 [프로젝트] 탐색기 창에 프로젝트 이름만 표시되고 하위 개체들이 표시되지 않으므로 하위 개체를 확인하기 위해 [VBAProject...]를 더블클릭하세요. [VAProject 암호] 대화상자가 열리면 **3** 과정에서 입력한 암호 『1234』를 입력하고 [확인]을 클릭하세요.

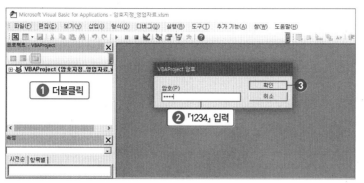

5 [프로젝트] 탐색기 창에 현재 파일의 시트 및 모듈 개체 목록이 표시되면 '모듈'-'Module1'을 더블클릭하세요. 해당 코드 창이 열리면서 코드가 확인되면 암호를 해제하기 위해 **[도구]-[VBAProject 속성]** 메뉴를 선택하세요.

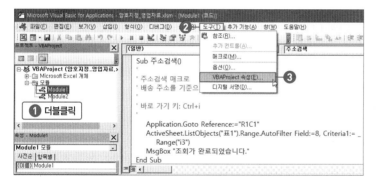

6 [VBAProject - 프로젝트 속성] 대화상자가 열리면 [보호] 탭에서 '프로젝트 잠금'의 [읽기 전용으로 프로젝트 잠금]의 체크를 해제합니다. '암호'와 '암호 확인'에 입력한 암호를 지우고 [확인]을 클릭한 후 파일을 저장하세요.

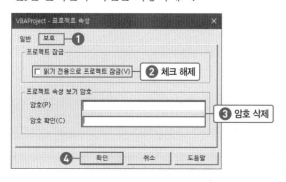

1 | 바로 가기 키의 기능 이해하기

🔵 **정답파일** : 04-Ex1(풀이).xlsx

VB 편집기 창에서 다음의 바로 가기 키를 누르면 어떤 기능이 실행되는지 설명해 보세요.

① Alt + F11
② F5
③ F8
④ Ctrl + G
⑤ 매크로 실행 중 Ctrl + Break (Break 가 없는 노트북 환경에서는 Esc)

2 | VBA 용어 및 규칙 이해하기

🔵 **정답파일** : 04-Ex2(풀이).xlsx

다음의 항목에 대해 설명해 보세요.
① 프로시저의 종류와 구조
② 개체(object)
③ 메서드(method)
④ 하나의 명령문은 한 줄로 작성해야 하지만, 줄을 변경해야 할 때 어떻게 처리하는지 설명해 보세요.
⑤ 매크로 기록 방법의 종류와 차이에 대해 설명해 보세요.

3 | VBA로 매크로 작성하기

🔵 **정답파일** : 04-Ex3(완성).xlsm

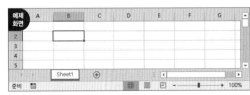

▲ [Sheet1] 시트의 B2셀을 선택한 상태

▲ B2셀에서 Ctrl + I 를 눌렀을 때의 결과

새 통합 문서에 다음과 같은 기능의 매크로를 작성해 보세요.

처리 조건	① 새 모듈을 삽입하고 모듈의 이름을 'modColor'로 지정한 후 작성하세요. ② 매크로 이름 : 배경색 채우기 ③ 바로 가기 키 : Ctrl + I ④ 기능 : 현재 셀 포인터의 위치부터 오른쪽으로 3개의 셀의 배경색을 노란색으로 지정하고 셀 포인터의 위치를 현재 셀 포인터의 아래쪽으로 이동하세요.

Hint	상대 참조로 매크로를 기록하세요.

4 | VBA로 함수 작성하기

🔵 정답파일 : 04-Ex4(완성).xlsm

새 통합 문서에 다음과 같은 기능의 사용자 정의 함수를 작성하고 [Sheet1] 시트의 B2셀에 해당 함수를 삽입하여 결과를 확인하세요.

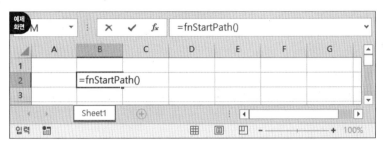

▲ [Sheet1] 시트의 B2셀에 『=fnStartPath( )』 입력하기

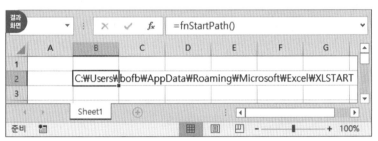

▲ B2셀의 결과값

처리 조건	① 함수 이름 : fnStartPath
	② 기능 : 함수식의 결과로 엑셀의 시작 폴더 경로명을 반환하세요.

Hint	엑셀 시작 폴더 경로명은 Application.StartupPath로 확인하세요.

VBA Tips & Tricks

효율적으로 VBA를 배울 수 있는 다양한 방법 익히기

VBA를 배우는 주요 목적은 엑셀 작업 시간을 절약하는 것입니다. 좀 더 쉽고 빠르게 VBA를 마스터하고 싶지만, 과정이 쉽지 않습니다. VBA에서 가장 중요한 것은 기초를 튼튼하게 다지는 것과 초기 학습법이 므로 시간이 걸려도 이 책의 기초 VBA 문법까지는 꼼꼼하게 읽어보세요. 그리고 다음과 같은 습관을 가 진다면 좀 더 빠른 시간 안에 VBA를 활용할 수 있습니다.

1. 자동화하려는 작업을 단순하고 구체화하기

자동화하려는 엑셀 작업을 작은 단위로 분리한 후 구체적인 작업 순서와 방법을 정리하고 실제적인 VBA 작성을 시작하세요. VBA 작업 전에 미리 수작업으로 엑셀의 동작을 연습해 보는 것도 좋은 습관입 니다. 엑셀의 여러 가지 기능과 바로 가기 키 중 어떤 것이 가장 적절한 작업 방법인지는 직접 작성해 보 아야 알 수 있어요.

2. F1 눌러 도움말 보기

매크로 기록기로 기록된 내용 중에서 이해가 가지 않은 부분이 있다면 해당 단어에 커서를 올려놓고 F1 을 눌러 나타나는 도움말을 참조하세요. 도움말이 영문으로 표시되는 경우가 많지만, 형식과 예제 를 중심으로 확인하면 어렵지 않게 이해할 수 있습니다. 도움말은 마이크로소프트에서 자체적으로 제 작한 내용으로, 가장 기본이 되는 참조 매뉴얼입니다.

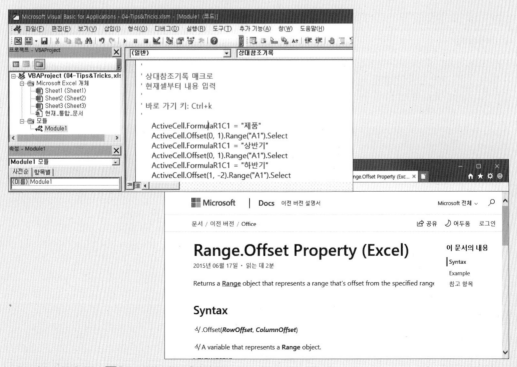

▲ 'Offset'에 커서를 올려놓고 F1 을 누르면 나타나는 도움말 사이트

3. 매크로 기록기 이용하기

자동화할 엑셀 작업을 매크로 기록기를 이용해 짧은 작업 단위로 기록한 후 기록된 내용을 편집해서 사용하세요. 매크로를 기록할 때 셀 영역 지정이나 이동 등은 가능한 바로 가기 키를 이용해야 매크로를 깔끔하게 기록할 수 있어요. 예를 들어 연속된 자료를 선택할 때는 [Ctrl]+[A]를, 연속된 자료의 맨 아래쪽 끝으로 이동할 때는 [Ctrl]+[↓]를 누르세요. 그러면 화면을 스크롤하는 작업보다 더욱 효과적으로 기록됩니다. 영역 지정 및 이동에 사용하는 바로 가기 키에 대해서는 52쪽을 참고하세요.

4. [직접 실행] 창에서 결과와 실행 과정 확인하기

VBA 코드 중에서 이해하거나 확인해야 하는 내용은 [직접 실행] 창에서 실행하고 결과나 실행 과정을 확인해 보세요. 예를 들어 'activecell'의 의미를 이해하려면 [직접 실행] 창에 『? activecell』을 입력하고 [Enter]를 눌러 반환되는 값을 확인하세요. 또는 [직접 실행] 창에 『activecell = "VBA"』를 입력하고 [Enter]를 눌러 실행 결과를 확인할 수도 있습니다.

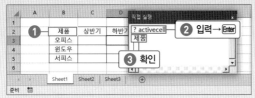 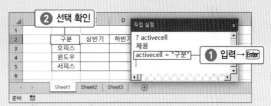

▲ 『?』나 『Print』를 먼저 입력하고 '개체.속성' 형식으로 지정해 결과 확인하기　　▲ '개체.속성 = 값' 또는, '개체.메서드' 형식으로 지정해 실행 결과 확인하기

5. 한 단계씩 코드 실행하기

작성한 매크로 프로시저의 내용이 여러 단계를 거친다면 문제가 어디에서 발생하는지, 실행 과정이 어떻게 처리되는지 이해하기 위해 '한 단계씩 코드 실행'을 처리하는 것이 좋습니다. [매크로] 대화상자를 이용하는 경우 [한 단계 코드 실행]을 클릭하여 코드를 확인하세요. VB 편집기 창에서 실행하는 경우 해당 프로시저에 커서를 올려놓고 [F8]을 누르거나 [디버그]-[한 단계씩 코드 실행] 메뉴를 선택하여 한 단계씩 실행할 수 있습니다.

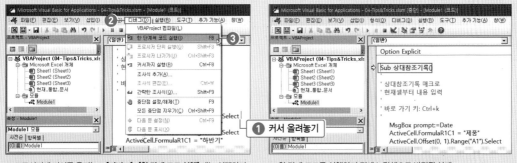

▲ 프로시저에 커서를 올려놓고 [디버그]-[한 단계 코드 실행] 메뉴 선택하기　　▲ 한 단계 코드를 실행하기 전에 노란색으로 반전된 상태

매크로 이해

이름 정의

데이터 관리

고급 필터

데이터 영역 선택

파워 쿼리

매크로 작성&저장

매크로 수정&기록

VB 편집기 창

VBA 코드&오류

매크로 실행

한 단계씩 코드를 실행하는 것이 번거로우면 한꺼번에 중간 과정을 확인하기 위해 Debug.Print를 이용할 수 있습니다. 'Debug'는 [직접 실행] 창을 지정하는 키워드로, 'Debug.Print'로 시작하면 뒤의 내용을 [직접 실행] 창에 출력하라는 의미입니다.

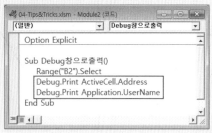

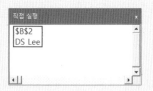

▲ 프로시저의 중간에 Debug.Print문을 추가하고 프로시저 실행하기   ▲ [직접 실행] 창에 표시된 Debug.Print문의 결과

6. VBA 기본서 참고하기

인터넷에서 많은 자료를 얻을 수 있지만, 자료를 찾고 정리하려면 시간이 걸리므로 체계적인 기본서를 한 권쯤 가지고 있는 것이 좋습니다. 이 책을 사용한다면 우선 필요한 기능에 대한 목차를 찾아보거나 '부록 2. 중요한 엑셀 기능 한 번에 찾기'와 '찾아보기'를 활용하세요.

7. 인터넷에서 검색하기

기본서 내용으로도 이해되지 않은 부분은 인터넷을 통해 검색해 보세요. 국내 엑셀 전문 사이트와 블로그는 대부분 회원으로 가입해야 하는데, 회원으로 가입해 활동하는 것이 싫거나 다양한 방법으로 검색하고 싶으면 영문 사이트를 검색해도 됩니다. 국내보다는 국외에서 VBA를 더 많이 활용하므로 더욱 다양한 방법과 설명을 확인할 수 있어요. 검색할 때는 'Excel VBA'를 먼저 입력하고 알고 싶은 VBA 키워드나 기능에 대한 질문을 영문으로 입력해야 효과적으로 검색할 수 있습니다.

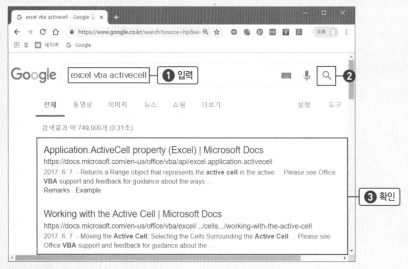

▲ 「excel vba activecell」을 입력해서 검색한 결과

8. VBA 전문가에게 도움받기

다양하게 시도해도 VBA가 잘 해결되지 않는다면 전문가에게 도움을 요청하세요. 주변에 VBA 전문가가 없으면 필자에게 메일을 보내도 됩니다. 전문가에게 또는 엑셀 사이트에 도움을 요청할 때는 다음의 사항을 주의하세요.

■ 문의할 내용이 기록된 엑셀 문서를 함께 첨부해서 보내주세요.

보안 문서라면 문서의 중요한 내용을 변경해서 보내주세요. VBA 오류를 확인하려면 구체적인 상황을 알아야 하기 때문에 사용하는 엑셀 문서가 중요합니다.

② 사용중인 컴퓨터의 운영체제와 엑셀 버전을 알려주세요.

운영체제와 엑셀 버전에 따라 VBA가 다르게 실행될 수 있습니다. **[파일] 탭-[계정]**을 선택하고 **[Excel 정보]**를 클릭하여 엑셀 버전을 확인할 수 있어요.

> 엑셀 2010에서는 **[파일] 탭-[도움말]**을 선택해 엑셀 버전을 확인하세요.

③ 오류가 발생하는 위치와 오류 메시지 내용을 화면 캡처하거나 정확하게 설명해 주세요.

오류가 발생하는 상황이 다르기 때문에 정확한 상황은 화면 캡처해서 보내주세요.

④ '작업이 이렇게 되도록 만들어 주세요!'라는 요청은 피해주세요.

가끔 너무 급해서 이런 문서를 이렇게 자동화되도록 만들어 달라고 요청하는 경우가 있습니다. 필자에게뿐만 아니라 일반적인 엑셀 관련 사이트에서도 이러한 요청은 자제해 주세요.

9. 오류 발생 두려워하지 않기

VBA 입문자에게는 많은 오류가 발생합니다. 하지만 '실패는 성공의 어머니'라는 말처럼 이러한 많은 오류를 해결하는 과정을 통해 실력이 빠르게 향상될 수 있습니다. 만약의 상황에 대비하기 위해 매크로를 실행하기 전에 엑셀 문서를 백업해 두고 작업하세요. 이렇게만 주의한다면 오류가 발생하는 것을 두려워하지 않아도 됩니다. 충분히 여러 가지 방법으로 작업해 보고 좋은 결과를 선택하세요.

VBA 개체의 구조와 문법

엑셀 매크로 기록기를 이용하면 VBA 코드로 엑셀의 기능을 쉽게 기록할 수 있어요. 하지만 원하는 조건에 따라 원하는 횟수만큼 처리하고 싶을 때 반복문 VBA 코드를 사용할 수 없다면 매크로 기록기는 반쪽짜리 자동화 기능이 된다는 것이 문제입니다. 매크로의 특징을 잘 이해하려면 엑셀 개체의 구성을 정확하게 이해하는 것이 첫 단계입니다. 프로그램 언어에서 기본적으로 가지고 있는 제어문과 반복문, 배열 변수, 그리고 오류 처리문을 정확하게 알고 있어야 제대로 작동하는 자동화 프로그램을 작성할 수 있어요. 이번 챕터에서는 바로 이러한 기능에 대해 정확하게 배워보겠습니다.

엑셀 개체 사용하기

MS-Offcie 제품의 매크로는 VBA로 작성되는데, VBA의 기본 구조는 VB를 따르고 여기에 각 프로그램(애플리케이션)의 특징을 나타내는 개체가 추가된 것입니다. 엑셀 VBA와 워드 VBA의 기본 구조는 같지만, 엑셀이나 워드를 표현하는 개체가 다르다는 차이점이 있습니다. 이번 섹션에서는 엑셀 매크로를 작성하기 위한 기본 개념인 엑셀 개체 구성의 핵심적인 내용을 다루어 보겠습니다.

PREVIEW

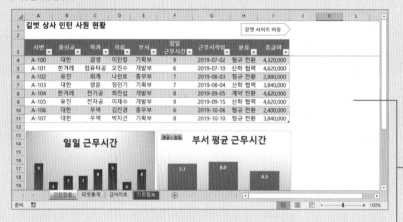

엑셀은 엑셀 창과 VB 편집기 창으로 구성되고 이들 창의 각 구성 요소를 '개체'라는 개념으로 다룹니다. 개체는 나무 구조(tree)처럼 계층적인 개념으로 구성됩니다.

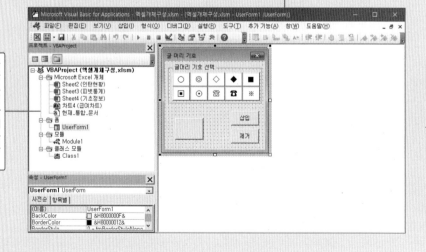

VBA로 엑셀의 개체를 다룰 때 최상위 개념을 'Application'으로 지정하고 'Workbook', 'VBAProject'를 하위 개체로 가지며, 각 개체는 또 다른 하위 개체로 구성됩니다. 따라서 중요한 개체에 대한 키워드를 알고 있어야 합니다.

핵심 기능 **01** **엑셀 개체의 구성 이해하기**

1 │ 엑셀 개체의 구성

엑셀 통합 문서는 여러 개의 '워크시트(worksheet)'로 구성되고, 워크시트는 여러 개의 '셀(cell)'로 구성되며, 워크시트에는 차트나 표, 도형, 피벗 테이블과 같은 다양한 구성원이 있습니다. **VBA로 엑셀 기능을 자동화하려면 엑셀의 구성 요소인 이들 개체(object)를 가리키는 용어가 필요한데, 이러한 용어를 '예약 어' 또는 '키워드'라고 합니다.** 그리고 엑셀 프로그램을 의미하는 Application 개체의 아래에는 다양 한 하위 개체가 있습니다.

다음은 엑셀 창과 VB 편집기 창을 중심으로 대표적인 하위 개체를 표현한 그림입니다. 여기서는 계 층적인 개념에 대해서만 이해하고 각 개체의 특징은 [개체 찾아보기] 창에서 확인할 수 있어요. [개 체 찾아보기] 창에 대해서는 143쪽에서 다룰 것입니다.

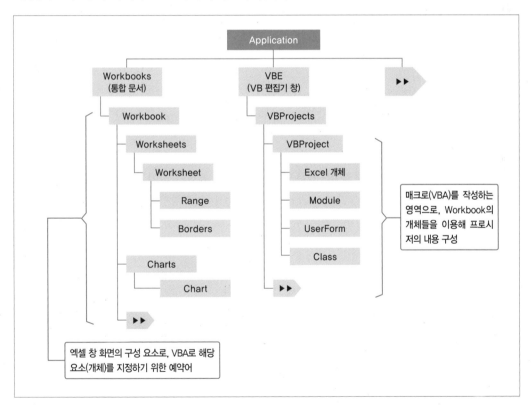

▲ 엑셀을 구성하는 대표적인 개체의 구조

2 | VB 편집기(VBE) 창의 개체 구성

VB 편집기 창은 매크로를 작성하는 과정에서 여러 번 사용해 보았지만, 기본적인 기능만 사용했기 때문에 어떠한 개체들이 있는지는 확인하지 않았습니다. 예제파일을 열고 VB 편집기 창의 [프로젝트] 탐색기 창에서 다음의 화면과 같은 VBE 개체의 하위 개체들을 볼 수 있어요.

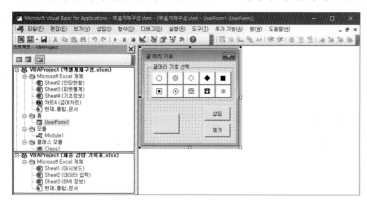

◀ 2개의 예제파일을 열어놓은 VB 편집기 창의 상태

애플리케이션(application, 응용 프로그램)

VBA에서 애플리케이션은 **현재 VBA가 작동하는 프로그램을 의미**합니다. 엑셀 VBA를 사용할 때는 엑셀을 가리키고 워드, 파워포인트, 액세스 등과 같은 다른 오피스 프로그램에서 사용할 때는 해당 프로그램을 지정합니다. 예를 들어 VB 편집기 창에서 [Ctrl]+[G]를 눌러 [직접 실행] 창을 열고 『? Application.name』을 입력한 후 [Enter]를 누르면 현재 사용중인 프로그램의 이름이 표시됩니다. 엑셀인 경우 'Microsoft Excel'이 표시됩니다.

프로젝트(VBProject)

프로젝트는 **파일 저장 단위로 엑셀 파일과 같은 단위**입니다. VB 편집기 창에 시트, 모듈, 폼, 매크로 등을 포함한 저장 단위를 프로젝트(VBProject)로 표시하며, [속성] 창을 이용해 초기 설정된 이름인 'VBAProject'를 다른 이름으로 변경할 수 있어요.

엑셀 개체(Microsoft Excel 개체)

엑셀 개체에는 **'시트 개체'와 '현재_통합_문서 개체'**가 있습니다.

개체의 종류	기능
시트 개체	• 워크시트('Sheet'로 표시)와 차트 시트('Chart'로 표시)로 표시되고 각 시트에 대한 이벤트를 작성할 때 개체의 코드 창 사용 • 통합 문서를 구성하는 시트의 개수만큼 표시되고 '개체명(시트명)' 형식으로 표시 • [속성] 창을 통해 개체명 변경 가능
현재_통합_문서 개체	• 한글 엑셀에서는 '현재_통합_문서'로, 영문 엑셀에서는 'ThisWorkbook'으로 표시 • 파일을 열거나 닫을 때처럼 통합 문서와 관련된 이벤트를 작성할 때 개체의 코드 창 사용

사용자 정의 폼(UserForm)

사용자가 다양한 컨트롤을 배치하여 **입·출력 화면을 작성할 때 사용자 정의 폼을 사용**합니다. 폼 개체 보기에서 컨트롤을 배치하고 코드 창에서 이벤트 프로시저를 작성합니다.

모듈(module)

모듈은 매크로나 사용자 정의 함수와 같은 프로시저를 저장하는 개체로, 필요에 따라 추가 및 삭제가 가능합니다.

모듈의 종류	기능
공용(module)	일반적인 매크로와 사용자 정의 함수를 기록할 때 사용
클래스(class)	개체를 새롭게 정의해서 사용할 수 있도록 작성하는 모듈로, 개체의 속성, 메서드, 이벤트를 정의하는 모듈

3 | 엑셀의 핵심 개체 키워드(예약어)

엑셀을 구성하는 개체 중에서 다음의 개체 키워드는 자주 사용되기 때문에 반드시 외워야 합니다. 각 개체의 메서드, 속성, 이벤트와 같은 상세한 사용법은 앞으로 진행될 내용에 포함되므로 여기서는 용어의 의미만 알아두세요.

개체 키워드	반환값의 종류	기능
Range("셀 영역")	Range 개체	워크시트에서 일정 셀 영역을 지정할 때 사용
Selection	선택한 개체	• 현재 선택한 개체(셀 영역, 차트, 도형 등)들을 지정할 때 사용 • 선택한 개체에 따라 다른 속성과 메서드 사용
ActiveCell	Cell 개체	현재 선택한 셀을 지정할 때 사용
ActiveSheet	Sheet 개체	현재 선택한 시트를 지정할 때 사용
ActiveWorkbook	Workbook 개체	현재 선택한 통합 문서를 지정할 때 사용
ActiveChart	Chart 개체	현재 선택한 엑셀 차트를 지정할 때 사용
ActivePrinter	현재 프린터명	[인쇄] 창에서 선택한 프린터 이름을 반환할 때 사용
ActiveWindow	Window 개체	현재 선택한 창을 지정할 때 사용
ThisWorkbook	Workbook	현재 실행 중인 VBA가 포함된 통합 문서를 지정할 때 사용
Application	응용 프로그램	현재 실행 중인 VBA가 포함된 응용 프로그램 지정할 때 사용
Debug	[직접 실행] 창	프로시저 안에서 [직접 실행] 창에 결과를 확인할 때 'Debug.Print 실행문' 형식으로 사용

컬렉션은 같은 개체들의 집합체로, 같은 유형의 개체들을 한꺼번에 다룰 때 사용합니다.

컬렉션 키워드	기능
Sheets	• 지정한 통합 문서에 있는 모든 시트(Worksheets, Charts) 의미 • Sheets의 앞에 통합 문서를 지정하지 않으면 현재 통합 문서(ActiveWorkbook)가 생략된 것으로 처리
Worksheets	• 지정된 통합 문서의 워크시트 의미 • Worksheets의 앞에 통합 문서를 지정하지 않으면 현재 통합 문서(ActiveWorkbook)가 생략된 것으로 처리
Workbooks	엑셀 창에 열어놓은 모든 통합 문서 의미
Windows	• 엑셀 창에 표시된 모든 창 의미 • 창 분할과 창 정렬은 엑셀 창의 [보기] 탭-[창] 그룹에서 지정

영역 지정

속성&메서드

VBA 연산자

변수&상수

제어문&반복문

오류 처리

배열&함수

컬렉션

중복 제거

1 2개의 예제파일을 열고 [보기] 탭-[창] 그룹에서 [모두 정렬]을 클릭하세요. [창 정렬] 대화상자가 열리면 '정렬'에서 [세로]를 선택하고 [확인]을 클릭하세요.

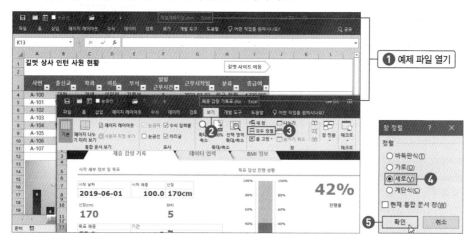

2 2개의 통합 문서의 창이 세로로 정렬되면 [체중 감량 기록표.xlsx] 창의 [대시보드] 시트에서 B7:D8 범위를 선택하고 Alt + F11 을 누르세요.

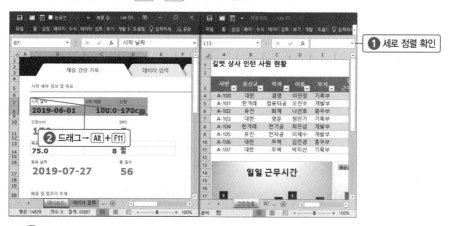

Tip

[체중 감량 기록표.xlsx] 창의 [대시보드] 시트에서 B7:D8 범위를 선택한 이유는 ActiveWorkbook과 ActiveCell, Selection의 차이를 이해하기 위해서입니다.

3 여러 개체들의 기능을 한 번에 확인하는 프로시저를 작성해 볼게요. [프로젝트] 탐색기 창에서 'VBAProject (엑셀개체구성.xlsm)'을 선택하고 **[삽입]-[모듈]** 메뉴를 선택하세요.

> **Tip**
>
> [직접 실행] 창은 한 번에 하나의 명령을 실행하기 때문에 간단한 기능을 확인할 때 편리합니다. 반면 한꺼번에 확인할 때는 프로시저로 작성하는 것이 편리합니다.

4 새로운 'Module2' 모듈이 삽입되고 해당 모듈의 코드 창이 열리면 『Sub 개체기능테스트( )』를 입력하고 [Enter]를 누르세요. 그러면 'End Sub'가 자동으로 삽입됩니다.

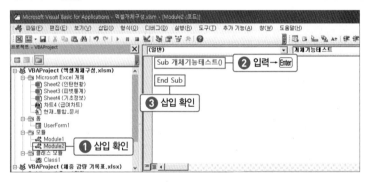

5 다음과 같이 'Sub 개체기능테스트' 프로시저를 입력하세요.

```
Sub 개체기능테스트()
    Debug.Print "엑셀 버전: " & Application.Version
    Debug.Print "현재 통합문서: " & ThisWorkbook.Name
    Debug.Print "현재 통합문서 개수: " & Workbooks.Count
    Debug.Print "두번째 통합문서 이름: " & Workbooks(2).Name
    Debug.Print "현재 선택한 통합문서 이름: " & ActiveWorkbook.Name
    Debug.Print "현재 선택한 창 제목: " & ActiveWindow.Caption
    Debug.Print "현재 셀 주소: " & ActiveCell.Address
End Sub
```

> **Tip**
>
> • VBA 코드 영문을 소문자로 입력하면 자동으로 대소문자가 섞인 형태로 표시됩니다.
> • 개체 이름을 입력하고 빈 칸 없이 마침표(.)를 누르면 개체의 속성/메서드 목록이 표시됩니다. 만약 표시되지 않으면 [Ctrl]+[J]를 누르세요.

엑셀 개체

영역 지정

속성&메서드

VBA 연산자

변수&상수

제어문&반복문

오류 처리

배열&함수

컬렉션

중복 제거

```
Sub 개체기능테스트( )

①      Debug.Print "엑셀 버전: " & Application.Version

②      Debug.Print "현재 통합문서: " & ThisWorkbook.Name

③      Debug.Print "현재 통합문서 개수: " & Workbooks.Count

④      Debug.Print "두번째 통합문서 이름: " & Workbooks(2).Name

⑤      Debug.Print "현재 선택한 통합문서 이름: " & ActiveWorkbook.Name

⑥      Debug.Print "현재 선택한 창 제목: " & ActiveWindow.Caption

⑦      Debug.Print "현재 셀 주소: " & ActiveCell.Address

End Sub
```

> 이 코드는 '02-05_1.txt' 파일로 제공합니다.

❶ Debug는 [직접 실행] 창 개체를 의미합니다. Print는 [직접 실행] 창에서 사용하는 ?, Print와 같은 메서드입니다. Debug.Print를 이용해 그 뒤의 실행문의 결과값을 [직접 실행] 창에 표시합니다. 이 명령문은 [직접 실행] 창에 직접 입력해도 결과는 같습니다. Application.Version은 현재 사용 중인 엑셀의 버전을 표시합니다.

❷ ThisWorkbook.Name은 현재 VBA 코드가 삽입된 통합 문서의 이름을 표시합니다.

❸ Workbooks.Count는 현재 열어놓은 통합 문서의 개수를 표시합니다.

❹ Workbooks(2).Name은 두 번째로 연 통합 문서 이름을 표시합니다.

❺ ActiveWorkbook.Name은 현재 선택한 통합 문서 이름을 표시합니다.

❻ ActiveWindow.Caption은 현재 선택한 창의 제목 표시줄 내용을 표시합니다.

❼ ActiveCell.Address는 현재 선택한 셀의 주소를 표시합니다.

6 [Ctrl]+[G]를 눌러 [직접 실행] 창을 열고 'Sub 개체기능테스트' 프로시저의 안에 커서를 올려놓은 후 [표준] 도구 모음에서 [Sub/사용자 정의 폼 실행] 도구(▶)를 클릭하거나 [F5]를 누르세요. 프로시저가 실행되면서 [직접 실행] 창에 다음의 화면과 같이 결과가 표시되는지 확인해 보세요.

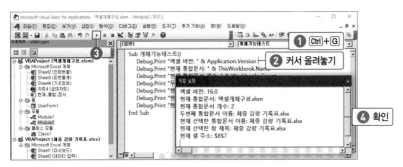

> **Tip**
> [직접 실행] 창의 결과값은 사용자 엑셀 환경에 따라 버전 등이 다르게 표시될 수 있습니다. [직접 실행] 창에 표시된 내용을 지운 후 실행하면 결과값을 좀 더 편리하게 확인할 수 있어요.

난이도 ① ② ③ ④ ⑤

실무
예제 **03** **[개체 찾아보기] 창에서 개체 속성과 메서드 확인하기**

1 매크로가 포함된 예제파일을 열고 Alt + F11 을 누르세요. VB 편집기 창이 열리면 **[보기]−[개체 찾아보기]** 메뉴를 선택하거나 F2 를 누르세요.

> **Tip**
>
> 엑셀 개체의 종류와 각 개체가 가지고 있는 메서드, 속성, 이벤트의 종류와 사용법은 [개체 찾아보기] 창을 통해 확인하는 것이 가장 빠릅니다.

2 **[텍스트 검색]** 입력 상자에 『worksheet』를 입력하고 Enter 를 누르거나 **[검색]** 단추(🔍)를 클릭하세요.

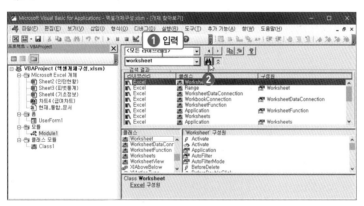

> **Tip**
>
> '검색 결과'에 나타나는 구성원의 아이콘 모양과 종류는 다음과 같습니다.

아이콘	분류	아이콘	분류
📚	라이브러리	🗂	클래스
⚡	이벤트	🔧	메서드
📑	속성	🔢	열거형 상수 목록

3 '검색 결과' 영역에 검색 결과가 표시되면서 선택한 항목에 대한 구성원이 중간 영역에 표시됩니다. 그룹별로 구성원을 묶어서 살펴보기 위해 'Worksheet 구성원' 영역에서 마우스 오른쪽 단추를 눌러 [그룹 구성원]을 선택하세요.

> **Tip**
> 클래스는 개체를 정의하는 프로시저들의 집합체이고 개체는 클래스의 인스턴스(복제)입니다. [개체 찾아보기] 창에서 클래스를 개체로 보고 이벤트, 메서드, 속성을 확인할 수 있습니다.

4 [개체 찾아보기] 창의 중간 영역에 'Worksheet 구성원'이 그룹으로 묶여서 표시되면 도움말 기능을 확인해 볼게요. Worksheet 구성원 목록 중 하나인 [AutoFilterMode]에서 마우스 오른쪽 단추를 눌러 [도움말]을 선택하세요.

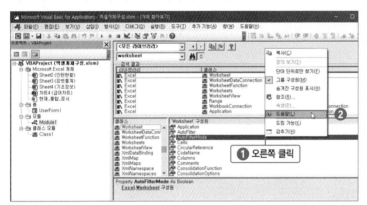

> **Tip**
> 그룹 구성원은 속성, 메서드, 이벤트별로 묶여서 알파벳 순으로 표시됩니다.

5 웹 브라우저가 실행되면서 AutoFilterMode에 대한 온라인 도움말이 표시되는지 확인해 보세요.

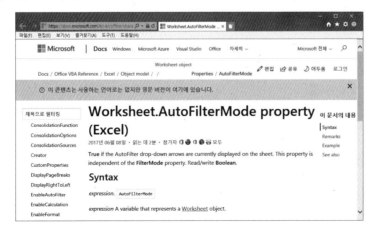

> **Tip**
> 도움말을 빠르게 찾아보려면 VBA 코드 창에서 특정 키워드에 커서를 올려놓거나 블록으로 지정한 후 F1 을 누르세요.

Range 속성으로 작업 영역 지정하기

Range 속성은 셀 영역을 지정할 때 '개체.Range(셀 주소)' 형식으로 사용합니다. Range 앞의 부모 개체는 Worksheet 개체로 지정하는데, 상황에 따라 생략 가능합니다. Range 속성 안의 인수로 사용하는 '셀 주소' 형식은 문자열이나 문자열 값을 가진 변수로 지정합니다.

1 | 문자열로 셀 주소 입력하기

'셀 주소' 인수를 지정하는 가장 일반적인 사용법은 문자열로 지정하는 방법입니다. 예제파일을 열고 VB 편집기 창의 [직접 실행] 창에 다음의 코드를 한 줄씩 입력한 후 Enter를 눌러 엑셀 창에 나타나는 결과를 확인해 보세요.

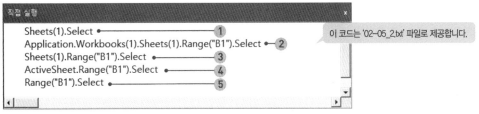

직접 실행

```
Sheets(1).Select ————————————————————— ①
Application.Workbooks(1).Sheets(1).Range("B1").Select ——— ②
Sheets(1).Range("B1").Select ———————————— ③
ActiveSheet.Range("B1").Select ——————————— ④
Range("B1").Select —————————————————— ⑤
```

이 코드는 '02-05_2.txt' 파일로 제공합니다.

> **Tip**
> [직접 실행] 창 대신 모듈 개체에 Sub 프로시저(프로시저 이름은 임의로 지정)를 삽입하고 그 안에 해당 코드를 입력한 후 F8을 눌러 한 단계씩 코드를 실행하면서 실행 과정을 확인할 수 있어요.

① Select는 선택하는 동작을 하는 메서드로, 이 문은 첫 번째 시트인 [제품군] 시트를 선택합니다.

② 현재 프로그램의 첫 번째 통합 문서에서 첫 번째 시트의 B1셀을 선택합니다. 엑셀을 의미하는 Application부터 계층적인 개체 구조로 셀 주소를 지정한 방법입니다. 통합 문서를 하나만 열어놓은 상태이면 Application.Workbooks(1).은 생략 가능합니다. ② ~ ⑤ 모두 같은 동작을 하는 명령으로, 앞의 개체명을 생략한 상태입니다.

③ ②에서 Application.Workbooks(1).을 생략한 형태입니다.

④ ①에서 첫 번째 시트를 선택한 상태이므로 ActiveSheet는 Sheets(1)을 의미합니다.

⑤ ④에서 ActiveSheet를 생략한 형태로, 현재 선택한 시트에서 B1셀을 선택합니다.

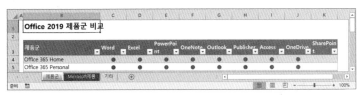

▲ ①~⑤의 실행 결과

부모 개체를 생략하고 Range 속성만 사용하는 경우 현재 선택한 시트, 즉 ActiveSheet가 생략된 상태입니다. VB 편집기 창의 [직접 실행] 창에 다음의 코드를 한 줄씩 입력하고 Enter를 눌러 엑셀 창에 나타나는 결과를 확인해 보세요.

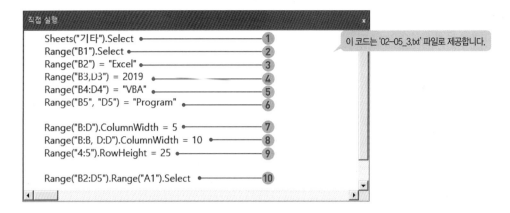

① [기타] 시트를 선택합니다.

② B1셀을 선택합니다.

③ B2셀에 『Excel』을 입력합니다. 개체 속성은 '개체.속성 = 값' 형식으로 지정하고 Range 개체에서 '속성'을 생략하면 Value 속성을 생략한 것으로 판단하여 'Range("B2").Value = "Excel"'로 사용한 것과 기능이 같습니다.

④ 문자열 안의 콤마(,)는 비연속적인 셀 영역을 지정하기 때문에 B3셀과 D3셀에 『2019』를 입력합니다.

⑤ 문자열 안의 콜론(:)은 연속적인 셀 영역을 지정하기 때문에 B4:D4 범위에 『VBA』를 입력합니다.

⑥ 2개의 문자열을 콤마(,)로 구분하는 경우 연속적인 셀 영역을 지정하기 때문에 B5:D5 범위에 『Program』을 입력합니다.

⑦ 열 전체를 지정할 때는 알파벳만 사용하여 B열부터 D열 전체의 열 너비를 5로 지정합니다.

⑧ B열과 D열의 너비를 10으로 지정합니다.

⑨ 행 전체를 지정할 때는 숫자를 사용하여 4행부터 5행의 높이를 25로 지정합니다.

⑩ Range 개체의 아래에 있는 Range 개체를 계층적으로 사용할 수 있고 상위 Range 개체의 영역에서 첫 번째 셀을 A1셀로 인식하여 상대적으로 영역을 지정합니다. 이 명령문의 경우 B2:D5 범위에서 A1셀은 B2셀을 의미하므로 B2셀을 선택합니다.

▲ ① ~ ⑥ 의 실행 결과

▲ ⑦ ~ ⑩ 의 실행 결과

2 │ 정의된 이름 이용하기

엑셀 창에 이름을 정의했으면 이름을 이용해 범위를 지정할 수 있습니다. **정의된 이름을 사용하는 경우 셀 주소를 사용할 때보다 항상 정확하게 영역을 지정할 수 있기 때문에 매크로 작업에서 자주 사용**합니다.

예제파일의 [Microsoft제품] 시트에는 4개의 이름과 1개의 표 이름이 정의되어 있습니다. [수식] 탭-[정의된 이름] 그룹에서 [이름 관리자]를 클릭하면 정의된 이름과 참조 영역을 확인할 수 있어요.

▲ [Microsoft제품] 시트의 내용

▲ [이름 관리자] 대화상자

VB 편집기 창의 [직접 실행] 창에 다음의 코드를 한 줄씩 입력하고 Enter를 눌러 엑셀 창에 나타나는 결과를 확인해 보세요.

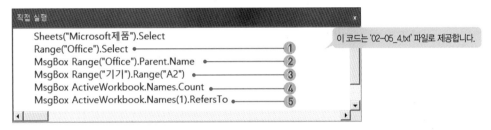

이 코드는 '02-05_4.txt' 파일로 제공합니다.

① 'Office'는 [Microsoft제품] 시트의 B4:B8 범위에 정의된 이름이므로 이 영역을 선택합니다. 만약 정의되지 않은 이름을 사용한 경우에는 오류가 발생합니다.

◀ ①의 실행 결과

② 'Office'라는 부모(Parent) 개체의 이름, 즉 시트명 'Microsoft제품'이 메시지 창에 표시됩니다.

③ '기기' 이름이 참조하는 영역에서 A2셀에 해당하는 H5셀의 내용인 'Xbox'가 메시지 창에 표시됩니다.

④ 이름이 참조하는 영역만 확인할 때는 Range 개체를 이용하지만, 이름을 개체로 볼 때는 'Names'라는 컬렉션 개체를 이용해서 지정할 수 있어요. 이 명령문을 실행하면 현재 통합 문서의 이름의 개수가 메시지 창에 표시됩니다.

⑤ 현재 통합 문서의 이름 중 첫 번째 이름이 참조하는 셀 영역이 문자열 형태로 메시지 창에 표시됩니다.

▲ ②의 실행 결과   ▲ ③의 실행 결과   ▲ ④의 실행 결과   ▲ ⑤의 실행 결과

Tip

이름을 개체로 다루는 Name 개체에 대해서는 [개체 찾아보기] 창을 통해 관련 메서드와 속성 등을 확인할 수 있어요.

엑셀 개체

영역 지정

속성&메서드

VBA 언어지

변수&상수

제어문&반복문

오류 처리

배열&함수

컬렉션

중복 제거

3 | 정의된 표 이용하기

데이터를 표로 지정한 경우에 Range 속성을 이용해 표의 열이나 행 단위로 자료를 지정할 수 있습니다. 예제파일에서 [제품군] 시트의 내용은 표 서식을 지정한 상태로, 표 이름은 'tbl제품군'으로 지정되어 있습니다. 표 이름은 [표 도구]의 **[디자인] 탭-[속성] 그룹**에서 **'표 이름'**을 통해 확인하거나 수정할 수 있어요.

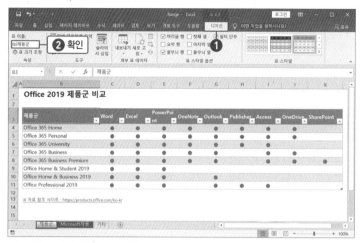

▲ [제품군] 시트에서 이름이 'tbl제품군'인 표

 Tip

VBA에서 표는 ListObjects 개체로 다룹니다. 표가 참조하는 영역을 위주로 다룰 때는 Range 속성을 사용할 수 있지만, 표의 서식이나 행/열 삽입과 같은 표 동작에 대한 작업은 ListObject 개체를 사용해야 합니다. 이것에 대해서는 493쪽을 참고하세요.

VB 편집기 창의 [직접 실행] 창에 다음의 코드를 한 줄씩 입력하고 Enter 를 눌러 엑셀 창에 나타나는 결과를 확인해 보세요.

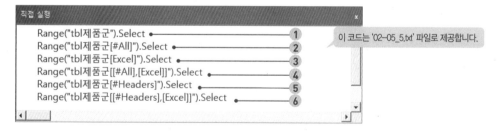

① 'tbl제품군' 표에서 제목 행을 제외한 데이터 영역인 B4:K11 범위를 선택합니다.

② 'tbl제품군' 표의 모든 영역인 B3:K11 범위를 선택합니다.

③ 'tbl제품군' 표에서 'Excel' 열의 데이터 영역인 D4:D11 범위를 선택합니다.

④ 'tbl제품군' 표에서 'Excel' 열의 전체 영역인 D3:D11 범위를 선택합니다.

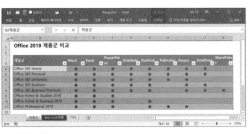

▲ ❶의 실행 결과   ▲ ❹의 실행 결과

⑤ 'tbl제품군' 표의 제목 행인 B3:K3 범위를 선택합니다.

⑥ 'tbl제품군' 표의 제목 행 중에서 [Excel] 제목인 D3셀을 선택합니다.

역셀 개체

욕욕 지정

속성&메서드

VBA 연산자

변수&상수

제어문&반복문

오류 처리

배열&함수

컬렉션

예제 제거

잠깐만요   **Range 개체와 Range 속성의 차이 살펴보기**

'Range 속성'과 'Range 개체'는 어떻게 분류할까요? 반환값은 '개체'이고 반환하기 위한 기능은 '속성'입니다. 예를 들어 'Sheets(1).Range("B1").Select'라고 사용할 때 Sheets(1)의 부모 개체에서 Range 속성을 사용한 것입니다. 그리고 이 속성을 통해 B1셀, 즉 Range 개체가 선택되므로 Range 속성에 의해 반환된 결과가 Range 개체입니다.

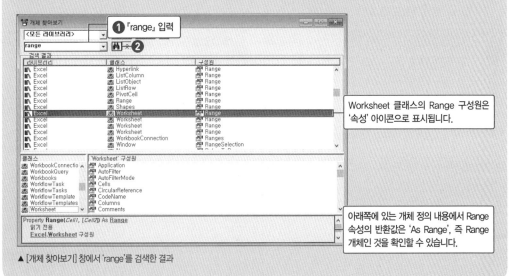

Worksheet 클래스의 Range 구성원은 '속성' 아이콘으로 표시됩니다.

아래쪽에 있는 개체 정의 내용에서 Range 속성의 반환값은 'As Range', 즉 Range 개체인 것을 확인할 수 있습니다.

▲ [개체 찾아보기] 창에서 'range'를 검색한 결과

예제파일 : Offset.xlsm

Cells와 Offset 속성으로 작업 영역 지정하기

1 | Cells 속성

Cells 속성은 '범위.Cells(행 번호, 열 번호)' 형식으로 사용하고 Range 개체 영역에서 지정한 행 번호와 열 번호에 해당하는 하나의 셀을 반환합니다. 이 속성은 숫자를 이용해 하나의 셀을 지정하기 때문에 반복 처리를 하는 For문 등과 함께 자주 사용합니다.

예제파일을 열고 VB 편집기 창의 [직접 실행] 창에 다음의 코드를 한 줄씩 입력한 후 Enter를 눌러 엑셀 창에 나타나는 결과를 확인해 보세요.

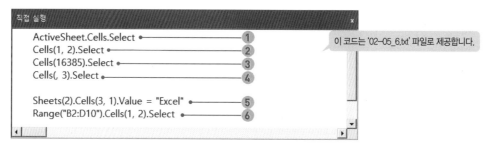

직접 실행

```
ActiveSheet.Cells.Select ──────────────── ①
Cells(1, 2).Select ───────────────────── ②
Cells(16385).Select ──────────────────── ③
Cells(, 3).Select ────────────────────── ④

Sheets(2).Cells(3, 1).Value = "Excel" ──── ⑤
Range("B2:D10").Cells(1, 2).Select ─────── ⑥
```

> 이 코드는 '02–05_6.txt' 파일로 제공합니다.

① Cells는 앞에서 지정한 개체의 전체 셀을 의미하기 때문에 이 명령문을 실행하면 현재 워크시트의 전체 셀을 선택합니다.

② ActiveSheet가 생략된 상태로, 현재 워크시트의 1행 2열인 B1셀을 선택합니다.

③ 행과 열을 지정하지 않고 하나의 숫자만 입력하는 경우에는 전체 워크시트의 16,385번째 셀인 A2셀을 선택합니다. 즉 첫 번째 셀인 A1셀부터 오른쪽(열 변경)으로 셀이 놓인 순서대로 개수를 계산한 후 끝 열인 XFD를 만나면 아래쪽 방향(행 변경)으로 순서를 계산합니다.

④ 행 번호를 생략하면 1로 판단하여 1행 3열의 셀인 C1셀을 선택합니다.

⑤ 두 번째 시트인 [Sheet2] 시트에서 3행 1열의 셀 A3셀에 「Excel」을 입력합니다. Value 속성을 생략하여 'Sheets(2).Cells(3, 1) = "Excel"'로 입력해도 됩니다.

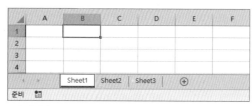

▲ ②의 실행 결과

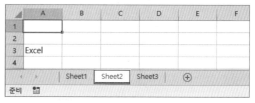

▲ ⑤ 실행 후 [Sheet2] 시트를 선택해 확인한 결과

⑥ B2:D10 범위에서 1행 2열 위치인 C2셀을 선택합니다.

2 │ Offset 속성

Offset 속성은 '범위.Offset(행 이동, 열 이동)' 형식으로 사용하고 현재 Range 개체의 영역에서 행과 열만큼 이동한 같은 크기의 영역을 반환합니다. '행 이동' 인수는 양수로 지정하면 아래쪽으로, 음수로 지정하면 위쪽으로 이동합니다. 반면 '열 이동' 인수는 양수로 지정하면 오른쪽으로, 음수로 지정하면 왼쪽으로 이동합니다. Cells 속성은 보통 하나의 셀을 반환하지만, Offset 속성은 Range 개체의 크기만큼 이동한 위치의 Range 개체를 반환하기 때문에 하나 이상의 셀 영역이 반환됩니다.

VB 편집기 창의 [직접 실행] 창에 다음의 코드를 한 줄씩 입력하고 Enter를 눌러 엑셀 창에 나타나는 결과를 확인해 보세요.

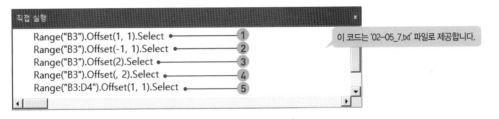

① B3셀로부터 1행 아래쪽으로, 1열 오른쪽으로 이동한 C4셀을 선택합니다.

② B3셀로부터 1행 위쪽으로, 1열 오른쪽으로 이동한 C2셀을 선택합니다.

③ 행이나 열을 생략하는 경우 0으로 판단하기 때문에 B3셀로부터 2행 아래쪽으로만 이동한 B5셀을 선택합니다.

④ B3셀로부터 행은 그대로, 2열 오른쪽으로 이동한 D3셀을 선택합니다.

⑤ B3:D4 범위를 1행 아래쪽으로, 1열 오른쪽으로 이동한 C4:E5 범위를 선택합니다.

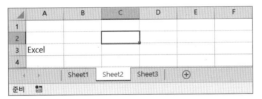

▲ ②의 실행 결과

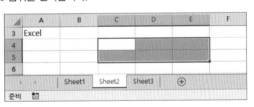

▲ ⑤의 실행 결과

CORE

난이도 ① ② ③ ④ ⑤

핵심
기능 | **06** | **연속 영역 지정하기**

– CurrentRegion, End, UsedRange 속성

1 | CurrentRegion 속성

CurrentRegion 속성은 '범위.CurrentRegion' 형식으로 사용하고 Range 개체로부터 내용이 입력된 연속된 데이터 영역을 Range 개체로 반환합니다.

예제파일을 열고 VB 편집기 창의 [직접 실행] 창에 다음의 코드를 한 줄씩 입력한 후 Enter 를 눌러 엑셀 창에 나타나는 결과를 확인해 보세요.

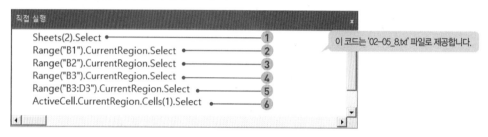

```
직접 실행
    Sheets(2).Select ●─────────────────── ①
    Range("B1").CurrentRegion.Select ●────── ②
    Range("B2").CurrentRegion.Select ●────── ③
    Range("B3").CurrentRegion.Select ●────── ④
    Range("B3:D3").CurrentRegion.Select ●─── ⑤
    ActiveCell.CurrentRegion.Cells(1).Select ● ⑥
```

> 이 코드는 '02-05_8.txt' 파일로 제공합니다.

① 아래의 코드를 연습하기 위해 두 번째 시트인 [Microsoft제품] 시트를 선택합니다.

② B1셀의 주위는 모두 공백 셀이므로 B1셀의 연속 데이터 영역이 없어서 B1셀만 선택합니다.

③ B2셀의 내용은 공백이지만, 위쪽과 아래쪽으로 내용이 입력된 셀이 있으므로 연속 데이터 영역으로 인식하여 B1:B8 범위를 선택합니다.

④ B3셀의 연속 데이터 영역인 B3:B8 범위를 선택합니다.

⑤ B3:D3 범위를 지정했어도 기준이 되는 셀은 첫 번째 셀이므로 B3셀을 기준으로 연속 데이터 영역인 B3:B8 범위를 선택합니다.

⑥ ⑤를 실행한 후이면 ActiveCell은 B3셀이 됩니다. B3셀의 연속 데이터 영역의 첫 번째 셀인 B3셀을 선택합니다.

▲ ③의 실행 결과

▲ ⑤의 실행 결과

▲ ⑥의 실행 결과

2 | End 속성

End 속성은 '범위.End(방향)' 형식으로 사용하고 범위로부터 지정한 방향으로 연속된 데이터 중 가장 마지막 셀을 Range 개체로 반환합니다. 이 속성은 엑셀 창에서 End 를 누른 후 →, ←, ↑, ↓ 를 누르거나, Ctrl 을 누른 상태에서 →, ←, ↑, ↓ 를 누르는 동작과 같습니다. 만약 빈 셀에서 End 속성을 이용하면 지정된 방향으로 자료가 입력된 첫 번째 셀로 이동합니다.

다음은 End 속성의 방향 지정 상수(예약어)의 종류와 기능을 정리한 표입니다.

이동 방향	예약어(상수)	이동 방향	예약어(상수)
위	xlUp	왼쪽	xlToLeft
아래	xlDown	오른쪽	xlToRight

VB 편집기 창의 [직접 실행] 창에 다음의 코드를 한 줄씩 입력하고 Enter를 눌러 엑셀 창에 나타나는 결과를 확인해 보세요.

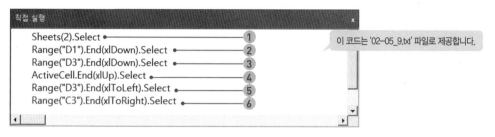

```
Sheets(2).Select ①
Range("D1").End(xlDown).Select ②
Range("D3").End(xlDown).Select ③
ActiveCell.End(xlUp).Select ④
Range("D3").End(xlToLeft).Select ⑤
Range("C3").End(xlToRight).Select ⑥
```

이 코드는 '02-05_9.txt' 파일로 제공합니다.

① 아래 코드를 연습하기 위해 두 번째 시트인 [Microsoft제품] 시트를 선택합니다.

② D1셀의 내용이 비어있기 때문에 아래쪽 방향으로 내용이 입력된 첫 번째 셀인 D3셀을 선택합니다.

③ D3셀의 아래쪽에 있는 연속 데이터의 끝 셀인 D5셀을 선택합니다.

④ ③을 실행한 후이면 ActiveCell은 D5셀이므로 D5셀의 위쪽 방향으로 연속 데이터의 끝인 D3셀을 선택합니다.

⑤ D3셀의 왼쪽 방향으로 첫 번째 셀의 내용이 비어있기 때문에 왼쪽으로 내용이 입력된 첫 번째 셀인 B3셀을 선택합니다.

⑥ C3셀은 내용이 비어있기 때문에 오른쪽 방향으로 내용이 입력되는 첫 번째 셀인 D3셀을 선택합니다.

▲ ②의 실행 결과

▲ ⑤의 실행 결과

▲ ⑥의 실행 결과

3 | UsedRange 속성

UsedRange 속성은 'Worksheet개체.UsedRange' 형식으로 사용하고 특정 워크시트에서 사용한 셀 영역을 Range 개체로 **반환**합니다. 이 속성은 셀에 내용이 없어도 셀 서식이 지정된 셀까지 사용 영역으로 인식하지만, 워크시트에 삽입한 차트나 도형 등이 차지하는 영역은 인식하지 못합니다.

VB 편집기 창의 [직접 실행] 창에 다음의 코드를 한 줄씩 입력하고 Enter를 눌러 엑셀 창에 나타나는 결과를 확인해 보세요.

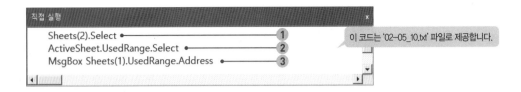

直接 실행

```
Sheets(2).Select ●                                    ①
ActiveSheet.UsedRange.Select ●                        ②
MsgBox Sheets(1).UsedRange.Address ●                  ③
```

이 코드는 '02–05_10.txt' 파일로 제공합니다.

① 아래의 코드를 연습하기 위해 두 번째 시트인 [Microsoft제품] 시트를 선택합니다.

② ①을 실행한 후이면 ActiveSheet는 Sheet(2)를 의미합니다. 도형이 있는 I열부터 J열 영역을 제외하고 현재 시트의 사용 영역인 B1:H8 범위를 선택합니다.

③ 첫 번째 시트인 [제품군] 시트의 사용 영역인 B1:J16 범위의 셀 주소가 메시지 창에 표시됩니다.

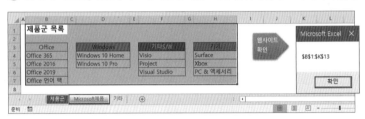

▲ ②, ③의 실행 결과

<u>잠깐만요</u> **대괄호를 사용해 [A1] 형식으로 셀 주소 지정하기**

셀 주소나 이름을 사용할 때 Range 대신 대괄호([])를 사용해서 지정할 수 있어요. Range 속성은 큰따옴표("")를 이용하여 셀 주소를 텍스트 형태로 사용하지만, 대괄호를 사용하는 경우에는 큰따옴표를 사용할 필요가 없습니다. 대괄호를 이용하면 입력할 내용이 줄어들지만, 마침표(.)를 입력해도 하위 속성이나 메서드가 나타나지 않습니다. 반면 Range 속성을 사용하는 경우 마침표를 입력하면 하위 속성이나 메서드가 나타나기 때문에 편리하게 작업할 수 있어요.

다음은 Range 속성과 대괄호를 사용해 비교한 표로, 기능과 결과가 같습니다.

Range 속성을 이용한 경우	대괄호를 이용한 경우
Range("A1") = "길벗"	[A1] = "길벗"
Range("B:B").Select	[B:B].Select
? Range("Office").Address	? [Office].Address

행과 열 단위로 영역 지정하기

– Columns, Rows, EntireColumn, EntireRow 속성

1 │ Columns, Rows 속성

Columns 속성과 Rows 속성은 **전체 열이나 전체 행을 전체 선택할 때 사용**합니다. 이들 속성은 '**범위.Columns(열 범위)**', '**범위.Rows(행 범위)**' 형식으로 사용하고 지정한 열 범위나 행 범위의 전체 영역을 Range 개체로 반환합니다. 그리고 이들 속성으로 열이나 행 범위를 지정할 때 숫자를 사용할 수 있어서 상대적인 위치의 열이나 행을 편리하게 지정할 수 있습니다. Columns 속성과 Rows 속성을 사용할 때 s를 생략하여 Column, Row 속성으로 사용할 경우에는 첫 번째 열과 행의 번호를 숫자로 반환하기 때문에 s를 붙여서 사용하는 것에 주의하세요.

예제파일을 열고 [제품군] 시트를 선택한 상태에서 VB 편집기 창의 [직접 실행] 창에 다음의 코드를 한 줄씩 입력하고 Enter를 눌러 엑셀 창에 나타나는 결과를 확인해 보세요.

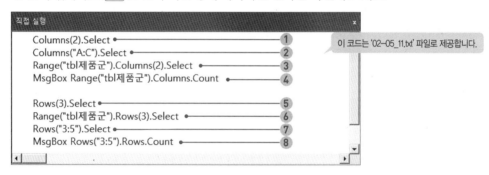

```
직접 실행
    Columns(2).Select ●━━━━━━━━━━━━━━━━━━━①
    Columns("A:C").Select ●━━━━━━━━━━━━━━━②          이 코드는 '02-05_11.txt' 파일로 제공합니다.
    Range("tbl제품군").Columns(2).Select ●━━━━━━③
    MsgBox Range("tbl제품군").Columns.Count ●━━━━④

    Rows(3).Select ●━━━━━━━━━━━━━━━━━━━━⑤
    Range("tbl제품군").Rows(3).Select ●━━━━━━━━⑥
    Rows("3:5").Select ●━━━━━━━━━━━━━━━━━⑦
    MsgBox Rows("3:5").Rows.Count ●━━━━━━━━━⑧
```

① 하나의 열을 지정할 때는 숫자로 지정할 수 있기 때문에 이 문을 실행하면 현재 워크시트의 두 번째 열인 B열 전체를 선택합니다.

② 여러 개의 열을 지정할 때는 '"A:C"' 형식과 같이 문자열로 지정하여 현재 워크시트의 A열부터 C열까지 3개의 열 전체를 선택합니다.

③ 'tbl제품군'은 이 시트의 표 이름이기 때문에 해당 표의 첫 번째 행을 제외한 데이터 영역에서 두 번째 열인 C4:C11 범위만 선택합니다.

④ Columns를 인수 없이 사용하면 상위 개체의 전체 열 영역을 의미하기 때문에 메시지 창에 'tbl제품군'의 열 개수인 '10'이 표시됩니다.

▲ ①의 실행 결과

▲ ③의 실행 결과

▲ ④의 실행 결과

155

⑤ 현재 워크시트의 세 번째 행인 3행 전체를 선택합니다.

⑥ 'tbl제품군' 표의 제목 행을 제외한 데이터 영역에서 세 번째 행인 B6:K6 범위를 선택합니다.

▲ ⑤의 실행 결과

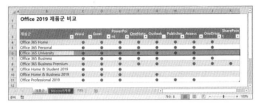

▲ ⑥의 실행 결과

⑦ 현재 통합 문서에서 3행부터 5행 전체를 선택합니다.

⑧ Rows를 인수 없이 사용하면 상위 개체의 전체 행을 의미하므로 이 문을 실행하면 메시지 창에 3행부터 5행까지의 행 개수인 '3'이 표시됩니다.

2 | EntireColumn, EntireRow 속성

EntireColumn 속성과 EntireRow 속성은 상위 Range 개체를 포함하는 열이나 행 전체를 선택할 때 사용합니다. 그리고 '범위.EntireColumn'과 '범위.EntireRow' 형식으로 사용해서 Range 개체를 반환합니다.

VB 편집기 창의 [직접 실행] 창에 다음의 코드를 한 줄씩 입력하고 Enter를 눌러 엑셀 창에 나타나는 결과를 확인해 보세요.

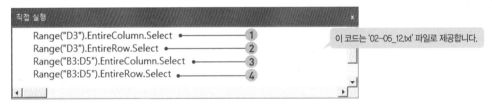

① 현재 워크시트에서 D3셀의 열인 D열 전체를 선택합니다.

② 현재 워크시트에서 D3셀의 행인 3행 전체를 선택합니다.

③ 현재 워크시트에서 B3:D5 범위의 열인 B열부터 D열 전체를 선택합니다.

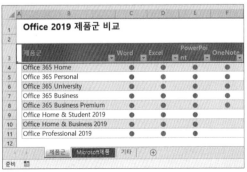

▲ ②의 실행 결과

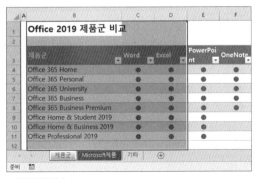

▲ ③의 실행 결과

④ 현재 워크시트의 B3:D5 범위의 행인 3행부터 5행 전체를 선택합니다.

핵심
기능 | **08** | **조건에 맞는 영역 지정하기**

일정한 범위에서 빈 셀만 선택하거나 상수, 수식 등과 같이 특정 조건에 맞는 셀 영역만 선택할 경우 엑셀 창에서는 [홈] 탭-[편집] 그룹에서 [이동 옵션]을 클릭하여 [이동 옵션] 대화상자를 열고 지정합 니다. SpecialCells 메서드는 [이동 옵션] 대화상자의 기능을 대신하는 VBA 코드로, '범위.SpecialCells(종류[, 값 종류])' 형식으로 사용합니다. 이렇게 지정하면 Range 개체 영역에서 '종류' 인수에 맞는 셀 영역을 Range 개체로 반환합니다.

▲ [이동 옵션] 대화상자에서 '종류'를 선택해 조건에 맞는 범위만 선택하기

다음은 SpecialCells 메서드의 첫 번째 인수인 '종류'로 지정할 수 있는 예약어(내장 상수)를 [이동 옵션] 대화상자의 '종류'와 비교하여 이해하기 쉽게 정리한 표입니다.

[이동 옵션] 대화상자의 '종류'		예약어(내장 상수)	값(value)
메모		xlCellTypeComments	–4144
상수		xlCellTypeConstants	2
수식		**xlCellTypeFormulas**	–4123
빈 셀		**xlCellTypeBlanks**	4
마지막 데이터 셀		xlCellTypeLastCell	11
화면에 보이는 셀만		**xlCellTypeVisible**	12
조건부 서식	모두	xlCellTypeAllFormatConditions	–4172
	조건 일치	xlCellTypeSameFormatConditions	–4173
데이터 유효성	모두	xlCellTypeAllValidation	–4174
	조건 일치	xlCellTypeSameValidation	–4175

Tip

위의 표에서 '값(value)' 항목은 내장 상수에 기억된 실제 값으로, 내장 상수 대신 사용할 수 있습니다.

SpecialCells 메서드의 첫 번째 인수인 '종류' 인수를 '상수(xlCellTypeConstants)'나 '수식(xlCellTypeFormulas)'으로 사용할 경우 두 번째 인수인 '값 종류'를 다음 표 중의 하나로 지정하면 상수나 수식 계산 값의 종류까지 선택할 수 있습니다. 두 번째 인수인 '값 종류'를 생략하면 다음 값에서 모든 종류를 선택한 것과 같습니다.

[이동 옵션] 대화상자의 '종류'	예약어(내장 상수)	값(value)
숫자	xlNumbers	1
텍스트	xlTextValues	2
논리값	xlLogical	4
오류	xlErrors	16

예제파일을 열고 VB 편집기 창의 [직접 실행] 창에 다음의 코드를 한 줄씩 입력한 후 Enter 를 눌러 엑셀 창에 나타나는 결과를 확인해 보세요.

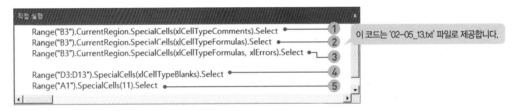

① B3셀의 연속 데이터 영역인 B3:I13 범위에서 메모가 삽입된 D3셀과 H3셀을 선택합니다.

② B3셀의 연속 데이터 영역인 B3:I13 범위에서 수식이 입력된 G4:G13 범위와 I4:I13 범위를 선택합니다.

③ B3셀의 연속 데이터 영역인 B3:I13 범위에서 수식 결과에 오류가 발생한 G6셀, G13셀, I6셀, I13셀을 선택합니다.

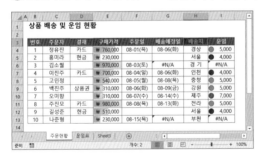

▲ ①의 실행 결과　　　　　　　　　　　　　　　　▲ ③의 실행 결과

④ D3:D13 범위에서 공백 셀인 D6셀, D8셀, D10셀, D13셀을 선택합니다.

⑤ SpecialCells 메서드 안의 인수를 예약어의 실제 값인 숫자로 지정해도 되기 때문에 'xlCellTypeLastCell' 대신 11을 사용해 현재 워크시트의 마지막 데이터 셀인 I13셀을 선택합니다. 특정 시트의 마지막 셀을 선택할 때는 해당 시트의 임의의 셀을 지정해도 되므로 Range("A1")을 Range("B3")이나 Range("D3:D13")으로 지정해도 결과는 같습니다.

영역의 크기 조정하기

엑셀 개체

영역 지정

속성&메서드

VBA 연산자

변수&상수

저장&반복문

오류 처리

배열&함수

컬렉션

영역 지정

처음 지정한 작업 영역을 기준으로 **영역의 크기를 조절할 때 Resize 속성을 '범위.Resize([행 크기], [열 크기])' 형식으로 사용**합니다. 이 속성은 표의 제목을 제외한 나머지 영역을 지정할 때 주로 사용됩니다.

예제파일을 열고 VB 편집기 창의 [직접 실행] 창에 다음의 코드를 한 줄씩 입력한 후 Enter를 눌러 엑셀 창에 나타나는 결과를 확인해 보세요.

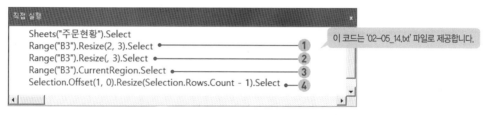

직접 실행

```
Sheets("주문현황").Select
Range("B3").Resize(2, 3).Select        ①
Range("B3").Resize(, 3).Select         ②
Range("B3").CurrentRegion.Select       ③
Selection.Offset(1, 0).Resize(Selection.Rows.Count - 1).Select  ④
```

이 코드는 '02-05_14.txt' 파일로 제공합니다.

① B3셀부터 2행 3열의 영역인 B3:D4 범위를 선택합니다.

② B3셀부터 같은 행의 3열 영역인 B3:D3 범위를 선택합니다.

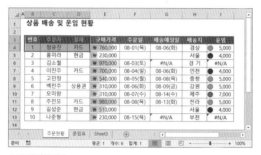

▲ ①의 실행 결과

▲ ②의 실행 결과

③ B3셀의 연속 데이터 영역인 B3:I13 범위를 선택합니다.

④ Selection은 현재 선택 영역을 의미하는데, ③을 실행한 후이면 B3:I13 범위가 현재 선택 영역입니다. 이 영역에서 아래쪽으로 1행 이동한 B4:I14 범위에서 '행의 수 – 1'인 10행과 같은 열 영역인 B4:I13 범위를 선택합니다. 이렇게 특정 영역에서 첫 행을 제외하고 범위를 지정하는 경우 이런 형식을 많이 사용합니다.

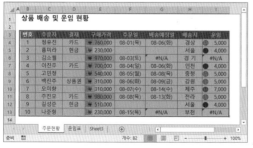

▲ ③의 실행 결과

▲ ④의 실행 결과

피벗 테이블의 원본 범위 변경 매크로 작성하기

동일한 데이터를 참조하는 피벗 테이블을 용도에 따라 여러 개 작성한 후 데이터의 내용을 변경했으면 피벗 테이블의 개수만큼 피벗 테이블의 원본 범위를 변경해야 합니다. 간단한 작업이지만 같은 작업을 피벗 테이블의 개수만큼 반복하는 것이 불편하기 때문에 매크로를 이용해 자동 실행되도록 만들어 보겠습니다. 예제파일에는 다음과 같은 기능이 먼저 작성되어 있습니다.

① **이름 정의** : [전체자료] 시트의 B7셀은 'nmStartCell'로 이름을 정의했습니다. 자료가 시작되는 위치를 좀 더 정확하게 이동하기 위해 정의한 이름을 사용합니다.
② **피벗 테이블 이름 정의** : [피벗자료] 시트에는 2개의 피벗 테이블이 작성되어 있고 각각 '피벗_배송업체'와 '피벗_영업담당'으로 피벗 테이블 이름을 지정했습니다.

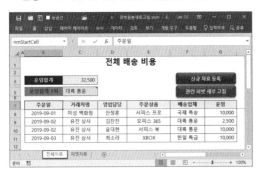

▲ 피벗 테이블의 원본으로 사용할 [전체자료] 시트

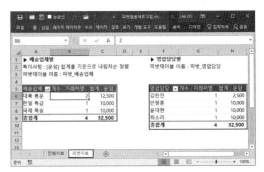

▲ [피벗자료] 시트에 작성된 2개의 피벗 테이블

지금까지 배운 내용으로 데이터의 범위를 지정할 수 있지만, 피벗 테이블의 원본을 변경하는 방법은 다루지 않았습니다. 그렇지만 매크로 기록기를 이용하면 피벗 테이블의 원본을 변경하는 VBA 코드를 알 수 있는데, 이렇게 기록한 코드를 수정하여 기능을 완성해 보겠습니다. 우선 매크로 기록기를 통해 기록할 내용을 정리해 보세요.

매크로 기록기로 기록할 엑셀 작업 순서 정리하기

❶ [피벗자료] 시트의 '피벗_배송업체' 피벗 테이블을 선택한 상태에서 매크로 기록기를 시작하세요.
❷ [피벗 테이블 도구]의 [분석] 탭-[데이터] 그룹에서 [데이터 원본 변경]을 클릭하세요.
❸ [피벗 테이블 데이터 원본 변경] 대화상자가 열리면 '표/범위'에 [전체자료] 시트의 B7:G12 범위를 지정하고 [확인]을 클릭하세요.
❹ 매크로 기록기를 종료하세요.

1 매크로가 포함된 예제파일을 열고 [피벗자료] 시트에서 A5셀을 선택한 후 상태 표시줄에서 [매크로 기록] 단추(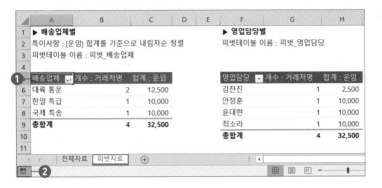)를 클릭하세요.

2 [매크로 기록] 대화상자가 열리면 '매크로 이름'에 『피벗새로고침』을 입력하고 [확인]을 클릭하세요.

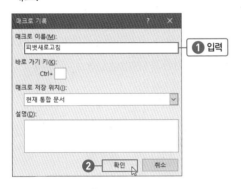

3 [피벗 테이블 도구]의 [분석] 탭-[데이터] 그룹에서 [데이터 원본 변경]의 📑를 클릭하세요.

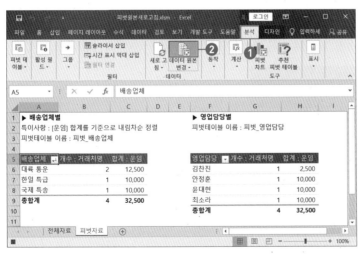

엑셀 개체

영역 지정

속성&메서드

VBA 연산자

변수&상수

제어문&반복문

오류 처리

배열&함수

컬렉션

중복 제거

4 [피벗 테이블 데이터 원본 변경] 대화상자가 열리면 '표/범위'에 [전체자료] 시트의 B7:G12 범위를 지정하고 [확인]을 클릭하세요.

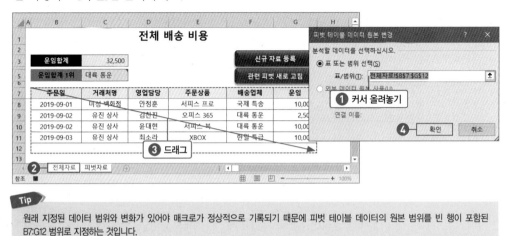

5 상태 표시줄에서 [기록 중지] 단추(■)를 클릭하여 매크로 기록을 중지하세요. [피벗자료] 시트의 피벗 테이블에 빈 행이 포함된 상태로 새로 고침되었는지 확인하고 Alt + F8 을 누르세요.

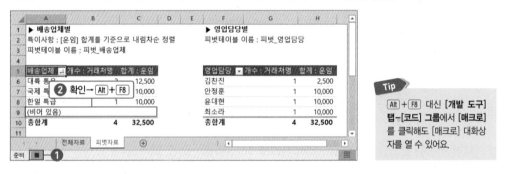

6 [매크로] 대화상자가 열리면 '매크로 이름'에서 [피벗새로고침]을 선택하고 [편집]을 클릭하세요.

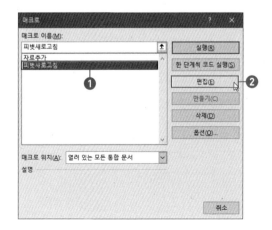

7 VB 편집기 창이 열리면서 다음의 화면과 같은 코드가 기록되어 있으면 'Sub 피벗새로고침()' 의 앞에 마우스 포인터를 올려놓고 ⬦ 모양으로 바뀔 때 더블클릭하여 전체 코드를 선택하세요.

① 기록된 VBA 코드는 여러 줄로 구성되어 있지만, 오른쪽 끝에 밑줄(_)로 연결된 하나의 명령문입니다. 피벗 테이블 원본을 변경하는 코드로, 이 코드의 가장 하위 메서드인 'Create'에 커서를 올려놓고 F1 을 누르면 도움말을 확인할 수 있습니다. 이 코드에서 피벗 테이블의 원본 범위를 지정하는 부분은 파일 이름이 기록되는 '"…[피벗원본새로고 침.xlsm]전체자료!R7C2:R12C7"'입니다. 이 부문의 내용은 예제파일의 위치에 따라 다르게 표시될 수 있고, 이 부분 을 수정하여 피벗 테이블의 범위를 변경할 수 있습니다.

> **Tip**
>
> 여백 표시줄과 코드 사이의 공백을 더블클릭하는 대신 드래그하여 블록을 설정해도 됩니다.

8 블록이 설정된 상태에서 Ctrl + C 를 눌러 복사하고 [편집] 도구 모음에서 [주석 블록 설정] 도구 (圁)를 클릭하세요. 주석으로 변경된 코드의 아래쪽에 있는 빈 행에 커서를 올려놓고 Ctrl + V 를 눌러 코드 내용을 복사하세요.

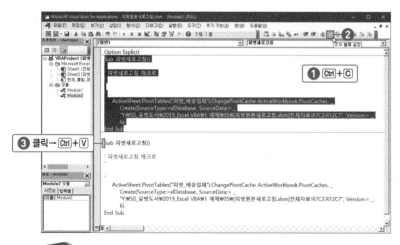

> **Tip**
>
> [편집] 도구 모음이 표시되지 않았으면 [표준] 도구 모음에서 마우스 오른쪽 단추를 눌러 [편집]을 선택하세요. 원본을 유지하고 어떻게 변경 했는지 확인하기 위해서 매크로로 기록한 내용을 직접 수정하지 않고 주석 블록으로 설정한 것입니다.

엑셀 개체

영역 지정

속성&메서드

VBA 연산자

변수&상수

제어문&반복문

오류 처리

배열&함수

컬렉션

중복 제거

9 붙여넣기한 '피벗새로고침' 프로시저의 내용을 다음과 같이 변경하고 Alt + F11 을 누르세요.

Tip

같은 데이터 범위를 참조하는 여러 개의 피벗 테이블 원본의 범위를 변경할 때 ❸처럼 코드를 복사할 수 있지만, 반복문을 사용하여 간단히 처리할 수 있습니다. 반복문에 대해서는 265쪽을 참고하세요.

```
Sub 피벗새로고침( )

①  Sheets("피벗자료").Select

    ' 배송업체별 피벗 테이블 원본 변경

    ActiveSheet.PivotTables("피벗_배송업체").ChangePivotCache _

②      ActiveWorkbook.PivotCaches. _

        Create(SourceType:=xlDatabase, SourceData:= _

        Range("nmstartcell").CurrentRegion, Version:= _

        6)

    ' 배송업체별 피벗 테이블 원본 변경

    ActiveSheet.PivotTables("피벗_영업담당").ChangePivotCache _

③      ActiveWorkbook.PivotCaches. _

        Create(SourceType:=xlDatabase, SourceData:= _

        Range("nmstartcell").CurrentRegion, Version:= _

        6)

    MsgBox "작업 완료"

End Sub
```

이 코드는 '02-05_15.txt' 파일로 제공합니다.

❶ ❷의 코드가 ActiveSheet로 시작하기 때문에 피벗 테이블이 있는 [피벗자료] 시트를 선택합니다.

❷ 피벗 테이블의 원본을 변경하는 하나의 명령문으로, SourceData 인수에서 데이터 범위를 지정합니다. PivotTables ("피벗_배송업체")는 대상이 되는 피벗 테이블의 이름이 '피벗_배송업체'라는 의미입니다.

❸ Range("nmstartcell").CurrentRegion은 [전체자료] 시트의 B7셀에 지정한 이름 nmStartCell부터 연속된 데이터 영역을 지정합니다. 즉 피벗 테이블 데이터의 범위로 B7셀에서 연속된 영역의 범위를 지정합니다. ❷의 내용을 복사한 후 피벗 테이블의 이름만 '피벗_영업담당'으로 변경하여 사용하면 해당 피벗 테이블 원본의 내용이 변경됩니다.

10 엑셀 창으로 되돌아오면 작성한 매크로를 미리 작성해 놓은 도형에 연결하기 위해 [전체자료] 시트의 [관련 피벗 새로 고침]에서 마우스 오른쪽 단추를 눌러 [매크로 지정]을 선택하세요.

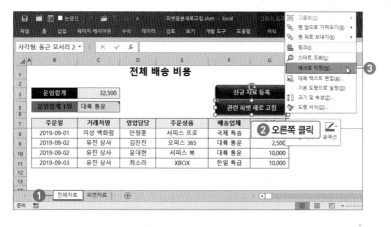

11 [매크로 지정] 대화상자가 열리면 '매크로 이름'에서 [피벗새로고침]을 선택하고 [확인]을 클릭하세요.

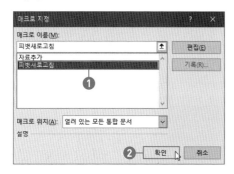

12 Esc를 눌러 [관련 피벗 새로 고침]의 선택을 해제하세요. B12셀부터 다음의 화면과 같이 새로운 데이터 내용을 입력하고 피벗 테이블에 반영하기 위해 [관련 피벗 새로 고침]을 클릭하세요.

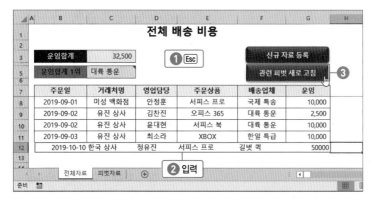

Tip

[신규 자료 등록]에는 표의 끝에 있는 빈 행을 찾아 오늘 날짜를 입력하는 매크로가 지정되어 있습니다. 이 매크로에 대해서는 88쪽의 내용을 참고하세요.

엑셀 개체

영역 지정

속성&메서드

VBA 연산자

함수&상수

제어문&반복문

오류 처리

배열&함수

컬렉션

중복 제거

13 [피벗자료] 시트가 자동으로 표시되면서 [전체자료] 시트에서 새로 추가한 데이터가 추가되고 작업이 완료되었다는 메시지 창이 열리면 [확인]을 클릭하세요.

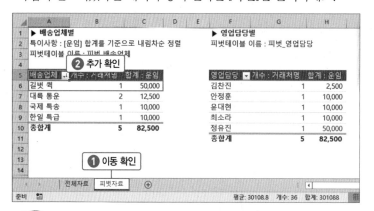

Tip

피벗 테이블을 새로 고침하면서 항상 [전체자료] 시트를 표시하려면 **9** 과정에서 작성한 코드에서 MsgBox문의 전에 'Sheets("전체자료"). Select'를 삽입하세요.

14 [전체자료] 시트를 선택하여 C3셀과 C5셀에 새로 추가한 피벗 테이블의 내용이 반영되었는지 확인해 보세요.

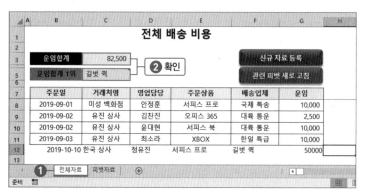

Tip

새로 등록된 자료에 항상 윗행의 서식을 적용하려면 187쪽을 참고하여 복사/붙여넣기(서식) 기능을 적용해 보세요.

1 | 엑셀 명령문 이해하기

📁 **예제파일** : 05-Ex1.xlsx 📁 **정답파일** : 05-Ex1(풀이).xlsx

다음과 같은 화면에서 아래의 표에서 제시하는 각 명령문을 순서대로 실행할 때 어떻게 동작하는지 설명해 보세요.

시도	관용	자가용	영업용	계
		자동차 등록자료 통계표		
조회년월:	2019.01			
서울	24,678	5,821,844	410,318	6,256,840
경남	13,750	3,220,188	162,696	3,396,634
제주	4,546	737,502	372,212	1,114,260
합계	179,396	43,210,342	3,162,290	46,552,028

통계표 자동차등록현황 Sheet1 Sheet2

▲ 예제파일의 [통계표] 시트

번호	명령문	번호	명령문
①	Sheets(3).Name = "실습하기"	②	MsgBox ActiveWorkbook.Name
③	MsgBox ThisWorkbook.Path	④	Sheet("통계표").Select Range("B4").CurrentRegion.Select
⑤	Sheets("통계표").Select Range(Range("B4"), Range("B4").End(xlToRight)).Select Range(Selection, Selection.End(xlDown)).Select Selection.SpecialCells(xlCellTypeVisible).Select		이 코드는 '02-05_16.txt' 파일로 제공합니다.
⑥	Sheets("통계표").Select Range("자가용").Select		
⑦	MsgBox Range("자가용").EntireRow.Rows.Count		

06

엑셀의 주요 속성 및 메서드 사용하기

앞의 섹션에서 다루었던 엑셀의 중요 개체를 사용하려면 해당 개체가 갖는 속성과 메서드를 다양하게 알고 있어야 합니다. 개체마다 다른 속성과 메서드를 가지지만, 공통적인 속성과 메서드도 있기 때문에 한 개체에 대한 속성과 메서드를 이해하면 다른 개체에서도 쉽게 응용할 수 있어요. 이번 섹션에서는 여러 개체에서 기본적으로 사용되는 중요한 속성과 메서드의 사용 방법에 대해 배워봅니다.

> PREVIEW

엑셀의 주요 개체와 속성, 메서드를 이해하면 여러 시트를 하나로 취합하거나 피벗 테이블의 원본을 변경할 수 있습니다.

엑셀의 주요 개체를 이해하면 매크로 기록을 통해 자동 기록한 내용을 쉽게 이해하고 수정할 수 있습니다.

> **섹션별 주요 내용**

01 | 셀에 값 입력하고 가져오기 – Value, Formula, FormulaR1C1, Text 속성

02 | 자주 사용하는 공통된 속성 정리하기 – Count, Address, Areas, MergeCells, MergeArea 속성, Merge, UnMerge 메서드

03 | 자주 사용하는 공통된 메서드 정리하기 – Activate, Select, Clear, Add, Insert, Delete 메서드

04 | 복사 및 붙여넣기 메서드 정리하기 – Copy, Paste, Insert 메서드   **05** | Save, SaveAs 메서드로 저장하기

06 | PrintPreview, PrintOut 메서드로 인쇄하기   **07** | 검색 결과 복사해 새 문서로 저장하기

08 | 여러 영역의 합집합과 교집합 구하기   **09** | VBA에서 엑셀 함수 사용하기   **10** | 분리 저장된 자료 취합 후 셀 병합 해제하기

예제파일 : 값입력 및 확인.xlsm

셀에 값 입력하고 가져오기

– Value, Formula, FormulaR1C1, Text 속성

셀이나 영역을 의미하는 Range 개체에 값이나 수식을 입력하거나 셀에 입력된 내용을 확인(반환)할 때 Value, Formula, FormulaR1C1, Text와 같은 네 가지 속성을 사용합니다. 이들 속성 중 가장 일반적으로 사용하는 속성은 Value로, Range 개체의 속성을 생략할 때의 기본 속성입니다.

속성	입력(Write)	반환(Read)	특징
Value	○	○	• 수식 셀의 경우 계산값 반환 • 셀에 입력할 수식을 문자열 형태로 지정
Formula	○	○	• 수식 셀의 경우 수식 자체를 반환 • 수식 입력 가능
FomulaR1C1	○	○	• 수식 셀의 경우 수식에서 셀 주소를 표시할 때 $A$1 형식이 아닌 R1C1 형식으로 사용 • 대괄호([])를 사용해 상대 참조 셀 지정 **예** R[-1]C[-1] • 상대 참조 수식을 작성할 때 주로 사용
Text	×	○	셀에 적용된 셀 서식을 적용한 문자열로 반환

1 | Value 속성

Value는 범위를 지정하는 **Range 개체의 기본 속성으로, '범위.Value' 형식으로 사용**합니다. Value 속성은 값을 입력하거나 확인할 때 가장 일반적으로 사용합니다.

예제파일을 열고 VB 편집기 창의 [직접 실행] 창에 다음의 코드를 한 줄씩 입력한 후 Enter를 눌러 엑셀 창에 나타나는 결과를 확인해 보세요.

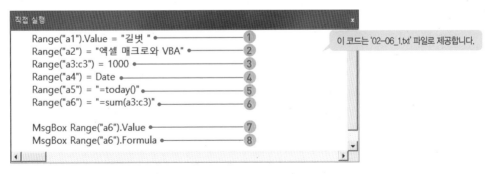

① A1셀에 『길벗』을 입력합니다.

② Value 속성이 생략된 상태로, A2셀에 『엑셀 매크로와 VBA』를 입력합니다.

③ A3:C3 범위에 숫자 『1000』을 입력합니다. 문자열이나 수식, 날짜는 큰따옴표("")를 이용해서 입력할 내용을 감싸지만 숫자는 그대로 사용합니다.

④ Date는 VBA에서 현재 시스템 날짜를 반환하는 함수로, 엑셀 창에서 사용하는 Date 함수와 기능이 다릅니다. 이 문은 Value 속성이 생략된 상태로 A4셀에 오늘 날짜를 상수로 입력합니다.

엑셀 개체

영역 지정

속성&메서드

VBA 연산자

변수&상수

제어문&반복문

오류 처리

배열&함수

컬렉션

개체 처리

⑤ A5셀에 수식 『=Today( )』를 입력합니다. ④ 와 같은 날짜를 입력하지만, ④ 는 오늘의 날짜 상수가 입력되고 ⑤ 는 수식
이 입력됩니다.

⑥ A6셀에 수식 『=SUM(A3:C3)』을 입력하여 엑셀 창에서는 A6셀에 계산 결과인 '3000'을 표시합니다.

⑦ Value 속성은 수식의 결과값을 가져오기 때문에 메시지 창에 A6셀의 계산 결과 '3000'을 표시합니다.

⑧ Formula 속성은 수식 자체를 가져오기 때문에 메시지 창에 A6셀의 수식을 표시합니다.

▲ ①〜⑥의 실행 결과　　　　▲ ⑦의 실행 결과　　　　▲ ⑧의 실행 결과　　　　▲ Ctrl + ~ 를 눌러 셀에 입력된 수식 확인하기

2 │ Formula 속성

Formula 속성과 Value 속성은 Range 개체에 값을 지정할 때는 기능이 같습니다. 하지만 입력된
값을 가져올 때 Formula 속성은 수식 자체를 가져오고, Value 속성은 수식의 계산값을 가져오는
것이 차이점입니다. 이들 속성은 주로 셀에 입력된 수식을 확인할 때 사용합니다.

VB 편집기 창의 [직접 실행] 창에 다음의 코드를 한 줄씩 입력하고 Enter 를 눌러 엑셀 창에 나타나
는 결과를 확인해 보세요.

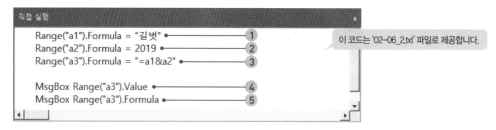

① A1셀에 『길벗』을 입력합니다.

② A2셀에 숫자 『2019』를 입력합니다.

③ A3셀에 수식 『=A1&A2』를 입력하고 화면에 결과값인 '길벗2019'를 표시합니다.

④ 메시지 창에 A3셀의 결과값인 '길벗2019'를 표시합니다.

⑤ 메시지 창에 A3셀의 수식 '=A1&A2'를 표시합니다.

▲ ①〜③의 실행 결과　　　　▲ ④의 실행 결과　　　　▲ ⑤의 실행 결과　　　　▲ Ctrl + ~ 를 눌러 셀에 입력된 수식 확인하기

3 | FormulaR1C1 속성

FormulaR1C1 속성은 **셀을 참조하는 수식을 입력하거나 가져올 때 열과 행을 A1 형식이 아닌 R1C1 형식으로 표시합니다.** A1 형식의 주소 지정 방법은 절대 참조를 지정할 때 $ 기호를 붙여서 '$A$1'로 표시합니다. 하지만 FormulaR1C1 속성에서 **절대 참조를 사용할 때는 'R1C1' 형식으로 사용하고 상대 참조를 사용할 때는 대괄호([)를 이용해 'R[행 이동 수]C[열 이동 수]' 형식으로 지정**합니다. 주로 특정 범위에 상대 참조를 이용한 수식을 입력할 때 이 속성을 사용합니다.

다음은 Formula 속성과 FormulaR1C1 속성을 이용해 B2셀에 A2셀을 참조하는 수식을 상대 참조와 절대 참조 형태로 입력할 때 대입문의 참조 형식을 비교하는 표입니다.

참조의 종류	Formula 속성	FormulaR1C1 속성
상대 참조	Range("B2").Formula = "=A2"	Range("B2").FormulaR1C1 = "=RC[-1]"
절대 참조	Range("B2").Formula = "=$A$2"	Range("B2").FormulaR1C1 = "=R2C1"

VB 편집기 창의 [직접 실행] 창에 다음의 코드를 한 줄씩 입력하고 Enter 를 눌러 엑셀 창에 나타나는 결과를 확인해 보세요.

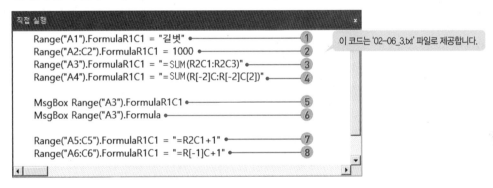

```
Range("A1").FormulaR1C1 = "길벗"                      ①
Range("A2:C2").FormulaR1C1 = 1000                    ②
Range("A3").FormulaR1C1 = "=SUM(R2C1:R2C3)"          ③
Range("A4").FormulaR1C1 = "=SUM(R[-2]C:R[-2]C[2])"   ④

MsgBox Range("A3").FormulaR1C1                        ⑤
MsgBox Range("A3").Formula                            ⑥

Range("A5:C5").FormulaR1C1 = "=R2C1+1"               ⑦
Range("A6:C6").FormulaR1C1 = "=R[-1]C+1"             ⑧
```

이 코드는 '02-06_3.txt' 파일로 제공합니다.

①～② A1셀, A2:C2 범위에 값을 입력하는 기능은 Value, Formula 속성과 같습니다.

③ A3셀에 절대 참조 형식으로 2행 1열 셀($A$2)부터 2행 3열 셀($C$2)까지를 참조하는 함수식 '=SUM($A$2:$C$2)'가 입력됩니다.

④ A4셀에 상대 참조 형식으로 위로 2행 이동한 셀(A2)부터 위로 2행 오른쪽으로 2열 이동한 셀(C2)까지를 참조하는 함수식 '=SUM(A2:C2)'가 입력됩니다.

⑤ A3셀에 입력한 수식을 R1C1 형태인 '=SUM(R2C1:R2C3)'로 대화상자에 표시합니다.

⑥ A3셀에 입력한 수식을 입력한 형태인 '=SUM($A$2:$C$2)'로 대화상자에 표시합니다..

⑦ A5:C5 범위에 2행 1열의 셀을 절대 참조하는 수식 '=$A$2+1'을 입력합니다.

⑧ A6:C6 범위에 현재 위치에서 위로 1행 이동한 셀(A5)을 상대 참조하는 수식 '=A5+1'을 입력합니다.

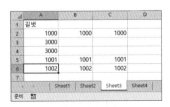

▲ ①～④, ⑦～⑧의 실행 결과

▲ ⑤의 실행 결과

▲ ⑥의 실행 결과

▲ Ctrl + ~ 를 눌러 셀에 입력된 수식 확인하기

4 | Text 속성

Text는 읽기 전용 속성으로, 셀에 값을 입력할 때는 사용할 수 없고 입력된 값이나 수식의 계산 결과를 셀 서식이 적용된 형태의 문자열로 반환합니다. 이 속성은 주로 셀 서식이 적용되어 표시되는 형태를 그대로 확인할 때 사용합니다.

VB 편집기 창의 [직접 실행] 창에 다음의 코드를 한 줄씩 입력하고 Enter를 눌러 엑셀 창에 나타나는 결과를 확인해 보세요.

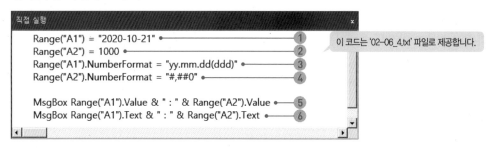

① ~ ② Value 속성이 생략된 형태로, A1셀과 A2셀에 날짜와 숫자를 입력합니다.

③ NumberFormat은 셀 서식을 지정하는 속성으로, A1셀에 사용자 정의 셀 서식 'yy.mm.dd(ddd)'를 지정하여 A1셀의 날짜를 '년.월.일(요일)' 형식으로 표시합니다.

④ A2셀에 천 단위 콤마 서식을 적용하여 '1,000'으로 표시합니다.

⑤ 메시지 창에 A1셀과 A2셀에 입력된 값을 표시합니다.

⑥ 메시지 창에 A1셀과 A2셀 값을 셀 서식이 적용된 문자열 형태로 표시합니다.

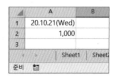
▲ ① ~ ④의 실행 결과

▲ ⑤의 실행 결과

▲ ⑥의 실행 결과

▲ Ctrl + ~ 를 눌러 셀에 입력된 수식 확인하기

> **Tip**
> NumberFormat 속성에 대해서는 176쪽을 참고하세요.

예제파일 : 공통 속성.xlsm

자주 사용하는 공통된 속성 정리하기

– Count, Address, Areas, MergeCells, MergeArea 속성, Merge, UnMerge 메서드

개체마다 속성과 메서드, 이벤트가 조금씩 다릅니다. 다음은 일반적으로 자주 사용하는 속성과 메서드를 정리한 표로, 셀 병합과 관련된 속성과 메서드를 쉽게 확인할 수 있게 Merge 관련 메서드도 함께 정리했습니다.

속성 및 메서드	형식	기능
Name 속성	개체.Name	개체의 이름 반환/지정
Count 속성	컬렉션 개체.Count	개체의 개수 반환
Column 속성	범위.Column	범위에서 첫 번째 열 번호 반환
Row 속성	범위.Row	범위에서 첫 번째 행 번호 반환
Address 속성	범위.Address	범위의 셀 주소 반환
Areas 속성	범위.Areas	비연속적으로 여러 개 선택한 셀 영역 반환
MergeCells 속성	범위.MergeCells	범위의 셀 병합 상태를 True/False로 반환/지정
MergeArea 속성	범위.MergeArea	범위가 포함된 병합 셀 영역을 Range 개체로 반환
Merge 메서드	범위.Merge	범위를 셀 병합 처리
UnMerge 메서드	범위.UnMerge	범위를 셀 병합 해제

> **Tip**
> '범위'는 셀 영역을 의미하는 Range 개체로, Cells, Range, CurrentRegion, ActiveCell, Selection 등을 사용할 수 있어요.

1 | Count 속성

Count 속성은 개체의 모임인 컬렉션을 대상으로 그 안에 있는 구성 개체들의 개수를 반환합니다.

예제파일을 열고 VB 편집기 창의 [직접 실행] 창에 다음의 코드를 한 줄씩 입력한 후 Enter 를 눌러 엑셀 창에 나타나는 결과를 확인해 보세요.

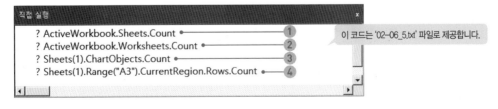

```
직접 실행
    ? ActiveWorkbook.Sheets.Count          ①
    ? ActiveWorkbook.Worksheets.Count      ②
    ? Sheets(1).ChartObjects.Count         ③
    ? Sheets(1).Range("A3").CurrentRegion.Rows.Count  ④
```

이 코드는 '02-06_5.txt' 파일로 제공합니다.

① [직접 실행] 창에 현재 통합 문서에 있는 전체 시트의 개수인 '5'를 표시합니다

② 현재 통합 문서의 전체 시트 중 차트 시트 등을 제외한 워크시트의 개수인 '4'를 표시합니다.

③ 첫 번째 시트인 [인턴현황] 시트에는 2개의 차트가 작성된 상태이므로 '2'를 표시합니다.

④ 첫 번째 시트인 [인턴현황] 시트의 A3셀의 연속된 데이터 영역인 A3:I11 범위의 행 개수인 '9'를 표시합니다.

2 | Address 속성

Range 개체의 셀 주소를 확인할 때 Address 속성을 다음과 같은 형식으로 사용합니다.

형식	범위.Address (*RowAbsolute, ColumnAbsolute, ReferenceStyle, External, RelativeTo*)

Address 속성은 다음과 같은 매개변수(parameters)를 지정할 수 있습니다.

매개변수	기능
RowAbsolute *ColumnAbsolute*	• 행/열 주소가 True이면 절대 참조로($A$1)로, False이면 상대 참조(A1)로 표시 • 생략하면 기본값은 True
ReferenceStyle	• 주소를 xlA1로 지정하면 A1 형식으로, xlR1C1로 지정하면 R1C1 형식으로 표시 • 생략하면 기본값은 xlA1
External	• 주소를 외부 참조 형태로 표시할지 지정 • 생략하면 기본값은 False
RelativeTo	RowAbsolute와 ColumnAbsolute가 False이고, ReferenceStyle을 xlR1C1으로 지정한 경우 상대 참조의 시작 셀을 지정할 때 사용

VB 편집기 창의 [직접 실행] 창에 다음의 코드를 한 줄씩 입력하고 [Enter]를 눌러 엑셀 창에 나타나는 결과를 확인해 보세요.

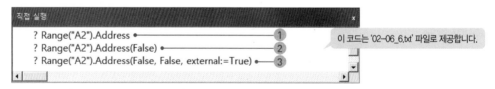

① A2셀의 주소를 절대 참조 형식인 '$A$2'로 표시합니다.

② A2셀의 주소에서 행만 절대 참조를 해제(False)한 '$A2'로 표시합니다.

③ A2셀의 주소를 상대 참조 형식을 이용하고, 통합 문서 이름과 시트 이름을 포함한 외부 참조 형식인 "[공통 속성.xlsm]인턴현황'!A2'로 표시합니다. 전달할 인수가 많으면 콤마(,)를 이용해 해당 위치에 값을 전달할 수도 있고 이 예제와 같이 '인수명:=값' 형식으로 지정할 수도 있어요. 인수 지정 방법에 대해서는 215쪽을 참고하세요.

3 | Areas 속성

셀 병합과 같은 작업은 연속된 범위를 대상으로 지정할 수 있기 때문에 선택 영역이 하나의 연속된 영역으로 구성되어 있는지 확인할 때 Area 속성을 이용합니다. Areas 속성은 '범위.Areas' 형식으로 사용하고 범위 중에서 다중 선택한 영역을 반환합니다.

VB 편집기 창의 [직접 실행] 창에 다음의 코드를 한 줄씩 입력하고 Enter를 눌러 엑셀 창에 나타나는 결과를 확인해 보세요.

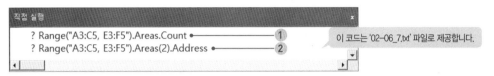

① Range로 지정한 영역 중 비연속적인 영역의 개수인 '2'를 표시합니다.

② 두 번째 영역의 주소인 '$E$3:$F$5'를 표시합니다.

4 | MergeCells, MergeArea 속성과 Merge, UnMerge 메서드

셀 병합을 지정할 때는 MergeCells 속성이나 Merge 메서드를, 셀 병합을 해제할 때는 MergeCells 속성이나 UnMerge 메서드를 사용합니다. 그리고 특정 셀이 포함된 병합 셀 영역을 확인할 때는 MergeArea 속성을 사용합니다.

[Sheet2] 시트를 선택한 상태에서 VB 편집기 창의 [직접 실행] 창에 다음의 코드를 한 줄씩 입력하고 Enter를 눌러 엑셀 창에 나타나는 결과를 확인해 보세요.

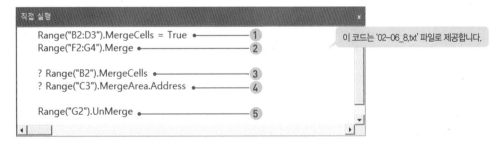

① B2:D3 범위를 셀 병합합니다. True 대신 False를 지정하면 셀 병합이 해제됩니다.

② F2:G4 범위를 셀 병합합니다. Merge 대신 UnMerge 메서드를 사용하면 셀 병합이 해제됩니다.

③ ①에서 B2:D3 범위를 셀 병합했기 때문에 B2셀은 현재 병합된 셀 영역 안에 있으므로 True 값을 표시합니다. 만약 셀 병합이 해제된 상태이면 False 값을 표시합니다.

④ ①을 실행한 후이면 B2:D3 범위가 셀 병합된 상태입니다. C3셀은 해당 영역 안에 있기 때문에 MergeArea는 B2:D3 범위를 의미하여 주소인 '$B$2:$D$3'을 표시합니다.

⑤ ②를 통해 셀 병합된 F2:G4 범위 안에 G2셀이 포함되므로 이 영역의 셀 병합이 해제됩니다.

엑셀 개체

영역 지정

속성&메서드

VBA 연산자

변수&상수

제어문&반복문

오류 처리

배열&함수

컬렉션

예외 처리

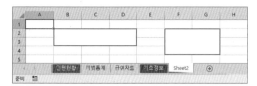

▲ ❶~❷를 실행해 셀 병합하기

▲ ❺를 실행해 F2:G4 범위의 병합 해제하기

MergeCells 속성이나 Merge 메서드를 이용해 셀 병합을 지정할 때 2개 이상의 셀에 내용이 있으면 다음과 같은 경고 메시지 창이 열립니다. 이런 경고 메시지 창이 안 보이게 하려면 'Application.DisplayAlerts = False' 명령문을 사용하는데, 이것에 대한 자세한 내용은 479쪽을 참고하세요.

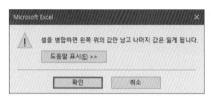

▲ 셀을 병합할 때 2개 이상의 셀에 내용이 있으면 열리는 경고 메시지 창

NumberFormat, NumberFormatLocal 속성 살펴보기

숫자의 통화 형식을 지정하거나 날짜의 표시 형식을 '월-일-연' 단위로 변경하는 것을 '표시 형식을 지정한다'라고 합니다. 같은 숫자나 날짜, 문자여도 표시 형식에 따라 화면에 표시되는 형태가 달라집니다. VBA에서도 NumberFormat 속성을 이용하여 같은 기능을 지정할 수 있습니다. 이때 사용하는 서식 기호는 엑셀에서 사용하는 사용자 지정 서식 기호와 같습니다.

형식	범위 개체.NumberFormat = "서식 기호" 범위 개체.NumberFormatLocal = "서식 기호"

NumberFormat, NumberFormatLocal 속성과 같이 속성의 뒤에 'Local'이 붙는 속성이 있습니다. 엑셀은 기본적으로 영어(미국)식 언어와 표시 형식을 따르기 때문에 사용자가 사용하는 언어권에 따라 달라지는 표시 형식을 지원하기 위해서 'Local'이 필요합니다. 예를 들어 **표시 형식 중에서 '일반'으로 표시되는 속성을 NumberFormat 속성으로 확인하면 'General'이지만, NumberFormatLocal 속성으로 확인하면 '한국어'를 사용하는 환경에서는 '일반'으로 표시**됩니다.

```
        Sub NumberFormat_Ex2( )

❶           MsgBox Range("E3").NumberFormat

❷           Cells.NumberFormat = "General"

❷           Cells.NumberFormatLocal = "G/표준"

        End Sub
```

❶ 현재 워크시트의 E3셀에 적용되어 있는 셀 서식이 메시지 창에 표시됩니다.

❷~❸ ❷와 ❸은 같은 표시 형식을 지정하는 명령문으로, NumberFormat 속성을 이용하는 경우에는 영문(미국식) 표기법을 이용하고, NumberFormatLocal 속성을 이용하는 경우에는 현재 언어가 한국어이면 'G/표준'으로 지정합니다. 이 서식은 엑셀의 **[홈] 탭-[표시 형식] 그룹**에서는 '일반'으로 표시됩니다.

CORE

난이도 ① ② ③ ④ ⑤

핵심 기능 | **03**

자주 사용하는 공통된 메서드 정리하기

– Activate, Select, Clear, Add, Insert, Delete 메서드

메서드(method)는 개체가 실행할 동작을 지정하는 예약어(키워드)로, 메서드가 실행된 후에는 개체에 변화가 생깁니다. 개체마다 지원 가능한 메서드의 종류가 다르지만, 다음의 표에 정리된 메서드는 가장 일반적으로 사용되는 기본 메서드입니다.

메서드	형식	기능
Activate	개체.Activate	개체 활성화
Select	개체.Select	개체 선택
Clear	개체.Clear	개체 내용 및 서식 삭제
Add	개체.Add [인수…]	개체 추가
Insert	범위.Insert [방향]	범위의 크기만큼 행/열 삽입
Delete	개체.Delete [인수…]	개체 삭제
Save	개체.Save [인수…]	개체 저장
SaveAs	개체.SaveAs [인수…]	개체 다른 이름으로 저장
PrintPreview	개체.PrintPreview [인수…]	개체 미리 보기
PrintOut	개체.PrintOut [인수…]	개체 인쇄
AddComment	범위.AddComment "메모 내용"	범위에 메모 삽입(처음 메모를 삽입할 경우)
Union	Union(범위 1 [, 범위 2, …])	1개 이상의 범위의 합집합을 Range 개체로 반환
Intersect	Intersect(범위 1 [, 범위 2, …])	2개 이상의 범위의 교집합을 Range 개체로 반환

1 | Activate, Select 메서드

Select 메서드는 2개 이상의 개체를 동시에 선택할 때, Activate 메서드는 1개의 개체를 선택할 때 사용합니다. Activate 메서드와 Select 메서드는 하나의 개체를 대상으로 할 경우에는 기능이 같습니다. 하지만 하나의 개체만 활성화(active)되기 때문에 Select 메서드를 사용한 경우에는 보통 첫 번째 개체만 활성화됩니다.

예제파일을 열고 VB 편집기 창의 [직접 실행] 창에 다음의 코드를 한 줄씩 입력한 후 Enter 를 눌러 엑셀 창에 나타나는 결과를 확인해 보세요.

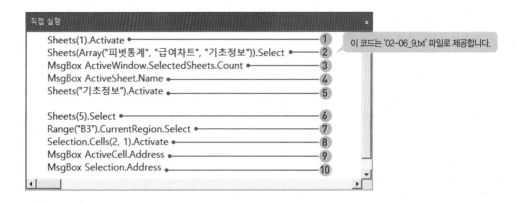

이 코드는 '02-06_9.txt' 파일로 제공합니다.

```
Sheets(1).Activate ●————————————————————————————————①
Sheets(Array("피벗통계", "급여차트", "기초정보")).Select ●————②
MsgBox ActiveWindow.SelectedSheets.Count ●————————————③
MsgBox ActiveSheet.Name ●————————————————————————————④
Sheets("기초정보").Activate ●——————————————————————————⑤

Sheets(5).Select ●——————————————————————————————————⑥
Range("B3").CurrentRegion.Select ●——————————————————⑦
Selection.Cells(2, 1).Activate ●————————————————————⑧
MsgBox ActiveCell.Address ●——————————————————————————⑨
MsgBox Selection.Address ●————————————————————————————⑩
```

① 첫 번째 시트를 활성화하여 ActiveSheet가 됩니다. 대상 시트가 1개이기 때문에 Activate 대신 Select를 사용해도 기능이 같습니다.

② Array는 괄호 안의 항목을 배열로 처리하는 함수로, 여러 개의 시트([피벗통계] 시트, [급여차트] 시트, [기초자료] 시트)를 선택할 때 사용합니다. 여러 개의 시트를 선택한 상태에서 창의 제목 표시줄 오른쪽을 살펴보면 '[그룹]'이 표시됩니다. 3개의 시트 중 첫 번째 시트인 [피벗통계] 시트가 활성화됩니다.

③ ActiveWindow.SelectedSheets는 현재 엑셀 창에서 선택한 시트들을 반환하는 속성으로, Count 속성을 이용해 현재 선택한 시트의 개수 '3'을 메시지 창에 표시합니다.

3개의 시트가 선택된 상태이므로 창 제목에 '[그룹]'이 표시됩니다.

▲ ③의 실행 결과

④ 현재 활성화된 [피벗통계] 시트의 이름을 메시지 창에 표시합니다.

⑤ 3개의 시트 선택을 그대로 유지한 상태에서 [기초정보] 시트가 활성화됩니다.

3개의 시트에서 [기초정보] 시트가 활성화(activate)됩니다.

▲ ⑤의 실행 결과

⑥ 다섯 번째 시트인 [교육도서] 시트를 선택합니다.

⑦ B3셀로부터 연속 영역인 A3:E10 범위를 선택합니다. 이 영역에서 첫 번째 셀인 A3셀이 ActiveCell이 됩니다.

⑧ 현재 선택 영역을 유지한 상태에서 선택 영역의 두 번째 행의 첫 번째 열인 A4셀이 ActiveCell이 됩니다.

▲ ⑧의 실행 결과

⑨ 메시지 창에 ActiveCell인 B4셀의 주소를 표시합니다.

⑩ 메시지 창에 선택 영역인 A3:E10 범위의 주소를 표시합니다.

엑셀 개체

영역 지정

속성&메서드

VBA 연산자

변수&상수

제어문&반복문

오류 처리

배열&함수

컬렉션

중복 제거

2 | Clear 메서드

Clear 메서드는 Range 개체뿐만 아니라 다양한 개체를 초기 상태로 지웁니다. Range 개체를 대상으로 Clear 메서드를 사용하면 해당 셀 영역을 모두 지울 수 있습니다. 이 기능은 [홈] 탭-[편집] 그룹에서 [지우기]-[모두 지우기]를 선택하는 것과 같습니다.

Range 개체에서 서식만 지우거나 메모만 지우는 등의 작업을 처리할 때는 다음과 같은 메서드를 사용합니다.

메서드	기능	사용 예
Clear	셀 내용, 서식, 메모 등 모두 지움	Range("B4:K5").Clear
ClearFormats	셀 서식만 지움	Range("B4:K5").ClearFormats
ClearContents	셀 내용만 지움	Range("B4:K5").ClearContents
ClearComments	셀 메모만 지움	Range("B4:K5").ClearComments
ClearHyperlinks	셀 하이퍼링크만 지움	Range("B4:K5").ClearHyperlinks
ClearOutline	셀 그룹 윤곽 설정 지움	Range("B4:K5").ClearOutline

VB 편집기 창의 [직접 실행] 창에 다음의 코드를 한 줄씩 입력하고 Enter를 눌러 엑셀 창에 나타나는 결과를 확인해 보세요.

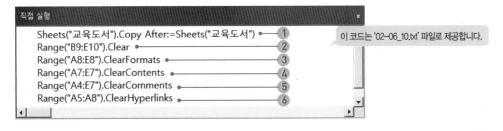

① Clear 메서드를 연습하기 위해 [교육도서] 시트의 뒤에 [교육도서] 시트를 복사합니다. 복사한 시트의 이름은 기존 시트명의 뒤에 숫자가 붙어 '[교육도서 (2)]'로 표시됩니다.

② B9:E10 범위의 모든 내용과 서식을 지웁니다.

[교육도서] 시트의 뒤에 복사된 시트에서 B9:E10 범위의 데이터를 지웁니다.

▲ ① ~ ②의 실행 결과

③ A8:E8 범위의 서식만 지웁니다.

④ A7:A7 범위의 내용만 지웁니다. 이것은 엑셀 창에서 Delete를 누르는 것과 같습니다.

⑤ A4:E7 범위의 메모만 지웁니다.

⑥ A5:A8 범위의 하이퍼링크만 지웁니다.

A5:A8 범위의 하이퍼링크가 지워지지만, 하이퍼링크 셀 서식을 그대로 남아 있습니다.

▲ ③ ~ ⑥의 실행 결과

3 | Add 메서드

Add 메서드는 새로운 개체를 추가할 때 사용하고 개체에 따라 인수가 달라집니다. Add 메서드를 사용하여 시트나 통합 문서 개체를 추가할 때 다음과 같은 형식으로 사용합니다.

개체의 종류	형식	사용 예
Sheet	**Sheets.Add** (*Before, After, Count, Type*)	Sheets.Add After:=Sheets(1)
Workbook	**Workbooks.Add**	Workbooks.Add

Add 메서드는 다음과 같은 매개변수를 지정할 수 있습니다.

매개변수	기능
Before	새 시트를 Before 매개변수로 지정한 시트의 앞에 추가
After	새 시트를 After 매개변수로 지정한 시트의 뒤에 추가
Count	• Count 매개변수로 지정한 개수만큼 새 시트 추가 • 생략할 경우 1로 지정
Type	• 추가할 시트의 종류를 지정하고 생략할 경우 워크시트(xlWorksheet)로 지정 • 차트 시트를 삽입하려면 Type:=xlChart로 지정

VB 편집기 창의 [직접 실행] 창에 다음의 코드를 한 줄씩 입력하고 Enter를 눌러 엑셀 창에 나타나는 결과를 확인해 보세요.

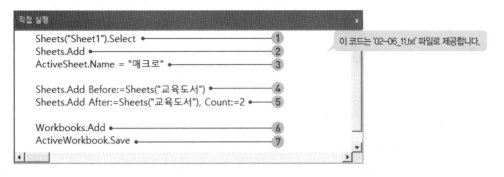

```
Sheets("Sheet1").Select ——————————————— 1
Sheets.Add ————————————————————————————— 2
ActiveSheet.Name = "매크로" —————————————— 3

Sheets.Add Before:=Sheets("교육도서") ————— 4
Sheets.Add After:=Sheets("교육도서"), Count:=2 —— 5

Workbooks.Add ————————————————————————— 6
ActiveWorkbook.Save ——————————————————— 7
```

> 이 코드는 '02-06_11.txt' 파일로 제공합니다.

① [Sheet1] 시트를 선택합니다.

② [Sheet1] 시트의 앞에 새 시트를 추가합니다.

③ ②를 실행한 후에는 새 시트가 활성화된 상태이므로 새 시트의 이름을 '매크로'로 지정합니다.

[Sheet1] 시트의 앞에 삽입된 [매크로] 시트

▲ ②~③의 실행 결과

④ [교육도서] 시트의 앞에 새 시트를 추가합니다.

⑤ [교육도서] 시트의 뒤에 2개의 시트를 추가합니다.

[교육도서] 시트의 앞뒤에 시트들이 삽입됩니다.

▲ ④~⑤의 실행 결과

⑥ 새로운 통합 문서를 추가합니다.

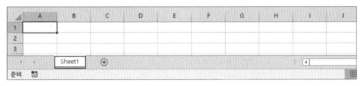

▲ ⑥의 실행 결과

⑦ ⑥을 실행한 후에는 새 통합 문서가 활성화되므로 이 통합 문서가 저장됩니다. 새 통합 문서의 이름은 '통합 문서1'의 형식으로 지정되므로 이 이름으로 저장합니다. 새로운 통합 문서의 이름을 지정할 때는 SaveAs 메서드를 이용하는데, 이것에 대해서는 190쪽을 참고하세요.

4 │ Insert 메서드

Insert 메서드는 개체를 삽입할 때 사용하고 개체에 따라 인수의 종류가 달라집니다. Insert 메서드는 Range 개체를 대상으로 행이나 열을 삽입할 때 다음과 같은 형식을 사용합니다.

형식	범위.Insert (Shift, CopyOrigin)

Insert 메서드는 다음과 같은 매개변수를 지정할 수 있습니다.

매개변수	기능
Shift	삽입할 방향을 아래(xlShiftDown), 오른쪽(xlShiftToRight) 방향으로 지정
CopyOrigin	삽입한 후 서식을 복사할 원본의 위치를 xlFormatFromLeftOrAbove(생략 시 기본값), xlFormatFromRightOrBelow로 지정

VB 편집기 창의 [직접 실행] 창에 다음의 코드를 한 줄씩 입력하고 Enter를 눌러 엑셀 창에 나타나는 결과를 확인해 보세요.

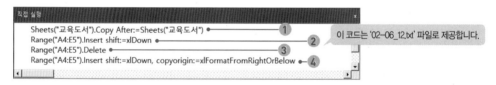

① Insert 메서드 연습을 위해 [교육도서] 시트의 뒤에 [교육도서] 시트를 복사합니다. 복사한 시트의 이름은 기존 시트명의 뒤에 숫자가 붙어 '[교육도서 (2)]'로 표시됩니다. 이미 [교육도서 (2)] 시트가 있으면 [교육도서 (3)]'과 같이 숫자가 증가되어 표시됩니다.

② 새로 복사된 시트에서 A4:E5 범위를 아래쪽으로 밀고 그 영역만큼인 두 행을 삽입한 후 영역의 위쪽 행인 3행의 서식을 적용합니다.

▲ ①~②의 실행 결과

③ ②에서 삽입한 A4:E5 범위를 삭제합니다.

④ ②와 같이 A4:E5 범위를 아래쪽으로 밀고 그 영역만큼 두 행을 삽입한 후 아래쪽 4행(Insert 메서드 실행 후에는 6행)의 서식을 적용합니다.

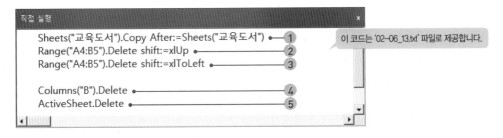

	A	B	C	D	E	F
1	교육 관련 도서					
2						
3	도서명	저자	출판연도	분류	정가	
4						
5						
6	직장인을 위한 실무 엑셀	선양미	2019	오피스	₩ 21,000	
7	직장이 없는 시대가 온다	새라 케슬러	2019	경제/경영	₩ 16,500	
8	우리 대 그들	이안 브레머	2019	기타	₩ 17,000	

… 기초정보 Sheet3 교육도서 교육도서 (2) Sheet1 ⊕

준비

▲ ③∼④의 실행 결과

5 | Delete 메서드

Delete 메서드는 앞에 지정한 개체를 삭제할 때 사용합니다. Delete 메서드는 일반적으로 '개체.Delete' 형식으로 사용하지만, Range 개체에 사용하는 경우에는 다음과 같은 형식을 사용합니다.

형식	범위.Delete (Shift)

범위, 즉 Range 개체에 Delete 메서드를 사용하면 다음과 같은 매개변수를 지정할 수 있습니다.

매개변수	기능
Shift	• 삭제한 영역을 채우는 방법을 xlShiftToLeft나 xlShiftUp로 지정 • 생략하면 범위의 방향에 따라 자동으로 지정

VB 편집기 창의 [직접 실행] 창에 다음의 코드를 한 줄씩 입력하고 Enter를 눌러 엑셀 창에 나타나는 결과를 확인해 보세요.

```
직접 실행                                                          ×

    Sheets("교육도서").Copy After:=Sheets("교육도서")  ── ①        이 코드는 '02-06_13.txt' 파일로 제공합니다.
    Range("A4:B5").Delete shift:=xlUp ── ②
    Range("A4:B5").Delete shift:=xlToLeft ── ③

    Columns("B").Delete ──────────────────── ④
    ActiveSheet.Delete ─────────────────── ⑤
```

① Delete 메서드 연습을 위해 [교육도서] 시트의 뒤에 [교육도서] 시트를 복사합니다.

② A4:B5 범위가 삭제되면서 아래쪽 영역이 위로 이동하기 때문에 A9:B10 범위가 공백이 됩니다.

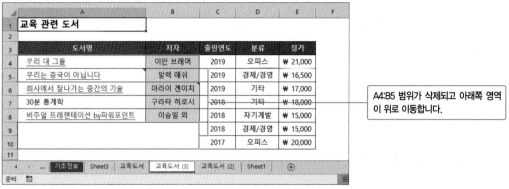

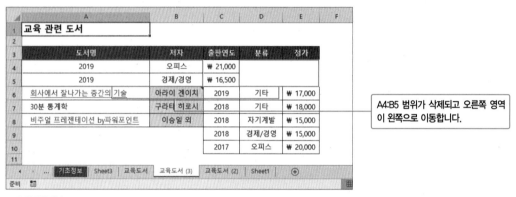

A4:B5 범위가 삭제되고 아래쪽 영역이 위로 이동합니다.

▲ ①~②의 실행 결과

③ A4:B5 범위가 삭제되면서 오른쪽 영역이 왼쪽으로 이동하기 때문에 D4:E5 범위가 공백이 됩니다.

A4:B5 범위가 삭제되고 오른쪽 영역이 왼쪽으로 이동합니다.

▲ ③의 실행 결과

④ B열 전체를 삭제합니다.

⑤ 현재 시트인 [교육도서 (3)] 시트를 삭제합니다. 시트가 완전히 비어있지 않으면 시트를 삭제하기 전에 경고 메시지 창이 열리는데, [삭제]를 클릭하면 실제로 삭제됩니다. 시트를 삭제할 경우 경고 메시지 창을 표시하지 않고 곧바로 삭제하려면 Delete 메서드를 사용하기 전에 'Application.DisplayAlerts = False' 명령문을 사용하는데, 이것에 대한 자세한 내용은 479쪽을 참고하세요.

▲ ⑤를 실행하면 열리는 경고 메시지 창

CORE

핵심기능 **04** **복사 및 붙여넣기 메서드 정리하기**

– Copy, Paste, Insert 메서드

셀 영역이나 개체 등의 복사 작업은 복사와 붙여넣기 동작을 함께 말합니다. **Copy 메서드는 선택한 개체를 클립보드(clipboard)에 복사하고 Paste 메서드와 Insert 메서드, PasteSpecial 메서드 등을 이용해 클립보드의 내용을 지정한 위치에 붙여넣기**합니다. 엑셀 창에서 셀 영역을 복사하거나 잘라낸 후에는 선택한 셀 영역에 움직이는 점선 테두리가 표시되는데, 이 상황을 '복사 모드'라고 합니다.

Application.CutCopyMode 속성을 사용해 복사 상태인지 또는 잘라내기 상태인지 확인할 수 있어요. 다음은 복사와 관련된 주요 메서드와 속성을 정리한 표입니다.

속성 및 메서드	기능
Copy 메서드	클립보드에 개체 저장
Paste 메서드	클립보드에 저장된 내용을 개체 위치에 붙여넣기
PasteSpecial 메서드	Paste 메서드와 기능은 같지만, 수식이나 값, 서식 등을 선택하여 붙여넣기 가능
Application.CutCopyMode 속성	복사 또는 잘라내기가 가능한 상태인지 True/False로 반환하거나 지정

1 | Copy, Paste 메서드

셀 영역뿐만 아니라 일반적인 개체를 복사할 때도 Copy 메서드와 Paste 메서드를 이용합니다. Application.CutCopyMode 속성을 False로 지정하면 더 이상 Paste 메서드를 사용할 수 없어요.

개체의 종류	형식	사용 예
Copy	**개체.Copy**	Sheets(2).Range("A2:B3").Copy
Paste	**개체.Paste** ([*Destination*], [*Link*])	ActiveSheet.Paste Destination:=Sheets(3).Range("B2")

Paste 메서드를 사용할 경우 다음과 같은 매개변수를 지정할 수 있어요.

매개변수	기능
Destination	• 붙여넣기할 위치를 Range 개체로 지정 • 생략하면 현재의 셀 위치 사용
Link	• 현재의 셀 위치에 복사 원본 영역을 참조하는 수식으로 붙여넣기할 때 True로 지정 • 생략하면 False로 지정 • Link 매개변수를 사용하면 Destination 매개변수는 사용 불가

엑셀 개체

영역 지정

속성&메서드

VBA 연산자

변수&상수

제어문&반복문

오류 처리

배열&함수

컬렉션

중복 제거

예제파일을 열고 VB 편집기 창의 [직접 실행] 창에 다음의 코드를 한 줄씩 입력한 후 [Enter]를 눌러 엑셀 창에 나타나는 결과를 확인해 보세요.

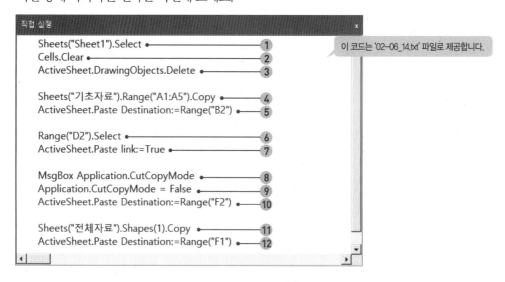

이 코드는 '02-06_14.txt' 파일로 제공합니다.

① ~ ② [Sheet1] 시트를 선택하고 워크시트 전체 셀을 모두 지웁니다.

③ 워크시트에 삽입한 도형 및 차트 등의 모든 개체(DrawingObjects)를 삭제합니다.

④ [기초자료] 시트의 A1:A5 범위를 복사합니다.

⑤ 현재 시트인 [Sheet1] 시트의 B2셀에 ④에서 복사한 내용을 붙여넣기합니다.

⑥ ~ ⑦ Link 인수를 사용할 때는 Destination을 함께 사용하지 못하기 때문에 붙여넣기 시작 위치인 D2셀을 선택한 후 원본 영역을 참조하는 수식으로 붙여넣기합니다. 연결 수식으로 붙여넣기한 경우 셀 서식은 복사되지 않습니다.

⑧ Application.CutCopyMode 속성은 엑셀 복사 모드 상태를 반환하기 때문에 현재 복사 상태를 알려주고 True를 의미하는 숫자 1을 메시지 창에 표시합니다.

수식 입력줄에서 연결 수식을 확인할 수 있습니다.

▲ ① ~ ⑦의 실행 결과   ▲ ⑧의 실행 결과

⑨ False 값을 대입하여 복사 모드를 해제합니다.

⑩ ⑨를 통해 복사 모드가 해제된 상태에서 Range 개체에 대한 붙여넣기(Paste) 명령을 실행하면 런타임 오류 메시지 창이 열리는데, [확인]을 클릭하세요.

⑪ [전체자료] 시트의 첫 번째 도형을 복사합니다.

⑫ F1셀에 도형을 붙여넣기합니다.

▲ ⑨~⑩을 실행하면 열리는 오류 메시지 창   ▲ ⑪~⑫를 실행하여 복사한 도형

2 │ Insert 메서드

Range 개체를 붙여넣기할 때 Insert 메서드를 이용하면 복사한 내용을 삽입할 수 있습니다.

VB 편집기 창의 [직접 실행] 창에 다음의 코드를 한 줄씩 입력하고 Enter를 눌러 엑셀 창에 나타나는 결과를 확인해 보세요.

```
직접 실행                                                                    x

    Sheets("기초자료").Copy after:=Sheets("기초자료") ────①    이 코드는 '02-06_15.txt' 파일로 제공합니다.

    Range("G2:H4").Copy ──────────────②
    Range("A2").Insert Shift:=xlDown ─────③
    Application.CutCopyMode = False ─────④
```

① Insert 메서드를 연습하기 위해 [기초자료] 시트의 뒤에 [기초자료] 시트를 복사합니다.
② 현재 시트에서 G2:H4 범위를 복사합니다. 이때 복사한 영역은 점선 테두리로 표시됩니다.
③ A2셀의 위에 복사한 내용을 삽입하고 아래쪽으로 기존 내용을 이동합니다.

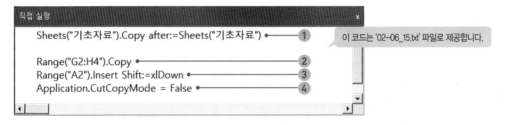

복사 영역인 G2:H4 범위는 점선 테두리가 표시되고, A2:B4 범위에 복사 & 삽입됩니다.

▲ ②~③의 실행 결과

④ 복사 모드가 해제되면서 복사 원본에 표시되던 점선 테두리가 사라집니다.

3 │ PasteSpecial 메서드

PasteSpecial 메서드는 엑셀 창에서 제공되는 [선택하여 붙여넣기] 대화상자의 기능과 같습니다. Range 개체를 대상으로 붙여넣기할 때 다양한 선택 사항을 제공하기 때문에 Paste 메서드보다 PasteSpecial 메서드를 더 많이 사용합니다.

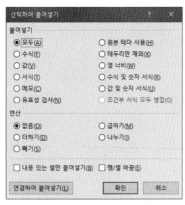

▲ [선택하여 붙여넣기] 대화상자

PasteSpecial 메서드는 다음과 같은 형식과 매개변수를 사용합니다.

| 형식 | 범위.PasteSpecial (*Paste, Operation, SkipBlanks, Transpose*) |

① *Paste* : 다음 표의 상수 중 하나를 선택하여 붙여넣기할 방법을 지정합니다.

예약어(상수)	값	기능
xlPasteAll	−4104	모두(생략 시 기본값)
xlPasteAllExceptBorders	7	테두리만 제외
xlPasteAllMergingConditionalFormats	14	조건부 서식 모두 병합
xlPasteAllUsingSourceTheme	13	원본 테마 사용
xlPasteColumnWidths	8	열 너비
xlPasteComments	−4144	메모
xlPasteFormats	−4122	서식
xlPasteFormulas	−4123	수식
xlPasteFormulasAndNumberFormats	11	수식 및 숫자 서식
xlPasteValidation	6	유효성 검사
xlPasteValues	−4163	값
xlPasteValuesAndNumberFormats	12	값 및 숫자 서식

② *Operation* : 다음 표의 상수 중 하나를 선택하여 붙여넣기할 때 기존 자료와 연산 방법을 지정합니다.

예약어(상수)	값	기능
xlPasteSpecialOperationAdd	2	더하기
xlPasteSpecialOperationDivide	5	나누기
xlPasteSpecialOperationMultiply	4	곱하기
xlPasteSpecialOperationNone	−4142	없음(기본값)
xlPasteSpecialOperationSubtract	3	빼기

엑셀 개체

영역 지정

속성&메서드

VBA 연산자

변수&상수

제어문&반복문

오류 처리

배열&함수

컬렉션

연복 처리

③ **SkipBlanks**

- 공백 셀을 제외한 내용 있는 셀만 붙여넣기할 때는 True로 지정합니다.
- 기본값은 False입니다.

④ **Transpose**

- 행과 열을 바꿔서 붙여넣기할 때는 True로 지정합니다.
- 기본값은 False입니다.

Tip

위의 표에서 '예약어(상수)'는 실제로는 숫자(값)를 의미합니다. xlPasteAll의 경우 상수 대신 해당 값인 숫자 -4104를 사용해도 됩니다.

VB 편집기 창의 [직접 실행] 창에 다음의 코드를 한 줄씩 입력하고 `Enter`를 눌러 엑셀 창에 나타나는 결과를 확인해 보세요.

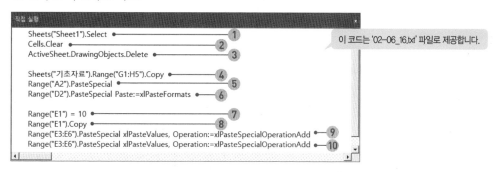

```
직접 실행
Sheets("Sheet1").Select                                                    ①
Cells.Clear                                                                ②
ActiveSheet.DrawingObjects.Delete                                         ③

Sheets("기초자료").Range("G1:H5").Copy                                      ④
Range("A2").PasteSpecial                                                   ⑤
Range("D2").PasteSpecial Paste:=xlPasteFormats                            ⑥

Range("E1") = 10                                                          ⑦
Range("E1").Copy                                                          ⑧
Range("E3:E6").PasteSpecial xlPasteValues, Operation:=xlPasteSpecialOperationAdd  ⑨
Range("E3:E6").PasteSpecial xlPasteValues, Operation:=xlPasteSpecialOperationAdd  ⑩
```

> 이 코드는 '02-06_16.txt' 파일로 제공합니다.

① ~ ③ [Sheet1] 시트의 전체 셀 및 개체를 삭제하여 새 워크시트처럼 만듭니다.

④ [기초자료] 시트에서 G1:H5 범위를 복사합니다.

⑤ ④에서 복사한 내용을 A2셀에 그대로 붙여넣기합니다.

⑥ ④에서 복사한 내용 중 서식만 D2셀에 선택하여 붙여넣기해서 내용은 없고 표 형태 서식만 표시합니다.

⑦ ⑧ ~ ⑨ 과정의 연산 기능을 연습하기 위해 E1셀에 숫자 10을 입력합니다.

⑧ E1셀을 복사합니다.

⑨ E3:E6 범위에 ⑦ ~ ⑧에서 복사한 숫자 10을 값만 더하여 붙여넣기합니다. E3:E6 범위는 빈 셀이기 때문에 모두 10으로 표시됩니다.

⑩ E3:E6 범위의 값에 10을 다시 더해서 각 셀 값이 20이 됩니다.

▲ ① ~ ⑨의 실행 결과

▲ ⑩의 실행 결과

예제파일 : 저장하기.xlsm

Save, SaveAs 메서드로 저장하기

통합 문서를 저장할 때 Save 메서드나 SaveAs 메서드를 사용하는데, 이 중에서 Save 메서드는 이미 저장한 상태의 통합 문서를 현재 파일명으로 저장할 때 사용합니다. 그리고 **SaveAs 메서드는 '다른 이름으로 저장하기' 기능, 즉 파일명이나 파일 형식을 다르게 지정할 때 사용하기 때문에 저장할 파일의 경로명과 파일 형식을 지정**해야 합니다.

Save 메서드와 SaveAs 메서드는 다음과 같은 형식을 사용합니다.

Save 형식	범위.Save

SaveAs 형식	범위.SaveAs (**Filename**, [FileFormat], [Password], [WriteResPassword], adOnlyRecommended], [CreateBackup], [AddToMru])

SaveAs 메서드를 사용할 때 다음과 같은 매개변수를 지정할 수 있어요.

매개변수	기능
Filename	필수 인수로, 저장할 파일명을 포함한 경로명 지정
FileFormat	저장할 파일 형식 지정
Password	15자 이하의 암호 지정
WriteResPassword	쓰기 암호 지정
ReadOnlyRecommended	기본값은 False이고, True로 지정하면 파일을 열 때 읽기 전용으로 열림
CreateBackup	기본값은 False이고, True로 지정하면 백업 파일 작성
AddToMru	기본값은 False이고, True 지정하면 최근 사용 목록에 추가

FileFormat은 파일 형식을 지정하는 인수로, 가장 대표적인 형식은 다음 표와 같습니다. 이 표에서 정리하지 못한 다양한 형태의 파일 형식은 FileFormat의 도움말을 참고하세요.

FileFormat 상수	값	기능
xlOpenXMLWorkbook	51	Excel 통합 문서(*.xlsx)
xlOpenXMLWorkbookMacroEnabled	52	Excel 매크로 사용 통합 문서(*.xlsm)
xlExcel8	56	Excel 97 – 2003 통합 문서(*.xls)
xlText 또는 xlCurrentPlatformText	−4158	탭으로 분리된 텍스트(*.txt)

예제파일을 열고 VB 편집기 창의 [직접 실행] 창에 다음의 코드를 한 줄씩 입력한 후 Enter를 눌러 엑셀 창에 나타나는 결과를 확인해 보세요.

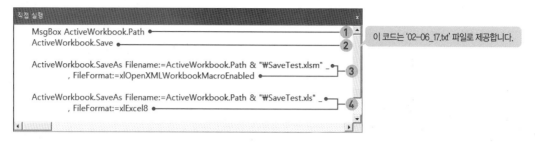

이 코드는 '02–06_17.txt' 파일로 제공합니다.

① Path는 통합 문서가 저장된 경로명을 반환하는 속성으로, 이 명령문을 실행하면 현재 통합 문서가 저장된 경로명이 메시지 창에 표시됩니다. 폴더와 폴더는 ₩ 문자(영어 글꼴 상태에서는 \)로 구분합니다.

② 현재 지정된 파일명으로 현재 통합 문서를 저장합니다.

③ 첫 번째 줄의 끝에 공백과 밑줄(_)을 입력한 후 줄을 변경해 입력한 형태로, 두 줄이 하나의 SaveAs 명령문입니다. 현재 통합 문서를 현재 통합 문서가 저장된 폴더에 파일 이름은 'SaveTest.xlsm'으로, 파일 형식은 'Excel 매크로 사용 통합 문서(*.xlsm)'로 저장합니다. 만약 같은 파일명으로 이미 저장된 경우 확인 메시지 창이 열립니다.

④ 현재 통합 문서를 엑셀 97~2003 버전 형태로 파일명 'SaveTest.xls'로 저장합니다. 엑셀 2007 이상의 문서를 엑셀 2003 이하 버전으로 저장할 때는 호환성 검사와 재계산 확인 메시지 창이 열립니다. Application.DisplayAlerts 속성을 이용해 메시지 창이 열리지 않도록 할 수 있는데, 이것에 대해서는 479쪽을 참고하세요.

잠깐만요 **Saved 속성으로 통합 문서의 저장 상태 확인하기**

통합 문서의 저장 상태를 확인할 때는 Saved 속성을 '문서.Saved' 형식으로 사용합니다. 이때 결과값이 True이면 저장한 후 변화가 없는 상태를, False이면 저장이 필요한 상태를 의미합니다. 엑셀 파일의 크기가 크면 저장할 때 시간이 많이 걸리기 때문에 저장 상태를 확인한 후 저장이 필요한 경우에만 Save 메서드를 실행하는 것이 효율적입니다.

다음은 현재 통합 문서의 저장 상태를 확인하여 다른 메시지를 출력하는 프로시저입니다. 새 통합 문서의 빈 모듈에 다음의 프로시저를 작성한 후 저장하지 않고 실행해 보세요. 프로시저를 실행한 후에는 저장해서 결과를 확인합니다.

이 코드는 '02–06_18.txt' 파일로 제공합니다.

```
Sub SaveCheck( )
    If ActiveWorkbook.Saved Then
        MsgBox "이미 저장된 상태입니다."
    Else
        MsgBox "저장할 내용이 있습니다."
    End If
End Sub
```

① IF문은 'IF 조건 Then~Else~End IF' 형식으로 사용하여 조건에 따라 다르게 처리할 때 사용합니다. 현재 통합 문서의 저장 상태가 True인 경우, 즉 저장할 필요 없는 경우에는 '이미 저장된 상태입니다.'라는 메시지 창이 열립니다.

② ①의 조건값이 False일 때만 실행됩니다. 즉 저장이 안 된 상태이면 해당 메시지 창이 열립니다.

③ IF문의 끝을 표시합니다.

엑셀 개체

영역 지정

속성&메서드

VBA 연산자

변수&상수

제어문&반복문

오류 처리

배열&함수

컬렉션

중복 제거

핵심 기능 | 06 | PrintPreview, PrintOut 메서드로 인쇄하기

시트의 내용을 인쇄하거나 미리 보기할 때 PrintOut 메서드와 PrintPreview 메서드를 사용합니다. PrintOut 메서드는 매개변수를 지정해 인쇄할 페이지 번호와 미리 보기 등을 지정할 수 있어서 PrintPreview 메서드보다 유용합니다. 이들 메서드는 미리 설정된 페이지 레이아웃에 따라 인쇄만 처리하기 때문에 머리글/바닥글, 인쇄 영역 등과 같은 페이지 설정은 인쇄 명령을 실행하기 전에 미리 지정해 놓아야 합니다. 시트에 내용이 없는 경우에는 PrintOut 메서드와 PrintPreview 메서드는 동작하지 않습니다.

PrintPreview 형식	개체.PrintPreview

Print 형식	개체.PrintOut (*From, To, Copies, Preview, ActivePrinter, PrintToFile, Collate, PrToFileName*)

PrintOut 메서드를 사용할 경우 다음과 같은 매개변수(parameters)를 지정할 수 있습니다.

매개변수	기능
From	인쇄 시작 페이지를 지정하고 생략하면 처음부터 인쇄
To	인쇄 마지막 페이지를 지정하고 생략하면 끝까지 인쇄
Copies	인쇄 매수를 지정하고 생략하면 1로 지정
Preview	True로 지정하면 미리 보기 화면을 표시하고, False로 지정하거나 생략하면 즉시 인쇄
ActivePrinter	인쇄할 프린터 이름을 지정하고 생략하면 기본 프린터로 인쇄
PrintToFile	• True로 지정하면 파일로 인쇄되고 이름을 묻는 메시지 창 표시 • True로 지정하고 PrToFileName 인수로 저장 파일명 지정 가능 • 생략하면 False
Collate	Copies 매개변수를 2 이상으로 지정하여 여러 번 출력할 때와 같은 페이지를 연속해서 출력하면 True로 지정
PrToFileName	PtintToFile 매개변수를 True로 지정할 때 사용하며 저장할 파일명 지정

예제파일을 열고 VB 편집기 창의 [직접 실행] 창에 다음의 코드를 한 줄씩 입력한 후 Enter를 눌러 엑셀 창에 나타나는 결과를 확인해 보세요.

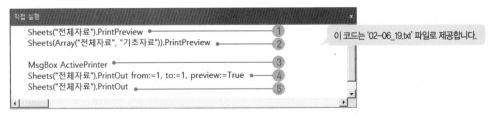

```
Sheets("전체자료").PrintPreview                              ①
Sheets(Array("전체자료", "기초자료")).PrintPreview            ②

MsgBox ActivePrinter                                        ③
Sheets("전체자료").PrintOut from:=1, to:=1, preview:=True    ④
Sheets("전체자료").PrintOut                                  ⑤
```

이 코드는 '02-06_19.txt' 파일로 제공합니다.

① 인쇄 미리 보기 창에 [전체자료] 시트를 표시합니다.

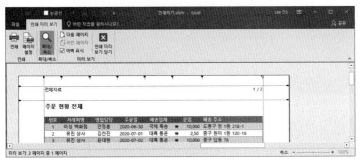

▲ **①**의 실행 결과

② 동시에 여러 개의 시트를 인쇄할 때 Array 함수를 이용해 시트명을 나열합니다. [전체자료] 시트와 [기초자료] 시트를 연속 페이지로 인쇄 미리 보기 창에 표시합니다.

③ ActivePrinter는 현재 프린터 이름을 문자열로 반환하는 속성으로, 현재 컴퓨터의 기본 프린터 이름을 메시지 창에 표시합니다.

④ [전체자료] 시트에서 1페이지만 인쇄 미리 보기 창에 표시합니다.

⑤ [전체자료] 시트의 내용을 기본 프린터로 출력합니다. 기본 프린터가 온라인 상태이면 실제 종이로 인쇄되기 때문에 연습용이면 193쪽의 '잠깐만요'를 참고하여 오프라인 상태로 지정한 후 테스트하세요.

잠깐만요 **코드 확인할 때 인쇄되지 않게 설정하기**

192쪽의 코드 **⑤** 를 테스트할 때 실제로는 인쇄되지 않도록 지정하려면 **⑤** 를 실행하기 전에 다음과 같이 기본 프린터의 환경을 오프라인으로 변경해야 합니다.

① 윈도우 10을 기준으로 [설정] 창이 열리면 [프린터 및 스캐너]를 선택하세요. '프린터 및 스캐너'에서 '기본값'으로 표시된 프린터를 클릭하여 [대기열 열기]를 클릭하세요.

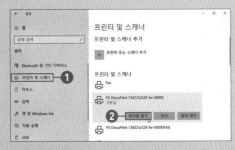

Tip

윈도우 7의 경우에는 제어판을 열고 [하드웨어 및 소리]-[장치 및 프린터 보기]를 선택하세요. 프린터 목록이 나타나면 '기본값'으로 지정된 프린터를 더블클릭하세요.

② 선택한 프린터의 대기열 창이 열리면 [프린터]-[오프라인으로 프린터 사용] 메뉴를 선택하세요. 이 명령을 다시 선택하면 오프라인으로 프린터 사용이 해제되는데, 프린터의 종류에 따라 표시되는 창의 모양이 다를 수 있습니다.

③ 192쪽의 코드 **⑤** 를 실행하면 프린터 대기 목록 창에 오른쪽 화면과 같이 표시됩니다. 오프라인 상태를 해제하면 대기 문서가 곧바로 인쇄되므로 프린터 대기 목록 창에서 **[프린터]-[모든 문서 취소]** 메뉴를 선택하여 대기 중인 목록을 취소하세요. 코드 **⑤** 의 테스트를 종료한 후에는 ① ~ ② 과정을 다시 진행하여 오프라인 프린터 사용을 해제해야 정상적으로 인쇄할 수 있습니다.

엑셀 개체

여러 지정

속성&메서드

VBA 연산자

변수&상수

제어문&반복문

오류 처리

배열&함수

컬렉션

중복 제거

🔵 예제파일 : 분리저장_영업자료.xlsm　　🔵 완성파일 : 분리저장_영업자료(완성).xlsm

실무
예제 | **07**　**검색 결과 복사해 새 문서로 저장하기**

전체 데이터에서 원하는 자료만 추출한 후 외부에는 값만 추출하여 별도의 파일로 저장하는 경우가 있습니다. 이 경우 필터와 복사, 다른 이름으로 저장 등의 다양한 작업 순서를 거쳐야 하는데, 이를 자동으로 처리하는 기능을 매크로로 구현해 보겠습니다.

예제파일은 61쪽에서 사용한 파일로, '전체보기' 매크로와 '주소검색' 매크로가 구현되어 있습니다. 이 파일에 화면에 표시된 필터 결과를 새 문서에 복사하여 오늘의 날짜로 저장하는 '분리저장' 매크로를 작성해 보겠습니다. 매크로를 작성하기 전에 우선 어떤 작업 순서로 처리할지 정리해 보세요.

자동화할 엑셀 작업 순서 정리하기

❶ 검색된 표의 제목과 내용을 선택하려면 표 전체가 선택되어야 하므로 F5 를 눌러 [이동] 대화상자를 열고 '표1'을 선택합니다.
❷ '표1'의 제목과 내용을 모두 선택해야 하므로 Ctrl + A 를 눌러 연속 영역을 선택합니다.
❸ 선택한 영역에서 화면에 보이는 셀들만 선택하여 복사합니다.
❹ 새 통합 문서를 추가합니다.
❺ 새 통합 문서에서 첫 번째 시트의 A1셀에 붙여넣기한 후 열 너비를 동일하게 조정합니다.
❻ 새 통합 문서를 저장합니다.
❼ 저장한 통합 문서를 닫습니다.

위의 표에서 정리한 작업 순서에 대한 VBA 코드를 모르면 각 단계를 매크로 기록기로 녹음한 후 기록된 코드를 확인해 보세요. 앞에서 배운 개체와 속성, 메서드들을 이용하여 각 단계를 다음의 항목으로 처리할 수 있습니다.

엑셀 작업에 해당하는 VBA 개체 및 메서드 찾기

❶ 특정 셀로 이동할 때는 Application.Goto 메서드를 사용합니다.
❷ 특정 셀에서 연속 영역은 CurrentRegion 속성을 사용해 선택합니다.
❸ SpecialCells 메서드와 Copy 메서드를 사용합니다.
❹ Workbook.Add 메서드를 사용합니다.
❺ Paste 메서드나 PasteSpecial 메서드를 사용합니다.
❻ SaveAs 메서드를 사용합니다.
❼ Close 메서드를 사용합니다.

이제 앞에서 정리한 작업 순서에 따른 자동화 VBA 코드를 완성해 보겠습니다.

1 매크로가 포함된 예제파일을 열고 [Alt]+[F11]을 누릅니다.

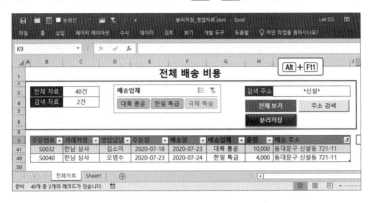

2 VB 편집기 창이 열리면 [삽입]-[모듈] 메뉴를 선택하세요.

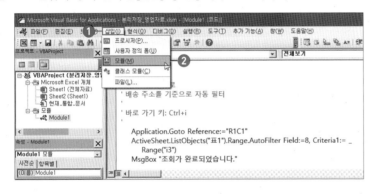

3 [프로젝트] 탐색기 창에 새로운 'Module2' 모듈이 삽입되면서 빈 코드 창이 표시됩니다. 코드 창에 다음과 같이 코드를 입력하여 새로운 '분리저장' 매크로를 작성하고 [닫기] 단추(⊠)를 클릭하세요.

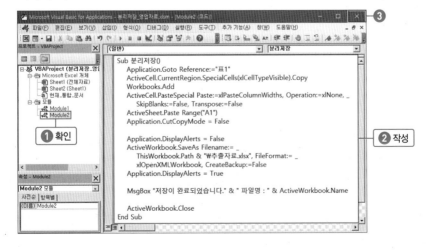

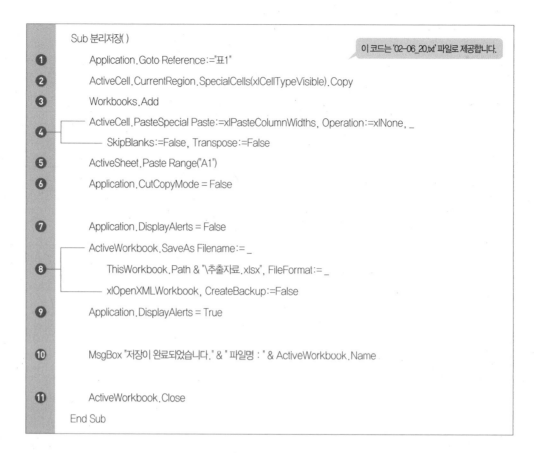

```
Sub 분리저장( )
        Application.Goto Reference:="표1"
        ActiveCell.CurrentRegion.SpecialCells(xlCellTypeVisible).Copy
        Workbooks.Add
        ActiveCell.PasteSpecial Paste:=xlPasteColumnWidths, Operation:=xlNone, _
            SkipBlanks:=False, Transpose:=False
        ActiveSheet.Paste Range("A1")
        Application.CutCopyMode = False


        Application.DisplayAlerts = False
        ActiveWorkbook.SaveAs Filename:= _
            ThisWorkbook.Path & "\추출자료.xlsx", FileFormat:= _
            xlOpenXMLWorkbook, CreateBackup:=False
        Application.DisplayAlerts = True


        MsgBox "저장이 완료되었습니다." & " 파일명 : " & ActiveWorkbook.Name


        ActiveWorkbook.Close
End Sub
```

이 코드는 '02-06_20.txt' 파일로 제공합니다.

❶ 매크로를 어디에서 시작해도 '표1'이 작성되어 있는 [전체자료] 시트의 '표1' 데이터 범위(B10:I40)가 선택됩니다.

❷ 표의 제목 행(B9:I9) 범위도 선택해야 하기 때문에 CurrenRegion을 사용하여 표 전체 범위에서 화면에 보이는 셀들만 복사합니다.

❸ 새 통합 문서를 추가합니다. 이렇게 새 통합 문서를 추가하면 새 통합 문서의 첫 번째 시트 A1셀이 활성화됩니다. 즉 ActiveWorkbook과 ActiveCell이 변경됩니다.

❹ ActiveCell은 새 통합 문서의 첫 번째 시트(Sheet1)의 A1셀입니다. 이 셀에 ❷에서 복사한 내용을 선택하여 붙여넣기 기능 중 '열 너비'만 붙여넣기하여 열 너비가 조정됩니다.

❺ ❷에서 복사한 내용을 A1셀부터 붙여넣습니다.

❻ 복사 상태를 취소하여 더 이상 붙여넣기되지 않게 합니다.

❼ 이 매크로를 두 번째 실행할 때부터 ❽ 단계를 실행할 때 '추출파일.xlsx' 파일이 저장될 때마다 파일명이 이미 있다는 경고 메시지 창이 표시되는데, 이 창이 열리지 않게 사용합니다. Application.DisplayAlerts에 대해서는 479쪽을 참고하세요.

❽ ThisWorkbook은 '분리저장' 매크로가 저장되는 파일, 즉 ActiveWorkbook과 상관없이 [전체자료] 시트가 있는 통합 문서를 가리킵니다. 새 통합 문서를 ThisWorkbook이 저장된 경로에 '추출자료.xlsx'로 저장합니다.

❾ ❼에서 경고 메시지 창이 표시되지 않도록 지정했던 것을 정상적으로 표시합니다.

❿ 지정한 문구와 ❽에서 저장한 파일명을 메시지 창에 표시됩니다.

⓫ 현재 통합 문서를 닫습니다. 그러면 [전체자료] 시트가 표시됩니다.

Tip

해당 코드는 매크로 기록기를 이용해 기록한 내용을 부분적으로 수정하여 완성한 코드입니다. 해당 내용이 어려우면 매크로 기록기를 이용해 작업 순서를 기록한 후 작업해 보세요.

4 엑셀 창으로 되돌아오면 [전체자료] 시트의 [분리저장]에서 마우스 오른쪽 단추를 눌러 [매크로 지정]을 선택하세요.

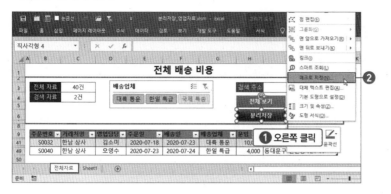

5 [매크로] 대화상자가 열리면 '매크로 이름'에서 [분리저장]을 선택하고 [확인]을 클릭하세요.

6 Esc 를 누르거나 도형의 바깥쪽 셀을 클릭하여 매크로로 지정된 도형의 선택을 해제합니다. [분리저장]을 클릭해 연결한 매크로를 실행하세요.

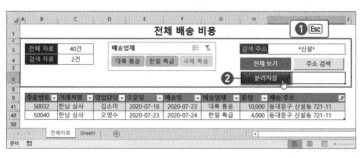

엑셀 개체

영역 지정

속성&메서드

VBA 연산자

변수&상수

제어문&반복문

오류 처리

배열&함수

컬렉션

등록 제거

7 '추출자료.xlsx' 파일에 검색된 데이터만 복사된 상태로 표시되면서 저장이 완료되었다는 메시지 창이 열리면 [확인]을 클릭하세요.

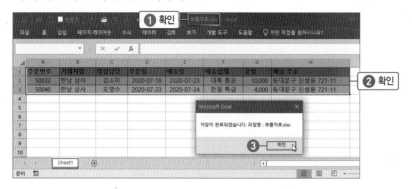

Tip

3 과정에서 코드 **7**을 사용하지 않았다면 '분리저장' 매크로를 두 번째 이후 실행할 때마다 '추출자료.xlsx' 파일이 이미 있다는 경고 메시지 창이 열립니다.

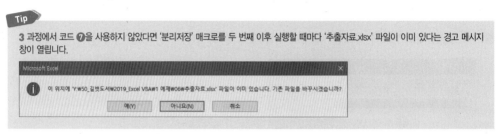

8 자동으로 '추출자료.xlsx' 파일이 닫히면서 예제파일 '분리저장_영업자료.xlsm' 화면이 표시됩니다.

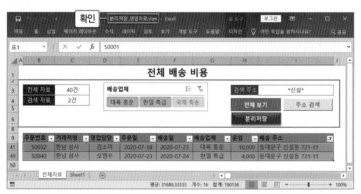

9 윈도우 탐색기를 열고 예제파일이 저장된 폴더에 '추출자료.xlsx' 파일이 추가되었는지 확인해 보세요.

Tip

예제파일이 저장된 폴더는 사용하는 컴퓨터의 환경에 따라 경로가 다를 수 있습니다.

핵심 기능 08 여러 영역의 합집합과 교집합 구하기

여러 개의 셀 영역의 합집합을 구할 때는 Union 메서드를, 교집합을 구할 때는 Intersect 메서드를 사용합니다. 이들 메서드는 결과로 Range 개체를 반환하는데, Intersect 메서드의 경우 교집합 영역이 없으면 Nothing 값을 반환합니다. 그리고 Application을 생략하고 Union 메서드와 Intersect 메서드만 사용해도 됩니다.

Union 메서드 형식	Application.Union(범위 1 [, 범위 2, …, 범위 30])
Intersect 메서드 형식	Application.Intersect(범위 1, 범위 2 [, 범위 3, …, 범위 30])

새 통합 문서에서 VB 편집기 창의 [직접 실행] 창에 다음의 코드를 한 줄씩 입력하고 Enter를 눌러 엑셀 창에 나타나는 결과를 확인해 보세요.

```
Range("B2:E4").Select                                                    ①
Application.Union(Selection, Range("C4:F5")).Interior.Color = vbYellow    ②
Application.Intersect(Selection, Range("C4:F5")).Interior.Color = vbBlue  ③
```

이 코드는 '02-06_21.txt' 파일로 제공합니다.

① B2:E4 범위를 선택합니다.

② ①을 실행한 후 Selection은 B2:E4 범위를 가리키기 때문에 B2:E4 범위와 C4:F5 범위의 배경색을 노란색으로 지정합니다.

③ B2:E4 범위와 C4:F5 범위의 공통 영역인 C4:E4 범위의 배경색을 파란색으로 지정합니다.

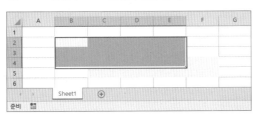

▲ ①~②의 실행 결과

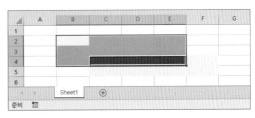

▲ ③의 실행 결과

핵심 기능 | **09** | # VBA에서 엑셀 함수 사용하기

MAX 함수나 VLOOKUP 함수와 같이 **엑셀에서 제공하는 워크시트 함수를 VB 편집기 창에서 사용할 때는 Application.WorksheetFunction 속성을 이용**합니다. Application.WorksheetFunction 속성을 이용한 엑셀 함수는 다음과 같이 두 가지 형식으로 사용할 수 있어요.

형식1	Application.WorksheetFunction.함수명 (함수 인수)

형식2	Application.함수명 (함수 인수)

예제파일을 열고 [기초자료] 시트를 선택한 상태에서 VB 편집기 창의 [직접 실행] 창에 다음의 코드를 한 줄씩 입력한 후 Enter를 눌러 엑셀 창에 나타나는 결과를 확인해 보세요.

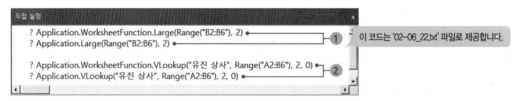

① 2개의 명령문 모두 엑셀의 LARGE 함수를 사용한 코드로, 현재 워크시트의 B2:B6 범위에서 두 번째로 큰 자료를 계산한 결과값을 반환합니다.
② 2개의 명령문 모두 엑셀의 VLOOKUP 함수를 사용한 코드로, 현재 워크시트의 A2:B6 범위에서 '유진 상사'를 찾아 두 번째 열의 값을 반환합니다.

VB 편집기 창에서 엑셀의 모든 함수를 사용할 수 없습니다. 그러므로 [개체 찾아보기] 창에서 『WorksheetFunction』을 검색하면 나타나는 하위 엑셀 함수 목록에서 사용할 수 있는 함수를 찾아보세요.

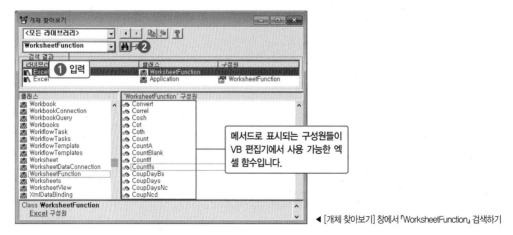

◀ [개체 찾아보기] 창에서 『WorksheetFunction』 검색하기

엑셀 개체

영역 지정

속성&메서드

VBA 연산자

변수&상수

제어문&반복문

오류 처리

배열&함수

컬렉션

목록 제거

예제파일 : 자료취합_보고서.xlsm　　완성파일 : 자료취합_보고서(완성).xlsm

난이도 ① ② ③ ④ ⑤

실무
예제 **10**

분리 저장된 자료 취합 후 셀 병합 해제하기

같은 형식으로 작성한 자료가 여러 시트에 분리되어 있을 때 이 자료를 하나로 취합하는 기능을 만들어 보겠습니다. 또한 피벗 테이블과 같은 데이터 관리 기능을 사용하기 위해 병합된 셀이 있으면 셀 병합을 해제한 후 위쪽 셀의 내용으로 채워넣는 기능도 만들어 보겠습니다.

예제파일에는 다음과 같은 기능이 먼저 작성되어 있습니다.

① **이름 정의** : [전체자료] 시트의 B4셀은 'nmStartCell'로 이름을 정의했습니다. 자료가 시작되는 위치를 좀 더 정확하게 이동하기 위해 정의한 이름을 사용합니다.

② **데이터 형식 모두 동일** : [10월] 시트, [11월] 시트, [12월] 시트와 [전체자료] 시트의 제목 행은 순서와 이름이 동일합니다.

③ **피벗 테이블 이름 정의** : [피벗자료] 시트에는 [피벗_교육채널별] 피벗 테이블이 작성되어 있습니다.

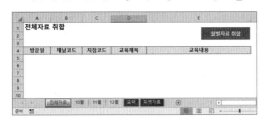

▲ [전체자료] 시트

▲ [10월] 시트

매크로를 작성하기 전에 우선 [10월] 시트의 자료를 복사하여 [전체자료] 시트에 붙여넣기한 후 셀 병합을 해제하고 위쪽 셀 내용으로 채우는 작업을 어떤 작업 순서로 처리할지 정리해 보세요.

자동화할 엑셀 작업 순서 정리하기

❶ [10월] 시트의 A1셀부터 전체 영역을 복사합니다.

❷ [전체자료] 시트의 'nmStartCell' 셀로 이동한 후 빈 행의 위치를 찾아 붙여넣기합니다.

❸ [전체자료] 시트의 'nmStartCell' 셀부터 전체 영역 중 병합된 셀이 있는 3개의 열만 대상으로 셀 병합을 해제합니다.

❹ ❸에서 선택한 영역 중 빈 셀만 선택한 후 위쪽 셀 내용을 참조하도록 상대 참조 수식을 삽입합니다.

　　예 A3셀에 '=A2' 형태로 수식 삽입

❺ ❹에서 삽입한 수식을 값으로 변경하기 위해 3개의 열을 복사하고 값만 붙여넣습니다.

❻ [전체자료] 시트의 내용으로 [피벗_교육채널별] 피벗 테이블의 원본을 변경합니다.

앞에서 정리한 작업 순서에 대한 VBA 코드를 모르면 각 단계를 매크로 기록기로 녹음한 후 기록된 코드를 확인해 보세요. 앞에서 배운 개체와 속성, 메서드를 이용하여 각 단계를 다음 항목으로 처리할 수 있습니다.

❶ Application.Goto 메서드를 사용하거나 시트와 셀을 차례대로 Select하고 CurrentRegion으로 연속 영역을 선택한 후 복사합니다.

❷ Application.Goto 메서드로 이동한 후 Paste 메서드나 PasteSpecial 메서드를 사용합니다.

❸ CurrentRegion.Columns("A:C")를 이용해 연속 영역의 3개의 열만 선택한 후 Merge 속성을 이용하여 셀 병합을 해제합니다.

❹ ❸에서 선택한 영역에서 SpecialCells(xlCellTypeBlanks)을 이용하여 빈 셀만 선택한 후 상대 참조 수식을 'FormulaR1C1 = "=R[-1]C"'로 작성합니다.

❺ ❸에서 선택한 영역을 복사한 후 PasteSpecial Paste:=xlPasteValues를 이용해 값만 붙여넣기합니다.

❻ 160쪽에서 다루었던 피벗 테이블 원본의 변경 기능을 참조하여 작성합니다.

이제 위에서 정리한 작업 순서에 따라 자동화 VBA 코드를 완성해 보겠습니다.

1 매크로가 포함된 예제파일을 열고 Alt + F11 을 누릅니다.

2 VB 편집기 창이 열리면 [삽입]-[모듈] 메뉴를 선택하세요.

3 [프로젝트] 탐색기 창에 새로운 'Module2' 모듈이 삽입되면서 빈 코드 창이 표시됩니다. 코드 창에 다음과 같이 코드를 입력하여 새로운 '분리저장' 매크로를 작성하고 [닫기] 단추(✕)를 클릭하세요.

이 코드는 '02-06_23.txt' 파일로 제공합니다.

```
Sub 자료취합하기( )
①    Application.Goto Range("nmStartCell")
②    ActiveCell.CurrentRegion.Offset(1, 0).Clear


     ' 10월 자료 복사해 표의 끝 행에 붙여넣기
③    Sheets("10월").Select
     Range("A1").CurrentRegion.Select
④    Selection.Offset(1, 0).Resize(Selection.Rows.Count − 1).Copy
⑤    Application.Goto Range("nmStartCell")
⑥    ActiveSheet.Paste  Destination:= _
        Cells(ActiveCell.CurrentRegion.Rows.Count + ActiveCell.Row, 1)
⑦    Application.CutCopyMode = False


     ' 1~3열의 셀 병합 해제하고 빈 셀을 찾아 윗 셀 내용 넣기
⑧    Range("nmStartCell").CurrentRegion.Columns("A:C").Select
⑨    Selection.MergeCells = False
⑩    Selection.SpecialCells(xlCellTypeBlanks).Select
⑪    Selection.FormulaR1C1 = "=R[−1]C"
⑫    Selection.CurrentRegion.Select
     Selection.Copy
⑬    Selection.PasteSpecial Paste:=xlPasteValues, Operation:=xlNone, SkipBlanks _
        :=False, Transpose:=False
     Application.CutCopyMode = False
```

```
                    ' 피벗 테이블 원본 변경
              ┌─ Sheets("피벗자료").PivotTables("피벗_교육채널별").ChangePivotCache _
    ⑭ ─┤          ActiveWorkbook.PivotCaches.Create(SourceType:=xlDatabase, SourceData:= _
              └─ Range("nmStartCell").CurrentRegion, Version:=6)
          End Sub
```

❶ [전체자료] 시트의 기존 자료를 모두 삭제하고 [10월] 시트부터 [12월] 시트까지의 내용을 복사해서 붙여넣기 위해 'nmStartCell' 셀을 선택합니다.

❷ 현재 셀의 연속 영역에서 첫 행인 제목 행을 제외하고 셀을 지웁니다.

❸ [10월] 시트의 A1셀부터 연속 영역을 선택합니다.

❹ 선택한 영역에서 행을 제외하고 복사합니다. Offset(1,0)만 사용하면 맨 아래쪽에 빈 행이 포함되기 때문에 한 행을 제외하기 위해 Resize 속성을 이용해 전체 선택 행의 크기를 −1 합니다.

❺ 붙여넣을 시트와 셀을 선택하기 위해 nmStartCell 셀로 이동합니다.

❻ nmStartCell 셀로부터 아래쪽의 빈 셀을 찾아 붙여넣기해야 합니다. 빈 셀이 없으면 End 속성을 이용할 수 있지만, 병합된 셀이 있으므로 End 속성을 사용할 수 없습니다. 이 경우 빈 행의 번호를 '전체 데이터의 행 개수+데이터 첫 번째 셀의 행 번호'로 구하고 Cells 속성에 사용합니다.

❼ 복사 상태를 해제합니다. 이 문을 생략해도 되지만 ❹에서 복사한 내용을 더 이상 붙여넣지 않으면 사용하는 것이 좋습니다.

❽ ❸~❼을 통해 붙여넣기한 자료의 A열부터 C열에는 병합된 셀이 있으므로 이 부분을 해제하기 위해 nmStartCell 셀로부터 연속 영역 중 첫 번째 열부터 세 번째 열을 선택합니다.

❾ ❽에서 선택한 영역에서 병합된 셀을 해제합니다.

❿ ❾를 실행한 후에는 빈 셀이 생기므로 선택 영역에서 빈 셀만 선택합니다.

⓫ ❿에서 선택한 빈 셀에 위쪽 셀의 내용이 표시되도록 상대 참조 수식을 입력합니다.

⓬ 수식 내용을 실제 값으로 붙여넣기 위해 연속 영역을 선택한 후 복사합니다.

⓭ 선택한 영역에 ⓬에서 복사한 내용의 값을 붙여넣기합니다.

⓮ [피벗자료] 시트의 '피벗_교육채널별' 피벗 테이블의 원본 범위 영역을 'nmStartCell' 셀부터 연속 영역으로 지정합니다. 피벗 테이블 원본의 변경에 대해서는 164쪽을 참고하세요.

> **Tip**
>
> 이 코드는 연습을 위해 우선 [10월] 시트의 내용만 [전체시트]에 복사했습니다. ❻ 과정까지를 통해 매크로가 정상적으로 작동되는지 확인했으면 [11월] 시트와 [12월] 시트도 붙여넣기 위해 ❸~❻을 ❼ 전에 2번 복사하여 '10월' 시트명만 '11월', '12월'로 변경하세요. 이렇게 시트명만 변경하면서 같은 기능을 여러 번 실행할 경우 반복문을 사용하면 간단하게 처리할 수 있습니다. 반복문에 대해서는 265쪽을 참고하세요.

4 엑셀 창으로 되돌아오면 [전체자료] 시트의 [월별자료 취합]에서 마우스 오른쪽 단추를 눌러 [매크로 지정]을 선택하세요.

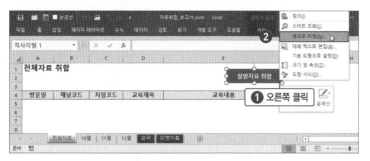

5 [매크로] 대화상자가 열리면 '매크로 이름'에서 [자료취합하기]를 선택하고 [확인]을 클릭하세요.

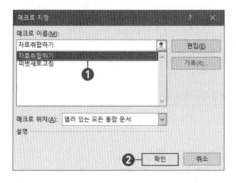

6 Esc를 누르거나 도형의 바깥쪽 셀을 클릭하여 매크로로 지정된 도형의 선택을 해제하고 [월별자료 취합]을 클릭하세요. 연결된 매크로가 실행되면서 [10월] 시트의 자료가 병합 해제된 상태로 표시되었는지 확인해 보세요.

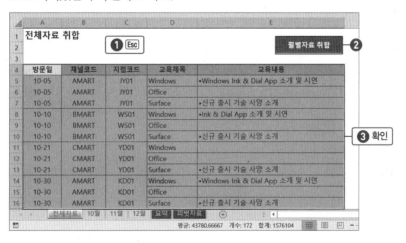

엑셀 개체

영역 지정

속성&메서드

VBA 연산자

변수&상수

제어문&반복문

오류 처리

배열&함수

컬렉션

중복 제거

1 명령문 실행하기

● 예제파일 : 06-Ex1.xlsx ● 정답파일 : 06-Ex1(풀이).xlsm

예제파일을 열고 각 명령문을 순서대로 실행할 때 어떻게 동작하는지 설명해 보세요.

번호	명령문	번호	명령문
①	MsgBox Range("D3").Text	③	Range("B3:C10").Select MsgBox ActiveCell.Address MsgBox Selection.Address(True, True)
②	Range("B1:D1").MergeCells = True		
④	Range("B2").Offset(1, 0).Resize(, 3).Select	⑤	Workbooks(1).Sheets.Add after:=Sheets(Sheets.Count)
⑥	Range("B2").End(xlDown).Offset(1, 0).FormulaR1C1 _ = "=R[-1]C + 1"		이 코드는 '02-06_24.txt' 파일로 제공합니다.
⑦	Range("B2").CurrentRegion.Copy Sheets(2).Range("A1").PasteSpecial xlPasteValues		

2 프로시저 작성하기

● 예제파일 : 06-Ex2.xlsx ● 정답파일 : 06-Ex2(완성).xlsm

다음과 같은 기능의 프로시저(매크로)를 작성해 보세요.

처리 조건
① 매크로(프로시저) 이름 : sb신규입력
② 기능 : [신규 등록] 명령 단추를 클릭하면 A4셀을 기준으로 아래쪽 방향의 첫 번째 빈 행을 찾은 후 빈 행의 A 열에 오늘 날짜를 자동으로 입력하세요.
③ 오늘 날짜를 입력하는 빈 행에 5행 서식을 적용하세요.
④ 매크로 작성 후 엑셀 창의 [신규 등록] 도형에 매크로를 연결하세요.

Hint
① 빈 행의 위치를 찾는 방법은 다음 중 하나를 사용하세요.
  • End 속성과 Offset 속성을 이용하여 연속된 영역의 끝 셀로 이동
  • Cells 속성을 이용하여 끝 셀로 이동하고 끝 셀의 행 번호는 '전체 행 개수 − 첫 셀의 행 번호'로 계산
② 5행 서식을 복사하여 PasteSpecial 메서드를 이용해 서식만 붙여넣기하세요.

예제파일 : 06 핵심 실무노트.xlsm

엑셀 매크로를 잘 활용하기 위한 필수 Tip 익히기

매크로는 보통 한 번만 사용하는 것이 아니라 자주 여러 번 사용하는 기능을 자동화할 때 사용합니다. 그러므로 매크로를 작성해 놓고 매크로 내용을 다시 확인하거나 일부 수정할 수도 있고, 특정 문서가 아닌 여러 문서나 다른 상황에서 작업할 수도 있어요. 이렇게 작업하려면 다음과 같은 항목에 주의해야 합니다.

1. 꼭 필요한 매크로 기능만 이용하기

매크로가 익숙해지면 엑셀로 가능한 작업을 매크로로 작성하려고 시도할 수 있습니다. 매크로 연습용으로는 상관없지만, 이 경우에는 가능하면 엑셀의 기본 기능을 찾아서 이용하는 것이 좋습니다. 예를 들어 엑셀에서 특정 범위에 있는 빈 셀을 찾을 경우 범위의 첫 번째 셀부터 마지막 셀까지 반복문을 실행해서 한 셀씩 비교하는 프로그램을 작성하는 경우가 있습니다. 엑셀의 [이동 옵션] 대화상자에는 빈 셀만 선택하는 기능이 있으므로 매크로 기록기를 이용해 이 기능을 기록한 후 코드를 수정해서 사용하는 것이 훨씬 효율적입니다.

2. 매크로 이름은 의미 있게, 설명은 자세하게 지정하기

여러 개의 매크로를 작성한 상태에서 매크로를 찾아 실행하려면 해당 기능을 정확하게 알고 있어야 합니다. 이 경우에는 매크로 이름만 보아도 해당 기능을 알 수 있도록 매크로 이름을 의미 있는 단어의 조합으로 지정하는 것이 좋습니다. 만약 매크로의 설명까지 지정한다면 처음 매크로를 사용하는 경우에도 매우 쉽게 찾을 수 있습니다. 매크로 기록기를 통해 기록할 때는 설명까지 지정할 수 있지만, 그렇지 않은 경우에는 Application.MacroOption 메서드를 사용해서 자동으로 매크로 설명을 지정할 수 있어요. 이 기능에 대해서는 336쪽을 참고하세요.

3. 코딩할 때 자세히 주석 달기

자신이 작성한 매크로의 내용도 시간이 지나면 왜 이렇게 코딩했는지 기억하지 못할 때가 많습니다. 그러므로 나중에 쉽게 편집할 수 있게, 그리고 다른 사람도 쉽게 이해할 수 있게 중요한 코딩 내용에는 자세한 설명을 달아주는 것이 좋습니다. 특히 모듈의 윗부분에는 전체적인 모듈의 기능과 프로그램의 목적을 자세하게 주석으로 설명해야 합니다. 주석으로 달 때 육하원칙에 따라 작성하면 언제, 누가, 어떤 목적으로 작성했는지 알 수 있어서 매우 유용합니다.

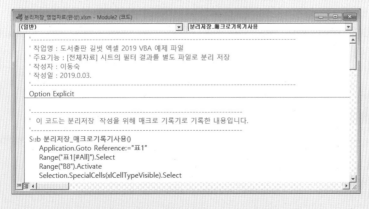

◀ 모듈의 위쪽에 해당 모듈의 기능을 설명하는 주석 작성하기

4. 셀 주소를 직접 입력하는 대신 이름이나 상대 참조 이용하기

매크로로 특정 위치의 자료를 선택할 때 어디에서나 작업해도 기준 위치를 똑같이 지정하려면 'Range("B10")'과 같은 셀 주소 형식으로 지정하는 대신 미리 이름이나 표로 정의해 놓고 'Range("표 1").Cells(1)'과 같이 정확한 위치를 지정하는 것이 좋아요. 엑셀을 사용하다 보면 워크시트의 이름이나 표의 위치가 달라질 수 있습니다. 이때 셀 주소를 직접 사용하면 현재 워크시트의 상황에 따라 오류가 발생할 확률이 높아집니다.

다음의 화면에서 [전체자료] 시트에는 B9:I49 범위에 '표1'이라는 이름이 정의되어 있습니다.

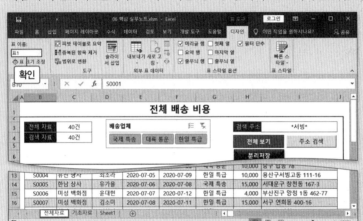

이 통합 문서에 다음과 같은 프로시저를 작성하고 실행하면 표를 사용한 경우와 사용하지 않은 경우의 차이를 확인할 수 있습니다.

```
Sub sbTest()
❶      Debug.Print Range("표1[#All]").Cells(1)
❷      Debug.Print Range("B10")
❸      Debug.Print Range("표1").Cells(1)
End Sub
```

이 코드는 '02-06_25.txt' 파일로 제공합니다.

❶ 현재 통합 문서에서는 어떤 시트를 선택해도 일정하게 '표1' 제목 행을 포함한 전체 영역의 첫 번째 셀인 B9셀을 의미하기 때문에 B9셀의 내용인 '주문번호'가 표시됩니다.

❷ 현재 시트에 따라 다른 내용을 표시합니다.

❸ '표1'에서 제목 행을 제외한 데이터 영역의 첫 번째 셀인 B10셀을 의미하기 때문에 항상 B10셀의 내용이 'S0001'을 표시합니다.

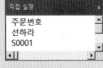

▲ [전체자료] 시트를 선택한 상태에서 실행한 결과

▲ [기초자료] 시트를 선택한 상태에서 실행한 결과

5. 간단하게 기능별로 매크로를 분리해서 작성하기

하나의 매크로에서 많은 작업을 처리하려면 명령문의 길이도 길어져서 매크로를 이해하고 관리하기가 어려워집니다. 그러므로 매크로에서 공통적으로 사용할 수 있는 기능이나 분리할 수 있는 작업은 별도의 프로시저(매크로)로 분리한 후 Call문을 이용해서 실행해야 복잡한 매크로를 좀 더 쉽게 관리할 수 있습니다. 이렇게 기능별로 분리하는 작업을 '모듈화 작업'이라고 합니다.

다음은 글꼴 서식을 지정하는 프로시저를 별도로 선언한 후 호출해서 사용하는 예입니다.

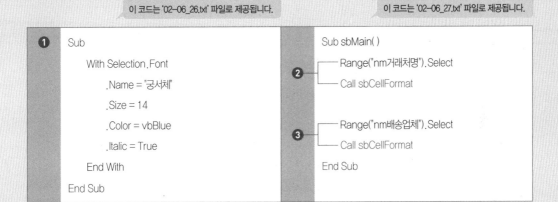

이 코드는 '02-06_26.txt' 파일로 제공됩니다.

이 코드는 '02-06_27.txt' 파일로 제공됩니다.

```
❶ Sub
      With Selection.Font
          .Name = "궁서체"
          .Size = 14
          .Color = vbBlue
          .Italic = True
      End With
   End Sub
```

```
   Sub sbMain( )
❷      Range("nm거래처명").Select
       Call sbCellFormat

❸      Range("nm배송업체").Select
       Call sbCellFormat
   End Sub
```

❶ 선택 영역에 글꼴 서식을 지정하는 작업을 별도의 프로시저로 작성합니다.
❷ 'nm거래처명' 영역에 서식을 지정합니다.
❸ 'nm배송업체' 영역에 서식을 지정합니다.

6. '분석' → '설계' → '코딩'의 순서로 작업하기

프로그래밍 작업은 자동화할 작업을 분석하고 어떻게 진행할지에 대한 방법과 입·출력을 설계한 후 최종으로 코딩하는 과정으로 진행됩니다. 매크로 작업도 이와 같은 순서로 진행하는 것이 좋습니다.

① 분석 단계
- 자동화할 작업에 대해 순차적으로 분리하여 정리하세요.
- 입력 자료의 형태와 결과물의 형태를 미리 작성해 보면서 가장 효과적인 입·출력 자료를 작성하세요.
- 자동화 작업에서 발생할 수 있는 문제 사항이나 예외 사항에 대해 정리하고 해결 방법을 생각해 보세요.

② 설계 단계
- 분석 단계의 작업을 엑셀의 어떤 기능으로 자동화할지 정리해 보세요.
- 구체적인 엑셀 기능과 필요한 이름(표, 시트, 피벗 테이블, 영역 등)을 지정하세요.

③ 코딩 단계
- VBA 코드가 생각나지 않으면 매크로 기록기를 이용해 단위 작업을 기록한 후 수정해서 사용하세요.
- 간단하게 모듈화해서 작성한 기능을 테스트하고 오류가 있는지 확인한 후 전체 기능으로 연결하세요.

엑셀 개체
영역 지정
속성&메서드
VBA 연산자
변수&상수
제어문&반복문
오류 처리
배열&함수
컬렉션
중복 제거

정확하게 VBA 문법 익히기

매크로 기록기를 이용해 간단한 기능의 자동화는 가능합니다. 하지만 작업 과정의 기본적인 정보를 일시적으로 저장하고 필요에 따라 적절한 메시지를 입·출력하려면 VBA 기초 문법을 알고 있어야 합니다. VBA에는 엑셀 창에서 사용하는 연산자와 함수보다 더 다양한 연산자와 함수가 있습니다. 이번 섹션에서는 프로그램의 가장 기본이 되는 개념인 연산자와 변수, 상수 그리고 간단한 입·출력 기능에 대해 배워보겠습니다.

> PREVIEW

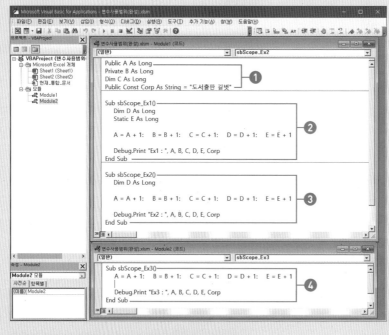

❶ 선언부에 전역 변수와 전역 상수 및 모듈 변수를 선언합니다.
❷ 프로시저에서 다양한 종류의 변수를 사용하여 변수의 범위를 확인합니다.
❸~❹ 프로시저 및 모듈이 달라지는 경우 전역 변수와 상수, 그리고 지역 변수의 값이 어떻게 달라지는 확인합니다.

❷, ❸, ❹를 교대로 실행하여 [직접 실행] 창을 통해 변수와 상수의 사용 범위를 확인할 수 있습니다.

VBA 연산자의 종류 살펴보기

VBA 코드를 사용하는 도중에 간단한 사칙연산이나 2개의 값을 비교하는 작업을 처리하려면 연산자를 이용해야 합니다. 이때 엑셀 창에서 사용하던 연산자를 그대로 사용할 수 있고 VBA에서만 사용할 수 있는 추가적인 연산자도 제공합니다.

1 | 산술 연산자

다음은 산술 연산자의 종류와 기능을 정리한 표입니다.

연산자	기능	사용 예	결과값
+	덧셈	10 + 3	13
−	뺄셈	10 − 3	7
*	곱셈	10 * 3	30
/	나눗셈	10 / 3	3.33333333333333
₩ (또는 \)	몫 계산	10 \ 3	3(10을 3으로 나눈 값의 정수(몫)만 반환)
^	제곱승	10 ^ 3	1000(10^3)
mod	나머지 계산	10 mod 3	1(10을 3으로 나눈 값의 나머지만 반환)

2 | 연결 연산자

연결 연산자는 2개의 값을 연결하여 문자열로 반환하는 연산자로, 문자열은 큰따옴표("")로 지정합니다.

연산자	기능	사용 예	결과값	설명
&	문자 숫자 모두 연결	"Excel " & 2019	Excel 2019	문자열 'Excel'과 숫자 '2019' 연결
+	문자만 연결	"Excel " + 2019	오류 발생	문자열과 숫자를 +로 연결 불가
		"Excel " + "2019"	Excel 2019	문자열 'Excel'과 문자열 '2019' 연결

엑셀 개체

영역 지정

속성&메서드

VBA 연산자

변수&상수

제어문&반복문

오류 처리

배열&함수

컬렉션

중복 제거

3 | 논리 연산자

논리 연산자는 2개 이상의 조건을 판단하거나 숫자를 비트 단위로 연산할 때 사용하는 연산자로, 연산 결과는 논리값인 True와 False로 표시됩니다.

연산자	기능	사용 예	결과값	설명
And	논리곱	True And False	False	2개의 값이 모두 True일 때 True
Or	논리합	True Or False	True	2개의 값이 모두 False일 때만 False
Not	논리 부정	Not True	False	반대값 반환
Eqv	동치(논리적 등가)	True Eqv False	False	2개의 값이 같을 때만 True 반환
Xor	배타적 논리합	True Xor False	True	2개의 값이 서로 다른 경우만 True 반환
Imp	포함 관계	True Imp False	False	연산자의 오른쪽 값이 False일 때만 False 반환

4 | 비교(관계) 연산자

비교(관계) 연산자는 2개의 값의 대소 관계를 비교할 때 사용하는 연산자로, 연산 결과는 True와 False로 표시됩니다.

연산자	기능	사용 예	결과값
=	~와 같다	10 = 13	False
〉	~보다 크다	10 〉 13	False
〈	~보다 작다	10 〈 13	True
〉=	~보다 크거나 같다	10 〉= 13	False
〈=	~보다 작거나 같다	10 〈= 13	True
〈〉	~와 같지 않다	10 〈〉 13	True

5 | Is 연산자

Is 연산자는 2개의 개체가 같은지 판단할 때 사용하는 개체 비교 연산자로, 연산 결과는 True와 False로 표시됩니다.

사용 예	설명
ActiveCell Is Range("A1")	현재 선택한 셀이 A1셀인 경우 True 반환
ActiveSheet Is Sheets(1)	현재 선택한 시트가 첫 번째 시트인 경우 True 반환
ActiveWorkbook Is ThisWorkbook	현재 선택한 통합 문서가 현재 작동 중인 VBA 코드가 포함되었으면 True 반환

다음과 같이 문자열이나 숫자로 반환되는 속성을 사용하는 경우에는 개체 연산자를 비교할 때 Is 대신 등호(=)를 사용할 수 있습니다.

사용 예	설명
ActiveCell.Address = "$A$1"	Address 속성은 문자열로 셀 주소를 반환하기 때문에 등호(=)를 사용해 비교
ActiveSheet.Name = "Sheet1"	Name 속성은 문자열로 이름을 반환하기 때문에 등호(=)를 사용해 비교
ActiveSheet.Index = 1	Index 속성은 위치를 숫자로 반환하기 때문에 숫자와 비교 가능
ActiveWorkbook.Name = ThisWorkbook.Name	두 개체의 Name 속성을 사용했기 때문에 등호(=)로 비교 가능

6 │ Like 연산자

Like 연산자는 별표(*)와 같은 대표 문자(와일드카드 문자)를 이용해서 문자열에 포함된 값을 확인할 때 사용하는 연산자로, 연산 결과는 True와 False로 표시됩니다.

Like 연산자의 유형	기능	사용 예	결과값
Like "?"	물음표(?) 하나에 한 자리의 문자로 대체	① "길벗스쿨" Like "길벗??" ② "길벗스쿨" Like "길벗?"	True False
Like "*"	문자 개수에 관계 없이 0부터 여러 문자로 대체 가능	③ "도서출판길벗" Like "*길벗" ④ "길벗스쿨" Like "*길벗*"	True True
Like "#"	#은 한 자리의 숫자로 대체	⑤ "엑셀2019" Like "엑셀####" ⑥ "엑셀실무활용" Like "엑셀####"	True False
Like "[최소-최대]"	허용하는 문자의 범위를 '최소-최대' 형식으로 지정	⑦ "D" Like "[A-F]" ⑧ Left("이동숙", 1) Like "[아-잏]"	True True
Like "[포함 문자]"	대괄호 안에 있는 문자 중 하나라도 일치하는 것을 찾음	⑨ "관리자" Like "관[리계련]자"	True
Like "[!미포함 문자]"	!를 사용하여 포함되지 않아야 할 문자 지정	⑩ "관리자" Like "관[!리계련]자"	False

① 물음표(?)를 2번 사용해서 '길벗' 다음에 2개의 문자가 오는 것을 확인합니다.

② 물음표(?)를 1번 사용했기 때문에 '스쿨'은 유형과 달라서 False 값을 반환합니다.

③ '*길벗' 형식으로 사용하면 '길벗'으로 끝나는 형태의 문자열인 경우 True를 반환합니다. 만약 ["길벗스쿨" Like "*길벗"]이면 False를 반환합니다.

④ 별표(*)를 앞뒤로 사용하면 특정 단어가 포함되어 있는지 확인할 때 사용합니다. 사용 예의 경우 앞 단어에 '길벗'이란 단어가 포함되어 있기 때문에 True를 반환합니다.

⑤ #은 숫자 하나에 해당하므로 4번 사용해서 '엑셀2016', '엑셀2019' 등과 같이 4개의 숫자로 구성된 경우에만 True를 반환합니다.

⑥ '실무활용'은 문자이기 때문에 False를 반환합니다.

⑦ D는 A~F 사이에 있으므로 True를 반환합니다.

⑧ 이름 중 성씨가 'ㅇ'으로 시작하는 사람을 검사할 때 사용하면 편리한 형태로, '이동숙'에서 첫 문자의 모음인 'ㅇ'자로 시작하는 첫 문자인 '아'와 마지막 문자인 '잏' 사이에 있기 때문에 True를 반환합니다. 만약 'Left("김동숙", 1) Like "[아-잏]"'이라고 사용하면 False를 반환합니다.

⑨ 대괄호([ ]) 안에 입력한 문자 중에서 하나라도 포함되면 True를 반환합니다. '관리자', '관계자', '관련자'는 True이지만, '관찰자', '관심자' 등을 비교하면 False를 반환합니다.

⑩ 대괄호([ ]) 안에 입력한 문자 중에서 하나라도 포함되면 False를 반환합니다. '관리자', '관계자', '관련자'는 False이지만, '관찰자', '관심자' 등을 비교하면 True를 반환합니다.

엑셀 개체

영역 지정

속성&메서드

VBA 연산자

변수&상수

제어문&반복문

오류 처리

배열&함수

컬렉션

중복 제거

7 | 연산자 우선순위

여러 개의 연산자를 함께 사용하는 수식에서는 '산술 연산자' → '비교 연산자' → '논리 연산자'의 순서대로 연산이 진행됩니다. 같은 순위의 연산자인 경우에는 왼쪽에서부터 계산하고 우선순위를 무시하고 먼저 계산할 경우에는 소괄호(( ))로 묶어서 계산합니다.

다음은 연산자 우선순위를 정리한 표입니다.

연산자의 종류	산술 연산자	비교(관계) 연산자	논리 연산자
높음 ↑ ↓ 낮음	지수(^)	같다(=)	Not
	음수 부호(–)	같지 않다(〈〉)	And
	곱셈(*),나눗셈(/)	작다(〈)	Or
	정수 나눗셈(\ 또는 ₩)	크다(〉)	Xor
	나머지 연산(Mod)	작거나 같다(〈=)	Eqv
	덧셈, 뺄셈(+, –)	크거나 같다(〉=)	Imp
	문자열 연결(&)	Like 개체 비교(Is)	
우선순위	높음 ◄──────────────────────► 낮음		

다음 수식에서는 연산자의 우선순위에 따라 결과값이 달라집니다. 복잡한 수식에서는 소괄호(( ))를 사용해서 먼저 계산해야 할 부분을 지정해야 결과를 쉽게 이해할 수 있습니다.

사용 예	결과값	설명
$7 + 3 * 2 = 9 + 4 * 1$	True	$3 * 2 → 7 + 6 → 4 * 1 → 9 + 4 → 13 = 13$의 순서로 계산
$(7 + 3) * 2 = 9 + 4 * 1$	False	$7 + 3 → 10 * 2 → 4 * 1 → 9 + 4 → 20 = 13$의 순서로 계산

VBA의 코딩 규칙 이해하기

엑셀 개체

영역 지정

속성&메서드

VBA 연산자

변수&상수

제어문&반복문

오류 처리

배열&함수

컬렉션

중복 제거

1 | 하나의 명령문을 여러 줄에 걸쳐 작성할 때 밑줄(_) 사용하기

VBA에서 하나의 명령문은 한 줄로 작성해야 하지만, 내용이 많으면 한 화면에서 보기 힘들기 때문에 공백과 밑줄(_)을 이용하여 여러 줄로 분리해서 작성할 수 있어요. 이때 마침표(.)로 구분되는 개체와 메서드, 개체와 속성 사이는 분리하지 않는 것이 좋지만, 반드시 분리해야 한다면 불필요한 공백이 들어가지 않도록 주의해야 합니다.

일반적인 표현	두 줄로 표현
MsgBox "현재 시간은 " & Now( )	MsgBox "현재 시간은 " & _ 〔한 칸 공백을 띄운 후 밑줄 입력〕 Now( )

> **Tip**
> VBA 코드의 기본 규칙에 대해서는 108쪽을 참고하세요.

2 | 여러 개의 명령문을 한 줄에 작성할 때 콜론(:) 사용하기

여러 개의 짧은 명령문을 한 줄에 이어서 작성할 경우에는 명령문과 명령문 사이를 콜론(:)으로 구분합니다. 다음은 2개의 명령문을 한 줄로 작성하는 예입니다.

일반적인 표현	한 줄로 표현
Sheets(1).Select Range("B2").Select	Sheets(1).Select : Range("B2").Select

3 | 매개변수(인수)를 지정하는 두 가지 방법 사용하기

엑셀 VBA의 메서드나 함수, 속성에 필요한 매개변수를 지정할 경우 다음의 두 가지 방법을 이용할 수 있어요. 즉 워크시트를 추가하는 Add 메서드의 경우 추가할 시트의 위치와 개수 등을 매개변수로 지정할 수 있는데, 다음의 표에 있는 방법과 특징을 잘 이용해 보세요.

방법	매개변수 이름 이용하기	콤마로 구분해 위치 지정하기
명령문	Sheets.Add After:=ActiveSheet, Count:=2 Sheets.Add Count:=2, After:=ActiveSheet	Sheets.Add , ActiveSheet, 2
장점	• '매개변수:=값' 형식으로 사용하므로 콤마(,)의 위치에 상관없이 사용 가능 • 어떤 매개변수에 어떤 값을 지정했는지 이해하기 쉬움	• 매개변수의 위치를 콤마(,)로 구분하여 값 입력 • 값만 입력하므로 입력이 간편
단점	매개변수 이름을 직접 입력하는 것이 불편	콤마(,)의 개수에 따라 값이 전달되므로 어떤 매개변수에 값이 전달되는지 구분하기 어려움

CORE

난이도 ①②③④⑤

핵심기능 **03** **With문으로 공동 사용 개체 생략하기**

'매크로 기록' 기능을 이용해서 셀 서식이나 테두리 등을 지정하면 With문으로 구성된 명령문을 볼 수 있습니다. With문은 같은 개체에 여러 개의 속성이나 메서드를 지정할 때 반복되는 개체명을 생략하기 위해 **개체 단위로 묶어 하나의 블록을 형성**합니다. 블록 영역 안에서는 개체명을 생략하고 '.속성'이나 '.메서 드' 형식으로 사용할 수 있어요. With문은 다음과 같은 형식으로 사용합니다.

위의 형식에서 개체명은 With문 안의 명령문 중 마침표(.)로 시작하는 속성이나 메서드의 앞에 위치합니다. 개체명은 매크로를 실행할 때 자동으로 대입됩니다.

다음은 선택 영역의 글꼴 서식을 굵게, 기울임꼴로 지정하고, 표시 형식을 쉼표 스타일로 지정하는 명령문을 일반적인 방법과 With문을 사용해 작성한 예입니다.

비교 항목	일반 명령문	With문
명령문	Selection.Font.Bold = True Selection.Font.Italic = True Selection.Style = "Comma [0]" Msgbox Selection.Address	With Selection 　.Font.Bold = True 　　이 코드는 '02-07_1.txt' 파일로 제공합니다. 　.Font.Italic = True 　.Style = "Comma [0]" 　Msgbox .Address End With
장점	부분적으로 개체 수정 가능	• 개체에 실행되는 작업을 확인하기 쉬움 • With 다음의 개체명만 수정하면 다른 개체에 적용하기 쉬움

With문을 사용할 경우 마침표(.)로 시작하지 않으면 개체와 상관없는 속성과 메서드로 인식합니다. 따라서 오류가 발생하거나 원하는 기능이 아닐 수 있으므로 With문 안에서는 마침표(.)를 주의해야 합니다.

변수 이용해 계산값 저장하기

1 │ 변수 선언 및 사용

프로그램을 실행하는 도중에 입·출력되는 값과 중간 계산값을 일시적으로 기억하는 공간(기억 장소)을 '변수 (variable)'라고 합니다. 변수에 한 번 값을 기억시키면 프로그램을 실행하다가 언제든지 읽어와서 사용할 수도 있고, 필요에 따라 다른 값을 다시 저장할 수도 있어요. 변수는 프로그램에서 사용하기 전에 다음과 같은 형태로 이름(변수명)과 저장할 값의 데이터형을 지정해야 합니다.

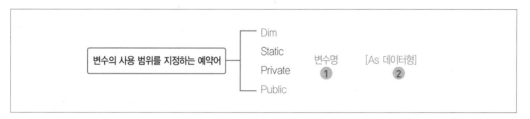

변수에 저장된 값이 유지될 수 있는 프로그램의 범위를 '변수 사용 범위(scope)'라고 합니다. 변수의 사용 범위는 Dim, Private, Public, Static 중 하나로 지정할 수 있는데, 이들 중 Dim을 사용해 하나의 프로시저(매크로) 안에서 사용할 변수를 선언하는 방법이 가장 일반적입니다.

① **변수명** : 프로시저 이름을 지정하는 규칙과 똑같이 사용자가 명명하는 이름으로, 첫 글자는 문자로 시작하고 문자, 숫자, 밑줄(_)을 포함하여 255자 이내로 지정해야 합니다. 이름 규칙에 대해서는 아래의 '2. 변수, 상수, 프로시저 이름의 지정 규칙'을 참고하세요.

② **데이터형** : 저장할 값의 종류와 크기에 따라 다르게 지정합니다. 데이터형을 잘못 지정하면 저장할 값의 일부가 기억되지 못할 수 있으므로 값에 따라 적당한 데이터형을 지정해야 합니다. VBA의 경우는 데이터형을 지정하지 않으면 Variant형으로 지정됩니다. 데이터형의 종류에 대해서는 218쪽을 참고하세요.

2 │ 변수, 상수, 프로시저 이름의 지정 규칙

VBA에서 프로시저, 변수, 상수, 매개변수, 인수 등의 이름을 지정할 때는 다음의 규칙을 지켜야 합니다.

① **첫 번째 문자는 반드시 문자로 지정합니다.**

② **밑줄(_) 이외의 특수 문자와 공백은 사용할 수 없습니다.**

③ 문자, 숫자, 밑줄(_)을 이용하여 최대 255자(한글 한 글자는 영문자 두 글자에 해당) 이내로 지정합니다.

④ 이미 사용 중인 예약어(개체, 속성, 메서드 이름 등)는 사용하지 않아야 합니다.

⑤ 같은 수준의 범위에서는 이름을 중복하여 지정할 수 없습니다. 예를 들어 같은 프로시저에서 'Age'라는 변수를 2번 선언할 수 없지만, 같은 모듈에서 Private 변수 Age와 프로시저 수준 변수 Age를 선언할 수 있어요.

엑셀 개체

영역 지정

속성&메서드

VBA 연산자

변수&상수

제어문&반복문

오류 처리

배열&함수

컬렉션

중복 제거

217

필수적인 규칙 외에 다음의 규칙을 참고하여 이름을 지정하면 해당 기능을 이해하기 쉽습니다.

① VB에서는 영문자의 대소문자를 구별하지 않지만, 사용자가 지정한 이름은 선언할 때 사용한 대소문자가 그대로 표시됩니다. 예를 들어 'Dim Age As Integer'로 영문자의 대소문자를 섞어 변수를 선언했으면 프로시저 안에서 이 변수를 소문자로 입력해도 항상 'Age'로 표시됩니다. 이렇게 변경되지 않으면 오타가 발생한 것을 바로 알 수 있습니다.

② 한글도 가능하지만 가능한 영문으로 지정하고 이름의 앞에 데이터의 종류를 의미하는 약자를 붙이세요. 예를 들어 이름을 지정하는 변수를 String형으로 정의할 때 str을 앞에 붙여 'strName'으로 지정하세요. 일반적으로 많이 사용하는 데이터형에 따른 접두어에 대해서는 246쪽을 참고하세요.

3 │ 데이터형의 종류

프로그램 언어에 따라 데이터형의 종류와 크기를 다양하게 구분할 수 있습니다. 변수, 상수 등을 선언할 때 저장할 값이 문자인지, 숫자인지, 날짜인지 등에 따라 변수의 데이터형을 적절하게 지정해야 정확하게 계산할 수 있어요. 다음은 VBA에서 사용할 수 있는 데이터형의 종류를 정리한 표입니다.

데이터의 종류	크기(단위 : Byte)	설명
Byte	1	0~255까지의 정수
Integer	2	−32,768~32,767까지의 정수
Long	4	−2,147,483,648~2,147,483,647까지의 정수
Single	4	• 음수인 경우 : − 3.402823E+38~1.401298E−45까지의 실수 • 양수인 경우 : 1.401298E−45~3.402823E+38까지의 실수
Double	8	• 음수인 경우 : −1.79769313486232E+308~−4.94065645841247E−324까지의 실수 • 양수인 경우 : 4.94065645841247E−324~1.79769313486232E+308까지의 실수
Date	8	• 100년 1월 1일부터 9999년 12월 31일까지의 날짜 • 0:00:00부터 23:59:59까지의 시간
Currency	8Byte	• 정수 부분 열다섯 자리와 소수점 이하 네 자리의 고정 소수점을 지정하기 위해 10,000 단위로 구분한 정수 형식 • −922,337,203,685,477.5808~922,337,203,685,477.5807까지 표현 가능
String	문자 개수+10	가변 길이 문자열 : 0~2조 개까지의 문자 포함
	문자 개수	고정 길이 문자열 : 1~65,400개까지의 문자 포함
Variant	16(숫자)	• 날짜/시간, 실수, 정수, 문자열 또는 개체 • 숫자 Variant는 Double형까지 변환 • 문자 Variant는 가변 길이 문자열과 같은 범위
	문자 개수+22	
Boolean	2	• True/False 값만 가짐 • 0은 False, 그 외 값은 True로 인식
Object	4	• 개체의 종류에 따라 Range, Worksheet, Workbook, Chart, PivotTable, ListObject 등과 같이 적절한 개체형을 지정하거나 Object라는 일반적인 개체 형태로 지정 가능 • **개체 변수에 값을 지정할 때는 반드시 Set문 사용**

4 | 변수 선언의 예

변수명을 영문으로 작성하는 경우 변수 선언문에서 영문자의 대소문자를 구별해서 입력해야 합니다. 변수명은 최초 선언된 형태에 따라 표시되기 때문에 선언문 이후 프로시저에서 소문자로 입력해도 자동으로 변환되어 오타를 쉽게 발견할 수 있어요.

선언 예	기능
Dim Sunjuk As Integer	변수명 Sunjuk을 Integer형으로 선언
Dim Name_K As String	변수명 Name_K를 String형으로 선언
Dim outData	데이터형을 생략하면 Variant형으로 선언되어 저장되는 값에 따라 데이터형이 자동으로 변경
Dim A, B, C As Long	• 변수를 콤마(,)로 구분하여 여러 개의 변수 선언 가능 • 이 경우 A와 B는 데이터형이 생략된 형태가 되어 Variant형으로 선언되고 C 변수만 Long형으로 지정
Dim A As Long, B As Long	A와 B 모두 Long형으로 선언

다음은 변수를 선언할 때 서로 다른 데이터형을 사용하여 결과값이 달라지는 상황을 비교한 2개의 프로시저입니다. 즉 실수값(3.5)을 저장하는 변수를 다른 데이터형으로 지정할 경우의 결과를 비교했습니다. 이 경우 나머지 내용은 같고 WkTime 변수만 Integer와 Single로 각각 지정했는데, 결과값은 다르게 표시됩니다.

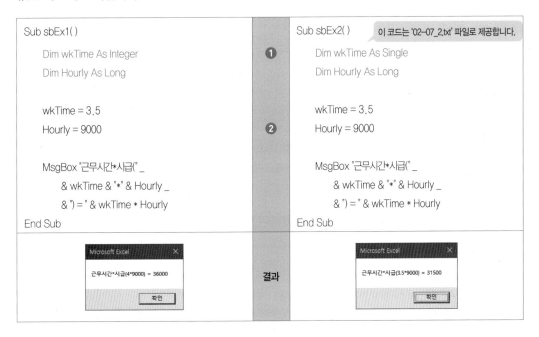

❶ 2개의 프로시저 모두 wkTime 변수에 값 3.5를 대입합니다. 하지만 왼쪽 프로시저(sbEx1)에서는 Integer형으로 지정했기 때문에 3.5의 소수점 이하가 반올림된 값 4가 기억됩니다. 반면 오른쪽 프로시저(sbEx2)에서는 Single형으로 지정했기 때문에 정상적으로 3.5가 기억됩니다.

❷ 2개의 변수에 기억된 값이 3과 4로 달라서 계산 결과도 달라집니다.

> **Tip**
> 코드를 작성하고 코드에 커서를 올려놓은 상태에서 F5를 누르면 프로시저가 실행되면서 결과 화면이 나타납니다.

엑셀 개체

영역 지정

속성&메서드

VBA 연산자

변수&상수

제어문&반복문

오류 처리

배열&함수

컬렉션

중복 제거

5 | Set문 사용해 개체 변수에 값 대입하기

변수에 값을 저장할 때 '변수명 = 값' 형식의 대입문을 사용합니다. 하지만 Range 개체, Worksheet 개체 등과 같은 개체 변수에 개체 값을 대입힐 때는 'Set 변수명 = 값' 형식으로 지정해야 합니다.

개체 변수의 사용 예

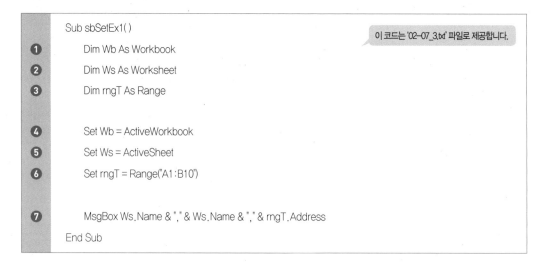

```
Sub sbSetEx1( )                                    이 코드는 '02-07_3.txt' 파일로 제공합니다.
❶      Dim Wb As Workbook
❷      Dim Ws As Worksheet
❸      Dim rngT As Range

❹      Set Wb = ActiveWorkbook
❺      Set Ws = ActiveSheet
❻      Set rngT = Range("A1:B10")

❼      MsgBox Ws.Name & "," & Ws.Name & "," & rngT.Address
End Sub
```

❶ 통합 문서 개체를 저장할 수 있는 개체 변수를 선언합니다.
❷ 워크시트 개체를 저장할 수 있는 개체 변수를 선언합니다.
❸ 영역 개체를 저장할 수 있는 개체 변수를 선언합니다.
❹ Wb 변수에 현재 통합 문서 개체를 저장합니다.
❺ Ws 변수에 현재 시트 개체를 저장합니다.
❻ rngT 변수에 A1:B10 범위를 저장합니다.
❼ Ws.Name은 ActiveWorkbook.Name을 사용한 것과 같고 각 개체 변수의 이름과 주소를 표시합니다. Ws, Wb, rngT 변수는 모두 개체 변수이므로 해당 개체가 가지는 속성과 메서드를 사용할 수 있습니다.

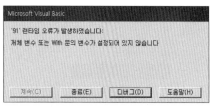
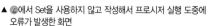

▲ ❷에서 Set을 사용하지 않고 작성해서 프로시저 실행 도중에   ▲ ❼의 실행 결과
   오류가 발생한 화면

6 | 변수값 초기화하기

VBA에서 변수를 선언하면 자동으로 초깃값을 갖습니다. 즉 숫자 변수(Integer, Long, Single, Double, Date 등) 는 0 값을 갖고, 문자 변수(String)는 공백("")으로, 개체 변수는 Nothing으로 지정됩니다. 프로그램을 사용하는 도중에 변수에 초깃값을 대입하여 초기화도 가능합니다.

개체 변수는 Nothing을 대입해 초기화할 수 있습니다. 변수에 저장된 내용과 값을 비교할 때 일반 변수는 등호(=)를 사용하지만, 개체 변수는 Is 연산자를 사용합니다.

다음은 변수를 선언한 후 초깃값을 확인하고 강제로 초깃값을 갖도록 작성한 예입니다.

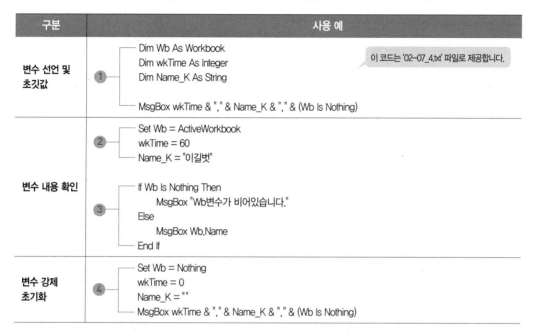

구분	사용 예
변수 선언 및 초깃값 ①	Dim Wb As Workbook Dim wkTime As Integer Dim Name_K As String 이 코드는 '02-07_4.txt' 파일로 제공합니다. MsgBox wkTime & "," & Name_K & "," & (Wb Is Nothing)

변수 내용 확인 ②③	Set Wb = ActiveWorkbook
	wkTime = 60
	Name_K = "이길벗"
	
	If Wb Is Nothing Then
	    MsgBox "Wb변수가 비어있습니다."
	Else
	    MsgBox Wb.Name
	End If

변수 강제 초기화 ④	Set Wb = Nothing wkTime = 0 Name_K = "" MsgBox wkTime & "," & Name_K & "," & (Wb Is Nothing)

① 개체 변수를 선언하면 각 데이터형에 따라 초깃값이 부여되고 이 값을 메시지 창으로 표시합니다. 개체 변수 Wb는 초깃값이 Nothing이기 때문에 Is 연산자를 사용해 비었는지의 여부를 True로 확인합니다.

② ①에서 선언한 변수에 값을 저장합니다.

③ 개체 변수 Wb는 Is Nothing으로 초깃값 상태인지 확인하여 비어있지 않기 때문에 Wb 변수에 저장된 통합 문서의 이름을 메시지 창에 표시합니다. 다른 변수의 경우 등호(=)를 이용해 비교합니다. IF문은 엑셀의 IF 함수처럼 비교식의 결과에 따라 True일 때와 False일 때를 다르게 처리하는 문입니다. 이것에 대해서는 249쪽을 참고하세요.

④ 변수에 저장된 내용을 지우고 초깃값을 저장한 후 메시지 창에 저장된 내용을 표시합니다.

▲ ①의 실행 결과

▲ ②~③의 실행 결과

▲ ④의 실행 결과

엑셀 개체

영역 지정

속성&메서드

VBA 연산자

변수&상수

제어문&반복문

오류 처리

배열&함수

컬렉션

여러 저기

핵심기능 05 | **Option Explicit문으로 변수 선언 요구하기**

– 명시적 변수 선언

변수는 사용하기 전에 변수 선언문을 통해 먼저 선언한 후 사용해야 하지만, VBA의 경우에는 **변수를 선언하지 않고 '변수명 = 값' 형식으로 사용**할 수 있습니다. 이 경우 **변수의 데이터형은 Varient형**으로 선언된 것처럼 저장하는 값에 따라 결정됩니다. 이렇게 **변수를 선언하지 않고 사용하는 방법을 '묵시적 (Implicit) 변수 선언'**이라고 합니다.

묵시적 변수 선언은 변수를 필요에 따라 쉽게 사용할 수 있지만, 프로그램이 복잡해질수록 변수명을 잘못 지정하는 문제가 발생할 수 있어요. 이렇게 발생하는 **오류를 방지하기 위해 반드시 변수를 선언한 후 사용하도록 지정**할 수 있는데, 이를 **'명시적(Explicit) 변수 선언'**이라고 합니다. 명시적 변수 선언은 모듈 코드 창의 위쪽 선언부에 'Option Explicit'문을 입력해서 지정합니다.

추가되는 모듈 개체의 선언부에 자동으로 Option Explicit문을 삽입하려면 **[도구]–[옵션]** 메뉴를 선택하여 [옵션] 대화상자를 열고 [편집기] 탭의 [변수 선언 요구]에 체크해야 합니다. 이 기능에 대해서는 99쪽을 참고하세요.

묵시적 변수 선언과 명시적 변수 선언 방법의 차이 비교

구분	묵시적 변수 선언	Option Explicit문을 사용한 경우
사용 예	Sub sbOptionEx1( ) 　wkTime = 3.5 　Hourly = 9000 　MsgBox TypeName(wkTime) _ 　　& "," & TypeName(Hourly) End Sub	Option Explicit　이 코드는 '02-07_5.txt' 파일로 제공합니다. Sub sbOptionEx1( ) 　wkTime = 3.5 　Hourly = 9000 　MsgBox TypeName(wkTime) _ 　　& "," & TypeName(Hourly) End Sub
기능	• 변수를 선언하지 않고 wkTime과 Hourly에 값을 대입하여 두 변수가 묵시적 변수로 선언 • 대입한 값에 따라 wkTime은 Double로, Hourly는 Integer로 선언	코드 창의 상단 선언부에 'Option Explicit'가 입력된 상태로 프로시저를 실행하면 '변수가 정의되지 않았습니다.'라는 오류 메시지 창 표시
결과 화면		

> **Tip**
> TypeName 함수는 데이터형을 반환해 주는 함수로, 240쪽을 참고하세요.

예제파일 : 상수.xlsm

상수 사용하기

상수(constant)는 프로그램의 처리 과정에서 **'변함없이 동일한 값을 가지는 변수'**로, 숫자나 문자열을 한 번 기억하고 절대로 변경하지 못하게 하는 변수입니다. 상수를 사용하는 이유는 특정한 값(숫자 또는 문자열)을 쉽게 기억하기 위해서입니다. 예를 들어 원주율 3.14156을 매번 그대로 사용하는 것보다 'PI'라는 변수를 선언하고 해당 값을 기억시킨 후 원주율 값이 필요한 때마다 'PI'라는 이름으로 편리하게 사용하는 것과 같습니다.

이와 같은 기능을 하도록 변수를 선언할 때 값을 미리 기억시킨 것을 '상수'라고 합니다. 상수는 'Const'라는 예약어를 사용해서 선언합니다. VBA에서 제공하는 상수는 크게 '내장 상수'와 '사용자 정의 상수'로 구분합니다.

1 │ 내장 상수

내장 상수는 **VBA가 자체적으로 제공하는 상수**입니다. 내장 상수의 이름은 관련 있는 자료를 알아보기 쉽게 다음과 같은 종류의 접두어로 시작합니다.

접두어	기능	내장 상수	실제 값
xl	엑셀 내장 상수의 앞에 부여	xlDown	−1421
vb	VBA 내장 상수의 앞에 부여	vbRed	255
mso	MS−Office 공통 내장 상수의 앞에 부여	msoIconAlert	2

[개체 찾아보기] 창을 이용해 내장 상수의 종류와 저장된 값을 알아볼 수 있습니다. 다음은 [개체 찾아보기] 창에서 상수 'xldown'을 검색한 결과입니다.

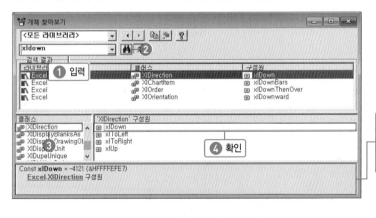

- 내장 상수를 선택하면 창의 아래쪽에 상수에 저장된 값을 표시합니다.
- xlDown은 숫자 −4121과 같은 의미입니다.

엑셀 개체

영역 지정

속성&메서드

VBA 연산자

변수&상수

제어문&반복문

오류 처리

배열&함수

컬렉션

개체 제거

다음의 두 명령문은 동작이 같습니다. 즉 A2셀에서 아래쪽 방향으로 끝에 있는 셀을 선택합니다.

내장 상수 사용	실제 값 사용
Range("A2").End(xlDown).Select	Range("A2").End(-4121).Select

다음은 자주 사용하는 내장 상수 목록입니다.

내장 상수	기능
vbCr	커서를 줄의 처음으로 이동(carriage return)
vbLf	줄 넘김(line feed)
vbCrLf	• 줄 변경(carriage return+line feed)
vbNewLine	• Enter를 누른 것과 같은 기능
vbNullString	공백("") 의미
vbTab	키보드에서 Tab을 누른 것과 같은 기능
vbBlack	검은색을 의미하고 총 여덟 가지의 색을 지정하는 내장 상수 제공 📵 vbBlue, vbCyan, vbGreen, vbMagenta, vbRed, vbWhite, vbYellow, vbBlack

다음은 '엑셀'과 '매크로'를 메시지 창에 표시하는 내장 함수를 사용한 예입니다.

	사용 예	기능
①	MsgBox "엑셀" & vbLf & "매크로"	모두 '엑셀'과 '매크로' 사이에 줄을 변경해서 표시
②	MsgBox "엑셀" & vbCrLf & "매크로"	
③	MsgBox "엑셀" & vbTab & "매크로"	'엑셀'과 '매크로' 사이에 일정 공간(Tab)을 띄움
④	ActiveCell.Font.Color = vbRed	현재 셀의 글꼴 색을 빨강으로 지정

> 이 코드는 '02-07_6.txt' 파일로 제공합니다.

▲ ①~②의 실행 결과   ▲ ③의 실행 결과

2 | 사용자 정의 상수 - 상수 선언하기

사용자 정의 상수는 변수를 선언하는 것처럼 Const문을 이용하여 다음과 같은 형식으로 선언한 후 사용합니다.

형식	[사용 범위] Const 상수명 As 데이터형 = 값 　　　　①　　　　　　　　②

역셀 개체

영역 지정

속성&메서드

VBA 연산자

변수&상수

제어문&반복문

오류 처리

배열&함수

컬렉션

중복 제거

① **사용 범위** : 값이 저장된 상수를 사용할 수 있는 프로그램의 범위(scope)를 말합니다. Private, Public으로 지정할 수 있고, 이것의 차이점에 대해서는 237쪽을 참고하세요.

② **데이터형** : VBA 데이터형 중에서 개체(object)형을 사용할 수 없습니다. 데이터형은 Byte, Boolean, Integer, Long, Currency, Single, Double, Date, String, Variant로 제한됩니다.

사용자 정의 상수의 사용 예

이 코드는 '02-07_7.txt' 파일로 제공합니다.

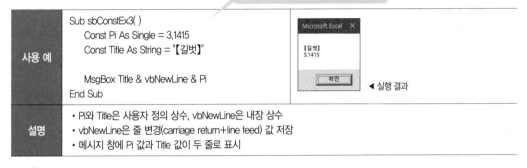

사용 예	Sub sbConstEx3( ) 　　Const Pi As Single = 3.1415 　　Const Title As String = "【길벗】" 　　MsgBox Title & vbNewLine & Pi End Sub	◀ 실행 결과
설명	• Pi와 Title은 사용자 정의 상수, vbNewLine은 내장 상수 • vbNewLine은 줄 변경(carriage return+line feed) 값 저장 • 메시지 창에 Pi 값과 Title 값이 두 줄로 표시	

예제파일 : IsEmpty함수.xlsm

잠깐만요 **IsEmpty 함수로 완전히 빈 셀 구분하기**

셀이 비어있는지 비교할 때 '[ActiveCell = ""]'의 형식으로 공백("")과 비교합니다. 그런데 셀에 아무것도 입력되지 않은 상태와 수식의 결과로 공백("")이 입력된 상태이면 IsEmpty 함수를 이용해서 구분해야 합니다. IsEmpty 함수는 VBA에서 제공하는 함수로, 이 함수에 대해서는 585쪽을 참고하세요.

다음은 점수에 따라 '합격'과 공백을 표시하는 수식이 삽입된 C5셀을 선택한 상태에서 빈 셀을 확인해 본 결과입니다.

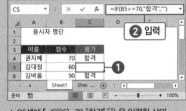

이 코드는 '02-07_8.txt' 파일로 제공합니다.

```
Sub sbCellBlankCheck( )
    Debug.Print ActiveCell = ""
    Debug.Print ActiveCell = vbNullString
    Debug.Print IsEmpty(ActiveCell)
End Sub
```

▲ C5셀에 「=IF(B5)=70,"합격","")」을 입력한 상태

vbNullString은 ""의 내장 상수이기 때문에 2개의 값으로 비교한 식은 모두 True로 나오지만, IsEmpty 함수를 사용한 결과는 False로 나오는 것을 확인할 수 있습니다.

▲ [직접 실행] 창에 실행된 결과

다양하게 MsgBox 사용하기

1 | MsgBox 함수의 사용법

MsgBox 함수를 이용하면 메시지 창에 간단한 메시지와 1개부터 3개까지의 선택 단추를 표시할 수 있습니다. 2개 이상의 선택 단추를 표시한 경우 변수와 조건문(IF, Select문)을 함께 사용하여 단추에 따라 다르게 처리할 수 있습니다.

다음은 MsgBox 함수의 사용 형식입니다.

형식	MsgBox *메시지 내용 [, 단추 종류+아이콘의 종류+기본 단추의 위치, 제목]*

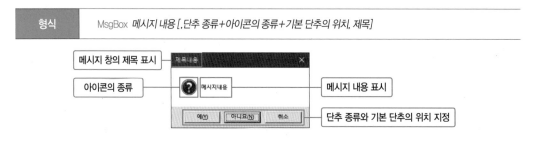

MsgBox 단추의 종류

내장 상수	값	기능
vbOKOnly	0	[확인]만 표시
vbOKCancel	1	[확인]과 [취소]만 표시
vbAbortRetryIgnore	2	[중단], [재시도], [무시]만 표시
vbYesNoCancel	3	[예], [아니요], [취소]만 표시
vbYesNo	4	[예], [아니요]만 표시
vbRetryCancel	5	[재시도], [취소]만 표시

MsgBox 아이콘의 종류

내장 상수	값	아이콘	기능
vbCritical	16	⊗	'중대 메시지' 아이콘
vbQuestion	32	❓	'질의 경고' 아이콘
vbExclamation	48	⚠	'메시지 경고' 아이콘
vbInformation	64	ⓘ	'메시지 정보' 아이콘

MsgBox 기본 단추의 종류

내장 상수	값	기능
vbDefaultButton1	0	첫 번째 단추를 기본적으로 선택
vbDefaultButton2	256	두 번째 단추를 기본적으로 선택
vbDefaultButton3	512	세 번째 단추를 기본적으로 선택
vbDefaultButton4	768	네 번째 단추를 기본적으로 선택

MsgBox의 사용 예

이 코드는 '02-07_9.txt' 파일로 제공합니다.

	사용 예	결과 화면
①	MsgBox "작업이 완료되었습니다."	
②	MsgBox "작업이 완료되었습니다.", vbInformation 또는 MsgBox "작업이 완료되었습니다.", 64	
③	MsgBox prompt:="작업이 완료되었습니다.", title:="완료" 또는 MsgBox "작업이 완료되었습니다.", "완료"	
④	MsgBox "작업이 완료되었습니다.", vbInformation, "완료"	
⑤	MsgBox "오류가 발생했습니다.", vbCritical, "오류"	

① 가장 단순한 형태로, 메시지 내용만 사용합니다.

② vbInformation은 아이콘의 종류를 지정하는 내장 상수로, 숫자 64와 같기 때문에 두 가지 표현이 모두 같은 의미입니다. 메시지 창의 내용과 정보 아이콘을 표시합니다.

③ prompt는 첫 번째 인수이고 title은 세 번째 인수입니다. 따라서 인수 키워드 없이 콤마(,)를 2번 입력해서 title 인수의 위치에 제목 내용을 입력해도 기능이 같습니다. 인수의 입력 방법에 대해서는 215쪽을 참고하세요.

④ 메시지 창의 제목과 '정보' 아이콘을 표시합니다.

⑤ 메시지 창의 제목과 '중대 메시지' 아이콘을 표시합니다.

2 │ MsgBox 함수에 여러 단추를 표시해 선택 단추에 따라 다르게 처리하기

MsgBox 대화상자에 2개 이상의 단추를 표시하면 사용자가 선택한 단추에 따라 다르게 처리할 수 있습니다. 표시한 단추를 클릭하면 단추별로 고유한 상수를 전달하기 때문에 조건문을 이용해서 이 값을 처리합니다. **누른 단추의 값을 확인할 때는 'MsgBox (인수…)' 형식으로 소괄호(( ))로 묶어서 사용**해야 합니다.

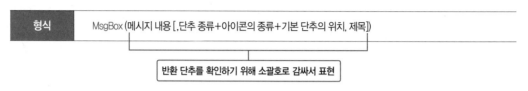

| 형식 | MsgBox (메시지 내용 [,단추 종류+아이콘의 종류+기본 단추의 위치, 제목]) |

반환 단추를 확인하기 위해 소괄호로 감싸서 표현

MsgBox의 선택 단추 값

내장 상수	값	기능	내장 상수	값	기능
vbOK	1	[확인]	vbIgnore	5	[무시]
vbCancel	2	[취소]	vbYes	6	[예]
vbAbort	3	[중단]	vbNo	7	[아니요]
vbRetry	4	[재시도]			

다음은 3개의 선택 단추를 표시하고 선택한 단추에 따라 다른 메시지 창을 표시하는 프로시저입니다. VB 편집기 창에서 새 모듈을 삽입하고 내용을 입력한 후 실행해 보세요.

MsgBox의 사용 예

```
Sub sbMsgBoxEx2( )
❶        Dim iOk As Integer                                    이 코드는 '02-07_10.txt' 파일로 제공합니다.
❷        iOk = MsgBox("종료할까요?", vbQuestion + vbYesNoCancel + vbDefaultButton2, "종료")
❸        Select Case iOk
❹            Case vbYes: MsgBox "종료"
❺            Case vbNo: MsgBox "진행"
❻            Case vbCancel: MsgBox "취소"
❼            Case Else: MsgBox "그 외 사항"
❽        End Select
         End Sub
```

❶ ❷에서 사용할 메시지 창의 반환값을 저장할 변수를 선언합니다. 반환 단추값은 1~7 사이의 값이므로 보통 Integer형을 사용합니다.

❷ 메시지 창에 3개의 단추가 표시되고 vbDefaultButton2를 사용하여 기본적으로 두 번째 단추가 선택됩니다.

▲ ❷의 실행 결과

❸ Select문을 이용해 iOk 변수에 저장한 반환값의 종류에 따라 해당 Case문을 실행하고 Select문은 ❽에서 끝납니다. Select 문에 대해서는 255쪽을 참고하세요.

❹ iOK의 값이 vbYes, 즉 [예]를 클릭한 경우 이 줄을 실행해 [종료] 메시지 창을 열고 ❽로 분기합니다. 콜론(:)은 두 명령문을 구분하여 한 줄에 입력하기 위해 사용합니다.

❺ [아니요]를 클릭하면 이 줄을 실행하고 ❽로 분기합니다.

▲ ❷에서 [아니요]를 클릭한 결과

❻ [취소]나 메시지 창의 [닫기] 단추(✖)를 클릭하면 이 줄을 실행하고 ❽로 분기합니다.

❼ 위의 어떤 상황도 아닌 경우에 실행됩니다.

❽ ❸의 Select문의 끝을 표시합니다.

예제파일 : OptionCompare.xlsm

잠깐만요 **영문 문자열의 대소문자 구별해 비교하기 – Option Compare문**

VBA 코드에서 영문 문자열 내용을 비교할 때는 대소문자를 구별합니다. 예를 들어 'Excel'과 'EXCEL'은 대소문자 표현 방식이 다르기 때문에 다음과 같이 비교하면 결과값이 False로 반환됩니다. 문자열을 비교할 때 영문자의 대소문자를 구별하지 않고 비교하려면 모듈의 위쪽 선언부에 'Option Compare Text'를 입력합니다. 이 선언문의 적용 범위는 해당 모듈에만 적용됩니다.

	Module1 개체 모듈	Module2 개체 모듈

코드	Option Compare Text
	
	Sub sbEx1( )
	    MsgBox "Excel" = "EXCEL"
	End Sub
		Sub sbEx2( )
		    MsgBox "Excel" = "EXCEL"
		End Sub

실행 결과	Microsoft Excel True 확인 ▲ 실행 결과가 True로 표시	Microsoft Excel False 확인 ▲ 실행 결과가 False로 표시

엑셀 개체

영역 지정

속성&메서드

VBA 연산자

변수&상수

제어문&반복문

오류 처리

배열&함수

컬렉션

중복 제거

핵심
기능 **08** # InputBox로 대화상자에서 값 입력받기

메시지 창을 통해 하나의 값을 입력받을 때 InputBox 함수를 사용합니다. InputBox 함수는 다음과 같은 형식으로 사용하고 **InputBox 함수를 통해 입력된 내용은 문자열로 인식**됩니다. 이 문자열 값을 변수에 저장할 때 변수 데이터형에 따라 데이터형이 변경됩니다. InputBox 대화상자에서 [확인]을 클릭하면 입력한 값이 전달되지만, [취소]나 창의 [닫기] 단추(✕)를 클릭하면 공백("")이 반환됩니다.

형식	InputBox (메시지 내용 [, 제목 내용, 기본값])

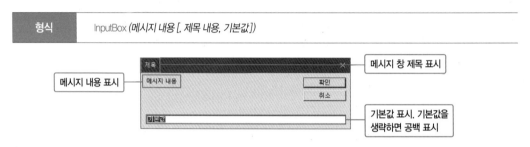

InputBox의 사용 예

```
Sub sbInputBoxEx1( )
    Dim Name_K As String
    Dim Score As Integer
①  Name_K = InputBox("이름은?")
②  Score = InputBox("성적을 입력하세요.", "성적", 0)
③  MsgBox Name_K & "님의 성적 : " & Score
End Sub
```

이 코드는 '02-07_11.txt' 파일로 제공합니다.

❶ '이름은?'이란 메시지가 표시되는 입력 대화상자를 표시합니다.

❷ 창 제목은 '성적'으로, 기본값은 '0'으로 나타나는 입력 대화상자를 표시합니다.

❸ ❶~❷를 통해 입력된 내용은 각 변수에 저장되고 메시지 창을 통해 변수에 저장된 값을 표시합니다.

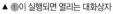

▲ ❶이 실행되면 열리는 대화상자

▲ ❷가 실행되면 열리는 대화상자

예제파일 : InputBox.xlsm

InputBox 메서드로 작업 범위 입력받기

1 | InputBox 메서드의 형식

InputBox 메서드는 VB에서 제공하는 **InputBox 함수와 달리 엑셀 개체(Application)에서 제공하는 메서드로, Type 인수를 이용해 입력할 데이터형을 지정**할 수 있습니다. Type 인수를 8로 지정한 경우 엑셀 워크시트에서 셀 영역을 직접 선택해 Range 개체로 입력받을 수 있어요. InputBox 메서드는 InputBox 함수와 구별되기 때문에 Application.InputBox 형식으로 사용해야 합니다.

형식	Application.InputBox (메시지 내용 [, 제목 내용, 기본값, . , . , Type])

Type 인수를 생략한 경우 입력값은 텍스트형으로 입력되고 두 가지 이상의 데이터형을 함께 지정할 때는 인수값의 합계로 지정합니다. 예를 들어 텍스트와 숫자의 두 가지 형태를 입력할 수 있도록 지정하려면 Type 인수에 1 + 2 또는 3을 지정합니다.

Type 인수로 지정 가능한 값의 종류

값	의미	값	의미
0	수식	8	Range 개체와 같은 셀 참조
1	숫자	16	#N/A와 같은 오류 값
2	텍스트(문자열)	64	값의 배열
4	논리값(True 또는 False)		

2 | InputBox 메서드 사용하기

2개의 InputBox 메서드를 사용하여 범위와 성적을 입력받아 해당 범위에 성적을 표시하는 프로시저를 만들고 실행해 보겠습니다.

```
Sub sbInputBoxEx2( )
❶      Dim rngT As Range
        Dim Score As Integer


❷      On Error Resume Next
❸      Set rngT = Application.InputBox("작업 범위를 지정하세요!", _
            "범위", Selection.Address, Type:=8)
❹      If rngT Is Nothing Then
```

이 코드는 '02-07_12.txt' 파일로 제공합니다.

엑셀 개체

영역 지정

속성&메서드

VBA 연산자

변수&상수

제어문&반복문

오류 처리

배열&함수

컬렉션

중복 제거

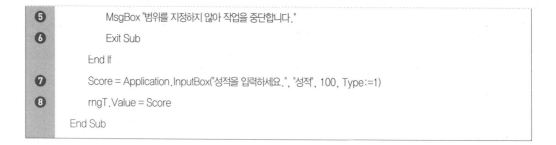

```
⑤              MsgBox "범위를 지정하지 않아 작업을 중단합니다."
⑥              Exit Sub
          End If
⑦          Score = Application.InputBox("성적을 입력하세요.", "성적", 100, Type:=1)
⑧          rngT.Value = Score
      End Sub
```

❶ Range 개체를 저장할 변수를 선언합니다.

❷ ❸에서 사용하는 InputBox 메서드에서 [취소]를 클릭하면 False 값이 반환됩니다. False 값을 rngT 변수에 대입하면 데이터형이 맞지 않아 오류가 발생합니다. [취소]를 클릭할 때만 발생하는 오류이므로 이 오류를 무시하고 다음 명령합니다. 이와 같은 오류 처리문에 대해서는 287쪽을 참고하세요.

❸ rngT는 개체 변수이므로 Set문을 사용해야 합니다. '범위'라는 제목의 입력 대화상자를 표시하는데, 기본값으로 현재 선택 영역의 주소를 표시합니다. InputBox 메서드에 Type:=8을 지정해 셀 영역만 입력하도록 지정했기 때문에 셀 영역 밖에 있는 다른 값을 입력하면 오류가 발생합니다.

▲ ❸을 실행하면 열리는 대화상자

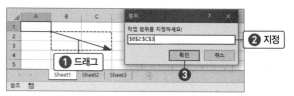

▲ 대화상자에 B2:C3 범위를 지정하고 [확인] 클릭하기

❹ ❸에서 [취소]를 클릭하거나 공백을 입력하면 rngT가 초깃값(Nothing)의 상태가 됩니다. IF문을 이용해 초기 상태(Nothing)인 경우 ⑤~⑥을 통해 메시지 창을 표시하고 프로시저를 중단합니다. 정상적으로 범위가 지정되면 ⑦로 이동하여 실행합니다.

❺ 범위를 지정하지 않아 작업을 중단한다는 메시지 창이 표시됩니다.

❻ Exit는 'Exit 대상' 형식으로 사용하여 대상 영역에서 벗어나는 명령입니다. Sub문을 벗어난다는 것은 프로시저를 중단한다는 의미로, 나머지 ⑦~⑧을 실행하지 않습니다.

❼ [성적] 입력 대화상자에 기본값 100이 표시됩니다. 이때 입력 데이터는 Type:=1로 지정했기 때문에 숫자로 제한됩니다.

▲ ❼을 실행하면 표시되는 대화상자

▲ 대화상자에 숫자 이외의 값이
들어오면 표시되는 오류 메시지 창

❽ rngT 셀 영역(B2:C3)에 ❼에서 입력한 숫자(Score 변수에 저장된 값)가 입력됩니다.

▲ 대화상자에 100이 입력된 상태에서 [확인]을 클릭한 결과

예제파일 : Color.xlsm, ColorTest.xlsm

색을 지정하는 다양한 방법 살펴보기

– Color, ColorIndex, ThemeColor 속성

1 │ Color 속성

Color 속성은 글꼴 색, 셀 채우기 색, 테두리 색, 도형 색과 개체의 색을 변경할 때 가장 대표적으로 사용하는 속성입니다. 색은 빨강(Red), 녹색(Green), 파란색(Blue)의 조합을 지정하는 16진수 숫자인 RGB 값으로 지정하는데, 16진법 숫자로 색을 다루는 것이 불편하기 때문에 다음과 같은 세 가지 방법으로 색을 표현합니다.

ColorConstants 내장 상수	개체.Color = ColorConstants.색 또는 개체.Color = 색

RGB 함수	개체.Color = RGB(*red, green, blue*)

QBColor 함수	개체.Color = QBColor(*color index*)

ColorConstants는 색을 표현하는 예약어(내장 상수)를 묶어놓은 상위 개체로, 다음의 왼쪽 화면과 같이 여덟 개의 상수 목록이 있어요. 『ColorConstants』를 입력하고 마침표(.)를 누르면 하위 상수 목록이 표시되는데, 일반적으로 ColorConstants를 생략하고 해당 색의 내장 상수만 입력합니다.

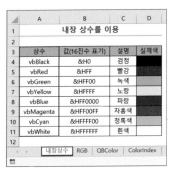

▲ 색 내장 상수 목록 　　　▲ RGB 함수로 표현한 색　　　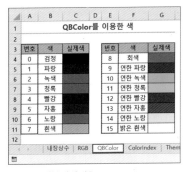

▲ QBColor 함수의 색 번호

RGB 함수는 빨간색(Red), 녹색(Green), 파란색(Blue)의 조합을 0~255 사이의 숫자로 지정해서 색을 표현합니다. 그리고 QBColor 함수는 0~15까지의 숫자로 열여섯 가지의 색을 표현합니다.

역셀 개체

영역 지정

속성&메서드

VBA 연산자

함수&상수

제어문&반복문

오류 처리

배열&함수

컬렉션

목록 채우기

빈 통합 문서를 열고 VB 편집기 창의 [직접 실행] 창에 다음의 코드를 한 줄씩 입력한 후 Enter를 눌러 엑셀 창에 나타나는 결과를 확인해 보세요.

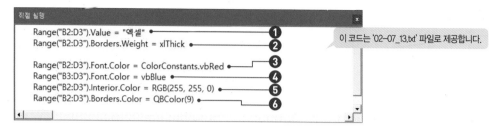

❶ B2:D3 범위에 『엑셀』을 입력합니다.

❷ B2:D3 범위의 모든 테두리를 굵게(xlThick) 지정합니다.

❸ B2:D3 범위의 글꼴 색을 '빨강'으로 표시합니다.

❹ ColorConstants를 생략한 형태로, B3:D3 범위의 글꼴 색을 '파랑'으로 표시합니다.

❺ B2:D3 범위를 '노랑'으로 채웁니다.

❻ B2:D3 범위의 선 색을 '연한 파랑'으로 표시합니다.

▲ ❶~❻의 실행 결과

2 │ ColorIndex 속성

ColorIndex 속성은 1~56까지의 색을 미리 지정해 놓고 그 색에 해당하는 숫자로 색을 지정합니다.

▲ ColorIndex 속성에 사용하는 56개의 색 번호

VB 편집기 창의 [직접 실행] 창에 다음의 코드를 한 줄씩 입력한 후 Enter를 눌러 엑셀 창에 나타나는 결과를 확인해 보세요.

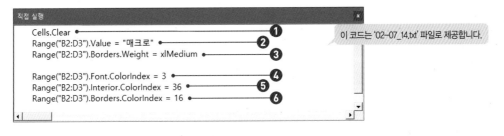

❶ 현재 워크시트의 전체 셀을 모두 지웁니다.

❷ B2:D3 범위에 『매크로』를 입력합니다.

❸ B2:D3 범위의 모든 테두리를 보통(xlMedium)으로 지정합니다.

❹ B2:D3 범위의 글꼴 색을 '빨강'으로 표시합니다.

❺ B2:D3 범위를 '연한 노랑'으로 채웁니다.

❻ B2:D3 범위의 모든 테두리의 색을 '회색 50%'로 표시합니다.

	A	B	C	D	E
1					
2		매크로	매크로	매크로	
3		매크로	매크로	매크로	
4					

▲ ❶~❻의 실행 결과

3 │ 테마 색(ThemeColor) 속성

테마(theme)는 오피스 문서에 통일된 서식과 글꼴, 색, 효과 등을 지정하기 위한 디자인 서식의 집합체로, 테마 색은 ThemeColor 속성을 이용해서 지정합니다. 테마는 [페이지 레이아웃] 탭-[테마] 그룹에서 [테마]를 클릭하면 표시되는 테마 목록을 이용해 변경할 수 있어요. 기본적으로 'Office 테마'를 사용하고, 테마를 변경하면 테마 서식을 이용해 지정한 색과 효과, 글꼴 등도 함께 변경됩니다.

테마 색은 ThemeColor 속성으로 지정하고 ThemeColor 열거형 상수 목록을 이용해 테마 색을 쉽게 지정할 수 있어요. 『xlThemeColor』를 입력하고 마침표(.)를 입력하면 지정 가능한 테마 색 내장 상수 목록이 표시됩니다. 테마 색을 지정할 때 색조와 음영(Tint And Shade)은 TintAndShade 속성으로 지정합니다. TintAndShade 속성을 -1~1까지의 숫자로 지정하는데, 이 중에서 -1은 가장 어두운 색을, 1은 가장 밝은 색을 지정합니다. TintAndShade 속성을 생략하면 0 값으로 처리됩니다.

엑셀 개체

영역 지정

속성&메서드

VBA 연산자

변수&상수

제어문&반복문

오류 처리

배열&함수

컬렉션

중복 제거

ThemeColor	개체.ThemeColor = 테마 색 값

TintAndShade	개체.TintAndShade = 색조와 음영 값

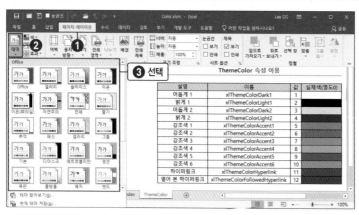

▲ 테마 목록 갤러리와 ThemeColor 목록

VB 편집기 창의 [직접 실행] 창에 다음의 코드를 한 줄씩 입력한 후 Enter를 눌러 엑셀 창에 나타나는 결과를 확인해 보세요.

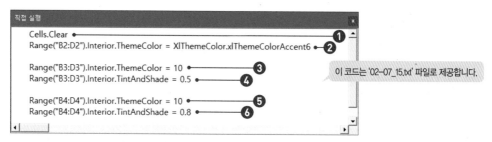

❶ 현재 워크시트의 전체 셀을 모두 지웁니다.

❷ B2:D2 범위를 테마 색 중 '강조색 6'으로 채웁니다.

❸ 테마 색을 내장 상수가 아닌 숫자 값으로 지정한 방법으로, B3:D3 범위를 테마 색 중에서 '강조색 6'으로 채웁니다.

❹ B3:D3 범위의 채우기 색의 밝기를 '50%'로 지정합니다.

❺ B4:D4 범위를 테마 색 중 '강조색 6'으로 채웁니다.

❻ B4:D4 범위의 채우기 색의 밝기를 '80%'로 지정하여 ❸~❹로 처리한 색보다 밝은 색을 표시합니다.

▲ ❶~❻의 실행 결과

변수와 상수의 사용 범위 지정하기

변수와 상수는 데이터를 일시적으로 저장하기 위한 메모리 공간으로, 선언문을 통해 메모리 공간을 확보합니다. 컴퓨터는 한정된 메모리를 효율적으로 사용하기 위해 프로그램에서 사용하는 변수와 상수의 크기를 정의한 후 사용하다가 더 이상 필요가 없으면 차지했던 메모리를 반환하도록 설계되어 있습니다.

일반적으로 변수와 상수는 해당 프로시저가 시작할 때 메모리를 할당받아 사용하고 프로시저가 종료되면 메모리를 반환합니다. 이것은 변수와 상수의 초깃값은 메모리를 할당할 때 지정되고 프로시저의 종료와 함께 기억된 내용이 사라진다는 의미입니다. 이렇게 **메모리를 할당받아 저장된 값을 유지할 수 있는 범위를 '사용 범위(scope)'**라고 합니다. 변수의 사용 범위는 다음과 같은 키워드로 지정하는데, 이 중에서 Private와 Public만 상수와 프로시저의 사용 범위를 지정할 때 사용됩니다.

사용 범위를 지정하는 키워드

종류	키워드	사용 범위	기능
지역 변수	Dim	Procedure 수준	• **선언된 프로시저 안에서만 저장 값 유지** • 프로시저가 실행될 때 변수 자동으로 변수 초깃값 부여 • 변수 초깃값의 경우 문자형은 공백(""), 숫자형은 0, 개체형은 Nothing, 그 외는 Null 부여 • 해당 프로시저가 끝나면(End문) 차지한 메모리가 반환되어 저장값이 사라짐
모듈 변수	Dim 또는 Private	Module 수준	• **선언된 모듈 안의 모든 프로시저에서 값 유지** • 모든 프로시저가 종료될 때까지 값 유지 • 모듈 코드 창의 위쪽 선언부에 선언함(첫 번째 프로시저의 위쪽)
전역 변수	Public	Project 수준	• **모듈과 상관없이 모든 프로시저에서 사용 가능** • 모든 프로시저를 종료할 때까지 값 유지 • 모듈 코드 창의 위쪽 선언부에 선언해야 함(첫 번째 프로시저의 위쪽)
정적 변수	Static	Procedure 수준	• 프로시저 단위로 선언하고 선언된 프로시저에서만 저장 값 유지 • 모든 프로시저가 종료될 때까지 값 유지

변수나 상수를 선언할 때 하나의 프로시저 안에 동일한 이름의 변수와 상수를 정의할 수 없습니다. 하지만 다른 프로시저에서는 같은 이름의 변수나 상수를 선언할 수 있는데, 이 경우 사용 범위는 최근 선언된 이름을 기준으로 사용합니다. **프로시저를 실행하는 도중에 다른 작업을 하거나 VB 편집기 창의 [표준] 도구 모음에서 [재설정] 도구(■)를 클릭하면 모든 프로시저가 종료**됩니다.

엑셀 개체

영역 지정

속성&메서드

VBA 연산자

변수&상수

제어문&반복문

오류 처리

배열&함수

컬렉션

중복 제거

실무
예제 | **12**

🔵 완성파일 : 변수사용범위(완성).xlsm

카운터 이용해 변수의 사용 범위 지정하기

1 새 통합 문서에서 Alt + F11 을 눌러 VB 편집기 창을 열고 **[삽입]-[모듈]** 메뉴를 선택하거나 [표준] 도구 모음에서 [모듈 삽입] 도구(📄)를 클릭하세요. [프로젝트] 탐색기 창에 'Module1' 모듈이 삽입되면 다음과 같이 변수 선언문과 프로시저를 작성하세요.

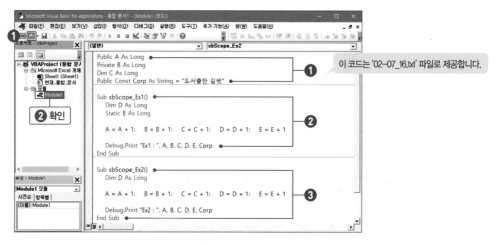

① **모듈의 코드 창에서 첫 번째 프로시저가 오기 전의 윗부분을 '선언부'**라고 합니다. 선언부에 모듈과 전역 변수 및 각종 선언문을 입력하기 때문에 전역 변수 A와 모듈 변수(B와 C), 그리고 전역 상수 Corp를 선언합니다. 모듈 수준의 변수는 Private이나 Dim을 사용합니다.

② 'sbScope_Ex1' 프로시저에는 지역 변수 D와 정적 변수 E를 선언하고 각 변수에 1씩 더하는 명령문을 작성한 후 각 변수의 값을 확인하기 위해 [직접 실행] 창에 출력합니다.

③ 'sbScope_Ex2' 프로시저에는 지역 변수 D를 다시 선언하고 각 변수에 1씩 더하는 명령문을 작성한 후 각 변수의 값을 확인하기 위해 [직접 실행] 창에 출력합니다.

2 전역 변수의 사용 범위를 확인하기 위해 다른 모듈에 프로시저를 작성해 볼게요. **[삽입]-[모듈]** 메뉴를 선택하거나 [표준] 도구 모음에서 [모듈 삽입] 도구(📄)를 클릭하세요. [프로젝트] 탐색기 창에 'Module2' 모듈이 삽입되면 다음과 같이 변수 선언문과 프로시저를 작성하세요.

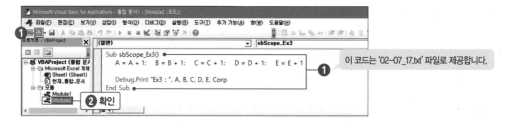

① 'sbScope_Ex3' 프로시저는 별도의 변수를 선언하지 않고 각 변수에 1씩 더하는 명령문과 변수값을 확인하기 위한 Debug.Print문만 사용합니다.

3 'Module1' 모듈에 선언한 변수들의 특징을 확인해 볼게요. [Ctrl]+[G]를 눌러 [직접 실행] 창을 열고 'Module1' 모듈을 더블클릭합니다.

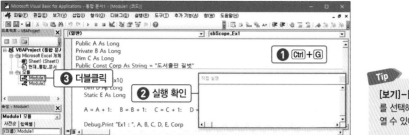

Tip
[보기]-[직접 실행 창] 메뉴를 선택해도 [직접 실행] 창을 열 수 있어요.

4 'Module1' 모듈의 코드 창이 열리면 'sbScope_Ex1' 프로시저에 커서를 올려놓은 상태에서 [F5]를 2번 누르세요. [직접 실행] 창이 열리면 첫 번째 결과와 두 번째 결과를 확인해 보세요.

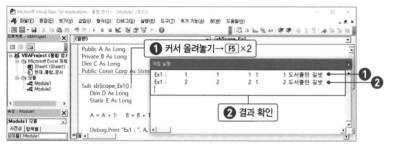

Tip
[F5]를 누른 횟수만큼 해당 프로시저가 실행됩니다. 프로시저 실행 중에 [재설정] 도구(■)를 클릭하면 전역 변수를 포함한 모든 변수가 반환되어 저장된 값이 사라집니다.

❶ 첫 번째 실행 결과는 모든 변수가 1의 값을 표시하고 전역 상수 Corp의 내용인 '도서출판 길벗'이 표시됩니다.

❷ 두 번째 실행 결과는 전역 변수로 선언한 A와 모듈 변수로 선언한 B와 C, 그리고 정적 변수로 선언한 E의 값은 저장된 값 1에 실행 횟수를 더한 2가 표시됩니다. 반면 프로시저 변수로 선언한 D는 프로시저가 종료되면 사용하던 메모리를 반환하기 때문에 값을 유지하지 못합니다. 즉 D는 프로시저가 실행될 때마다 초깃값 0이 된 후 1이 더해지기 때문에 항상 1을 표시합니다.

5 'sbScope_Ex2' 프로시저에 커서를 올려놓고 상태에서 [F5]를 2번 누릅니다. [직접 실행] 창이 열리면 첫 번째 결과와 두 번째 결과를 확인하세요.

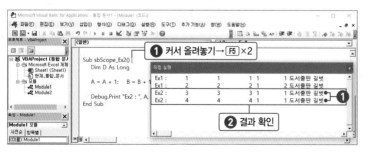

Tip
모듈 선언부에 Option Explicit 가 선언된 경우 'sbScope_Ex2' 프로시저를 실행하면 변수 E가 선언되지 않아 오류가 발생합니다.

엑셀 개체

영역 지정

속성&메서드

VBA 연산자

변수&상수

제어문&반복문

오류 처리

배열&함수

컬렉션

중복 제거

❶ 'sbScope_Ex2' 프로시저를 실행할 때마다 전역 변수로 선언한 A와 모듈 변수로 선언한 B와 C는 **4** 과정에서 실행했던 최종값에 1씩 더한 값을 표시합니다. 하지만 변수를 선언하지 않은 E는 Varient형의 지역 변수로 자동 선언되어 프로시저가 실행될 때마다 초깃값 0을 가집니다. 즉 변수 D와 E는 항상 1을 표시합니다.

6 모듈이 달라지는 경우 전역 변수 A와 모듈 변수 B, C의 변화를 확인해 볼게요. 'Module2' 모듈을 더블클릭해서 코드 창을 열고 'sbScope_Ex3' 프로시저에 커서를 올려놓은 상태에서 F5 를 누른 후 [직접 실행] 창에서 표시되는 결과를 확인하세요. 전역 변수인 A는 실행 횟수만큼의 1이 더해진 숫자가 표시되고 전역 상수 Corp도 저장된 값이 그대로 표시되지만, 나머지 변수에는 모두 1이 표시됩니다.

Tip

'Module2' 모듈 및 'sbScope_Ex3' 프로시저에서는 변수를 선언하지 않았기 때문에 전역 변수 A와 전역 상수 Corp를 제외한 모듈 변수 B, C, D, E는 모두 Variant형의 변수로 자동 선언됩니다.

예제파일 : TypeOf.xlsm

잠깐만요   TypeOf 연산자와 TypeName 함수로 데이터형 확인하기

데이터의 종류가 숫자, 문자, 개체인지에 따라 비교하거나 계산하는 방법이 달라집니다. 변수나 개체의 데이터형을 확인할 때 다음 연산자나 함수를 사용합니다.

연산자 및 함수	기능
TypeName(인수)	데이터형을 세부적으로 확인할 때 가장 많이 사용하는 방법으로, 지정한 인수의 데이터형을 문자열로 반환 **예** MsgBox TypeName(Selection)
TypeOf 연산자	'TypeOf 개체 is 개체 타입' 형식으로 사용해 True/False 값 반환 **예** MsgBox TypeOf Selection Is Range
Is* 정보 함수**	엑셀 워크시트 함수 중 정보 함수인 IsNumber, IsText 등을 이용해 셀 내용의 데이터형을 확인할 때 사용하고 True/False 값 반환 **예** MsgBox Application.IsText(ActiveCell)
VarType 함수	VBA 정보 함수 중 VarType 함수는 True/False 값 대신 데이터형에 해당하는 숫자(Integer) 반환 **예** MsgBox VarType(ActiveCell) MsgBox VarType(ActiveSheet)

1 시트와 모듈 개체에 작성한 프로시저의 사용 범위를 확인해 볼게요. 새 통합 문서에서 Alt + F11 을 눌러 VB 편집기 창을 열고 [프로젝트] 탐색기 창에서 'Sheet1 (Sheet1)'을 더블클릭하세요. 코드 창이 열리면 다음과 같이 2개의 프로시저를 작성하세요.

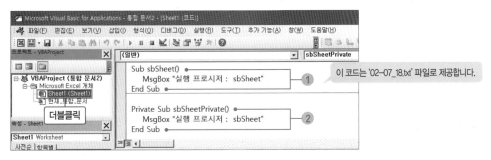

❶ Sub의 앞에 사용 범위를 지정하는 키워드가 생략되면 Public으로 자동 인식됩니다. 'sbSheet' 프로시저는 시트 개체에 'Public' 프로시저로 정의되기 때문에 'Call 개체명.프로시저명' 형식으로 다른 개체에서 작성한 프로시저에서 호출할 수 있습니다..

❷ 'sbSheetPrivate' 프로시저는 Private을 사용했기 때문에 'Sheet1' 개체 안에 작성한 프로시저에서만 Call문을 이용 해서 사용할 수 있습니다.

> **Tip**
>
> 일반적으로 '매크로'라고 표현되는 'Sub' 프로시저와 '함수'라고 표현하는 'Function' 프로시저에 사용할 수 있는 범위를 Public과 Private으로 지정할 수 있습니다. 모듈 개체에 삽입되는 'Sub', 'Function' 프로시저는 범위를 별도로 지정하지 않는 경우 'Public'이라고 자동 선언됩니다. 변수와 상수는 값을 기억하는 범위를 지정하지만, 프로시저의 경우에는 Call문으로 호출할 수 있는 범위를 지정합니다.

2 가장 일반적인 형태의 프로시저를 작성하기 위해 [표준] 도구 모음에서 [모듈 삽입] 도구(▦)를 클릭하세요. 'Module1' 모듈이 삽입되면 다음과 같이 프로시저를 작성하세요.

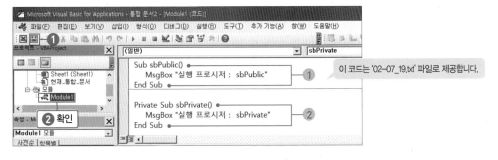

❶ 'sbPublic' 프로시저는 Sub 앞에 Public이 생략된 상태로, 모듈 개체에 작성한 'Public' 프로시저는 엑셀 개체의 어디 에서나 'Call 프로시저명' 형식으로 사용할 수 있습니다.

❷ 'sbPrivate' 프로시저는 Private으로 선언된 프로시저로, 해당 모듈 개체에서만 'Call 프로시저명' 형식으로 사용 가능하고 다른 개체에서는 사용할 수 없습니다.

엑셀 개체

영역 지정

속성&메서드

VBA 연산자

변수&상수

제어문&반복문

오류 처리

배열&함수

컬렉션

중복 제거

3 작성한 프로시저들을 호출하기 위해 [표준] 도구 모음에서 [모듈 삽입] 도구(🔲)를 클릭합니다. 'Module2' 모듈이 삽입되면 다음과 같이 프로시저를 작성하세요.

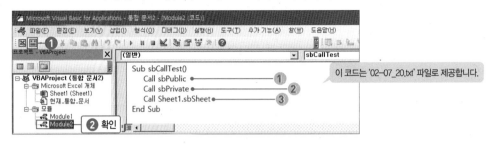

①~③ 'sbCallTest' 프로시저는 앞에서 작성한 3개의 프로시저를 호출하고, 시트 개체에 선언된 프로시저는 'Call 개체명.프로시저' 형식으로 호출합니다. 이 중에서 모듈 개체에 Public으로 선언한 'sbPublic'(①)과 시트 개체에 Public으로 선언한 'sbSheet'(③)는 정상적으로 실행되지만, Private으로 선언한 ②를 실행하면 오류 메시지 창이 표시됩니다.

4 F5 를 눌러 'sbCallTest' 프로시저를 실행하면 'Call sbPrivate' 명령문에서 컴파일 오류가 발생합니다. 시트 개체에 Private으로 선언된 프로시저는 다른 모듈에서는 사용할 수 없기 때문인데, [확인]을 클릭하세요.

5 'Call sbPrivate'를 실행하지 않기 위해 문장 앞에 작은따옴표(')를 붙여 주석으로 처리하고 다시 F5 를 누르세요. 'sbPublic' 프로시저와 Sheet1 개체에 선언한 'sbSheet' 프로시저가 정상적으로 실행되면서 메시지 창이 표시되면 [확인]을 클릭하고 Alt + F11 을 누르세요.

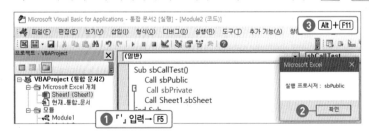

6 엑셀 창으로 되돌아오면 Alt + F8 을 누르세요. [매크로] 대화상자가 열리면 '매크로 이름' 목록에 Private으로 선언한 'sbPrivate' 프로시저와 'sbSheetPrivate' 프로시저는 표시되지 않은 것을 확인할 수 있습니다. 그러므로 엑셀 창에서 사용할 일반적인 매크로는 모듈 개체에 Public으로 작성해야 합니다.

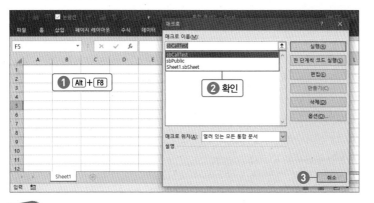

> **Tip**
>
> [개발 도구] 탭-[코드] 그룹에서 [매크로]를 클릭해도 [매크로] 대화상자를 열 수 있어요.

엑셀 개체

영역 지정

속성&메서드

VBA 연산자

변수&상수

제어문&반복문

오류 처리

배열&함수

컬렉션

중복 제거

잠깐만요 **[매크로] 대화상자에 표시되지 않는 매크로 작성하기**

[매크로] 대화상자에서 프로시저가 보이지 않게 정의하려면 생략 가능한 매개변수를 사용해야 합니다. 생략 가능한 매개변수는 다음과 같은 형식으로 Optional 키워드를 사용해서 지정합니다.

Function | Sub 프로시저명 (매개변수 목록 [, *Optional* 매개변수 As 데이터형 = 기본값)
　　　　　　　　　　　　　　　　　　　①
---

① **Optional** : 선택적으로 인수를 입력할 수 있도록 지정할 때 매개변수의 앞에 사용하는 키워드로, 매개변수 목록 중에서 맨 마지막 매개변수로 사용해야 합니다. Optional은 여러 개의 매개변수를 지정할 수 있고, 인수(매개변수 값)를 지정하지 않을 경우에는 기본값을 '= 기본값' 형식으로 지정합니다.

다음은 선택 영역에 테두리를 지정하는 'sbBorders' 프로시저와 선택 영역에 노란색으로 채우는 'sbColor' 프로시저를 별도로 작성한 후 'sbFormat' 프로시저에서 한꺼번에 실행하는 코드입니다. 새 통합 문서에 새로운 모듈을 추가하고, 다음과 같은 프로시저를 작성한 후 엑셀 창에서 Alt + F8 을 눌러 [매크로] 대화상자를 열고 확인해 보세요.

①
```
Sub sbBorders(Optional bMsg As Boolean = True)
    Selection.Borders.Weight = xlMedium
    If bMsg Then MsgBox "테두리 작업을 완료했습니다."
End Sub
```
이 코드는 '02-07_21.txt' 파일로 제공됩니다.

②
```
Sub sbColor(Optional bMsg As Boolean = True)
    Selection.Interior.Color = vbYellow
    If bMsg Then MsgBox "채우기 색 작업을 완료했습니다."
End Sub
```

③
```
Sub sbFormat( )
    Call sbBorders(False)
    Call sbColor(False)
End Sub
```

①~② bMsg 매개변수를 생략하는 경우 True 값이 지정되도록 합니다. bMsg 변수값이 True인 경우에만 메시지 창이 표시됩니다.

③ **①~②**에서 작성한 프로시저를 호출할 때 매개변수를 False로 지정하여 실행하기 때문에 메시지 창이 표시되지 않습니다.

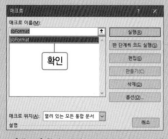

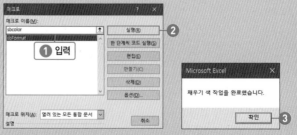

▲ [매크로] 창에 3개의 프로시저 중 'sbFormat' 프로시저만 표시됩니다.

▲ 매크로 이름이 표시되지 않아도 '매크로 이름'에 「sbColor」를 입력하고 [실행]을 클릭하면 해당 프로시저가 실행되어 메시지 창이 표시됩니다.

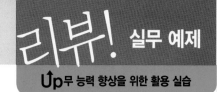

1 | 변수 선언하기

> 🔵 정답파일 : 07-Ex1~2(풀이).xlsm

다음과 같은 데이터를 저장하기 위해 변수를 선언한 경우 옳지 않은 것을 고르고 이유를 설명해 보세요.

번호	저장할 데이터	변수 선언	번호	저장할 데이터	변수 선언
①	50,000과 같은 숫자 금액	Dim Amount As Integer	②	핸드폰 번호 열세 자리	Dim Hp As Double
③	고객 한글 이름	Dim Name As String	④	워크시트의 셀 영역	Dim rngWork As Cell
⑤	워크시트	Dim shWork As Object			

2 | 상수와 선언문 이해하기

> 🔵 정답파일 : 07-Ex1~2(풀이).xlsm

다음의 질문에 답해 보세요.
① 내장 상수 'xlPasteValues'의 실제 값은 얼마인가요?
② 실제 값이 '도서출판 길벗'이고 이름이 'myCorp'인 사용자 정의 상수를 전역 상수로 선언하는 선언 문을 작성해 보세요.

3 | 매크로 작성하기

> 🔵 정답파일 : 07-Ex3(풀이).xlsm

새 엑셀 문서에 다음과 같은 기능의 매크로를 작성해 보세요.
① 메시지 창을 표시하고 [예]를 클릭하면 현재 통합 문서를 종료(Close 메서드)하는 매크로를 작성하 세요.
② 셀 영역을 입력할 수 있는 대화상자를 표시하고 범위를 지정한 후 [확인]을 클릭하면 해당 영역에 현 재 시간이 입력되는 매크로를 작성하세요. 단 범위를 입력하지 않거나 [취소]를 클릭하면 나타나는 오류 메시지를 무시하고 프로그램 실행이 중단되도록 작성하세요.

③ 다음 프로시저에서는 'Sheets(1).Range("A2")'가 반복 사용되는데, With문을 사용해 같게 실행되도 록 변경해 보세요.

```
Sub sbTest2_3( )
    Sheets(1).Range("A2").Value = Time( )
    Sheets(1).Range("A2").Font.Bold = True
    Sheets(1).Range("A2").Font.Color = vbBlue
    Sheets(1).Range("A2").EntireColumn.AutoFit
End Sub
```

> 이 코드는 '02-07_22.txt' 파일로 제공합니다.

이름 작성 규칙을 익혀서 깔끔하게 매크로 작성하기

1. 이름 작성 규칙이 필요한 이유

매크로도 프로그램의 한 종류이기 때문에 일반적인 프로그램 기법을 따릅니다. 프로그램의 기능이 복잡해질수록 작성되는 내용도 많아지고 여기에 필요한 변수, 상수, 프로시저 등 사용자가 이름을 지정해야 하는 항목이 많아집니다. 초보 개발자가 가장 많이 하는 실수 중 하나가 변수나 상수 등의 이름을 잘못 사용해서 의도하지 않은 결과가 발생하는 것입니다. 그래서 VB에서는 Option Explicit 등과 같은 선언문을 지정해서 변수 상수를 선언한 후 사용하도록 제한을 두기도 합니다. 하지만 **복잡한 자료가 발생할 경우 이름을 정하는 규칙을 세워두면 알아보기 쉬운, 즉 가독성이 높은 코드가 됩니다.**

2. 접두어와 헝가리안 표기법

접두어(prefix)는 이름의 앞에 부여되는 문자로, 프로그래밍 기법에서 접두어는 의미가 있습니다. 예를 들어 vbRed, vbBlue, vbCrlf, vbYes 등은 접두어 vb를 공통으로 사용합니다. 이때 **vb는 'Visual Basic'을 의미**하는데, 이것은 상수들이 VB에서만 사용된다는 것을 의미입니다. 또한 엑셀 상수 중에서 xlDown, xlToLeft 등에 있는 **xl은 'Excel'을 의미**합니다. 이러한 접두어는 응용 프로그램이나 사용하는 프로그래밍 언어에 따라 다양하게 제공되기 때문에 **가독성을 높이면서 자료의 분류를 쉽게 알아볼 수 있게 합니다.**

변수를 변별하는 가장 일반적인 방법은 찰스 시모니(Charles Simony) 프로그래머가 만든 헝가리안 표기법(Hungarian Notation)입니다. 해당 변수의 자료형(data type)을 한눈에 알아보기 쉽게 헝가리안 표기법으로 작성하면 작성자가 아닌 다른 사람이 보아도 가독률을 높일 수 있습니다. 하지만 이 표기법은 확고하게 정해진 표기법이 아니기 때문에 개인에 따라 규칙을 정해서 사용해도 됩니다.

VB에서 일반적으로 사용하는 헝가리안 접두어의 종류는 다음과 같습니다.

데이터형	헝가리안 접두어	사용 예	데이터형	헝가리안 접두어	사용 예
Byte	by	byCount	Double	dbl	dblCount
Boolean	b	bCount	Date	dt	dtCount
Integer	i	iCount	Object	obj	objCount
Long	l	lCount	String	str	strCount
Single	s	sCount	Function	fn	fnCount

3. 이름을 지정할 때의 주의 사항

사용자가 지정하는 이름은 셀 영역에 부여하는 이름, 표 이름, 피벗 테이블 이름, 차트 이름이나 개체 이름부터 매크로 프로시저 이름, 변수, 상수, 배열의 이름 등 매우 다양합니다. 이러한 이름을 지정할 경우에는 가능하면 해당 기능을 알아볼 수 있도록 규칙성 있게 지정하는 것이 좋습니다.

① 의미 있는 단어를 사용해 이름을 지정하고 가능하면 영문자를 사용하세요.

처음 매크로 작업할 때는 이해하기 쉽게 한글을 사용했지만, VB 편집기 창에서 코드를 입력하다 보면 한글과 영문 자판을 교대로 사용하는 것이 불편합니다. **영문으로 작성하는 경우 영문자의 대소문자를 구별할 수 있기 때문에 소문자로 입력한 후 영문자로 변경되지 않을 때 오류임을 감지할 수 있습니다.**

② 접두어는 소문자로, 각 단어의 첫 문자는 대문자로 지정하세요.

VB에서는 접두어는 소문자로, 해당 내용은 단어별로 첫 문자를 대문자로 지정하는 것이 일반적인 규칙입니다. 하지만 단어에 접두어를 반드시 붙일 필요는 없습니다. 최근 프로그래밍 언어는 접두어를 사용하지 않고 기능을 설명하는 단어를 나열해서 이름을 지정하는 추세입니다. **영문자의 대소문자를 섞어서 이름을 지정하는 방법을 낙타의 등과 같다고 하여 '낙타 기법'**이라고 합니다.

사용 예(기능)	데이터의 종류	이름 사용 예
평균 급여	Long	lAvgSalary 또는 AvgSalary
문자열 연결 사용자 정의 함수	Function	fnTextJoin
입사일	Date	dHireDate

③ 비슷한 이름을 사용하지 말고 가능한 짧게 지정하세요.

strValue, strVal과 같이 너무 비슷한 이름을 사용하면 혼란스러울 수 있으므로 단어의 조합을 통해 다르게 지정하세요. 그리고 단어의 약자를 사용하여 짧게 지정하는 것도 코드를 간단하게 입력하는 좋은 방법입니다.

④ 이름을 일괄 변경할 때 [편집]-[바꾸기] 메뉴를 이용하세요.

전역 변수의 이름이나 프로시저의 이름을 변경해야 하는 경우 해당 이름이 어느 곳에서 사용되는지 모릅니다. 따라서 [편집] - [바꾸기] 메뉴를 통해 전체 프로젝트에서 해당 이름을 검색해서 변경해야 합니다.

엑셀 개체

영역 지정

속성&메서드

VBA 연산자

변수&상수

제어문&반복문

오류 처리

배열&함수

컬렉션

중복 제거

VBA 제어문과 반복문 작성하기

앞에서는 처음부터 끝까지 무조건 순차적으로 실행하는 매크로 처리 방식만 작성해 보았습니다. 하지만 실제 작업에서는 예외적인 상황이 매우 다양하게 발생하기 때문에 조건을 확인하고 처리 방법을 다르게 처리하면서 적절한 메시지 창도 표시할 수 있어야 합니다. 이번 섹션에서는 프로그램의 처리 흐름을 적절하게 변경하기 위한 제어문을 살펴보고 조건에 따라 여러 번 반복 실행하는 반복문과 오류 처리 방법에 대해 배워보겠습니다.

> PREVIEW

반복문과 조건문을 사용하면 시트의 모든 그림을 찾아 삭제할 수 있습니다.

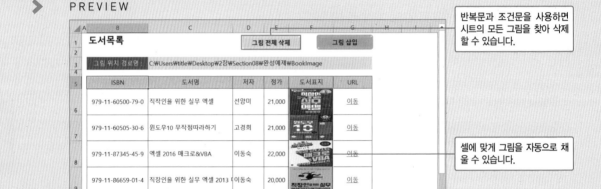

셀에 맞게 그림을 자동으로 채울 수 있습니다.

① 제어문을 통해 작업의 진행 여부를 확인할 수 있습니다.
② 반복문과 제어문을 중첩해 사용해 여러 상황에 맞게 적절하게 처리할 수 있습니다.

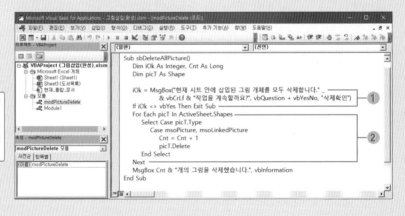

예제파일 : IF문.xlsm

핵심 기능 01

조건에 따라 다르게 처리하기

– IF문

1 │ IF문의 형식

VBA에서 명령문은 위에서 아래쪽으로 순차적으로 실행되는데, 이런 흐름을 특정 조건에 따라 다르게 처리할 때 제어문을 이용합니다. IF문은 제어문 중 하나로, 조건에 따라 실행의 순서를 변경합니다. IF문에서는 결과값이 True나 False로 반환되는 식이나 변수 등을 조건으로 사용합니다.

다음은 IF문의 형식과 특징을 정리한 표입니다.

	형식	특징

표준 형식	If 조건 Then
	　　[명령문 …]
	
	[Else
	　　[명령문 …]
	End If
		• Then 다음 줄에 조건을 만족할 때(True) 실행할 명령문 입력
		• Else문의 다음 줄에 조건을 만족하지 않을 때(False) 실행할 명령문 입력
		• IF문의 끝에는 End If 입력

간단한 형식	If 조건 Then [명령문 …] [Else 명령문 …]	• 한 줄로 작성하고 End If 생략 • 명령문이 많으면 명령문 사이를 콜론(:)으로 구분

2 │ 표준 IF문 사용하기

IF문 중에서 가장 일반적인 형식인 표준 IF문은 조건을 만족할 때(True)와 그렇지 않을 때(False) 처리할 명령문을 Then과 Else 다음에 입력해서 사용합니다. 다음 2개의 프로시저는 IF문을 사용한 예로, 첫 번째 프로시저 'sbBasic_IF1'은 IF문의 끝인 End If문을 사용했고, 두 번째 프로시저 'sbBasic_IF2'는 End If문을 생략한 형식입니다.

표준 IF문의 사용 예

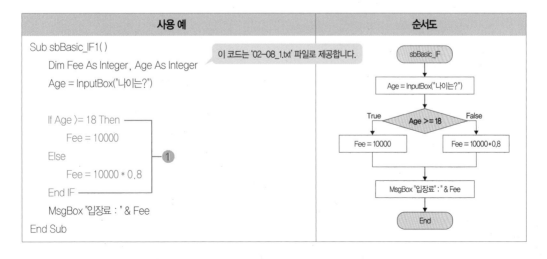

사용 예	순서도
| ```
Sub sbBasic_IF1( )
    Dim Fee As Integer, Age As Integer
    Age = InputBox("나이는?")

    If Age >= 18 Then
        Fee = 10000
    Else
        Fee = 10000 * 0.8
    End IF
    MsgBox "입장료 : " & Fee
End Sub
``` 이 코드는 '02-08_1.txt' 파일로 제공됩니다. | |
```

Input 대화상자를 통해 입력한 나이(Age)가 18세 이상인지 판단하는 IF문입니다. 나이가 18세 이상이면 입장료(Fee)를 1만 원으로, 그렇지 않은 경우에는 20% 할인된 금액(10000*0.8)을 대입하는 IF문으로, 가장 일반적으로 사용하는 IF문 형식입니다.

Tip
해당 코드는 모듈 개체에 입력한 후 F8 을 눌러 한 단계씩 코드를 실행하면 실행 과정을 차례대로 확인할 수 있습니다.

End IF문을 생략한 예

```
Sub sbBasic_IF2( )
    Dim Fee As Integer, Age As Integer           이 코드는 '02-08_2.txt' 파일로 제공합니다.
    Age = InputBox("나이는?")

①  If Age >= 18 Then Fee = 10000 Else Fee = 10000 * 0.8

    MsgBox "입장료 : " & Fee
End Sub
```

① End Sub를 생략할 때는 IF문의 조건과 Then 이하의 내용을 모두 한 줄로 입력해야 합니다. 실행할 명령문이 여러 줄인 경우 콜론(:)으로 구분해 입력해서 한 줄로 입력해야 하는데, 이 경우에는 주로 Then 이후의 명령문이 하나일 때 사용합니다.

3 │ 단순 IF문

IF문에서 조건을 만족할 때 처리할 내용만 있다면 Else문을 생략할 수 있습니다. 다음의 예제는 [예]와 [아니요]라는 2개의 단추가 있는 대화상자를 표시하고, [예]를 클릭한 경우에만 선택 영역을 삭제한 후 메시지 창을 표시하는 프로시저입니다. Else문을 사용하지 않기 때문에 [예] 이외의 단추를 누른 경우에는 아무 것도 처리하지 않고 프로시저를 중단합니다.

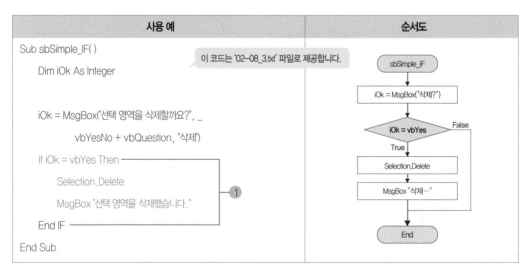

사용 예	순서도

```
Sub sbSimple_IF( )
    Dim iOk As Integer              이 코드는 '02-08_3.txt' 파일로 제공합니다.

    iOk = MsgBox("선택 영역을 삭제할까요?", _
            vbYesNo + vbQuestion, "삭제")
    If iOk = vbYes Then
        Selection.Delete                           ①
        MsgBox "선택 영역을 삭제했습니다."
    End IF
End Sub
```

① 메시지 대화상자에서 [예]를 클릭한 경우에만 선택 영역을 삭제하고 메시지 창을 표시합니다. Else문이 없기 때문에 [예] 이외의 단추를 클릭한 경우에는 아무것도 하지 않고 End If 다음 줄의 내용을 실행합니다.

4 | 중첩 IF문(Nested IF문)

여러 가지 조건을 판단하는 경우 IF문 안에 다른 IF문을 넣어 겹치게 작성할 수 있습니다. 예를 들어 성별에 따라 윗몸 일으키기 점수의 기준을 다르게 판단하는 경우 성별을 먼저 체크하고 성별에 따라 다른 기준 점수를 사용해야 합니다. 성별을 체크하는 IF문 안에 기준 점수를 체크하는 IF문을 중첩해서 사용해야 처리할 수 있습니다.

다음은 성별과 1분당 윗몸 일으키기 횟수를 입력받아 성별이 '남'이면 45회를 기준으로 하고, '남'이 아니면 35회를 기준으로 하여 1분당 윗몸 일으키기 횟수가 기준값 이상이면 평가 점수 4점을, 그 외의 경우에는 평가 점수 3점을 표시하는 프로시저입니다.

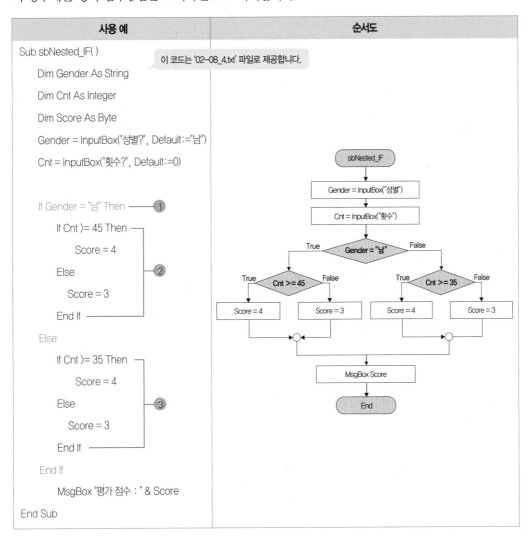

사용 예	순서도

① Gender 변수에 저장된 값이 '남'인 경우와 그렇지 않은 경우를 다르게 처리하는 IF문입니다.

② ①의 IF문의 조건이 참(True)일 때, 즉 Gender 값이 '남'인 경우에 실행되는 IF문입니다. Score에는 Cnt의 값이 45 이상이면 4를, 아니면 3을 저장합니다.

③ ①의 IF문의 조건이 거짓(False)일 때 실행되는 IF문으로, Score에는 Cnt의 값이 35 이상이면 4를, 아니면 3을 저장합니다.

핵심 기능 | 02 | 여러 조건에 따라 다르게 처리하기

– ElseIF문

여러 조건 중에서 하나만 선택하여 처리할 때 IF문을 중첩해서 사용하면 프로시저 내용이 복잡해집니다. 이 경우 하나의 IF문을 여러 개의 조건 블록으로 분리하여 사용할 수 있는데, 블록은 ElseIF문을 사용하여 구분합니다. IF~ElseIF문은 첫 번째 조건은 IF문을 사용하고 그 다음 조건은 ElseIF문으로 지정하

| 형식 | If 조건 Then
　　[명령문 …]
[ElseIf 조건-n Then
　　[명령문 …]]
[Else
　　[명령문 …]]
End If |

여 조건을 만족하는 하나의 블록만 실행하고 End IF문으로 이동하여 IF문을 종료합니다. 여러 조건을 만족하는 경우에도 첫 번째 만족하는 조건 블록만 실행하고 IF문을 빠져나옵니다. 따라서 **프로그램의 효율성을 위해 True일 확률이 높은 조건을 먼저 사용**합니다.

다음은 나이를 입력받아 나이에 따라 연령대를 표시하는 프로시저입니다.

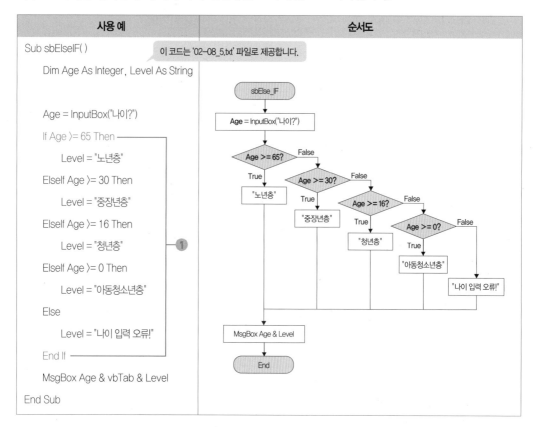

① Level에 나이(Age)가 65세 이상이면 '노년층'을, 30세 이상이면 '중장년층'을, 16세 이상이면 '청년층'을, 0세 이상이면 '아동청소년층'을, 그 외의 경우에는 '나이 입력 오류!'를 대입합니다. 위에서부터 처음 만족하는 조건의 Then 다음 명령을 실행한 후 End IF문으로 이동하기 때문에 ElseIF문의 아래쪽에 중복된 조건이 와도 처음 조건만 처리합니다.

핵심 기능 | 03 | IIF 함수 사용하기

VBA에서는 IF문과 기능이 비슷한 IIF 함수를 제공합니다. **IIF 함수는 엑셀 함수처럼 'IIF(조건, 참일 때, 거짓일 때)' 형식으로 작성**합니다. IF문은 조건에 따라 다르게 처리할 때 사용하지만, IIF 함수는 **조건에 따라 다른 결과값을 반환할 때 사용**합니다.

다음은 IIF 함수를 이용해 입력 점수가 70 이상이면 '합격'을, 그 외에는 '불합격'을 표시하는 프로시저입니다. IIF 함수는 ❶처럼 괄호 안에 3개의 인수를 입력하고 해당 결과를 반환하는 형식으로 사용합니다.

❶
```
Sub sbIF_Func( )
    Dim Score As Long , Result As String                    이 코드는 '02-08_6.txt' 파일로 제공합니다.

    Score = InputBox("점수를 입력하세요?", "입력", 0)
    Result = IIf(Score )= 70, "합격", "불합격")

    MsgBox "입력 점수 : " & Score & "는 " & Result & "입니다."
End Sub
```

잠깐만요 **메서드에서 소괄호(( ))가 있을 때와 없을 때의 차이 살펴보기**

MsgBox를 이용해 대화상자를 표시할 때 소괄호의 사용 여부를 구분할 수 있으면 다른 메서드에서도 똑같이 구분할 수 있습니다. 같은 메서드를 사용해도 소괄호를 사용하는 경우 '변수 = 개체.메서드(인수…)' 형식으로 사용합니다.

다음은 워크시트를 추가하기 위해 Add 메서드를 사용한 예제로, 예제1 과 예제2 는 기능이 같은 프로시저입니다. 예제1 은 Sh 변수를 선언한 상태에서 해당 변수에 추가한 워크시트를 저장한 후 처리하는 방법이고 예제2 는 워크시트가 추가되면 삽입한 워크시트가 활성화되는 점을 이용한 방법입니다. 단순한 처리에서는 어떤 방법을 이용해도 좋지만, 안정적이고 다양하게 활용하려면 예제1 방법이 좋습니다.

예제1
```
                    이 코드는 '02-08_7.txt' 파일로 제공됩니다.
Sub sbTest1( )
    Dim Sh As Worksheet,

    Set Sh = Worksheets.Add(before:=Sheets(1))
    With Sh
        .Name = Format(Time, "hhnnss")
        .Tab.Color = vbYellow
    End With
End Sub
```

예제2
```
                    이 코드는 '02-08_8.txt' 파일로 제공됩니다.
Sub sbTest2( )
    Worksheets.Add before:=Sheets(1)
    With ActiveSheet
        .Name = Format(Time, "hhnnss")
        .Tab.Color = vbYellow
    End With
End Sub
```

엑셀 개체

영역 지정

속성&메서드

VBA 연산자

변수&상수

제어문&반복문

오류 처리

배열&함수

컬렉션

중복 제거

핵심 기능 04 여러 조건을 한 번에 비교하기

– AND/OR 연산자

IF문의 조건식에서 AND나 OR 연산자를 사용해 한 번에 여러 개의 조건을 확인할 수 있습니다.

다음은 나이와 성별을 입력받아 '노약자석'과 '비상탈출구석', '일반석'으로 구분하는 프로시저입니다.

```
Sub sbAndOr_IF( )
        Dim Age As Integer                          이 코드는 '02-08_9.txt' 파일로 제공합니다.
        Dim Gender As String, Level As String

        Age = InputBox("나이?")
        Gender = InputBox("성별은?")

❶      If Age >= 65 Or Age <= 10 Then
            Level = "노약자석"
❷      ElseIf Age >= 20 And Age <= 40 And Gender = "남" Then
            Level = "비상탈출도우미석"
❸      Else
            Level = "일반석"
        End If
        MsgBox "좌석 배정 : " & Level
End Sub
```

❶ 나이(Age)가 65세 이상이거나 10세 이하인 경우에 '노약자석'을 배정합니다.

❷ 나이가 20~40세 사이이고 남자인 경우 '비상탈출도우미석'을 배정합니다.

❸ 그 이외의 조건에 대해서는 '일반석'을 배정합니다.

Tip

연산자의 종류와 연산 우선순위에 대해서는 214쪽을 참고하세요.

비교 대상의 값에 따라 다르게 처리하기

– Select Case문

1 | Select Case문의 형식

비교 대상이 하나인 경우 비교 대상의 값에 따라 다르게 처리해야 할 때 IF~ElseIF문보다 Select Case문을 사용하는 것이 더욱 효율적이고 빠르게 처리할 수 있습니다. ElseIF문에서 여러 개의 조건 블록으로 분리하여 사용했던 것처럼 Select Case문에서 조건을 비교할 경우에는 Case문을 블록 단위로 작성해야 합니다. 여러 개의 Case문 블록에서 가장 먼저 만족하는 하나의 블록만 실행하고 End Select로 이동하여 Select Case문을 종료합니다. 동작 원리가 같기 때문에 모든 Select Case문은 IF~ElseIF문으로 변경할 수 있어요.

다음은 Select Case문의 형식과 Case문의 종류입니다.

형식	Case문의 종류
Select Case 비교 대상 　　[Case 비교식–n 　　　　[명령문–n]] 　　[Case Else 　　　　[명령문…]] End Select	❶ Case 값 ❷ Case 값 1, 값…, 값–n ❸ Case 시작값 To 종료값 ❹ Case Is 비교 연산자 값 ❺ Case Else

2 | Select Case문의 사용 예

다음은 252쪽에서 작성했던 ElseIF문을 Select Case문을 이용해 처리한 프로시저입니다.

사용 예	순서도
| ```
Sub sbSelectCase_Ex1( )
    Dim Age As Integer , Level As String

    Age = InputBox("나이?")
    Select Case Age
        Case Is >= 65
            Level = "노년층"
        Case Is >= 30:  Level = "중장년층"
        Case Is >= 16:  Level = "청년층"
        Case Is >= 0:   Level = "아동청소년층"
        Case Else
            Level = "나이 입력 오류!"
    End Select
    MsgBox Age & vbTab & Level
End Sub
``` | 이 코드는 '02–08_10.txt' 파일로 제공합니다.<br><br>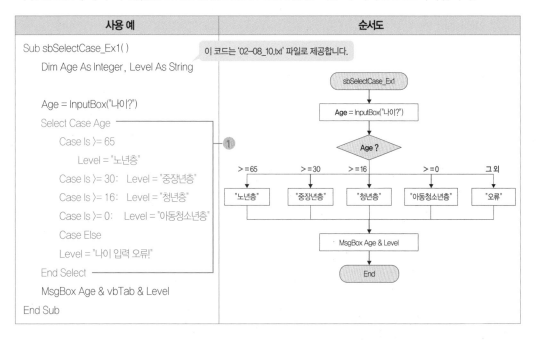 |
```

❶ Level에 나이(Age)가 65세 이상이면 '노년층'을, 30세 이상이면 '중장년층'을, 16세 이상이면 '청년층'을, 0세 이상이면 '아동청소년층'을, 그 외에는 '나이 입력 오류!'를 대입합니다. 위에서부터 처음 만족하는 조건의 Case문 블록을 실행한 후 End Select문으로 이동하기 때문에 Case문의 아래쪽에 중복된 조건이 와도 처음 조건만 처리합니다.

3 | Case문의 사용 예

Select문에서 조건을 확인할 때 총 다섯 가지 유형의 Case문을 사용합니다. 이 중 Case Else문은 Case문의 맨 마지막에 사용해야 하고 나머지 Case문은 원하는 순서대로 사용할 수 있어요.

다음은 구매 수량에 따라 할인율을 다르게 적용하는 프로시저입니다.

```
Sub sbSelectCase_Ex2( )
    Dim Qty As Integer , DC As Double          이 코드는 '02-08_11.txt' 파일로 제공합니다.


    Qty = InputBox("구매 수량?")
❶  Select Case Qty
❷      Case 0
            DC = 0
❸      Case 7, 17, 27
            DC = 0.2
❹      Case 1 To 30
            DC = 0.1
❺      Case Is >= 30
            DC = 0.3
❻      Case Else
            MsgBox "수량 오류!"
    End Select
    MsgBox "할인율 : " & DC
End Sub
```

❶ 이 Select문은 Qty 변수의 값에 따라 ❷~❻의 Case문 중에서 처음으로 만족하는 Case문의 내용만 실행합니다.

❷ 이 Case의 형태는 특정 값과 일치하는지 확인할 때 사용하고 'IF Qty = 0 Then'과 같은 의미입니다.

❸ 여러 값 중 하나인지 확인할 때 사용하는 형식입니다. 이때 콤마(,)는 OR 연산자의 의미로, 'IF Qty = 7 Or Qty = 17 Or Qty = 27 Then'과 같습니다. Qty 값이 7, 17, 27인 경우는 ❹ 조건도 만족하지만, 처음 만족하는 Case문만 실행하고 End Select로 이동하기 때문에 ❹는 실행되지 않습니다.

❹ '시작값 To 종료값' 형식으로 사용하면 특정 범위 안의 값인지 비교합니다. 'IF Qty >= 1 And Qty <= 30 Then'과 같은 의미로, Qty 값이 30인 경우 ❹와 ❺ 조건을 모두 만족하지만, ❹를 처음 만나기 때문에 ❺는 실행되지 않습니다.

❺ 'Is 비교 연산자' 형식으로 사용하여 특정 값과 비교하고 'IF Qty >= 30 Then'과 같은 의미입니다.

❻ Case Else문은 Case문 중에서 맨 마지막에 사용하거나 생략 가능하고 모든 조건을 만족하지 않는 경우에만 실행됩니다.

⚪ **예제파일**: 성적처리.xlsm　⚪ **완성파일**: 성적처리(완성).xlsm

실무
예제 **06**　# 출석과 성적 반영해 학점 반환하는 함수 만들기

엑셀 개체

영역 지정

속성&메서드

VBA 연산자

변수&상수

제어문&반복문

오류 처리

배열&함수

컬렉션

중복 제거

학점을 계산할 때 출석 점수가 80% 이상인 경우에만 학점이 부여되고 그렇지 않으면 F 학점으로 처리합니다. 성적이 60점 미만이면 F 학점이고 100~60에서 5점 단위로 A+부터 D 학점까지 부여합니다.

다음의 화면과 같이 출석일수와 성적이 정리된 표에서 출석일수와 성적을 인수로 전달하여 학점을 반환하는 사용자 정의 함수를 작성해 보고 워크시트에 사용해 보겠습니다.

▲ 성적 계산을 위한 출석일수와 시험 성적이 정리된 [1학기성적] 시트

작업하기 전에 먼저 작업 처리 순서에 대해 정리해 보세요. 같은 결과를 내는 처리 과정이 다양하지만, 그 중 하나의 방법은 다음과 같습니다.

함수로 계산할 작업 순서 정리하기

❶ 함수명을 fnHakjum으로 지정하고 학점 계산에 필요한 '출석일수', '총출석일수', '총점'을 인수로 전달합니다.
❷ 출석 비율을 '출석일수/총출석일수'로 계산하여 0.8 미만이면 함수 결과로 F를 반환하고 함수를 종료합니다.
❸ Select Case문을 사용하여 5점 단위로 성적을 체크하여 학점을 반환합니다.

앞에서 정리한 작업 순서에 따라 사용자 정의 함수를 작성해 보겠습니다.

1 매크로가 포함된 예제파일에서 `Alt`+`F11`을 눌러 VB 편집기 창을 열고 **[삽입]-[모듈]** 메뉴를 선택하거나 [표준] 도구 모음에서 [모듈 삽입] 도구(🔲)를 클릭하세요. 새로운 모듈 코드 창이 표시되면 다음과 같이 코드를 입력하고 [닫기] 단추(❌)를 클릭하세요.

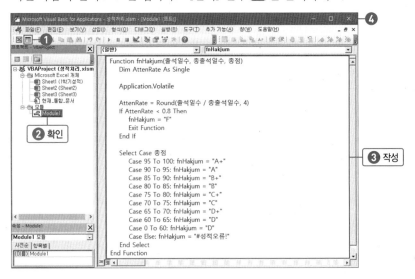

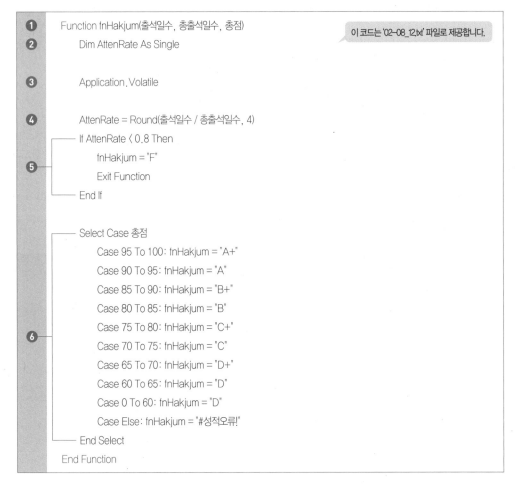

이 코드는 '02-08_12.txt' 파일로 제공합니다.

```
Function fnHakjum(출석일수, 총출석일수, 총점)
    Dim AttenRate As Single

    Application.Volatile

    AttenRate = Round(출석일수 / 총출석일수, 4)
    If AttenRate < 0.8 Then
        fnHakjum = "F"
        Exit Function
    End If

    Select Case 총점
        Case 95 To 100: fnHakjum = "A+"
        Case 90 To 95: fnHakjum = "A"
        Case 85 To 90: fnHakjum = "B+"
        Case 80 To 85: fnHakjum = "B"
        Case 75 To 80: fnHakjum = "C+"
        Case 70 To 75: fnHakjum = "C"
        Case 65 To 70: fnHakjum = "D+"
        Case 60 To 65: fnHakjum = "D"
        Case 0 To 60: fnHakjum = "D"
        Case Else: fnHakjum = "#성적오류!"
    End Select
End Function
```

① 함수명을 fnHakjum로 지정하고 함수에 전달할 인수를 콤마(,)로 분리하여 지정합니다. 인수명도 사용자가 임의로 지정하는 이름으로, 함수를 사용할 때 쉽게 이해하기 위해서 한글로 지정했어요.

② ④에서 '출석일수/총출석일수'를 계산한 결과에서 소수점 이하 자리도 저장하기 위해 Single형으로 변수를 선언합니다.

③ 엑셀에서 셀 내용이 변경되는 것처럼 재계산이 필요할 때 이 프로시저도 함께 재계산되도록 정의하는 명령문입니다. 일반적인 사용자 정의 함수에는 이 코드를 사용하는 것이 좋아요.

④ VBA에도 Round 함수가 있는데, 엑셀 워크시트에서 사용하는 Round 함수와 사용 방법이 같습니다.

⑤ ④에서 계산한 출석 비율이 80% 이하인 경우 F 학점을 반환하고 프로시저를 종료합니다. VBA에서는 백분율을 비교할 때 % 기호를 사용할 수 없기 때문에 80%를 0.8이라는 실제 상수값으로 비교해야 합니다.

⑥ 총점에 따라 5점 단위로 학점을 반환합니다.

2 엑셀 창으로 되돌아오면 작성한 함수(fnHakjum)를 사용하기 위해 [1학기성적] 시트에서 L6셀을 선택하고 수식 입력줄에서 [함수 삽입] 단추(𝑓𝑥)를 클릭하세요.

3 [함수 마법사] 대화상자가 열리면 '범주 선택'에서는 [사용자 정의]를, '함수 선택'에서는 [fnHakjum]을 선택하고 [확인]을 클릭하세요.

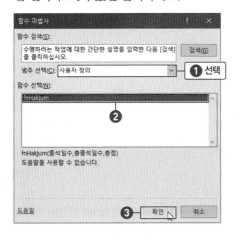

4 [함수 인수] 대화상자가 열리면 '출석일수'에는 E6셀을, '총출석일수'에는 $E$5셀을, '총점'에는 K6셀을 지정하고 [확인]을 클릭하세요.

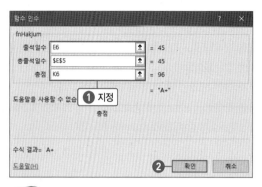

5 L6셀에 '김상진'의 학점을 구했으면 L6셀의 자동 채우기 핸들(**+**)을 더블클릭하여 다른 학생들의 학점도 계산합니다. 이때 L13셀은 총점수가 72점이지만, 출석일수가 부족해서 F가 표시됩니다.

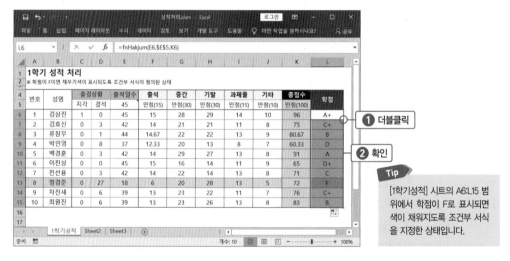

잠깐만요 **사용자 정의 함수와 매크로 중 어떤 기능을 이용할지 결정하기**

사용자 정의 함수(Function 프로시저)는 일반적인 함수와 기능이 같습니다. 함수는 하나의 결과값을 반환하는 기능을 제공한다는 특징이 있습니다. 따라서 사용자 정의 함수는 반드시 반환되는 값이 있어야 하고, 일반적인 함수 프로시저를 작성할 때는 MsgBox나 InputBox 등을 사용하지 않는 것이 좋아요. 매크로(Sub 프로시저)의 경우 별도로 반환값은 없고 일련의 처리를 실행하는 과정을 정의하는 것입니다.

일정한 횟수만큼 특정 명령 반복하기

– For문

1 │ For문의 형식

특정 명령을 일정한 횟수만큼 반복할 때 다음과 같은 형식으로 For문을 사용합니다. For문의 명령문을 반복 실행하는 도중에 Exit For문을 만나면 무조건 For문의 실행을 종료하고 Next 다음 명령문을 실행합니다.

형식	For 카운터 변수 = 시작값 To 종료값 [Step 증감값] 　　[명령문…] 　　[Exit For] 　　[명령문…] Next [카운터 변수]

'카운터 변수'는 '시작값'과 '종료값', '증감값'의 데이터형에 따라 데이터형을 결정합니다. 'Step 증감값'은 시작값에 증감될 값을 지정하고, 생략하면 'Step 1'로 지정됩니다. Next문 다음에 나오는 '카운터 변수'를 생략할 수 있지만, 여러 개의 For문을 겹쳐서 사용하는 경우에는 For문의 구역을 표시하기 위해 사용하는 것이 좋습니다.

2 │ For문의 사용 예

다음 2개의 프로시저 중 첫 번째 프로시저(sbFor_Ex1)는 For문의 내용을 10번 반복하도록 지정해서 1부터 10까지의 합계를 표시합니다. 그리고 두 번째 프로시저(sbFor_Ex2)는 Step 2를 사용하여 For문의 내용을 5번 실행해서 1부터 10 사이의 홀수 합계를 표시합니다.

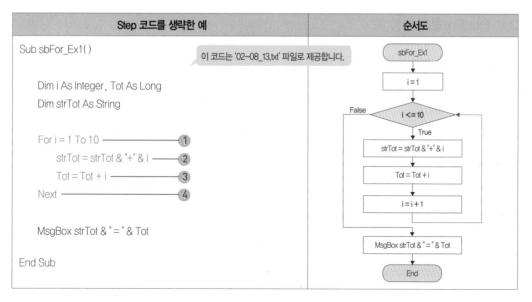

Step 코드를 생략한 예	순서도
Sub sbFor_Ex1( ) 　Dim i As Integer, Tot As Long 　Dim strTot As String 　For i = 1 To 10 ──① 　　strTot = strTot & "+" & i ──② 　　Tot = Tot + i ──③ 　Next ──④ 　MsgBox strTot & " = " & Tot End Sub 이 코드는 '02–08_13.txt' 파일로 제공합니다.	sbFor_Ex1 → i = 1 → i <= 10 (False / True) → strTot = strTot & "+" & i → Tot = Tot + i → i = i + 1 → MsgBox strTot & " = " & Tot → End

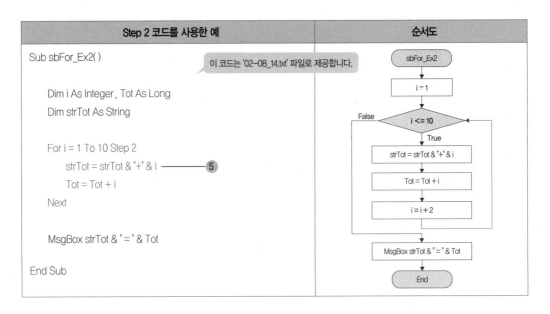

Step 2 코드를 사용한 예	순서도

```
Sub sbFor_Ex2( )

    Dim i As Integer, Tot As Long
    Dim strTot As String

    For i = 1 To 10 Step 2
        strTot = strTot & "+" & i ——⑤
        Tot = Tot + i
    Next

    MsgBox strTot & " = " & Tot

End Sub
```

이 코드는 '02-08_14.txt' 파일로 제공합니다.

① '카운터 변수'로 사용한 i 값은 1부터 시작하여 1씩 증가하다가 11이 되면 For문을 빠져나옵니다.

② i 값의 변화를 확인하기 위해 strTot 변수에 i 값을 문자로 연결해서 입력합니다.

③ 실제 1부터 10까지의 덧셈 계산을 위해 Tot 변수에 i 값을 더합니다.

④ For문의 범위 끝을 표시하기 위해 Next를 사용합니다. 카운터 변수를 사용해 Next i로 사용해도 됩니다.

⑤ ①과 같은 For문에 Step 2를 사용해 i의 초깃값 1에서 2씩 증가시키는 프로시저로, i 값은 1, 3, 5, 7, 9, 11로 증가됩니다.

▲ 'sbFor_Ex1' 프로시저의 실행 결과   ▲ 'sbFor_Ex2' 프로시저의 실행 결과

3 | Exit For문의 사용 예

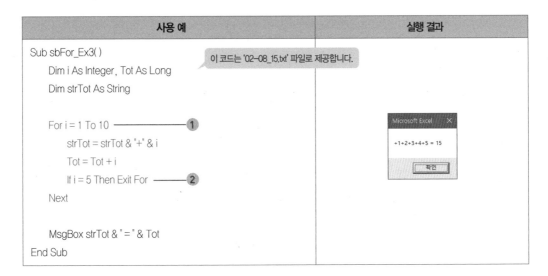

사용 예	실행 결과

```
Sub sbFor_Ex3( )
    Dim i As Integer, Tot As Long
    Dim strTot As String

    For i = 1 To 10 ————①
        strTot = strTot & "+" & i
        Tot = Tot + i
        If i = 5 Then Exit For ————②
    Next

    MsgBox strTot & " = " & Tot
End Sub
```

이 코드는 '02-08_15.txt' 파일로 제공합니다.

① i 값을 1부터 10까지 1씩 증가하도록 지정했기 때문에 정상적인 경우에는 For문을 10번 실행해야 합니다.

② i 값이 5일 때 Exit For문을 실행해 For문을 빠져나갑니다. 실행 결과 화면에는 i 값이 1, 2, 3, 4, 5까지만 표시됩니다.

앞의 사용 예의 경우 For문 안에 Exit For문을 사용해 For문의 정상적인 실행을 중단하는 프로시저입니다. 1부터 10까지 10번 반복하는 For문 형태이지만, IF문을 사용해 i 값이 5일 때 Exit For문을 실행하여 For문의 밖으로 빠져나갑니다.

4 │ 중첩 For문의 사용 예

중첩 For문을 이용하면 For문의 안에 또 다른 For문을 사용하여 여러 번 반복할 수 있습니다. For문을 중첩해서 사용하는 경우 맨 안쪽에 있는 For문의 실행 횟수는 바깥쪽에 있는 For문의 실행 횟수에 비례해서 증가됩니다.

다음은 구구단 중 2단부터 3단까지 출력하는 프로시저로, 맨 안쪽 내용인 ④ 는 총 18번(2×9=18) 실행됩니다.

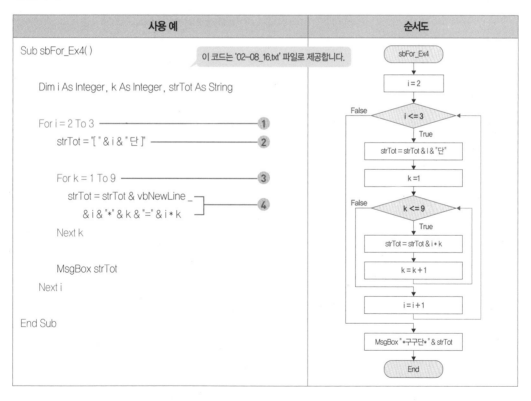

① i 값은 2부터 3까지 1씩 증가하면서 총 2회 반복됩니다. 중첩 For문을 사용하는 경우 For문의 경계를 확실하게 구분하기 위해 For문의 끝을 'Next 카운터 변수' 형식으로 사용하는 것이 좋습니다.

② strTot 변수에 구구단의 제목을 입력합니다.

③ 안쪽 For문은 카운터 변수를 k를 시용하여 1부터 9까지 9번 반복합니다.

④ strTot 변수에 실제 구구단 내용을 입력합니다. vbNewLine은 vbCrLf와 같이 줄 변경에 사용되는 내장 상수입니다.

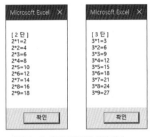

▲ 'sbFor_Ex4' 프로시저의 실행 결과

예제파일 : ForEach문.xlsm   완성파일 : ForEach문(완성).xlsm

컬렉션에 포함된 개체 수만큼 반복 처리하기

– For Each문

엑셀 개체

영역 지정

속성&메서드

VBA 연산자

변수&상수

제어문&반복문

오류 처리

배열&함수

컬렉션

중복 제거

1 | For Each문의 형식

For문은 숫자 데이터형으로 선언된 카운터 변수를 이용해 반복 처리를 하는 명령문입니다. 하지만 Sheets, Workbooks, Cells와 같이 1개 이상의 개체의 모임인 컬렉션을 대상으로 컬렉션 안에 있는 각각의 개체에 반복 작업을 할 때는 For Each문을 이용할 수 있어요.

For Each문의 형식은 다음과 같습니다. 여기에서 '개체 변수'의 데이터형은 '컬렉션 개체'에 있는 개별 개체의 데이터형을 사용합니다. 예를 들어 Sheets 컬렉션의 개체 변수는 Object로, Worksheets 컬렉션은 Worksheet로, Range는 Range로 사용합니다.

형식	For Each 개체 변수 In 컬렉션 개체 　　[명령문…] 　　[Exit For] 　　[명령문…] Next [개체 변수]

2 | 통합 문서 안의 전체 워크시트를 대상으로 반복 처리하기

다음은 현재 통합 문서에 새 워크시트를 추가한 후 해당 시트의 A2셀부터 모든 시트(워크시트와 차트 시트 등)의 위치 번호와 이름을 표시하는 프로시저를 For Each문과 For문을 사용해서 작성한 예입니다. Count 속성으로 개체의 개수를 구할 수 있기 때문에 For Each문을 For문으로 변경할 수 있어요.

이 코드는 '02-08_17.txt' 파일로 제공합니다.   이 코드는 '02-08_18.txt' 파일로 제공합니다.

For Each문의 사용 예	For문의 사용 예
| ```
Sub sbForEach_Ex1( )
    Dim Sh As Object            ①
    Dim Ws As Worksheet         ②
    Dim R As Long


    Set Ws = Sheets.Add(before:=Sheets(1))   ③
    R = 2                       ④
    For Each Sh In Sheets       ⑤
        Ws.Cells(R, 1) = Sh.Index
        Ws.Cells(R, 2) = Sh.Name   ⑥
        R = R + 1
    Next                        ⑦
End Sub
``` | ```
Sub sbFor_Ex1( )
    Dim Ws As Worksheet
    Dim R As Long


    Set Ws = Sheets.Add(before:=Sheets(1))
    For R = 2 To Sheets.Count
        Ws.Cells(R, 1) = Sheets(R).Index
        Ws.Cells(R, 2) = Sheets(R).Name
    Next
End Sub
``` |

265

① Sh 변수는 ⑤의 For Each문에서 전체 시트(Sheets)에 대한 개별 개체인 시트를 저장하기 위해 Object형으로 선언합니다.

② Ws 변수는 ③에서 새 워크시트를 추가해 저장할 변수입니다. 추가하는 시트의 종류가 워크시트(Worksheet)이므로 데이터형도 Worksheet로 지정합니다. Object형으로 선언해도 틀리지 않지만, 좀 더 구체적인 데이터형인 Worksheet로 지정해야 해당 개체의 속성과 메서드를 쉽게 사용할 수 있습니다.

③ 현재 통합 문서에서 첫 번째 시트의 앞에 새로운 시트를 추가한 후 추가한 시트를 Ws 변수에 저장합니다.

④ ⑥에서 A2셀부터 시트 정보를 출력하기 위해 R에 A2셀의 행 번호 2를 저장합니다.

⑤ 현재 통합 문서의 모든 시트(Sheets)들을 순서대로 하나씩 Sh 개체에 대입하여 Next문까지의 명령문을 반복합니다.

⑥ ③에서 추가한 시트(Ws)의 A2셀과 B2셀부터 시트의 순서(Index)와 이름(Name)을 표시합니다.

⑦ 시트 번호와 이름이 A2셀부터 아래쪽으로 입력되도록 행 번호가 1씩 증가됩니다.

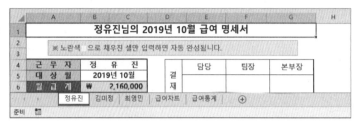

▲ 'sbForEach_Ex1' 프로시저를 실행하기 전의 통합 문서

▲ 'sbForEach_Ex1' 프로시저를 실행한 후 추가된 시트에 표시된 시트 목록

3 | 선택한 영역의 셀 개수만큼 반복하기

다음은 현재 선택 영역의 셀을 대상으로 각 셀의 내용을 하나의 문자열로 연결하여 표시하는 프로시저를 For Each문과 For문을 사용해서 작성한 예입니다. Range 개체 변수를 사용하는 대신 셀의 번호(Cells)를 이용해서 For Each문을 For문으로 변경할 수 있어요.

이 코드는 '02-08_19.txt' 파일로 제공합니다.　　　이 코드는 '02-08_20.txt' 파일로 제공합니다.

For Each문의 사용 예	For문의 사용 예
Sub sbForEach_Ex2( )	Sub sbFor_Ex2( )
Dim rngT As Range ──────────①	Dim i As Long
Dim strText As String	Dim strText As String
For Each rngT In Selection ─────②	For i = 1 To Selection.Cells.Count
strText = strText & ", " & rngT.Text ──③	strText = strText & ", " & Selection.Cells(i).Text
Next	Next
MsgBox strText, Title:="선택영역 내용"	MsgBox strText, Title:="선택영역 내용"
End Sub	End Sub

① 현재 셀 영역을 선택한 경우이면 Selection은 Range 개체로 구성됩니다. ②에서 Selection에 대한 개체 변수로 사용합니다.

② 셀 영역을 선택한 경우 셀 개수만큼 반복 처리합니다.

③ 셀 내용을 서식이 적용된 문자열 형태로 연결하여 strText 변수에 저장합니다.

실무
예제 **09**   특정 시트를 제외한 전체 시트 숨기고 표시하기

엑셀 작업을 하다 보면 계산 도중에 여러 시트들을 작성하는 경우가 있습니다. 최종 사용자에게는
결과 시트 하나만 남기고 나머지 시트는 없는 것처럼 보이게 하려면 시트를 삭제하는 것보다 시트를
숨기는 것이 좋아요. 예제파일에서 [급여통계] 시트만 제외하고 다른 시트를 모두 숨기거나 다시 표
시하기 쉽도록 매크로를 작성해 보겠습니다.

1 매크로가 포함된 예제파일에서 [Alt]+[F11]을 눌러 VB 편집기 창을 열고 **[삽입]–[모듈]** 메뉴를 선
택하거나 [표준] 도구 모음에서 [모듈 삽입] 도구(📄)를 클릭하세요. 새로운 모듈 코드 창이 표시
되면 다음과 같이 코드를 입력하고 [닫기] 단추(❌)를 클릭하세요.

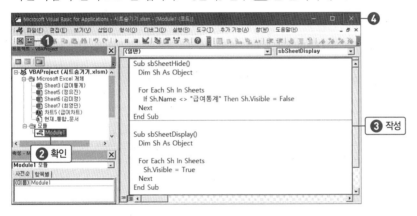

```
Sub sbSheetHide( )
    Dim Sh As Object

❶   For Each Sh In Sheets
        If Sh.Name <> "급여통계" Then Sh.Visible = False
    Next
    End Sub
```

이 코드는 '02–08_21.txt' 파일로 제공합니다.

```
Sub sbSheetDisplay( )
    Dim Sh As Object

❷   For Each Sh In Sheets
        Sh.Visible = True
    Next
    End Sub
```

❶ 시트명이 '급여통계'가 아니면 시트를 숨깁니다. 시트 개체의 Visible 속성은 보통 True와 False로 표시하거나 숨기는데, 속성을 2로 지정하면 VeryHidden이 되어 해당 시트는 엑셀 창의 시트 탭에서 숨기기를 취소할 수 없습니다.

❷ 모든 시트를 표시하는 프로시저입니다.

2 엑셀 창으로 되돌아오면 Alt + F8 을 누릅니다.

3 [매크로] 대화상사가 열리면 '매크로 이름'에서 [sbSheetHide]를 선택하고 [실행]을 클릭하세요.

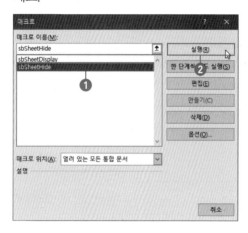

4 [급여통계] 시트만 남고 모두 숨겨졌는지 확인해 보세요.

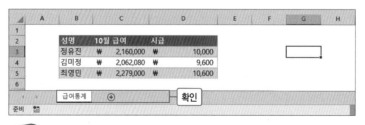

> **Tip**
>
> [매크로] 대화상자의 [옵션]을 클릭하여 [매크로 옵션] 창을 열고 매크로를 실행할 수 있는 '바로 가기 키'를 지정하면 편리하게 시트를 숨길 수 있어요.

역셀 개체

영역 지정

속성&메서드

VBA 연산자

변수&상수

제어문&반복문

오류 처리

배열&함수

컬렉션

중복 처리

📁 예제파일 : DoWhile_DoUntil문.xlsm

조건 만족하는 동안 명령 반복하기

– Do~While문

1 | Do~While문의 형식

Do~While문은 특정 명령을 반복해서 처리하는 반복문 중 하나입니다. For문은 일정한 횟수를 지정해서 반복하지만 반복 횟수를 예측할 수 없고, **특정 조건을 만족하는 동안, 즉 특정 조건이 True 값을 가지는 동안 반복 처리할 때는 Do~While문을 사용**합니다. 다음은 Do~While문의 형식으로, Exit Do문을 만나면 무조건 Do문을 종료하고 Loop의 다음 명령문을 실행합니다.

	형식 1	형식 2
구문	Do While 조건 　[명령문…] 　[Exit Do] 　[명령문…] Loop	Do 　[명령문…] 　[Exit Do] 　[명령문…] Loop While 조건
특징	• '조건'의 값이 True인 동안 Do~Loop 명령문 반복 처리 • 무한 반복을 피하기 위해 '조건'의 값을 False로 변경하는 명령문을 Do~Loop 안에 사용해야 함	• 형식 1 과 같은 방식으로 반복 처리 • '조건'이 False이면 형식 1 은 Do문의 내용을 한 번도 실행하지 않지만, 형식 2 이면 한 번은 실행

2 | Do While~Loop문의 사용 예

다음은 1부터 10까지의 합계를 표시하는 프로시저로, 261쪽에서 다룬 For문의 예제와 기능이 같습니다. Do문을 사용한 경우 반복 조건으로 사용할 변수(i)에 초깃값을 지정한 후 Do~Loop문 사이에 조건인 i 값을 변경하는 명령문이 필요합니다. 만약 조건을 잘못 지정하여 무한 루프에 빠졌으면 Ctrl + Break 나 Esc 를 눌러 프로시저를 강제로 중단해야 합니다.

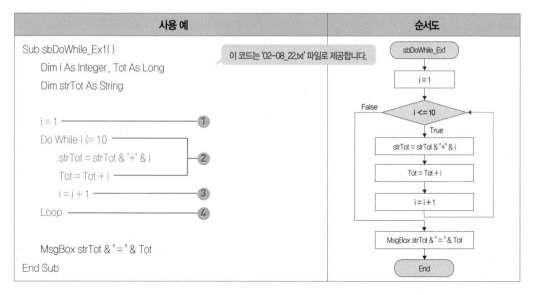

사용 예	순서도
| ```
Sub sbDoWhile_Ex1( )
    Dim i As Integer, Tot As Long
    Dim strTot As String

    i = 1 ──────── ①
    Do While i <= 10 ─┐
        strTot = strTot & "+" & i │─ ②
        Tot = Tot + i ─────┘
        i = i + 1 ──────── ③
    Loop ──────────── ④

    MsgBox strTot & " = " & Tot
End Sub
```<br>이 코드는 '02-08_22.txt' 파일로 제공합니다. | |
```

① ②의 Do~While문에서 사용할 조건인 i 값에 초깃값 1을 지정해서 1부터 합계가 계산됩니다.

② 처음 Do문을 실행할 때 i <= 10 결과값은 True이므로 Do문의 내용을 반복합니다. i 값이 10보다 작거나 같은 동안만 Do문을 반복합니다.

③ i 값을 1씩 증가시켜서 ②의 조건 결과값을 변경합니다.

④ Do문 범위의 끝을 표시하기 위해 Loop를 사용합니다.

▲ 'sbDoWhile_Ex1' 프로시저의 실행 결과

3 | Do~While Loop문의 사용 예

다음은 Do문을 시작하기 전에 조건을 확인하지 않고 무조건 한 번은 실행한 후 Do문의 끝인 Loop문에서 조건을 확인하는 프로시저입니다. 1부터 10까지의 합계를 계산하기 위한 프로시저이지만, i의 초깃값을 1이 아닌 11로 지정했기 때문에 Do문이 한 번 실행되고 종료됩니다.

사용 예	순서도

Sub sbDoWhile_Ex2( )
 	
    Dim i As Integer, Tot As Long
 	
    Dim strTot As String
 	
    i = 11 ────────── ①
 	
    Do
 	
        strTot = strTot & "+" & i
 	
        Tot = Tot + i
 	
        i = i + 1
 	
    Loop While i <= 10 ────────── ②
 	
    MsgBox strTot & " = " & Tot
 	
End Sub
	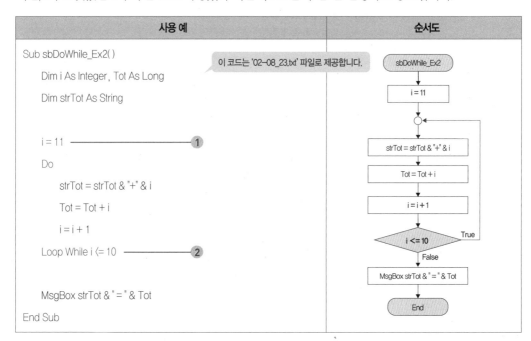

이 코드는 '02-08_23.txt' 파일로 제공합니다.

① i 값을 11로 지정했지만, 269쪽의 프로시저와 같이 1로 지정하면 정상적으로 처리됩니다. 여기에서는 조건을 처음부터 만족하지 않도록 11로 지정합니다.

② i 값이 10보다 크기 때문에 실행을 중단합니다. 처음이 아닌 끝에서 조건을 확인하기 때문에 어떠한 상황에서도 한 번은 실행됩니다.

▲ 'sbDoWhile_Ex2' 프로시저의 실행 결과

핵심기능 11 조건을 만족할 때까지 명령 반복하기

– Do~Until문

1 | Do~Until문의 형식

Do~Until문은 Do~While문과 기능이 같은 반복문이지만, 반대의 방법으로 '조건'을 체크합니다. Do~Until문의 형식은 다음과 같고 '조건'의 값이 False인 동안만 반복하다가 True가 되면 Do문을 종료합니다.

	형식 1	형식 2
구문	Do Until 조건 　[명령문…] 　[Exit Do] 　[명령문…] Loop	Do 　[명령문…] 　[Exit Do] 　[명령문…] Loop　Until 조건
특징	• '조건'의 값이 False인 동안 Do~Loop 명령문 반복 처리 • 무한 반복을 피하기 위해 '조건'의 값을 True로 변경하는 명령문을 Do~Loop 안에 사용해야 함	• 형식 1 과 같은 방식으로 반복 처리 • '조건'이 True이면 형식 1 은 Do문의 내용을 한 번도 실행하지 않지만, 형식 2 이면 한 번은 실행

2 | Do~Until문 사용하기

다음은 1부터 10까지의 합계를 표시하는 프로시저로, 269쪽에서 다룬 Do~While문의 예제와 기능이 같습니다. Until 다음의 조건은 While 다음의 조건인 i <= 10의 반대 조건으로 i > 10을 사용했습니다.

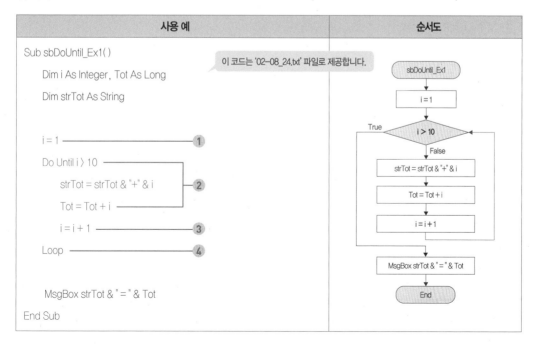

사용 예	순서도

이 코드는 '02-08_24.txt' 파일로 제공합니다.

```
Sub sbDoUntil_Ex1( )

    Dim i As Integer, Tot As Long

    Dim strTot As String


    i = 1 ————————————————— ①

    Do Until i > 10

        strTot = strTot & "+" & i    ②

        Tot = Tot + i

        i = i + 1 ————————————— ③

    Loop ——————————————————— ④


    MsgBox strTot & " = " & Tot

End Sub
```

① ②의 Do문에서 사용할 조건인 i 값에 초깃값 1을 지정해서 1부터 합계가 계산됩니다.

② 처음 Do문을 실행할 때 i 〉 10 결과값은 False이므로 Do문의 내용을 반복합니다. i 값이 10을 초과할 때 Do문이 종료됩니다.

③ i 값을 1씩 증가시켜서 ②의 조건 결과값을 변경합니다.

④ Do분 범위의 끝을 표시하기 위해 Loop를 사용합니다.

▲ 'sbDoUntil_Ex1' 프로시저의 실행 결과

3 | Exit Do문

다음은 Exit Do문을 사용해 Do Until [조건]에 사용한 i 값에 상관없이 특정 조건을 만족하면 Do 문을 강제로 종료하는 프로시저입니다.

사용 예	실행 결과

Sub sbDoUntil_Ex2( )
    Dim i As Integer, Tot As Long
    Dim strTot As String
 	
    i = 1
    Do Until i 〉 10
        strTot = strTot & "+" & i
        Tot = Tot + i
        If Tot 〉= 40 Then Exit Do ──── ①
        i = i + 1
    Loop
 	
    MsgBox strTot & " = " & Tot
End Sub
 	
이 코드는 '02-08_25.txt' 파일로 제공합니다.
	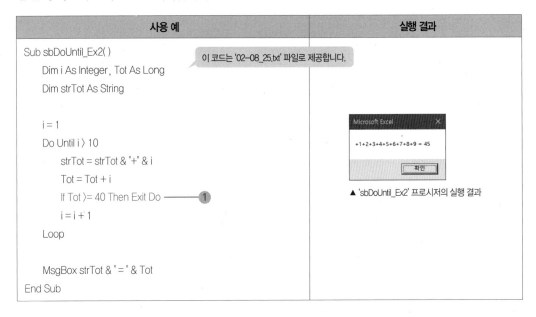
	▲ 'sbDoUntil_Ex2' 프로시저의 실행 결과

① i와 상관없이 Tot 값이 40 이상이 되면 Do문을 종료합니다. 이렇게 실행하면 i 값은 10이 아닌 9까지 도달한 후 종료합니다.

📥 예제파일 : 그림삭제.xlsm   📥 완성파일 : 그림삭제(완성).xlsm

워크시트 안의 모든 그림 삭제하기

엑셀에서는 **도형, 그림, 아이콘 및 차트도 모두 'Shape'라는 개체로 정의**됩니다. 'Shape'라는 커다란 범주 안에서 **개체의 Type 속성을 이용하면** 개체가 사진인지, 직사각형인지, 선인지 등을 판단할 수 있어요. 이번 에는 워크시트에 삽입된 모든 종류의 도형을 대상으로 반복 처리하면서 도형의 종류가 사진이면 삭제하는 매크로를 작성해 보겠습니다.

1 매크로가 포함된 예제파일에서 Alt + F11 을 눌러 VB 편집기 창을 열고 **[삽입]-[모듈]** 메뉴를 선택하거나 [표준] 도구 모음에서 [모듈 삽입] 도구(📄)를 클릭하세요. 새로운 모듈 코드 창이 표시되면 다음과 같이 코드를 입력하고 [닫기] 단추(⊠)를 클릭하세요.

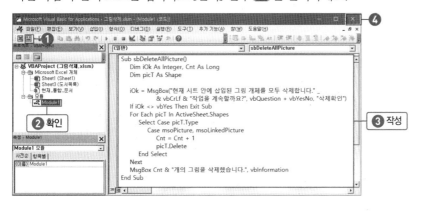

```
Sub sbDeleteAllPicture( )
    Dim iOk As Integer, Cnt As Long
    Dim picT As Shape

    iOk = MsgBox("현재 시트 안에 삽입된 그림 개체를 모두 삭제합니다." _
            & vbCrLf & "작업을 계속할까요?", vbQuestion + vbYesNo, "삭제확인")
    If iOk <> vbYes Then Exit Sub
    For Each picT In ActiveSheet.Shapes
        Select Case picT.Type
            Case msoPicture, msoLinkedPicture
                Cnt = Cnt + 1
                picT.Delete
        End Select
    Next
    MsgBox Cnt & "개의 그림을 삭제했습니다.", vbInformation
End Sub
```

이 코드는 '02-08_26.txt' 파일로 제공합니다.

❶ ❸의 For Each문에서 사용할 개체 변수를 선언합니다. Shapes는 개체들의 컬렉션을 의미하고, 개별적인 개체들은 Shape형으로 선언해야 합니다.

❷ 삭제 작업의 진행 여부를 확인한 후 실행하기 위해 메시지 창을 사용합니다.

❸ 현재 워크시트의 모든 개체들을 대상으로 반복 처리합니다.

❹ Type 속성은 개체의 유형을 숫자로 반환합니다. 각 숫자에 따라 도형을 구분할 수 있는데, 숫자는 사용자가 알아보기 쉽도록 내장 상수로 지정되어 있습니다. 예를 들어 차트는 숫자 3을 반환하며 내장 상수는 msoChart입니다. Type 속성으로 반환되는 도형들의 숫자와 내장 상수 목록은 Type의 도움말을 이용하거나 [개체 찾아보기] 창을 통해 msoChart를 검색하여 형제 상수 목록을 참고하세요.

❺ 그림 도형은 삽입된 그림과 연결된 그림으로 구분됩니다. 이 두 가지 그림을 모두 체크하기 위해 내장 상수 msoPicture, msoLinkedPicture를 사용하여 그림 개체를 찾아 삭제합니다.

2 엑셀 창으로 되돌아오면 [도서목록] 시트의 [그림 전체 삭제]에서 마우스 오른쪽 단추를 눌러 [매크로 지정]을 선택하세요.

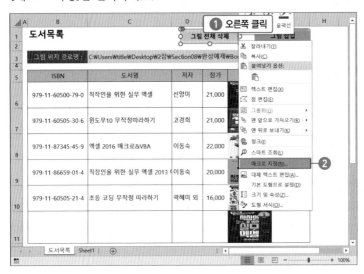

3 [매크로] 대화상자가 열리면 '매크로 이름'에서 [sbDeleteAllPicture]를 선택하고 [확인]을 클릭하세요.

4 Esc를 눌러 [그림 전체 삭제]의 선택을 해제하고 다시 [그림 전체 삭제]를 클릭합니다.

5 현재 시트 안에 삽입된 그림 개체를 모두 삭제하겠다는 메시지 창이 열리면 [예]를 클릭하세요. 그림이 삭제되었다는 메시지 창이 열리면 [확인]을 클릭하세요.

6 '도서표지' 항목의 셀에 삽입된 그림들이 모두 삭제되었는지 확인해 보세요.

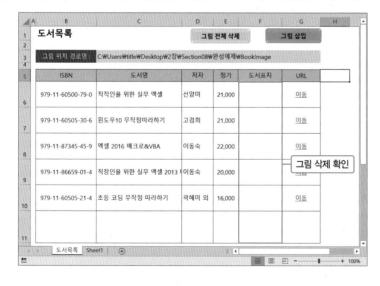

> **Tip**
> 셀 단위로 그림을 자동 삽입 하는 방법에 대해서는 276쪽 을 참고하세요.

엑셀 개체

영역 지정

속성&메서드

VBA 연산자

변수&상수

제어문&반복문

오류 처리

배열&함수

컬렉션

중복 제거

예제파일 : 그림삽입.xlsm, 'BookImage' 폴더와 그림 파일　　완성파일 : 그림삽입(완성).xlsm

실무 예제 13 빈 셀을 만날 때까지 셀에 그림 삽입하기

– AddPicture 메서드

1 | AddPicture 메서드의 형식

엑셀 2007 이전까지는 워크시트에 그림을 삽입할 때 Picture.Insert 메서드를 이용했습니다. 하지만 엑셀 2010부터는 해당 메서드가 그림 연결로 변경되었기 때문에 처음 그림이 있던 경로와 달라지면 그림 이미지가 표시되지 않습니다. 엑셀 2010 이후부터 그림 파일을 완전히 워크시트에 삽입한 후 어디에서 나 그림을 확인하려면 AddPicture 메서드를 사용해야 합니다.

형식	도형 개체.AddPicture(*Filename, LinkToFile, SaveWithDocument, Left, Top, Width, Height*)

사용 예

❶	ActiveSheet.Shapes.AddPicture "D:\그림1.png", False, True, -1, -1, -1, -1
❷	ActiveSheet.Shapes.AddPicture "D:\그림2.png", True, False, -1, -1, 10, 10

❶ D 드라이브 루트에 있는 '그림1.png' 파일을 현재 워크시트의 A1셀에 삽입하고 문서와 함께 저장합니다. 그림의 크기와 위치는 조절하지 않기 때문에 A1셀에 원래의 크기대로 표시됩니다.

❷ D 드라이브 루트에 있는 '그림2.png' 파일을 현재 워크시트의 A1셀에 연결하여 삽입합니다. 그림의 위치는 조정하지 않고 너비와 높이만 10포인트로 조절하며, 그림을 문서와 함께 저장하지 않기 때문에 다른 컴퓨터에서 문서를 열면 그림이 표시되지 않습니다.

2 | 도서 ISBN 코드로 지정된 그림 파일을 찾아 셀 크기에 맞춰 삽입하기

다음의 화면과 같이 예제파일은 도서를 ISBN 코드로 정리해 놓았고 'BookImage' 폴더에는 도서 표지 그림을 ISBN 코드로 저장한 상태입니다. 이런 조건에서 '도서표지' 항목에 해당 도서의 그림 파일을 찾아 셀 크기로 삽입되는 매크로를 작성해 보겠습니다.

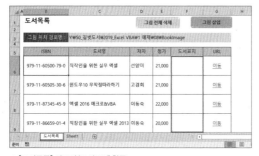

▲ [도서목록] 시트의 '도서표지' 항목

▲ ISBN 코드별로 저장된 그림 파일

1 매크로가 포함된 예제파일에서 <kbd>Alt</kbd>+<kbd>F11</kbd>을 눌러 VB 편집기 창을 열고 **[삽입]-[모듈]** 메뉴를 선택하거나 [표준] 도구 모음에서 [모듈 삽입] 도구(📇)를 클릭하세요. 새로운 모듈 코드 창이 표시되면 다음과 같이 코드를 입력하세요.

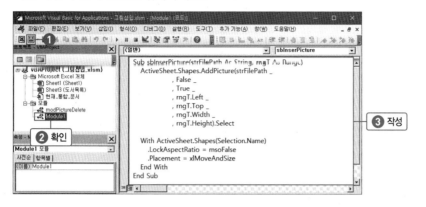

> 이 코드는 '02-08_27.txt' 파일로 제공합니다.

```
❶ Sub sbInserPicture(strFilePath As String, rngT As Range)
     ActiveSheet.Shapes.AddPicture(strFilePath _
       , False _
       , True _
❷     , rngT.Left _
       , rngT.Top _
       , rngT.Width _
❸     , rngT.Height).Select
❹   With ActiveSheet.Shapes(Selection.Name)
❺     .LockAspectRatio = msoFalse
❻     .Placement = xlMoveAndSize
     End With
   End Sub
```

❶ 그림을 한 번만 삽입하는 것이 아니라 그림 경로명을 바꾸면서 여러 번 처리하기 위해 분리된 형태의 프로시저로 작성했습니다. 그림 파일의 경로명과 그림이 삽입될 셀을 인수로 받아 해당 셀에 그림을 삽입하도록 처리합니다.

❷ 현재 워크시트에 strFilePath 변수에 저장된 그림 파일을 찾아 삽입하고 그림의 위치와 크기를 rngT로 지정한 셀의 위치와 크기에 맞춥니다.

❸ AddPicture의 인수를 소괄호(( ))로 묶어서 지정한 후 Select 메서드를 사용하기 때문에 그림이 삽입되면 선택 상태가 됩니다. 이렇게 그림이 선택된 상태에서만 그림의 속성을 조정하는 ❺~❻ 작업이 가능하기 때문입니다.

❹ 선택한 도형을 대상으로 작업합니다.

❺ 그림의 가로/세로 비율이 일정하지 않도록 지정합니다.

❻ 삽입한 그림의 크기가 셀 크기에 따라 조정되도록 지정합니다. 이 기능은 엑셀 창에서 도형 속성 중 [위치와 크기 변함]을 선택하는 것과 같습니다.

Tip

그림을 삽입하는 과정을 매크로 기록기를 통해 녹음하면 ActiveSheet.Pictures.Insert가 기록됩니다. Insert 메서드는 그림을 삽입하는 게 아니라 연결하는 개념이므로 다른 컴퓨터에서 파일을 확인할 때 그림이 보이지 않는 문제가 발생합니다.

엑셀 개체
영역 지정
속성&메서드
VBA 연산자
변수&상수
제어문 & 반복문
오류 처리
배열&함수
컬렉션
중복 제거

2 **1** 과정에서 작업한 모듈 코드 창의 아래쪽에 다음과 같이 코드를 입력하고 [닫기] 단추(⊠)를 클릭하세요.

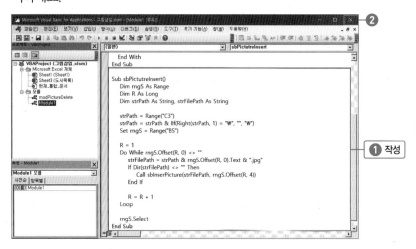

```
Sub sbPictutreInsert( )
    Dim rngS As Range
    Dim R As Long
    Dim strPath As String, strFilePath As String

①  strPath = Range("C3")
②  strPath = strPath & IIf(Right(strPath, 1) = "₩", "", "₩")
③  Set rngS = Range("B5")

④  R = 1
⑤  Do While rngS.Offset(R, 0) <> ""
⑥      strFilePath = strPath & rngS.Offset(R, 0).Text & ".jpg"
⑦      If Dir(strFilePath) <> "" Then
⑧          Call sbInserPicture(strFilePath, rngS.Offset(R, 4))
        End If

⑨      R = R + 1
    Loop

⑩  rngS.Select
End Sub
```

> 이 코드는 '02–08_28.txt' 파일로 제공합니다.

① C3셀에 그림이 저장된 폴더명이 나타나도록 수식을 작성한 상태입니다. 이 경로명을 이용해 그림 파일을 찾습니다.

② 경로명과 파일명 사이는 ₩(영문 글꼴에서는 \)로 구분해야 하는데, strPath에 저장된 경로명의 끝 문자가 ₩가 아닌 경우에는 경로명에 ₩를 추가합니다.

③ 그림 파일명은 ISBN 코드로 지정하기 때문에 ISBN 코드가 입력되는 B5셀을 시작 셀로 저장합니다.

④ 실제 데이터는 B5셀의 한 행 아래부터 시작하므로 R 변수에 1을 저장합니다.

⑤ Do While문을 이용하여 ISBN 코드가 비어있지 않는 동안 ⑤~⑨ 과정을 반복합니다. 즉 ISBN 코드가 빈 셀을 만나면 Do문을 벗어납니다.

엑셀 개체

영역 지정

속성&메서드

VBA 연산자

변수&상수

제어문&반복문

오류 처리

배열&함수

컬렉션

중복 제거

❻ 그림 파일의 전체 경로명을 만듭니다. rngS.Offset(R, 0).Text와 같이 Text 속성을 사용한 이유는 B6:B10 범위에 입력
된 ISBN 코드는 9791160500790과 같이 숫자로 입력된 상태로, 셀 서식에 의해 979-11-60500-79-0으로 표시된
상태이므로 이 표시 상태를 그대로 가져오기 위해서입니다.

❼ Dir 함수는 지정한 경로에 파일이 실제로 있는지 확인할 때 사용합니다. Dir(파일 경로명) 형식으로 사용하여 파일이
있으면 파일명을 반환하지만, 파일이 없으면 공백을 반환합니다. 즉 파일이 있는 경우에만 그림을 삽입합니다. Dir
함수에 대해서는 533쪽을 참고하세요.

❽ **1** 파징에서 직싱한 'sbInserPicture' 쁘로시서를 호줄하여 셀 위치에 그림을 삽입합니다.

❾ B5셀부터 한 행씩 아래로 이동하면서 처리하기 위해 1씩 증가시킵니다.

❿ 마지막에 삽입된 도형이 선택된 상태를 해제하기 위해 ❸에서 지정했던 셀을 선택합니다.

3 엑셀 창으로 되돌아오면 [도서목록] 시트의 [그림 삽입]에서 마우스 오른쪽 단추를 눌러 [매크
로 지정]을 선택하세요.

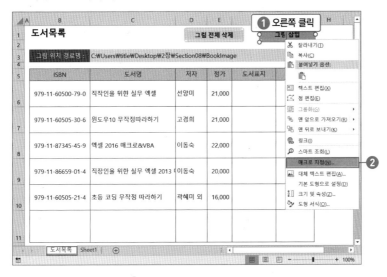

4 [매크로] 대화상자가 열리면 '매크로 이름'에서 [sbPictutreInsert]를 선택하고 [확인]을 클릭하
세요.

5 Esc 를 눌러 [그림 삽입]의 선택을 해제하고 다시 [그림 삽입]을 클릭하여 '도서표지' 항목에 도서 표지가 삽입되었는지 확인해 보세요.

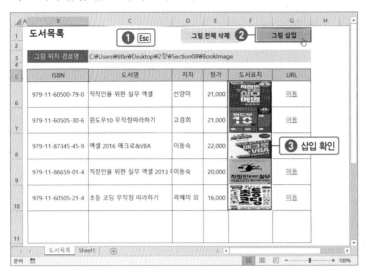

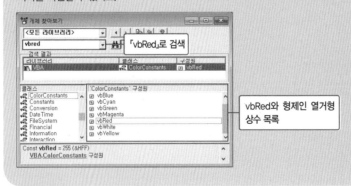

1 | 조건문 사용하기

정답파일 : 08–Ex1(완성).xlsm

새 문서에 다음과 같은 기능의 매크로를 작성해 보세요.

▲ [성적 입력] 대화상자에 숫자 이외의 값을 입력하면 자동으로 실행되는 메시지 창   ▲ 『90』을 입력할 때의 결과

처리 조건	① **매크로 이름** : sbResult ② **기능** : 성적을 입력받아 90~100은 A, 80~90은 B, 70~80은 C, 60~70은 D, 0~60은 F를 그 이외의 경우에는 성적 오류를 표시하는 메시지 창을 표시하세요. 성적은 반드시 숫자로 입력할 수 있도록 ImputBox를 설정하세요.

Hint	Application.InputBox 메서드를 사용하세요.

2 | 일정 횟수만큼 반복 처리하기

정답파일 : 08–Ex2(완성).xlsm

새 문서에 다음과 같은 기능의 매크로를 작성해 보세요.

   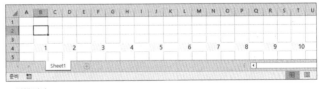

▲ 시작 셀 선택하기   ▲ 실행 결과

처리 조건	① **매크로 이름** : sbMultiple ② **기능** : 숫자를 입력할 시작 셀을 입력받아 시작 셀로부터 2열 단위로 셀에 노란색을 채우고 1~10까지의 순차 번호를 표시하세요.

3 | 개체 반복문 사용하기

정답파일 : 08-Ex3(완성).xlsm

새 문서에 다음과 같은 기능의 매크로를 작성해 보세요.

◀ 저장 확인 대화상자

처리 조건	① 매크로 이름 : sbCloseAllWorkBook ② 기능 : 저장할지 여부를 묻는 대화상자를 표시한 후 [예]를 클릭하면 매크로가 작성된 통합 문서를 제외하고 현재 열려있는 모든 통합 문서를 저장하고 종료합니다. 단 무조건 저장하지 않고 닫으려는 통합 문서가 저장된 상태인지 Saved 속성으로 확인한 후 저장해 보세요.

4 | 빈 셀을 만날 때까지 반복하기

정답파일 : 08-Ex4.xlsx　**완성파일** : 08-Ex4(완성).xlsm

[기초정보] 시트에서 [호선별 역정보 저장하기]를 클릭하면 [기초정보] 시트에 입력된 호선 정보만 [서울지하철역정보] 시트에서 자동 필터링하여 엑셀 파일로 저장하는 매크로를 작성해 보세요.

▲ [서울지하철역정보] 시트 내용

▲ [기초정보] 시트 내용

▲ 매크로 실행 결과로 생성된 4개의 엑셀 파일

처리 조건	① 매크로 이름은 'sbSaveSubLineStation'으로 작성하고 [기초정보] 시트에서 [호선별 역정보 저장하기]를 클릭하면 실행되도록 지정하세요. ② [기초정보] 시트에서 B4셀 아래쪽의 호선 정보가 증가 및 감소해도 자동으로 반복되도록 적절한 VBA 코드를 이용하여 반복 처리하세요. ③ 자동 필터 기능을 이용하되 필터링한 결과를 복사하여 새 문서에 붙여넣은 후 해당 문서를 현재 VBA 코드가 작성된 폴더에 '호선명.xlsx' 형식으로 저장하세요.

Hint	• 매크로 기록기로 [서울지하철역정보] 시트에서 '호선' 필드를 자동 필터링하는 과정을 기록하여 참고하세요. • 동시에 2개의 문서를 다룰 때 ThisWorkbook은 VBA 코드가 작성되는 파일을, ActiveWorkbook은 현재 활성화된 파일을 의미하는데, 새 문서 파일을 저장할 때 ThisWorkbook.Path를 이용해 저장할 폴더명을 구하세요. • [서울지하철역정보] 시트의 표 범위를 지정하기 위해 적절한 변수를 사용하면 편리합니다.

가독성을 높이는 좋은 코딩 습관 익히기

매크로의 구성 내용을 작성하는 것을 '코딩(coding)'이라고 합니다. 체계적이고 정확하게 코딩하면 코드의 유지 보수와 오류를 찾기가 쉬워서 정확한 프로그램을 만들 수 있어요. 매크로를 작성한 후 전혀 수정하지 않고 사용하는 경우는 거의 없습니다. 자신의 실력이 향상되어 기능을 추가하거나 오류가 발생해서 다시 코드를 수정해야 하는 일이 발생하기 때문에 이런 경우를 대비하여 가독성을 높이는 코딩 방법을 사용해야 합니다. 다음은 좋은 코딩 습관을 갖기 위한 방법이므로 잘 익혀두세요.

1. 한 줄에 한 문장씩 작성하기

콜론(:)을 사용하여 여러 개의 명령을 한 줄에 사용할 수 있지만, 가급적 한 줄에 하나의 명령을 입력하는 것이 좋습니다. 인수가 많아서 코드가 복잡한 경우에는 밑줄(_)을 이용해 여러 줄로 변경하여 사용할 수 있습니다. 이렇게 밑줄을 인수별로 한 줄이 되도록 코딩해도 하나의 명령으로 간주합니다.

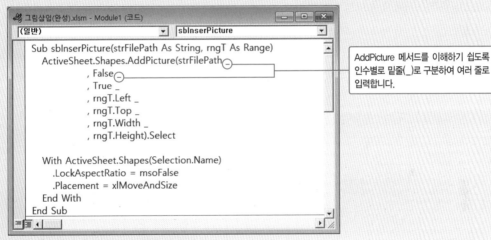

AddPicture 메서드를 이해하기 쉽도록 인수별로 밑줄(_)로 구분하여 여러 줄로 입력합니다.

▲ 복잡한 명령문의 경우 중요한 인수별로 행을 변경하여 작성하기

2. 선언문과 실행문을 구분해서 작성하기

하나의 프로시저에서 사용할 변수, 상수 선언은 모두 모아서 프로시저의 위쪽에 작성하는 것이 좋습니다. 어떤 변수와 상수를 사용하는지 일목요연하게 정리할 수도 있고, 필요할 때마다 중간에 선언하여 이중으로 선언하는 것도 예방할 수 있어요.

3. 기능별로 단락을 구분해서 작성하기

프로시저 문장의 기능이 달라지면 공백 행을 두거나 주석을 삽입해서 분리하세요.

엑셀 개체

영역 지정

속성&메서드

VBA 연산자

변수&상수

제어문&반복문

오류 처리

배열&함수

필터링

중복 제거

4. With문으로 같은 개체의 처리 과정 묶기

같은 개체에 다양한 작업이 반복되는 경우 With문을 사용해서 묶어야 가독성뿐만 아니라 실행 효율성
도 향상됩니다.

일반적인 작성 예	With문을 사용한 예

Selection.Cells.Font.Name = "맑은 고딕"
Selection.Cells.Font.Size = 11
Selection.Cells.Font.Color = vbBlack
Selection.Cells.Font.Italic = False
	With Selection.Cells.Font
	   .Name = "맑은 고딕"
	   .Size = 11
	   .Color = vbBlack
	   .Italic = False
	End With

5. 들여쓰기/내어쓰기를 이용해서 작성하기

코드가 길면 Tab 을 눌러 계층적인 구조로 들여쓰기하여 작성하는 것이 좋습니다. 예를 들어 프로시저
의 내용은 프로시저 이름보다 한 단계 안쪽으로 들여쓰고, IF문이나 For문과 같은 제어문이나 반복문의
내용도 한 단계 들여쓰세요. 들여쓰기 간격은 기본적으로 네 칸이지만, [도구] – [옵션] 메뉴를 선택하여
[옵션] 대화상자를 열고 [편집기] 탭의 '탭 너비'를 변경해서 조정할 수 있어요.

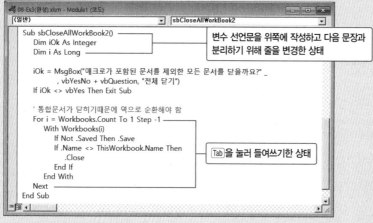

▲ 기능별로 단락을 구분하고 들여쓰기하기

6. 소괄호(( ))를 이용해서 연산의 우선순위 지정하기

❶과 ❷는 결과가 같습니다. 하지만 매크로의 성능과 가독성을 높이려면 ❷와 같이 연산의 우선순위에 괄호를 지정하는 것이 좋습니다.

❶	bResult = Range("A1") + 1)= 1 And Range("A1") + 1 <= 10
❷	bResult = (Range("A1") + 1))= 1 And (Range("A1") + 1) <= 10

7. 한 문장의 기능을 단순하게 작성하기

❶은 IF문 안에서 메시지 창을 표시한 후 결과값까지 확인하므로 코딩 라인의 수를 줄일 수 있지만, 기능이 복잡해집니다. ❷는 별도의 변수를 선언하고 메시지 창의 표시한 후 결과값을 변수에 저장하고 처리하기 때문에 코딩 라인의 수는 길어지지만, 명령문의 기능은 단순해집니다. 이 경우 ❶보다 ❷ 형식으로 작성해야 매크로의 성능과 가독성을 높일 수 있어요.

❶	If MsgBox("종료할까요?", vbYesNo + vbQuestion) = vbYes Then
	
	    ThisWorkbook.Close
	
	End If

❷	Dim iOK As Integer iOK = MsgBox("종료할까요?", vbYesNo + vbQuestion) If iOK = vbYes Then ThisWorkbook.Close

엑셀 개체

영역 지정

속성&메서드

VBA 연산자

변수&상수

제어문&반복문

오류 처리

배열&함수

컬렉션

중복 제거

여러 가지 상황을 고려해서 작성한 프로시저도 오류가 전혀 발생하지 않을 수는 없습니다. 또한 프로시저가 실행되는 환경이 매우 다양하기 때문에 예상하지 못한 오류가 발생할 수 있습니다. 이 경우 무조건 오류 메시지 창이 열리면서 실행을 중단해야 하는 것보다 적절한 처리 과정을 거칠 수 있도록 오류 처리문을 두는 습관을 갖는 것이 좋습니다. 이번 섹션에서는 오류가 발생할 경우 프로시저의 흐름을 변경하는 방법과 배열 변수에 대해 배워보겠습니다.

> PREVIEW

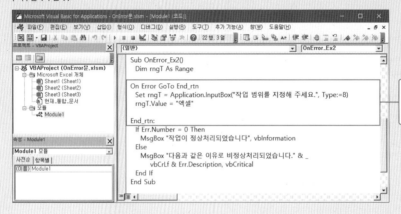

On Error문을 이용하면 오류가 발생해도 정상적인 실행 순서를 따라 처리할 수 있습니다.

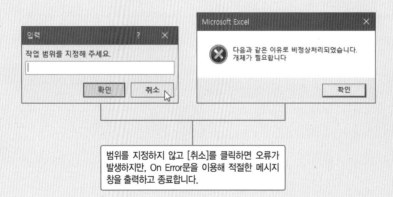

범위를 지정하지 않고 [취소]를 클릭하면 오류가 발생하지만, On Error문을 이용해 적절한 메시지 창을 출력하고 종료합니다.

> 섹션별
> 주요 내용

01 | On Error문 사용해 오류 제어하기   **02** | 하나의 이름으로 여러 개의 값 기억하기 – 배열 변수
03 | 동적 배열 변수 사용하기   **04** | 문장에서 특정 위치의 단어만 가져오는 함수 만들기 – 단어 분리 함수
05 | 컬렉션 이해하기   **06** | 범위에서 중복된 항목 제거해 반환하기

On Error문 사용해 오류 제어하기

1 | On Error문의 종류

프로시저가 실행될 때 0으로 나누거나 변수의 데이터형과 다른 값이 저장되면 오류가 발생합니다. 오류가 발생하면 실행이 멈춘 상태에서 오류 메시지가 표시되고 비정상적으로 실행이 종료되는데, 이렇게 실행 도중에 발생하는 오류를 '런타임 오류(run-time error)'라고 합니다. 런타임 오류가 발생하면 무조건 오류 메시지를 출력하지 않고 적절하게 처리하도록 제어할 때 On Error문을 사용합니다.

On Error문은 다음과 같이 세 가지 유형이 있어요. 이러한 오류 제어문은 해당 문을 사용한 이후에 발생하는 오류에 대해서만 처리할 수 있기 때문에 프로시저의 적절한 위치에 선언해야 합니다. 오류 제어문은 독립적으로 사용하지 않고 Err 개체를 함께 이용하여 오류에 따라 적절하게 처리하는 경우가 많으므로 Err 개체도 정확하게 이해해야 합니다.

형식	기능
On Error GoTo 레이블명	• 프로시저에 이 문을 사용하면 이 문의 이후에 오류가 발생할 경우 실행 순서를 지정한 레이블의 위치로 이동 • 프로시저 안에 '레이블명'으로 선언된 레이블이 있어야 함 • 가장 일반적인 사용 형태
On Error Resume Next	• 프로시저에 이 문을 사용하면 이 문의 이후에 오류가 발생할 경우 오류가 발생한 명령문은 무시하고 다음 명령문을 실행 • 주로 오류의 원인을 알고 있고 무시해도 되는 오류라고 판단될 때 사용
On Error GoTo 0	• 위의 두 가지 On Error문을 사용한 경우 해당 기능 취소 • 원래대로 오류가 발생하면 실행을 중단하고 메시지 창 표시

위의 형식에서 '레이블명'은 프로시저 안에서 위치를 지정해 주는 이름으로, '이름:' 형식으로 지정합니다. 레이블명은 변수명 지정 규칙(217쪽 참고)과 마찬가지로 문자로 시작하고 문자, 숫자, 밑줄(_)로 구성합니다(예 End_Rtn:). 레이블명이 있으면 GoTo문을 사용하여 특정 레이블의 위치로 실행 위치를 변경할 수 있습니다(예 GoTo End_Rtn).

2 | Err 개체 확인하기

Err은 실행 오류에 대한 정보를 가지는 개체(object)입니다. 정상적인 상태에서 Err 개체의 번호(Err.Number)는 0입니다. 0이 아닌 값을 가지는 경우는 오류가 발생한 상태로, Err.Description 속성을 이용하여 오류에 대한 설명을 확인할 수 있어요.

엑셀 개체

영역 지정

속성&메서드

VBA 연산자

변수&상수

제어문&반복문

오류 처리

배열&함수

컬렉션

중복 제거

다음은 Err 개체와 관련된 주요 속성과 메서드를 정리한 표입니다.

속성과 메서드	기능
Err.Clear 메서드	• Err 개체를 초기회히여 모든 속성 삭제 • 'Err.Number = 0'으로 사용하는 것과 같음 • 오류 번호는 0~65535까지 있고 0~512까지는 시스템 오류에 사용하도록 예약된 번호
Err.Number 메서드	• Err 개체의 기본 속성으로, 오류 번호를 반환하거나 지정 • 값이 0이면 정상적인 작업 상태 의미
Err.Description 속성	Err 개체의 오류 메시지 내용을 반환하거나 지정
Err.Source 속성	오류를 발생시킨 개체 또는 응용 프로그램 이름을 반환하거나 지정
Err.Raise *number, Source, Description* 메서드	• 지정한 번호(number)와 이름(Source), 메시지 내용(Description)으로 오류를 발생시킴 • number는 513~65535에서 임의로 지정

다음은 ❶에 On Error Resume Next문을 사용하여 오류가 발생해도 메시지 창을 표시하지 않고 다음 명령을 진행해서 오류 번호와 오류 메시지 사용법을 확인하는 프로시저입니다. ❷에서 발생한 오류의 번호와 내용은 ❸에서 확인할 수 있어요.

```
Sub Err_Object_Ex1( )                                    이 코드는 '02-09_1.txt' 파일로 제공합니다.
    Dim i

❶   On Error Resume Next
❷   i = 10 / 0
❸   MsgBox Err.Number & vbCrLf & Err.Description & vbCrLf & Err.Source

❹   Err.Raise 513, "MyError", "암호 입력 오류입니다."
❺   MsgBox Err.Number & vbCrLf & Err.Description & vbCrLf & Err.Source

❻   Err.Clear
❼   MsgBox Err.Number & vbCrLf & Err.Description & vbCrLf & Err.Source
End Sub
```

❶ 이 명령문의 이후에 발생하는 오류는 오류 메시지 창을 표시하지 않고 다음 줄로 실행 위치를 이동하여 계속 실행합니다.

❷ 10을 0으로 나누면 오류가 발생하지만, ❶에 정의한 오류 처리문 때문에 이 명령문을 계산하지 않고 다음 줄인 ❸을 실행합니다.

❸ ❷에서 발생한 오류에 대한 오류 번호(Number), 오류 메시지 내용(Description), 오류 발생 개체(Source)를 메시지 창에 표시합니다. Source 속성은 프로젝트의 이름인 VBAProject가 표시됩니다.

❹ 사용자가 임의의 오류를 513번으로 발생시킵니다.

❺ ❸과 같은 명령문이지만, 최근 발생된 오류는 ❹ 내용이므로 ❹에서 지정한 오류가 표시됩니다.

❻ 오류 개체를 초기화합니다.

❼ 오류 개체를 초기화하면 오류 번호는 0이 되고 나머지는 모두 공백이 되어 메시지 창에는 숫자 0만 표시됩니다.

▲ ③의 실행 결과

▲ ⑤의 실행 결과

▲ ⑦의 실행 결과

Tip

Error 함수를 이용하면 특정 번호의 오류 메시지 내용을 확인할 수 있습니다. 예를 들어 오류 번호 2번에 적용된 오류 메시지 내용을 확인하려면 'MsgBox Error(2)'라고 사용해서 오류 메시지를 표시합니다.

3 | On Error GoTo 사용하기

다음은 Application.InputBox 메서드로 일정한 셀 영역을 입력받아 해당 영역에 테두리를 그리는 단순한 프로시저입니다. ②에서 사용한 InputBox 메서드 대화상자에 셀 영역이 아닌 다른 값을 지정하거나 [취소]를 클릭하면 오류가 발생합니다.

이 프로시저는 오류가 발생하면 레이블명 'End_rtn'인 ③의 위치로 실행 위치를 옮긴 후 발생한 오류 내용을 사용자가 지정한 메시지 창으로 표시하고 정상적으로 작업이 종료되도록 처리합니다. End_rtn 레이블에서는 오류 번호를 체크하여 정상적으로 처리되었을 때 표시되는 메시지 창과 오류 메시지 창을 다르게 처리합니다.

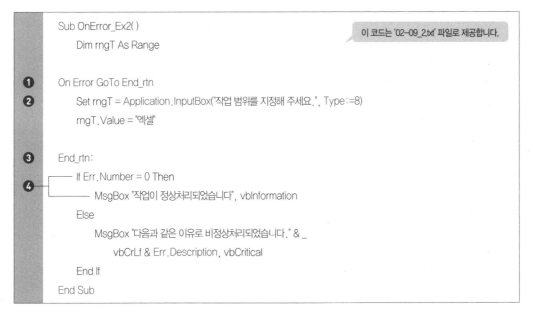

```
Sub OnError_Ex2( )
    Dim rngT As Range

❶  On Error GoTo End_rtn
❷      Set rngT = Application.InputBox("작업 범위를 지정해 주세요.", Type:=8)
        rngT.Value = "엑셀"

❸  End_rtn:
❹      If Err.Number = 0 Then
            MsgBox "작업이 정상처리되었습니다", vbInformation
        Else
            MsgBox "다음과 같은 이유로 비정상처리되었습니다." & _
                vbCrLf & Err.Description, vbCritical
        End If
End Sub
```

이 코드는 '02-09_2.txt' 파일로 제공합니다.

❶ 오류가 발생하면 ❸에 정의된 레이블명 End_rtn으로 실행 위치를 이동하도록 제어합니다.

❷ InputBox 메서드로 표시한 대화상자에 셀 영역을 입력받아 변수 rngT에 저장합니다. 만약 대화상자에 셀 영역을 지정하지 않거나 [취소]를 클릭하면 오류가 발생합니다.

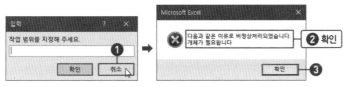

▲ ② 실행 후 열린 대화상자에서 [취소]를 클릭하면 발생하는 오류 메시지 창

❸ 레이블명입니다.

❹ Err 개체값(Number)이 0이면 오류가 발생하지 않고 정상 처리되었다는 메시지 창이 열립니다. 반면 0이 아니면 발생한 오류 메시지가 메시지 창에 출력됩니다.

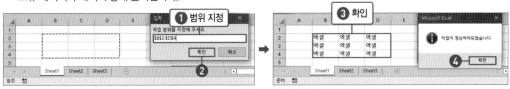

▲ ❷를 실행하면 열린 대화상자에서 범위를 지정하고 [확인]을 클릭하여 지정한 범위에 '엑셀'을 입력한 결과

🔵 예제파일 : GoTo문.xlsm

잠깐만요 **GoTo문 사용하기**

프로시저는 기본적으로 위쪽에서 아래쪽으로 순차적으로 처리되는데, 이러한 순차적인 흐름을 임의로 변경할 때 GoTo문을 사용합니다. GoTo문은 'GoTo 레이블명' 형식으로 사용하고 같은 프로시저 안에 '레이블명:' 형식으로 이동할 위치를 지정하는 문장이 있어야 합니다.

이동 위치를 표시하는 레이블명은 변수명 지정 규칙(217쪽 참조)과 같이 문자로 시작하고, 문자와 숫자, 밑줄(_)로 구성하며, 이름의 뒤에 콜론(:)을 붙여 일반적인 변수와 구분합니다. GoTo문은 실행 순서를 임의로 변경하기 때문에 자주 사용하면 프로그램의 흐름이 복잡해질 수 있어요. 그러므로 가능한 IF문이나 For문 등의 제어문이나 반복문을 통해 프로시저의 흐름을 변경하고 꼭 필요한 경우에만 GoTo문을 사용해야 합니다. 이 과정은 F8을 눌러 프로시저를 순차적으로 실행해 보면 처리 순서를 좀 더 정확하게 이해할 수 있습니다.

```
Sub Goto_Ex1( )
    Dim Num As Integer                          이 코드는 '02-09_3.txt' 파일로 제공합니다.

❶   Num = Int(Rnd( ) * 10 + 1)
❷   If (Num Mod 2) = 0 Then GoTo EvenLabel Else OddLabel
EvenLabel:
❸       MsgBox "무작위 짝수 숫자 :" & Num
❹       GoTo End_Rtn
OddLabel:
        MsgBox "무작위 홀수 숫자 :" & Num
❺   End_Rtn:
    End Sub
```

❶ 1~10 사이의 랜덤 정수를 생성하여 변수 Num에 저장합니다. Rnd 함수에 대해서는 580쪽을 참고하세요.

❷ Num이 짝수인지, 홀수인지 판단하기 위해 2로 나눈 나머지로 구분합니다. 짝수이면 EvenLabel 레이블로, 홀수이면 OddLabel로 이동합니다.

❸ 레이블을 이동할 수 있는 위치만 지정합니다.

❹ GoTo문을 사용하지 않으면 순차적인 흐름 때문에 OddLabel 레이블로 이동합니다.

❺ 레이블명 다음에 아무런 명령문 없이 End Sub문을 실행합니다. 이렇게 특정 위치로 이동하는 용도로 사용하는 경우도 있습니다.

하나의 이름으로 여러 개의 값 기억하기

– 배열 변수

1 | 배열 정의하기

배열(array)은 데이터형이 같은 여러 개의 변수를 하나의 이름으로 연결하여 관리하는 것으로, 배열 안의 각 요소들은 인덱스(index)를 이용해 관리합니다. 배열을 사용하면 하나의 변수명으로 많은 양의 데이터를 쉽게 저장 및 관리할 수 있어요. 예를 들어 20명이 정원인 한 반의 연락처를 기억하기 위해 20개의 변수를 선언하는 것보다 '연락처(20)'의 형식으로 '연락처'라는 이름의 변수에 20개의 자료를 저장하면 자료를 더욱 빠르고 편리하게 처리할 수 있습니다.

배열은 물리적으로도 연속적인 개념이어서 배열 요소의 중간에 새로운 요소를 추가할 수 없습니다. 그래서 새로운 요소를 중간에 삽입하려면 중간 이후의 값을 모두 다시 배치해야 합니다. 배열은 다음과 같은 형식으로 선언한 후 사용합니다.

형식 1	Dim | Public | Static | Private 변수명(배열 크기) [As 데이터형]
형식 2	Dim | Public | Static | Private 변수명(하한 To 상한) [As 데이터형]

배열 크기(첨자, subscripts)는 몇 개의 변수로 구성되는지를 의미합니다. 배열의 각 요소는 '배열명(인덱스 번호)' 형식으로 지정하는데, **인덱스 번호(index)의 시작은 '하한 값(lower bound)', 끝은 '상한 값(upper bound)'이라고 합니다. 모듈 선언부에 특별한 선언문(Option Base 1)을 지정하면 배열의 하한 값은 1로 지정되지만, 없으면 배열의 하한 값은 0으로 지정**됩니다. 그리고 실질적인 배열의 크기는 '상한 값-하한 값+1'로 계산합니다.

2 | 배열 변수 사용하기

배열 변수는 '배열명(인덱스)' 형식으로 여러 개의 변수를 사용하기 때문에 반복문인 For문과 함께 사용해 값을 저장하거나 저장된 내용을 가져옵니다. 배열을 선언할 때 모듈 개체의 위에 'Option Base 1' 선언문을 사용하면 배열의 전체 크기가 달라집니다.

다음은 가장 일반적인 형태의 1차원 배열 변수를 선언한 후 배열 변수에 값을 대입하는 과정을 보여주는 프로시저입니다.

엑셀 개체

영역 지정

속성&메서드

VBA 연산자

변수&상수

제어어&반복문

오류 처리

배열&함수

컬렉션

중복 제거

1차원 배열의 사용 예

Module1 개체	Module2 개체

```
Sub sbArray_Ex1( )

    Dim i As Integer

    Dim Amount(5) As Long

    Dim Apt(101 To 106) As String


    For i = 0 To 5

        Amount(i) = i * 1000

    Next


    For i = 101 To 106

        Apt(i) = i & "호"

    Next


    MsgBox Apt(102) & " 요금 = " & Amount(1)

End Sub
```

```
Option Base 1
Sub sbArray_Ex2( )

    Dim i As Integer

    Dim Amount(5) As Long        ❶

    Dim Apt(101 To 106) As String   ❷


    For i = 1 To 5               ❸

        Amount(i) = i * 1000

    Next


    For i = 101 To 106          ❹

        Apt(i) = i & "호"

    Next


    MsgBox Apt(102) & " 요금 = " & Amount(1)   ❺

End Sub
```

❶ 모듈의 위쪽 선언부에 'Option Base 1'이라는 단어가 없으면 배열 변수의 인덱스는 0부터 시작하기 때문에 'sbArray_Ex1' 프로시저에서 Amount 변수의 크기는 0~5까지, 총 6개로 설정됩니다. 하지만 'sbArray_Ex2' 프로시저의 경우 Amount 변수는 1~5까지 총 5개로 설정됩니다.

❷ 배열 변수가 '배열명(하한 값 To 상한 값)' 형식으로 지정되면 'Option Base 1'과 상관없이 101~106까지 총 6개로 설정됩니다.

❸ 배열 변수에 값을 일괄적으로 지정할 때 For문을 주로 사용합니다. i 변수의 시작 값은 배열 변수의 하한 값에 따라 달라지므로 2개의 프로시저에서 시작 값이 0과 1로 차이가 발생합니다.

❹ Apt 배열 변수는 하한 값과 상한 값이 일정하기 때문에 For문을 똑같이 사용합니다.

❺ 배열 변수에 저장된 값 중에서 Apt(102)의 값과 Amount(1)의 값을 표시합니다. 2개의 프로시저의 결과는 인덱스가 같기 때문에 같은 메시지 창이 표시됩니다.

▲ ❺의 실행 결과

3 | 다차원 배열 변수 선언하기

배열 변수는 콤마(,)로 구분하여 여러 차원(다차원, multi-dimension)으로 지정할 수 있어요. 콤마로 구분하는 배열 첨자의 개수를 '배열의 차수' 또는 '배열의 차원 수'라고 합니다. 따라서 '학생(20)'은 '1차원 배열', '학생(5, 20)'은 '2차원 배열', '학생(3, 5, 20)'은 '3차원 배열'이라고 해요. 차수가 많아지면 처리 과정이 복잡해지므로 일반적으로 2차원 배열까지 사용합니다. 다차원 배열도 'Option Base 1'의 영향을 받기 때문에 이 선언문이 없으면 각 차수의 인덱스 하한 값은 0부터 시작합니다.

다차원 배열의 크기를 계산할 때는 각 차수의 크기를 곱해 계산합니다. 예를 들어 'Option Base 1'을 사용하지 않은 상태에서 '학생(5, 20)'으로 선언한 배열 변수의 크기는 '6행×21열=126개'입니다.

다음은 2차원 배열의 선언과 사용 방법을 설명하기 위해 새로운 모듈에 작성한 프로시저입니다.

2차원 배열의 사용 예

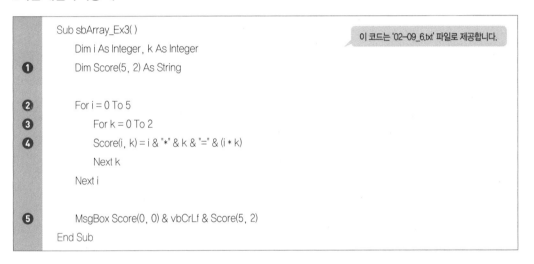

```
Sub sbArray_Ex3( )
    Dim i As Integer, k As Integer
❶   Dim Score(5, 2) As String

❷   For i = 0 To 5
❸       For k = 0 To 2
❹           Score(i, k) = i & "*" & k & "=" & (i * k)
            Next k
        Next i

❺   MsgBox Score(0, 0) & vbCrLf & Score(5, 2)
End Sub
```

> 이 코드는 '02-09_6.txt' 파일로 제공합니다.

❶ 문자열형으로 6행 3열의 2차원 배열 변수 Score를 선언합니다. 배열의 크기는 6행*3열=18개입니다. 만약 모듈의 위쪽에 'Option Base 1' 선언문을 사용할 경우에는 5행 2열로 지정됩니다.

❷ 다차원 배열 변수를 다룰 때는 보통 차수만큼의 For문을 사용합니다. 첫 번째 For문은 행을 진행하기 위한 반복문입니다.

❸ 두 번째 For문은 열을 진행하기 위한 반복문입니다.

❹ 2차원 배열 변수에 값을 대입합니다.

❺ vbCrLf는 내장 상수로, 앞의 내용과 뒤의 내용 사이의 줄을 변경하여 Score(0,0)에 저장된 내용을 출력합니다. 그리고 줄을 변경한 후 Score(5,2)에 저장된 내용이 메시지 창에 표시됩니다.

▲ 'sbArray_Ex3' 프로시저의 실행 결과

4 | 배열 관련 함수 사용하기

별도로 배열 변수를 선언하지 않고 Variant형으로 선언한 변수를 Array 함수나 Split 함수를 이용해 배열 변수로 변환할 수 있어요. 이러한 함수들은 배열에 값을 저장하면서 배열로 변환합니다. 예를 들어 '평가' 배열 변수에 '상', '중', '하'라는 3개의 값을 지정할 때 다음의 세 가지 방법을 사용할 수 있어요. 'Option Base 1'을 사용했으면 다음의 세 가지 방법은 기능이 모두 같습니다.

방법 1	방법 2	방법 3
Dim 평가(3) As String 평가(1) = "상" 평가(2) = "중" 평가(3) = "하"	Dim 평가 As Variant 평가 = Array("상","중","하")	Dim 평가 As Variant 평가 = Split(",상,중,하", ",")
배열 변수를 선언하고 인덱스 1~3에 각각의 값 대입	Array 함수는 콤마로 배열 인덱스를 구분하여 값 지정	• Split 함수는 첫 번째 인수를 두 번째 인수로 구분하여 배열로 반환 • 여기서는 콤마(,)로 분리하여 총 4개로 구분 • Split 함수는 인덱스가 무조건 0부터 부여되기 때문에 '평가(0)'에는 값을 대입하지 않으려고 콤마(,)만 먼저 입력

다음은 배열과 함께 자주 사용하는 함수와 선언문입니다.

함수와 선언문	사용 예	기능
Option Base 선언문	Option Base 1	배열을 선언할 때 배열 인덱스 하한 값을 1로 지정
Array 함수	변수 = Array(값1[, … ,값n])	• 콤마(,)로 분리해 입력한 내용을 배열로 반환 • Array 함수값(배열)을 대입하는 변수의 데이터형은 Variant형으로 선언해야 함
Split 함수	변수 = Split("분리할 내용", "구분자")	• '분리할 내용'을 '구분자' 단위로 나누어 배열 반환 • Option Base문과 상관없이 하한 값은 무조건 0으로 지정 • Split 함수값(배열)을 대입하는 변수의 데이터형은 Variant형으로 선언해야 함
UBound 함수	UBound(배열 변수 [,차수])	• 배열에서 지정한 차수의 최대 인덱스 값을 Long형으로 반환 • 차수를 생략하면 1로 처리
LBound 함수	LBound(배열 변수 [,차수])	• 배열에서 지정한 차수의 최소 인덱스 값을 반환 • 차수를 생략하면 1로 처리
Join 함수	Join(1차원 배열 [,구분자])	• 1차원 배열의 구성원 값을 구분자로 구분해서 연결하여 하나의 문자열로 반환 • 구분자를 생략할 경우 콤마(,)로 연결 **예** Join(Array("A","B","C"))의 결과값은 'A,B,C'

다음은 배열 관련 함수의 사용 방법을 이해하기 위해 새 모듈에 작성한 프로시저입니다.

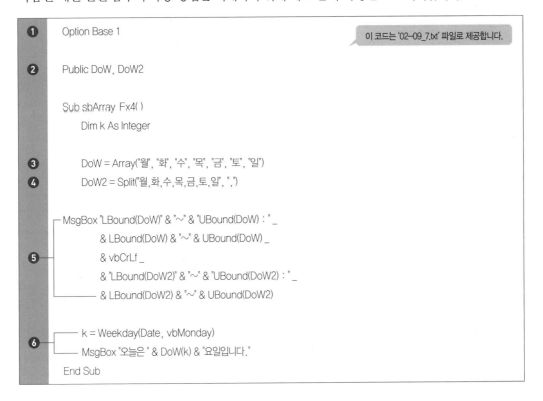

```
① Option Base 1                                        이 코드는 '02-09_7.txt' 파일로 제공합니다.

② Public DoW, DoW2

   Sub sbArray_Fx4( )
       Dim k As Integer

③     DoW = Array("월", "화", "수", "목", "금", "토", "일")
④     DoW2 = Split("월,화,수,목,금,토,일", ",")

      MsgBox "LBound(DoW)" & "~" & "UBound(DoW) : " _
             & LBound(DoW) & "~" & UBound(DoW) _
⑤            & vbCrLf _
             & "LBound(DoW2)" & "~" & "UBound(DoW2) : " _
             & LBound(DoW2) & "~" & UBound(DoW2)

      k = Weekday(Date, vbMonday)
⑥     MsgBox "오늘은 " & DoW(k) & "요일입니다."
   End Sub
```

❶ 배열 변수를 선언할 때 'Option Base 1' 선언문은 인덱스의 시작값을 1로 지정하기 때문에 이 선언문을 사용하는지의 여부가 매우 중요합니다.

❷ ❸~❹에서 Array 함수와 Split 함수를 사용하려면 Variant형으로 선언된 변수가 필요합니다. 여기에서는 상수처럼 사용하기 위해 Public으로 선언합니다.

❸ Array 함수를 이용하여 인덱스 1~7 중에서 크기가 7인 배열을 지정하고 각 배열에 요일 값을 저장합니다.

❹ Split 함수는 ❶의 영향을 받지 않기 때문에 인덱스는 무조건 0부터 시작합니다. ❸과 같이 크기가 7인 배열을 지정하고 각 배열에 요일 값을 저장합니다.

❺ 메시지 창에 배열 변수의 인덱스 하한 값과 상한 값을 표시합니다.

❻ WeekDay 함수는 엑셀 함수처럼 날짜의 요일 번호를 반환합니다(WeekDay 함수에 대해서는 580쪽 참고). Date 함수는 컴퓨터의 현재 날짜를 반환하는 함수로, 이 프로시저를 실행하는 날의 요일 번호가 월요일이면 1, 일요일이면 7로 반환해서 k에 저장합니다.

▲ ❺의 실행 결과

▲ ❻의 실행 결과(테스트 요일이 월요일 기준)

난이도 1 2 **3** 4 5

핵심
기능 | **03** | **동적 배열 변수 사용하기**

배열 변수의 크기를 정하지 않고 필요할 때마다 크기를 재정의해서 사용하는 것을 '동적 배열 변수'
라고 합니다. 동적 배열 변수 선언은 배열 변수를 선언할 때 크기를 지정하지 않고 다음과 같은 형식
으로 괄호만 사용한 후 실제 필요한 위치에서 ReDim문으로 크기를 지정하여 사용합니다.

형식	Dim	Public	Static｜Private 변수명( ) [As 데이터형]

ReDim문을 사용해 배열의 크기를 지정하면 기존에 저장된 내용이 모두 사라지고 초깃값을 갖습니
다. 따라서 기존 값을 유지하려면 ReDim Preserve를 사용해야 합니다.

배열 크기 지정 형식	ReDim [Preserve] 변수명(배열 크기)

다음은 동적 배열 변수를 선언한 후 크기를 조정하는 프로시저입니다.

```
     Sub sbDynamicArray( )                                   이 코드는 '02-09_8.txt' 파일로 제공합니다.
❶        Dim Da( ) As String
         Dim i As Integer

❷        ReDim Da(5)
         For i = LBound(Da) To UBound(Da)
❸            Da(i) = i
         Next
❹        MsgBox "Max Index : " & UBound(Da) & vbNewLine & "Da(5) = " & Da(5)

❺        ReDim Preserve Da(10)
❻        MsgBox "Max Index : " & UBound(Da) & vbNewLine & "Da(5) = " & Da(5)

❼        ReDim Da(15)
❽        MsgBox "Max Index : " & UBound(Da) & vbNewLine & "Da(5) = " & Da(5)
     End Sub
```

❶ 'Da'라는 이름의 배열 변수를 동적 배열 변수로 선언합니다.

❷ 배열 크기를 5로 지정하면 인덱스는 0~5까지 6개의 자료를 기억합니다.

❸ 배열 변수를 사용할 때 'Option Base 1' 선언문에 따라 인덱스 시작값이 달라지므로 LBound 함수를 사용해 배열의 하한
값을 자동으로 참조하는 것이 좋습니다. 동적 배열을 사용하기 때문에 인덱스의 상한 값도 UBound 함수를 이용해 자동
으로 지정합니다.

❹ 배열 변수 Da의 인덱스 상한 값과 인덱스 5번에 저장된 값이 메시지 창에 표시됩니다.

❺ Preserve를 사용하면 배열의 크기가 조정되고 저장된 값도 그대로 유지됩니다. 그러면 배열의 크기가 10으로 변경되고 인덱스 0~5 사이에 저장된 값도 그대로 유지됩니다.

❻ ❹와 기능이 같고 배열의 인덱스 상한 값만 달라질 뿐 인덱스 5번에 저장된 값이 메시지 창에 그대로 표시됩니다.

❼ 배열 크기를 15로 지정하고 저장된 값을 지운 후 초깃값인 공백("")을 부여합니다.

❽ ❹와 기능이 같지만, 인덱스 5번에 저장된 값이 지워지고 공백이 표시됩니다.

▲ ❹의 실행 결과

▲ ❻의 실행 결과

▲ ❽의 실행 결과

💿 예제파일 : Transpose.xlsm

잠깐만요 **Transpose 함수로 범위 값을 배열로 가져오기**

엑셀 창에서 Transpose 함수를 사용하면 행과 열을 반대로 변경할 수 있습니다. 그리고 VBA에서 Transpose 함수를 이용하면 행과 열을 변경할 수도 있고, 범위를 배열 데이터로 변형하여 다른 작업에 사용할 수도 있습니다.

다음은 [기초자료] 시트의 A2:A5 범위를 배열로 저장한 후 해당 배열을 Join 함수로 하나의 문자열로 변경하는 프로시저입니다.

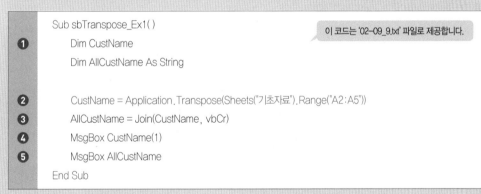

```
Sub sbTranspose_Ex1( )
❶    Dim CustName
     Dim AllCustName As String

❷    CustName = Application.Transpose(Sheets("기초자료").Range("A2:A5"))
❸    AllCustName = Join(CustName, vbCr)
❹    MsgBox CustName(1)
❺    MsgBox AllCustName
End Sub
```

이 코드는 '02-09_9.txt' 파일로 제공합니다.

❶ ❷에서 엑셀 범위를 배열로 저장하기 위해 데이터형을 Variant로 정의한 변수를 선언합니다.

❷ [기초자료] 시트의 A2:A5 범위의 값을 배열로 저장합니다.

❸ AllCustName에 Join 함수를 이용해 CustName 배열값을 줄바꿈(vbCr)으로 분리해서 하나의 문자열로 저장합니다. Join 함수로 합칠 수 있는 배열은 1차원 배열이기 때문에 ❷에서 범위는 한 행이나 한 열로 지정해야 합니다.

❹ CustName 배열의 첫 번째 자료인 A2셀의 내용 '미성백화점'이 표시됩니다.

❺ ❸에서 하나로 합쳐진 문자열이 표시됩니다.

▲ [기초자료] 시트

▲ ❹의 실행 결과

▲ ❺의 실행 결과

엑셀 개체

영역 지정

속성&메서드

VBA 연산자

변수&상수

제어문&반복문

오류 처리

배열&함수

컬렉션

중복 처리

실무 예제 | 04 | 문장에서 특정 위치의 단어만 가져오는 함수 만들기

– 단어 분리 함수

전화번호를 입력할 때 국번과 번호 사이를 '-'로 구분하거나 주소를 입력할 때 빈 칸으로 주소 단위를 구분하는 것처럼 같은 종류의 데이터는 일정한 특성을 갖는 경우가 있습니다. 이러한 특징을 이용하여 문자열을 분리하는 함수를 작성해 보겠습니다.

▲ 주소와 제품 코드가 정리된 [단어분리] 시트

작업하기 전에 먼저 작업 처리 순서에 대해 정리해 보세요. 결과가 같은 처리 과정이 여러 개일 수 있는데, 그 중 하나의 방법은 다음과 같습니다.

함수로 계산할 작업 순서 정리하기

❶ 함수명을 fnWord으로 지정하고 분리에 필요한 문자열, 구분 문자, 가져올 단어 위치를 인수로 전달합니다.

❷ 문자열 구분은 Split 함수를 사용하여 배열로 처리합니다.

❸ 전체 배열의 크기보다 큰 가져올 단어의 위치가 입력된 경우 오류 메시지를 반환합니다.

이제 앞에서 정리한 작업 순서에 따라 사용자 정의 함수를 작성해 보겠습니다.

1 매크로가 포함된 예제파일에서 Alt + F11 을 눌러 VB 편집기 창을 열고 [삽입]–[모듈] 메뉴를 선택하거나 [표준] 도구 모음에서 [모듈 삽입] 도구(🔲)를 클릭하세요. 새로운 모듈 코드 창이 표시되면 다음과 같이 코드를 입력하고 [닫기] 단추(❌)를 클릭하세요.

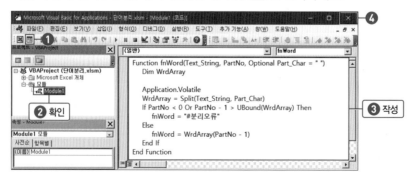

```
①   Function fnWord(Text_String, PartNo, Optional Part_Char = " ")
②       Dim WrdArray

③       Application.Volatile
④       WrdArray = Split(Text_String, Part_Char)
        If PartNo < 0 Or PartNo - 1 > UBound(WrdArray) Then
            fnWord = "#분리오류"
⑤       Else
            fnWord = WrdArray(PartNo - 1)
        End If
    End Function
```

이 코드는 '02-09_10.txt' 파일로 제공합니다.

❶ 함수명을 fnWord로 지정하고 함수에 전달할 인수를 지정합니다. 이때 구분 문자를 가져오는 인수 Part_Char는 선택적인 인수로 지정하여 생략할 경우 공백 한 칸(" ")으로 지정합니다.

❷ ❹에서 Split 함수를 사용해 배열 변수를 만들려면 Variant형으로 선언해야 하므로 데이터형을 생략합니다.

❸ 엑셀에서 셀 내용이 변경되는 것처럼 재계산이 필요할 때 이 프로시저 내용도 함께 재계산되도록 정의하는 명령문입니다.

❹ Text_String 인수로 전달된 문자열의 내용을 Part_Char 인수에 저장된 문자 단위로 분리하여 배열 형태로 WrdArray에 저장합니다.

❺ PartNo의 값이 WrdArray 배열 인덱스의 크기보다 크면 오류 메시지를 반환하고 그 외의 경우에는 해당 위치의 단어를 반환합니다. Spilt 함수는 인덱스의 하한 값이 0부터 시작하므로 'PartNo - 1'로 지정합니다.

2 엑셀 창으로 되돌아오면 [단어분리] 시트의 B4셀에 『=fnWord(』를 입력하고 수식 입력줄의 [함수 삽입] 단추(𝑓𝑥)를 클릭하세요. [함수 인수] 대화상자가 열리면 'Text_String'에는 A4셀을 지정하고 'PartNo'에는 『2』를 입력한 후 [확인]을 클릭하세요.

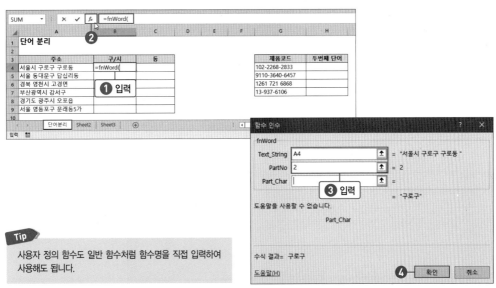

> **Tip**
> 사용자 정의 함수도 일반 함수처럼 함수명을 직접 입력하여 사용해도 됩니다.

엑셀 개체

영역 지정

속성&메서드

VBA 연산자

변수&상수

제어문&반복문

오류 처리

배열&함수

컬렉션

개체 제어

3 B4셀에 '구로구'가 추출되면 B4셀의 자동 채우기 핸들(➕)을 더블클릭하여 나머지 셀에도 A열의 주소에서 구와 시에 해당하는 두 번째 단어를 추출하세요.

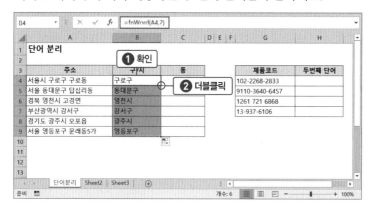

4 이와 같은 방법으로 C4셀에 『=fnWord(A4,3)』을 입력하고 Enter를 누르세요. C4셀에 '주소' 항목에서 '동'만 추출되면 C4셀의 자동 채우기 핸들(➕)을 더블클릭하여 C9셀까지 '동'만 추출하세요.

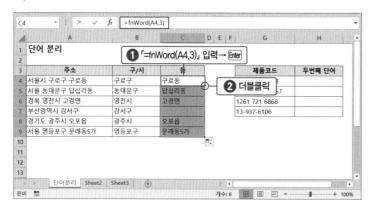

5 H4셀에도 함수식 『=fnWord(G4,2,"-")』를 입력하여 '제품코드' 항목에서 두 번째 단어만 추출한 후 H7셀까지 함수식을 복사하여 결과값을 구하세요.

05 # 컬렉션 이해하기

1 │ 컬렉션 이해하기

컬렉션(Collection)은 개체가 하나 이상 묶여진 형태로, Sheets, Worksheets, Workbooks, Range 등이 대표적인 컬렉션입니다. 이러한 컬렉션은 배열의 일종이지만, 컬렉션 데이터형을 이용해서 새로 생성할 수 있습니다.

배열은 같은 데이터형의 변수를 메모리에 순차적으로 연결합니다. 하지만 **컬렉션은 다양한 데이터형의 자료를 메모리의 동적 위치에 저장하고 연결한 것으로, 자체적으로 삽입 및 삭제, 수정, 정렬 등의 메서드를 가집니다.** 그리고 배열은 사용하기 전에 크기를 지정하지만, 컬렉션은 미리 크기를 지정할 필요가 없습니다. 또한 컬렉션은 Key 속성이 중복된 자료가 입력되지 못하도록 제어합니다.

다음은 배열과 컬렉션의 장·단점을 비교한 표입니다.

	배열	컬렉션
특징	자료를 메모리에 순차적으로 할당한 후 연결한 구조	• 데이터형이 다른 경우 연관된 자료 저장 • 자료를 메모리에 동적으로 할당한 후 연결한 구조
장점	• 인덱스를 이용해 순차적으로 처리하고 빠르게 검색 • 다차원 배열 가능	• 다양한 데이터형의 자료를 한꺼번에 관리할 때 편리 • 삽입 메서드와 삭제 메서드에 의해 배열 크기가 동적으로 증감
단점	• 사용 전(초기화할 때) 배열 크기가 고정됨 • 배열 중간에 데이터를 추가 및 삭제하는 경우 중간 이후 내용을 모두 이동해야 함	• 저장 용량을 늘리는 데 많은 시간 소요 • 데이터 삭제에 필요한 연산 과정 필요

Collection 개체 변수 선언 및 주요 메서드의 형식은 다음과 같습니다.

변수 선언	Dim ｜ Public ｜ Private ｜ Static 변수명 As New Collection
자료 추가	변수명.Add *item, key, before, after*
자료 삭제	변수명.Remove *index*
구성원 지정	변수명.Item *(index)* 또는 변수명*(index)*
구성원 개수 확인	변수명.Count

- *item* : 필수 항목으로 구성원의 실제 내용입니다.
- *key* : 선택적 요소로, 위치 인덱스 대신 구성원을 액세스하는 문자열을 지정합니다. 숫자를 이용하는 경우에는 CStr 함수 등을 이용하여 문자열 데이터로 변형해서 사용하고 구성원과 중복되지 않은 유일한 값으로 지정해야 합니다.
- *before, after* : 선택적 요소로, before나 after 다음에 지정한 구성원의 앞이나 다음에 추가합니다. 2개의 인수를 동시에 사용할 수 없고 모두 생략하면 마지막 구성원으로 추가됩니다.
- *index* : 컬렉션 개체 변수의 구성원(item) 위치 번호를 1부터 컬렉션 개체의 Count 속성값 사이의 숫자로 지정하거나 Key 값을 사용할 수 있습니다.

엑셀 개체

영역 지정

속성&메서드

VBA 연산자

변수&상수

제어문&반복문

오류 처리

배열&함수

컬렉션

예외 처리

2 | 컬렉션 개체 사용하기

Collection 개체 변수를 선언한 후 내용(구성원)을 추가할 때 Add 메서드를 사용합니다. 이때 item 인수만 지정해도 되지만, 일반적으로 해당 내용을 알아보기 쉽게 Key 인수를 지정합니다. Collection 개체 변수에는 문자열, 숫자, Range 등 데이터의 종류와 상관없이 다양한 데이터를 저장할 수 있습니다.

다음은 Collection 개체를 선언하고 내용을 기억시키는 방법과 기억된 내용을 표시하는 프로시저입니다.

```
Sub Collection_Ex1( )
①      Dim MyCollection  As New Collection
       Dim i  As Long

②      MyCollection.Add item:="도서출판 길벗", Key:="출판사"
       MyCollection.Add item:="http://www.gilbut.co.kr", Key:="홈페이지"
③      MyCollection.Add item:=Range("B2"), Key:="시작셀"
④      MyCollection.Add item:=800, Key:="페이지"

⑤      For i = 1 To MyCollection.Count
⑥          MyCollection("시작셀").Offset(i, 0) = MyCollection.item(i)
       Next
End Sub
```

> 이 코드는 '02-09_11.txt' 파일로 제공합니다.

❶ MyCollection을 Collection 개체 변수로 선언합니다.
❷ '도서출판 길벗'을 '출판사'라는 Key 값으로 등록합니다.
❸ B2셀을 의미하는 Range("B2")를 '시작셀'이라는 Key 값으로 등록합니다.
❹ 숫자 800을 '페이지'라는 Key 값으로 등록합니다.
❺ Count 속성으로 구성원의 개수를 확인해서 MyCollection 변수의 구성원 개수만큼 반복합니다.
❻ 'MyCollection("시작셀")'은 ❸에서 추가한 Key 값이 '시작셀'인 내용, 즉 Range("B2") 개체를 반환합니다. B2셀의 아래 쪽으로 MyCollection에 등록된 구성원 내용을 차례대로 표시합니다.

▲ 'Collection_Ex1' 프로시저를 실행한 결과

> **Tip**
> ❶은 컬렉션 개체를 선언하고 생성하는 두 가지 작업을 하는데 이를 두 기능으로 분리하여 'Dim MyCollection As Collection'과 'Set MyCollection = New Collection'으로 사용할 수 있습니다.

Add 메서드에 Key 인수를 문자열로 지정하면 이 값이 기존 구성원의 Key 값과 같은지 확인합니다. 만약 같은 Key 값이 이미 등록되었으면 오류가 발생하면서 등록 작업이 취소됩니다.

다음은 Key 값이 중복될 때 발생하는 오류입니다.

```
Sub Collection_Ex2( )
    Dim MyCollection  As New Collection
    Dim i  As Long

❶    MyCollection.Add Item:="도서출판 길벗", Key:="출판사"
❷    MyCollection.Add Item:="http://www.gilbut.co.kr", Key:="출판사"
End Sub
```

> 이 코드는 '02-09_12.txt' 파일로 제공합니다.

❶~❷ 동일한 Key 값으로 '출판사'를 사용하면 ❷가 실행될 때 런타임 오류가 발생합니다. 이때 [종료]를 클릭하여 실행을 중단하고 Key 값이 중복되지 않도록 수정해야 합니다.

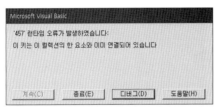

▲ Key 값이 중복되면 발생하는 오류 메시지

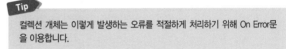

> **Tip**
> 컬렉션 개체는 이렇게 발생하는 오류를 적절하게 처리하기 위해 On Error문을 이용합니다.

3 │ 컬렉션 개체의 구성원 삭제하기

Remove 메서드를 사용하여 Collection 개체 변수에 등록된 특정 위치의 구성원을 삭제할 수 있습니다. 중간 구성원을 삭제하면 뒤의 구성원이 자동으로 앞의 위치 번호를 가집니다.

다음은 Collection 개체 변수의 모든 구성원을 삭제하는 프로시저입니다.

```
Sub Collection_Ex3( )
    Dim MyCollection  As New Collection
    Dim i  As Long

❶    For i = 1 To MyCollection.Count
❷        MyCollection.Remove 1
    Next i

❸    MsgBox MyCollection.Count
End Sub
```

> 이 코드는 '02-09_13.txt' 파일로 제공합니다.

❶ MyCollection 구성원의 개수만큼 반복합니다.

❷ 삭제하는 구성원을 1번으로만 지정하면 자동으로 뒤의 구성원이 앞을 채우기 때문에 계속 1만 사용해도 모든 구성원을 삭제할 수 있습니다.

❸ 모든 구성원을 삭제한 후 컬렉션 개체의 개수는 0이 되므로 메시지 창에 0을 표시합니다.

엑셀 개체
영역 지정
속성&메서드
VBA 연산자
변수&상수
제어문&반복문
오류 처리
배열&함수
컬렉션
중복 제거

범위에서 중복된 항목 제거해 반환하기

[데이터] 탭-[데이터 도구] 그룹에서 [중복된 항목 제거]를 선택하면 중복된 내용을 제거할 수 있습니다. 하지만 실제 데이터를 그대로 둔 상태에서 함수를 이용해 중복되지 않은 유일한 값의 목록을 만드는 기능이 필요할 때가 있습니다. 이번에는 이런 기능을 제공하는 사용자 정의 함수를 작성해 보겠습니다.

▲ '거래처명' 항목과 '영업담당' 항목에 중복 데이터가 있는 [전체자료] 시트

작업하기 전에 먼저 작업 처리 순서에 대해 정리해 보세요. 같은 결과가 나오게 처리하는 과정에는 여러 가지 방법이 있지만, 그 중 하나의 방법은 다음과 같습니다.

함수로 계산할 작업 순서 정리하기

❶ 함수명은 fnConcatUniq로 지정하고 분리에 필요한 범위와 가져올 항목의 위치 번호를 인수로 전달합니다.

❷ 중복된 항목을 제거하기 위해 Collection 개체 변수를 사용합니다.

❸ 다양하게 활용하기 위해 하나의 문자열로 연결해서 표시할지 선택할 수 있게 처리합니다. 이를 위해 ❶에서 가져올 항목의 위치 번호를 0으로 지정하면 유일한 항목들만 콤마(,)로 구분하여 하나의 문자열이 되도록 처리합니다.

이제 앞에서 정리한 작업 순서에 따라 사용자 정의 함수를 작성해 보겠습니다.

1 매크로가 포함된 예제파일에서 `Alt`+`F11`을 눌러 VB 편집기 창을 열고 **[삽입]-[모듈]** 메뉴를 선택하거나 [표준] 도구 모음에서 [모듈 삽입] 도구(🔳)를 클릭하세요. 새로운 모듈 코드 창이 표시되면 다음과 같이 코드를 입력하고 [닫기] 단추(❌)를 클릭하세요.

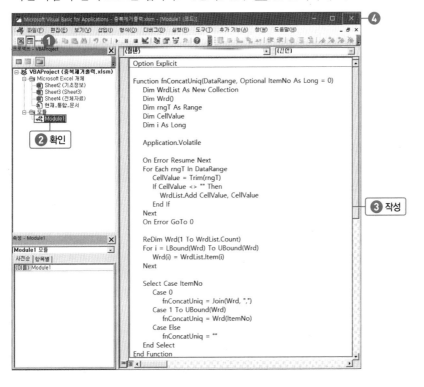

엑셀 개체

영역 지정

속성&메서드

VBA 연산자

변수&상수

제어문&반복문

오류 처리

배열&함수

컬렉션

중복 제거

```
Option Explicit

① Function fnConcatUniq(DataRange, Optional ItemNo As Long = 0)

②      Dim WrdList As New Collection

③      Dim Wrd( )

       Dim rngT As Range

④      Dim CellValue

       Dim i As Long


       Application.Volatile

⑤      On Error Resume Next

⑥      For Each rngT In DataRange

⑦          CellValue = Trim(rngT)

            If CellValue <> "" Then

⑧              WrdList.Add CellValue, CellValue

            End If

       Next

⑨      On Error GoTo 0
```

이 코드는 '02-09_14.txt' 파일로 제공합니다.

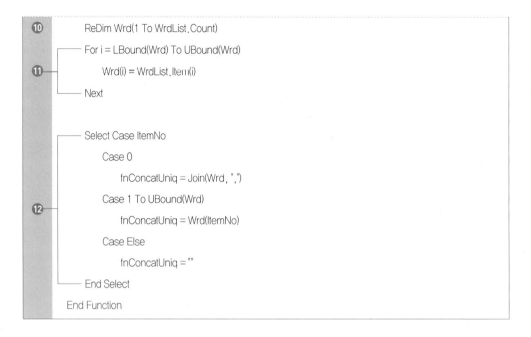

```
⑩      ReDim Wrd(1 To WrdList.Count)

       ┌── For i = LBound(Wrd) To UBound(Wrd)
⑪     ─┤       Wrd(i) = WrdList.Item(i)
       └── Next


       ┌── Select Case ItemNo
       │       Case 0
       │           fnConcatUniq = Join(Wrd, ",")
       │       Case 1 To UBound(Wrd)
⑫     ─┤           fnConcatUniq = Wrd(ItemNo)
       │       Case Else
       │           fnConcatUniq = ""
       └── End Select
       End Function
```

❶ 함수명을 fnWord로 지정하고 함수에 전달할 인수를 지정합니다. 이때 중복되어 제거된 항목에서 가져올 위치 번호 (ItemNo)가 생략될 경우 0이 되도록 합니다. ItemNo이 0이면 ⑪에서 전체 항목을 콤마(,)로 구분하여 하나의 문자열 로 반환합니다.

❷ ❽에서 DataRange 인수로 전달된 범위의 셀 값을 저장할 컬렉션 개체를 선언합니다.

❸ ⑪에서 컬렉션 개체의 내용을 저장할 동적 배열 변수를 선언합니다.

❹ CellValue는 ❼에서 셀 값의 불필요한 공백을 제거하여 저장하는 임시 공간으로 사용하기 때문에 데이터형을 지정 하지 않습니다. 숫자, 문자, 날짜 등 어떤 데이터가 들어와도 상관없습니다.

❺ ❽의 IF문 안에서 컬렉션 개체에 중복된 항목의 Key 값이 추가될 때 발생하는 오류를 무시합니다. 이렇게 하면 오류 가 발생하는 중복 Key 값을 가진 항목은 컬렉션 개체에 추가되지 않기 때문에 중복되는 값이 제거되는 효과가 있습 니다.

❻ DataRange로 입력되는 범위의 각 셀 단위로 반복문을 처리합니다.

❼ 셀 내용에서 앞뒤의 불필요한 공백을 제거하기 위해 Trim 함수를 사용합니다. Trim 함수는 엑셀의 Trim 함수와 기능 이 같은 VBA 함수입니다. 이것에 대한 자세한 내용은 578쪽을 참고하세요.

❽ 셀 내용이 비어있지 않으면 셀 내용을 Key로 지정하여 컬렉션 개체에 추가합니다.

❾ ❺에서 지정한 오류를 무시하는 선언문을 해제하여 이후 명령문에서는 오류가 발생하면 오류 메시지 창이 표시됩 니다.

⑩ 컬렉션 개체의 내용을 배열 변수에 저장하기 위해 배열 변수의 크기를 컬렉션 개체의 크기로 재정의합니다.

⑪ 컬렉션 개체에 저장한 중복 제거된 항목들을 배열 변수에 저장합니다.

⑫ ItemNo 값에 따라 0이면 항목을 콤마로 구분한 하나의 문자열로 연결하여 반환하고, 인덱스 범위 안에 있으면 해당 위치의 값을 반환합니다. 인덱스 범위 밖의 숫자인 경우에는 공백을 반환합니다.

2 엑셀 창으로 되돌아오면 [기초정보] 시트의 B3셀에 『=fnConcatUniq(』를 입력하고 수식 입력 줄에서 [함수 삽입] 단추(<i>fx</i>)를 클릭하세요.

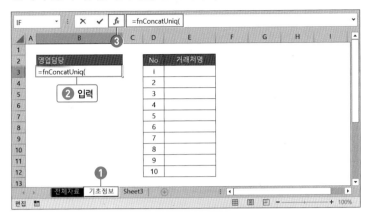

3 [함수 인수] 대화상자가 열리면 'DataRange'에 커서를 올려놓고 [전체자료] 시트의 '영업담당' 항목인 D4:D10 범위를 드래그하여 '표1[영업담당]'을 지정한 후 [확인]을 클릭하세요.

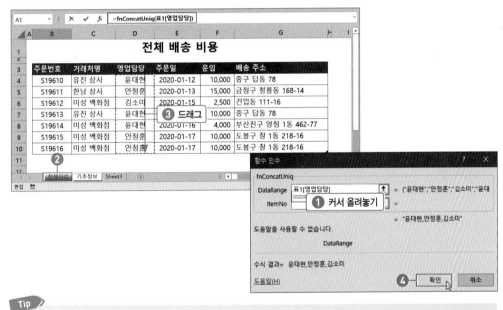

Tip

[함수 인수] 창의 'DataRange' 인수를 지정할 때 '표1[영업담당]'으로 표시되는 이유는 해당 내용이 '표1'이라는 이름으로 표 정의되었기 때문입니다. 표가 아닌 일반 범위에서는 'D4:D10'으로 표시됩니다.

엑셀 개체

영역 지정

속성&메서드

VBA 연산자

변수&상수

제어문&반복문

오류 처리

배열&함수

컬렉션

중복 제거

4 B3셀에 영업 담당자가 중복되지 않고 콤마로 분리되어 표시되었으면 E3셀을 선택하고 『=fnConcatUniq(』를 입력한 후 수식 입력줄에서 [함수 삽입] 단추(fx)를 클릭하세요.

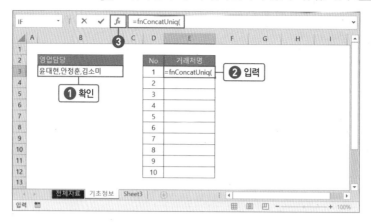

5 [함수 인수] 대화상자가 열리면 'DataRange'에 커서를 올려놓고 [전체자료] 시트의 '거래처명' 항목인 C4:C10 범위를 드래그하여 '표1[거래처명]'을 지정합니다. 'ItemNo'에는 [기초정보] 시트의 D3셀을 지정하고 [확인]을 클릭하세요.

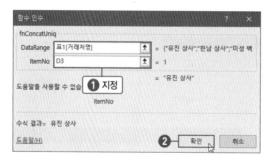

6 E3셀에 거래처명을 구했으면 E3셀의 자동 채우기 핸들(+)을 더블클릭하여 나머지 셀에도 해당 위치의 거래처명을 표시합니다. 이때 위치 번호가 없으면 공백으로 표시됩니다.

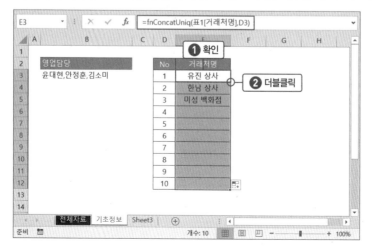

> **Tip**
> 미리 번호를 입력하고 수식을 복사해 두면 표에 거래처명이 추가될 때 자동으로 거래처명이 반영됩니다.

1 | 배열 변수 사용하기

🔵 **정답파일** : 09-Ex1(풀이).xlsx

다음과 같이 배열 변수를 선언할 때 변수의 인덱스 범위가 어떻게 지정 및 선언되는지 설명해 보세요. 이때 모듈의 위쪽에 'Option Base 1'을 지정한 상태라고 가정하고 오류가 발생하면 오류의 발생 이유에 대해서도 설명해 보세요.

번호	변수 선언	번호	변수 선언
①	Dim 가격(100 To 200) As Long	②	Dim sh(4) As Worksheet
③	Dim 요율 As Long 요율 = Array(10,20,30,50)	④	Dim 평가 평가 = Split("저조/낮음/보통/높음/우수", "/")
⑤	Dim JoinText( ) JoinText = Range("B2:E6").Value MsgBox JoinText(1, 1)		

2 | 매크로 작성하기

🔵 **예제파일** : 09-Ex2.xlsm   🔵 **정답파일** : 09-Ex2(완성).xlsm

다음과 같이 작업 범위와 출력 작업 범위를 입력받아 해당 영역에서 내용을 중복 제거하여 출력하는 매크로를 작성해 보세요.

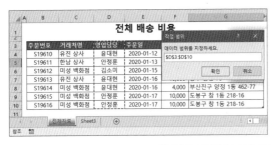

▲ 작업 범위 선택하기

▲ 출력 셀 선택하기

▲ 실행 결과

▲ 작업 범위 미입력 시 발생하는 오류 메시지 창

처리 조건	① 매크로 이름 : sbUniqueList ② 기능 　• 작업 범위와 출력 시작 셀을 대화상자를 통해 입력받아 작업 범위 영역에서 중복 항목을 제거한 자료를 출력 　　시작 셀부터 열 방향으로 차례대로 표시하세요. 　• 정렬 기능을 이용해 출력된 자료를 오름차순으로 정렬해 보세요. 　• 오류가 발생하면 적절하게 처리되도록 오류 제어문을 사용하세요.

사용자 인터페이스의 지원 기능

앞의 과정을 통해 엑셀의 개체와 VBA 문법에 대해 이해했으면 개인적으로 사용하는 매크로 기능이나 함수를 처리하는 데 문제가 없을 것입니다. 하지만 여러 사람들이 사용하는 자동화 기능은 좀 더 편리한 입·출력 화면이 필요하기 때문에 VBA에서는 다양한 컨트롤과 사용자 정의 폼을 제공하고 있습니다. [개발 도구] 탭을 통해 제공하는 양식 컨트롤과 ActiveX 컨트롤은 매크로뿐만 아니라 함수와 연결해서도 편리한 기능을 제공하므로 다양한 형태로 응용됩니다. 이번 챕터에서는 입·출력 기능을 향상시키는 컨트롤 사용법을 중심으로 여러 가지 자동화 기능에 대해 배워보겠습니다.

이벤트 프로그래밍 활용하기

이벤트(Event)는 개체에 특정 사건이 일어나는 순간을 의미합니다. 이벤트가 발생할 때 특정 프로그램이 실행되도록 하는 것을 '이벤트 중심 프로그래밍'이라고 하고, VBA도 이러한 기능을 제공합니다. 앞의 과정에서 도형이나 단추에 매크로를 연결한 후 해당 단추를 클릭하여 매크로를 실행했는데, 이 방법은 클릭 이벤트를 이용한 방법과 유사합니다. 이번 섹션에서는 좀 더 다양한 이벤트의 종류와 사용법을 알아보겠습니다.

PREVIEW

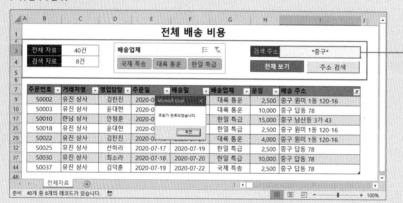

이벤트 프로시저를 이용하면 특정 셀에서 Enter를 누를 때 자동으로 '주소검색' 매크로가 실행되도록 처리할 수 있습니다.

이벤트는 개체별로 다르게 존재하므로 작업 대상이 되는 개체를 먼저 선택한 후 이벤트의 종류를 선택해서 작업합니다.

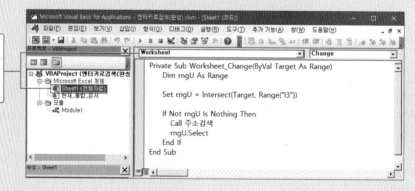

이벤트 프로그램 이해하기

1 │ 이벤트 개념과 이벤트를 다루는 주요 개체

이벤트(Event)란, 사용자가 특정한 동작을 했을 때 그에 대한 작용으로 발생하는 것입니다. **이벤트는 사용자의 특정 행위의 결과로 발생하는 사용자와 프로그램 사이의 상호작용을 처리하기 위한 요소로, 키보드 입력, 마우스 클릭, 버튼 클릭 등이 대표적인 이벤트의 예**입니다. 이벤트가 발생할 때 연결하여 처리할 프로그램을 지정하는 것을 '이벤트 중심(event-driven) 프로그래밍'이라고 합니다.

VBA에서 이벤트 중심 프로그래밍을 작성할 때 가장 먼저 개체를 선택하고 이벤트의 종류를 선택한 후 실행할 일련의 작업(명령문)을 작성해야 합니다. 이렇게 작성하는 프로시저를 일반 프로시저와 구분하여 '이벤트 프로시저(event procedure)'라고 합니다. **이벤트 프로시저의 이름은 사용자가 임의로 지정할 수 없으며 'Sub 개체명_이벤트( )' 형식으로 자동 작성**됩니다. 예를 들어 통합 문서를 열 때 발생하는 이벤트는 Workbook 개체의 Open 이벤트이고, 자동으로 함께 실행되는 이벤트 프로시저는 'Sub Workbook_Open' 프로시저입니다.

다음은 엑셀 개체에 따라 가능한 이벤트를 정리한 표입니다.

개체	가능한 이벤트	사용 예
Workbook	통합 문서 단위로 발생하는 이벤트	Workbook_NewSheet
Worksheet	시트(차트 시트) 단위로 발생하는 이벤트	Worksheet_Activate
UserForm	사용자 정의 폼에서 발생하는 이벤트	UserForm_Initialize
ActiveX 컨트롤	시트나 사용자 정의 폼에 삽입한 ActiveX 컨트롤 단위로 발생하는 이벤트	CommandButton1_Click
Application	특정 키를 누르거나 특정 시간에 맞춰 발생하는 이벤트	OnKey, OnTime

2 │ 이벤트의 사용 방법

이벤트 프로시저는 일반 모듈에 작성할 수 없고 개체를 포함하는 모듈 코드 창에서 개체와 이벤트의 종류를 선택하여 작성합니다. 예를 들어 통합 문서가 인쇄될 때 실행하는 프로시저를 작성하려면 [현재_통합_문서] 개체의 코드 창에서 'Workbook' 개체를 선택한 후 'BeforePrint' 프로시저를 선택해야 합니다.

이벤트 프로그래밍

ActiveX 컨트롤

사용자 정의 폼

프로그램 구성

폼 디자인

오피스 연동

함수

매크로

사용자 리본 메뉴

추가 기능 파일

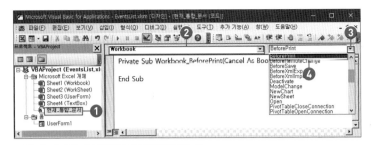

▲ 'Workbook_BeforePrint' 이벤트 프로시저를 작성하는 예

이벤트 프로시저의 종류에 따라 매개변수가 포함되는 경우가 있는데, 매개변수를 적절하게 이용하면 특별한 기능을 구현할 수 있어요. 예를 들어 인쇄 작업할 때 실행되는 'Workbook_BeforePrint' 이벤트 프로시저에는 다음과 같이 'Cancel'이라는 매개변수가 Boolean 데이터형으로 전달됩니다. 매개변수 Cancel에 True 값을 대입하면 인쇄 작업이 취소되어 이 통합 문서에서는 인쇄할 수 없습니다.

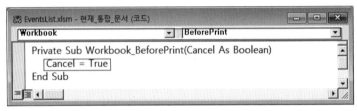

▲ 'Workbook_BeforePrint' 이벤트 프로시저의 매개변수를 True로 지정하여 인쇄하지 못하게 지정하기

개체와 이벤트가 다양해서 개체별 이벤트의 종류와 매개변수의 의미를 모두 정리하기는 힘듭니다. 따라서 필요에 따라 개체의 이벤트 종류와 사용 방법에 대해서는 [개체 찾아보기] 창을 이용하여 찾아볼 수 있어요. 다음과 같이 [개체 찾아보기] 창에서 개체를 선택하고 '구성원' 영역에서 마우스 오른쪽 단추를 클릭한 후 [그룹 구성원]을 선택하면 이벤트의 종류만 묶어서 확인할 수 있습니다.

▲ [개체 찾아보기] 창에서 개체를 선택하고 '구성원' 영역에서 이벤트의 종류를 확인합니다.

3 | 주요 개체의 이벤트 종류

이벤트를 가장 자주 사용하는 대표적인 개체는 Worksheet 개체와 Workbook 개체로, 이들 개체에는 같은 이벤트가 존재합니다. Workbook 개체가 Worksheet 개체의 상위 개체이기 때문에 통합 문서에 일반적으로 적용되는 이벤트 프로시저를 작성할 때 Workbook 개체를 사용합니다. 이에 비해 특정 시트에서만 작동하는 이벤트 프로시저를 작성할 경우에는 해당 시트의 Worksheet 이벤트를 이용합니다.

다음은 Workbook 개체의 주요 이벤트와 발생 시점입니다.

이벤트명	기능
Activate/Deactivate	해당 통합 문서가 활성화될 때/비활성화될 때
AddinInstall/AddinUninstall	추가 기능 파일(add-in, .xlam 파일)이 설치될 때/제거될 때
BeforeSave/AfterSave	통합 문서를 저장하기 전/저장한 후
Open/BeforeClose	통합 문서를 열 때/통합 문서를 닫기 전
BeforePrint	인쇄를 실행하기 전
NewSheet/NewChart	새 시트/새 차트 시트가 삽입될 때
SheetActivate/SheetDeactivate	시트가 활성화될 때/비활성화될 때
SheetBeforeDelete	시트를 삭제하기 전
SheetBeforeRightClick	시트에서 마우스 오른쪽 단추를 클릭할 때
SheetCalculate	재계산 작업이 실행될 때
SheetChange	셀 값이 변경될 때
SheetFollowHyperlink	하이퍼링크를 클릭하여 연결된 위치로 이동할 때
SheetPivotTableUpdate	피벗 테이블을 새로 고침할 때
SheetSelectionChange	선택 영역이 변경될 때
SheetTableUpdate	표를 새로 고침할 때
Sync	서버나 원드라이브에 저장된 파일을 사용하면서 동기화 작업이 실행될 때
WindowActivate/WindowDeactivate	창이 활성화될 때/비활성화될 때
WindowResize	창의 크기가 조절될 때

Worksheet 이벤트는 개별 시트에 발생하는 이벤트로, 필요한 시트 개체의 코드 창에 작성합니다.

ActiveX 컨트롤

사용자 정의 폼

프로그램 구성

폼 디자인

오피스 연동

함수

매크로

사용자 리본 메뉴

추가 기능 파일

Worksheet 개체의 주요 이벤트와 발생 시점은 다음과 같습니다.

이벤트명	기능
Activate/Deactivate	시트가 활성화될 때/비활성화될 때
BeforeDelete	시트가 삭제될 때
BeforeDoubleClick	셀을 더블클릭할 때
BeforeRightClick	셀에서 마우스 오른쪽 단추를 클릭할 때
Calculate	재계산할 때
Change	셀 내용이 변경될 때
SelectionChange	선택 영역이 변경될 때
FollowHyperlink	하이퍼링크를 클릭하여 연결된 위치로 이동할 때
PivotTableChangeSync	피벗 테이블을 변경할 때
PivotTableUpdate	피벗 테이블을 새로 고침할 때
TableUpdate	외부 데이터와 연결된 표를 새로 고침할 때

4 | 이벤트 발생 제어하기

개체에 이벤트 프로시저를 지정했지만 선택적으로 이벤트 프로시저의 실행을 제어할 수 있습니다. 이벤트 프로시저 안에서 IF문과 같은 조건문을 두어 처리하는 방법도 있지만, 일반적으로 **Application.EnableEvents 속성을 이용하여 이벤트 발생 자체를 제어**합니다. Application.EnableEvents 속성의 기본값은 True로, 이벤트가 정상적으로 발생합니다. Application.EnableEvents 속성을 False로 지정하면 이벤트가 발생하지 않습니다. 예를 들어 다음과 같이 'Workbook_NewSheet' 이벤트 프로시저를 작성하면 새 시트를 추가할 때마다 메시지가 표시됩니다.

▲ [현재_통합_문서] 코드 창에 작성한 'Workbook_NewSheet' 이벤트 프로시저

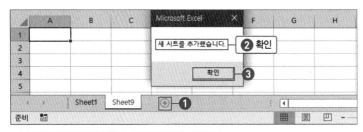

▲ 시트 탭에서 [새 시트] 단추(⊕)를 클릭하여 메시지 창 표시하기

'Workbook_NewSheet' 이벤트 프로시저가 작성된 상태이면 프로시저 안에서 Sheets.Add 메서드를 사용하는 순간 이벤트 프로시저가 발생합니다. 이벤트가 발생되지 않게 할 때 다음과 같이 Application.EnableEvents=False를 먼저 사용합니다. Application.EnableEvents 속성은 프로시저가 종료되기 전에 True로 지정해야 정상적인 엑셀 작업이 가능합니다.

```
Sub EventsHandler( )
①    Application.EnableEvents = False
②    ThisWorkbook.Sheets.Add
③    Application.EnableEvents = True
End Sub
```

이 코드는 '03-10_1.txt' 파일로 제공합니다.

❶ 이 명령문 이후 이벤트가 발생되지 않도록 지정합니다. 정상적인 엑셀 작업을 위해서는 프로시저가 종료되기 전에 ❸과 같이 다시 True 값으로 지정해야 합니다.

❷ 일반적인 상황에서 Sheets.Add 메서드를 실행하면 새 시트가 추가되고 'Workbook_NewSheet' 이벤트 프로시저가 실행되지만, ❶을 실행한 후에는 이벤트가 발생하지 않습니다.

❸ 프로시저가 종료되기 전에 이벤트가 발생하도록 True 값을 지정합니다.

잠깐만요 **바로 가기 키로 Alt 를 사용할 때의 주의 사항 살펴보기**

엑셀 창에서 Alt 를 누르면 리본 메뉴에 단축키가 표시됩니다. 따라서 Application.OnKey 메서드를 사용할 때 Alt + 숫자, Alt + F, H, N, P, M, A, R, W, L, Y, Q, Z, S 등의 조합을 사용할 수 없습니다.

▲ Alt 를 누르면 나타나는 리본 메뉴의 바로 가기 키

이벤트 프로그래밍

ActiveX 컨트롤

사용자 정의 폼

프로그램 구성

폼 디자인

오피스 연동

함수

매크로

사용자 리본 메뉴

추가 기능 파일

통합 문서 저장 전에 사용자 정보 남기기

여러 사람들이 공유하는 통합 문서를 수정 및 저장한 경우 저장했던 정보를 남기려면 통합 문서의
저장과 관련된 이벤트를 이용해야 합니다. Workbook 이벤트 중 Save와 관련된 이벤트를 찾아보면
BeforeSave 이벤트와 AfterSave 이벤트가 있는데, 이들 이벤트 중에서 저장하는 상황을 기록하
려면 BeforeSave 이벤트가 더 적절합니다. 이번에는 저장 정보를 남기는 매크로를 작성해 보겠습
니다.

1 예제파일에서 [Alt]+[F11]을 눌러 VB 편집기 창을 열고 **[삽입]-[모듈]** 메뉴를 선택하거나 **[표준]**
도구 모음에서 [모듈 삽입] 도구(█)를 클릭하세요. 새로운 모듈 코드 창이 표시되면 다음과 같
이 코드를 입력하세요.

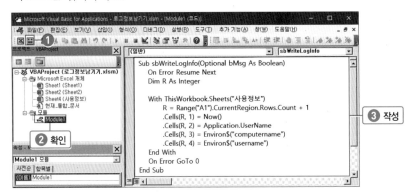

```
❶  Sub sbWriteLogInfo(Optional bMsg As Boolean)

❷      On Error Resume Next

    Dim R As Integer


❸  With ThisWorkbook.Sheets("사용정보")

❹      R = Range("A1").CurrentRegion.Rows.Count + 1

    .Cells(R, 1) = Now( )

    .Cells(R, 2) = Application.UserName

❺    .Cells(R, 3) = Environ$("computername")

    .Cells(R, 4) = Environ$("username")

    End With

❻      On Error GoTo 0

  End Sub
```

이 코드는 '03-10_2.txt' 파일로 제공합니다.

이벤트 프로그래밍

ActiveX 컨트롤

사용자 정의 폼

프로그램 구성

폼 디자인

오피스 연동

함수

매크로

사용자 지정 메뉴

추가 기능 파일

❶ 엑셀 창의 [매크로] 대화상자에 sbWriteLogInfo가 나타나지 않도록 Optional을 사용합니다. Optional에 대해서는 244쪽을 참고하세요.

❷ 프로시저를 실행하는 도중에 오류가 발생해도 무시하고 이렇게 무시한 오류를 ❻에서 해제합니다.

❸ [사용정보] 시트에 정보를 기록합니다.

❹ [사용정부] 시트의 A1셀부터 제목이 입력되고 그 다음 줄부터 로그인 정보를 기록하기 위해 A1셀부터 연속된 범위의 행 개수로 입력 위치의 행 번호를 계산합니다.

❺ A열에는 시간을 B열에는 엑셀 사용자명을, C열에는 컴퓨터명을, D열에는 컴퓨터 사용자명을 표시합니다. Environ$ 함수는 환경 변수를 가져오는 함수식으로, 괄호 안의 문자열을 이용해 컴퓨터명과 사용자명 등을 가져옵니다. 이것에 대한 자세한 내용은 330쪽을 참고하세요.

❻ 오류 개체를 초기화하여 오류 처리를 원상 복귀하고 오류가 발생한 경우에도 오류 번호를 0으로 지웁니다.

2 작성한 매크로가 정상적으로 실행되는지 테스트해 볼게요. Ctrl+G를 누르거나 [보기]–[직접 실행 창] 메뉴를 선택하여 [직접 실행] 창을 열고 『sbWriteLogInfo』를 입력한 후 Enter를 누르세요.

> **Tip**
>
> sbWriteLogInfo 프로시저는 Optional로 인수를 지정했기 때문에 F5를 눌러 실행할 수 없습니다. 이런 경우에는 [직접 실행] 창에서 해당 프로시저명을 직접 입력해 실행해야 합니다.

3 Alt+F11을 눌러 엑셀 창을 열고 [사용정보] 시트에서 A2셀부터 정보가 기록되었는지 확인해 보세요.

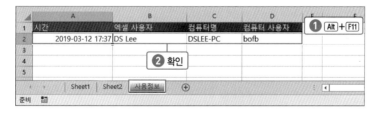

> **Tip**
>
> [사용정보] 시트에 기록된 내용은 실행되는 컴퓨터 환경에 따라 다릅니다.

4 1~3 과정의 내용이 정상적으로 처리되었으면 통합 문서가 저장되기 전에 'sbWriteLogInfo' 프로시저를 실행하기 위해 VB 편집기 창의 [프로젝트 탐색기] 창에서 '현재_통합_문서'를 더블클릭하세요. 코드 창이 열리면 [개체] 단추(▼)를 클릭하고 [Workbook]를 선택하세요.

> **Tip**
>
> Alt+F11을 눌러 엑셀 창과 VB 편집기 창을 교대로 열 수 있어요.

319

5 자동으로 'Workbook_Open' 이벤트 프로시저가 삽입되면 [프로시저] 단추(▼)를 클릭하고 [BeforeSave]를 선택하세요.

6 'Workbook_BeforeSave' 이벤트 프로시저가 삽입되면 다음과 같이 코드를 입력하고 'Private Sub Workbook_Open' 프로시저를 삭제하세요.

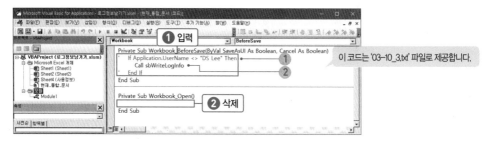

① IF문을 사용해 자신의 컴퓨터에서는 정보가 저장되지 않도록 처리할 수 있습니다. 필요에 따라서는 IF문을 주석 처리하세요.

② ① 과정에서 작성한 'sbWriteLogInfo' 프로시저를 호출합니다.

7 엑셀 창에서 [닫기] 단추(✕)를 클릭하세요. 변경 내용을 저장하겠는지 묻는 메시지 창이 열리면 [저장]을 클릭하세요.

8 다시 엑셀 문서를 열고 저장한 시간이 기록되었는지 확인해 보세요.

실무
예제 **03** **특정 범위 값 변경할 때 검색 매크로로 실행하기**

이벤트 프로그래밍

ActiveX 컨트롤

사용자 정의 폼

프로그램 구성

폼 디자인

오피스 연동

함수

매크로

사용자 리본 메뉴

추가 기능 파일

(1쪽에서 작성한 자동 필터를 이용한 검색 매크로 기능을 실행해 볼게요. [주소검색] 명령 단추를 클릭하여 실행하지 않고 I3셀의 검색 주소를 변경하면 자동으로 검색 매크로가 실행되도록 이벤트 프로시저를 작성해 보겠습니다. 이 경우 I3셀에서 검색 주소가 변경되는 것을 확인해야 하므로 [전체 자료] 시트의 Worksheet 이벤트를 이용해야 합니다.

1 예제파일에서 Alt + F11 을 눌러 VB 편집기 창을 열고 [프로젝트] 탐색기 창에서 'Sheet1 (전체 자료)'를 더블클릭하세요. 코드 창이 열리면 [개체] 단추(▼)를 클릭하고 [Worksheet]를 선택하세요.

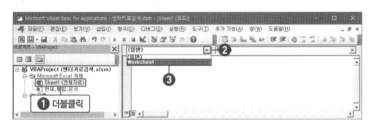

2 자동으로 'Worksheet_SelectionChange' 이벤트 프로시저가 삽입되면 [프로시저] 단추(▼)를 클릭하고 [Change]를 선택하세요.

3 'Worksheet_Change' 이벤트 프로시저가 삽입되면 다음과 같이 코드를 입력하고 'Private Sub Worksheet_SelectionChange' 프로시저를 삭제하세요.

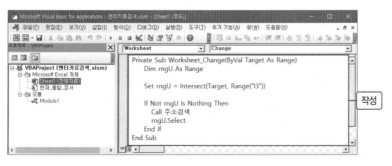

```
Private Sub Worksheet_Change(ByVal Target As Range)
    Dim rngU As Range

    Set rngU = Intersect(Target, Range("I3"))

    If Not rngU Is Nothing Then
        Call 주소검색
        rngU.Select
    End If
End Sub
```

작성

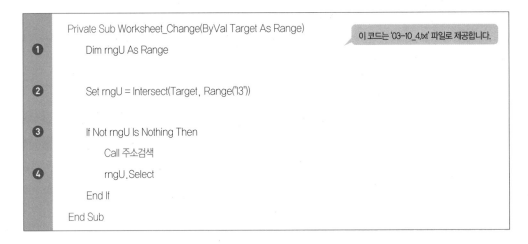

```
Private Sub Worksheet_Change(ByVal Target As Range)

❶      Dim rngU As Range


❷      Set rngU = Intersect(Target, Range("I3"))


❸      If Not rngU Is Nothing Then
            Call 주소검색
❹            rngU.Select
        End If
End Sub
```

이 코드는 '03-10_4.txt' 파일로 제공합니다.

❶ 'Worksheet_Change' 이벤트 프로시저의 매개변수 Target은 Range형 데이터로 수정된 내용이 있는 범위를 전달합니다.

❷ 내용이 수정된 범위인 Target이 I3셀인지 판단하려면 두 영역의 교집합을 구해야 합니다. Intersect 함수에 대해서는 199쪽을 참고하세요.

❸ ❷에서 구한 교집합 범위가 비어있지 않다면 I3셀이 포함된 것이므로 61쪽에서 작성했던 '주소검색' 매크로를 실행합니다.

❹ '주소검색' 매크로가 실행된 후에는 A1셀이 선택된 상태이므로 다시 I3셀이 선택되도록 수정된 영역, 즉 I3셀이 선택되도록 합니다.

4 [Alt] + [F11]을 눌러 엑셀 창을 열고 [전체자료] 시트에서 I3셀에 『*중구*』를 입력한 후 [Enter]를 눌러 검색이 실행되는지 확인해 보세요.

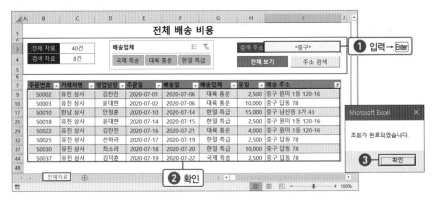

엑셀 프로그래밍

ActiveX 컨트롤

사용자 정의 폼

프로그램 구성

폼 디자인

오피스 연동

함수

매크로

사용자 리본 메뉴

추가 기능 파일

| 핵심 기능 | **04** | **특정 시간에 매크로 실행하기** |

– OnTime 메서드

Application.OnTime 메서드를 다음과 같은 형식으로 특정 시간에 원하는 프로시저를 실행할 수 있습니다.

형식	Application.OnTime(*EarliestTime*, *Procedure*, *LatestTime*, *Schedule*)
실행 예약 형식	Application.OnTime 시간, "프로시저명"
실행 예약 취소 형식	Application.OnTime 시간, "프로시저명", , False

- *EarliestTime* : 실행 시간을 지정합니다.
- *Procedure* : 실행할 프로시저명을 문자열로 입력합니다.
- *LatestTime* : 실행 시간에 지정한 프로시저를 실행하지 못한 경우의 대기 시간을 지정합니다. 대기 시간까지 지나도 실행하지 못한 경우 실행을 종료합니다. 만약 이 값을 생략하면 실행 가능한 상태가 될 때까지 기다립니다.
- *Schedule* : True로 지정하거나 생략하면 프로시저의 자동 실행을 예약하고, False로 지정하면 프로시저의 실행 예약을 취소합니다.

다음은 매크로를 실행하면 10초 뒤에 메시지 창을 표시하는 프로시저와 실행 예약을 취소하는 프로시저입니다.

필수 사항	❶	Dim setTime As Date
		이 코드는 '03-10_5.txt' 파일로 제공합니다.
	❷	Sub sbMsg( )
		Application.Speech.Speak "10초 휴식이 끝났습니다."
		MsgBox "10초 휴식이 끝났습니다."
		End Sub
실행 예약	❸	Sub sbAlarm_On( )
		setTime = Now( ) + TimeSerial(0, 0, 10)
		Application.OnTime setTime, "sbMsg"
		MsgBox "지금부터 10초 후에 알람이 표시됩니다."
		End Sub
실행 예약 취소	❹	Sub sbAlarm_Off( )
		On Error Resume Next
		Application.OnTime setTime, "sbMsg", , False
		If Err.Number = 0 Then MsgBox "예정된 알람기능을 취소합니다."
		End Sub

❶ ❸과 ❹에서 같은 시간을 참조할 수 있도록 모듈 수준의 변수를 선언합니다.

❷ 특정 시간에 실행할 프로시저로, 음성과 메시지 창을 통해 메시지를 알립니다.

❸ 현재 시간에 10초를 더한 시간에 'sbMsg' 프로시저가 실행되도록 예약합니다.

❹ setTime에 저장된 시간에 예약된 작업을 취소합니다. 만약 setTime에 저장된 시간이 없거나 이미 지나서 실행할 수 없는 상태이면 오류가 발생하기 때문에 오류 처리문을 사용해야 합니다.

실무
예제 | **05** | **특정 시간에 자동 실행되는 타이머 만들기**

– OnTime 메서드

알람이나 타이머 기능과 같이 특정 시간에 자동으로 매크로를 실행할 때는 Application.OnTime
메서드를 이용하여 실행 시간과 실행할 매크로 프로시저를 지정해야 합니다. 이번에는 1초 단위로
시간을 다시 표시하는 타이머의 Start와 Stop 기능을 작성하여 일정한 간격으로 매크로가 실행되
도록 지정해 보겠습니다.

1 예제파일에서 [Alt]+[F11]을 눌러 VB 편집기 창을 열고 [삽입]-[모듈] 메뉴를 선택하거나 [표준]
도구 모음에서 [모듈 삽입] 도구(🔲)를 클릭하세요. 새로운 모듈 코드 창이 표시되면 다음과 같
이 코드를 입력하세요.

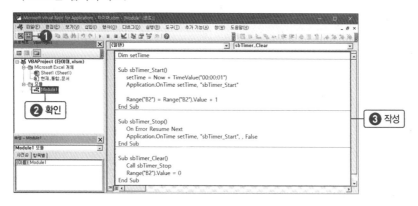

```
❶  Dim setTime                                          이 코드는 '03-10_6.txt' 파일로 제공합니다.

    Sub sbTimer_Start( )
❷      setTime = Now + TimeValue("00:00:01")
❸      Application.OnTime setTime, "sbTimer_Start"
❹      Range("B2") = Range("B2").Value + 1
    End Sub


    Sub sbTimer_Stop( )
        On Error Resume Next
❺      Application.OnTime setTime, "sbTimer_Start", , False
    End Sub


    Sub sbTimer_Clear( )
        Call sbTimer_Stop
❻      Range("B2").Value = 0
    End Sub
```

❶ 타이머의 시간은 프로시저와 상관없이 사용해야 하므로 모듈 수준의 변수로 선언합니다.

❷ 1초 단위 간격을 지정하기 위해 현재 시간에 1초를 추가합니다. TimeValue 함수는 문자열 형태의 시간을 실제 시간으로 변경해 주는 VBA 함수로, 이 함수에 대해서는 580쪽을 참고하세요.

❸ ❼에서 지정한 시간, 즉 1초 후에 'sbTimer_Start' 프로시저를 호출합니다. 'sbTimer_Start' 프로시저는 현재 프로시저로, 자신을 계속 1초 단위로 호출합니다.

❹ 1초 단위로 시간을 흐르게 해야 하므로 B2셀의 값을 1씩 증가시킵니다.

❺ 'sbTimer_Start' 프로시저의 기능을 중단하는 프로시저입니다.

❻ 'sbTimer_Start' 프로시저의 기능을 중단하고 B2셀의 값도 0으로 초기화합니다.

2 통합 문서를 닫을 때 예약했던 작업을 취소하기 위해 [프로젝트] 탐색기 창에서 '현재_통합_문서'를 더블클릭하세요. 코드 창이 열리면 'Workbook' 개체와 'BeforeClose' 이벤트 프로시저를 선택하고 다음과 같이 이벤트 프로시저를 작성한 후 [Alt]+[F11]을 누르세요.

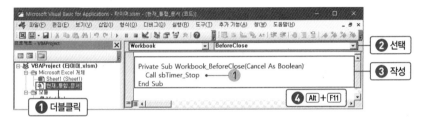

ⓘ 'sbTimer_Start' 프로시저는 1초 단위로 자신을 재호출하는 프로시저로, 종료하지 않고 통합 문서를 닫으면 엑셀을 종료하지 않는 한 1초 후에 'sbTimer_Start' 프로시저를 실행하려고 시도하기 때문에 오류가 발생합니다. 그러므로 문서를 닫기 전에 종료 프로시저를 실행해야 합니다.

3 엑셀 창으로 되돌아오면 [Sheet1] 시트에서 [시작]을 클릭하여 1초 단위로 B2셀의 내용이 증가되는지 확인해 보세요.

> **Tip**
> [시작]에는 'sbTimer_Start' 프로시저가, [멈춤]에는 'sbTimer_Stop' 프로시저가, [새로 시작]에는 'sbTimer_Clear' 프로시저가 미리 지된 상태입니다.

4 [멈춤]을 클릭하면 일시 정지하고, [새로 시작]을 클릭하면 B5셀 값이 0이 되면서 타이머가 중단되는지 확인해 보세요.

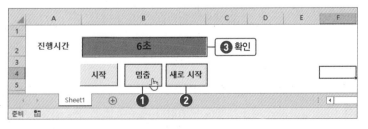

이벤트 프로그래밍

ActiveX 컨트롤

사용자 정의 폼

프로그램밍 구성

폼 디자인

오피스 연동

함수

매크로

사용자 리본 메뉴

추가 기능 파일

특정 키로 매크로 실행하기

– OnKey 메서드

Application.OnKey 메서드는 특정 키에 대한 기능을 정의할 때 사용합니다. Application.OnKey 메서드의 주요 용도는 다음과 같습니다.

① **기존 바로 가기 키 기능 해제** : 예를 들어 메모 삽입 기능의 바로 가기 키는 Shift + F2 인데, 이 기능을 사용하지 못하도록 Shift + F2 의 기능을 해제할 수 있습니다.

② **매크로 실행 바로 가기 키 지정** : [매크로] 대화상자에서 매크로에 지정하는 바로 가기 키는 Ctrl 과 Shift 로 조합해야 하지만, Alt + F1 과 같은 조합으로 바로 가키 키를 지정할 수 있습니다.

Application.OnKey 메서드의 형식은 다음과 같습니다.

형식	Application.OnKey(*Key, Procedure*)

- *Key* : 누르는 키에 대한 코드를 문자열로 입력합니다.
- *Procedure* : 실행할 프로시저명을 문자열로 입력합니다. 생략하면 해당 키의 정상적인 기능으로 되돌아가고, 공백(" ")으로 지정하면 해당 키의 기능을 해제하여 아무 동작도 하지 않습니다.

다음은 Application.OnKey 메서드에서 사용 가능한 키에 대한 VBA 코드를 정리한 표입니다.

키(key)	코드	키(key)	코드
Backspace	{BACKSPACE}, {BS}	Insert	{INSERT}
Break	{BREAK}	←	{LEFT}
CapsLock	{CAPSLOCK}	NumLock	{NUMLOCK}
Clear	{CLEAR}	Page Down	{PGDN}
Del 또는 Delete	{DELETE} 또는 {DEL}	Page Up	{PGUP}
↓	{DOWN}	→	{RIGHT}
End	{END}	ScrlLock	{SCROLLLOCK}
Enter	{ENTER} 또는 ~	Tab	{TAB}
Esc	{ESCAPE} 또는 {ESC}	↑	{UP}
Help	{HELP}	F1 ~ F15	{F1}~{F15}
Home	{HOME}	Shift	+
Ctrl	^	Alt	%

조합키로 사용되는 Ctrl, Shift, Alt 의 코드 ^, +, %를 해당 기능 키가 아닌 문자로 지정하려면 중괄호({ })로 감싸서 지정해야 합니다. 이때 영문자의 대소문자를 구별하기 때문에 소문자로 입력하세요.

이벤트 프로그래밍

ActiveX 컨트롤

사용자 정의 폼

프로그램 구성

폼 디자인

오피스 연동

함수

매크로

사용자 리본 메뉴

추가 기능 파일

사용 예	기능
Application.OnKey "%{F9}", "sbMsg"	Alt + F9 를 누르면 'sbMsg' 프로시저 실행
Application.OnKey "^+{RIGHT}", "sbMsg"	Ctrl + Shift + → 를 누르면 'sbMsg' 프로시저 실행
Application.OnKey "^{o}", ""	[열기] 기능의 바로 가기 키 Ctrl + O 의 기능을 해제하여 해당 키를 눌러도 동작하지 않음
Application.OnKey "^{o}"	Ctrl + O 의 기능을 정상적으로 되돌려 놓기 때문에 해당 키를 누르면 열기 기능 실행

Application.OnKey 메서드를 사용하면서 특정 파일에서만 사용할 바로 가기 키를 설정할 때는 통합 문서가 닫힐 때 바로 가기 키를 해제하는 이벤트를 반드시 지정해야 합니다. 그렇지 않으면 엑셀을 종료하기 전까지는 변경한 바로 가기 키의 설정이 유지되기 때문입니다.

다음은 문서가 열리면 자동으로 바로 가기 키를 정의하고, 문서를 닫으면 자동으로 바로 가기 키를 해제하는 이벤트 프로시저입니다.

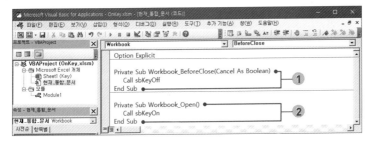

① 통합 문서가 닫힐 때 바로 가기 키 지정을 해제하는 'sbKeyOff' 프로시저를 호출합니다.
② 통합 문서가 열릴 때 바로 가기 키 지정을 해제하는 'sbKeyOn' 프로시저를 호출합니다.

다음은 바로 가기 키를 지정하고 해제하는 'sbKeyOn' 프로시저와 'sbKeyOff' 프로시저가 작성된 모듈 코드 창입니다.

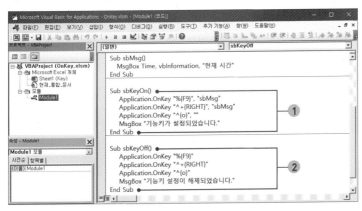

① 바로 가기 키를 지정하는 'sbKeyOn' 프로시저입니다.
② 바로 가기 키를 지정을 해제하여 원래의 기능으로 되돌리는 'sbKeyOff' 프로시저입니다.

예제파일 : 단축키로_시트숨기기.xlsm   완성파일 : 단축키로_시트숨기기(완성).xlsm

임의의 단축키로 완벽하게 시트 숨기기

중요한 내용이 작성된 시트를 일반 사용자에게는 숨기고 자신이 필요할 때만 열고 싶다면 시트를 완전히 숨긴 후 암호로 보호할 수 있어요. 시트 숨기기와 시트 표시하기는 자주 사용하는 기능으로, 이 기능에 바로 가기 키 Alt + F1 을 지정해 좀 더 쉽게 실행해 보겠습니다.

1 예제파일에서 Alt + F11 을 눌러 VB 편집기 창을 열고 **[삽입]–[모듈]** 메뉴를 선택하거나 [표준] 도구 모음에서 [모듈 삽입] 도구(圖)를 클릭하세요. 새로운 모듈 코드 창이 표시되면 다음과 같이 코드를 입력하세요.

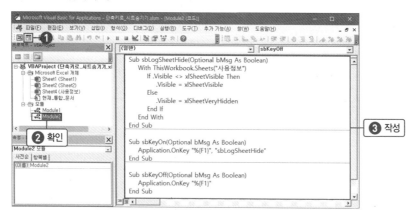

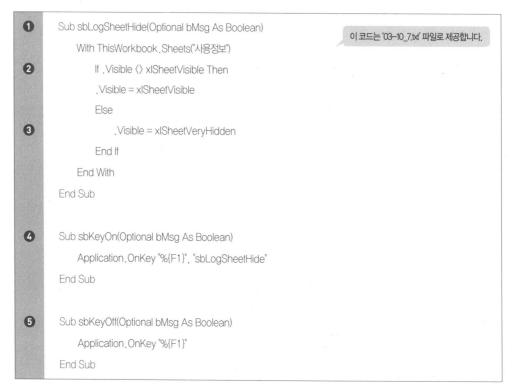

이 코드는 '03–10_7.txt' 파일로 제공합니다.

①
```
Sub sbLogSheetHide(Optional bMsg As Boolean)
    With ThisWorkbook.Sheets("사용정보")
```
②
```
        If .Visible <> xlSheetVisible Then
        .Visible = xlSheetVisible
        Else
```
③
```
            .Visible = xlSheetVeryHidden
        End If
    End With
End Sub
```

④
```
Sub sbKeyOn(Optional bMsg As Boolean)
    Application.OnKey "%{F1}", "sbLogSheetHide"
End Sub
```

⑤
```
Sub sbKeyOff(Optional bMsg As Boolean)
    Application.OnKey "%{F1}"
End Sub
```

이벤트 프로그래밍

ActiveX 컨트롤

사용자 정의 폼

프로그램 구성

폼 디자인

오피스 연동

함수

매크로

사용자 리본 메뉴

추가 기능 파일

❶ [사용정보] 시트가 표시된 상황이면 감추고, 감추어진 상태이면 표시되는 프로시저를 작성합니다. 이 프로시저가 엑셀 창의 [매크로] 대화상자에 나타나지 않도록 Optional 키워드를 사용합니다. Optional에 대해서는 244쪽을 참고하세요.

❷ [사용정보] 시트가 숨겨진 상태이면 시트를 표시합니다. xlSheetVisible 대신 True를 사용해도 됩니다.

❸ 시트가 표시된 상태이면 엑셀 창에서 숨기기를 취소하지 못하게 숨깁니다. Visible 속성을 False로 지정하면 숨겨지지만, 엑셀 창에서 숨기기를 취소할 수 있습니다.

❹ Alt + F1 을 눌러 sbLogSheetHide 매크로가 실행되도록 설정합니다.

❺ Alt + F1 의 기능을 원래대로 복원합니다.

2 통합 문서를 열 때 바로 가기 키를 설정하기 위해 [프로젝트] 탐색기 창에서 '현재_통합_문서'를 더블클릭하세요. 코드 창이 열리면 'Workbook' 개체와 'Open' 이벤트 프로시저를 선택하고 다음과 같이 이벤트 프로시저를 작성하세요.

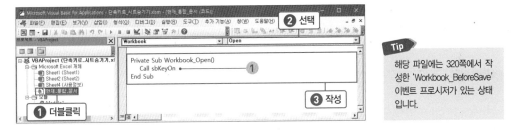

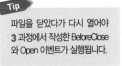

> **Tip**
> 해당 파일에는 320쪽에서 작성한 'Workbook_BeforeSave' 이벤트 프로시저가 있는 상태입니다.

❶ 'sbKeyOn' 프로시저를 호출합니다.

3 다시 'Workbook' 개체와 'BeforeClose' 이벤트 프로시저를 선택하고 다음과 같이 이벤트 프로시저를 작성한 후 Alt + F11 을 누르세요.

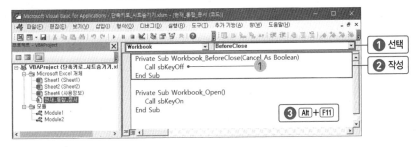

❶ 'sbKeyOff' 프로시저를 호출하여 sbKeyOn으로 지정했던 바로 가기 키 기능을 해제합니다.

4 엑셀 창으로 되돌아오면 현재의 엑셀 파일을 저장하고 닫은 후 다시 열고 Alt + F1 을 누르세요.

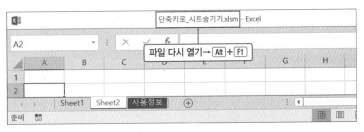

> **Tip**
> 파일을 닫았다가 다시 열어야 **3** 과정에서 작성한 BeforeClose와 Open 이벤트가 실행됩니다.

329

5 [사용정보] 시트가 숨겨지면 시트 탭에서 마우스 오른쪽 단추를 눌러 빠른 메뉴 항목을 살펴보세요. 그러면 [숨기기 취소] 메뉴가 비활성화된 것을 확인할 수 있어요. [사용정보] 시트를 xlSheetVeryHidden으로 숨겼기 때문에 엑셀 창에서는 표시할 수 없습니다.

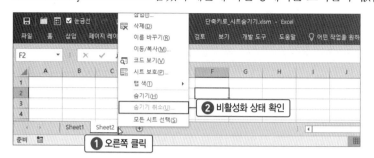

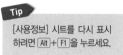

Tip
[사용정보] 시트를 다시 표시하려면 [Alt]+[F1]을 누르세요.

예제파일 : Environ.xlsm

잠깐만요 **Environ 함수 사용하기**

Environ 함수나 Environ$ 함수는 운영체제의 환경 변수의 값을 반환해 주는 함수입니다. Environ로 사용하면 반환되는 값이 Variant형이지만, Environ$로 사용하는 경우에는 String형으로 반환됩니다.

형식	Environ(*Key As Variant*) Environ$(*Key As Variant*)

• *Key* : 환경 변수의 이름을 나타내는 문자열 또는 환경 변수의 숫자(Long형). 숫자로 지정하면 '환경 변수명=값' 형식으로 반환됩니다. 이때 숫자는 1번부터 부여됩니다.

다음은 같은 기능을 환경 변수 이름과 숫자로 지정해서 확인한 결과입니다. 결과값은 사용자의 PC 환경에 따라 달라질 수 있고 환경 변수 이름은 영문자의 대소문자를 구별하지 않습니다.

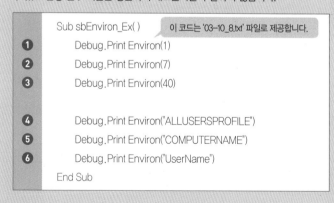

▲ 실행 결과

❶, ❹ ALLUSERSPROFILE은 모든 유저의 프로필 저장 폴더를 알려주는 환경 변수명으로, 숫자로 1을 지정하면 'ALLUSERSPROFILE=값' 형식으로 반환합니다.

❷, ❺ COMPUTERNAME은 컴퓨터 이름을 알려주는 환경 변수명으로, 숫자로 지정할 경우 7을 사용합니다.

❸, ❻ UserName은 현재 컴퓨터 사용자 이름을 알려주는 환경 변수명으로, 숫자로 지정할 경우 40을 사용합니다.

Application.MacroOptions 메서드 사용하기

이메일 프로그래밍

ActiveX 컨트롤

사용자 정의 폼

프로그램 구성

폼 디자인

오피스 연동

함수

매크로

사용자 리본 메뉴

추가 기능 파일

[함수 인수] 대화상자에는 함수에 대한 설명과 인수에 대한 설명이 표시됩니다. Application. MacroOptions 메서드를 사용하면 사용자가 작성한 함수와 매크로에 설명을 표시하면서 함수 범주를 지정할 수 있어요.

형식	Application.MacroOptions (*Macro, Description, HasMenu, MenuText, HasShortcutKey, ShortcutKey, Category, StatusBar, HelpContextID, HelpFile, ArgumentDescriptions*)

위의 Application.MacroOptions 메서드 형식에서 각 매개변수의 기능은 다음과 같습니다.

매개변수	기능
Macro	매크로 이름이나 사용자 정의 함수명 지정
Description	설명 입력
HasShortcutKey	기본값은 False로, 매크로에 대한 바로 가기 키를 True로 지정
ShortcutKey	HasShortcutKey을 True로 지정한 경우 바로 가기 키 지정
Category	• 매크로 및 함수 범주 지정 • 기존 범주는 1~14까지의 정수로 지정되어 있고 새로 지정하는 경우 지정할 범주 이름을 텍스트로 입력 • 범주의 종류에 대해서는 'MacroOptions' 키워드에서 F1 을 누르면 나타나는 도움말 사이트 참고
StatusBar	매크로 실행 중에 상태 표시줄에 표시할 내용 입력
ArgumentDescriptions	[함수 인수] 대화상자에 표시되는 함수 매개변수(인수)에 대한 설명으로, 1차원 배열로 입력

다음은 3개의 인수를 사용하는 사용자 정의 함수 fnHakjum에 대한 설명과 범주를 지정 및 해제하는 코드입니다. 특별하게 지정하지 않으면 사용자 정의 함수는 '사용자 정의'(14) 범주로 표시됩니다.

설명 지정	❶	Application.MacroOptions Macro:="fnHakjum", _ Description:="총점수와 출석일수를 반영하여 학점을 반환하는 함수", _ Category:="길벗 엑셀 2019 VBA", _ ArgumentDescriptions:=Array("총출석시수", "출석일수", "학점") 〔이 코드는 '03-10_9.txt' 파일로 제공합니다.〕
설명 해제	❷	Application.MacroOptions Macro:="fnHakjum", _ Description:="", _ Category:=14, _ ArgumentDescriptions:=Array("", "", "")

❶ fnHakjum 함수에 대한 설명과 3개의 인수에 대한 설명, 그리고 함수 범주를 지정합니다.

❷ fnHakjum 함수에 대한 설명과 3개의 인수에 대한 설명을 공백으로 처리하고 함수 범주를 14, 즉 '사용자 정의'로 지정합니다.

실무 예제 09　사용자 정의 함수와 매크로 설명 자동 등록하기

257쪽에서 작성한 fnHakjum 사용자 정의 함수에 대한 도움말과 함수 범주가 자동으로 등록되도록 작성해 보겠습니다.

1 예제파일에서 Alt + F11 을 눌러 VB 편집기 창을 열고 **[삽입]-[모듈]** 메뉴를 선택하거나 **[표준]** 도구 모음에서 **[모듈 삽입]** 도구(🗔)를 클릭하세요. 새로운 모듈 코드 창이 표시되면 다음과 같이 코드를 입력하세요.

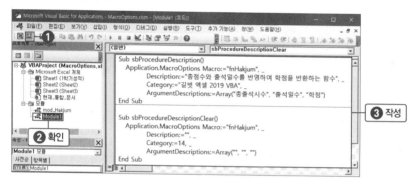

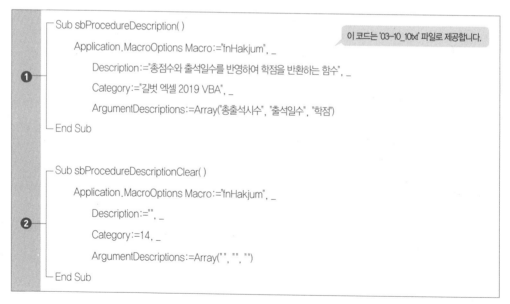

❶
```
Sub sbProcedureDescription( )
    Application.MacroOptions Macro:="fnHakjum", _
        Description:="총점수와 출석일수를 반영하여 학점을 반환하는 함수", _
        Category:="길벗 엑셀 2019 VBA", _
        ArgumentDescriptions:=Array("총출석시수", "출석일수", "학점")
End Sub
```
> 이 코드는 '03-10_10.txt' 파일로 제공합니다.

❷
```
Sub sbProcedureDescriptionClear( )
    Application.MacroOptions Macro:="fnHakjum", _
        Description:="", _
        Category:=14, _
        ArgumentDescriptions:=Array("", "", "")
End Sub
```

❶ fnHakjum 함수에 대한 설명과 3개의 인수에 대한 설명, 그리고 함수 범주를 지정합니다.

❷ fnHakjum 함수에 대한 설명과 3개의 인수에 대한 설명을 공백으로 처리하고 함수 범주를 14, 즉 '사용자 정의'로 지정합니다.

2 [프로젝트] 탐색기 창에서 '현재_통합_문서'를 더블클릭하세요. 코드 창이 열리면 'Workbook' 개체와 'Open' 이벤트 프로시저를 선택하고 다음과 같이 이벤트 프로시저를 작성한 후 Alt + F11 을 누르세요.

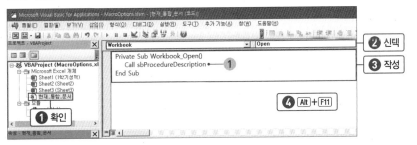

① 파일을 열 때 'sbProcedureDescription' 프로시저를 실행하여 fnHakjum 사용자 정의 함수에 대한 도움말을 등록합니다.

3 엑셀 창으로 되돌아오면 [1학기성적] 시트에서 fnHakjum 함수의 도움말을 지정하기 위해 Alt + F8 을 누르세요.

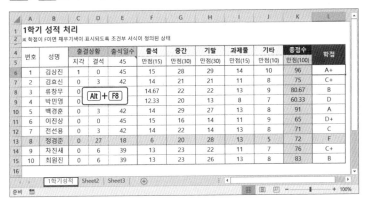

4 [매크로] 대화상자가 열리면 '매크로 이름'에서 [sbProcedureDescription]을 선택하고 [실행]을 클릭하세요.

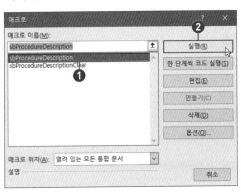

5 fnHakjum 함수에 지정된 도움말을 확인하기 위해 H1셀을 선택하고 수식 입력줄에서 [함수 삽입] 단추(𝑓𝑥)를 클릭하세요.

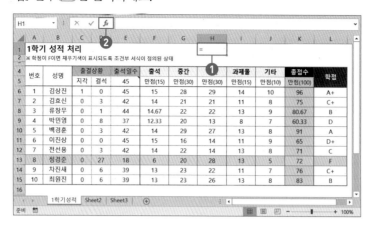

6 [함수 마법사] 대화상자가 열리면 '범주 선택'에서는 [길벗 엑셀 2019 VBA]를, '함수 선택'에서는 [fnHakjum]을 선택하고 [확인]을 클릭하세요.

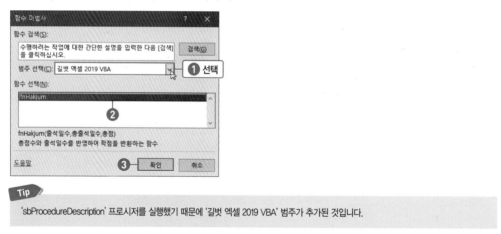

> **Tip**
>
> 'sbProcedureDescription' 프로시저를 실행했기 때문에 '길벗 엑셀 2019 VBA' 범주가 추가된 것입니다.

7 [함수 마법사] 대화상자가 열리면 함수 및 인수에 대한 도움말이 표시되었는지 확인하고 [확인]을 클릭하세요.

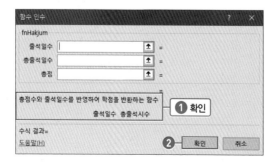

8 H1셀에 표시된 #VALUE! 오류 표시를 삭제하고 함수에 대한 도움말을 제거한 후 '사용자 정의' 범주로 되돌리기 위해 Alt + F8 을 누르세요.

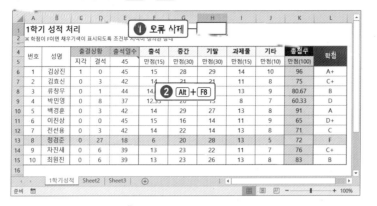

9 [매크로] 대화상자가 열리면 '매크로 이름'에서 [sbProcedureDescriptionClear]를 선택하고 [실행]을 클릭하세요.

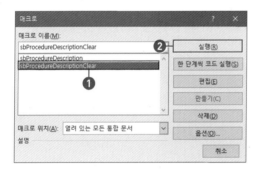

10 L6셀을 선택하고 수식 입력줄에서 [함수 삽입] 단추(fx)를 클릭하여 [함수 인수] 대화상자를 연 후 도움말이 표시되지 않는 것을 확인하고 [취소]를 클릭하세요. 문서를 열 때 자동으로 도움말이 추가되는지 확인하기 위해 현재의 엑셀 파일을 저장하고 [닫기] 단추(×)를 클릭하세요.

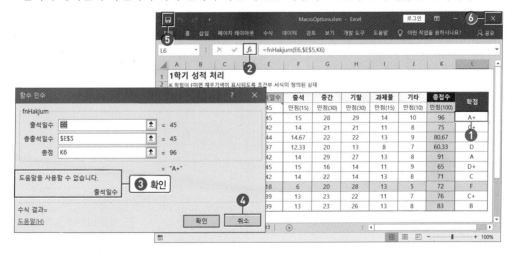

이맥트 프로그래밍

ActiveX 컨트롤

사용자 정의 폼

프로그램 구성

폼 디자인

오피스 연동

함수

매크로

사용자 리본 메뉴

추가 기능 파일

11 예제파일을 다시 열고 L6셀을 선택한 후 수식 입력줄에서 [함수 삽입] 단추(<i>fx</i>)를 클릭하세요. [함수 마법사] 대화상자가 열리면 함수 및 인수에 대한 도움말이 표시되었는지 확인하고 [확인] 을 클릭하세요.

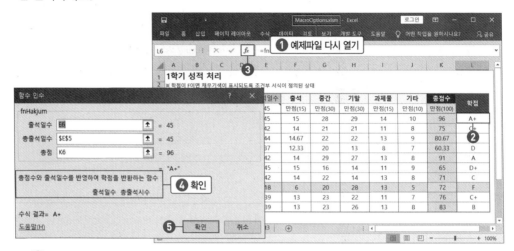

Tip

2 과정에서 'Workbook_Open' 이벤트 프로시저를 작성했기 때문에 통합 문서가 열릴 때 자동으로 함수 설명이 추가됩니다.

잠깐만요 **Application.MacroOptions 메서드의 함수 범주 살펴보기**

Application.MacroOptions 메서드로 사용자 정의 함수의 범주를 지정할 때 다음의 표를 참고하여 기존 함수 범주로 등록 하거나 새 범주 이름을 문자열로 지정할 수 있습니다. Application.MacroOptions 메서드의 사용법은 331쪽을 참고하세요.

범주 번호	범주 이름	범주 번호	범주 이름
0	모두(범주 지정 안함)	8	논리
1	재무	9	정보
2	날짜/시간	10	명령
3	수학/삼각	11	사용자 지정
4	통계	12	매크로 제어
5	찾기/참조 영역	13	DDE/외부 연결
6	데이터베이스	14	사용자 정의
7	텍스트	15~32	사용자 지정 범주

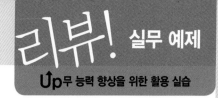

1 | 적절한 이벤트의 종류 찾기

⊙ **정답파일** : 10-Ex1(풀이).xlsx

다음과 같은 기능을 실행할 때 적당한 개체와 이벤트 프로시저의 이름을 찾아보세요.

번호	기능	이벤트 프로시저명
①	새 시트가 삽입될 때마다 실행하는 이벤트 프로시저	
②	문서를 저장하지 못하도록 할 때 사용하는 이벤트 프로시저	
③	통합 문서에 작성한 피벗 테이블을 새로 고침할 때 실행하는 이벤트 프로시저	
④	통합 문서에서 하이퍼링크 기능이 작동될 때마다 실행한 횟수를 계산할 때 사용하는 이벤트 프로시저	
⑤	[Sheet1] 시트에서 B5:E10 범위의 내용을 수정할 때 실행하는 이벤트 프로시저	

2 | 이벤트 프로시저 작성하기

⊙ **완성파일** : 10-Ex2(완성).xlsm

새 통합 문서에 새 워크시트를 삽입하고 A열의 너비를 1로 지정한 후 눈금선은 보이지 않게, 화면 배율은 85%로 지정하는 이벤트 프로시저를 작성해 보세요.

▲ 추가한 [Sheet2] 시트의 화면 크기와 A열 너비, 눈금선을 조정한 상태

ActiveX 컨트롤 사용해 자동화하기

워크시트에 셀이 아닌 추가적인 컨트롤을 이용해 자료를 효과적이고 편리하게 입력할 수 있습니다. 컨트롤은 '양식 컨트롤'과 'ActiveX 컨트롤' 그룹으로 구분되는데, 이들 2개의 그룹에는 공통적인 컨트롤이 있어서 서로 혼동할 수 있습니다. 2개의 그룹에 속한 컨트롤은 기능이 서로 비슷한 것 같지만, 속성 및 사용법이 다르기 때문에 2개의 그룹을 구분해서 사용해야 합니다. 각 그룹의 컨트롤은 함수와 매크로 등과 함께 사용하면 매우 편리하므로 상황에 맞춰 적절한 컨트롤을 사용하는 것이 좋습니다.

> **PREVIEW**

양식 컨트롤 및 ActiveX 컨트롤을 사용해 고급 필터의 조건을 편리하고 쉽게 입력할 수 있습니다.

명령 단추에 그림을 표시할 수도 있고 해당 단추를 눌러 소리로 문장을 들을 수도 있습니다.

목록 상자를 이용해 클릭 동작으로 내용을 선택할 수 있습니다.

> **섹션별 주요 내용**

양식 컨트롤과 ActiveX 컨트롤 구분하기

1 | 컨트롤의 종류

엑셀에서 [개발 도구] 탭-[컨트롤] 그룹의 [삽입]을 이용해 작성하는 컨트롤은 크게 '양식 컨트롤'과 'ActiveX 컨트롤'로 구분됩니다. 컨트롤은 특정 기능을 실행하도록 설계된 개체로, 컨트롤을 사용하면 일정한 범위에 있는 숫자나 내용, 특정 조건의 만족 여부(True와 False)를 편리하게 작성할 수 있어요.

'양식 컨트롤'과 'ActiveX 컨트롤'에는 각각 비슷한 컨트롤이 있습니다. 하지만 작성 방법과 매크로를 연결하는 방법이 다르기 때문에 이들 컨트롤 그룹의 특징을 정확하게 이해하고 필요에 따라 적절한 컨트롤을 선택해서 사용해야 합니다. 예를 들어 양식 컨트롤 중 '단추'(▭)와 ActiveX 컨트롤의 '명령 단추'(▭)는 모양이 비슷하지만, 매크로가 실행되도록 지정하는 방법은 크게 다릅니다.

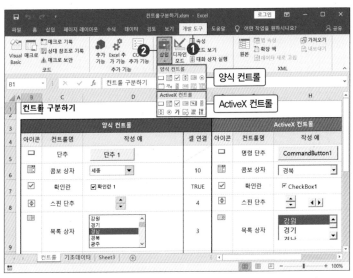

▲ [개발 도구] 탭-[컨트롤] 그룹에서 [삽입]을 클릭하면 나타나는 '양식 컨트롤'과 'ActiveX 컨트롤'

다음은 양식 컨트롤과 ActiveX 컨트롤의 특징을 비교한 표입니다.

양식 컨트롤	ActiveX 컨트롤
• Ctrl+클릭하거나 마우스 오른쪽 단추를 눌러 선택 • [단추](▭)는 주로 매크로 실행 단추로 사용 • 컨트롤에서 선택한 값이 숫자나 논리값으로 [컨트롤 서식] 창의 '셀 연결'에서 지정한 셀에 입력 • 주로 함수와 연결한 자동화 기능에 사용 • [컨트롤 서식] 대화상자에 [컨트롤] 탭 표시 　(단 '단추', '레이블' 컨트롤은 제외)	• [디자인 모드] 상태에서 컨트롤 선택 및 속성 지정 • 디자인 모드는 [개발 도구] 탭-[컨트롤] 그룹에서 [디자인 모드]를 클릭하여 선택 및 해제 • 컨트롤을 더블클릭하여 이벤트 프로시저 작성 • 컨트롤에서 선택한 값 자체를 직접 이용하거나 LinkedCell 속성을 이용해 셀에 입력 • 컨트롤의 이벤트 프로시저로 자동화 기능을 실행할 때 사용 • [컨트롤 서식] 대화상자에 [컨트롤] 탭이 표시되지 않음

2 │ 컨트롤 작성 및 속성 지정 방법

'양식 컨트롤'과 'ActiveX 컨트롤'의 각 컨트롤을 작성하는 방법은 도형을 직성할 때와 같습니다. [개발 도구] 탭-[컨트롤] 그룹에서 [삽입]을 클릭하고 컨트롤 목록에서 원하는 컨트롤을 클릭한 후 원하는 위치에서 드래그하여 작성합니다. 작성한 컨트롤은 도형처럼 [그리기 도구]의 [서식] 탭을 이용하여 크기 및 위치를 조정하고 그룹화 등의 작업이 가능합니다.

각 컨트롤의 기능을 실행하려면 속성 값을 지정해야 하는데, 속성을 지정하는 방법은 '양식 컨트롤'과 'ActiveX 컨트롤'이 서로 다릅니다. 양식 컨트롤의 [컨트롤 서식] 대화상자를 표시하려면 양식 컨트롤에서 마우스 오른쪽 단추를 눌러 [컨트롤 서식]을 선택하세요. 또는 Ctrl 을 누른 상태에서 양식 컨트롤을 클릭하여 선택하고 [개발 도구] 탭-[컨트롤] 그룹에서 [속성]을 클릭하세요. **양식 컨트롤 중 [단추](□)와 [레이블](개) 양식 컨트롤을 제외한 모든 컨트롤은 [컨트롤 서식] 대화상자에 [컨트롤] 탭이 표시됩니다.** [컨트롤] 탭의 입력 항목은 컨트롤의 종류에 따라 조금씩 다르지만, '셀 연결' 속성을 이용하여 컨트롤에서 선택한 값이 워크시트의 특정 셀에 저장됩니다.

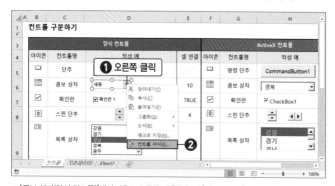

▲ [콤보 상자(양식 컨트롤)]에서 마우스 오른쪽 단추를 눌러 [컨트롤 서식] 선택하기

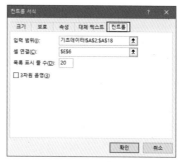

▲ [콤보 상자(양식 컨트롤)]의 [컨트롤 서식] 대화상자의 [컨트롤] 탭

ActiveX 컨트롤의 경우 새로 작성한 경우에는 자동으로 디자인 모드 상태가 되지만, 이미 작성한 ActiveX 컨트롤을 선택할 때는 디자인 모드인지 확인한 후 선택할 수 있어요. ActiveX 컨트롤을 선택하고 [개발 도구] 탭-[컨트롤] 그룹에서 [속성]을 선택하면 [속성] 창이 열립니다. 디자인 모드 상태는 [개발 도구] 탭-[컨트롤] 그룹에서 [디자인 모드]가 선택된 상태를 의미하는데, 이 상태에서 ActiveX 컨트롤의 선택과 속성 설정이 가능합니다. [디자인 모드] 명령은 토글키로 다시 누르면 디자인 모드가 해제됩니다.

[속성] 창에서는 컨트롤마다 표시되는 속성이 달라지므로 컨트롤마다 적당한 속성을 선택하고 값을 입력하여 원하는 동작이 되도록 지정해야 합니다. **ActiveX 컨트롤은 381쪽에서 설명할 사용자 정의 폼의 컨트롤과 속성 값이 같습니다.** 사용자 정의 폼은 독립적인 대화상자에 컨트롤을 배치하는 것이고, ActiveX 컨트롤은 워크시트에 컨트롤을 배치하는 것입니다.

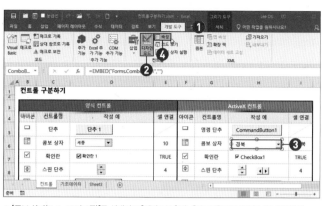

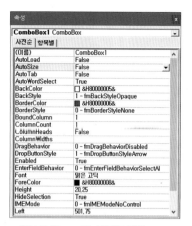

▲ [콤보 상자(ActiveX 컨트롤)]를 선택하고 [개발 도구] 탭-[컨트롤] 그룹에서 [속성] 선택하기   ▲ [콤보 상자(ActiveX 컨트롤)]의 [속성] 창

이벤트 프로그래밍

ActiveX 컨트롤

사용자 정의 폼

프로그램 구성

폼 디자인

오피스 연동

함수

매크로

사용자 리본 메뉴

추가 기능 파일

3 │ 컨트롤 인쇄 및 크기 조정 속성

'양식 컨트롤'과 'ActiveX 컨트롤' 그룹의 모든 컨트롤은 [컨트롤 서식] 대화상자를 통해 개체의 위치와 인쇄 환경을 지정할 수 있습니다. 컨트롤은 처리 조건이나 값을 자동으로 입력할 때 사용하지만, 실제 인쇄하지 않는 경우가 많습니다. 이때 컨트롤에서 마우스 오른쪽 단추를 눌러 [컨트롤 서식]을 선택하여 [컨트롤 서식] 대화상자를 열고 [속성] 탭에서 개체의 인쇄 여부 및 위치, 크기 등을 지정할 수 있어요.

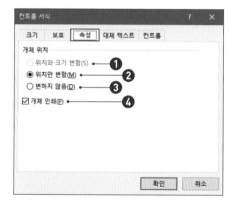

▲ [컨트롤 서식] 대화상자

❶ **위치와 크기 변함** : 열이나 행을 삽입 및 삭제하거나 열이나 행의 너비 및 높이를 조정할 때 개체의 위치와 크기가 변경됩니다.

❷ **위치만 변함** : 열이나 행을 삽입 및 삭제하거나 열이나 행의 너비 및 높이를 조정할 때 개체의 위치만 변경됩니다.

❸ **변하지 않음** : 열이나 행을 삽입 및 삭제하거나 열이나 행의 너비 및 높이를 조정할 때 개체의 위치와 크기가 변경되지 않습니다.

❹ **개체 인쇄** : 이 항목에 체크해야 개체가 인쇄됩니다.

● 예제파일 : 고급필터_1_명령단추.xlsm   ● 완성파일 : 고급필터_1_명령단추(완성).xlsm

명령 단추로 고급 필터 실행하기

예제파일에는 [전체자료] 시트에 'tbl주문현황'이라는 이름의 표가 정의되어 있는데, 이 자료에서 조건에 맞는 자료만 복사하여 [조회] 시트에 추출하는 고급 필터 기능을 매크로로 작성해 볼게요. 또한 '명령 단추' ActiveX 컨트롤을 클릭할 때 실행되도록 이벤트 프로시저도 작성해 보겠습니다.

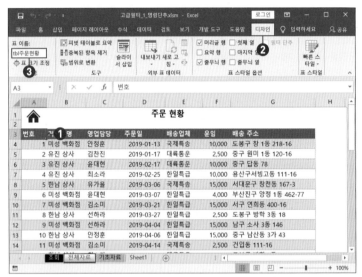

▲ [전체자료] 시트에서 'tbl주문현황' 표 이름 확인하기

> **Tip**
> 고급 필터 기능에 대해서는 46쪽을 참고하세요.

매크로를 작성하기 전에 어떤 작업 순서로 처리할지 정리해 보세요.

자동화할 엑셀 작업 순서 정리하기

❶ 고급 필터의 '목록 범위'가 될 영역은 [전체자료] 시트의 'tbl주문현황' 표입니다.
❷ 고급 필터의 '조건 범위' 범위와 '복사 위치'를 항상 일정하게 지정할 수 있도록 [조회] 시트에는 'nm조건영역'과 'nm출력영역'이라는 이름으로 정의되어 있습니다.
❸ 매크로 기록기를 이용하여 고급 필터 과정을 기록합니다. 고급 필터의 결과를 다른 시트에 복사할 때는 고급 필터 명령을 실행할 때 셀 위치가 출력할 시트의 출력 셀 위치에 놓여 있어야 합니다.
❹ 녹음된 내용 중 필요 없는 부분을 수정하고 적당한 메시지 창을 삽입합니다.
❺ '명령 단추' ActiveX 컨트롤을 삽입하고 해당 단추를 더블클릭하여 작성한 매크로를 연결합니다.

정리한 내용을 기준으로 직접 매크로 기록기를 사용하여 고급 필터 과정을 기록해 보고 다음 과정을 따라서 작성한 내용을 수정해 보세요. 매크로 기록기를 사용하지 않고 다음 과정에 나오는 코드를 직접 입력해도 됩니다.

1 [조회] 시트에 고급 필터의 조건 범위와 복사 위치로 사용할 영역이 미리 작성되어 있는데, 매크로를 작성하기 위해 Alt + F11 을 누르세요.

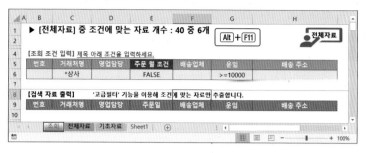

2 VB 편집기 창이 열리면 [삽입]-[모듈] 메뉴를 선택하여 새로운 모듈 코드 창을 열고 다음과 같이 코드를 입력한 후 [닫기] 단추(☒)를 클릭하세요. 매크로 기록기를 통해 미리 작성한 고급 필터 내용이 있으면 해당 코드를 이용해 다음과 같이 수정하세요.

```
Sub sb자료검색( )                                    이 코드는 '03-11_1.txt' 파일로 제공합니다.

❶    Sheets("전체자료").Range("tbl주문현황[#All]").AdvancedFilter Action:=xlFilterCopy, _
          CriteriaRange:=Range("nm조건영역"), CopyToRange:=Range("nm출력영역"), Unique:= _
          False

❷    Application.Goto Range("nm출력영역").Cells(1).Offset(-1, -1), True
❸    MsgBox "검색이 완료되었습니다.", vbInformation, "검색 완료"
      Set rngT = Range("A1:B10")
    End Sub
```

❶ 매크로 기록기로 기록한 '고급 필터' 작업 내용으로, 기록된 내용을 그대로 사용합니다. 만약 기록된 내용이 제시된 화면과 다르면 수정하세요.

❷ 고급 필터로 출력한 자료가 워크시트에서 왼쪽 위의 첫 셀로 나타나게 Application.Goto문을 사용하여 'nm출력영역'의 첫 번째 셀에서 왼쪽 셀(여기서는 A8셀)이 보이도록 이동합니다. 예제파일에는 1~7행이 틀 고정된 상태이므로 1~7행이 먼저 표시되고 그 아래쪽으로 첫 번째 데이터가 표시됩니다. Application.Goto문에 대해서는 80쪽을 참고하세요.

❸ [검색 완료] 메시지 창을 표시합니다.

Tip
'[조회 조건 입력]' 영역과 '[검색 자료 출력]' 영역에 'nm조건영역'과 'nm출력영역'으로 이름을 정의한 이유는 행 삽입과 행 삭제 등을 통해 위치가 이동해도 정확하게 해당 위치를 찾기 위해서입니다.

3 [조회] 시트를 선택한 상태에서 **[개발 도구]** 탭–**[컨트롤]** 그룹의 **[삽입]**을 클릭하고 'ActiveX 컨트롤'에서 **[명령 단추]**(▭)를 클릭하세요. 마우스 포인터의 모양이 +으로 바뀌면 H1셀에서 적당한 크기로 드래그하여 '명령 단추' 컨트롤을 그리세요.

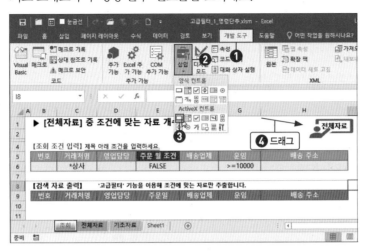

4 ActiveX 컨트롤 명령 단추가 작성되면 자동으로 **[개발 도구]** 탭–**[컨트롤]** 그룹에서 **[디자인 모드]**가 선택됩니다. 이 상태에서 **[개발 도구]** 탭–**[컨트롤]** 그룹에서 **[속성]**을 클릭하세요.

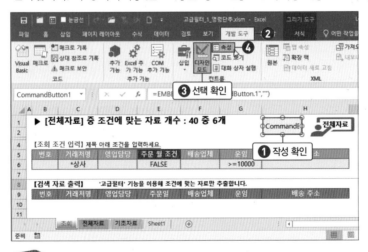

> **Tip**
>
> ActiveX 컨트롤은 디자인 모드 상태가 선택된 상태에서만 작성 및 삭제, 수정할 수 있어요. 따라서 **[개발 도구]** 탭–**[컨트롤]** 그룹에서 **[디자인 모드]**의 선택이 해제된 상태이면 다시 클릭하여 선택하세요.

5 [속성] 창이 열리면 [사전순] 탭에서 '(이름)'에는 『cmdFind』를, 'Caption'에는 『검색』을 입력하세요. 글꼴 색을 지정하기 위해 'ForeColor' 속성의 오른쪽에 있는 목록 단추(▼)를 클릭하고 [색상표] 탭의 빨간색을 클릭하세요.

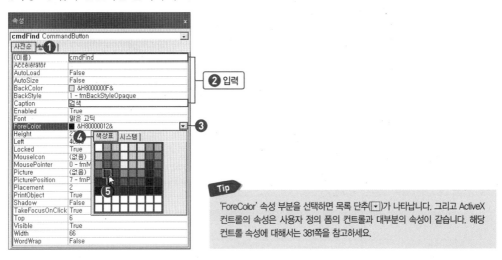

> **Tip**
> 'ForeColor' 속성 부분을 선택하면 목록 단추(▼)가 나타납니다. 그리고 ActiveX 컨트롤의 속성은 사용자 정의 폼의 컨트롤과 대부분의 속성이 같습니다. 해당 컨트롤 속성에 대해서는 381쪽을 참고하세요.

6 ActiveX 컨트롤 단추를 클릭할 때 실행할 매크로(클릭 이벤트 프로시저)를 작성하기 위해 [속성] 창을 닫고 [검색] 명령 단추를 더블클릭하세요.

7 VB 편집기 창이 열리면서 ActiveX 컨트롤이 삽입된 [조회] 시트 개체인 [Sheet1 (조회)] 창에 자동으로 'Private Sub cmdFind_Click' 이벤트 프로시저가 삽입되면 『Call sb자료검색』을 입력하세요.

> **Tip**
> [조회] 시트는 엑셀 창에서 표시되는 시트명이고, VB 편집기 창에서는 [프로젝트] 탐색기 창에 '개체명(시트명)' 형식으로 표시되는 개체명 'Sheet1'을 사용합니다.

① 2과정에서 작성한 'sb자료검색' 프로시저를 호출합니다.

8 [검색] 명령 단추에서 마우스 오른쪽 단추를 누르면 실행하는 이벤트 프로시저를 작성해 볼게요.
코드 창의 오른쪽 위에 있는 [프로시저] 단추(▼)를 클릭하고 [MouseDown]을 선택하세요.

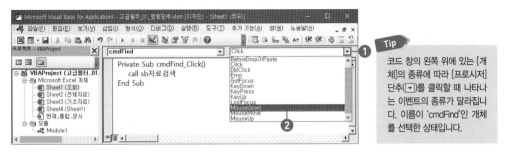

Tip

코드 창의 왼쪽 위에 있는 [개체]의 종류에 따라 [프로시저] 단추(▼)를 클릭할 때 나타나는 이벤트의 종류가 달라집니다. 이름이 'cmdFind'인 개체를 선택한 상태입니다.

9 자동으로 'Private Sub cmdAll_MouseDown' 프로시저가 삽입되면 다음과 같이 코드를 입력하고 Alt + F11을 누르세요.

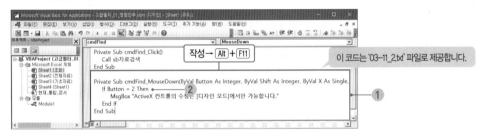

작성 → Alt + F11

이 코드는 '03-11_2.txt' 파일로 제공합니다.

① 이름이 'cmdFind'인 컨트롤에서 마우스 단추를 클릭할 때 실행되는 이벤트 프로시저로, 매개변수 값으로 'Button'에 누른 단추의 종류를 숫자로 전달합니다. 'Shift'는 Shift를 누른 경우에는 1을, 누르지 않은 경우에는 0을 전달하고, X와 Y는 마우스 포인터의 위치를 정수로 전달합니다.

② 마우스 단추의 종류가 전달되는 Button이 1이면 왼쪽 단추를, 2이면 오른쪽 단추를 의미합니다. 2인 경우, 즉 오른쪽 단추를 클릭하면 메시지 창을 표시합니다.

10 엑셀 창으로 되돌아오면 [개발 도구] 탭-[컨트롤] 그룹에서 [디자인 모드]를 클릭하여 디자인 모드의 선택을 해제하세요.

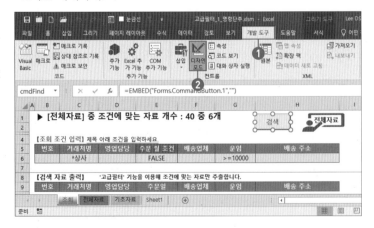

11 ActiveX 컨트롤로 작성한 [검색] 명령 단추를 클릭하면 'sb자료검색' 프로시저가 실행되어 B9 셀의 아래쪽으로 검색된 자료가 표시됩니다. 검색 완료 메시지 창이 열리면 [확인]을 클릭하세요.

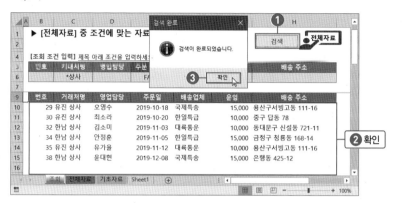

12 [검색] 명령 단추에서 마우스 오른쪽 단추를 누르면 지정된 이벤트 프로시저가 실행되면서 메시지 창이 열리는데, [확인]을 클릭하세요.

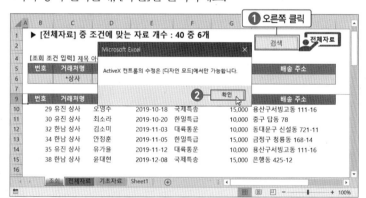

> **Tip**
>
> 양식 컨트롤로 작성한 단추는 도형과 같이 편리하게 위치 이동 및 수정할 수 있습니다. 하지만 ActiveX 컨트롤로 작성한 단추는 디자인 모드에서만 이동 및 크기 조정, 수정이 가능합니다.

잠깐만요 **'단추' 컨트롤과 '명령 단추' 컨트롤 비교하기**

'양식 컨트롤'과 'ActiveX 컨트롤'의 [단추(양식 컨트롤)]와 [명령 단추(ActiveX 컨트롤)]는 모양이 비슷하지만, 작성하는 방법과 매크로를 실행하는 방법이 조금 다릅니다. 이들 컨트롤의 주요 특징은 다음과 같습니다.

종류	특징
단추(□) (양식 컨트롤)	• 별도로 작성된 매크로를 [매크로 지정] 기능을 통해 연결하여 단추를 클릭할 때 실행 • 일반적인 도형과 같이 크기 및 위치 등 수정 가능
명령 단추(□) (ActiveX 컨트롤)	• 이벤트 프로시저를 지정하여 매크로 실행 • 클릭 동작 이외에도 컨트롤 개체에 대한 이벤트 프로시저 이용 가능 　**데** 마우스 오른쪽 단추 누르기 • [디자인 모드]에서만 크기 및 위치 등 수정 가능 • 디자인 모드에서 개체를 더블클릭하면 해당 개체의 클릭 이벤트 프로시저 작성 가능 • [속성] 창을 통해 단추 캡션 외에 글꼴 서식, 그림 표시 등 다양한 기능 제공

실무 예제 03　콤보 상자 이용해 거래처명 검색하기

1 [조회] 시트에서 [개발 도구] 탭-[컨트롤] 그룹의 [삽입]을 클릭한 후 'ActiveX 컨트롤'에서 [콤보 상자(▥)]를 클릭하세요. 마우스 포인터의 모양이 +으로 바뀌면 D5셀에서 적당한 크기로 드래그하여 '콤보 상자' 컨트롤을 그리세요.

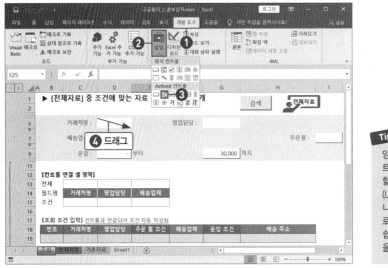

> **Tip**
>
> 양식 컨트롤 또는 ActiveX 컨트롤을 이용해 자료를 입력할 때는 컨트롤과 연결된 셀(Linked Cell)을 지정해야 합니다. 예제파일에는 연결 셀로 지정할 영역을 알아보기 쉽도록 C13:E15 범위에 서식을 지정했습니다.

2 '콤보 상자' 컨트롤이 선택된 상태에서 [개발 도구] 탭-[컨트롤] 그룹의 [속성]을 클릭하세요. [속성] 창이 열리면 [사전순] 탭에서 '(이름)'에는 『cboClient』를, 'LinkedCell'에는 『C15』를, 'ListFillRange' 『nm거래처』를 입력하세요.

> **Tip**
>
> 'nm거래처'는 [기초자료] 시트의 B4:B8 범위에 지정된 이름입니다. 나타날 영역의 주소를 '기초자료!$B$4:$B$8'로 직접 입력해도 되지만 이름을 정의해서 사용하는 것이 편리합니다.

3 [속성] 창의 [닫기] 단추(⊠)를 클릭하여 [속성] 창을 닫으세요. **[개발 도구] 탭-[컨트롤] 그룹**에서 **[디자인 모드]**를 클릭하여 디자인 모드의 선택을 해제하세요.

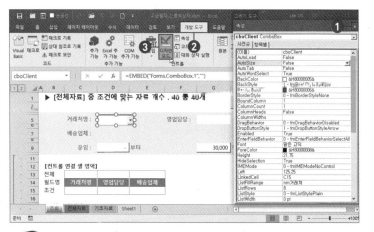

Tip

ActiveX 컨트롤 콤보 상자가 작성되면 자동으로 **[개발 도구] 탭-[컨트롤] 그룹**에서 **[디자인 모드]**가 선택됩니다. ActiveX 컨트롤은 디자인 모드 상태가 선택된 상태에서만 작성 및 삭제, 수정할 수 있으므로 속성을 지정했으면 디자인 모드의 선택을 해제해야 합니다.

4 거래처명 '콤보 상자' 컨트롤의 목록 단추(▾)를 클릭하여 목록 중 하나를 선택하세요. 그러면 선택한 항목이 'LinkedCell' 속성에서 지정한 C15셀에 표시됩니다.

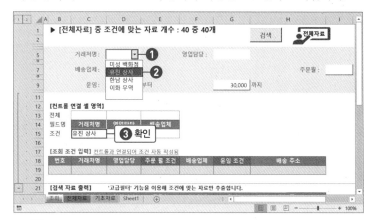

Tip

콤보 상자의 목록으로 표시되는 내용은 **2** 과정의 'ListFillRange' 속성에서 지정한 'nm거래처' 이름 정의 영역입니다.

5 이번에는 C15셀에 표시되는 거래처명이 고급 필터의 조건으로 지정하기 위해 C19셀에 『=C15』를 입력하고 [검색]을 클릭하세요. C15셀에 입력되어 있는 '유진 상사'의 거래처명만 검색되면서 검색 완료 메시지 창이 열리면 [확인]을 클릭하세요.

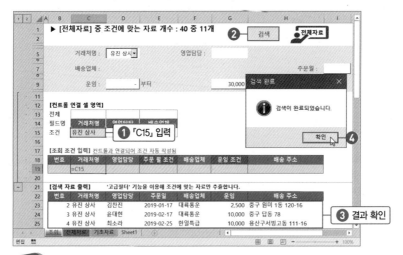

> **Tip**
> 콤보 상자의 'LinkedCell' 속성에 C19셀을 직접 지정해도 되지만 다음 과정에서 전체 선택 기능을 처리하기 위해 수식을 사용합니다.

잠깐만요 **'콤보 상자' 컨트롤 비교하기**

'콤보 상자' 컨트롤은 오른쪽에 있는 목록 단추(▼)를 클릭한 후 목록에서 원하는 항목을 선택하는 입력 컨트롤로, '양식 컨트롤'과 'ActiveX 컨트롤'로 작성할 수 있어요. 2개의 컨트롤 모두 VBA 코드와 상관없이 함수와 연결 목적으로 사용할 수 있습니다. 이들 '콤보 상자' 컨트롤의 주요 특징은 다음과 같습니다.

종류	특징
콤보 상자(▤) (양식 컨트롤)	• [컨트롤 속성] 대화상자의 [속성] 탭에서 '연결 셀'을 지정해야 입력한 값 확인 가능 • **'연결 셀'에 지정한 셀에 선택한 값의 위치 번호 숫자가 입력되므로 보통 INDEX 함수 등과 함께 사용** • 글꼴 및 크기 수정 불가
콤보 상자(▤) (ActiveX 컨트롤)	• 목록 중 하나를 클릭하여 선택하거나 직접 입력 가능 • 'ListFillRange' 속성에 표시할 목록 범위 주소 입력 가능 • 이 속성에서 참조하는 영역이 포함된 시트의 화면 크기는 항상 100%로 유지해야 정상적으로 작동 • **LickedCell 속성에 선택한 값을 표시할 셀 주소 입력 가능** • Font, ForeColor 속성을 이용해 글꼴 및 크기, 색 지정 가능 • 컨트롤에 대한 다양한 이벤트 프로시저 작성 가능

실무
예제 **04**

확인란 이용해 전체 자료 검색하기

이벤트 프로그래밍

ActiveX 컨트롤

사용자 정의 폼

프로그램 구성

폼 디자인

오피스 연동

함수

매크로

사용자 리본 메뉴

추가 기능 파일

1 [조회] 시트에서 [개발 도구] 탭-[컨트롤] 그룹의 [삽입]을 클릭하고 'ActiveX 컨트롤'에서 [확인란]
(☑)을 클릭하세요. 마우스 포인터의 모양이 +으로 바뀌면 E5셀에서 적당한 크기로 드래그하여
'확인란' 컨트롤을 그리고 '확인란' 컨트롤이 선택된 상태에서 [개발 도구] 탭-[컨트롤] 그룹의 [속성]
을 클릭하세요.

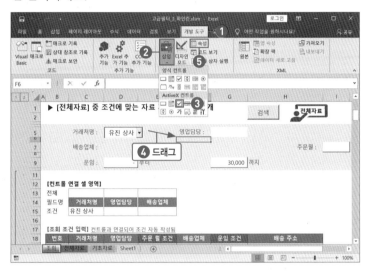

2 [속성] 창이 열리면 [사전순] 탭에서 '(이름)'에 『chkAll_Dy』를 입력하고 'BackStyle'에서 『0 -
Fmbackstyle Transparent』를 선택하세요. 'Caption'에는 『전체』를, 'LinkedCell'에는 『C13』을 입력
하고 [닫기] 단추(☒)를 클릭하세요. [개발 도구] 탭-[컨트롤] 그룹에서 [디자인 모드]를 클릭하여 디
자인 모드의 선택을 해제하세요.

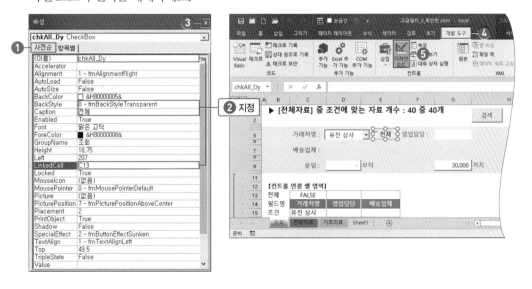

3 '전체' 확인란 컨트롤을 클릭하여 체크하면 C13셀에 TRUE가 입력됩니다. 이 값을 고급 필터의 조건으로 사용하기 위해 C19셀에 『=IF(C13,"",C15)』를 입력하고 [Enter]를 눌러 함수식을 완성한 후 [검색] 명령 단추를 클릭하세요.

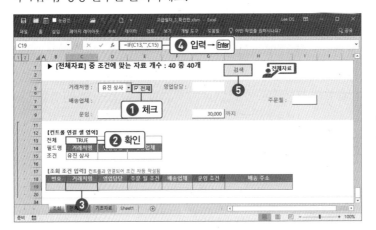

Tip

C19셀의 함수식 '=IF(C13, "",C15)'는 C13셀 값이 TRUE 이면 공백을 표시하여 전체 자료를 검색하고, FALSE이면 C15셀을 표시하여 C15셀의 거래처를 검색합니다.

4 거래처를 '전체'로 선택했기 때문에 모든 거래처 자료가 추출되면서 검색 완료 메시지 창이 열리면 [확인]을 클릭하세요.

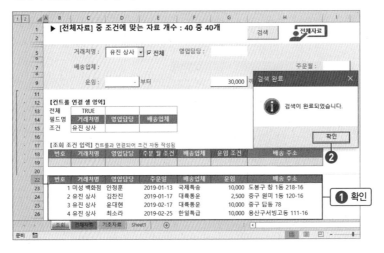

잠깐만요 **'확인란' 컨트롤 비교하기**

'확인란' 컨트롤은 한 번 클릭하면 체크되고(TRUE) 다시 클릭하면 체크가 해제되는(FALSE) 컨트롤로, '양식 컨트롤'과 'ActiveX 컨트롤'로 작성할 수 있어요. 2개의 컨트롤 모두 VBA 코드와 상관없이 함수와 연결할 목적으로 사용할 수 있습니다.

종류	특징
확인란(☑) (양식 컨트롤)	글꼴 크기는 기본 글꼴과 크기를 사용하므로 임의로 수정 불가
확인란(☑) (ActiveX 컨트롤)	• 'Font' 속성을 이용해 글꼴 크기, 종류 등 조절 가능 • 더블클릭을 통해 클릭 이벤트 프로시저 작성 가능 • 프로시저에서 Value 속성을 이용해 선택 값 확인 가능

실무 예제 05 동적으로 콤보 상자 목록의 내용 구성하기

1 [조회] 시트에서 [개발 도구] 탭-[컨트롤] 그룹의 [삽입]을 클릭하고 'ActiveX 컨트롤'에서 [콤보 상자](▤)를 클릭하세요. G5셀에서 적당한 크기로 드래그하여 '콤보 상자' 컨트롤을 그리세요.

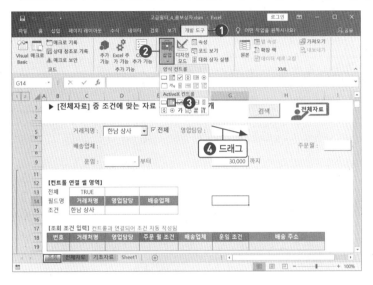

2 '콤보 상자' 컨트롤이 선택된 상태에서 [개발 도구] 탭-[컨트롤] 그룹의 [속성]을 클릭하여 [속성] 창을 열고 [사전순] 탭에서 '(이름)'에 『cboMD』를 입력하세요. 컨트롤을 선택하면 표시될 목록 및 속성을 편리하게 지정하기 위해 '콤보 상자' 컨트롤을 더블클릭하세요.

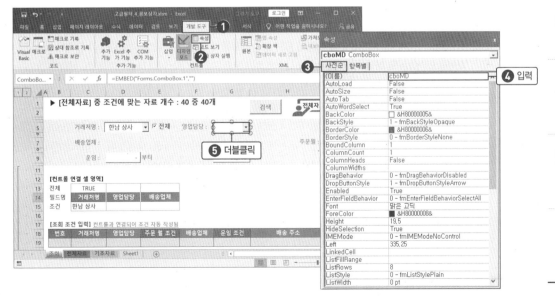

3 VB 편집기 창이 열리면 [조회] 시트의 개체 이름인 'Sheet1 (조회)' 코드 창에 'Private Sub cboMD_Change' 이벤트 프로시저가 자동으로 삽입됩니다. '콤보 상자'의 내용이 변경될 때마다 검색 기능이 실행되도록 프로시저 안에 『Call sb자료검색』을 입력하고 [프로시저] 단추(▼)를 클릭한 후 [DropButtonClick]을 선택하세요.

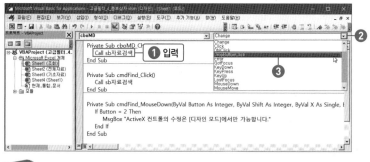

4 콤보 상자의 목록 단추(▼)를 클릭할 때 발생하는 'Private Sub cboMD_DropButtonClick' 이벤트 프로시저가 삽입되면 이 프로시저 안에 다음과 같이 입력하고 Alt + F11 을 누르세요.

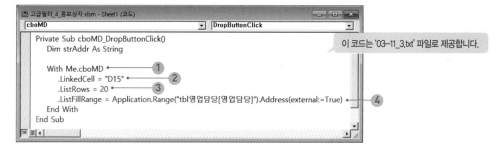

① With문을 사용해 'cboMD'로 이름 지정한 콤보 상자 컨트롤의 속성을 지정합니다. Me는 이 코드가 작성되는 개체 자체를 의미하는데, 여기서는 [Sheet1] 시트인 [조회] 시트를 의미합니다. 이때 Me.는 생략해도 됩니다.

② 'cboMD' 컨트롤의 연결 셀을 D15셀로 지정합니다.

③ 'cboMD' 컨트롤이 한 번에 보여줄 수 있는 행 개수를 20개로 지정합니다.

④ 'cboMD' 컨트롤의 입력 범위를 [기초자료] 시트에 정의한 'tbl영업담당' 표의 '영업담당' 열 영역으로 지정합니다. Range의 앞에 Application을 사용하는 이유는 코드가 입력되는 위치가 모듈 개체가 아닌 시트 개체이기 때문입니다. Address(external:=True)로 외부 참조 형식을 사용하는 이유도 같은 이유입니다.

이벤트 프로그래밍

ActiveX 컨트롤

사용자 정의 폼

프로그램 구성

폼 디자인

오피스 연동

함수

매크로

사용자 리본 메뉴

추가 기능 파일

5 엑셀 창으로 되돌아오면 전체 영업 담당을 지정하는 '확인란' 컨트롤을 작성하기 위해 E5셀에 작성한 거래처 '확인란' 컨트롤을 Ctrl 을 누른 상태에서 드래그하여 H5셀에 복사하세요. H5셀의 '확인란' 컨트롤을 선택한 상태에서 [속성] 창의 [사전순] 탭의 '(이름)'에는 『chkAll_MD』를, 'LinkedCell'에는 『D13』을 입력하세요.

6 '콤보 상자' 컨트롤과 '확인란' 컨트롤의 입력 값을 고급 필터 조건에 반영하기 위해 D19셀에 함수식 『=IF(D13,"",D15)』를 입력하고 Enter 를 누른 후 [속성] 창을 닫으세요. [개발 도구] 탭-[컨트롤] 그룹에서 [디자인 모드]를 클릭하여 디자인 모드의 선택을 해제하세요.

7 영업담당 '콤보 상자' 컨트롤의 목록 단추(▼)를 클릭하고 목록 중에서 한 명을 선택하세요.

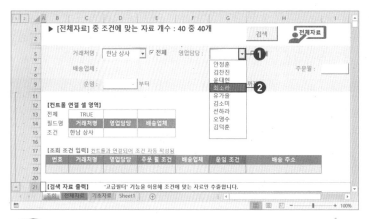

8 선택한 검색 담당자의 이름만 검색되면서 검색이 완료되었다는 메시지 창이 열리면 [확인]을 클릭하세요.

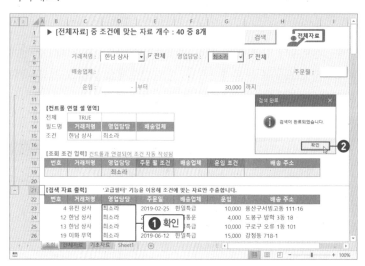

난이도 1 2 **3** 4 5

실무
예제 | **06**

옵션 단추로 배송 업체 선택 및 검색하기

이벤트 프로그래밍

ActiveX 컨트롤

사용자 정의 폼

프로그램 구성

폼 디자인

오피스 연동

함수

매크로

사용자 리본 메뉴

추가 기능 파일

1 [조회] 시트에서 [개발 도구] 탭-[컨트롤] 그룹의 [삽입]을 클릭하고 '양식 컨트롤'에서 [그룹 상자]
(☐)를 클릭하세요. D7셀에서 F7셀까지 드래그하여 3개의 옵션 단추가 포함될 만한 크기로 그룹
상자를 그리고 그룹 상자의 텍스트를 지워 테두리만 표시하세요.

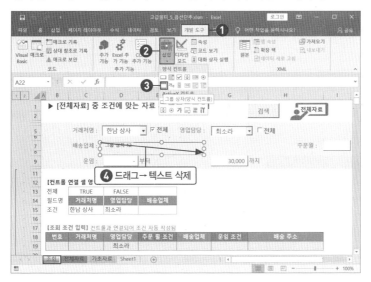

2 [개발 도구] 탭-[컨트롤] 그룹의 [삽입]을 클릭하고 '양식 컨트롤'에서 [옵션 단추](◎)를 클릭하세요.
그룹 상자 컨트롤 안에 적당한 크기로 드래그해 '옵션 단추' 컨트롤을 그리세요.

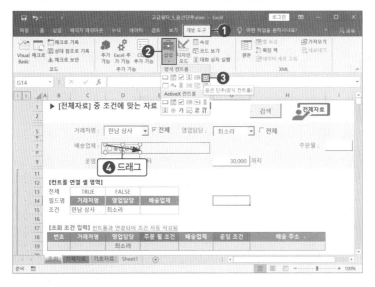

> **Tip**
>
> '옵션 단추' 컨트롤이 같은 '그
> 룹 상자' 컨트롤에 포함되면
> 그룹이 생성되면서 여러 개
> 중 하나만 선택되고 나머지는
> 선택 해제됩니다.

3 '옵션 단추' 컨트롤의 텍스트를 『국제 특송』으로 변경하고 마우스 오른쪽 단추를 눌러 [컨트롤 서식]을 선택하세요.

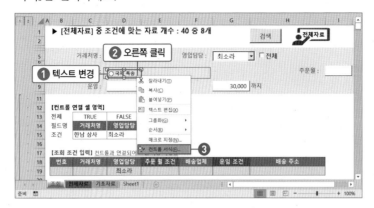

Tip

'옵션 단추' 컨트롤에서 마우스 오른쪽 단추를 눌러 [텍스트 편집]을 선택하면 텍스트를 수정할 수 있습니다.

4 [컨트롤 서식] 대화상자의 [컨트롤] 탭이 열리면 '셀 연결'에 E15셀을 지정하고 [확인]을 클릭하세요.

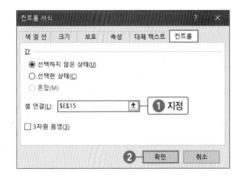

5 [국제 특송] 옵션 단추 컨트롤을 Ctrl 을 누른 상태에서 드래그하여 2개의 '옵션 단추' 컨트롤을 추가 작성하고 두 번째와 세 번째 '옵션 단추' 컨트롤의 텍스트를 『대륙통운』과 『한일특급』으로 변경하세요. 전체 '확인란' 컨트롤을 작성하기 위해 [개발 도구] 탭-[컨트롤] 그룹에서 [삽입]을 클릭하고 '양식 컨트롤'에서 [확인란(☑)]을 클릭하세요.

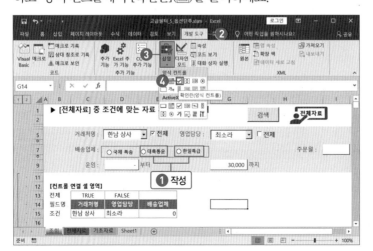

Tip

같은 그룹으로 사용할 '옵션 단추' 컨트롤을 작성할 경우 맨 처음 하나를 작성하고 복사하면 같은 속성을 가지므로 별도의 속성을 지정하지 않아도 됩니다. 작성되는 순서 및 복사 순서가 '옵션 단추 컨트롤'을 선택할 때 연결 셀에 입력되는 숫자가 되므로 작성 순서에 주의하세요.

6 G7셀에 적당한 크기로 드래그하여 '확인란' 컨트롤을 그리고 텍스트를 『전체』로 변경한 후 마우스 오른쪽 단추를 눌러 [컨트롤 서식]을 선택하세요. [컨트롤 서식] 대화상자의 [컨트롤] 탭이 열리면 '셀 연결'에 E13셀을 지정하고 [확인]을 클릭하세요.

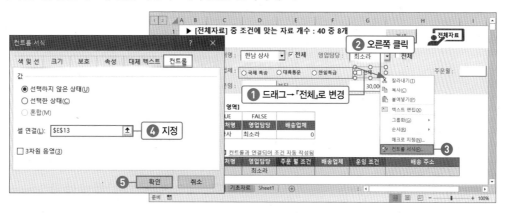

7 Esc를 눌러 [전체] 확인란 컨트롤의 선택을 해제하고 체크하지 않은 상태에서 '배송업체' 옵션 단추 중 하나를 선택하세요. 연결 셀인 E13셀과 E15셀의 값이 변경되는지 확인하고 이 값을 고급 필터 조건으로 사용하기 위해 F19셀에 함수식 『=IF(E13,"",INDEX(tbl배송업체[배송업체],조회!E15))』를 입력한 후 Enter를 누르세요.

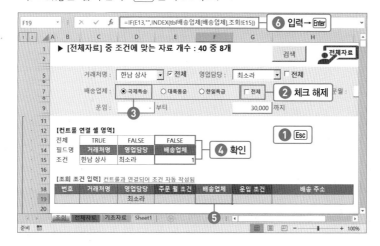

F19셀의 함수식	=IF(E13,"",INDEX(tbl배송업체[배송업체],조회!E15))

➡ '옵션 단추' 양식 컨트롤은 '옵션 단추'가 작성된 순서에 따라 숫자 1부터 순차적인 번호가 부여되는데, '옵션 단추'가 선택될 때 이 값이 연결 셀에 입력됩니다. 이렇게 입력된 숫자를 원하는 배송 업체로 변경하기 위해 [기초자료] 시트의 'tbl배송업체' 표의 해당 위치 번호에 있는 배송 업체를 가져옵니다. 만약 '전체' 확인란을 선택하면 E13셀이 True가 되므로 IF 함수를 이용해 전체 자료가 검색되도록 빈 문자열을 표시합니다.

Tip

[전체] 확인란 컨트롤을 클릭하여 체크하면 E13셀에는 TRUE가 표시되고, 다시 클릭하여 체크를 해제하면 FALSE가 표시됩니다.

8 배송 업체 조건을 지정했으면 [검색] 명령 단추를 클릭하세요. 해당 자료가 검색되고 검색이 완료
되었다는 메시지 창이 열리면 [확인]을 클릭하세요.

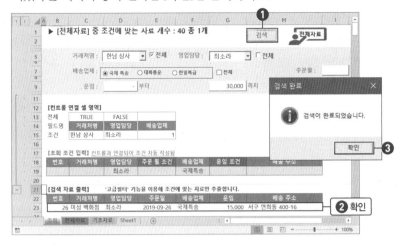

잠깐만요 **'옵션 단추' 컨트롤 비교하기**

'옵션 단추' 컨트롤은 여러 개의 항목들을 하나의 그룹으로 만들고 이 중에서 하나만 선택한 후 나머지는 자동으로 선택
이 해제되는 기능을 제공합니다. 옵션 단추는 '양식 컨트롤'과 'ActiveX 컨트롤'로 작성할 수 있는데, 이들 컨트롤의 주요
특징은 다음과 같습니다.

종류	특징
옵션 단추(◉) (양식 컨트롤)	• **[그룹 상자(양식 컨트롤)]를 이용해 그룹화함** • 그룹 상자로 묶은 여러 항목 중 하나만 선택할 때 사용 • 작성한 순서대로 1부터 순차적인 번호가 부여되어 연결 셀에 해당 숫자를 입력 숫자를 이용하는 INDEX와 같은 함수 필요
옵션 단추(◉) (ActiveX 컨트롤)	• ActiveX 컨트롤에서 그룹 상자 컨트롤이 없기 때문에 **그룹은 'GroupName' 속성을 같은 이름으로 지정하여 처리** • [속성] 창을 이용해 글꼴 서식 및 다양한 서식 지정 가능 • 더블클릭을 통해 클릭 이벤트 프로시저 작성 가능 • 선택된 상태에서는 TRUE 값을, 선택이 해제된 상태에서는 FALSE 값을 가짐

난이도 ①②③④⑤

실무
예제 **07** # 스핀 단추 이용해 주문 월 검색하기

1 [조회] 시트에서 [개발 도구] 탭-[컨트롤] 그룹의 [삽입]을 클릭하고 'ActiveX 컨트롤'에서 [스핀 단추](⬍)를 클릭하세요. I7셀에서 적당한 크기로 드래그하여 '스핀 단추' 컨트롤을 그리고 '스핀 단추' 컨트롤이 선택된 상태에서 [개발 도구] 탭-[컨트롤] 그룹의 [속성]을 클릭하세요.

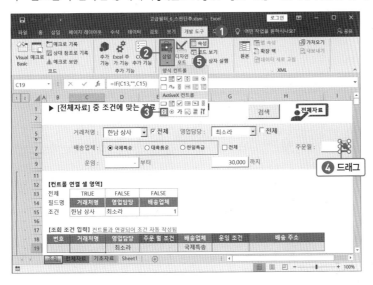

2 [속성] 창이 열리면 [사전순] 탭에서 '(이름)'에는 『spbMonth』를, 'LinkedCell'에는 『i7』을, 'Max'에는 『12』를, 'Min'에는 『1』을 입력하세요.

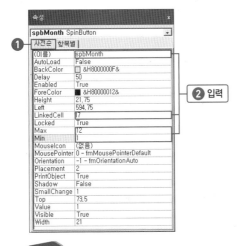

Tip

스핀 단추의 모양을 가로 또는 세로 방향으로 변경하고 싶을 때는 Orientation 속성을 변경하세요. [속성] 창의 Orientation 속성에서 fmOrientationAuto는 자동으로 지정되고, fmOrientationHorizontal는 가로 방향으로, fmOrientationVertical은 세로 방향으로 지정됩니다.

3 스핀 단추를 클릭하여 I7셀의 숫자가 변경되면 해당 숫자를 고급 필터 조건으로 사용하기 위해 E19 셀에 함수식 『=MONTH(전체자료!D4)=조회!$I$7』을 입력한 후 [속성] 창을 닫으세요. **[개발 도구] 탭-[컨트롤] 그룹**에서 **[디자인 모드]**를 클릭하여 디자인 모드의 선택을 해제하세요.

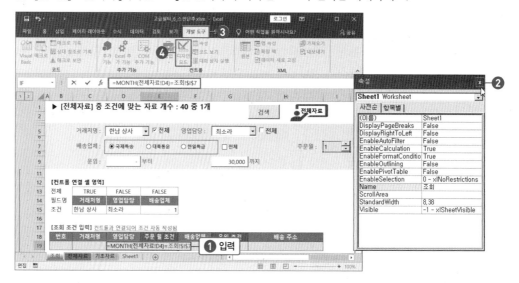

E19셀의 함수식	=MONTH(전체자료!D4)=조회!$I$7

➡ '주문일'에서 월만 비교해야 하므로 [전체자료] 시트의 첫 번째 자료 주문일(D4셀)의 월과 i7셀의 숫자를 비교해서 True인 자료만 찾습니다. I7셀은 [전체자료] 시트의 다른 셀과 비교할 경우 일정한 셀 주소를 유지해야 하므로 절대 참조 형식($I$7)으로 사용합니다.

4 스핀 단추를 클릭하여 I7셀의 숫자가 1~12 사이에서 증감하는 것을 확인하고 다른 조건도 변경한 후 [검색] 명령 단추를 클릭하세요. 주문 월에 해당하는 자료만 추출되고 검색이 완료되었다는 메시지 창이 열리면 [확인]을 클릭하세요.

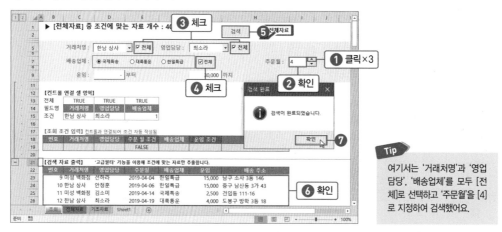

> **Tip**
>
> 여기서는 '거래처명'과 '영업 담당', '배송업체'를 모두 [전체]로 선택하고 '주문월'을 [4] 로 지정하여 검색했어요.

실무
예제 **08** **스크롤 막대 이용해 운임 검색하기**

이번트 프로그래밍

ActiveX 컨트롤

사용자 정의 폼

프로그램 구성

폼 디자인!

오피스 연동

함수

매크로

사용자 리본 메뉴

추가 기능 파일

1 [조회] 시트에서 [개발 도구] 탭-[컨트롤] 그룹의 [삽입]을 클릭하고 'ActiveX 컨트롤'에서 [스크롤 막대](▤)를 클릭하세요. E9셀에서 F9셀까지 적당한 크기로 드래그하여 '스크롤 막대' 컨트롤을 그리고 '스크롤 막대' 컨트롤이 선택된 상태에서 [개발 도구] 탭-[컨트롤] 그룹의 [속성]을 클릭하세요.

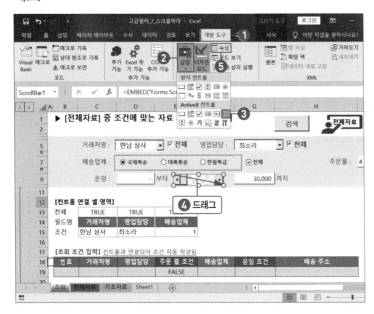

2 [속성] 창이 열리면 [사전순] 탭에서 'LargeChange'에는 『10』을, 'LinkedCell'에는 『D9』를, 'Max'에는 『30000』을, 'Min'과 'Value'에는 『0』을 입력하세요.

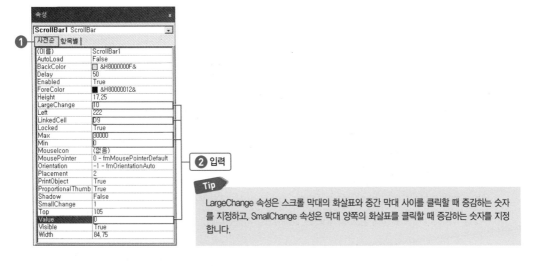

❷ 입력

Tip

LargeChange 속성은 스크롤 막대의 화살표와 중간 막대 사이를 클릭할 때 증감하는 숫자를 지정하고, SmallChange 속성은 막대 양쪽의 화살표를 클릭할 때 증감하는 숫자를 지정합니다.

3 작성한 '스크롤 막대' 컨트롤을 Ctrl 을 누른 채 H9셀까지 드래그하여 두 번째 '스크롤 막대' 컨트롤을 작성하세요. 두 번째 '스크롤 막대' 컨트롤이 선택된 상태에서 [속성] 창의 [사전순] 탭에서 'LinkedCell'에는 『G9』를, 'Value'에는 『30000』을 입력하고 [속성] 창을 닫은 후 **[개발 도구] 탭-[컨트롤] 그룹**에서 **[디자인 모드]**를 클릭하여 디자인 모드의 선택을 해제하세요.

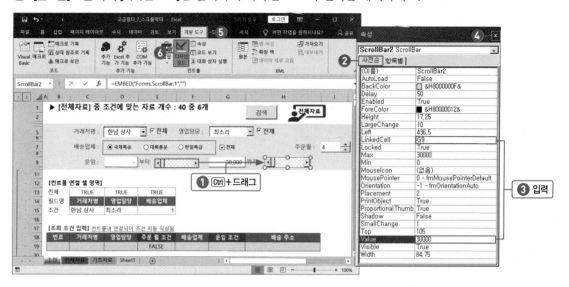

4 2개의 스크롤 막대를 운임 조건으로 사용하기 위해 G19셀에 함수식 『=AND(전체자료!F4)=조회!$D$9,전체자료!F4<=조회!$G$9)』를 입력하세요.

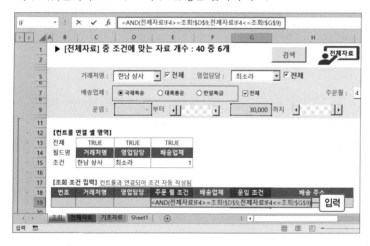

G19셀의 함수식	=AND(전체자료!F4)=조회!$D$9,전체자료!F4<=조회!$G$9)

➜ '운임'의 시작 값과 종료 값을 같이 비교해야 하므로 [전체자료] 시트의 첫 번째 자료 운임(F4셀)의 운임과 D9셀과 G9셀의 숫자를 비교해서 True인 자료만 찾습니다. D9셀과 G9셀은 [전체자료] 시트의 다른 셀과 비교할 때 일정한 셀 주소를 유지해야 하므로 절대 참조 형식($D$9, $G$9)으로 사용합니다.

5 스크롤 막대의 화살표를 클릭하고 중간 단추를 드래그하면 연결 셀의 숫자가 0~30,000 사이에서 증감되는 것을 확인할 수 있어요. 다른 조건도 변경하고 [검색] 명령 단추를 클릭한 후 검색이 완료되었다는 메시지 창이 열리면 [확인]을 클릭하세요.

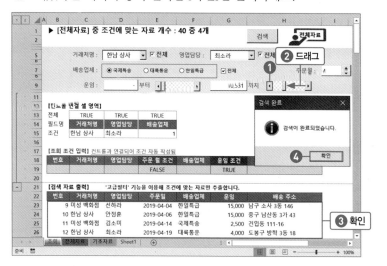

이벤트 프로그래밍

ActiveX 컨트롤

사용자 정의 폼

프로그램 구성

폼 디자인

오피스 연동

함수

매크로

사용자 리본 메뉴

추가 기능 파일

잠깐만요 **'스크롤 막대' 컨트롤과 '스핀 단추' 컨트롤 비교하기**

'스크롤 막대' 컨트롤은 '스핀 단추' 컨트롤과 같이 0부터 일정한 단위의 정수 값을 입력할 때 사용합니다. 하지만 스핀 단추와 달리 스크롤 막대는 '페이지 변경(LargeChange)' 속성을 지정해 한 번에 크게 이동할 수도 있고, 드래그하여 값을 입력할 수도 있어요. 스크롤 막대는 '양식 컨트롤' 컨트롤과 'ActiveX 컨트롤'로 작성할 수 있는데, 이들 컨트롤의 주요 특징은 다음과 같습니다.

종류	특징
스크롤 막대(▤), 스핀 단추(▤) (양식 컨트롤)	• 0~30,000 사이의 정수값 입력 가능 • 스크롤 막대는 '페이지 변경' 값을 이용해 스크롤 상자 중간을 클릭할 때 변경할 값 지정
스크롤 막대(▤), 스핀 단추(▤) (ActiveX 컨트롤)	• 0부터 Long형이 지원하는 정수(2,147,483,647) 값까지 범위로 지정 가능 • 스크롤 막대는 LargeChange 속성을 이용해 스크롤 상자의 중간을 클릭할 때 변경할 값 지정 가능 • 컨트롤을 더블클릭하여 Change 이벤트 프로시저 작성 가능 • Orientation 속성을 사용해 컨트롤 커서의 방향을 가로 또는 세로 방향으로 변경 가능

난이도 1 2 3 4 5

실무
예제 **09** **목록 상자 이용해 영어 문장 선택하기**

1 [소리로듣기] 시트에서 **[개발 도구]** 탭-**[컨트롤]** 그룹의 **[삽입]**을 클릭한 후 'ActiveX 컨트롤'에서 **[목록 상자]**(▤)를 클릭하세요. C7셀부터 L16셀까지 적당한 크기로 드래그하여 '목록 상자' 컨트롤을 그리고 '목록 상자' 컨트롤이 선택된 상태에서 **[개발 도구]** 탭-**[컨트롤]** 그룹의 **[속성]**을 클릭하세요.

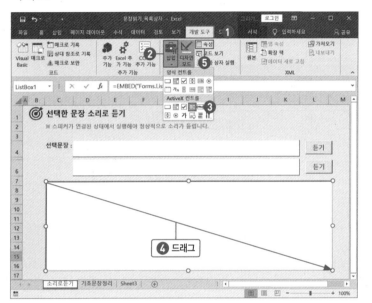

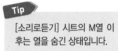

[소리로듣기] 시트의 M열 이후는 열을 숨긴 상태입니다.

2 **[속성]** 창이 열리면 **[사전순]** 탭에서 '(이름)'에 『lstEng』를 입력하고 목록 상자를 더블클릭하세요.

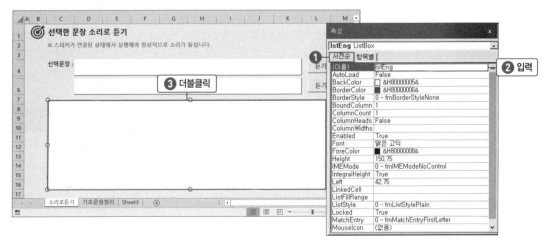

3 VB 편집기 창이 열리면서 [소리로듣기] 시트의 개체명인 'Sheet1' 코드 창에 'Private Sub lstEng_Click' 이벤트 프로시저가 자동으로 삽입되면 다음과 같이 코드를 입력하세요.

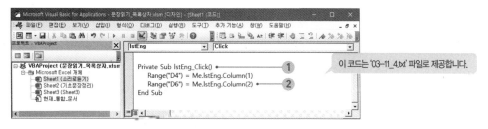

① 목록 상자에 3개의 열을 표시할 예정입니다. 목록 상자의 현재 선택 항목에서 특정 열의 내용을 가져올 때 '개체 명.Column(열 인덱스)' 형식으로 사용합니다. 목록 상자에서 컬럼 번호의 인덱스는 0부터 시작하므로 두 번째 열 내 용을 D4셀에 입력합니다.

② D6셀에 목록 상자의 세 번째 열 내용을 입력합니다.

> **Tip**
> 이벤트의 종류는 클릭이든, 더블클릭이든 편리한 종류로 사용해도 됩니다.

4 [소리로듣기] 시트가 활성화될 때마다 '목록 상자' 컨트롤에 [기초문장정리] 시트의 'tbl문장' 표 내용을 새로 표시하기 위해 [개체]에서는 [Worksheet]를, [프로시저]에서는 [Activate]를 선택 하세요. 'Private Sub Worksheet_Activate' 이벤트 프로시저가 삽입되면 다음과 같이 입력하 고 Alt + F11 을 누르세요.

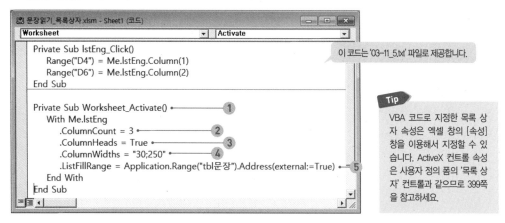

> **Tip**
> VBA 코드로 지정한 목록 상 자 속성은 엑셀 창의 [속성] 창을 이용해서 지정할 수 있 습니다. ActiveX 컨트롤 속성 은 사용자 정의 폼의 '목록 상 자' 컨트롤과 같으므로 399쪽 을 참고하세요.

① [속성] 창을 이용해서 목록 상자의 열 너비 및 목록 내용을 지정할 수 있지만, 동적으로 작업 범위가 참조되도록 워 크시트 활성 이벤트를 이용합니다.

② 목록 상자의 열 개수를 3개로 지정합니다.

③ ColumnHeads 속성을 True로 지정하면 목록 상자의 ListFillRange(입력 범위) 속성에서 지정한 영역의 바로 윗 행이 열 제목으로 표시됩니다.

④ 목록 상자의 열 너비를 포인트(pt) 단위로 지정하고 열과 열은 세미콜론(;)으로 구분합니다. 생략하는 경우 자동으로 지정되므로 여기서는 첫 번째 열과 두 번째 열의 열 너비만 지정합니다.

⑤ 'tbl문장'은 [기초문장정리] 시트에 정의해 놓은 표의 이름입니다. 이 표의 주소를 외부 참조 형태로 ListFillRange 속 성에 지정해 목록 상자에 표시합니다.

5 엑셀 창이 열리면 [속성] 창을 닫고 [개발 도구] 탭-[컨트롤] 그룹에서 [디자인 모드]를 클릭하여 디자인 모드의 선택을 해제하세요. **4** 과정에서 작성한 Worksheet_Activate 이벤트를 발생시키기 위해 [기초문장정리] 시트를 클릭했다가 다시 [소리로 듣기] 시트를 클릭하세요.

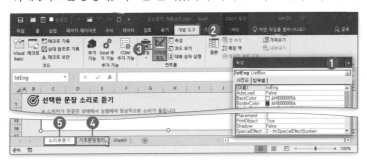

6 목록 상자에 [기초문장정리] 시트의 표 내용이 표시되면 목록 중 하나를 선택하세요. 그러면 D4셀과 D6셀에 선택한 항목의 두 번째 열과 세 번째 열의 내용이 표시됩니다.

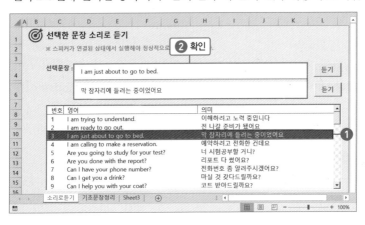

잠깐만요 **'목록 상자' 컨트롤 비교하기**

목록 상자의 속성은 콤보 상자의 속성과 거의 같습니다. 콤보 상자는 입력이 가능하고 드롭다운 형태로 목록을 표시하지만, 목록 상자는 컨트롤의 크기만큼 목록을 표시하고 스크롤 막대를 이용해서 나머지 목록을 확인합니다. 목록 상자는 '양식 컨트롤'과 'ActiveX 컨트롤'로 작성할 수 있는데, 이들 컨트롤의 주요 특징은 다음과 같습니다.

종류	특징
목록 상자(▦) (양식 컨트롤)	• 목록에 표시할 내용을 '입력 범위' 속성에 **하나의 열 방향으로 지정** 가능 • '셀 연결' 속성에 지정한 셀에 선택한 목록의 위치 번호 표시 가능
목록 상자(▦) (ActiveX 컨트롤)	• 표시할 목록 범위를 ListFillRange 속성에 **여러 열과 행으로 지정** 가능 • ColumnCount 속성을 이용해 여러 열을 표시할 수도 있고, 지정된 열 중 Value 값이 될 열 번호를 BoundColumn 속성으로 지정 가능 • 목록에서 선택한 내용(Value)은 LinkedCell 속성에 지정한 셀에 표시 가능 • Value 속성은 실제 선택한 값, Text 속성은 선택한 행의 첫 번째 열 값 반환 • ColumnHeads 속성을 True로 지정하면 ListFillRange 속성으로 지정한 셀 영역의 바로 윗 행을 열 제목으로 표시 • ColumnCount 속성을 이용해 여러 열을 표시하는 경우 ColumnWidths 속성을 이용해 열 너비를 세미콜론(;)으로 구분하여 지정 **예** 20;40;50 → 첫 번째 열부터 차례로 20pt, 40pt, 50pt로 지정 • MultiSelect 속성을 이용해 여러 개의 항목을 선택할 수 있는데, 이 경우 반복문을 이용해 선택 항목을 확인하고 처리해야 함(408쪽 참고)

● 예제파일 : 문장읽기_그림단추.xlsm   ● 완성파일 : 문장읽기_그림단추(완성).xlsm

실무
예제 **10**   스피커 단추 클릭해 문장을 소리로 듣기

1 [소리로듣기] 시트에서 [개발 도구] 탭-[컨트롤] 그룹의 [디자인 모드]를 클릭하세요. 디자인 모드에
서 L4셀의 '명령 단추' 컨트롤을 선택하고 [개발 도구] 탭-[컨트롤] 그룹의 [속성]을 클릭하세요.

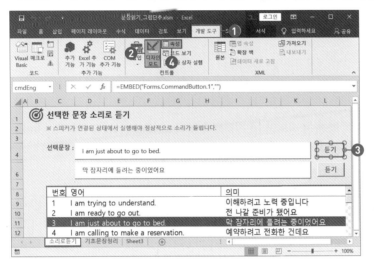

2 명령 단추에 표시할 그림을 선택하기 위해 [속성] 창의 [사전순] 탭에서 'Picture' 속성의 [자세
히] 단추(⋯)를 클릭하세요.

명령 단추에 '(이름)' 속성은 [cmdEng]로, 'Caption' 속성은 [닫기]로 미리 지정되어 있어요.

3 [그림 로드] 대화상자가 열리면 부록 실습 파일의 'Images' 폴더로 이동하여 '그림3_B.bmp'를 선택하고 [열기]를 클릭하세요.

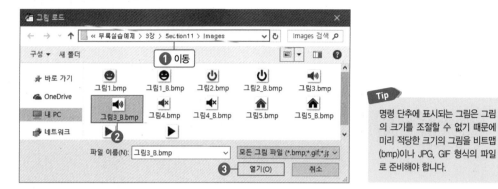

Tip

명령 단추에 표시되는 그림은 그림의 크기를 조절할 수 없기 때문에 미리 적당한 크기의 그림을 비트맵(bmp)이나 JPG, GIF 형식의 파일로 준비해야 합니다.

4 명령 단추에 그림과 캡션이 함께 표시되면 [속성] 창에서 'PcturePosition' 속성을 [1 - fmPicture PositionLeftCenter]로 지정하고 그림이 표시된 명령 단추를 더블클릭하세요.

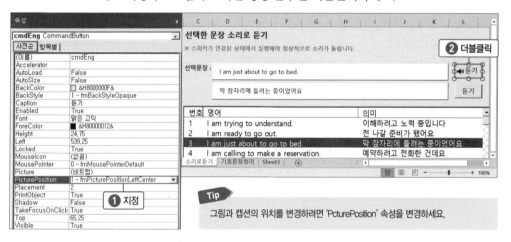

Tip

그림과 캡션의 위치를 변경하려면 'PcturePosition' 속성을 변경하세요.

5 VB 편집기 창이 열리면서 'Private Sub cmdEng_Click' 이벤트 프로시저가 삽입되면 다음과 같이 입력하고 Alt + F11 을 누르세요.

① 'Application.Speech.Speak "읽을 내용"' 형식으로 컴퓨터에 내장된 음성을 통해 영어 또는 한글 문장을 읽어줍니다.

Tip

Application.Speech.Speak 메서드를 통해 읽어주는 목소리는 선택할 수 없고 윈도우 설정에서 여자 또는 남자의 음성으로 설치되기 때문에 해당 음성만 사용할 수 있습니다. 다양한 음성과 볼륨 등을 직접 제어하려면 Speech 개체를 대체하는 추가적인 라이브러리를 참조해야 하는데, 여기서는 다루지 않습니다.

6 엑셀 창으로 되돌아오면 [속성] 창을 닫고 **[개발 도구]** 탭–**[컨트롤]** 그룹에서 **[디자인 모드]**를 클릭하여 디자인 모드의 선택을 해제하세요.

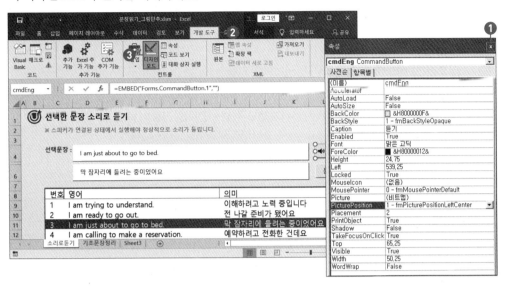

7 [듣기] 명령 단추를 클릭하면 D4셀의 내용을 읽어주는지 확인해 보세요.

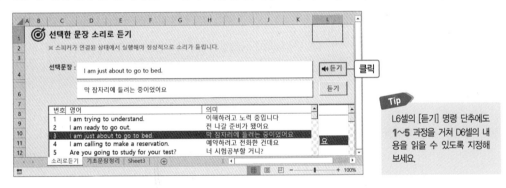

> **Tip**
>
> L6셀의 [듣기] 명령 단추에도 **1~5** 과정을 거쳐 D6셀의 내용을 읽을 수 있도록 지정해 보세요.

잠깐만요 **컨트롤 정렬 및 그룹화하기**

여러 개의 컨트롤을 작성하고 일정한 간격을 유지하거나 정렬하려면 Ctrl을 누른 상태에서 컨트롤을 차례대로 선택하여 모두 선택하세요. 이 상태에서 [그리기 도구]의 **[서식]** 탭–**[정렬]** 그룹을 이용하여 컨트롤을 정렬 및 그룹화할 수 있어요.

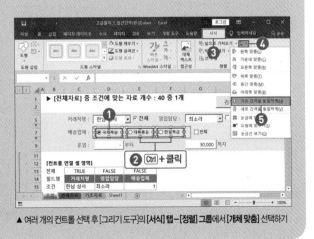

▲ 여러 개의 컨트롤 선택 후 [그리기 도구]의 **[서식]** 탭–**[정렬]** 그룹에서 **[개체 맞춤]** 선택하기

이벤트 프로그래밍

ActiveX 컨트롤

사용자 정의 폼

프로그램 구성

폼 디자인

오피스 연동

함수

매크로

사용자 리본 메뉴

추가 기능 파일

● 예제파일 : 문장읽기_토글버튼.xlsm　　● 완성파일 : 문장읽기_토글버튼(완성).xlsm

실무
예제 **11**　**토글 단추 이용해 머리글 숨기고 표시하기**

1 [소리로듣기] 시트에서 [개발 도구] 탭-[컨트롤] 그룹의 [삽입]을 클릭하고 'ActiveX 컨트롤'에서 [토글 단추](■)를 클릭하세요. K2셀에서 적당한 크기로 드래그하여 '토글 단추' 컨트롤을 그리고 '토글 단추' 컨트롤이 선택된 상태에서 [개발 도구] 탭-[컨트롤] 그룹의 [속성]을 클릭하세요.

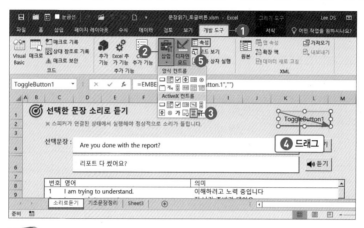

> **Tip**
>
> 토글 단추(ActiveX 컨트롤)는 한 번 누르면 선택한 상태(On 또는 True)가 되고 다시 누르면 해제된 상태(Off 또는 False)가 되는 단추입니다. 모양은 일반 단추와 비슷하지만, 단추가 On/Off된 상태로 표시되기 때문에 특정 기능을 선택하거나 해제하는 용도로 많이 사용됩니다. 토글 단추는 ActiveX 컨트롤에서만 지원하고, On 상태에서는 토글 단추의 Value 속성이 True가 되고, Off 상태에서는 Value 속성이 False가 됩니다.

2 [속성] 창이 열리면 [사전순] 탭에서 '(이름)'에는 『tgbDisplay』를, 'Caption'에는 『머리글』을 입력하고 [머리글] 토글 단추를 더블클릭하세요.

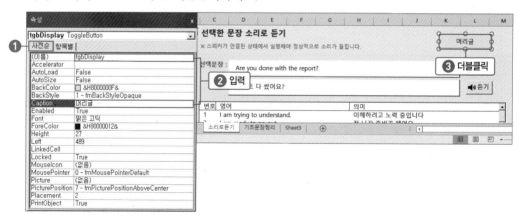

3 VB 편집기 창이 열리면서 [소리로듣기] 시트의 개체명인 'Sheet1' 코드 창에 'Private Sub tgbDisplay_Click' 이벤트 프로시저가 자동으로 삽입되면 다음과 같이 입력하고 Alt + F11 을 누르세요.

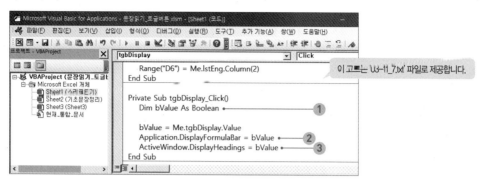

> 이 코드는 'U3-11_7.txt' 파일로 제공합니다.

① 토글 단추의 값을 변수 bValue에 저장합니다. 토글 단추는 눌렀을 때는 True 값을, 해제된 상태에서는 False 값을 가지므로 변수의 데이터형은 Boolean으로 지정합니다.

② Application.DisplayFormulaBar는 수식 입력줄의 표시 상태를 나타내는 속성으로, True이면 표시되고 False이면 숨겨집니다. 이 속성에 토글 단추의 값을 지정합니다.

③ ActiveWindow.DisplayHeadings는 머리글 표시 상태를 나타내는 속성으로, True이면 표시되고 False이면 숨겨집니다. 이 속성에 토글 단추의 값을 지정합니다.

4 엑셀 창으로 되돌아오면 [속성] 창을 닫고 **[개발 도구] 탭-[컨트롤] 그룹**에서 **[디자인 모드]**를 클릭하여 디자인 모드의 선택을 해제하세요.

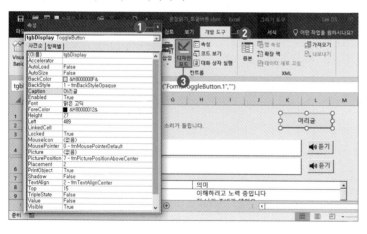

5 [머리글] 토글 단추를 클릭하면 토글 단추가 선택되면서 워크시트의 행/열 머리글과 수식 입력줄이 숨겨졌는지 확인해 보세요.

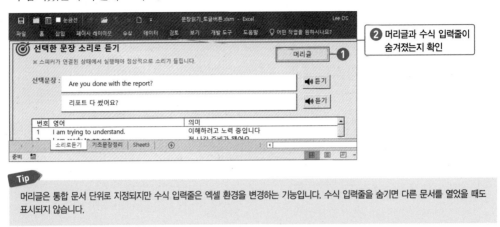

Tip

머리글은 통합 문서 단위로 지정되지만 수식 입력줄은 엑셀 환경을 변경하는 기능입니다. 수식 입력줄을 숨기면 다른 문서를 열었을 때도 표시되지 않습니다.

6 [머리글] 토글 단추를 다시 클릭하면 토글 단추의 선택이 해제되면서 워크시트의 행/열 머리글과 수식 입력줄이 표시되는지 확인해 보세요.

1 | 배열 변수 사용하기

🔵 예제파일 : 11-Ex1.xlsm 🔵 완성파일 : 11-Ex1(풀이).xlsm

다음과 같은 조회 기능이 실행되도록 양식 컨트롤과 ActiveX 컨트롤을 작성하고 검색 매크로를 리·닝해 보세요.

▲ 작업 전 [조회하기] 시트

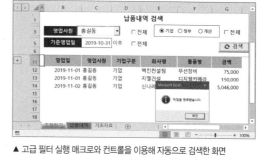

▲ 고급 필터 실행 매크로와 컨트롤을 이용해 자동으로 검색한 화면

▲ 실제 납품 내역이 기록된 [납품내역] 시트

▲ 기초 정보가 기록된 [기초자료] 시트

처리 조건

① [기초자료] 시트의 각 열을 '영업사원', '기업구분', '회사명', '물품명'으로 이름 정의하세요.

② [납품내역] 시트의 데이터를 표로 정의하고 표 이름을 'tb납품내역'으로 지정하세요.

③ [검색하기] 명령 단추를 클릭하면 입력된 조건에 맞는 자료를 [납품내역] 시트로부터 고급 필터로 추출해서 B12셀의 아래쪽에 표시하세요.

④ 매크로 이름과 기타 필요한 사항은 임의로 지정하세요.

Hint | 이름과 표를 정의하고 고급 필터 과정을 매크로 기록기로 기록한 후 수정해서 사용하세요.

Section **12**

사용자 정의 폼 사용하기

사용자 정의 폼은 [셀 서식] 대화상자나 [Excel 옵션] 창과 같은 대화상자를 작성할 때 사용하는 개체입니다. 사용자 정의 폼은 메시지 창과 같은 팝업 창에 ActiveX 컨트롤을 배치하여 편리한 사용자 인터페이스 화면을 제공합니다. 사용자 정의 폼에서 사용하는 ActiveX 컨트롤은 앞의 섹션에서 다루었던 워크시트의 ActiveX 컨트롤과 사용법이 대부분 같습니다. 이번 섹션에서는 사용자 정의 폼을 이용하는 다양한 방법을 살펴봅니다.

> PREVIEW

사용자 정의 폼을 이용하면 워크시트의 내용을 원하는 형태의 화면으로 확인하면서 동시에 여러 개의 폼을 표시할 수 있습니다.

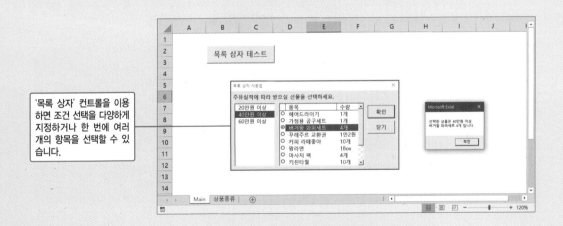

'목록 상자' 컨트롤을 이용하면 조건 선택을 다양하게 지정하거나 한 번에 여러 개의 항목을 선택할 수 있습니다.

예제파일 : 사용자정의폼.xlsm

사용자 정의 폼 및 도구 상자의 기능 살펴보기

1 │ 사용자 정의 폼 표시하고 닫기

사용자 정의 폼(UserForm)은 엑셀 창과 별도로 표시할 수 있는 화면을 제공하는 개체로, 간단히 '폼(Form)'이라고 합니다. VB 편집기 창의 [삽입]-[사용자 정의 폼] 메뉴를 선택하여 폼 개체를 삽입하고 [도구 상자]를 이용하여 폼 개체 화면에 다양한 형태로 디자인할 수 있어요. [도구 상자]의 도구는 엑셀 창의 [개발 도구] 탭-[컨트롤] 그룹에서 [삽입]을 클릭하여 작성하는 ActiveX 컨트롤과 기능이 비슷합니다.

▲ 엑셀 창에 표시된 사용자 정의 폼

VB 편집기 창에서 사용자 정의 폼에 다양한 컨트롤을 배치하고 속성 및 이벤트 프로시저를 작성하는 과정을 '디자인 모드(design mode)'라고 합니다. 폼 및 컨트롤의 속성과 이벤트 기능은 디자인 모드에서는 확인할 수 없고 폼을 실행(run mode)해야 확인 가능합니다.

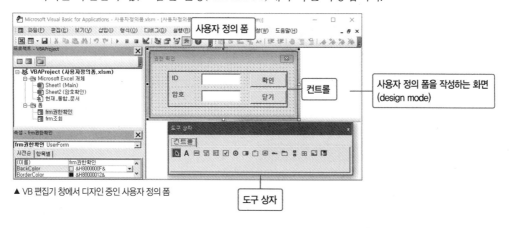

▲ VB 편집기 창에서 디자인 중인 사용자 정의 폼

화면에 폼을 표시할 경우 '모달(modal)'과 '모덜리스(modeless)'라는 두 가지 방법을 이용할 수 있어요. '모달'은 해당 창이 표시된 상태에서 '다른 창(폼)을 선택할 수 없게 하는 방법'이고, '모덜리스'는 해당 창이 표시된 상태에서 '다른 창(폼)을 자유롭게 선택할 수 있는 방법'입니다. VBA에서는 기본적으로 폼을 모달 창으로 표시하는데, 화면에 폼을 표시하고 닫는 명령은 다음과 같습니다.

사용자 정의 폼과 관련된 명령

기능	명령	사용 형식	사용 예	
폼 실행 및 표시	Show 메서드	**폼 개체.Show [표시 방법]**	①	frm권한확인.Show frm권한확인.Show vbModal frm권한확인.Show 1
			②	frm권한확인.Show vbModeless frm권한확인.Show 0
폼 종료	UnLoad문	**UnLoad 폼 개체**	③	UnLaod frm권한확인
			④	UnLaod Me
폼 실행	Load문	**Load 폼 개체**	⑤	Laod frm권한확인
폼 감추기	Hide 메서드	**폼 개체.Hide**	⑥	frm권한확인.Hide

① Show 메서드는 폼을 실행하고 화면에 표시합니다. 표시 방법을 생략하면 모달(vbModal) 창으로 표시하므로 ①의 세 가지 사용 형식은 모두 이름이 'frm권한확인'인 폼을 모달 창으로 표시합니다.

② 두 가지 사용 형식은 모두 이름이 'frm권한확인'인 폼을 모델리스 창으로 표시합니다.

③ UnLoad는 메서드가 아닌 독립적인 명령문으로 뒤에 지정한 폼을 종료합니다.

④ 키워드 Me는 이 키워드가 사용된 개체 자신을 의미하기 때문에 현재 폼을 종료합니다. 현재 창이 아닌 다른 창을 닫을 때는 ③을, 현재 창을 닫을 때는 키워드 Me를 주로 사용합니다.

⑤ 이름이 'frm권한확인'인 폼을 실행하지만, 실제로는 메모리에 적재시키는 동작만 하고 폼을 화면에 표시하지는 않습니다. 화면이 숨겨진 상태로 실행해야 하는 경우에 사용합니다.

⑥ 이름이 'frm권한확인'인 폼을 종료하지는 않고 화면만 보이지 않도록 숨깁니다. 이 경우 폼은 계속 실행되는 상태입니다.

2 │ [도구 상자]의 컨트롤 종류

[도구 상자]는 사용자 정의 폼 개체를 선택한 상태에서만 표시할 수 있는 창입니다. 폼 개체를 선택해도 [도구 상자]가 표시되지 않으면 VB 편집기 창에서 [보기]–[도구 상자] 메뉴를 선택하거나 [표준] 도구 모음에서 [도구 상자] 도구(⚒)를 클릭해서 표시할 수 있어요. [도구 상자]는 사용자 정의 폼에 삽입 가능한 기본 컨트롤을 표시합니다.

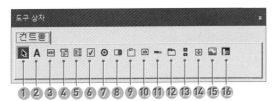

① **개체 선택**(▶) : 컨트롤을 이동하거나 크기를 조절하기 위해 컨트롤을 선택할 수 있습니다.

② **레이블**(A) : 데이터를 표시하기 위해 사용하는 컨트롤로, 주로 제목 등을 표시할 수 있습니다.

③ **텍스트 상자**(▥) : 데이터의 입·출력을 위한 컨트롤로, 가장 많이 사용합니다.

④ **콤보 상자**(▤) : 텍스트 상자처럼 입·출력이 가능하고 드롭다운 형태로 미리 설정된 목록을 표시하여 그 중에서 하나를 선택할 수 있습니다.

⑤ **목록 상자**(▤) : 콤보 상자는 드롭다운 형태로 목록을 표시하지만, 목록 상자는 컨트롤의 크기에 따라 한 번에 여러 개의 목록을 표시합니다. 콤보 상자와 달리 새로운 데이터를 입력할 수 없고 목록 중에서 하나 이상의 항목을 선택할 수 있습니다.

⑥ **확인란(☑)** : 선택(True)과 해제(False) 값을 갖는 컨트롤입니다.

⑦ **옵션 단추(◉)** : 보통 2개 이상의 항목을 그룹으로 사용해 여러 개의 항목 중 하나를 선택할 수 있는 컨트롤로, 선택한 옵션 단추만 True 값을 갖고 나머지 옵션 단추는 False 값을 갖습니다. **2개 이상의 항목을 그룹으로 지정할 때 프레임 컨트롤을 사용하거나 'GroupName' 속성을 똑같이 지정**합니다.

⑧ **토글 단추(▣)** : 선택한 상태(오목 형태)에서는 True 값을, 해제된 상태(볼록 형태)에서는 False 값을 갖습니다.

⑨ **프레임(▥)** : 여러 개의 옵션 단추를 하나의 그룹으로 만들거나 시각적으로 컨트롤을 구분할 수 있습니다.

⑩ **명령 단추(▥)** : 단추를 작성합니다. 단추 컨트롤은 클릭 이벤트를 작성해 단추를 클릭할 때 특정 작업이 실행되노복 합니다.

⑪ **연속 탭(▭)** : 하나의 폼에 여러 화면이 구성되도록 다양한 페이지를 추가할 수 있습니다. 각 페이지의 컨트롤은 해당 페이지 소속이 아닌 폼 소속이 됩니다.

⑫ **다중 페이지(▤)** : 연속 탭처럼 여러 페이지를 추가할 수 있지만, 각 페이지에 포함된 컨트롤이 해당 페이지에 포함된다는 것이 연속 탭과 다릅니다.

⑬ **스크롤 막대(▤)** : 스크롤 막대를 드래그하거나 클릭하여 숫자를 입력할 수 있습니다.

⑭ **스핀 단추(▣)** : 스크롤 막대와 같이 마우스 클릭을 통해 숫자를 입력할 수 있는 컨트롤입니다. 스크롤 막대는 스크롤 단추를 드래그해 값을 크게 바꿀 수 있지만, 스핀 단추는 클릭만 인식한다는 것이 차이점입니다.

⑮ **이미지(▣)** : 폼에 그래픽 이미지를 표시할 수 있습니다.

⑯ **RefEdit(▣)** : 셀 영역을 범위로 입력받을 때 사용하는 컨트롤로, 마우스를 이용하여 워크시트의 셀 영역을 지정할 수 있습니다.

3 │ 추가 컨트롤 사용하기

사용자 정의 폼에 [도구 상자]를 이용한 기본 컨트롤 외에 추가 컨트롤을 작성할 수 있어요. 추가 컨트롤은 윈도우에 설치된 ActiveX 컨트롤을 의미하는데, [도구 상자]에서 마우스 오른쪽 단추를 눌러 [추가 컨트롤]을 선택하거나 **[도구]-[추가 컨트롤]** 메뉴를 선택하면 열리는 [추가 컨트롤] 대화상자를 이용하면 됩니다.

여러 대의 컴퓨터에서 사용하는 엑셀 문서의 경우 내 컴퓨터에 설치된 ActiveX 컨트롤이 다른 컴퓨터에도 설치되어 있는지 확인해야 문제없이 사용할 수 있습니다. 왜냐하면 내 컴퓨터에서 정상적으로 작동하는 매크로도 다른 컴퓨터에서는 실행되지 않을 수 있기 때문입니다. 특히 오피스 및 윈도우 업데이트를 통해 ActiveX를 지원하는 라이브러리 파일(예 MSCOMCTL.OCX 등)의 버전이 변경될 수 있어요. 이 책에서는 추가적인 컨트롤 사용에 대해서는 다루지 않습니다.

▲ 바로 가기 메뉴에서 [추가 컨트롤] 선택하기

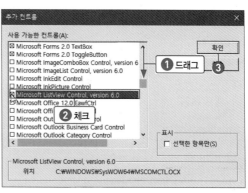
▲ [추가 컨트롤] 대화상자에서 사용할 컨트롤 선택하기

이벤트 프로그래밍

ActiveX 컨트롤

사용자 정의 폼

프로그램 구성

폼 디자인

오피스 연동

함수

매크로

사용자 리본 메뉴

추가 기능 파일

폼 작성 순서와 텍스트 상자의 속성 살펴보기

1 | 사용자 정의 폼의 작성 순서

사용자 정의 폼을 원하는 형태와 기능을 가진 대화상자로 표시하려면 다음과 같은 순서대로 작성해야 합니다.

① **폼의 삽입** : [삽입]-[사용자 정의 폼] 메뉴를 선택하거나 [표준] 도구 모음에서 [사용자 정의 폼 삽입] 도구(▦)를 클릭합니다.

② **컨트롤 삽입** : 폼을 선택하고 [도구 상자]를 이용하여 필요한 컨트롤을 작성합니다.

③ **컨트롤 속성 지정** : 컨트롤을 선택하여 필요한 속성을 지정합니다. 이때 필수 속성만 지정하고 나머지 속성은 폼의 'Initialize' 이벤트 프로시저를 이용하여 컨트롤 속성을 지정하는 것이 좋습니다.

④ **이벤트 작성** : 원하는 기능은 대부분 이벤트를 통해 작성합니다. 예를 들어 [확인]을 클릭하여 특별한 기능을 처리하는 경우 폼에 명령 단추(CommandButton) 컨트롤을 작성하고 클릭(Click) 이벤트 프로시저를 작성합니다.

⑤ **폼 실행 프로시저 작성** : 폼을 화면으로 표시할 때는 Show 메서드를 사용합니다. 이때 Show 메서드는 별도의 프로시저를 이용해서 작성합니다.

2 | 텍스트 상자의 속성

폼은 대화상자의 공간만 제공하고, 실제 자료의 입·출력이나 기능은 [도구 상자]의 컨트롤을 삽입해서 작성합니다. 이 중에서 **텍스트 상자(TextBox)와 레이블(Label), 명령 단추(CommandButton) 컨트롤을 가장 일반적으로 사용하고, 도구 상자의 각 컨트롤은 고유한 속성과 이벤트를 갖습니다.**

컨트롤을 효과적으로 사용하려면 해당 컨트롤의 중요한 속성에 대해 정확하게 알아야 합니다. [속성] 창이 표시된 상태이면 컨트롤을 클릭하세요. [속성] 창이 표시되지 않은 상태이면 컨트롤에서 마우스 오른쪽 단추를 눌러 [속성]을 선택하여 [속성] 창을 열고 해당 컨트롤의 속성을 표시할 수 있어요.

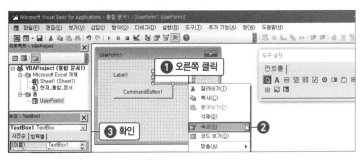

▲ 바로 가기 메뉴에서 [속성]을 선택해 [속성] 창 표시하기

컨트롤은 몇 개의 특별한 속성 이외에는 대부분의 속성이 같기 때문에 가장 대표적인 컨트롤인 텍스트 상자(TextBox)의 속성에 대해 자세히 살펴보겠습니다. 여기에서 설명하는 속성 외의 속성 설명을 확인하려면 [속성] 창의 속성 입력 상자에 커서를 올려놓고 [F1]을 눌러 도움말을 이용하세요.

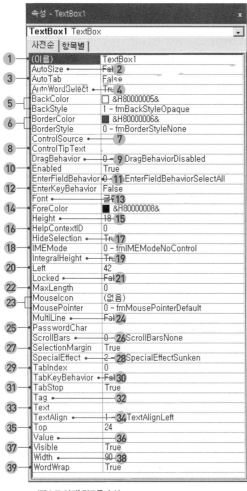

▲ '텍스트 상자' 컨트롤 속성

① **이름** : VBA 코드에서는 '(이름)' 속성이 Name 속성으로 표기됩니다. 컨트롤을 알기 쉽게 구분하기 위해 고유한 이름을 지정할 때 이 속성을 사용합니다. 이름을 작성하는 규칙은 변수명을 지정하는 규칙과 똑같이 문자로 시작해야 하고, 문자, 숫자, 밑줄(_)로 구성해서 작성합니다.

② **AutoSize** : True이면 문자열의 길이에 맞춰 컨트롤의 크기가 자동으로 변경됩니다.

③ **AutoTab** : 최대 입력 문자 길이(MaxLength) 속성을 True로 지정한 상태에서 이 속성을 True로 지정하면 최대 문자 수를 초과하여 입력할 때 자동으로 커서가 다음 컨트롤로 이동합니다.

④ **AutoWordSelect** : True이면 단어 단위로, False이면 문자 단위로 선택 영역을 확장합니다.

⑤ **BackColor, BackStyle** : 컨트롤의 배경색과 배경 스타일을 지정합니다. BackStyle 속성을 [1 - fmBackStyleOpaque]로 지정하면 불투명 상태로 BackColor 속성에서 지정한 색이 표시됩니다. 하지만 [0 - fmBackStyleTransparent]로 지정하면 투명 상태가 되어 BackColor 속성에서 지정한 색이 표시되지 않습니다.

⑥ **BorderColor, BorderStyle** : 테두리의 색과 종류를 지정합니다.

이벤트 프로그래밍

ActiveX 컨트롤

사용자 정의 폼

프로그램 구성

폼 디자인

오피스 연동

함수

매크로

사용자 리본 메뉴

추가 기능 파일

⑦ **ControlSource** : 컨트롤과 시트의 셀을 연결할 때 사용하고 셀 주소를 입력하면 해당 셀의 내용이 표시되면서 입력한 내용이 저장됩니다.

⑧ **ControlTip Text** : 컨트롤의 위에 마우스 포인터를 올려놓으면 이 속성에 지정한 내용이 풍선 도움말로 표시됩니다.

⑨ **DragBehavior** : 컨트롤에 마우스 끌기를 이용하여 값을 지정할 수 있는지의 여부를 설정합니다.

⑩ **Enabled** : 컨트롤의 사용 여부를 지정합니다. True이면 입·출력 가능한 상태로, False이면 출력만 가능한 상태로 흐리게 표시되어 포커스를 가질 수 없습니다.

⑪ **EnterFieldBehavior** : [0 – fmEnterFieldBehaviorSelectAll]을 선택하면 컨트롤이 편집 상태가 될 때 컨트롤 내용이 모두 선택됩니다.

⑫ **EnterKeyBehavior** : True이면 [Enter]를 눌러 컨트롤 안에서 줄 변경이 가능하고 False이면 다음 컨트롤로 이동합니다.

⑬ **Font** : 글꼴의 크기, 모양, 속성 등을 지정합니다.

⑭ **ForeColor** : 전경색(글자의 경우 글꼴 색)을 지정합니다.

⑮ **Height** : 포인트 단위로 컨트롤의 높이를 지정합니다.

⑯ **HelpContextID** : 도움말 파일의 ID 번호를 지정합니다.

⑰ **HideSelection** : False이면 다른 컨트롤로 포커스가 이동해도 해당 컨트롤에서 블록으로 설정한 내용이 계속 반전되어 표시됩니다.

⑱ **IMEMode** : 컨트롤이 편집 상태가 될 때 자판 입력 상태(Input Method Editor)를 설정하는 속성으로, 기본값은 IME를 설정하지 않는 [0 – fmIMEModeNoControl]입니다. 한글은 [10 – fmIMEModeHangul], 영문은 [8 – fmIMEModeAlpha]로 지정합니다.

⑲ **IntegralHeight** : True이면 목록 상자나 텍스트 상자의 높이가 특정 행이 완전히 표시될 수 있도록 자동으로 조절되고, False이면 작성한 상태의 높이를 유지합니다.

⑳ **Left** : 컨트롤이 부모 개체의 왼쪽 경계선으로부터 떨어진 간격을 지정합니다.

㉑ **Locked** : 편집 가능 여부를 지정합니다. True이면 내용을 출력할 수 있지만 해당 컨트롤을 수정할 수 없고, False이면 입·출력 및 수정이 가능합니다.

㉒ **MaxLength** : 입력 가능한 최대 문자 수를 지정하는데, 0이면 문자 수의 제한 없이 사용할 수 있습니다.

㉓ **MouseIcon, MousePointer** : 마우스 포인터가 해당 컨트롤에 위치할 때의 아이콘 모양과 마우스 포인터 모양을 지정합니다.

㉔ **MultiLine** : 여러 줄로 입력할 수 있는지 지정합니다. True이면 여러 줄을 사용할 수 있고, [Enter]를 눌러 줄 변경을 할 수 있게 EnterKeyBehavior 속성과 함께 사용해야 합니다.

㉕ **PasswordChar** : 암호를 입력할 때 사용하는 속성으로, 화면에 표시될 문자를 입력하면 실제 내용 대신 해당 문자가 표시됩니다. 예를 들어 *를 지정한 경우 컨트롤에 내용을 입·출력할 때 표시할 내용 대신 해당 문자 수만큼 * 기호가 표시됩니다.

㉖ **ScrollBars** : MultiLine 속성을 True로 사용하여 여러 줄이 표시되는 경우 화면 이동 막대 표시 방법을 설정합니다. [1 – fmScrollBarsHorizontal] 값을 지정한 경우에도 WordWrap 속성을 True로 지정하면 자동으로 컨트롤의 너비에 맞추어 줄이 변경되기 때문에 가로 이동 막대는 표시되지 않습니다.

㉗ **SelectionMargin** : 한 줄 단위로 내용을 선택할 수 있도록 컨트롤의 왼쪽에 선택 영역을 둘 것인지 지정합니다.

㉘ **SpecialEffect** : 컨트롤의 입체 효과를 지정합니다.

㉙ **TabIndex** : 폼에서 컨트롤 이동 순서를 지정합니다. [Enter]나 [Tab]을 누를 때 TabIndex 속성에서 지정한 번호에 따라 다음 컨트롤로 이동됩니다. 단 포커스를 가질 수 없는 레이블(Label)은 그 다음 번호의 컨트롤로 이동합니다.

㉚ **TabKeyBehavior** : 컨트롤 내용을 편집할 때 [Tab]의 기능을 사용할 수 있는지 지정합니다. 즉 True로 지정한 상태에서 [Tab]을 누르면 컨트롤 안에서 탭 위치만큼 이동되지만, False로 지정하면 다음 컨트롤로 이동합니다.

㉛ **TabStop** : [Tab]을 눌러 컨트롤을 이동할 때 이 컨트롤에서 정지할지(True), 다음 컨트롤로 이동할지(False)를 지정합니다.

㉜ **Tag** : 컨트롤의 태그 값을 지정합니다. 태그는 개체에 대한 추가 정보를 저장하는 곳입니다.

㉝ **Text** : 컨트롤의 입력 값을 지정합니다.

㉞ **TextAlign** : 텍스트의 정렬 방법을 지정합니다.

㉟ **Top** : 컨트롤이 부모 개체의 위쪽 경계선으로부터 떨어진 간격을 지정합니다.

㊱ **Value** : 컨트롤의 값을 지정합니다. '텍스트 상자' 컨트롤의 경우 Value 속성과 Text 속성이 일치합니다.

㊲ **Visible** : 컨트롤을 화면에 표시(True)할지, 감출지(False)를 지정합니다.

㊳ **Width** : 컨트롤의 너비를 지정합니다.

㊴ **WordWrap** : 컨트롤의 내용이 컨트롤의 너비보다 길면 자동으로 줄을 변경할지 지정합니다. 텍스트 상자는 MultiLine 속성이 True일 때 동작합니다.

3 | 사용자 정의 폼의 주요 이벤트 종류

사용자 정의 폼은 다양한 이벤트를 제공합니다. 사용자 정의 폼의 빈 공간을 더블클릭하면 기본적으로 클릭 이벤트 프로시저인 'Private Sub UserForm_Click' 프로시저가 삽입됩니다. 다른 이벤트 프로시저를 사용할 경우 코드 창의 오른쪽 위에 있는 [프로시저] 단추(▼)를 클릭하면 사용 가능한 이벤트 목록이 표시됩니다.

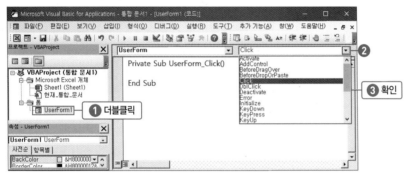

▲ 사용자 정의 폼을 더블클릭하고 [프로시저] 단추를 클릭하면 표시되는 이벤트 목록

다음은 폼 이벤트 중에서 가장 일반적으로 사용하는 이벤트와 실행되는 순서입니다.

폼 이벤트의 종류	실행 순서	기능
Initialize	1	• 폼이 실행될 때 한 번만 실행 • 컨트롤의 속성이나 기본값을 지정할 때 주로 사용
Activate	2	폼이 비활성화되었다가 다시 활성화될 때마다 실행
Deactivate	3	폼이 비활성화될 때마다 실행
Terminate	4	폼이 닫힐 때 한 번 실행

🔵 예제파일 : 암호확인.xlsm　　🔵 완성파일 : 암호확인(완성).xlsm

로그인 대화상자 디자인하기

폼 삽입하고 속성 지정하기

1 예제파일에서 Alt+F11 을 눌러 VBA 편집기 창을 열고 **[삽입]-[사용자 정의 폼]** 메뉴를 선택하세요. 사용자 정의 폼이 삽입되면 사용자 정의 폼 개체의 이름을 변경하기 위해 **[보기]-[속성 창]** 메뉴를 선택하거나 F4 를 눌러 [속성] 창을 열고 '(이름)' 속성에는 『frmLogin』을, 'Caption' 속성에는 『권한 확인』을 입력하세요.

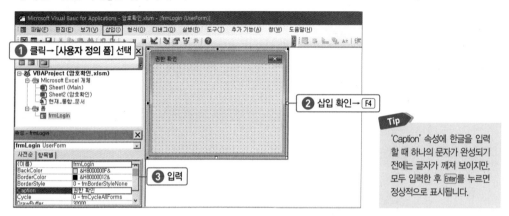

> **Tip**
> 'Caption' 속성에 한글을 입력할 때 하나의 문자가 완성되기 전에는 글자가 깨져 보이지만, 모두 입력한 후 Enter 를 누르면 정상적으로 표시됩니다.

2 대화상자의 글꼴 속성을 지정하기 위해 [속성] 창의 'Font' 속성에서 대화상자 표시 단추(…)를 클릭하세요. [글꼴] 대화상자가 열리면 '글꼴'은 『맑은 고딕』, '글꼴 스타일'은 [보통], '크기'는 [11]로 지정하고 [확인]을 클릭하세요.

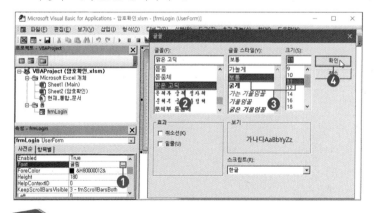

> **Tip**
> Font 속성은 글자가 입·출력되는 모든 컨트롤에 공통적으로 제공되는 속성입니다. 컨트롤의 부모 개체인 폼 개체의 Font 속성을 먼저 지정하면 폼에 추가되는 컨트롤의 Font 속성이 폼 Font 속성을 상속하기 때문에 일괄적으로 글꼴 서식을 지정할 때 편리합니다.

3 폼 개체의 오른쪽 아래에 있는 흰색 점을 드래그하여 폼의 크기를 다음의 화면과 같이 적당하게 조절하세요.

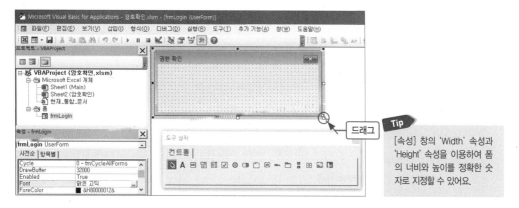

Tip

[속성] 창의 'Width' 속성과 'Height' 속성을 이용하여 폼의 너비와 높이를 정확한 숫자로 지정할 수 있어요.

컨트롤 작성하고 속성 지정하기

4 [도구 상자]에서 [레이블] 도구(A)를 클릭하고 폼에서 드래그하여 다음의 화면과 같은 위치와 크기로 '레이블' 컨트롤을 작성하세요.

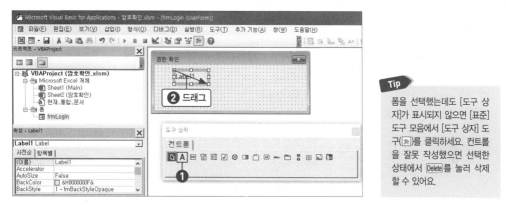

Tip

폼을 선택했는데도 [도구 상자]가 표시되지 않으면 [표준] 도구 모음에서 [도구 상자] 도구(🗶)를 클릭하세요. 컨트롤을 잘못 작성했으면 선택한 상태에서 Delete를 눌러 삭제할 수 있어요.

5 '레이블' 컨트롤이 선택된 상태에서 [속성] 창의 'Caption' 속성에 『ID』를 입력하세요. [도구 상자]에서 [텍스트 상자] 도구(🔲)를 클릭하고 폼에서 드래그하여 다음의 화면과 같은 위치에 실제 ID를 입력하기 위한 '텍스트 상자' 컨트롤을 작성하세요.

Tip

컨트롤 중 이벤트 프로시저에서 사용하지 않은 컨트롤에는 '(이름)' 속성을 지정하지 않아도 됩니다. 프로시저에서 해당 컨트롤을 인식하기 위해 '(이름)' 속성을 지정하는 것이므로 필요한 경우에만 지정하세요.

이벤트 프로그래밍

ActiveX 컨트롤

사용자 정의 폼

프로그램 구성

폼 디자인

오피스 연동

함수

매크로

사용자 리본 메뉴

추가 기능 파일

6 '텍스트 상자' 컨트롤이 선택된 상태에서 [속성] 창의 '(이름)' 속성에 『txtID』를 입력하고 'IMEMode' 속성에서 [8 - fmIMEModeAlpha]를 선택하세요.

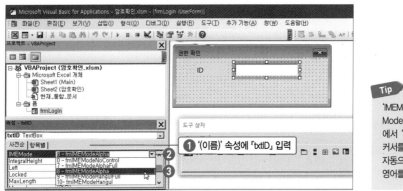

7 이와 같은 방법으로 '암호' 레이블 상자와 암호를 입력하는 '텍스트 상자' 컨트롤을 작성하세요. '레이블' 컨트롤의 'Caption' 속성에 『암호』를 입력하고 '텍스트 상자' 컨트롤의 '(이름)' 속성에는 『txtPw』를, 'Password' 속성에는 『*』를 입력하세요.

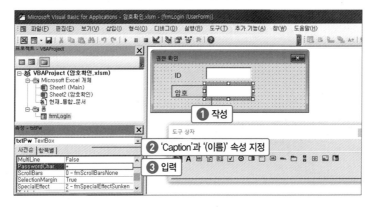

8 [도구 상자]에서 [명령 단추] 도구(圖)를 클릭하고 폼에서 드래그하여 다음의 화면과 같이 [확인] 명령 단추를 작성하세요. 이때 [속성] 창의 '(이름)' 속성에는 『cmdOk』를, 'Caption' 속성에는 『확인』을 입력하세요.

9 [닫기] 명령 단추는 앞에서 작성한 [확인] 명령 단추를 복사해서 작성해 볼게요. `Ctrl`을 누른 상태에서 [확인] 명령 단추를 아래쪽으로 드래그하여 복사하고 [속성] 창의 '(이름)' 속성에는 『cmdClose』를, 'Caption' 속성에는 『닫기』를 입력하세요.

> **Tip**
>
> 폼을 선택한 상태에서 `F5`를 누르면 폼이 화면에 표시되면서 컨트롤에 설정된 속성 등을 확인할 수 있어요.

10 두 번째 폼을 작성하기 위해 [표준] 도구 모음에서 [사용자 정의 폼 삽입] 도구(📰)를 클릭하세요. 새로운 폼이 삽입되면 [속성] 창의 '(이름)' 속성에는 『frmView』를, 'Caption' 속성에는 『조회』를 입력하고 'Font' 속성에는 [맑은고딕], [11포인트]를 지정하세요.

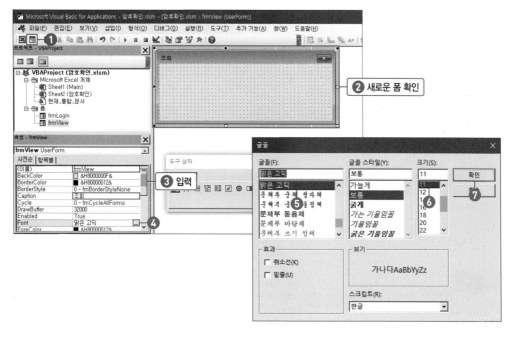

이벤트 프로그래밍

ActiveX 컨트롤

사용자 정의 폼

프로그램 구성

폼 디자인

오피스 연동

함수

매크로

사용자 리본 메뉴

추가 기능 파일

11 [속성] 창의 'StartUpPosition' 속성에 [0 - 수동]을 지정하고 폼의 크기를 적당하게 조절하세요.

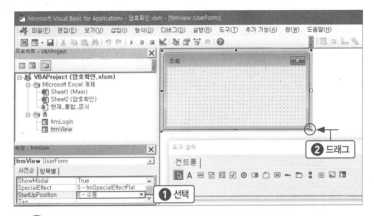

> **Tip**
>
> StartUpPosition 속성은 폼이 화면에 표시되는 위치를 지정합니다. 기본값은 [1 - 소유자 가운데로]로, 화면의 가운데에 자동으로 표시되지만, [0 - 수동]으로 지정하면 폼의 Left, Top 속성을 조정하여 원하는 위치에 표시할 수 있어요.

12 'frmView' 폼을 선택한 상태에서 다음의 화면과 표를 참조하여 1개의 '레이블' 컨트롤과 2개의 '명령 단추' 컨트롤을 작성하고 각 속성을 지정하세요.

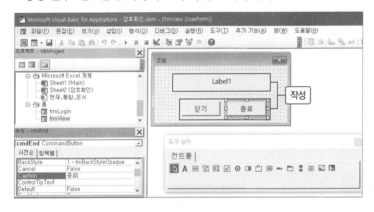

컨트롤	(이름) 속성	Caption 속성	TextAlign 속성
레이블(**A**)	lblUser		2 – frmTextAlignCenter
명령 단추(**🔲**)	cmdClose	닫기	
	cmdEnd	종료	

> **Tip**
>
> TextAlign은 컨트롤에 표시되는 내용의 정렬 방법을 지정하는 속성으로, [2 – frmTextAlignCenter]로 지정하면 가운데 정렬됩니다. 여기까지의 실습은 390쪽에서 계속 실습할 것입니다.

잠깐만요 **폼의 컨트롤 정렬 방법 살펴보기**

폼에 작성한 컨트롤은 [형식] 메뉴나 [사용자 정의 폼] 도구 모음을 이용해서 크기와 위치 등을 쉽게 조절할 수 있습니다.

1. 2개 이상의 컨트롤 선택하기

방법1 **Ctrl + 클릭**

비연속적인 임의의 컨트롤을 선택할 때 사용합니다.

방법2 **Shift + 클릭**

연속적인 공간의 컨트롤을 선택할 때 사용합니다

방법3 **[도구 상자]의 [개체 선택] 도구(⬆) 이용**

[개체 선택] 도구(⬆)를 선택하고 컨트롤이 모두 포함되도록 드래그하면 사각형이 그려지면서 그 안에 포함되는 모든 컨트롤을 선택할 수 있습니다.

2. 선택한 컨트롤의 맞춤 및 크기 조절하기

방법1 **[형식] 메뉴**

• [형식] 메뉴에는 컨트롤의 크기 및 정렬 방법을 조정할 수 있는 다양한 메뉴가 제공됩니다.

• 여러 개의 컨트롤의 크기나 위치를 쉽게 조절할 수 있습니다.

방법2 **[사용자 정의 폼] 도구 모음**

[보기]-[도구 모음]-[사용자 정의 폼] 메뉴를 선택하여 [사용자 정의 폼] 도구 모음을 표시해서 조절할 수 있습니다.

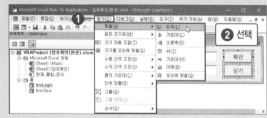

▲ [형식] 메뉴 이용하기

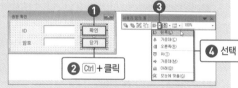

▲ [사용자 정의 폼] 도구 모음 이용하기

3. 컨트롤의 이동 단위 및 모눈 표시 조절하기

방법1 **눈금 단위 조정**

• 기본적으로 컨트롤은 눈금 단위에 따라 위치와 크기가 조절됩니다.

• [도구]-[옵션] 메뉴를 선택하여 [옵션] 대화상자를 열고 [일반] 탭의 '폼 모눈 설정'에서 [모눈 표시]에 체크한 후 '너비'와 '높이'를 지정합니다.

방법2 **눈금에 맞추지 않기**

[옵션] 대화상자의 [일반] 탭에서 [컨트롤을 모눈에 맞춤]의 체크를 해제하면 컨트롤은 눈금 단위와 상관없이 자유롭게 이동할 수 있습니다.

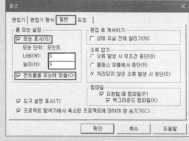

▲ [옵션] 대화상자의 [일반] 탭에서 눈금 단위 조정하기

로그인 대화상자의 기능 설정하기

1 예제파일에서 Alt + F11 을 눌러 VB 편집기 창을 열고 [프로젝트] 탐색기 창에서 '폼'–
'frmLogin'을 더블클릭합니다. [권한 확인](frmLogin) 폼이 표시되면 [닫기] 명령 단추를 더블
클릭하세요.

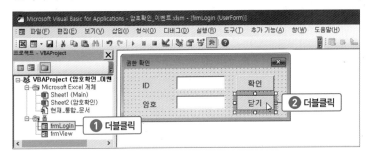

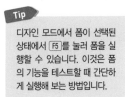

> **Tip**
>
> 디자인 모드에서 폼이 선택된
> 상태에서 F5 를 눌러 폼을 실
> 행할 수 있습니다. 이것은 폼
> 의 기능을 테스트할 때 간단하
> 게 실행해 보는 방법입니다.

2 [frmLogin] 코드 창에 'Private Sub cmdClose_Click' 이벤트 프로시저가 삽입되면 그 안에
『Unload Me』를 입력하세요.

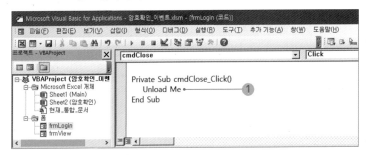

① Me는 현재 폼인 [권한 확인](frmLogin)을 의미하고 현재 폼의 실행을 종료하고 화면을 닫습니다.

3 [프로젝트] 탐색기 창에서 'frmLogin' 폼을 더블클릭하세요. [권한 확인](frmLogin) 폼이 표
시되면 [확인] 명령 단추를 더블클릭합니다.

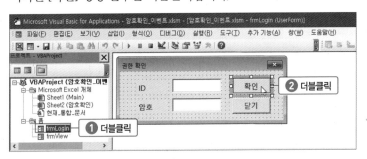

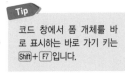

> **Tip**
>
> 코드 창에서 폼 개체를 바
> 로 표시하는 바로 가기 키는
> Shift + F7 입니다.

4 코드 창에 'Private Sub cmdOk_Click' 이벤트 프로시저가 삽입되면 다음과 같이 [확인] 명령 단추를 클릭할 때 암호를 확인하는 코드를 입력하세요.

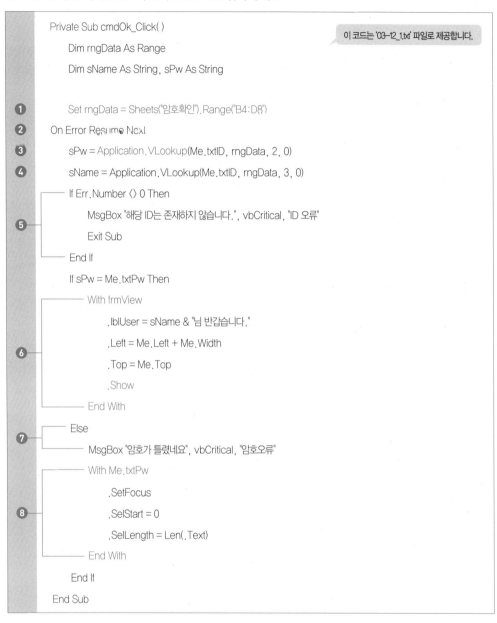

```vb
Private Sub cmdOk_Click( )
    Dim rngData As Range
    Dim sName As String, sPw As String

①  Set rngData = Sheets("암호확인").Range("B4:D8")
②  On Error Resume Next
③  sPw = Application.VLookup(Me.txtID, rngData, 2, 0)
④  sName = Application.VLookup(Me.txtID, rngData, 3, 0)
⑤  If Err.Number <> 0 Then
        MsgBox "해당 ID는 존재하지 않습니다.", vbCritical, "ID 오류"
        Exit Sub
    End If
    If sPw = Me.txtPw Then
⑥      With frmView
            .lblUser = sName & "님 반갑습니다."
            .Left = Me.Left + Me.Width
            .Top = Me.Top
            .Show
        End With
⑦      Else
        MsgBox "암호가 틀렸네요", vbCritical, "암호오류"
⑧      With Me.txtPw
            .SetFocus
            .SelStart = 0
            .SelLength = Len(.Text)
        End With
    End If
End Sub
```

> 이 코드는 '03-12_1.txt' 파일로 제공합니다.

① **③~④**에서 VLOOKUP 함수를 이용해 ID에 대한 암호를 찾기 위해 rngData 변수에 ID와 암호가 정리된 [암호확인] 시트의 B4:D8 범위를 저장합니다.

② **③~④**에서 VLOOKUP 함수를 이용하여 폼에서 입력한 ID가 rngData에 없을 경우 오류가 발생하기 때문에 오류를 무시하고 다음 줄을 실행하기 위해 사용합니다. On Error문에 대해서는 287쪽을 참고하세요.

③ VLOOKUP 엑셀 함수를 사용해 txtID 컨트롤에 입력한 ID를 찾아 두 번째 열인 비밀번호를 구해 sPw 변수에 기억시 킵니다. 엑셀 함수의 사용 방법에 대해서는 200쪽을 참고하세요.

④ **③**과 같은 방법으로 세 번째 열인 사용자 이름을 sName 변수에 기억시킵니다.

⑤ 폼에서 입력한 ID가 없는 경우 **③~④**에서 오류가 발생하여 Err.Number 값이 0이 아닌 값이 됩니다. 이 경우 오류 메시지를 표시하고 프로시저를 종료합니다.

이벤트 프로그래밍 | ActiveX 컨트롤 | 사용자 정의 폼 | 프로그램 구성 | 폼 디자인 | 오피스 연동 | 함수 | 매크로 | 사용자 리본 메뉴 | 추가 기능 파일

❻ ❸에서 찾은 비밀번호와 폼에서 입력한 비밀번호(txtPw)를 비교한 후 같으면 'frmView' 폼에 사용자 이름을 표시하여 현재 폼의 오른쪽에 표시합니다. 'frmView' 폼의 StartUpPosition 속성을 [0 – 수동]으로 지정했기 때문에 Left, Top 속성을 이용하여 폼의 위치를 임의로 지정할 수 있습니다.

❼ 비밀번호가 같지 않는 경우 틀렸다는 메시지 창을 표시합니다.

❽ SetFocus 메서드는 커서를 해당 개체로 이동시키고, SetStart 속성은 커서의 위치를 지정하며, SelLength 속성은 현재 커서의 위치에서부터 블록 설정할 크기를 지정합니다. 이 3개의 문장을 통해 비밀번호를 쉽게 입력하도록 'txtPw' 컨트롤의 입력 내용을 블록 설정합니다.

5 [프로젝트] 탐색기 창에서 'frmView' 폼을 더블클릭하세요. [조회](frmView) 폼이 표시되면 [닫기] 명령 단추를 더블클릭하세요.

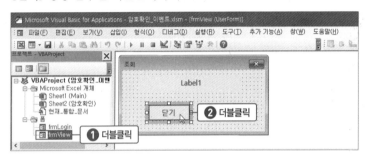

6 'Private Sub cmdClose_Click' 이벤트 프로시저가 삽입되면 『Unload Me』를 입력하여 [닫기] 명령 단추를 클릭할 때 현재 폼(frmView)가 닫히도록 지정합니다.

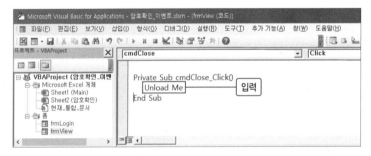

7 이번에는 '조회'(frmView) 폼에서 [종료] 명령 단추를 클릭하면 전체 프로시저가 종료되도록 지정해 볼게요. [프로젝트] 탐색기 창에서 'frmView' 폼을 더블클릭하여 [조회](frmView) 폼을 열고 [종료] 명령 단추를 더블클릭하세요.

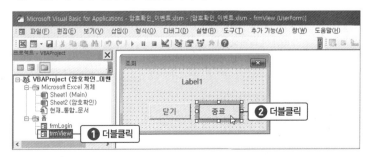

8 'Private Sub cmdEnd_Click' 이벤트 프로시저가 표시되면 『End』를 입력하세요.

Tip

End문은 전체 프로시저, 즉 프로그램을 중단하는 명령문으로, 열려있는 모든 폼도 지동으로 닫습니다.

9 [권한 확인](frmLogin) 폼과 [조회](frmView) 폼의 기능이 모두 완료되었지만, 엑셀 창에서 폼을 표시하려면 별도의 프로시저를 작성해야 하므로 **[삽입]–[모듈]** 메뉴를 선택하세요. 'Module1' 모듈 개체가 삽입되면 다음과 같이 'sbShowForm' 프로시저를 작성하고 Alt + F11을 누르세요.

① [권한 확인](frmLogin) 창을 모덜리스로 표시합니다. 모덜리스 창으로 표시하면 해당 폼이 표시된 상태에서도 다른 창을 선택할 수 있습니다.

Tip

VB 편집기 상태에서 폼을 선택하고 F5를 눌러 폼을 실행할 수 있지만, 이렇게 실행된 폼은 모달 창으로 표시됩니다. 이 방법은 주로 폼을 실행하여 폼의 기능을 테스트할 때 사용합니다.

10 엑셀 창으로 되돌아오면 **[개발 도구]** 탭–**[컨트롤]** 그룹에서 **[삽입]**을 클릭하고 '양식 컨트롤'에서 **[단추]**(□)를 클릭하세요. 워크시트에서 적당하게 드래그하여 매크로 단추를 작성하세요.

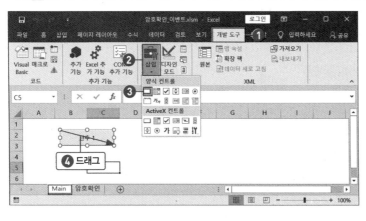

11 마우스에서 손을 떼자마자 [매크로 지정] 대화상자가 열리면 '매크로 이름'에서 [sbShowForm]을 선택하고 [확인]을 클릭하세요.

12 매크로 단추의 텍스트를 『사용자 인증』으로 변경하고 Esc 를 눌러 단추 선택을 해제하세요. 지정한 매크로를 실행하기 위해 [사용자 인증] 매크로 단추를 클릭하세요.

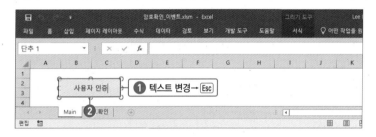

Tip

매크로 단추 컨트롤을 다시 선택해 텍스트를 변경하려면 Ctrl 을 누른 상태에서 클릭하거나 마우스 오른쪽 단추를 눌러 [텍스트 편집]을 선택하세요.

13 화면의 가운데에 [권한 확인] 대화상자가 열리면 'ID'에는 『bofb』를, '암호'에는 『123』을 입력하고 [확인]을 클릭하세요. 암호가 틀렸다는 메시지 창이 열리면 [확인]을 클릭하세요.

Tip

[암호확인] 시트에 미리 ID와 비밀번호를 작성해 놓은 상태로, 해당 ID와 비밀번호가 일치하는지 검색하여 오류 메시지가 표시됩니다.

14 [권한 확인] 대화상자에서 '암호'가 블록으로 지정되어 표시되면 『1234』를 입력하고 [확인]을 클릭하세요.

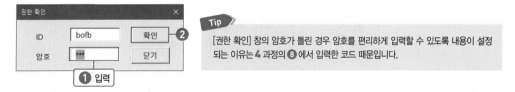

Tip

[권한 확인] 창의 암호가 틀린 경우 암호를 편리하게 입력할 수 있도록 내용이 설정되는 이유는 **4** 과정의 **8** 에서 입력한 코드 때문입니다.

15 암호가 일치하면 [권한 확인] 대화상자의 오른쪽에 해당 ID의 이름이 표시된 [조회] 창이 열립니다. [조회] 창에서 [닫기]를 클릭하면 [조회] 창만 닫히고 [종료]를 클릭하면 2개의 폼이 모두 종료됩니다.

> **Tip**
> - [조회](frmView) 폼은 Show 메서드만 사용했기 때문에 기본 설정인 모달 창으로 표시됩니다. [조회] 폼이 표시된 상태에서는 다른 창이 선택(활성화)되지 않습니다.
> - 폼은 기본적으로 엑셀 화면의 가운데에 표시되는데, [조회](frmView) 폼이 [권한 확인] 창의 오른쪽에 표시되는 이유는 **4** 과정의 **⑥**에서 입력한 코드 때문입니다.

잠깐만요 ## 컨트롤 탭의 순서 지정하기

폼에서는 [Enter]나 [Tab]을 눌러 컨트롤 사이를 이동하는데, 이렇게 이동하는 순서를 '탭 순서'라고 합니다. 일반적으로 컨트롤이 작성되는 순서대로 컨트롤의 TabIndex 속성이 0부터 차례대로 지정됩니다. 이 순서를 임의로 변경하려면 TabIndex 속성을 변경하거나 [탭 순서] 대화상자를 이용해야 합니다.

[탭 순서] 대화상자는 **[보기]-[탭]** 메뉴를 선택하거나 폼에서 마우스 오른쪽 단추를 눌러 [탭 순서]를 선택하여 표시합니다. [탭 순서] 대화상자의 '탭 순서'에서 위치를 변경할 컨트롤을 선택하고 [위로 이동], [아래로 이동]을 클릭하여 위치를 조정한 후 [확인]을 클릭하면 탭 순서가 조정됩니다.

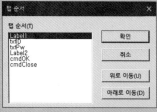

▲ [보기]-[탭 순서] 메뉴를 선택해서 [탭 순서] 대화상자 표시하기

이벤트 프로그래밍
ActiveX 컨트롤
사용자 정의 폼
프로그램 구성
폼 디자인
오피스 연동
함수
매크로
사용자 리본 메뉴
추가 기능 파일

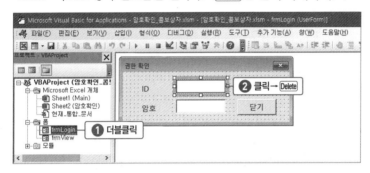
실무 예제 | 05　목록에서 콤보 상자로 사용자 ID 찾기

1 395쪽에서 완성한 [권한 확인] 폼에서는 'ID'를 텍스트 상자로 지정해 직접 입력하도록 했는데, 이번에는 '텍스트 상자' 컨트롤을 '콤보 상자' 컨트롤로 변경해 등록된 ID 목록을 보면서 ID를 선택하거나 직접 입력해 볼게요. 예제파일에서 Alt + F11을 눌러 VB 편집기 창을 열고 [프로젝트] 탐색기 창에서 '폼'-'frmLogin'을 더블클릭하세요. [권한 확인](frmLogin) 폼이 표시되면 'txtID' 텍스트 상자 컨트롤을 선택하고 Delete를 눌러 삭제하세요.

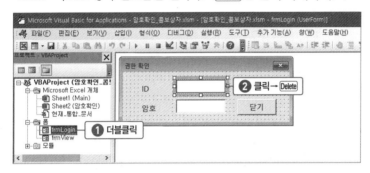

2 [도구 상자]에서 [콤보 상자] 도구(📋)를 클릭하여 ID 텍스트 상자가 놓였던 위치에서 드래그하여 '콤보 상자' 컨트롤을 작성하세요. [속성] 창의 '(이름)' 속성에 『cboID』를 입력하고 [권한 확인] 폼의 빈 영역을 더블클릭하세요.

> **Tip**
>
> [속성] 창이 표시되지 않은 상태이면 F4를 누르거나 컨트롤에서 마우스 오른쪽 단추를 눌러 [속성]을 선택하세요.

3 코드 창이 열리면 'UserForm' 개체를 선택한 상태에서 'Initialize' 프로시저를 선택하세요.

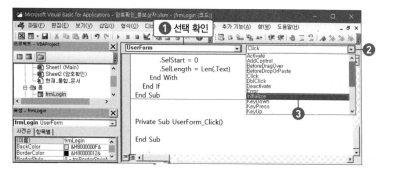

4 'Private Sub UserForm_Initialize' 이벤트 프로시저가 삽입되면 다음과 같이 코드를 입력하세요.

① Initialize 이벤트는 폼이 실행될 때 발생하고 이 이벤트를 통해 폼이 시작할 때 초깃값으로 지정해야 하는 작업을 처리합니다. 컨트롤의 '(이름)'과 같은 필수적인 속성만 [속성] 창을 이용하고 나머지는 주로 'Initialize' 이벤트 프로시저 안에서 '컨트롤명.속성 = 값' 형식이므로 지정해야 속성을 편리하게 관리 및 확인할 수 있어요.

② Me는 현재 폼을 의미하고 이 폼에 작성한 'cboID' 컨트롤의 RowSource 속성을 [암호확인] 시트의 B4:B8 범위로 지정합니다. RowSource 속성은 콤보 상자 및 목록 상자의 속성으로, 목록으로 표시할 셀 영역을 텍스트 형식으로 지정합니다.

③ ListIndex 속성은 콤보 상자에서 목록 중 선택한 값의 위치 번호를 숫자로 반환하거나 지정할 때 사용합니다. 첫 번째 위치를 0부터 부여하기 때문에 'cboID' 컨트롤이 [암호확인] 시트의 B4:B8 범위의 첫 번째 자료가 선택됩니다.

5 코드 창을 위로 스크롤하면 삭제한 컨트롤인 'txtID'를 참조하는 'Private Sub cmdOk_Click' 이벤트 프로시저가 있는데, 이 개체명을 모두 'cboID'라는 이름의 콤보 상자로 변경해야 정상적으로 작동됩니다. 이 작업을 위해 **[편집]-[바꾸기]** 메뉴를 선택하여 [바꾸기] 대화상자를 열고 '찾을 내용'에는 『txtid』를, '바꿀 내용'에는 『cboid』를 입력한 후 '검색'에서 [현재 프로젝트]를 선택하고 [모두 바꾸기]를 클릭하세요.

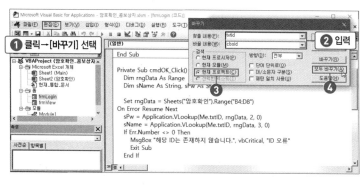

6 2개의 내용을 바꾸었다는 메시지 창이 열리면 [확인]을 클릭하세요.

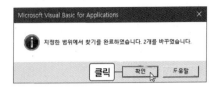

7 코드 창에서 'txtID'가 'cboID'로 모두 바뀌었는지 확인한 후 [바꾸기] 대화상자를 닫고 Alt + F11 을 누르세요.

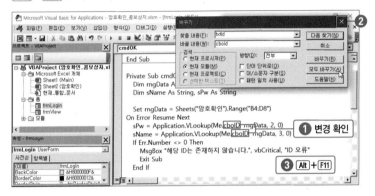

8 엑셀 창으로 되돌아오면 [Main] 시트에서 [사용자 인증] 명령 단추를 클릭하세요. [권한 확인] 폼이 열리면서 'ID' 콤보 상자에 목록의 첫 번째 자료인 [ujin]이 표시되면 콤보 상자의 목록 단추(▼)를 클릭하여 [암호확인] 시트에 있는 B4:B8 범위의 내용이 목록으로 표시되었는지 확인해 보세요.

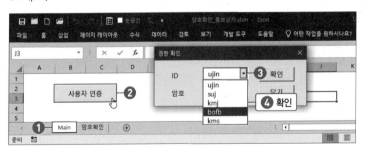

콤보 상자/목록 상자의 목록 지정 방법 살펴보기

예제파일 : 목록지정방법.xlsm

1 | 콤보 상자와 목록 상자의 주요 속성

'콤보 상자' 컨트롤과 '목록 상자' 컨트롤은 표시되는 처음 형태만 다르고 대부분 공통된 속성을 가지고 있어요. 다만 '콤보 상자' 컨트롤에서는 텍스트 상자처럼 직접 입력할 수 있다는 큰 장점이 있어요.

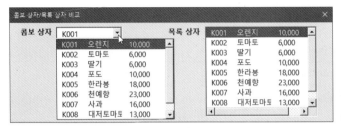

◀ 콤보 상자와 목록 상자의 비교

콤보 상자와 목록 상자의 중요한 속성은 다음과 같습니다.

속성	기능
RowSource	• '시트명!셀 주소' 형식의 문자열로, 컨트롤에 표시할 셀 영역 지정 • '이름' 형식으로 범위명 지정
ColumnHeads	• RowSource 속성을 이용한 경우에 의미 있음 • True로 지정한 경우 RowSource 속성의 바로 위쪽 행을 제목 행으로 사용
ColumnCount	목록의 열 개수
ListWidth	• 목록의 전체 열 너비로, 주로 콤보 상자에서 컨트롤의 너비와 목록 너비가 다를 때 사용 • 기본적으로 ColumnWidths 속성의 모든 열을 더한 값보다 크게 지정
ColumnWidths	• ColumnCount 속성으로 2개 이상의 열을 지정한 경우 열의 너비를 포인트(pt) 단위로 지정 • 열과 열은 세미콜론(;)으로 구분하고, 0으로 지정하면 숨겨지며, 생략하면 자동으로 균등 분할해 지정
ListIndex	현재 선택한 행 번호로, 목록의 첫 행을 0부터 부여
ListCount	목록에서 전체 행(자료)의 개수
ListRows	한 번에 표시될 목록의 개수로, 콤보 상자에서만 사용
ListStyle	목록의 앞에 옵션 단추를 붙일지를 fmListStylePlain(0), fmListStyleOption(1)로 지정
BoundColumn	• Value 속성에 저장되는 열 번호 지정 • 첫 번째 열은 1, 두 번째 열은 2와 같이 지정
TextColumn	• Text 속성에 저장되는 열 번호 지정 • 기본값은 −1로 지정되어 있고, −1인 경우 열 너비(ColumnWidths)가 0으로 지정되어 숨겨진 열을 제외한 화면에 표시되는 첫 번째 열로 지정 • 첫 번째 열은 1, 두 번째 열은 2와 같이 지정
Value	'BoundColumn' 열에 지정한 열의 내용 반환
Text	생략하면 화면에 표시되는 첫 번째 열 내용을 반환하고 TextColumn 속성에서 지정한 열의 내용 반환
List(행 번호, 열 번호)	• 목록 내용을 행 번호와 열 번호를 지정해 반환/저장 • 행 번호와 열 번호는 0부터 시작
Column(열 번호, 행 번호)	• 목록 내용을 열 번호와 행 번호를 지정해 반환/저장 • 행 번호와 열 번호는 0부터 시작

이벤트 프로그래밍

ActiveX 컨트롤

사용자 정의 폼

프로그램 구성

폼 디자인

오피스 연동

함수

매크로

사용자 리본 메뉴

추가 기능 파일

'목록 상자' 컨트롤과 '콤보 상자' 컨트롤에서 ListWidth, ColumnWidths 속성 등과 같이 너비를 지정할 때 포인트(pt), cm, inch 등의 단위를 사용합니다. 단위가 생략되면 포인트 단위를 사용하고, inch는 'in'으로 표시하여 '2.5in; 1in'와 같이 사용합니다. 이때 1인치는 72포인트입니다.

2 | 목록 범위 지정하기

콤보 상자와 목록 상자에 목록을 표시할 경우 다음과 같이 세 가지 방법을 사용할 수 있습니다.

목록 표시 방법	사용 예
RowSource 속성 이용	① ComboBox1.RowSource = "상품정보!B4:D12" ② ComboBox1.RowSource = "nm상품"
AddItem 메서드 이용	③ With ComboBox1 .AddItem "엑셀" .AddItem "워드" .AddItem "파워포인트" .AddItem "액세스" End With
List 속성 이용	④ ComboBox1.List = Array("엑셀", "워드", "파워포인트", "액세스") ⑤ ComboBox1.List = Sheets("상품정보").Range("B4:D12").Value

① RowSource 속성에 셀 영역의 주소를 '시트명!셀 주소' 형식의 텍스트로 지정할 수 있습니다.

② RowSource 속성에 엑셀에서 정의한 이름을 '이름' 형식의 텍스트로 지정할 수 있습니다.

③ AddItem 메서드를 이용해 차례대로 목록 내용을 추가할 수 있습니다.

④ List 속성에 배열 변수 또는 배열 함수를 이용하여 배열을 목록 내용으로 지정할 수 있습니다.

⑤ Range 개체도 일종의 배열이기 때문에 List 속성에 'Range개체.Value' 형식으로 셀 영역의 내용을 목록에 표시할 수 있습니다.

다음은 [상품정보] 시트의 B4:D12 범위에 'nm상품'으로 이름이 정의된 상태에서 'frmList' 폼에 4개의 목록 상자를 작성하고, 각 목록 상자에 네 가지 방법으로 목록을 지정하여 표시한 상태입니다.

```
❶  Private Sub UserForm_Initialize( )
❷      Me.ListBox1.RowSource = "상품정보!B4:B12"
❸      Me.ListBox2.RowSource = "nm상품"
        With Me.ListBox3
            .AddItem "퀵배송"
            .AddItem "택배"
❹           .AddItem "매장수령"
            .AddItem "기타"
        End With
❺      Me.ListBox4.List = Array("퀵배송", "택배", "매장수령", "기타")
        End Sub
```

> 이 코드는 '03-12_4.txt' 파일로 제공합니다.

❶ 폼이 시작될 때 실행되는 이벤트로, 목록 상자의 표기 내용 및 방법을 설정하기 위해 사용합니다.

❷ [상품정보] 시트에서 B4:B12 범위의 내용을 목록 상자에 표시할 내용으로 지정합니다.

❸ 목록 상자의 목록 범위로 'nm상품' 범위를 이용하여 3개의 열이 지정된 상태이지만, 화면에는 하나의 열만 표시됩니다.

❹ AddItem 메서드로 목록에 표시할 내용을 지정합니다.

❺ List 속성에 Array 함수를 이용해 목록을 지정합니다.

Tip

이 코드는 예제파일의 [목록 범위 지정] 단추를 눌러 실행하는 'frmList' 폼에 작성되어 있습니다.

3 │ 목록 항목 제거하기

'목록 상자' 컨트롤이나 '콤보 상자' 컨트롤의 목록은 전체 목록 내용을 지우는 방법과 특정 행의 내용을 지우는 방법이 있습니다. **특정 행의 내용을 지우는 방법은 목록 내용을 AddItem 메서드로 추가한 경우에만 가능하고, RowSource 속성을 이용하여 지정한 경우에는 부분 삭제할 수 없습니다.** 이때 인덱스 번호는 0부터 시작됩니다.

전체 삭제	개체명.Clear
특정 행 삭제	개체명.RemoveItem 인덱스 번호

사용 예	기능
lst상품.Clear	'lst상품' 컨트롤의 목록 모두 삭제
lst상품.RemoveItem 2	'lst상품' 컨트롤의 세 번째 항목만 삭제

4 │ 여러 개의 열을 동시에 표시하기

여러 개의 열이 포함되도록 자료를 등록한 경우 열의 너비는 전체 컨트롤의 너비를 균등하게 나누어 표시하기 때문에 ColumnWidths 속성을 이용해 각 열의 너비를 지정해 주는 것이 좋습니다. 만약 열 내용은 유지하고 화면에만 표시되지 않도록 하려면 ColumnWidths 속성에서 해당 열의 너비를 0으로 지정해야 합니다.

다음은 [상품정보] 시트의 B4:D12 범위에 'nm상품'으로 이름이 정의된 상태에서 'frmMultiCol' 폼에 2개의 목록 상자를 작성한 후 두 번째 목록 상자에는 첫 번째 열을 보이지 않게 지정한 상태입니다. 즉 화면에만 표시되지 않고 실제로는 3개의 열 내용이 저장된 상태입니다.

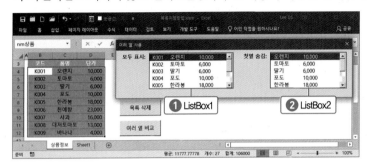

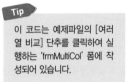

이 코드는 예제파일의 [여러 열 비교] 단추를 클릭하여 실행하는 'frmMultiCol' 폼에 작성되어 있습니다.

이 코드는 '03-12_5.txt' 파일로 제공합니다.

```
Private Sub UserForm_Initialize( )

    With Me.ListBox1
        .RowSource = "nm상품"
        .ColumnCount = 3
        .ColumnWidths = "40;60;80"
        .ListIndex = 0
    End With

    With Me.ListBox2
        .RowSource = "nm상품"
        .ColumnCount = 3
        .ColumnWidths = "0;60;80"
        .ListIndex = 0
    End With

End Sub
```

❶ 목록 상자의 목록 범위로 'nm상품' 범위를 이용했기 때문에 열 개수는 3으로 지정합니다. 열 너비는 세미콜론(;)으로 구분하여 3개의 열 너비를 지정한 후 첫 번째 자료가 선택되도록 합니다.

❷ ❶과 같은 속성이지만, 열 너비 속성에서 첫 번째 열의 너비만 0으로 지정해 첫 번째 열이 보이지 않도록 처리했습니다.

5 | List 속성과 Column 속성으로 내용 확인하기

목록이 이미 지정된 목록 상자와 콤보 상자에서 Column 속성과 List 속성을 이용하여 행 번호와 열 번호로 특정 위치의 값을 가져오거나 변경할 수 있어요. 이 경우 새로운 자료를 추가할 수 없기 때문에 AddItem 메서드나 RowSource 등으로 목록 내용을 등록한 상태여야 합니다.

형식	개체명.Column(열 번호, 행 번호)	개체명.List(행 번호, 열 번호)

열 번호와 행 번호 모두 0부터 시작합니다. 열 번호를 생략하는 경우 0으로 지정되고, 행 번호를 생략하면 현재 ListIndex의 값, 즉 선택한 행 번호가 자동으로 부여됩니다.

사용 예	기능
lst상품.Column(0, 1)	모두 'lst상품' 컨트롤의 첫 행 첫 열의 내용 반환
lst상품.List(1, 0)	
lst상품.Column(2)	현재 선택한 행의 세 번째 열 내용 반환
lst상품.AddItem "엑셀" lst상품.List(0, 1) = 2019	• 'lst상품' 컨트롤에 '엑셀'을 추가하고 첫 행의 두 번째 열 값으로 '2019' 지정 • List나 Column 속성으로 값을 지정하는 경우 AddItem 메서드로 해당 행의 첫 열 내용이 등록된 상태에서 가능

6 | MultiSelect 속성

'목록 상자' 컨트롤의 MultiSelect 속성을 이용하면 한 번에 여러 개의 항목을 선택할 수 있어요. MultiSelect 속성은 다음과 같이 세 가지 방법 중에서 선택할 수 있습니다.

단일 선택	0 – fmMultiSelectSingle	기본값으로, 목록 항목 중 하나만 선택 가능
다중 선택	1 – fmMultiSelectMulti	목록 항목을 선택한 후 Spacebar를 누르거나 클릭하여 여러 개의 항목 선택 가능
	2 – fmMultiSelectExtended	• 마우스를 드래그하거나 Shift+클릭하여 연속된 항목 전체 선택 가능 • Ctrl+클릭하여 여러 개의 항목 선택 가능

7 | Selected 속성

'목록 상자' 컨트롤에서 선택한 여러 개의 항목을 확인할 때 Selected 속성을 다음과 같이 사용합니다. 행 번호는 0부터 시작하는데, 반환된 값이 True이면 해당 행 번호의 항목이 선택된 것이고, False이면 선택되지 않은 항목을 의미합니다.

형식	개체명.Selected(행 번호)

사용 예	기능
lst상품.Selected(0) = True	'lst상품' 컨트롤의 첫 번째 항목을 선택한 상태로 지정
IF lst상품.Selected(2) Then …	• 'lst상품' 컨트롤의 세 번째 항목의 값에 따라 IF문의 내용 실행 • 'IF lst상품.Selected(2) =True Then'을 사용한 것과 같음

목록 상자로 금액별 상품 조회하고 선택하기

1 [상품종류] 시트에는 3개의 표가 작성되어 있는데, 20만 원 이상의 상품 목록인 A5:B14 범위에는 'nm20만원'으로 이름이 정의되어 있으며, 40만 원 이상의 상품 목록인 D4:E15 범위는 'tbl40만원'으로 표 정의된 상태입니다. 이 상품을 2개의 목록 상자를 이용해 금액대별 상품 목록이 표시되도록 만들기 위해 Alt + F11 을 누르세요.

> **Tip**
>
> 목록 상자의 RowSource 속성을 이용하여 셀 영역을 지정할 때 자료가 계속 증감한다면 이름 정의나 표 정의를 하는 것이 좋아요. 만약 셀 주소를 직접 입력했으면 증감된 자료 영역을 수정하기 위해 매번 코드를 수정해야 하기 때문에 매우 불편합니다.

2 VB 편집기 창이 열리면 [프로젝트] 탐색기 창에서 'frmListBox' 폼을 더블클릭합니다. 폼이 표시되면 [도구 상자]에서 [목록 상자] 도구(▥)를 클릭하고 폼에 다음의 화면과 같이 2개의 목록 상자를 작성한 후 '(이름)' 속성에 각각 『lstAmount』, 『lstProduct』를 입력하세요. 폼이 실행될 때 'lstAmount' 목록 상자 컨트롤과 'lstProduct' 목록 상자 컨트롤의 모양과 표시할 목록을 지정하기 위해 폼의 빈 영역을 더블클릭하세요.

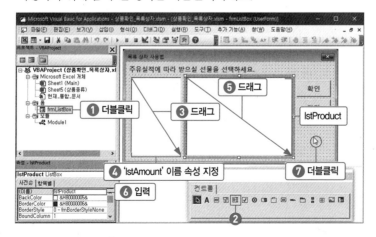

> **Tip**
>
> 폼을 선택해도 [도구 상자]가 보이지 않으면 [표준] 도구 모음에서 [도구 상자] 도구(丸)를 클릭하거나 [보기]-[도구 상자] 메뉴를 선택하세요.

3 코드 창이 열리면 'UserForm' 개체를 선택한 상태에서 'Initialize' 프로시저를 선택하세요.

4 'Private Sub UserForm_Initialize' 이벤트 프로시저가 삽입되면 다음과 같이 코드를 입력하세요.

```
Private Sub UserForm_Initialize( )
    With Me.lstAmount
        .AddItem "20만원 이상"
        .AddItem "40만원 이상"
        .AddItem "60만원 이상"
        .ListIndex = 0
    End With
End Sub
```

이 코드는 '03-12_6.txt' 파일로 제공합니다.

❶ AddItem 메서드를 사용하여 3개의 값을 표시합니다.
❷ 3개의 목록 중 첫 번째 자료인 '20만원 이상'이 선택된 상태가 됩니다.

5 첫 번째 목록 상자(lstAmount)를 클릭하면 선택한 금액에 따라 오른쪽 목록 상자(lstProduct)에 해당 금액의 상품 목록이 표시되도록 이벤트를 작성해 볼게요. [프로젝트] 탐색기 창에서 'frmListBox' 폼을 더블클릭해 폼 개체를 표시하고 'lstAmount' 목록 상자 컨트롤을 더블클릭하세요.

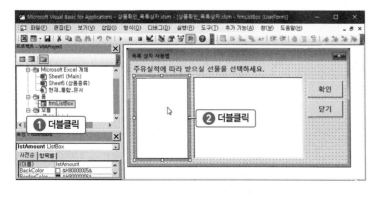

6 'Private Sub lstAmount_Click' 이벤트 프로시저가 삽입되면 다음과 같이 코드를 입력하세요.

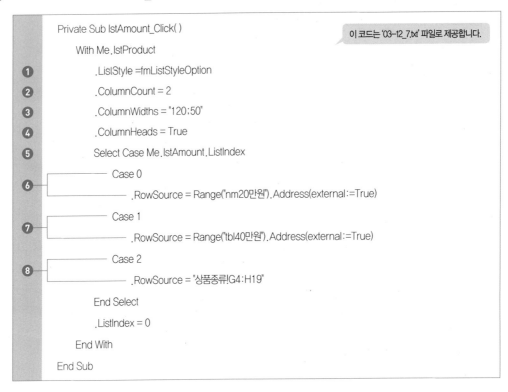

```
Private Sub lstAmount_Click( )
    With Me.lstProduct
❶      .ListStyle =fmListStyleOption
❷      .ColumnCount = 2
❸      .ColumnWidths = "120;50"
❹      .ColumnHeads = True
❺      Select Case Me.lstAmount.ListIndex
❻          Case 0
              .RowSource = Range("nm20만원").Address(external:=True)
❼          Case 1
              .RowSource = Range("tbl40만원").Address(external:=True)
❽          Case 2
              .RowSource = "상품종류!G4:H19"
        End Select
        .ListIndex = 0
    End With
End Sub
```

> 이 코드는 '03-12_7.txt' 파일로 제공합니다.

❶ ListStyle 속성은 '목록 상자' 컨트롤의 목록이 표시되는 시각적인 형태를 지정하는 속성으로, 기본값은 'fmList-StylePlain'입니다. 'fmListStyleOption'으로 지정하면 목록 항목 앞에 옵션 단추가 표시됩니다.

❷ '목록 상자' 컨트롤의 열 개수를 2로 지정합니다.

❸ 2개의 열의 너비를 각각 120포인트와 50포인트로 지정합니다.

❹ RowSource 속성으로 지정한 영역의 윗 행을 목록의 제목으로 표시합니다.

❺ 'lstAmount' 목록 상자 컨트롤에서 선택한 값에 따라 각각 다른 범위를 목록 내용으로 지정합니다.

❻ RowSource 속성은 텍스트로 지정해야 하기 때문에 'nm20만원'이라는 이름의 외부 참조 형태 주소를 사용합니다. Address 속성에 대해서는 174쪽을 참고하세요.

❼ 'tbl40만원'으로 표 정의된 데이터 영역을 목록 내용으로 지정합니다.

❽ '상품종류' 시트의 G4:H19 범위를 목록으로 지정합니다. 이렇게 고정된 셀 주소를 이용하는 경우 상품이 증감될 때마다 주소도 변경해야 합니다. 가능하면 ❻~❼ 형식으로 이름이나 표를 사용하거나 CurrentRegion 등을 사용해서 동적으로 반영합니다.

7 폼에서 [확인] 명령을 클릭하면 메시지 창에 목록 상자에서 선택한 값을 표시하기 위해 [프로젝트] 탐색기 창에서 'frmListBox'를 더블클릭하세요. 폼 개체가 표시되면 '확인' 단추 컨트롤을 더블클릭하세요.

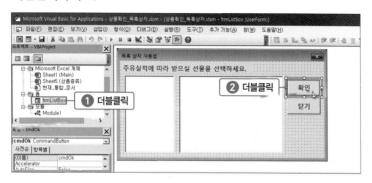

8 'Private Sub cmdOk_Click' 이벤트 프로시저가 삽입되면 다음과 같이 코드를 입력하세요.

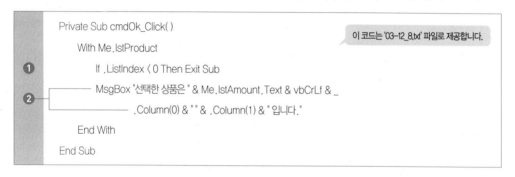

```
Private Sub cmdOk_Click( )
    With Me.lstProduct
❶       If .ListIndex 〈 0 Then Exit Sub
❷       MsgBox "선택한 상품은 " & Me.lstAmount.Text & vbCrLf & _
            .Column(0) & " " & .Column(1) & " 입니다."
    End With
End Sub
```

> 이 코드는 '03-12_8.txt' 파일로 제공됩니다.

❶ 상품 목록이 선택되지 않은 경우 ListIndex 속성은 -1 값을 가지기 때문에 이 경우 프로시저를 종료합니다.

❷ '목록 상자'나 '콤보 상자' 컨트롤에서 선택한 항목의 내용을 Text 속성으로 표시합니다. 두 번째 목록 상자는 2개의 열을 가지고 있으므로 Column 속성을 이용해 표시합니다. Column 속성 대신 List 속성을 이용할 수 있는데, 이것에 대해서는 402쪽을 참고하세요.

9 F5를 눌러 폼을 실행하면 첫 번째 목록 상자인 'lstAmount' 목록 상자에만 세 가지 금액이 표시됩니다. 이 중 하나를 선택하면 해당 금액에 따라 두 번째 목록(lstProduct)의 내용이 달라지는데, 임의의 항목을 각각 선택하고 [확인] 명령 단추를 클릭하세요. 메시지 창에 선택한 값이 표시되면 [확인]을 클릭하세요.

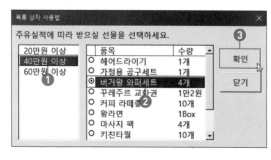

난이도 ① ② ❸ ④ ⑤

실무
예제 **08**   # 목록 상자에서 여러 상품 선택해 등록하기

1   예제파일에서 [Alt]+[F11]을 눌러 VB 편집기 창을 열고 [프로젝트] 탐색기 창에서 'frmListBox'
    폼을 더블클릭하세요. 폼이 표시되면 [도구 상자]에서 [목록 상자] 도구(▤)를 클릭하여 폼에 다
    음의 화면과 같이 목록 상자를 작성하고 '(이름)' 속성에 『lstProduct』를 입력한 후 폼의 빈 영역
    을 더블클릭하세요.

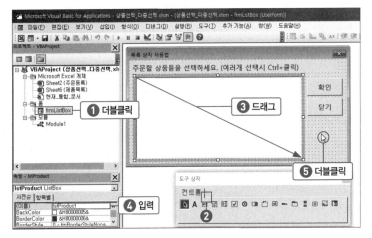

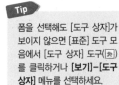

> **Tip**
> 폼을 선택해도 [도구 상자]가
> 보이지 않으면 [표준] 도구 모
> 음에서 [도구 상자] 도구(⊠)
> 를 클릭하거나 **[보기]-[도구**
> **상자]** 메뉴를 선택하세요.

2   코드 창이 열리면 'UserForm' 개체를 선택한 상태에서 'Initialize' 프로시저를 선택하세요.
    'Private Sub UserForm_Initialize' 이벤트 프로시저가 삽입되면 다음과 같이 코드를 입력하
    세요.

```
Private Sub UserForm_Initialize( )
    With Me.lstProduct
❶      .ListStyle = fmListStyleOption
❷      .MultiSelect = fmMultiSelectExtended
       .ColumnCount = 3
❸      .ColumnWidths = "60;150;100"
       .ColumnHeads = True
❹      .RowSource = Range("nmProduct").Address(external:=True)
    End With
End Sub
```

이 코드는 '03-12_9.txt' 파일로 제공합니다.

❶ ListStyle 속성을 'fmListStyleOption'으로 지정하면 목록 상자 항목의 앞에 옵션 단추가 표시되는데, ❷와 함께 사용
  하면 옵션 단추의 모양이 체크 박스 모양이 됩니다.

❷ MultiSelect 속성을 'fmMultiSelectExtended'로 지정하면 여러 항목을 선택할 수 있습니다. 이것에 대한 자세한 내용
  은 403쪽을 참고하세요.

❸ 목록의 열 개수와 열 너비를 지정하고 RowSource 속성에서 지정할 셀 영역의 위쪽 행을 열 제목으로 사용합니다.

❹ [제품목록] 시트의 A5:C82 범위에는 'nmProduct'로 이름이 정의된 상태로, 이 영역을 목록 상자에 표시합니다.

3 폼에서 [확인] 명령 단추를 클릭하면 메시지 창에 목록 상자에서 선택한 값이 표시되도록 지정해 볼게요. [프로젝트] 탐색기 창에서 'frmListBox'를 더블클릭해 폼 개체를 표시하고 [확인] 단추 컨트롤을 더블클릭하세요.

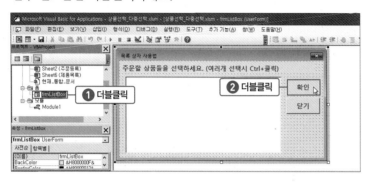

4 'Private Sub cmdOk_Click' 이벤트 프로시저가 삽입되면 다음과 같이 코드를 입력하고 F5 를 누르세요.

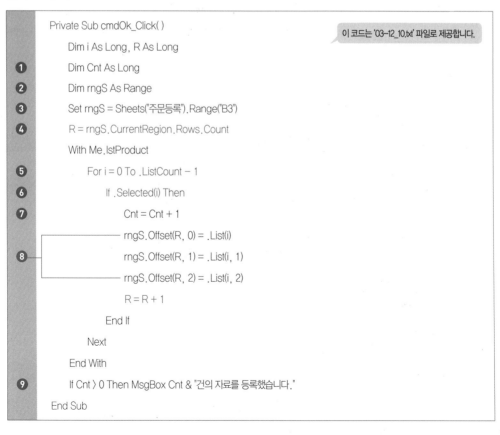

```
Private Sub cmdOk_Click( )
    Dim i As Long, R As Long
❶  Dim Cnt As Long
❷  Dim rngS As Range
❸  Set rngS = Sheets("주문등록").Range("B3")
❹  R = rngS.CurrentRegion.Rows.Count
    With Me.lstProduct
❺      For i = 0 To .ListCount − 1
❻          If .Selected(i) Then
❼              Cnt = Cnt + 1
                rngS.Offset(R, 0) = .List(i)
❽              rngS.Offset(R, 1) = .List(i, 1)
                rngS.Offset(R, 2) = .List(i, 2)
                R = R + 1
            End If
        Next
    End With
❾  If Cnt 〉 0 Then MsgBox Cnt & "건의 자료를 등록했습니다."
End Sub
```

이 코드는 '03–12_10.txt' 파일로 제공합니다.

❶ Cnt는 등록한 자료의 개수를 계산하기 위한 변수로, ❼에서 자료를 등록할 때마다 1씩 증가합니다.

❷~❸ rngS는 [주문등록] 시트의 B3셀을 기억하기 위한 변수로, ❸을 통해 해당 셀을 기억합니다. 이 셀을 기준으로 아래쪽으로 첫 번째 빈 셀을 찾아 목록 상자에서 선택한 상품 정보를 등록합니다.

❹ rngS 변수에 기억된 B3셀의 아래쪽에 있는 첫 번째 빈 셀을 찾기 위해 B3셀의 연속 데이터 영역의 행 개수를 계산하여 R에 저장합니다. R 값을 이용해 ❽에서 빈 셀의 위치를 지정합니다.

❺ 목록 상자 중에서 선택한 항목을 찾기 위해 목록의 처음부터 끝까지 반복 처리합니다.

❻ 목록 상자의 i번째 항목이 선택된 경우 Selected(i) 속성이 True 값을 가지기 때문에 ❼~❽을 실행하여 [주문등록] 시트에 i번째 항목 내용을 등록합니다.

❼ 등록된 자료의 개수를 계산합니다.

❽ 'List(행 번호, 열 번호)' 형식으로 목록 상자에서 선택한 항목에 있는 3개의 열 내용을 [주문등록] 시트에 등록합니다.

❾ 메시지 창에 등록된 자료의 개수와 메시지 내용을 표시합니다.

5 폼이 실행되면서 목록 상자에 [제품목록] 시트의 내용이 표시됩니다. Ctrl 을 누른 상태에서 [주문등록] 시트에 등록할 품목을 차례대로 선택하여 체크하거나 드래그하여 선택하고 [확인] 명령 단추를 클릭하세요.

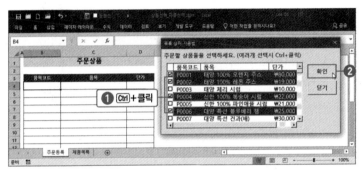
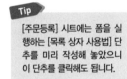

Tip
[주문등록] 시트에는 폼을 실행하는 [목록 상자 사용법] 단추를 미리 작성해 놓았으니 이 단추를 클릭해도 됩니다.

6 선택한 항목이 [주문등록] 시트에서 B3셀의 아래쪽에 있는 빈 행에 차례대로 등록됩니다. 등록된 자료의 개수를 표시하는 메시지 창이 열리면 [확인]을 클릭하세요.

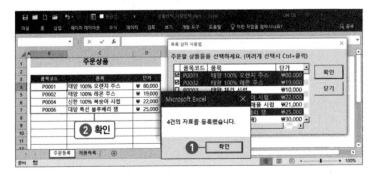

실무 예제 | **09** 　 마우스 클릭해 자동으로 숫자 입력하기

— 스핀 단추와 스크롤 막대

1 예제에서 Alt + F11 을 눌러 VB 편집기 창을 열고 [프로젝트] 탐색기 창에서 'frmNumber' 폼을 더블클릭하세요. 폼이 표시되면 [도구 상자]에서 [스핀 단추] 도구(圖)와 [스크롤 막대] 도구(圕)를 클릭하여 폼에 '스핀 단추' 컨트롤과 '스크롤 막대' 컨트롤을 추가하고 다음의 화면과 같이 '(이름)' 속성을 지정하세요. 폼이 실행될 때 2개의 컨트롤의 숫자 입력 범위를 지정하기 위해 폼의 빈 영역을 더블클릭하세요.

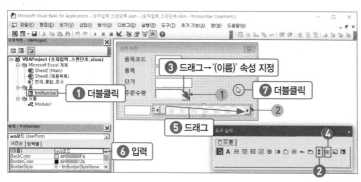

> **Tip**
>
> 폼에 미리 작성해 놓은 텍스트 상자 '품목코드'(txt품목코드), '품목'(txt품목), '단가'(txt단가), 'txt위치'에는 입력할 수 없게 Locked 속성은 True로, SpecialEffect 속성은 [fmSpecialEffectFlat]으로 지정했습니다.

	컨트롤	(이름) 속성		컨트롤	(이름) 속성
①	[스핀 단추] 도구(圖)	spb수량	②	[스크롤 막대] 도구(圕)	scb코드

2 코드 창이 열리면 UserForm 개체를 선택한 상태에서 'Initialize' 프로시저를 선택하세요. 'Private Sub UserForm_Initialize' 이벤트 프로시저가 삽입되면 다음과 같이 코드를 입력하세요.

```
Private Sub UserForm_Initialize( )
    With Me.spb수량
        .Min = 0
        .Max = 100
        .Value = 1
    End With
    With Me.scb코드
        .Min = 1
        .Max = Range("nmProduct").CurrentRegion.Rows.Count
        .Value = 1
        .SmallChange = 1
        .LargeChange = 10
        .ControlTipText = "단추를 드래그하여 제품조회"
    End With
End Sub
```

이 코드는 '03-12_11.txt' 파일로 제공합니다.

❶ 스핀 단추(spb수량)로 입력할 수 있는 숫자의 범위를 최소 1, 최대 100으로 지정하고 현재 값을 1로 지정합니다.

❷ 스크롤 막대(scb코드) 컨트롤도 스핀 단추와 마찬가지로 숫자 입력 범위를 Max 속성과 Min 속성으로 지정합니다. [제품목록] 시트의 A5:C82 범위에 'nmProduct'로 이름이 정의된 상태인데, 이 영역의 행 개수를 스크롤 막대(scb코드) 컨트롤의 최대값으로 지정합니다.

❸ SmallChange 속성은 스크롤 막대(scb코드)의 좌우 화살표를 클릭할 때 증감하는 크기를 지정하고, LargeChange 속성은 스크롤 막대(scb코드)의 빈 공백을 클릭할 때 증감하는 크기를 지정합니다.

❹ ControlTipText 속성을 이용하여 스크롤 막대(scb코드) 컨트롤에 마우스 포인터를 올려놓았을 때 표시할 풍선 도움말을 지정합니다.

3 스핀 단추를 클릭해 수량(txt수량)을 자동 입력하는 이벤트를 작성해 볼게요. [프로젝트] 탐색기 창에서 'frmNumber' 폼을 더블클릭해 폼 개체를 표시하고 'spb수량' 스핀 단추 컨트롤을 더블클릭하세요.

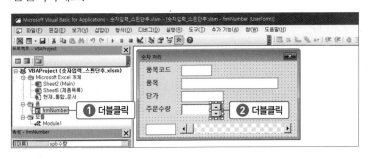

4 'Private Sub spb수량_Change' 이벤트 프로시저가 삽입되면 다음과 같이 코드를 입력하세요.

```
Private Sub spb수량_Change( )
    Me.txt수량 = Me.spb수량
End Sub
```

이 코드는 '03-12_12.txt' 파일로 제공합니다.

❶ 스핀 단추(spb수량)의 값(Value 속성이 생략된 상태)이 변경될 때 그 값을 텍스트 상자(txt수량)에 표시합니다.

5 스크롤 막대를 클릭하거나 드래그하여 숫자를 변경하면 제품 목록의 해당 위치 정보를 표시하는 이벤트를 작성해 볼게요. [프로젝트] 탐색기 창에서 'frmNumber' 폼을 더블클릭하여 폼 개체를 표시하고 'scb코드' 스핀 단추 컨트롤을 더블클릭하세요.

6 'Private Sub scb코드_Change' 이벤트 프로시저가 삽입되면 다음과 같이 코드를 입력하고 F5 를 누르세요.

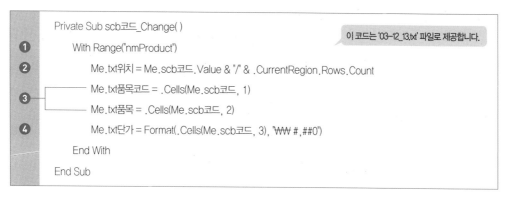

이 코드는 '03-12_13.txt' 파일로 제공합니다.

```
Private Sub scb코드_Change( )
❶      With Range("nmProduct")
❷          Me.txt위치 = Me.scb코드.Value & "/" & .CurrentRegion.Rows.Count
❸          Me.txt품목코드 = .Cells(Me.scb코드, 1)
           Me.txt품목 = .Cells(Me.scb코드, 2)
❹          Me.txt단가 = Format(.Cells(Me.scb코드, 3), "₩₩ #,##0")
        End With
    End Sub
```

❶ 엑셀 창의 [제품목록] 시트에서 A5:C82 범위에 'nmProduct'로 이름이 정의된 상태로, 해당 범위를 기준으로 셀의 위치를 지정합니다.

❷ 제품 목록의 총 자료 수와 현재 화면에 표시되는 자료의 위치 번호를 표시하기 위해 텍스트 상자 'txt위치'에 스크롤 막대(scb코드)의 값과 'nmProduct' 영역의 행 개수를 '1/10' 형식으로 표시합니다.

❸ '품목코드(txt품목코드)', '품목(txt품목)' 컨트롤에 'nmProduct' 영역의 자료 중 스크롤 막대로 지정한 위치의 자료를 표시합니다.

❹ 단가가 원 단위 통화 기호(₩)와 천 단위 콤마가 적용된 '₩1,000' 형식으로 표시합니다. FORMAT 함수는 'Format(값, "셀 서식")' 형식으로 사용하여 값에 서식이 적용된 텍스트를 반환합니다. 이 함수의 경우 셀 서식에서 통화 기호(₩)는 해당 문자 다음의 한 문자를 화면에 그대로 표시하기 때문에 통화 기호 자체를 화면에 표시하기 위해 연속해서 2번 사용합니다.

7 폼이 실행되면서 전체 자료인 78건 중 첫 번째의 자료가 표시됩니다. 스크롤 막대의 위에 마우스 포인터를 올려놓으면 지정한 컨트롤 팁 내용이 표시되고, 단추를 드래그하여 숫자를 변경하면 해당 위치의 자료가 표시됩니다. 스핀 단추를 클릭하면 1씩 증감되는 숫자가 '주문수량' 텍스트 상자에 입력됩니다.

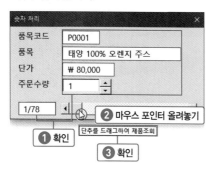

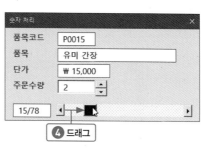

이벤트 프로그래밍

ActiveX 컨트롤

사용자 정의 폼

프로그램 구성

폼 디자인

오피스 연동

함수

매크로

사용자 리본 메뉴

추가 기능 파일

실무
예제 | **10** | **메모의 서식 조건 변경하기**

– 확인란과 옵션 단추

1 [제품목록] 시트에서 메모의 도형 모양이나 위치 등과 같은 서식을 자동으로 변경하는 대화상자를 작성하기 위해 Alt + F11 을 누르세요.

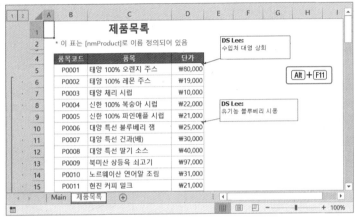

> **Tip**
>
> 메모는 별도의 서식을 지정하지 않으면 처음 삽입된 크기와 위치를 그대로 유지합니다. [제품목록] 시트의 A열의 너비를 조절하면 삽입된 메모의 위치가 자동으로 움직이지 않고 그대로 표시됩니다.

2 VB 편집기 창이 열리면 [프로젝트] 탐색기 창에서 'frmMemo' 폼을 더블클릭합니다. 폼이 표시되면 다음의 화면과 표를 참조하여 컨트롤을 작성하고 속성을 지정하세요.

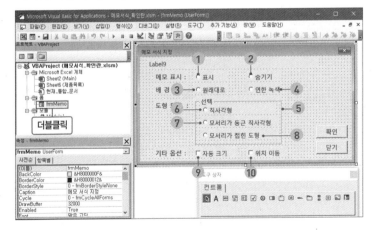

	컨트롤	(이름) 속성	Caption 속성	GroupName 속성
①	[옵션 단추] 도구(◉)	optShow1	표시	Show
②		optShow2	숨기기	
③		optColor1	원래대로	Color
④		optColor2	연한 녹색	
⑤	[프레임] 도구(⬚)		선택	
⑥	[옵션 단추] 도구(◉)	optShape1	직사각형	
⑦		optShape2	모서리가 둥근 직사각형	
⑧		optShape3	모서리가 접힌 도형	
⑨	[확인란] 도구(☑)	chkAutoSize	자동 크기	
⑩		chkMove	위치 이동	

Tip

옵션 단추는 여러 개 중에 하나만 선택하도록 그룹을 설정해야 합니다. 그룹 설정 방법은 프레임 컨트롤 안에 옵션 단추를 작성하는 방법과 GroupName 속성을 동일하게 지정하는 방법이 있습니다.

3 폼이 실행될 때 기본적으로 선택하는 옵션 단추를 지정해 볼게요. 폼의 빈 영역을 더블클릭하여 코드 창을 열고 'UserForm' 개체를 선택한 상태에서 'Initialize' 프로시저를 선택하세요. 'Private Sub UserForm_Initialize' 이벤트 프로시저가 삽입되면 다음과 같이 코드를 입력하세요.

```
❶ Private Sub UserForm_Initialize( )
        Me.lblMsg.Caption = "※ 현재 워크시트에는 " & _
                ActiveSheet.Comments.Count & "개의 메모가 있습니다."
❷   ┌── Me.optColor1 = True
    │   Me.optShape1 = True
    └── Me.optShow1 = True
❸       Me.chkAutoSize = True
   End Sub
```

> 이 코드는 '03-12_14.txt' 파일로 제공합니다.

❶ '레이블' 컨트롤(lblMsg)에 표시할 내용은 Caption 속성을 이용하여 지정합니다. '레이블' 컨트롤에 현재 워크시트에 있는 메모의 수를 표시합니다.

❷ 폼에는 '메모 표시', '배경색', '도형 모양'을 지정할 수 있는 3개 그룹의 옵션 단추가 작성된 상태로, 이 그룹에서 첫 번째 항목들이 선택(True)됩니다. 같은 그룹의 나머지 '옵션 단추' 컨트롤은 자동으로 False 값이 지정됩니다.

❸ '자동 크기'(chkAutoSize)를 지정하는 '확인란' 컨트롤이 선택됩니다.

4 폼에서 [확인] 명령 단추를 클릭하면 지정한 옵션으로 메모 서식이 표시되도록 지정해 볼게요. [프로젝트] 탐색기 창에서 'frmMemo'를 더블클릭하여 폼 개체를 표시하고 [확인](cmdOk) 명령 단추를 더블클릭하세요. 'Private Sub cmdOk_Click' 이벤트 프로시저가 삽입되면 다음과 같이 코드를 입력하고 F5 를 누르세요.

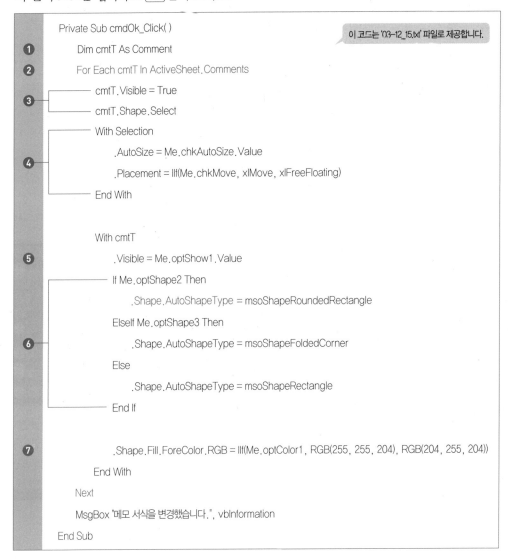

```
Private Sub cmdOk_Click( )
    Dim cmtT As Comment
    For Each cmtT In ActiveSheet.Comments
        cmtT.Visible = True
        cmtT.Shape.Select
        With Selection
            .AutoSize = Me.chkAutoSize.Value
            .Placement = IIf(Me.chkMove, xlMove, xlFreeFloating)
        End With

        With cmtT
            .Visible = Me.optShow1.Value
            If Me.optShape2 Then
                .Shape.AutoShapeType = msoShapeRoundedRectangle
            ElseIf Me.optShape3 Then
                .Shape.AutoShapeType = msoShapeFoldedCorner
            Else
                .Shape.AutoShapeType = msoShapeRectangle
            End If

            .Shape.Fill.ForeColor.RGB = IIf(Me.optColor1, RGB(255, 255, 204), RGB(204, 255, 204))
        End With
    Next
    MsgBox "메모 서식을 변경했습니다.", vbInformation
End Sub
```

이 코드는 '03-12_15.txt' 파일로 제공합니다.

❶ 셀에 삽입된 메모를 저장하기 위해 Comment 개체를 사용해 변수 cmtT를 선언합니다.

❷ 현재 워크시트에 삽입된 모든 메모를 대상으로 반복문을 실행합니다.

❸ 메모 서식을 지정하려면 메모가 선택된 상태에서 가능하기 때문에 메모를 화면에 표시하고 메모 도형을 선택합니다.

❹ ❸에서 선택한 메모 도형의 '자동 크기(AutoSize)' 속성을 옵션란(chkAutoSize) 컨트롤 값으로 지정합니다. '개체 위치(Placement)' 속성도 옵션란(chkMove) 컨트롤 값에 따라 '위치만 이동(xlMove)', '변하지 않음(xlFreeFloating)'이 지정됩니다.

❺ 폼에서 선택한 '메모 표시' 선택 방법에 따라 화면에 메모를 표시합니다.

❻ 폼에서 '도형 모양'은 세 가지 중 선택이 가능했기 때문에 다중 IF문을 사용해 선택한 옵션 단추에 따라 도형의 모양을 지정합니다. msoShapeRoundedRectangle은 '모서리가 둥근 직사각형'을 지정하는 내장 상수로, 다른 종류의 도형 모양을 알고 싶으면 매크로 기록기를 켠 상태에서 원하는 모양의 도형을 작성해 확인할 수 있습니다.

❼ RGB 함수를 이용하여 메모 도형의 채우기 색을 연한 노랑 또는 연한 녹색으로 지정합니다. 테두리의 색은 .Shape.Fill.BackColor 속성으로 지정하는데, 색을 지정하는 방법에 대해서는 233쪽을 참고하세요.

5 폼이 실행되면서 워크시트에 있는 메모의 개수가 표시되고 **3** 과정에서 지정한 옵션 단추와 확인란이 선택된 상태로 표시됩니다. 다음의 화면과 같이 선택 항목을 변경하고 [확인] 단추를 클릭하세요. 메모의 서식을 변경했다는 메시지 창이 열리면 [확인]을 클릭하세요.

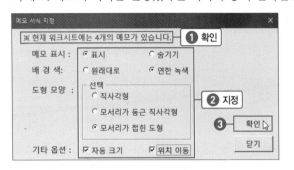

6 Alt + F11 을 눌러 엑셀 창으로 되돌아온 후 A열의 너비를 넓게 조정하세요. **5** 과정에서 메모 도형의 모양과 속성이 변경되어 메모의 위치가 셀을 따라 이동하는지 확인해 보세요.

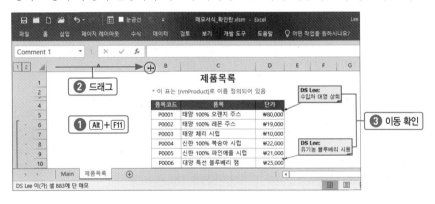

이벤트 프로그래밍

ActiveX 컨트롤

사용자 정의 폼

프로그램 구성

폼 디자인

오피스 연동

함수

매크로

사용자 리본 메뉴

추가 기능 파일

실무 예제 11 중복된 항목 제거하고 출력하기

– RefEdit 컨트롤

이 예제에서 범위를 입력받는 방법으로 사용자 정의 폼의 'RefEdit' 컨트롤을 사용합니다. 범위를 입력받는 방법은 Application.InputBox 메서드를 사용할 수도 있지만, 동시에 여러 가지 정보를 입력받을 때는 사용자 정의 폼을 이용하는 것이 편리합니다. 매크로를 작성하기 전에 우선 중복을 제거하는 방법에 대해 정리해 보세요.

방법	장점	단점
[데이터]–[데이터 도구] 그룹에서 [중복된 항목 제거] 선택	매크로 기록기를 이용해 해당 기능을 기록하여 쉽게 작성 가능	원본을 복사한 후 출력해야 하는 범위 필요
Collection 개체 이용(301쪽 참고)	메모리를 이용해 중복 자료를 검출하기 때문에 별도의 범위 필요 없음	대량 데이터의 경우 속도가 늦어질 수 있고 반복문을 통한 처리 과정 필요

위의 두 가지 방법 중에서 쉽게 자료를 처리할 수 있는 [중복된 항목 제거] 명령을 이용해 보겠습니다. 이 작업을 위한 순서를 정리해 보면 다음과 같습니다.

자동화할 엑셀 작업 순서 정리하기

❶ 작업 범위와 결과를 출력할 시작 셀을 입력받을 사용자 정의 폼을 작성합니다.
❷ 데이터 영역과 출력 셀의 위치가 중복되는지 확인합니다.
❸ 작업 범위를 복사하여 결과 출력 시작 셀에 붙여넣기합니다.
❹ [중복된 항목 제거] 명령을 이용해 중복을 제거합니다.

---

1 예제파일에서 Alt + F11을 눌러 VB 편집기 창을 열고 [프로젝트] 탐색기 창에서 'frmRefEdit' 폼을 더블클릭하세요. 폼이 표시되면 다음의 화면과 표를 참고하여 컨트롤을 작성하고 속성을 지정하세요.

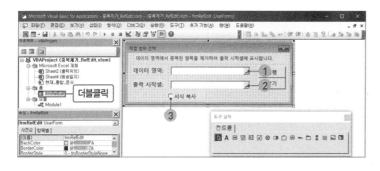

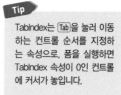

> **Tip**
>
> TabIndex는 Tab을 눌러 이동하는 컨트롤 순서를 지정하는 속성으로, 폼을 실행하면 TabIndex 속성이 0인 컨트롤에 커서가 놓입니다.

	컨트롤	(이름) 속성	Caption 속성	TabIndex 속성
①	[RefEdit] 도구(🔳)	Ref_Data		0
②		Ref_Out		1
③	[확인란] 도구(☑)	chkFormat	서식 복사	2

2 폼에서 [실행](cmdRun) 단추를 더블클릭하여 'Private Sub cmdOk_Click' 이벤트 프로시저 가 삽입되면 다음과 같이 코드를 입력하세요.

```vba
Private Sub cmdRun_Click( )
    Dim rngData As Range, rngOut As Range, rngCheck As Range          이 코드는 '03-12_16.txt' 파일로 제공합니다.

    If Me.Ref_Data = "" Or Me.Ref_Out = "" Then
        MsgBox "데이터 영역과 출력 시작셀을 지정해 주세요.", vbCritical
        Exit Sub
    End If

    Set rngData = Range(Me.Ref_Data)
    Set rngOut = Range(Me.Ref_Out)
On Error Resume Next
    Set rngCheck = Intersect(rngData, rngOut.Resize(rngData.Rows.Count, rngData.Columns.Count))
On Error GoTo 0
    If Not (rngCheck Is Nothing) Then
        MsgBox "데이터 영역과 출력 시작셀이 겹칩니다. 다시 지정해 주세요.", vbCritical
        Exit Sub
    End If

    rngData.Copy
    rngOut.PasteSpecial IIf(Me.chkFormat, xlPasteAll, xlPasteValues)
    Application.CutCopyMode = False
    rngOut.CurrentRegion.RemoveDuplicates 1
    Application.Goto rngOut
    Unload Me
End Sub
```

❶ RefEdit 컨트롤로 입력한 셀 영역을 ❸을 통해 실제 Range 개체로 변환하기 위해 변수를 사용합니다.

❷ RefEdit 컨트롤의 내용이 비어있으면 오류 메시지를 표시하고 실행을 중단합니다.

❸ RefEdit 컨트롤로 선택한 영역이 폼으로 전달될 경우 영역의 주소가 텍스트로 전달됩니다. 따라서 실제 Range 개체 로 변환하려면 'Range(주소)' 형식으로 변환해야 합니다.

❹ ❺에서 두 Range 개체의 공통 영역을 찾는 Intersect 메서드를 사용할 때 공통 영역이 없으면 오류가 발생합니다. 따라서 이 오류를 무시하기 위해 사용한 후 ❻을 통해 오류 처리를 다시 원래대로 되돌립니다. Intersect 메서드는 199쪽을 참고하세요.

❺ rngData에서 중복된 자료가 없으면 최대 출력 셀 영역은 rngData 영역만큼입니다. 따라서 출력 시작 셀인 rngOut에 서부터 최대 크기를 rngData의 크기만큼 조절하고, 두 영역의 공통 영역을 구해 rngCheck에 저장합니다.

❻ ❹에서 지정했던 오류 무시문을 해제하고 오류가 발생하면 정상적으로 표시하도록 지정합니다.

❼ rngCheck가 비어있지 않으면 두 영역이 중복된 영역이 포함된 경우이므로 메시지 창을 출력하고 실행을 중단합 니다.

❽ 데이터 영역인 rngData를 복사하여 출력 위치인 rngOut 셀에 붙여넣기합니다. 붙여넣을 조건은 [서식 복사] (chkFormat) 값에 따라 전체 또는 값만 붙여넣기합니다. 복사가 완료된 후에는 복사 상태를 해제합니다.

❾ RemoveDuplicates 메서드는 [데이터] 탭-[데이터 도구] 그룹에서 [중복된 항목 제거]를 클릭하여 실행하는 기능과 같습니다. 숫자 1은 첫 열을 기준으로 중복 제거하라는 의미입니다.

❿ 출력 위치로 화면과 셀 포인터 위치를 이동합니다.

3 폼을 표시하는 프로시저를 작성하기 위해 [프로젝트] 탐색기 창에서 'Module1' 모듈을 더블클릭하세요. 다음과 같이 'sbShowForm' 프로시저를 작성하고 Alt + F11 을 누르세요.

① RefEdit 컨트롤이 사용된 폼은 반드시 모달 폼으로 표시해야 하기 때문에 Show 메서드의 다음에 vbModeless를 사용할 수 없습니다.

4 엑셀 창으로 되돌아오면 [배송일지] 시트에서 [중복제거 출력] 명령 단추를 클릭하세요. 폼이 표시되면 '데이터 영역'에는 [배송일지] 시트의 E3:E23 범위를, '출력 시작셀'에는 [출력위치] 시트의 B1셀을 지정하고 [서식 복사]에 체크한 후 [실행] 단추를 클릭하세요.

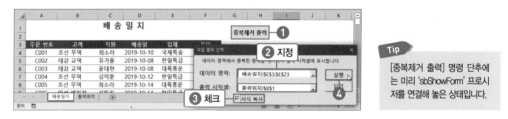

Tip
[중복제거 출력] 명령 단추에는 미리 'sbShowForm' 프로시저를 연결해 놓은 상태입니다.

5 자동으로 폼이 닫히면서 데이터 영역에서 중복 제거된 자료가 '출력 시작셀'에서 지정한 위치에 출력되고 동시에 화면이 해당 셀로 이동하는지 확인해 보세요.

예제파일 : GetOpenFileName.xlsm

실무 예제 | **12** | **[열기] 대화상자 다루기**

1 | GetOpenFileName 메서드의 형식

Application.GetOpenFilename 메서드를 이용하면 [열기] 대화상자에서 선택한 파일들의 경로명을 텍스트로 가져올 수 있어요. 이렇게 가져온 파일의 경로명을 이용하면 파일을 대상으로 한 작업이 가능합니다.

형식	Application.GetOpenFilename(*FileFilter*, *FilterIndex*, *Title*, *ButtonText*, *MultiSelect*)

위의 메서드 형식에서 각 매개변수의 기능은 다음과 같습니다.

매개변수	기능
FileFilter	• '파일 종류'를 지정하는 옵션으로, 텍스트로 지정 • 하나의 필터 항목의 경우 콤마(,)로 구분한 2개의 항목이 한 쌍이 됨 • 확장자의 종류가 여러 개인 경우 세미콜론(;)으로 구분하여 '설명,확장자1;확장자2;…' 형식으로 여러 개 지정 가능 • 확장자 종류를 지정할 때 와일드카드 문자(*, ?) 사용 가능 • 생략하면 기본값인 '모든 파일(*.*),*.*'로 지정
FilterIndex	• FileFilter 옵션에서 여러 쌍의 필터 조건을 지정한 경우 기본적으로 선택하는 필터 인덱스 번호 • 기본값은 1
Title	• 대화상자의 창 제목 지정 • 생략하면 '열기'로 표시
MultiSelect	• True로 지정하면 여러 개의 파일 선택 가능 • 생략하거나 False로 지정하면 1개의 파일만 선택 가능

2 | [열기] 대화상자로 한 번에 하나의 파일 읽기

Application.GetOpenFilename 메서드로 표시한 [열기] 대화상자에서 파일을 선택하면 해당 파일의 경로명을 텍스트로 반환됩니다. 하지만 [취소] 명령 단추를 클릭하면 False 값이 반환되기 때문에 반환 값을 저장할 변수의 데이터형은 Variant형으로 선언해야 합니다.

다음은 Application.GetOpenFilename 메서드의 형식에서 FileFilter만 지정해서 한 번에 하나의 파일만 선택한 후 해당 파일을 여는 프로시저입니다.

```
Sub sbGetOpenFilename( )
①    Dim FileNM As Variant
      Dim strExtList As String

②    strExtList = "Excel 파일(*.xl*),*.xl*" & _
                  ",텍스트 파일(*.txt;*.csv),*.txt;*.csv" & _
                  ",모든 파일(*.*),*.*"
```

이 코드는 '03-12_18.txt' 파일로 제공합니다.

```
③        FileNM = Application.GetOpenFilename(FileFilter:=strExtList, FilterIndex:=1)

         If FileNM <> False Then
④            Workbooks.Open FileNM
         End If
     End Sub
```

❶ ③에서 Application.GetOpenFilename 메서드의 반환 값을 저장할 변수를 선언합니다.

❷ ③에서 사용할 파일 종류(필터 목록)를 지정하는 텍스트로, 콤마(,)를 기준으로 2개의 항목이 하나의 필터 조건이 됩니다. 이 필터 목록은 총 3개의 파일 종류를 지정하는데, '텍스트 파일' 필터의 경우에는 세미콜론(;)으로 구분한 두 종류의 확장자(txt, csv)를 지정합니다.

❸ [열기] 대화상자의 파일 종류는 첫 번째 항목인 'Excel 파일(*.xl*)'이 선택된 상태로 표시됩니다. [열기] 대화상자에서 선택한 파일명 또는 [취소] 명령 단추 클릭 정보가 FileNM 변수에 저장됩니다.

❹ [취소] 명령 단추를 클릭한 경우 False 값을 가지기 때문에 이 경우가 아닌 경우에만 선택한 파일을 엽니다.

3 │ [열기] 대화상자로 한 번에 여러 개의 파일 읽기

MultiSelect 속성을 True로 지정한 경우 여러 개의 파일을 선택할 수 있어요. 이 경우 **선택한 파일명은 배열 형태로 반환되기** 때문에 반복문을 이용하여 선택한 파일들을 확인할 수 있습니다.

다음은 여러 개의 파일을 선택할 수 있도록 [열기] 대화상자를 열고 선택한 파일들의 경로명을 [Sheet1] 시트의 A1셀부터 차례대로 표시하는 프로시저입니다.

```
     Sub sbGetOpenFilename_MultiSelect( )
         Dim FileNM As Variant
         Dim strExtList As String, i As Long

         strExtList = "Excel 파일(*.xl*),*.xl*" & _
                      ",텍스트 파일(*.txt;*.csv),*.txt;*.csv" & _
                      ",모든 파일(*.*),*.*"
❶       FileNM = Application.GetOpenFilename(strExtList, 1, MultiSelect:=True)
❷       If IsArray(FileNM) Then
❸           Sheets(1).Cells.Clear
            For i = LBound(FileNM) To UBound(FileNM)
❹               Sheets(1).Cells(i, 1) = FileNM(i)
            Next i
         End If
     End Sub
```

> 이 코드는 '03-12_19.txt' 파일로 제공합니다.

❶ MultiSelect 속성을 True로 지정해 여러 개의 파일을 선택할 수 있도록 [열기] 대화상자를 표시합니다.

❷ 파일이 선택된 경우 배열 형태로 경로명이 반환되기 때문에 이것을 확인하기 위해 IsArray 함수를 이용합니다.

❸ [Sheet1] 시트의 모든 셀을 지웁니다.

❹ 배열의 처음부터 끝까지 반복하면서 선택한 경로명을 셀에 표시합니다.

난이도 ①②③④⑤

실무
예제 **13**　# 그림 선택해 폼에 표시하기

- Image 컨트롤

1 [열기] 대화상자를 통해 그림을 선택하고 선택한 그림을 폼의 이미지 컨트롤에 표시하는 기능을
작성해 볼게요. 예제파일에서 Alt + F11 을 눌러 VB 편집기 창을 열고 [프로젝트] 탐색기 창의
'frmImage' 폼을 더블클릭하세요. 폼이 표시되면 다음의 화면과 표를 참고하여 컨트롤을 작성
하고 속성을 지정하세요.

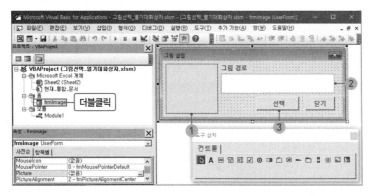

	컨트롤	(이름) 속성	Caption 속성	기타 속성
①	[이미지] 도구(🖼)	Image1		
②	[텍스트 상자] 도구(🖼)	txtPath		• Locked : True • SpecialEffect : 3 – fmSpecialEffectEtched • MultiLine : True • ScrollBars : 2 – fmScrollBarsVertical
③	[명령 단추] 도구(🖼)	cmdSelect	선택	PicturePosition : 1 – fmPicturePositionLeftCenter

> **Tip**
>
> 텍스트 상자(txtPath)에는 [열기] 대화상자에서 선택한 파일의 경로명을 표시할 것이므로 입력할 수 없도록 Locked 속성을 True로 지정하세
> 요. 그리고 경로명이 긴 경우를 대비해 MultiLine 속성과 ScrollBars 속성을 함께 지정합니다.

2 [선택] 명령 단추에 그림을 표시하기 위해 [선택](cmdSelect) 명령 단추의 'Picture' 속성에서
[자세히] 단추(…)를 클릭하세요.

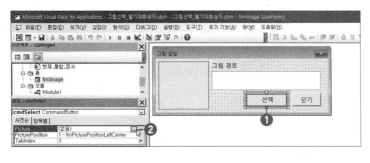

3 [그림 로드] 대화상자가 열리면 부록 실습 파일의 'images' 폴더에서 단추에 표시할 '버튼8.gif' 를 선택하고 [열기]를 클릭하세요.

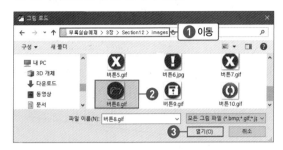

4 'Picture' 속성이 [(비트맵)]으로 변경되고 선택한 그림이 단추의 왼쪽에 표시됩니다. [선택] 명령 단추의 클릭 이벤트 프로시저를 작성하기 위해 [선택] 명령 단추를 더블클릭하세요.

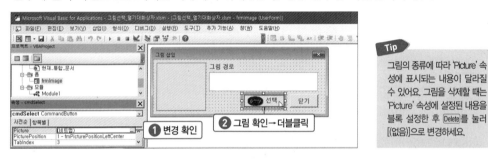

> **Tip**
>
> 그림의 종류에 따라 'Picture' 속 성에 표시되는 내용이 달라질 수 있어요. 그림을 삭제할 때는 'Picture' 속성에 설정된 내용을 블록 설정한 후 Delete를 눌러 [(없음)]으로 변경하세요.

5 'cmdSelect_Click' 이벤트 프로시저가 삽입되면 다음과 같이 코드를 입력하고 F5 를 누르 세요.

```
Private Sub cmdSelect_Click( )
    Dim fn As Variant

    fn = Application.GetOpenFilename( _
        FileFilter:="그림파일,*.gif;*.jpg;*.png;*.bmp" _
            & ",전체파일,*.*" _
            , Title:="그림 선택")
    If fn <> False Then
        With Me.Image1
            .Picture = LoadPicture(fn)
            .PictureSizeMode = fmPictureSizeModeStretch
        End With
        Me.txtPath = fn
    End If
End Sub
```

이 코드는 '03-12_20.txt' 파일로 제공합니다.

❶ 두 종류의 파일 필터 목록을 지정하고 창 제목을 변경해 [열기] 대화상자를 표시합니다. Application.GetOpen
Filename 메서드에 대해서는 421쪽을 참고하세요.

❷ [취소] 명령 단추를 클릭하지 않은 경우, 즉 파일이 선택된 경우에만 IF문 안의 코드를 처리합니다.

❸ LoadPicture 함수를 이용하여 그림 속성에 그림 파일을 지정합니다. 디자인 모드에서 Picture 속성을 이용하는 것과
같은 기능으로, LoadPicture 함수에 대해서는 아래의 '잠깐만요'를 참조하세요.

❹ '그림 크기 조정(PictureSizeMode)' 속성은 fmPictureSizeModeClip(원래 그림 크기), fmPictureSizeModeStretch(컨
트롤 크기에 맞게 가로, 세로 크기 조정), fmPictureSizeModeZoom(가로와 세로의 비율을 일정하게 유지하면서 컨
트롤 크기에 맞춰 조정) 중에서 지정할 수 있습니다.

6 [그림 삽입] 폼이 열리면 [선택] 명령 단추를 클릭하세요. [그림 선택] 대화상자가 열리면 부록 실
습 파일의 'images' 폴더에서 '버튼5.gif'를 선택하고 [열기]를 클릭하세요.

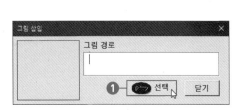
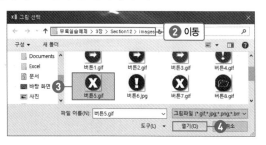

7 [그림 삽입] 폼의 이미지 컨트롤에 선택한 그림이 표시되고 경로명도 텍스트 상자에 표시되는지
확인해 보세요.

잠깐만요 **LoadPicture 함수로 컨트롤에 그림 표시하고 제거하기**

이미지 컨트롤뿐만 아니라 모든 컨트롤의 Picture 속성에 그림을 표시할 때는 'LoadPicture("경로명")' 형식으로 사용합니
다. LoadPicture 메서드에는 gif, jpg, 비트맵(*.bmp), 아이콘(*.ico), 메타파일(*.wmf) 등의 그림 파일을 사용할 수 있어요.

그림을 표시할 때	컨트롤명.Picture = LoadPicture(Tisworkbook.Path & "\map.gif")
그림을 제거할 때	컨트롤명.Picture = LoadPicture( )

난이도 ① ② ③ ④ ⑤

실무
예제 | **14**

다중 페이지로 자료 조회하기

1 '다중 페이지' 컨트롤은 하나의 폼에 여러 페이지를 작성히고 각 페이지에 컨트롤을 분산 배치
하여 폼을 넓고 효율적으로 사용할 수 있게 하는 컨트롤로, 이 컨트롤을 이용해 조회 기능을
작성해 볼게요. 예제파일에서 Alt + F11 을 눌러 VB 편집기 창을 열고 [프로젝트] 탐색기 창의
'frmInfo' 폼을 더블클릭하세요. 폼이 표시되면 [도구 상자]에서 [다중 페이지] 도구(🔲)를 클릭
하고 다음의 화면과 같이 '다중 페이지' 컨트롤을 작성한 후 페이지 탭에서 마우스 오른쪽 단추
를 눌러 [새 페이지]를 선택하세요.

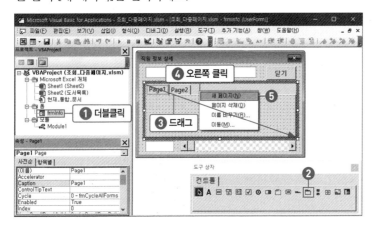

Tip

'다중 페이지' 컨트롤은 기본
적으로 2개의 페이지가 표시
되는데, 페이지 추가 또는 삭
제하려면 마우스 오른쪽 단추
를 눌러 바로 가기 메뉴를 이
용하세요.

2 [Page3] 탭이 삽입되면 '다중 페이지(Multipage1)' 컨트롤의 테두리를 클릭하여 컨트롤을 선택
하고 [속성] 창에서 'ForeColor' 속성을 파란색으로 지정하세요.

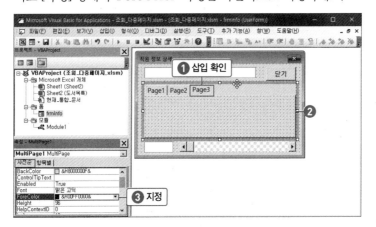

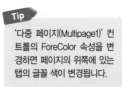

Tip

'다중 페이지(Multipage1)' 컨
트롤의 ForeColor 속성을 변
경하면 페이지의 위쪽에 있는
탭의 글꼴 색이 변경됩니다.

3 '다중 페이지(Multipage1)' 컨트롤의 각 페이지를 클릭해 선택한 후 각 페이지의 'Caption' 속성
을 차례대로 '도서표지', '도서정보', '가격정보'로 지정하세요. 각 페이지에 다음의 화면과 표를 참
조하여 컨트롤을 작성하고 속성을 지정한 후 폼에서 빈 곳을 더블클릭하세요.

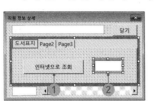
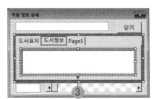
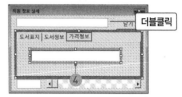

	컨트롤	(이름) 속성	Caption 속성	기타 속성
①	[명령 단추] 도구(🔘)	cmdWeb	인터넷으로 조회	
②	[텍스트 상자] 도구(🔤)	txtURL		Visible : False
③		txtTitle		• MultiLine : True • ScrollBars : 2 – fmScrollBarsVertical
④		txtPrice		

> **Tip**
>
> URL을 표시할 텍스트 상자(txtURL)는 화면에서는 보이지 않도록 처리하고 [인터넷으로 조회] 명령 단추를 클릭할 때 컨트롤에 저장된 주소
> 를 이용하여 하이퍼링크로 이동할 예정입니다.

4 코드 창이 열리면 'UserForm' 개체를 선택한 상태에서 'Initialize' 프로시저를 선택하세요.
'Private Sub UserForm_Initialize' 이벤트 프로시저가 삽입되면 다음과 같이 코드를 입력하
세요.

```
Private Sub UserForm_Initialize( )
    With Me.scbNo
        .Min = 1
        .Max = Range("표1").CurrentRegion.Rows.Count - 1
        .Value = 1
        .SmallChange = 1
        .LargeChange = 2
        .ControlTipText = "단추를 드래그하여 도서조회"
    End With

    Me.Multipage1.Value = 1
End Sub
```

> 이 코드는 '03-12_21.txt' 파일로 제공합니다.

❶ '스크롤 막대' 컨트롤을 이용해 '표1' 영역의 자료 개수만큼 이동하기 위한 속성을 지정합니다. 이 코드에 대해서는
411쪽을 참고하세요.

❷ '다중 페이지' 컨트롤에서 현재 화면에 표시되는 페이지를 지정하거나 확인할 때 Value 속성을 사용합니다. 페이지
번호는 0부터 지정되므로 1로 지정하면 두 번째 페이지가 표시됩니다.

5 스크롤 막대(scbNo)를 드래그하여 숫자가 증감되면 해당 위치의 자료를 화면에 표시하기 위한 이벤트 프로시저를 작성해 볼게요. [프로젝트] 탐색기 창에서 'frmInfo' 폼을 더블클릭하여 폼을 표시하고 '스크롤 막대' 컨트롤을 더블클릭하세요. 'Private Sub scbNo_Change' 이벤트 프로시저가 삽입되면 다음과 같이 코드를 입력하세요.

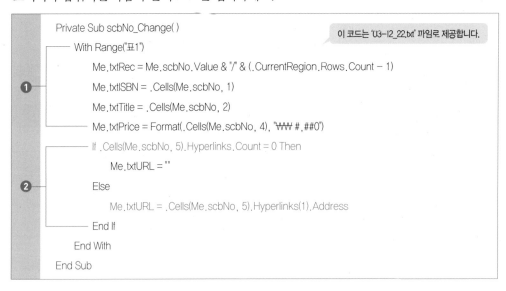

① '스크롤 막대' 컨트롤 값에 따라 해당 위치의 자료를 각 텍스트 상자에 표시합니다(429쪽 참고).
② 표의 다섯 번째 열은 URL 열로, 하이퍼링크가 설정된 상태입니다. 이 연결을 확인한 후 하이퍼링크로 연결되었으면 해당 주소를 txtURL 텍스트 상자에 저장합니다. 만약 하이퍼링크로 연결되지 않았으면 공백을 저장합니다.

6 [인터넷으로 조회] 단추(cmdWeb)를 클릭하면 txtURL 텍스트 상자에 저장된 주소로 연결되도록 지정해 볼게요. [프로젝트] 탐색기 창에서 'frmInfo' 폼을 더블클릭하여 폼을 표시하고 [인터넷으로 조회] 명령 단추 컨트롤을 더블클릭하세요. 'Private Sub cmdWeb_Click' 이벤트 프로시저가 삽입되면 다음과 같이 코드를 입력하고 F5 를 누르세요.

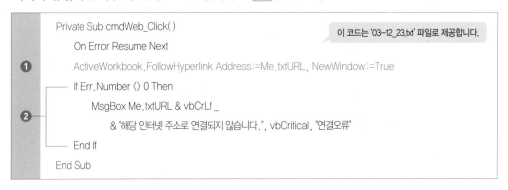

① FollowHyperlink 메서드는 'FollowHyperlink (*Address, SubAddress, NewWindow, AddHistory, ExtraInfo, Method, HeaderInfo*)' 형식으로 사용해서 하이퍼링크 기능을 실행합니다. 새 창에 txtURL 텍스트 상자의 내용으로 하이퍼링크됩니다.
② ①의 연결에 오류가 발생한 경우 메시지를 출력합니다.

7 폼이 실행되면서 다중 페이지의 두 번째 페이지인 [도서정보] 탭이 처음으로 표시됩니다. 스크롤 막대를 드래그하여 자료를 이동한 후 [도서표지] 탭을 클릭하세요.

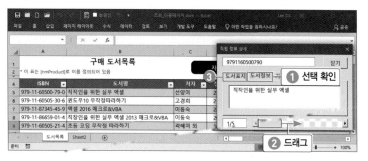

8 [도서표지] 탭에는 URL 주소를 저장하고 있는 'txtURL' 컨트롤이 숨겨진 상태이므로 [인터넷으로 조회] 명령 단추를 클릭하세요.

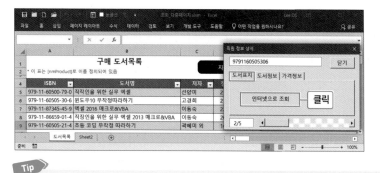

> **Tip**
> 하이퍼링크 기능은 현재 사용 중인 컴퓨터의 인터넷 연결 상태와 기본 웹 브라우저 등에 따라 다르게 작동될 수 있습니다.

9 인터넷이 연결된 상태이면 웹 브라우저 창에 하이퍼링크가 실행되면서 해당 도서의 웹페이지가 표시되는지 확인해 보세요.

이벤트 프로그래밍

ActiveX 컨트롤

사용자 정의 폼

프로그램밍 구성

폼 디자인

오피스 연동

함수

매크로

사용자 리본 메뉴

추가 기능 파일

1 개인 정보 조회 폼 작성하기

● 예제파일 : 12-Ex1.xlsm ● 완성파일 : 12-Ex1(완성).xlsm

다음과 같은 조회 기능이 실행되도록 사용자 정의 폼과 컨트롤을 작성하고 이벤트 프로시저를 작성해 보세요.

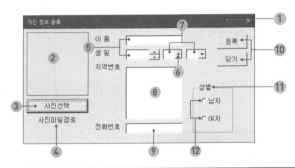

	컨트롤	(이름) 속성	Caption 속성	기타 속성
①	사용자 정의 폼	frm인맥관리	개인 정보 등록	
②	[이미지] 도구(🖼)	img사진		PictureSizeMode : 3 - fmPictureSizeModeZoom
③	[명령 단추] 도구(▣)	cmd사진	사진선택	
④	[레이블] 도구(A)	lbl사진	사진파일경로	TextAlign : 2 - fmTextAlignCenter
		'이름', '생일', '지역번호', '전화번호' 레이블도 차례대로 작성		
⑤	[텍스트 상자] 도구(🔤)	txt이름		
		txt연도		
⑥	[스핀 단추] 도구(▣)	SpinButton1		Min : 1900, Max : 2100
⑦	[콤보 상자] 도구(▣)	cbo월		
		cbo일		
⑧	[목록 상자] 도구(▤)	lst지역번호		
⑨	[텍스트 상자] 도구(🔤)	txt전화번호		
⑩	[명령 단추] 도구(▣)	cmd등록	등록	
		cmd닫기	닫기	
⑪	[프레임] 도구(▣)	Frame1	성별	
⑫	[옵션 단추] 도구(◉)	opt남자	남자	
		opt여자	여자	

처리 조건	① 폼 표시 프로시저명은 'sb폼실행'으로 지정하세요.
	② [인맥관리] 시트의 [등록하기] 명령 단추를 클릭하면 'sb폼실행' 프로시저가 실행되도록 지정하세요.
	③ 폼은 모델리스 창으로 표시하세요.
	④ [등록] 명령 단추를 클릭하면 [인맥관리] 시트의 B4셀의 아래쪽에 있는 빈 행에 폼의 내용을 등록하세요.
	⑤ 매크로 이름과 기타 필요한 사항은 임의로 지정하세요(자료 등록은 115쪽 참고).

[그림 삽입] 창에서 셀에 그림 삽입하기

워크시트에 그림을 자주 삽입한다면 Application.GetOpenFilename 메서드보다 엑셀 자체에서 제공하는 [그림 삽입] 대화상자를 이용하는 것이 편리합니다. 엑셀 자체에서 제공하는 대화상자는 'Application.Dialogs(대화상자 종류).Show' 형식으로 사용하는데, 사용 방법도 편리하고 원하는 기능 자체가 포함되어 있어서 쉽게 사용할 수 있어요. '대화상자종류'를 지정하면 [그림 삽입] 대화상자 외에 [열기] 대화상자와 [저장] 대화상자 등 다양한 대화상자를 실행할 수 있습니다. 이것에 대해서는 'Dialogs'에 대한 도움말을 참고하세요.

```
Sub sbActiveCellAddPicture( )

    Dim picT As Picture

    On Error Resume Next
①   Application.Dialogs(xlDialogInsertPicture).Show
②   Set picT = Selection
③   If picT Is Nothing Then Exit Sub
    ┌── With picT
    │       .ShapeRange.LockAspectRatio = msoFalse
    │       .Placement = xlMoveAndSize
④   │       .Height = ActiveCell.Height
    │       .Width = ActiveCell.Width
    └── End With
⑤   ActiveCell.Select
End Sub
```
이 코드는 '03-12_24.txt' 파일로 제공합니다.

1 [삽입] 탭-[일러스트레이션] 그룹에서 [그림 삽입]을 이용하는 것처럼 현재 셀에 그림을 삽입하고 삽입된 그림의 속성을 자동으로 변경하는 프로시저를 작성해 볼게요. 예제파일에서 Alt+F11을 눌러 VB 편집기 창을 열고 새 모듈을 삽입합니다. 왼쪽과 같은 'sbActiveCellAddPicture' 프로시저를 작성한 후 Alt+F11을 누르세요.

① 엑셀의 [그림 삽입] 대화상자에서 그림을 선택하면 현재 셀에 그림이 자동 삽입되고 해당 그림이 선택됩니다.
② ①을 통해 선택된 그림 개체를 변수에 저장합니다.
③ 그림이 삽입되지 않았으면 개체 변수는 비어있는 상태이므로 프로시저를 종료합니다.
④ 선택한 그림의 '가로 세로 비율 고정' 속성을 해제하고 '위치와 크기 변함' 속성을 지정한 후 높이와 너비를 조정합니다.
⑤ 그림 선택을 해제하기 위해 현재 셀을 선택합니다.

2 엑셀 창으로 되돌아오면 그림을 삽입할 셀을 선택하세요. **1** 과정에서 작성한 'sbActiveCellAddPicture' 프로시저가 연결된 [그림 삽입] 명령 단추를 클릭하여 [그림 삽입] 창을 열고 적당한 그림을 선택하세요.

 Tip

여기에서는 부록 실습 파일의 'images' 폴더에서 '버튼10.gif' 그림 파일을 선택했어요.

3 현재 셀에 선택한 그림이 삽입되면서 셀의 크기에 따라 크기가 조정되는지 확인해 보세요.

이벤트 프로그래밍
ActiveX 컨트롤
사용자 정의 폼
프로그램 구성
폼 디자인
오피스 연동
함수
매크로
사용자 리본 메뉴
추가 기능 파일

CHAPTER 04

회사 실무 문서 자동화

앞의 과정을 통해 엑셀 매크로와 VBA에 대한 기본적인 지식을 모두 배웠습니다. 하지만 이 지식을 통해 업무에 필요한 자동화 작업을 곧바로 실행하기에는 실전 경험이 부족하기 때문에 단시간에 자동화 작업을 완성하는 것은 어렵습니다. 따라서 다양한 경험을 통해 여러 가지 개발 방법을 접해야만 자신에게 필요한 적절한 자동화 작업 방법을 선택할 수 있어요. 이번 챕터에서는 실무 자동화 사례를 유형별로 하나씩 선별하여 자세히 분석하면서 해당 기능을 작성해 보겠습니다. 필요하다면 실무 사례 내용을 그대로 가져온 후 내용만 변경해도 자동화 작업을 빨리 이해할 수 있어요.

고객 및 예약 관리 프로그램 작성하기

사용자 정의 폼을 사용하면 워크시트에서 자료를 입력하거나 수정 및 삭제할 필요 없이 폼을 통해 모든 작업을 할 수 있어요.
사용자 정의 폼은 프로그램을 만드는 사람은 불편하지만, 사용자 입장에서는 편리하고 전문성이 돋보이게 할 수 있습니다.
이번 섹션에서는 문화센터에서 고객 정보, 강좌 스케줄, 강좌별 예약, 예약 현황 인쇄물 등의 작업을 처리하는 프로그램을 작
성해 보겠습니다.

> PREVIEW

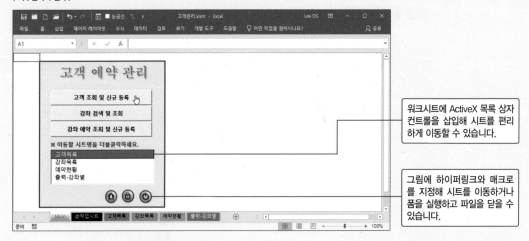

워크시트에 ActiveX 목록 상자 컨트롤을 삽입해 시트를 편리하게 이동할 수 있습니다.

그림에 하이퍼링크와 매크로를 지정해 시트를 이동하거나 폼을 실행하고 파일을 닫을 수 있습니다.

목록 상자의 내용을 검색할 수 있습니다.

목록 상자에서 선택한 내용을 오른쪽의 '고객 정보 상세'에 표시할 수 있습니다.

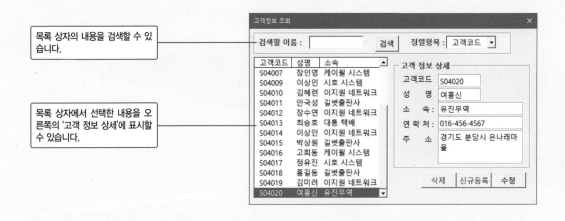

프로그램의 전체 기능 미리 보기

이번 섹션에서는 각 시트에 분리 저장된 고객, 강좌, 예약 정보를 관리하기 쉽게 표로 정의하고 사용자 정의 폼을 통해 해당 자료를 조회, 검색, 등록, 삭제, 수정할 수 있는 프로그램을 작성할 것입니다. 이 프로그램을 통해 사용자 정의 폼을 중심으로 다양한 기능의 사용법을 익히면서 프로그램의 전체 기능을 확인한 후 각 기능별로 작성해 보겠습니다.

1 [Main] 시트에는 3개의 폼을 실행하는 매크로 단추와 시트를 이동할 수 있는 목록 상자 ActiveX 컨트롤, 그리고 몇 가지 기능을 가진 그림 아이콘이 배치되어 있습니다. 목록 상자 ActiveX 컨트롤에서 임의의 시트를 더블클릭하여 해당 시트로 이동하면 이동한 시트의 A1셀에는 [Main] 시트로 이동하는 ⓐ 아이콘이 있습니다(440쪽 참고).

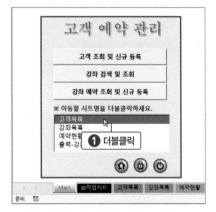
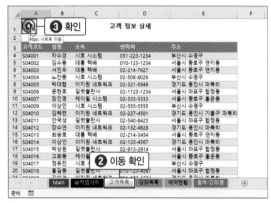

▲ 이동할 시트명을 더블클릭하면 선택한 시트로 이동합니다.

2 예제파일에는 매크로 작업에서 각 데이터의 위치를 지정하기 쉽게 표와 이름이 정의되어 있습니다. 이름 상자를 클릭하면 정의된 이름과 표 이름이 표시되는데, 이 중 하나를 선택하면 정의된 영역으로 이동됩니다. [@작업시트] 시트에는 고객 코드의 번호를 자동으로 부여하기 위해 현재 가장 큰 고객 번호의 뒷자리를 가져오는 계산식부터 고급 필터를 이용해 각 시트의 자료를 추출하는 영역이 정의되어 있습니다(455쪽 참고).

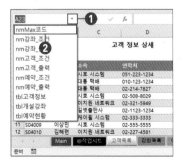

▲ 이름 상자에서 정의된 이름을 선택하면 정의된 영역으로 이동합니다.

3 [Main] 시트에서 첫 번째 폼을 실행하기 위해 [고객 조회 및 신규 등록] 단추를 클릭하면 [고객 정보 조회] 대화상자가 열립니다. 왼쪽 목록 상자에는 [고객목록] 시트에 등록된 고객 명단이 출력되고 '정렬항목'을 클릭하면 목록 상자의 내용이 해당 항목으로 오름차순 정렬됩니다. 그리고 목록 상자의 내용을 클릭하면 해당 항목의 상세 내용이 오른쪽 텍스트 상자에 표시됩니다(450쪽, 452쪽 참고).

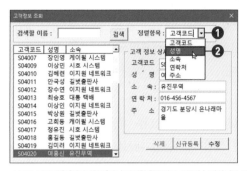 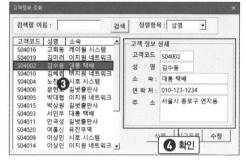

▲ 목록 상자 내용은 '정렬항목'에서 지정한 항목별로 오름차순 정렬되고 클릭한 내용이 '고객 정보 상세'에 표시됩니다.

4 [고객정보 조회] 대화상자의 '검색할 이름'에 이름의 일부를 입력해서 고객 정보를 검색할 수 있습니다. 왼쪽 목록 상자에서 자료를 선택하고 [수정] 단추를 클릭하면 오른쪽에 있는 '고객 정보 상세'의 컨트롤을 수정할 수 있는 상태가 됩니다. 여기서 내용을 변경한 후 [저장] 단추를 클릭해서 변경 사항을 반영할 수 있어요(450쪽, 455쪽 참고).

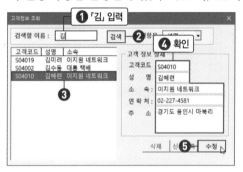 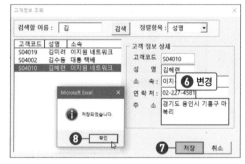

▲ 이름을 검색하고 '고객 정보 상세'를 수정한 후 저장할 수 있습니다.

5 신규 고객 정보를 등록할 때 [신규등록] 단추를 클릭하면 자동으로 '고객코드'가 부여됩니다. 이 고객 코드는 [@작업시트] 시트의 A6셀에서 계산식으로 구한 가장 큰 고객 코드 값에 1을 더한 값으로 자동 생성됩니다. 새로운 고객 정보를 등록한 후 [저장] 단추와 [삭제] 단추를 클릭해서 저장 및 삭제할 수 있어요(456쪽 참고).

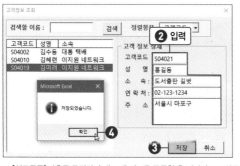
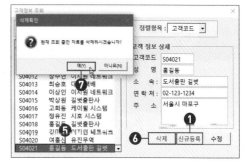

▲ [신규등록] 단추를 클릭하여 새 고객 정보를 등록한 후 저장하고 조회중인 자료를 삭제할 수 있습니다.

6 [Main] 시트에서 [강좌 검색 및 조회] 단추를 클릭하면 두 번째 폼이 열립니다. [강좌목록] 시트
에 등록된 개설 강좌 정보가 목록 상자에 표시되고 '강좌명'과 '개설 기간'을 지정해 검색도 가
능합니다. 목록 상자의 강좌 항목을 더블클릭하거나 [예약현황] 단추를 클릭하면 세 번째 폼인
[예약현황 조회 및 등록] 폼이 표시됩니다. [예약현황 조회 및 등록] 폼에서는 왼쪽 목록 상자에
등록한 고객 명단이, 오른쪽 목록 상자에는 예약 가능한 고객 명단이 표시됩니다. 목록 상자는
Ctrl +클릭하거나 드래그하여 여러 항목을 선택할 수 있고 선택한 항목을 [선택한 고객을 강좌에
예약] 단추를 클릭하여 예약 등록할 수도 있어요(461쪽, 465쪽 참고).

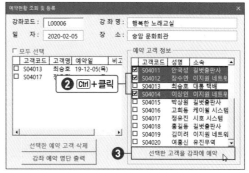

▲ 강좌를 더블클릭하여 [예약현황 조회 및 등록] 폼을 표시하고 선택한 고객을 강좌의 예약 고객으로 등록할 수 있습니다.

7 예약을 취소하려면 왼쪽 목록 상자에서 취소 항목을 선택한 후 [선택한 예약 고객 삭제] 단추를
클릭합니다. [강좌 예약 명단 출력] 단추를 클릭하면 왼쪽 목록 상자의 예약 고객 명단이 [출력-
강좌별] 시트에 자동 출력된 후 인쇄 미리 보기 화면으로 표시됩니다(475쪽 참고).

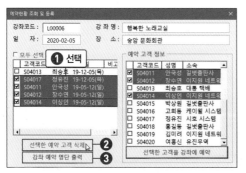
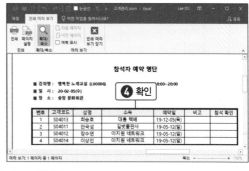

▲ 고객의 예약을 취소하고 현재 조회중인 강좌의 예약자 명단을 인쇄 미리 보기로 표시할 수 있습니다.

실무 예제 | 02   # [Main] 시트의 메뉴 구성하기

예제파일에는 이미 3개의 사용자 정의 폼이 있고 폼 안에 컨트롤이 작성되어 있으며, '(이름)' 속성만 지정된 상태입니다. 사용자 정의 폼의 기능을 자세하게 지정하기 전에 [Main] 시트에 작성된 메뉴 단추의 기능과 파일을 열 때 자동으로 [Main] 시트가 표시되는 기능을 작성해 보겠습니다.

1 예제파일에서 `Alt`+`F11`을 눌러 VB 편집기 창을 열고 '현재_통합_문서'(또는 ThisWorkbook) 를 더블클릭합니다. 코드 창이 열리면 'Workbook' 개체의 'Open' 이벤트 프로시저를 선택하고 'Private Sub Workbook_Open' 이벤트 프로시저가 삽입되면 다음과 같이 코드를 작성하세요.

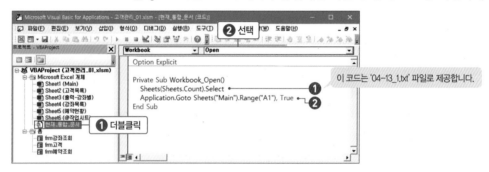

❶ [Main] 시트에서 Activate 이벤트를 발생시키기 위해 통합 문서의 마지막 시트를 선택합니다.

❷ [Main] 시트의 A1셀이 현재 엑셀 창의 왼쪽 첫 번째 셀이 되도록 시트 이동 및 화면 스크롤을 실행합니다.

2 미리 작성해 놓은 3개의 폼을 표시할 프로시저를 작성해 볼게요. **[삽입]-[모듈]** 메뉴를 선택하거 나 [표준] 도구 모음에서 [모듈 삽입] 도구(📘)를 클릭하여 'Module1' 모듈을 추가하고 코드 창 에 다음과 같이 3개의 프로시저를 작성하세요.

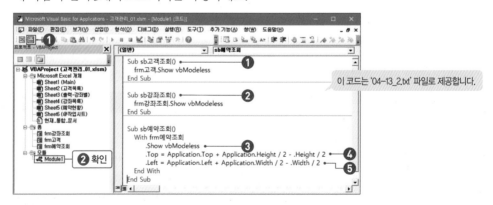

❶ [고객정보 조회](frm고객) 폼을 모덜리스 창으로 표시합니다.

❷ [강좌 조회](frm강좌조회) 폼을 모덜리스 창으로 표시합니다.

❸ [예약현황 조회 및 등록](frm예약조회) 폼을 모덜리스 창으로 표시합니다.

❹ 'frm예약조회' 폼의 StartUpPosition 속성을 [0 - 수동]으로 지정했기 때문에 ❸을 통해 화면이 표시되면 엑셀 창과 상관없이 모니터의 왼쪽 위에 표시됩니다. 화면의 위치를 엑셀 창의 가운데 표시되도록 Top 위치를 조정합니다.

❺ ❹와 같은 이유로 폼의 왼쪽 위치를 조정합니다.

3 **2** 과정의 아래쪽에 다음과 같이 파일을 닫는 프로시저를 계속 작성하세요.

```
Sub ob종료( )
    Dim iOK

    iOK = MsgBox("현재 문서를 저장하고, 종료할까요?" & _
            vbCrLf & "(예)    : 저장하고 종료" & _
            vbCrLf & "(아니오) : 저장하지 않고 종료" & _
            vbCrLf & "(취소)   : 작업 취소", vbYesNoCancel, "종료")
    Select Case iOK
        Case vbYes
            ThisWorkbook.Close True
        Case vbNo
            ThisWorkbook.Close False
    End Select
End Sub
```

이 코드는 '04-13_3.txt' 파일로 제공합니다.

❶ 메시지 창에 3개의 단추를 표시하고 저장과 종료 방법을 선택합니다.

❷ ❶에서 선택한 단추에 따라 각 기능을 처리합니다.

4 다음과 같이 파일을 닫는 프로시저를 계속 작성하고 [Alt]+[F11]을 누르세요.

```
Sub sb작업시트숨기기( )
    Const shNM As String = "@작업시트"

    With Sheets(shNM)
        .Visible = Not .Visible
        MsgBox "[" & .Name & "] 시트를 " & IIf(.Visible, "표시", "숨기기") & "했습니다."
    End With
End Sub
```

이 코드는 '04-13_4.txt' 파일로 제공합니다.

❶ [@작업시트] 시트는 새로 추가할 고객 코드의 번호를 계산하고 각 조회 폼의 검색 기능을 위한 고급 필터 추출 공간으로 사용할 시트입니다. 따라서 이 시트는 가급적 보이지 않게 하는 것이 좋으므로 이 시트의 이름을 편리하게 관리할 수 있게 상수로 정의하세요.

❷ **1** 과정에서 지정한 이름의 시트를 숨기기/표시하기로 전환하고 메시지를 표시합니다.

이벤트 프로그래밍

ActiveX 컨트롤

사용자 정의 폼

프로그램 구성

폼 디자인

오피스 연동

함수

매크로

사용자 리본 메뉴

추가 기능 파일

5 엑셀 창으로 되돌아오면 작성한 프로시저를 [Main] 시트의 명령 단추 및 그림 아이콘에 연결하기 위해 [Main] 시트의 [고객 조회 및 신규 등록] 단추에서 마우스 오른쪽 단추를 눌러 [매크로 지정]을 선택하세요. [매크로 지정] 대화상자가 열리면 '매크로 이름'에서 [sb고객조회]를 선택하고 [확인]을 클릭하세요.

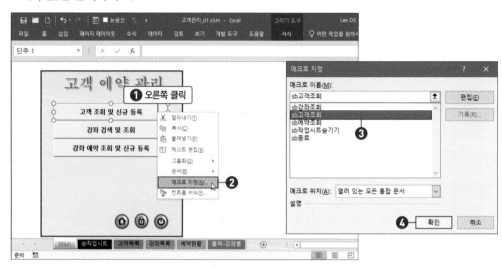

6 5 과정과 같은 방법으로 [강좌 검색 및 조회] 단추에는 'sb강좌조회' 매크로를, [강좌 예약 조회 및 신규 등록] 단추에는 'sb예약조회' 매크로를, ⓐ 아이콘에는 'sb작업시트숨기기' 매크로를, ◎ 아이콘에는 'sb종료' 매크로를 지정하세요.

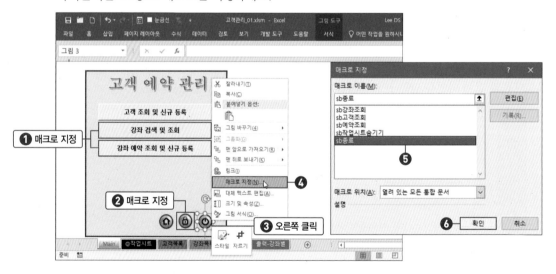

7 각 시트에서 [Main] 시트로 빠르게 이동할 경우 매크로 프로시저보다 하이퍼링크를 이용하는 것이 편리합니다. [Main] 시트의 ◎ 아이콘에서 마우스 오른쪽 단추를 눌러 [링크]를 선택하세요. [하이퍼링크 삽입] 대화상자가 열리면 '연결 대상'에서 [현재 문서]를 선택하고 '이 문서에서 위치 선택'에서 '셀 참조'의 'Main'을 선택한 후 [화면 설명]을 클릭하세요.

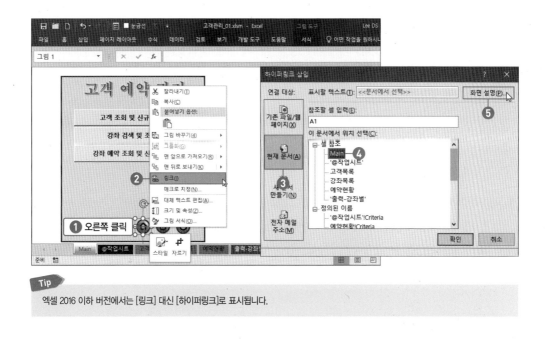

Tip

엑셀 2016 이하 버전에서는 [링크] 대신 [하이퍼링크]로 표시됩니다.

8 [하이퍼링크 화면 설명 설정] 대화상자가 열리면 '화면 설명 텍스트'에 『Main 시트로 이동』을 입력하고 [확인]을 클릭하세요. [하이퍼링크 삽입] 대화상자로 되돌아오면 [확인]을 클릭합니다.

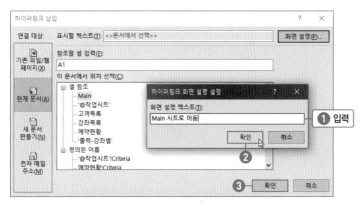

9 [Main] 시트의 🔘 아이콘을 선택한 상태에서 Ctrl+C를 눌러 복사하고 [고객목록] 시트와 [강좌목록] 시트, [예약현황] 시트의 A1셀에 각각 Ctrl+V를 눌러 붙여넣기하세요. 이제 각 시트에서 🔘 아이콘을 클릭하면 [Main] 시트의 A1셀로 빠르게 이동할 수 있어요.

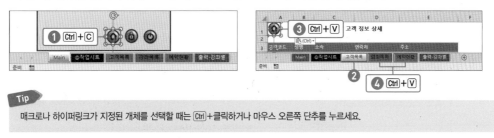

Tip

매크로나 하이퍼링크가 지정된 개체를 선택할 때는 Ctrl+클릭하거나 마우스 오른쪽 단추를 누르세요.

이벤트 프로그래밍

ActiveX 컨트롤

사용자 정의 폼

프로그램 구성

폼 디자인

오피스 연동

함수

매크로

사용자 리본 메뉴

추가 기능 파일

실무
예제 | **03**   # 목록 상자 컨트롤로 시트 이동하기

[Main] 시트에 이동 가능한 시트 목록을 표시하는 목록 상자(ActiveX 컨트롤)를 작성하고 목록 상자를 더블클릭할 때 선택한 시트로 이동하는 기능을 작성해 보겠습니다.

1 [Main] 시트에서 [개발 도구] 탭-[컨트롤] 그룹의 [삽입]을 클릭하고 'ActiveX 컨트롤'에서 [레이블] (**가**)과 [목록 상자](▤)를 각각 클릭하여 다음과 화면과 같이 작성하세요. [개발 도구] 탭-[컨트롤] 그룹에서 [속성](▤)을 클릭하여 [속성] 창을 열고 다음의 표를 참고하여 각각의 속성을 지정하세요.

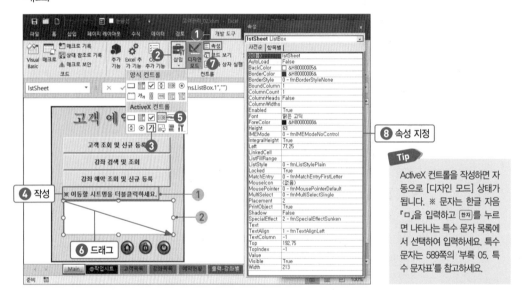

> **Tip**
> ActiveX 컨트롤을 작성하면 자동으로 [디자인 모드] 상태가 됩니다. ※ 문자는 한글 자음 「ㅁ」을 입력하고 한자를 누르면 나타나는 특수 문자 목록에서 선택하여 입력하세요. 특수 문자는 589쪽의 '부록 05. 특수 문자표'를 참고하세요.

	컨트롤	(이름) 속성	기타 속성
①	[레이블(ActiveX 컨트롤)](가)		• Caption : ※ 이동할 시트명을 더블클릭하세요. • BackStyle : 0 – fmBackStyleTransparent • ForeColor : 빨간색
②	[목록 상자(ActiveX 컨트롤)](▤)	lstSheet	

2 '목록 상자' 컨트롤을 더블클릭할 때 목록 상자에서 선택한 시트로 이동하는 이벤트를 작성하기 위해 목록 상자를 더블클릭하세요.

> **Tip**
> '목록 상자' 컨트롤(lstSheet)은 [Main] 시트에 작성한 ActiveX 컨트롤이기 때문에 더블클릭할 때 이벤트 프로시저는 [프로젝트] 탐색기 창에서 [Main] 시트 개체를 의미하는 'Microsoft Excel 개체'–'Sheet1 (Main)' 개체의 코드 창에 작성됩니다.

3 VB 편집기 창이 열리면 코드 창의 위쪽에서 'DblClick' 이벤트 프로시저를 선택하세요.

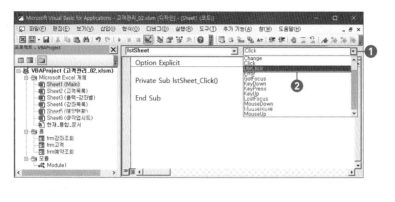

4 'Private Sub lstSheet_DblClick' 이벤트 프로시저가 삽입되면 다음과 같이 코드를 작성하세요.

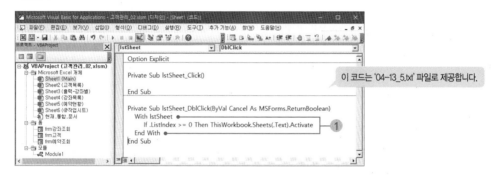

이 코드는 '04-13_5.txt' 파일로 제공합니다.

① 목록 상자(lstSheet)에서 선택한 이름의 시트를 활성화합니다.

5 [Main] 시트가 선택될 때마다 목록 상자(lstSheet)에 이동 가능한 시트 목록을 표시하기 위해 코드 창의 위쪽에서 'Worksheet' 개체의 'Activate' 이벤트 프로시저를 선택하세요.

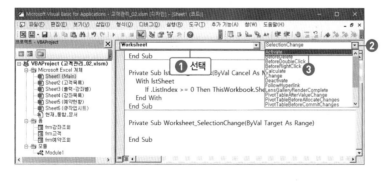

이벤트 프로그래밍

ActiveX 컨트롤

사용자 정의 폼

프로그램 구성

폼 디자인

오피스 연동

함수

매크로

사용자 리본 메뉴

추가 기능 파일

6 'Private Sub Worksheet_Activate' 이벤트 프로시저가 삽입되면 다음과 같이 코드를 작성하고 `Alt`+`F11`을 누르세요.

```
Private Sub Worksheet_Activate( )
    Dim i As Long


① With lstSheet
    .Clear
    .Font.Size = 11
    .Width = 213
② For i = 1 To ThisWorkbook.Sheets.Count
        Select Case ThisWorkbook.Sheets(i).Name
            Case "Main", "@작업시트"
            Case Else
                .AddItem ThisWorkbook.Sheets(i).Name
        End Select
    Next
③ If .ListCount > 0 Then .ListIndex = .ListCount − 1
    End With
End Sub
```

> 이 코드는 '04-13_6.txt' 파일로 제공합니다.

❶ 목록 상자의 기존 내용 및 속성을 모두 지우고 글꼴 크기는 11pt로, 목록 너비는 213pt로 지정합니다.

❷ 현재 통합 문서의 시트명을 추가하기 위해 시트의 개수만큼 반복하면서 [Main] 시트와 [@작업시트] 시트를 제외한 시트명을 목록에 추가합니다.

❸ 목록 상자에 목록 항목이 1개 이상인 경우 마지막 항목이 선택되도록 합니다.

7 엑셀 창으로 되돌아오면 [개발 도구] 탭-[컨트롤] 그룹에서 [디자인 모드]를 클릭하여 [디자인 모드]의 선택을 해제하세요. [Main] 시트에서 다른 시트를 선택했다가 다시 [Main] 시트를 선택하여 목록 상자에 시트 목록이 표시되었는지 확인하고 [고객목록]을 더블클릭하세요.

8 [고객목록] 시트가 표시되면 A1셀의 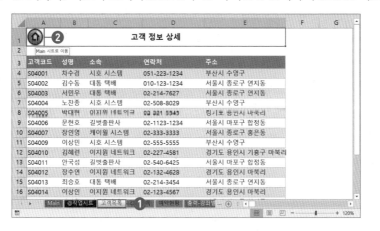 아이콘을 클릭하여 [Main] 시트로 이동하세요.

이벤트 프로그래밍

ActiveX 컨트롤

사용자 정의 폼

프로그램 구성

폼 디자인

오피스 연동

함수

매크로

사용자 리본 메뉴

추가 기능 파일

잠깐만요 ## Sort 메서드 단순하게 사용하기

정렬은 엑셀 2003 이전에서는 최대 3개까지의 정렬 기준을 두어 정렬했습니다. 하지만 엑셀 2007 이후부터 정렬은 기준 항목도 최대 64개로 늘고 정렬 조건을 지정하는 방법도 값이나 색 등으로 다양해졌기 때문에 매크로 기록기로 녹음된 정렬 기능을 확인해 보면 복잡하게 느껴집니다. 그러므로 단순하게 값으로 정렬하는 경우이면 다음과 같이 엑셀 2003 이전 방법으로 정렬하는 것이 편리합니다.

형식	범위.Sort(*Key1, Order1, Key2, Type, Order2, Key3, Order3, Header, OrderCustom, MatchCase, Orientation*)

- *Key1, Key2, Key3* : 정렬 기준이 되는 셀을 지정합니다. Key1~Key3까지 순서대로 정렬 기준 순서가 됩니다.
- *Order1, Order2, Order3* : Key1~Key3에 대한 정렬 방식을 지정하고 생략하면 오름차순 정렬됩니다. xlAscending 또는 1은 오름차순 정렬을, xlDescending 또는 2는 내림차순 정렬을 지정합니다.
- *Header* : 범위의 첫 행을 머리글로 지정하여 정렬에서 제외할지의 여부를 지정합니다. xlYes 또는 1로 지정하면 범위의 첫 행을 정렬에서 제외하고, xlNo 또는 2는 정렬에 포함시키며, xlGuess 또는 0은 엑셀이 실행할 때 판단합니다. 생략하면 기본값은 xlNo로 지정됩니다.
- *OrderCustom* : 사용자 정의 정렬 순서 목록을 지정합니다.
- *MatchCase* : 영문자로 정렬할 때 대소문자를 구별할지의 여부를 True와 False로 지정합니다.
- *Orientation* : 정렬 옵션을 '위에서 아래쪽'(xlSortRows) 또는 '왼쪽에서 오른쪽'(xlSortColumns)으로 지정합니다. 생략하면 기본값은 '위에서 아래쪽'으로 지정됩니다.

**실무
예제 | 04** [고객정보 조회] 폼 디자인하기

[고객목록] 시트의 고객 정보를 사용자 정의 폼인 'frm고객'을 통해 조회하려고 하는데, 우선 'frm고객' 폼에 필요한 컨트롤과 중요한 속성을 확인해 보겠습니다. 예제파일에는 편리하게 작업하기 위해 미리 컨트롤을 작성한 후 '(이름)' 속성과 최소한의 속성만 지정해 놓은 상태입니다.

1 예제파일에서 Alt + F11 을 눌러 VB 편집기 창을 열고 '폼'-'frm고객'을 더블클릭하세요. [고객정보 조회] 폼이 표시되면 다음의 화면과 같은 컨트롤과 속성이 지정되어 있습니다.

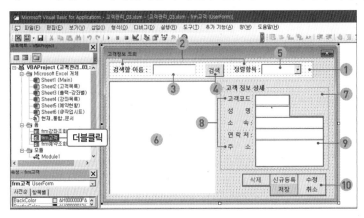

	컨트롤	(이름) 속성	Caption 속성	기타 속성
①	[프레임](🖼)	Frame1		BackColor : 연노랑
②	[레이블](Ａ)		검색할 이름 :	BackStyle : 0 − fmBackStyleTransparent
			정렬항목 :	BackStyle : 0 − fmBackStyleTransparent
③	[텍스트 상자](🔲)	txt검색이름		
④	[명령 단추](⬚)	cmd검색	검색	
⑤	[콤보 상자](🔲)	cbo정렬항목		
⑥	[목록 상자](🔲)	lst고객명단		
⑦	[프레임](🖼)	Frame2	고객 정보 상세	• ForeColor : 파랑 • Font : 굵게
			고객코드:	
			성 명:	
⑧	[레이블](Ａ)		소 속:	
			연 락 처:	
			주 소:	

	컨트롤	(이름) 속성	Caption 속성	기타 속성
⑨	[텍스트 상자]([abl])	txt고객코드		• SpecialEffect : 3 – fmSpecialEffectEtched • Locked : True
		txt성명		
		txt소속		
		txt연락처		
		txt주소		MultiLine : True
⑩	[명령 단추]([cb])	cmd삭제	삭제	ForeColor : 빨강
		cmd신규등록	신규등록	ForeColor : 파랑
		cmd수정	수정	
		cmd저장	저장	BackColor : 연두
		cmd취소	취소	

2 폼의 컨트롤에서 Enter 나 Tab 을 누를 때 컨트롤이 이동하는 순서는 컨트롤을 작성한 순서로 자동 부여되는데, 이 순서를 입력하기 좋은 순서로 지정해야 합니다. [고객정보 조회] 폼을 클릭하여 선택하고 **[보기]-[탭 순서]** 메뉴를 선택하세요. [탭 순서] 대화상자가 열리면 '탭 순서' 목록의 순서를 [위로 이동]이나 [아래로 이동]을 클릭하여 조절하고 [확인]을 클릭하세요.

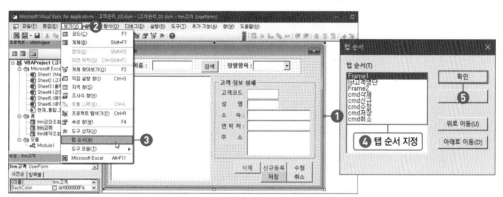

3 'Frame1' 프레임 컨트롤에서 마우스 오른쪽 단추를 눌러 [탭 순서]를 선택하세요. [탭 순서] 대화상자가 열리면 첫 번째 프레임 안의 컨트롤 이동 순서를 확인하고 [확인]을 클릭하세요.

Tip

'레이블' 컨트롤에는 커서를 올려놓을 수 없기 때문에 레이블 컨트롤의 탭 순서를 이동해도 그 다음 컨트롤에 포커스가 지정됩니다.

예제파일 : 고객관리_04.xlsm　　완성파일 : 고객관리_04(완성).xlsm

[고객정보 조회] 폼의 검색 기능 작성하기

[고객정보 조회](frm고객) 폼이 표시될 때 [고객목록] 시트의 내용이 목록 상자에 표시되고 '정렬항목'을 선택하면 목록 상자의 내용이 오름차순 정렬되도록 이벤트 프로시저를 작성해 보겠습니다. 또한 '검색할 이름'을 입력하고 Enter를 누르거나 [검색] 단추를 클릭하면 목록 상자에 해당 내용만 나타나는 이벤트 프로시저도 작성해 보겠습니다.

1 예제파일에서 Alt + F11을 눌러 VB 편집기 창을 열고 '폼'-'frm고객'을 더블클릭하세요. [고객정보 조회] 폼이 표시되면 폼의 빈 영역을 더블클릭하세요.

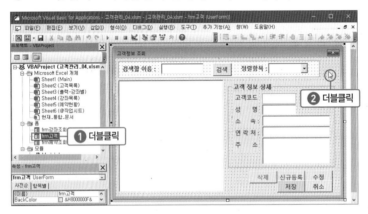

2 [frm고객] 코드 창이 열리면 위쪽에서 'UserForm' 개체의 'Initialize' 이벤트 프로시저를 선택하세요. 'Private Sub UserForm_Initialize' 이벤트 프로시저가 삽입되면 다음과 같이 코드를 작성하세요.

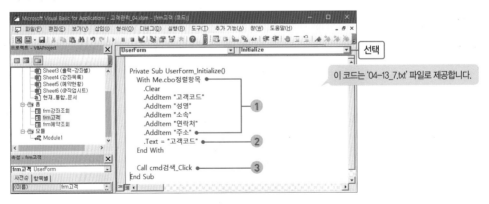

① '정렬항목(cbo정렬항목)' 콤보 상자 컨트롤의 내용을 지우고 5개의 정렬 항목을 추가합니다.

② '정렬항목' 콤보 상자의 기본 선택값을 '고객코드'로 지정합니다. .ListIndex = 0을 사용해도 됩니다.

③ 다음 단계에서 작성한 [검색] 단추 클릭 이벤트 프로시저를 실행하여 목록 상자의 내용을 재정렬하여 표시합니다.

3 [검색](cmd검색) 단추를 클릭하면 목록 상자에 조건에 맞는 자료만 찾아 표시하기 위해 코드 창의 위쪽에서 'cmd검색' 개체의 'Click' 이벤트 프로시저를 선택하세요. 'Private Sub cmd검색_Click' 이벤트 프로시저가 삽입되면 다음과 같이 코드를 작성하세요.

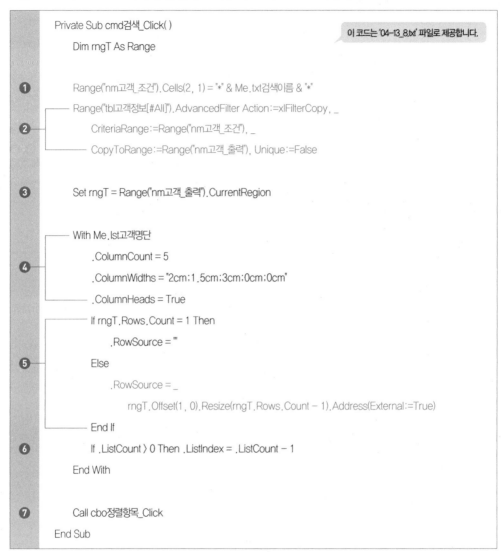

```
Private Sub cmd검색_Click( )
    Dim rngT As Range

❶  Range("nm고객_조건").Cells(2, 1) = "*" & Me.txt검색이름 & "*"
    Range("tbl고객정보[#All]").AdvancedFilter Action:=xlFilterCopy, _
❷      CriteriaRange:=Range("nm고객_조건"), _
        CopyToRange:=Range("nm고객_출력"), Unique:=False

❸  Set rngT = Range("nm고객_출력").CurrentRegion

    With Me.lst고객명단
        .ColumnCount = 5
❹      .ColumnWidths = "2cm;1.5cm;3cm;0cm;0cm"
        .ColumnHeads = True
        If rngT.Rows.Count = 1 Then
            .RowSource = ""
        Else
❺          .RowSource = _
                rngT.Offset(1, 0).Resize(rngT.Rows.Count - 1).Address(External:=True)
        End If
❻      If .ListCount > 0 Then .ListIndex = .ListCount - 1
    End With

❼  Call cbo정렬항목_Click
End Sub
```

> 이 코드는 '04-13_8.txt' 파일로 제공합니다.

이벤트 프로그래밍 ActiveX 컨트롤 사용자 정의 폼 프로그램 구성 **폼 디자인** 오피스 연동 함수 매크로 사용자 리본 메뉴 추가 기능 파일

❶ 'nm고객_조건'은 [@작업시트] 시트의 C5:C6 범위에 지정한 이름입니다. 이 영역의 2행 1열의 셀, 즉 C6셀에 'txt검색이름'에 입력한 내용의 앞뒤에 *를 붙여 입력합니다. 'nm고객_조건'은 ❷ 과정에서 고급 필터의 검색 조건 영역으로 사용합니다.

❷ 'tbl고객정보'는 [고객목록] 시트에 정의한 표 이름으로, 'tbl고객정보[#All]'은 제목을 포함한 표 전체를 의미합니다. 이 표에 고급 필터를 적용해 조건에 맞는 자료를 'nm고객_출력'으로 이름 정의한 [@작업시트] 시트의 E5:I5 범위에 복사합니다. 고급 필터에 대해서는 46쪽을 참고하세요.

❸ ❷를 통해 고급 필터로 출력한 조건에 맞는 자료의 영역을 rngT 변수에 저장합니다.

❹ 목록 상자(lst고객명단)의 열 개수와 열 너비, 제목 표시 등을 지정합니다. 목록 상자의 속성은 399쪽을 참고하세요.

❺ 조건에 맞는 자료 영역의 행 개수가 1이면 제목만 있는 경우로, 목록 상자의 내용을 비웁니다. 자료가 있으면 제목 행을 제외한 나머지 부분을 목록 상자에 표시합니다.

❻ 목록 상자의 내용이 있는 경우에만 마지막 행을 선택합니다.

❼ 목록 상자의 내용이 정렬 항목에 맞게 정렬되도록 다음 단계에서 작성할 'cbo정렬항목_Click'을 호출합니다.

4 '정렬항목'(cbo정렬항목) 콤보 상자를 클릭해 내용을 벼경하면 선택한 항목으로 목록 상자의 내용이 정렬되도록 지정해 볼게요. 코드 창의 위쪽에서 'cbo정렬항목' 개체의 'Click' 이벤트 프로시저를 선택하세요. 'Private Sub cbo정렬항목_Click' 이벤트 프로시저가 삽입되면 다음과 같이 코드를 완성하세요.

```
Private Sub cbo정렬항목_Click( )
        Dim keyCol As Integer
        Dim rngT As Range


❶      Set rngT = Range("nm고객_출력").CurrentRegion
❷      keyCol = Application.Match(Me.cbo정렬항목, rngT.Rows(1), 0)
❸      rngT.Sort key1:=rngT.Cells(1, keyCol), order1:=xlAscending, Header:=xlYes
End Sub
```

> 이 코드는 '04-13_9.txt' 파일로 제공합니다.

❶ 목록 상자(lst고객명단)는 'RowSource' 속성을 이용해 [@작업시트] 시트에 'nm고객_출력'으로 이름 정의한 데이터 영역을 표시하고 있어서 이 영역을 정렬하면 목록 상자의 내용도 정렬된 형태로 표시됩니다. 그래서 'nm고객_출력'의 연속 데이터 영역을 rngT에 저장해 ❸ 과정을 통해 정렬합니다.

❷ 엑셀 Match 함수를 이용해 'cbo정렬항목' 콤보 상자에서 선택한 정렬 항목이 rngT 영역의 몇 번째 열인지 위치를 찾아 keyCol에 저장합니다.

❸ rngT 범위에서 정렬 기준 첫 번째 항목을 rngT.Cells(1, keyCol) 셀로 지정하여 오름차순 정렬합니다. 정렬(Sort) 메서드에 대해서는 445쪽을 참고하세요.

> **Tip**
>
> 엑셀 2007 이상에서 엑셀 정렬 과정을 매크로 기록기를 통해 기록하면 ❸과 다른 방법으로 기록됩니다. ❸은 최대 3개까지만 지원하는 단순 정렬 방법입니다.

5 '검색할 이름(txt검색이름)'에 내용을 입력하고 Enter 를 누르면 [검색](cmd검색) 단추를 클릭한 것처럼 작동하도록 이벤트 프로시저를 작성해 볼게요. 코드 창의 위쪽에서 'txt검색이름' 개체와 'KeyDown' 이벤트 프로시저를 선택하세요. 'Private Sub txt검색이름_KeyDown' 이벤트 프로시저가 삽입되면 다음과 같이 코드를 작성하고 Alt + F11 을 누르세요.

```
❶  Private Sub txt검색이름_KeyDown(ByVal KeyCode As MSForms.ReturnInteger, ByVal Shift As Integer)
❷      If KeyCode = 13 Then
❸          Call cmd검색_Click
           With Me.txt검색이름
                .SetFocus
❹              .SelStart = 0
                .SelLength = Len(.Text)
           End With
```

> 이 코드는 '04-13_10.txt' 파일로 제공합니다.

```
          '--// 〈Enter〉를 무효화해서 다른 컨트롤로 커서가 이동되지 않도록 함
⑤             KeyCode = 0
          End If
      End Sub
```

❶ KeyDown 이벤트는 키보드에서 키를 누를 때마다 해당 키에 대한 아스키(ASCII) 코드 값을 KeyCode 매개변수로 전달합니다. 이때 함께 누른 조합키에 대한 정보는 Shift 매개변수로 전달됩니다.

❷ Enter의 KeyCode 값, 즉 아스키 코드 값은 13으로, Enter를 누른 경우에만 검색 기능을 실행됩니다.

❸ [검색](cmd검색) 단추를 클릭한 것처럼 해당 이벤트 프로시저를 호출합니다.

❹ 다른 검색 내용을 편리하게 입력하도록 'txt검색이름' 컨트롤의 현재 내용을 블록 설정합니다.

❺ Enter의 기능을 해제하기 위해 13인 값을 0으로 지정해서 다음 컨트롤로 포커스가 이동하지 않게 합니다.

> **Tip**
>
> 키보드에서 누른 키를 인식하는 이벤트는 키를 누를 때 반응하는 KeyDown 이벤트와 KeyPress 이벤트, 그리고 키를 눌렀다가 놓을 때 반응하는 KeyUp 이벤트가 있습니다. 이것에 대해서는 463쪽을 참고하세요.

6 엑셀 창으로 되돌아오면 [Main] 시트에서 [고객 조회 및 신규 등록] 단추를 클릭하세요. [고객정보 조회] 폼이 표시되면 '정렬항목'을 [성명]으로 지정하고 '검색할 이름'에 『수』를 입력한 후 [검색] 단추를 클릭하세요. 이름 중에 '수'가 포함된 고객만 성명 순으로 표시되었는지 확인해 보세요.

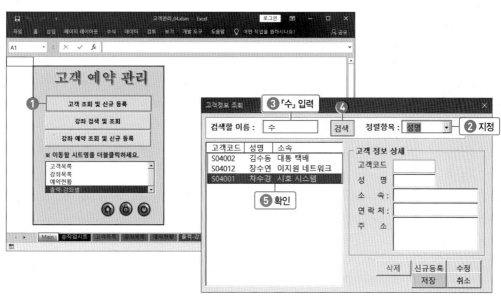

[고객정보 조회] 폼에 상세 정보 조회 기능 작성하기

목록 상자에 표시된 고객 정보를 클릭하면 오른쪽 텍스트 상자에 자세하게 표시하는 기능을 작성해 보겠습니다. 텍스트 상자 컨트롤은 입력과 출력이 가능한 컨트롤인데, 여기서는 기본적으로 조회만 가능하도록 잠금 속성(Locked)을 True로 지정해 수정하지 못하도록 지정해 볼게요. 이때 [저장] 단추와 [취소] 단추처럼 처음에는 필요 없는 단추를 보이지 않게 처리해 보겠습니다.

1 예제파일에서 Alt + F11 을 눌러 VB 편집기 창을 열고 '폼'-'frm고객'을 더블클릭합니다. [고객정보 조회] 폼이 표시되면 'lst고객명단' 목록 상자 컨트롤을 더블클릭하세요.

2 'Private Sub lst고객명단_Click' 이벤트 프로시저가 삽입되면 다음과 같이 코드를 작성하세요.

이 코드는 '04-13_11.txt' 파일로 제공합니다.

```
Private Sub lst고객명단_Click( )
    With Me.lst고객명단
        If .ListIndex >= 0 Then
            Me.txt고객코드 = .Column(0)
            Me.txt성명 = .Column(1)
            Me.txt소속 = .Column(2)
            Me.txt연락처 = .Column(3)
            Me.txt주소 = .Column(4)
        Else
            Call sb컨트롤내용비우기
        End If
    End With

    Call sb컨트롤잠금(True)
End Sub
```

❶ 목록 상자에서 선택한 내용이 있는 경우에만 텍스트 상자에 목록 상자 내용을 표시합니다.

❷ 3 과정에서 작성할 '텍스트 상자'의 내용을 비우는 'sb컨트롤내용비우기' 프로시저를 호출합니다.

❸ 4 과정에서 작성할 '텍스트 상자'의 속성을 변경하는 'sb컨트롤잠금'의 인수를 True 값으로 지정해 호출해서 텍스트 상자의 내용을 수정하지 못하게 합니다.

3 코드 창의 아래쪽에 있는 빈 곳에 텍스트 상자의 내용을 지우는 'sb컨트롤내용비우기' 프로시저를 다음과 같이 작성하세요.

```
Sub sb컨트롤내용비우기( )
    Me.txt고객코드 = ""
    Me.txt성명 = ""
    Me.txt소속 = ""
    Me.txt연락처 = ""
    Me.txt주소 = ""
End Sub
```

> 이 코드는 '04-13_12.txt' 파일로 제공합니다.

4 코드 창의 아래쪽에 있는 빈 곳에 텍스트 상자의 Locked 속성과 SpecialEffect 속성을 변경하는 'sb컨트롤잠금' 프로시저를 작성하세요.

```
Sub sb컨트롤잠금(bLock As Boolean)
    Dim ctrNM
    Dim i As Integer
❶  ctrNM = Array("txt성명", "txt소속", "txt연락처", "txt주소")

    For i = LBound(ctrNM) To UBound(ctrNM)
❷      Me.Controls(ctrNM(i)).Locked = bLock
        Me.Controls(ctrNM(i)).SpecialEffect = IIf(bLock, 3, 2)
    Next

❸  Call sb버튼표시(bLock)
End Sub
```

> 이 코드는 '04-13_13.txt' 파일로 제공합니다.

❶ ❷에서 반복문을 사용하기 위해 대상이 되는 텍스트 상자의 이름을 배열 변수에 저장합니다.

❷ 대상이 되는 '텍스트 상자' 컨트롤의 잠금 속성(Locked)을 매개변수 bLock 값으로 지정해 입력 가능한 상태와 불가능한 상태를 지정합니다. 그리고 SpecialEffect 속성을 이용해 입력 불가능 상태는 '3(새김(사방) – fmSpecial EffectEtched)', 입력 가능 상태는 '2(오목 – fmSpecialEffectSunken)' 형식으로 표시합니다.

❸ 5 과정에서 작성할 단추의 표시 여부를 지정하는 'sb버튼표시' 프로시저를 호출합니다.

이벤트 프로그래밍

ActiveX 컨트롤

사용자 정의 폼

프로그램 구성

폼 디자인

오피스 연동

함수

매크로

사용자 리본 메뉴

추가 기능 파일

5 코드 창의 아래쪽에 있는 빈 곳에 폼의 [삭제], [신규등록] 등의 단추를 표시하거나 숨기는 'sb버튼표시' 프로시저를 다음과 같이 작성하고 (Alt) + (F11) 을 누르세요.

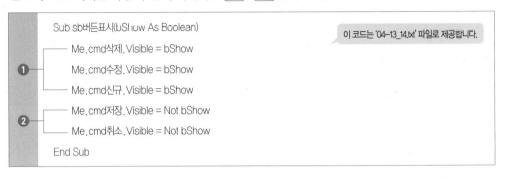

① bShow 값에 따라 단추의 표시 여부를 지정합니다.

② [저장], [취소] 단추는 [삭제], [수정], [신규] 단추와 반대로 표시/숨깁니다.

6 엑셀 창으로 되돌아오면 [Main] 시트에서 [고객 조회 및 신규 등록] 단추를 클릭하세요. [고객정보 조회] 폼이 표시되면 목록 상자의 내용을 선택하여 '고객 정보 상세' 사항을 확인하면서 [저장] 단추와 [취소] 단추가 숨겨졌는지 확인해 보세요.

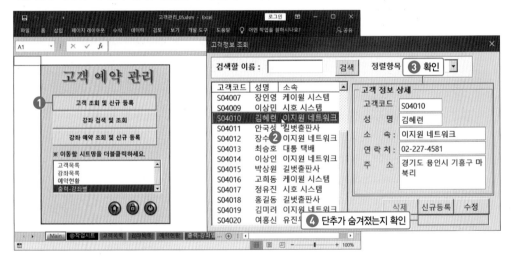

실무
예제 **07**　[고객정보 조회] 폼에 수정, 신규 등록, 삭제 기능 작성하기

이벤트 프로그래밍

ActiveX 컨트롤

사용자 정의 폼

프로그램 구성

폼 디자인

오피스 연동

함수

매크로

사용자 리본 메뉴

추가 기능 파일

[고객정보 조회] 폼에서 [수정] 단추를 클릭하면 '고객 정보 상세' 영역에 있는 텍스트 상자의 내용을 수정할 수 있게 컨트롤의 상태를 변경하고, [저장] 단추를 클릭하면 입력한 내용을 [고객목록] 시트에 저장하는 기능을 작성해 보겠습니다. 그리고 [신규 등록] 단추를 클릭하면 자동으로 새 고객 코드를 부여하면서 입력이 가능한 상태로 만드는 기능을 작성하고 선택한 자료를 폼과 [고객목록] 시트에서 삭제하는 [삭제] 단추의 기능을 작성해 보겠습니다.

1 예제파일에서 Alt + F11 을 눌러 VB 편집기 창을 열고 '폼'-'frm고객'을 더블클릭합니다. [고객정보 조회] 폼이 표시되면 'cmd신규' 명령 단추 컨트롤을 더블클릭하세요.

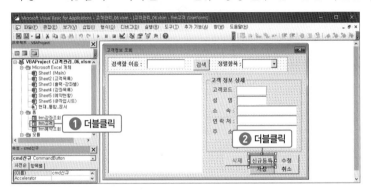

2 'cmd신규_Click' 이벤트 프로시저가 삽입되면 다음과 같이 코드를 작성하세요.

```
Private Sub cmd신규_Click( )
①    Call sb컨트롤잠금(False)
②    Call sb컨트롤내용비우기
      Me.txt검색이름 = ""

③    Me.txt고객코드 = "S" & Format(Range("nmMax코드") + 1, "00000")
      Me.txt성명.SetFocus
④    Call sb버튼표시(False)
End Sub
```

이 코드는 '14-13_15.txt' 파일로 제공합니다.

❶ 'sb컨트롤잠금' 프로시저에 'False' 값을 인수로 전달해 '텍스트 상자' 컨트롤에 입력이 가능하도록 Locked 속성을 해제합니다. 이 프로시저는 453쪽에서 작성했습니다.

❷ 'sb컨트롤내용비우기' 프로시저는 오른쪽에 있는 프레임 컨트롤 안의 텍스트 상자 내용을 모두 지웁니다. 이 프로시저는 453쪽에서 작성했습니다.

❸ [@작업시트] 시트의 'nmMax코드'로 이름 정의한 셀에는 [고객목록] 시트에 등록할 신규 번호를 계산하는 수식이 작성되어 있습니다. 이 번호의 앞에 S를 붙이고 숫자를 다섯 자리 텍스트로 변환하여 'S00000' 형식의 신규 등록 고객 코드를 만들어서 표시합니다.

❹ 'sb버튼표시' 프로시저에 'False' 값을 인수로 전달해 [저장] 단추와 [취소] 단추만 표시합니다. 이 프로시저는 454쪽에서 작성했습니다.

고객 코드는 'S'를 붙이지 않고 숫자로만 지정해도 됩니다. 이 경우 모든 고객 코드는 숫자로만 이루어지도록 통일해 자료를 쉽게 검색 및 처리할 수 있어요.

3 코드 창의 위쪽에서 'cmd저장' 개체의 'Click' 프로시저를 선택하세요. 'Private Sub cmd저장_Click' 이벤트 프로시저가 삽입되면 다음과 같이 코드를 작성하세요.

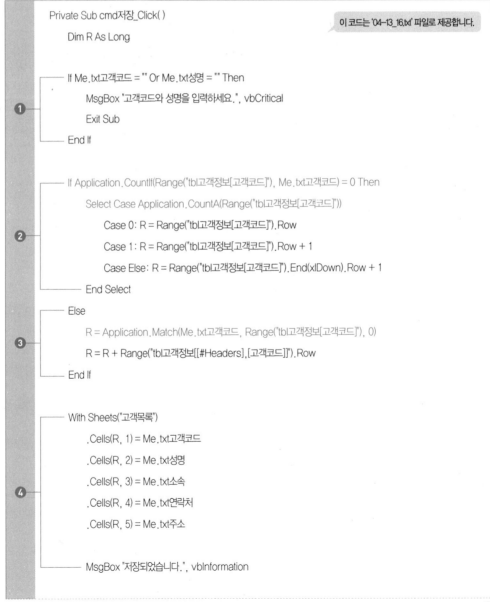

```
Private Sub cmd저장_Click( )
    Dim R As Long

    If Me.txt고객코드 = "" Or Me.txt성명 = "" Then
        MsgBox "고객코드와 성명을 입력하세요.", vbCritical
        Exit Sub
    End If

    If Application.CountIf(Range("tbl고객정보[고객코드]"), Me.txt고객코드) = 0 Then
        Select Case Application.CountA(Range("tbl고객정보[고객코드]"))
            Case 0: R = Range("tbl고객정보[고객코드]").Row
            Case 1: R = Range("tbl고객정보[고객코드]").Row + 1
            Case Else: R = Range("tbl고객정보[고객코드]").End(xlDown).Row + 1
        End Select
    Else
        R = Application.Match(Me.txt고객코드, Range("tbl고객정보[고객코드]"), 0)
        R = R + Range("tbl고객정보[[#Headers],[고객코드]]").Row
    End If

    With Sheets("고객목록")
        .Cells(R, 1) = Me.txt고객코드
        .Cells(R, 2) = Me.txt성명
        .Cells(R, 3) = Me.txt소속
        .Cells(R, 4) = Me.txt연락처
        .Cells(R, 5) = Me.txt주소

        MsgBox "저장되었습니다.", vbInformation
```

이 코드는 '04-13_16.txt' 파일로 제공합니다.

```
⑤          Call cmd검색_Click
⑥          If (.Cells(R, 2) Like "*" & Me.txt검색이름 & "*") Then Me.lst고객명단.Text = .Cells(R, 1)
        End With
    End Sub
```

❶ '고객코드'와 '성명'을 입력하지 않은 경우 메시지를 출력하고 프로시저를 종료합니다

❷ 수정인지, 신규 등록인지 확인하기 위해 [고객목록] 시트에 정의한 표 'tbl고객정보'의 '고객코드' 필드에서 'txt고객코드' 컨트롤의 내용이 있는지 COUNTIF 함수로 계산합니다. COUNTIF 함수의 결과값이 0이면 신규 등록이기 때문에 등록할 위치 R 값을 찾습니다.

❸ '고객코드'가 있는 경우 'tbl고객정보' 표의 '고객코드' 필드에서 'txt고객코드' 값의 위치 번호를 구한 값에 'tbl고객정보' 표의 머리글 행 번호를 더한 후 워크시트의 행 위치를 찾아 변수 R에 저장합니다.

❹ 텍스트 상자의 내용을 [고객목록] 시트의 R행 위치에 기록합니다.

❺ 목록 상자에 수정 또는 신규 등록된 내용을 반영하기 위해 'cmd검색_Click' 프로시저를 실행합니다.

❻ 목록 상자의 내용은 'txt검색이름' 컨트롤에 입력된 내용을 반영합니다. 따라서 등록한 내용이 'txt검색이름' 컨트롤의 내용을 포함하면 목록 상자의 값을 저장한 내용으로 지정하여 저장한 내용을 컨트롤에 표시합니다.

4 코드 창의 위쪽에서 'cmd취소' 개체의 'Click' 프로시저를 선택하세요. 'Private Sub cmd취소_Click' 이벤트 프로시저가 삽입되면 다음과 같이 코드를 작성하세요.

```
    Private Sub cmd취소_Click( )
❶      Call lst고객명단_Click
    End Sub
```

❶ [취소] 단추를 클릭하면 폼의 오른쪽 프레임 안에 있는 텍스트 상자 컨트롤들을 잠금 상태로 지정합니다. 아래쪽에 있는 명령 단추들의 표시 방법도 변경해야 하므로 '목록 상자'(lst고객명단) 컨트롤의 클릭 이벤트 프로시저를 실행합니다. 'lst고객명단_Click' 프로시저는 452쪽에서 작성했습니다.

5 코드 창의 위쪽에서 'cmd수정' 개체의 'Click' 프로시저를 선택하세요. 'Private Sub cmd수정_Click' 이벤트 프로시저가 삽입되면 다음과 같이 코드를 작성하세요.

```
    Private Sub cmd수정_Click( )
❶      Call sb컨트롤잠금(False)
    End Sub
```

❶ [수정] 단추를 클릭하면 오른쪽 프레임 안의 '텍스트 상자' 컨트롤에 내용을 입력할 수 있도록 컨트롤 속성을 변경하기 위해 'sb컨트롤잠금' 프로시저에 'False' 값을 인수로 전달해 실행합니다. 'sb컨트롤잠금' 프로시저는 453쪽에서 작성했습니다.

6 코드 창의 위쪽에서 'cmd삭제' 개체의 'Click' 프로시저를 선택하세요. 'Private Sub cmd삭제_Click' 이벤트 프로시저가 삽입되면 다음과 같이 코드를 작성하고 Alt + F11 을 누르세요.

```
Private Sub cmd삭제_Click( )
    Dim iOK As Integer, R As Long


    iOK = MsgBox("현재 조회 중인 자료를 삭제하시겠습니까?", vbYesNo + vbQuestion, "삭제확인")
    If iOK = vbYes Then
①      R = Application.Match(Me.txt고객코드, Range("tbl고객정보[고객코드]"), 0)
        If R > 0 Then
            R = R + Range("tbl고객정보[[#Headers],[고객코드]]").Row
②          Sheets("고객목록").Rows(R).Delete Shift:=xlUp
            MsgBox "삭제가 완료되었습니다.", vbInformation
        End If

③      Call cmd검색_Click
    End If
End Sub
```

이 코드는 '04-13_17.txt' 파일로 제공합니다.

❶ [고객목록] 시트에 정의한 표 'tbl고객정보'의 '고객코드' 필드에서 'txt고객코드' 컨트롤 값의 위치 번호를 찾아 변수 R 에 저장합니다.

❷ R 값이 0보다 크면 해당 R 값에 표의 머리글 행 번호를 더하고 워크시트의 실제 행 위치를 구해 변수 R에 다시 저장 한 후 [고객목록] 시트의 R 행을 삭제합니다.

❸ 삭제 후 목록 상자의 내용을 다시 표시합니다.

7 엑셀 창으로 되돌아오면 [Main] 시트의 [고객 조회 및 신규 등록] 명령 단추를 클릭하세요. [고객정보 조회] 폼이 표시되면 [신규등록] 단추를 클릭하세요.

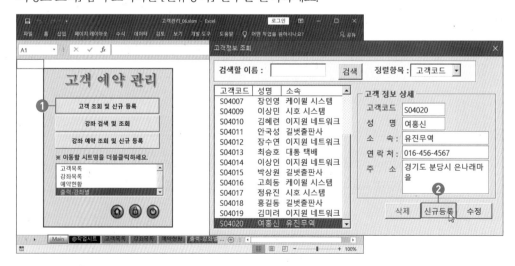

8 '고객코드'에는 신규 등록할 번호가 자동 입력되고 '고객코드'를 제외한 오른쪽 프레임 안의 '텍스트 상자' 컨트롤이 내용을 입력할 수 있는 빈 상태로 표시되면 등록할 내용을 입력하고 [저장] 단추를 클릭하세요. 저장되었다는 메시지 창이 열리면 [확인]을 클릭하세요. 신규 등록한 내용이 목록 상자의 아래쪽에 표시되면서 자동으로 선택된 상태가 되면 [수정] 단추를 클릭하세요.

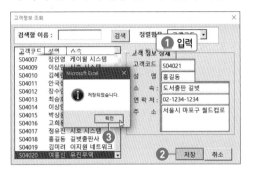 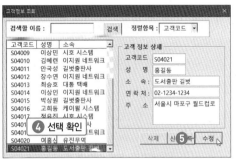

9 다시 컨트롤 내용이 수정 가능한 상태가 되면 내용을 수정하고 [저장] 단추를 클릭한 후 저장되었다는 메시지 창이 열리면 [확인]을 클릭하세요. 등록한 내용을 삭제하기 위해 [삭제] 단추를 클릭하고 [삭제확인] 메시지 창이 열리면 [예]를 클릭하세요.

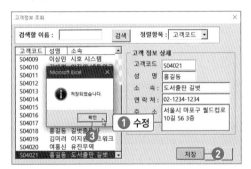 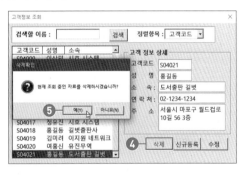

실무
예제 **08** **[강좌 조회] 폼 디자인하기**

[강좌목록] 시트의 개설 강좌 정보를 사용자 정의 폼인 'frm강좌조회' 폼을 통해 조회하기 위한 첫
번째 작업으로 'frm강좌조회' 폼에 필요한 컨트롤과 중요한 속성을 확인해 보겠습니다. 예제파일에
는 편리하게 작업하기 위해 미리 컨트롤을 작성했고 '(이름)' 속성과 최소한의 속성만 지정해 놓은 상
태입니다.

1 예제파일에서 Alt + F11 을 눌러 VB 편집기 창을 열고 '폼'-'frm강좌조회'를 더블클릭하세요.
[강좌 조회] 폼이 표시되면 다음과 같은 컨트롤과 속성이 지정되어 있습니다.

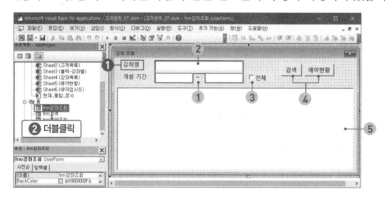

	컨트롤	(이름) 속성	Caption 속성		컨트롤	(이름) 속성	Caption 속성
①	[레이블](A)		강좌명	③	[확인란](☑)	chkAll	전체
			~				
②	[텍스트 상자](abl)	txtTitle		④	[명령 단추](ab)	cmdFind	검색
		txtFrom				cmdView	예약현황
		txtTo		⑤	[목록 상자](≣)	lst강좌	

2 폼의 컨트롤에서 Enter 나 Tab 을 누를 때 컨트롤이 이동하는 순서를 확인하기 위해 폼의 빈 영역
에서 마우스 오른쪽 단추를 눌러 [탭 순서]를 선택하세요. [탭 순서] 대화상자가 열리면 '탭 순서'
에서 컨트롤의 탭 순서를 확인하고 [확인]을 클릭하세요.

난이도 1·2·③·4·5

실무
예제 **09**　**[강좌 조회] 폼의 검색 기능 작성하기**

이벤트 프로그래밍

ActiveX 컨트롤

사용자 정의 폼

프로그램 구성

폼 디자인

오피스 연동

함수

매크로

사용자 리본 메뉴

추가 기능 파일

[강좌목록] 시트에는 개설 강좌 정보가 표 'tbl개설강좌' 표로 정의되어 있습니다. [강좌 조회] 폼이 표시될 때 목록 상자에 'tbl개설강좌'이 내용 을 표시하고 특정 조건을 지정해 검색하는 기능을 작성해 보겠습니다.

1 예제파일에서 Alt + F11 을 눌러 VB 편집기 창을 열고 '폼'-'frm강좌조회'를 더블클릭한 후 [프로젝트] 탐색기 창에서 [코드 보기] 도구(▣)를 클릭합니다. 코드 창이 열리면 코드 창의 위쪽에서 'UserForm' 개체와 'Initialize' 이벤트 프로시저를 선택하세요. 'Private Sub UserForm_Initialize' 이벤트 프로시저가 삽입되면 다음과 같은 코드를 작성하세요.

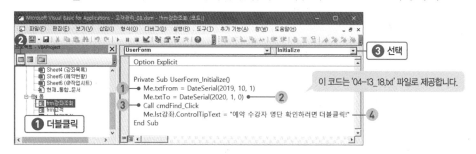

① '개설 기간' 검색 조건의 시작일을 2019년 10월 1일 날짜가 자동으로 표시되도록 합니다. 예제파일에서는 임의로 2019-10-1로 지정했지만, 실제 작업에서는 현재 날짜(Date)와 연동된 동적 날짜로 지정할 수도 있어요.

② '개설 기간' 검색 조건의 종료일을 2020년 1월 0일, 즉 전년도 마지막 날인 2019년 12월 31일로 지정합니다. 2월과 같이 월말 날짜가 정확하지 않은 경우 이러한 방법을 사용하면 편리합니다.

③ 검색 단추(cmdFind)를 클릭한 효과를 지정해서 목록 상자에 강좌 정보를 표시합니다. 'cmdFind_Click' 프로시저는 **2** 과정에서 작성합니다.

④ '목록 상자' 컨트롤에 마우스 포인터를 이동하면 표시되는 풍선 도움말의 내용을 지정합니다.

2 코드 창의 위쪽에서 'cmdFind' 개체의 'Click' 프로시저를 선택하세요. 'Private Sub cmdFind_Click' 이벤트 프로시저가 삽입되면 다음과 같이 코드를 작성하고 Alt + F11 을 누르세요.

```
Private Sub cmdFind_Click()

    Dim rngT As Range


    With Range("nm강좌_조건")

        .Cells(2, 1) = "*" & Me.txtTitle & "*"

        .Cells(2, 2) = IIf(Me.txtFrom = "", "", ">=") & Me.txtFrom

        .Cells(2, 3) = IIf(Me.txtTo = "", "", "<=") & Me.txtTo

    End With
```

이 코드는 '04-13_19.txt' 파일로 제공합니다.

```
        ┌─── Range("tbl개설강좌[#All]").AdvancedFilter Action:=xlFilterCopy, _
    ❷ ─┤        CriteriaRange:=Range("nm강좌_조건"), _
        └─── CopyToRange:=Range("nm강좌_출력"), Unique:=False


    ❸        Set rngT = Range("nm강좌_출력").CurrentRegion


        ┌─── With Me.lst강좌
    ❹ ─┤        .ColumnCount = 8
        │        .ColumnWidths = "1.5 cm;2.5 cm;4 cm;3 cm;2.5 cm;2.5 cm;1 cm;1 cm"
        └─── .ColumnHeads = True
        ┌─── If rngT.Rows.Count = 1 Then
    ❺ ─┤        .RowSource = rngT.Offset(1, 0).Address(External:=True)
        └─── Else
    ❻ ─┤        .RowSource = _
        └───        rngT.Offset(1, 0).Resize(rngT.Rows.Count − 1).Address(External:=True)
                 End If
                 If .ListCount > 0 Then .ListIndex = .ListCount − 1
             End With
         End Sub
```

❶ 'nm강좌_조건'으로 이름 정의된 셀 영역은 [@작업시트] 시트의 K5:M6 범위입니다. 이 영역의 2행 1열 셀인 K6셀에 'txtTitle' 컨트롤의 내용 앞뒤에 * 기호를 붙여 대입합니다. 그리고 L6셀에는 'txtFrom' 컨트롤의 내용을, M6에는 'txtTo' 컨트롤의 내용을 입력합니다. 'nm강좌_조건'은 ❷의 고급 필터 작업에서 조건 영역으로 사용합니다.

❷ [강좌목록] 시트에 정의한 'tbl개설강좌' 표 전체에 고급 필터를 적용하여 조건은 'nm강좌_조건' 영역으로, 복사 출력 위치는 'nm강좌_출력'으로 지정합니다.

❸ 'nm강좌_출력'으로 이름 정의된 셀 영역은 [@작업시트] 시트의 O5:V5 범위입니다. ❷의 고급 필터를 실행해서 출력된 결과가 이 영역의 아래쪽에 표시되기 때문에 해당 영역을 rngT에 저장합니다.

❹ 'lst강좌' 목록 상자의 열 개수 및 열 너비를 지정하고 RowSource 속성으로 지정하는 영역의 위쪽 행을 제목 행으로 사용합니다.

❺ 출력 결과가 한 줄이면 자료가 없는 경우로, 빈 영역이 목록 상자에 표시되도록 빈 행의 주소를 지정합니다.

❻ rngT 영역에서 첫 행은 제목 행으로 사용하기 때문에 이 행을 제외한 나머지 영역을 목록 상자에 표시하기 위해 주소를 지정합니다.

3 엑셀 창으로 되돌아오면 [Main] 시트에서 [강좌 검색 및 조회] 단추를 클릭하세요. [강좌 조회] 폼이 열리면서 개설 기간에 포함된 자료가 표시되면 '강좌명'에『좋은』을 입력하고 [검색]을 클릭하세요.

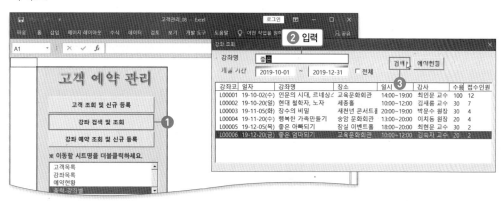

4 해당 기간에 있는 '강좌명'에 '좋은'이 포함된 자료만 표시되면 목록 상자의 위에 마우스 포인터를 올려놓고 노란색 풍선 도움말이 표시되는지 확인해 보세요.

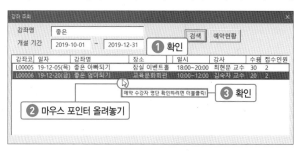

잠깐만요
KeyDown, KeyUp 이벤트의 매개변수 살펴보기

키패드에서 키를 누를 때는 KeyDown 이벤트와 KeyPress 이벤트가, 키를 눌렀다가 놓을 때는 KeyUp 이벤트가 발생합니다. 이들 이벤트는 누른 키에 대한 정보를 KeyCode(또는 KeyAscii)와 Shift 매개변수를 이용해 Integer형 숫자로 전달합니다. 이벤트 프로시저에서 누른 키를 아무것도 입력하지 않은 것처럼 처리하려면 'KeyCode = 0'을 사용해 KeyCode 값을 해제해야 합니다. 각 이벤트의 형식은 다음과 같습니다.

종류	프로시저의 형태
KeyDown	개체명_KeyDown(*ByVal* KeyCode *As MSForms.ReturnInteger, ByVal* Shift *As Integer*)
KeyUp	개체명_KeyUp(*ByVal* KeyCode *As MSForms.ReturnInteger, ByVal* Shift *As Integer*)
KeyPress	개체명_KeyPress(*ByVal* KeyAscii *As MSForms.ReturnInteger*)

위의 사용 형식에서 각 매개변수의 기능은 다음과 같습니다.

매개변수	기능
KeyCode	표준 키에 대한 아스키코드 값을 숫자로 전달(아스키코드 값은 588쪽 참고)
KeyAscii	
Shift	• Shift는 1, Ctrl은 2, Alt는 4로, 해당 글쇠를 눌렀을 때 숫자 전달 • 동시에 여러 조합키를 누른 경우 해당 키의 합계 숫자 전달 • 조합키를 누르지 않은 경우 Shift는 0, Shift만 누른 경우 Shift는 1, Shift와 Ctrl을 누르면 Shift는 3 전달

이벤트 프로그래밍 / ActiveX 컨트롤 / 사용자 정의 폼 / 프로그램 구성 / 폼 디자인 / 오피스 연동 / 함수 / 매크로 / 사용자 리본 메뉴 / 추가 기능 파일

난이도 1 2 **3** 4 5

실무 예제 | 10 [예약현황 조회 및 등록] 폼 디자인하기

[예약현황] 시트의 강좌별 예약자 명단 정보를 사용자 정의 폼인 'frm예약조회'를 통해 조회하기 위해 가장 먼저 'frm예약조회' 폼에 필요한 컨트롤과 중요한 속성을 확인해 보겠습니다. 예제파일에는 편리하게 작업하기 위해 미리 컨트롤을 작성하고 '(이름)' 속성과 최소한의 속성만 지정한 상태입니다.

예제파일에서 Alt+F11을 눌러 VB 편집기 창을 열고 '폼'-'frm예약조회'를 더블클릭하세요. [예약현황 조회 및 등록] 폼이 표시되면 다음과 같은 컨트롤과 속성이 지정되어 있습니다.

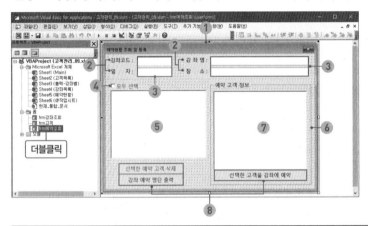

	개체 및 컨트롤	(이름) 속성	Caption 속성	기타 속성
①	사용자 정의 폼	frm예약조회	예약현황 조회 및 등록	StartUpPosition : 0 - 수동
②	[레이블]([A])		강좌코드 :	TabIndex : 0
			일　　자 :	
			강　좌　명 :	
			장　　소 :	
③	[텍스트 상자]([⌨])	txt강좌코드		• Locked : True • SpecialEffect : 3 - fmSpecialEffectEtched • TabStop : False
		txt일자		
		txt강좌명		
		txt장소		
④	[확인란]([☑])	chkAll	모두 선택	ForeColor : 빨강
⑤	[목록 상자]([▤])	lst예약명단		
⑥	[프레임]([□])		예약 고객 정보	• ForeColor : 파랑　• Font : 굵게
⑦	[목록 상자]([▤])	lst고객명단		
⑧	[명령 단추]([▭])	cmd삭제	선택한 예약 고객 삭제	ForeColor : 빨강
		cmd명단출력	강좌 예약 명단 출력	ForeColor : 파랑
		cmd신규	선택한 고객을 강좌에 예약	ForeColor : 파랑

실무
예제 | **11**

강좌별 예약 현황 검색하기

이벤트 프로그래밍

ActiveX 컨트롤

사용자 정의 폼

프로그램 구성

폼 디자인

오피스 연동

함수

매크로

사용자 리본 메뉴

추가 기능 파일

[예약현황 주회 및 등록](frm예약조회) 폼에서 강좌코드(txt강좌코드)를 입력하고 Enter 를 누르면 해당 강좌의 정보와 강좌에 예약된 고객 명단을 [예약현황] 시트에서 찾아 목록 상자에 표시해 볼게요. 그리고 [고객목록] 시트의 고객 명단을 예약 가능한 고객 명단으로 목록 상자에 표시하는 기능을 작성해 보겠습니다.

1 예제파일에서 Alt + F11 을 눌러 VB 편집기 창을 열고 '폼'-'frm예약조회'를 더블클릭한 후 [프로젝트] 탐색기 창에서 [코드 보기] 도구(▣)를 클릭합니다. 코드 창이 열리면 코드 창의 위쪽에서 'txt강좌코드' 개체와 'KeyDown' 이벤트 프로시저를 선택하세요. 'Private Sub txt강좌코드_KeyDown' 이벤트 프로시저가 삽입되면 다음과 같이 코드를 작성하세요.

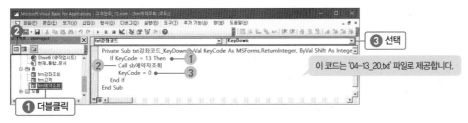

① Enter 를 누를 때만 실행하도록 KeyCode 값이 13인지 확인합니다. KeyDown 이벤트에 대해서는 463쪽을 참고하세요.
② 다음 단계에서 작성할 'sb예약자조회' 프로시저를 호출합니다.
③ 다음 컨트롤로 이동하는 Enter 의 속성을 해제하기 위해 KeyCode 값을 0으로 지정합니다.

2 코드 창의 아래쪽에 있는 빈 곳에 다음과 같이 예약자 명단을 처리하는 'sb예약자조회' 프로시저를 작성하세요.

```
            Me.txt강좌명 = Range("tbl개설강좌[강좌명]").Cells(R)

            Me.txt일자 = Range("tbl개설강좌[일자]").Cells(R)

            Me.txt장소 = Range("tbl개설강좌[장소]").Cells(R)

        End If


        Me.chkAll = False
❸       Call sb예약명단출력
❹       Call sb고객명단출력
❺       Me.chkAll.SetFocus
        With Me.txt강좌코드

            .SetFocus

❻           .SelStart = 0

            .SelLength = Len(.Text)

        End With

    End Sub
```

❶ 'txt강좌코드' 컨트롤에 입력한 강좌 코드를 [강좌목록] 시트에 작성한 'tbl개설강좌' 표에서 찾아 표 안에서의 행 위치 값을 변수 R에 저장합니다.

❷ R 값이 0이면 없는 강좌 코드이므로 '텍스트 상자' 컨트롤을 비웁니다. R 값이 0이 아니면 'tbl개설강좌' 표에서 해당 위치의 정보를 '텍스트 상자' 컨트롤에 표시합니다.

❸ 3 과정에서 작성할 'sb예약명단출력' 프로시저를 호출해 왼쪽 목록 상자(lst예약명단)의 내용을 표시합니다.

❹ 4 과정에서 작성할 'sb고객명단출력' 프로시저를 호출해 오른쪽 목록 상자(lst고객명단)의 내용을 표시합니다.

❺ ❻의 SetFocus를 정상적으로 처리하려면 'txt강좌코드' 컨트롤이 아닌 다른 컨트롤이 선택되어야 하므로 'chkAll' 컨트롤을 선택합니다.

❻ 강좌 코드의 편리하게 재입력하기 위해 'txt강좌코드' 컨트롤의 내용을 블록 설정한 상태로 표시합니다.

3 코드 창의 아래쪽에 있는 빈 곳에 'txt강좌코드' 컨트롤에서 입력한 강좌의 예약자 명단을 표시하는 'sb예약명단출력' 프로시저를 다음과 같이 작성하세요.

```
    Sub sb예약명단출력( )                                    이 코드는 '04-13_22.txt' 파일로 제공합니다.

        Dim rngT As Range


❶       Range("nm예약_조건").Cells(2, 1) = Me.txt강좌코드
❷       Range("tbl예약현황[#All]").AdvancedFilter Action:=xlFilterCopy, _

            CriteriaRange:=Range("nm예약_조건"), _

            CopyToRange:=Range("nm예약_출력"), Unique:=False


❸       Set rngT = Range("nm예약_출력").CurrentRegion
```

```
      ┌── With Me.lst예약명단
      │        .ColumnCount = 5
      │        .ColumnWidths = "2 cm;1.5 cm;2.5 cm;2 cm;1 cm"
      │        .ColumnHeads = True
      │        .MultiSelect = fmMultiSelectExtended
 ❹    │        If rngT.Rows.Count = 1 Then
      │            .RowSource = ""
      │        Else
      │            .RowSource = rngT.Offset(1, 0).Resize(rngT.Rows.Count − 1).Address(External:=True)
      │        End If
      │        If .ListCount 〉 0 Then .ListIndex = .ListCount − 1
      └── End With
      End Sub
```

❶ 'nm예약_조건'으로 이름 정의한 셀 영역은 [@작업시트] 시트의 X5:X6 범위로, 이 영역의 2행 1열 셀인 X6셀에 'txt강
좌코드' 컨트롤의 내용을 입력합니다. 'nm예약_조건'은 ❷의 고급 필터 작업에서 조건 영역으로 사용합니다.

❷ [예약현황] 시트에 정의한 'tbl예약현황' 표 전체에 고급 필터를 적용하여 조건은 'nm예약_조건' 영역으로, 복사 출력
위치는 'nm예약_출력'으로 지정합니다.

❸ 'nm예약_출력'으로 이름 정의된 셀 영역은 [@작업시트] 시트의 Z5:AD5 범위입니다. ❷의 고급 필터를 실행해 출력
된 결과가 이 영역의 아래쪽으로 표시되기 때문에 해당 영역을 rngT에 저장합니다.

❹ rngT의 출력 결과가 한 줄이면 자료가 없는 경우로, 빈 영역이 목록 상자에 표시되도록 빈 행의 주소를 지정합니다.
그 외의 경우 rngT 영역에서 첫 행은 제목 행으로 사용하기 때문에 이 행을 제외한 나머지 영역을 목록 상자에 표시
하기 위해 주소를 지정합니다.

4 [고객목록] 시트에 등록된 고객 정보를 오른쪽 목록 상자(lst고객명단)에 표시하는 'sb고객명
단출력' 프로시저를 코드 창의 아래쪽에 있는 빈 곳에 다음과 같이 작성하고 Alt + F11 을 누르
세요.

```
      Sub sb고객명단출력( )
          Dim rngT As Range

 ❶        Set rngT = Range("tbl고객정보[#All]")

      ┌── With Me.lst고객명단
      │        .ColumnCount = 5
      │        .ColumnWidths = "2cm;1.5cm;3cm;0cm;0cm"
 ❷    │        .ColumnHeads = True
      │        .MultiSelect = fmMultiSelectExtended
      │        If rngT.Rows.Count = 1 Then
      │            .RowSource = ""
```

> 이 코드는 '04-13_23.txt' 파일로 제공합니다.

```
        Else

            .RowSource = rngT.Offset(1, 0).Resize(rngT.Rows.Count - 1).Address(External:=True)

        End If

        If .ListCount > 0 Then .ListIndex = .ListCount - 1

    End With

End Sub
```

❶ [고객목록] 시트에 작성한 표 'tbl고객정보' 전체를 rngT에 저장합니다.

❷ rngT에 저장한 'tbl고객정보' 표 정보를 목록 상자에 표시합니다. 이 방법은 **3** 과정의 ❹와 같은 방법입니다.

5 엑셀 창으로 되돌아오면 [Main] 시트의 [강좌 예약 조회 및 신규 등록] 단추를 클릭하세요. [예약현황 조회 및 등록] 폼이 표시되면 '강좌코드'에 『L00001』을 입력하고 Enter를 누르세요.

6 [예약현황 조회 및 등록] 폼에 해당 강좌의 정보와 예약자 목록, 고객 목록이 표시되었는지 확인 해 보세요.

실무
예제 | **12** | # [강좌 조회] 폼과 [예약 조회] 폼 연동하기

1 예제파일에서 [Alt]+[F11]을 눌러 VB 편집기 창을 열고 '폼'-'frm강좌조회'를 더블클릭합니다.
[강좌조회] 폼이 표시되면 [예약현황] 단추(cmdView 명령 단추) 컨트롤을 더블클릭하세요.

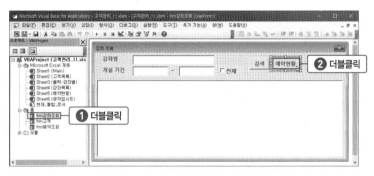

2 'Private Sub cmdView_Click' 이벤트 프로시저가 삽입되면 다음과 같이 코드를 작성하세요.

```
Private Sub cmdView_Click( )
❶      frm예약조회.Show vbModeless
❷      frm예약조회.Move Me.Left + Me.Width, Me.Top
❸      frm예약조회.txt강좌코드 = Me.lst강좌.Column(0)
❹      Call frm예약조회.sb예약자조회
End Sub
```

> 이 코드는 '04-13_24.txt' 파일로 제공합니다.

❶ 'frm예약조회' 폼을 모델리스 창으로 표시합니다.

❷ 'frm예약조회' 폼의 StartUpPosition 속성을 [0 - 수동]으로 지정했기 때문에 폼의 위치를 움직일 수 있습니다. 폼이
현재 폼인 'frm강좌조회'의 오른쪽 옆에 표시되도록 왼쪽 위치와 높이를 조정합니다.

❸ 'frm예약조회' 폼의 '강좌코드'에 목록 상자에서 선택한 강좌코드 값을 표시합니다.

❹ 'frm예약조회' 폼에 작성한 'sb예약자조회' 프로시저를 실행해서 선택한 강좌의 예약자 명단을 표시합니다. 'sb예약
자조회' 프로시저에 대해서는 465쪽을 참고하세요.

3 강좌 목록 상자를 더블클릭하면 [예약현황] 단추를 클릭한 것처럼 작동시키기 위해 코드 창
의 위쪽에서 'lst강좌' 개체와 'DblClick' 이벤트 프로시저를 선택하세요. 'Private Sub lst강좌_
DblClick' 이벤트 프로시저가 삽입되면 다음과 같이 코드를 작성하고 [Alt]+[F11]을 누르세요.

```
Private Sub lst강좌_DblClick(ByVal Cancel As MSForms.ReturnBoolean)
    Call cmdView_Click
End Sub
```

> 이 코드는 '04-13_25.txt' 파일로 제공합니다.

4 엑셀 창으로 되돌아오면 [Main] 시트에서 [강좌 검색 및 조회] 단추를 클릭하세요. [강좌 조회] 폼이 표시되면 목록 상자에서 임의의 강좌를 더블클릭하세요.

5 해당 강좌에 대한 [예약현황 조회 및 등록] 폼이 [강좌 조회] 폼의 오른쪽에 표시되는지 확인해 보세요.

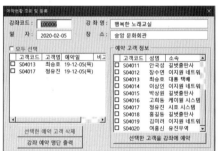

난이도 1 2 **3** 4 5

실무
예제 | **13** | [예약 조회] 폼에 강좌 예약, 예약 삭제 기능 작성하기

[예약현황 조회 및 등록] 폼에서 강좌별 예약자 명단을 삭제하거나 새로운 고객을 예약자 명단으로
등록하는 과정을 작성해 보겠습니다.

1 예제파일에서 Alt + F11 을 눌러 VB 편집기 창을 열고 '폼'-'frm예약조회'를 더블클릭합니
다. [예약현황 조회 및 등록] 폼이 표시되면 [모두 선택] 옵션란(chkAll) 컨트롤을 더블클릭하
세요.

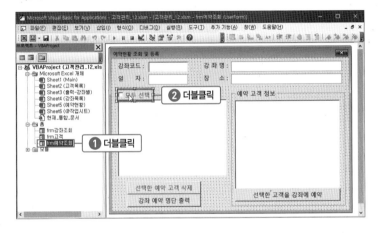

2 [모두 선택](chkAll)을 클릭하여 체크하면 예약자 명단 목록 상자(lst예약명단)의 모든 항목도
선택 또는 해제되도록 지정해 볼게요. 'Private Sub chkAll_Click' 프로시저가 삽입되면 다음
과 같이 코드를 작성하세요.

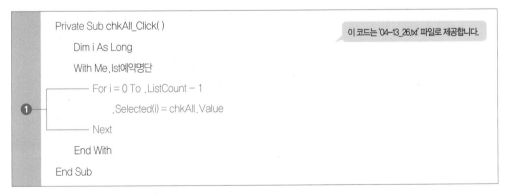

```
Private Sub chkAll_Click( )
    Dim i As Long                          이 코드는 '04-13_26.txt' 파일로 제공합니다.
    With Me.lst예약명단
        For i = 0 To .ListCount − 1
            .Selected(i) = chkAll.Value
        Next
    End With
End Sub
```

❶ 목록 상자의 전체 내용을 반복하면서 옵션란의 값과 똑같이 선택 또는 해제되도록 합니다.

3 선택한 예약자 명단을 삭제하는 기능을 작성하기 위해 코드 창의 위쪽에서 'cmd삭제' 개체와 'Click' 이벤트 프로시저를 선택하세요. 'Private Sub cmd삭제_Click' 이벤트 프로시저가 삽입되면 다음과 같이 코드를 작성하세요.

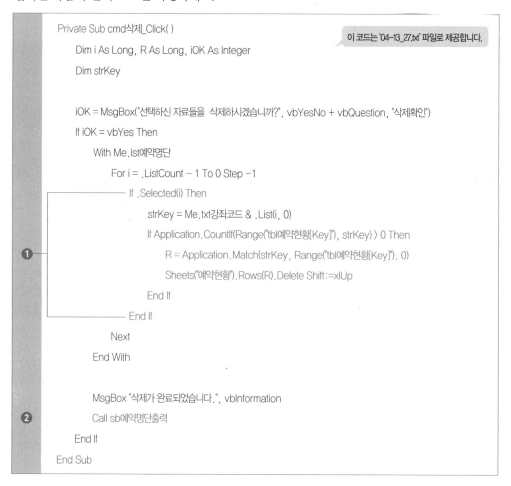

```
Private Sub cmd삭제_Click( )
    Dim i As Long, R As Long, iOK As Integer
    Dim strKey

    iOK = MsgBox("선택하신 자료들을 삭제하시겠습니까?", vbYesNo + vbQuestion, "삭제확인")
    If iOK = vbYes Then
        With Me.lst예약명단
            For i = .ListCount − 1 To 0 Step −1
                If .Selected(i) Then
                    strKey = Me.txt강좌코드 & .List(i, 0)
                    If Application.CountIf(Range("tbl예약현황[Key]"), strKey) > 0 Then
                        R = Application.Match(strKey, Range("tbl예약현황[Key]"), 0)
                        Sheets("예약현황").Rows(R).Delete Shift:=xlUp
                    End If
                End If
            Next
        End With

        MsgBox "삭제가 완료되었습니다.", vbInformation
        Call sb예약명단출력
    End If
End Sub
```

이 코드는 '04-13_27.txt' 파일로 제공합니다.

❶ 'lst예약명단' 목록 상자에서 선택한 항목을 [예약현황] 시트의 'tbl예약현황' 표에서 찾아 삭제합니다. [예약현황] 시트의 'tbl예약현황' 표에서 예약자의 고유 Key는 '강좌코드'와 '예약자 코드'를 연결해서 사용합니다. 그래서 검색할 값 strKey는 현재 폼의 강좌 코드(txt강좌코드)와 목록 상자의 고객 코드(.List(i, 0))를 연결해서 작성합니다.

❷ 삭제한 자료를 목록 상자에 반영하기 위해 466쪽에서 작성한 'sb예약명단출력' 프로시저를 호출합니다.

4 선택한 고객 명단을 예약자 명단으로 등록하는 기능을 작성하기 위해 코드 창의 위쪽에서 'cmd신규' 개체와 'Click' 이벤트 프로시저를 선택하세요. 'Private Sub cmd신규_Click' 이벤트 프로시저가 삽입되면 다음과 같이 코드를 작성하고 Alt + F11 을 누르세요.

```
Private Sub cmd신규_Click( )
    Dim i As Long, R As Long
    Dim strKey
    Application.DisplayAlerts = False
```

이 코드는 '04-13_28.txt' 파일로 제공합니다.

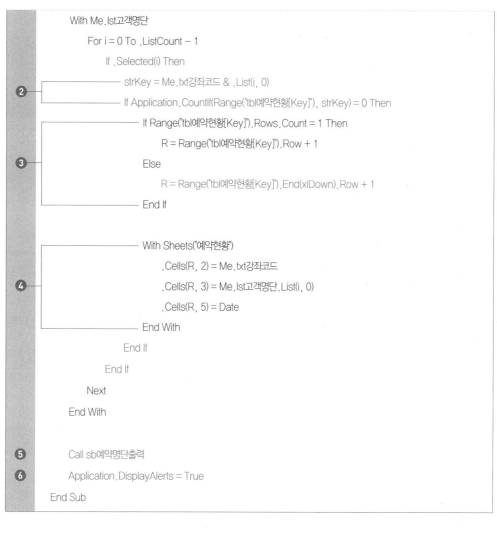

```
With Me.lst고객명단
    For i = 0 To .ListCount − 1
        If .Selected(i) Then
            strKey = Me.txt강좌코드 & .List(i, 0)
            If Application.CountIf(Range("tbl예약현황[Key]"), strKey) = 0 Then
                If Range("tbl예약현황[Key]").Rows.Count = 1 Then
                    R = Range("tbl예약현황[Key]").Row + 1
                Else
                    R = Range("tbl예약현황[Key]").End(xlDown).Row + 1
                End If

                With Sheets("예약현황")
                    .Cells(R, 2) = Me.txt강좌코드
                    .Cells(R, 3) = Me.lst고객명단.List(i, 0)
                    .Cells(R, 5) = Date
                End With
            End If
        End If
    Next
End With

Call sb예약명단출력
Application.DisplayAlerts = True
End Sub
```

❶ 신규 등록을 작업할 때 화면의 변화를 표시하지 않기 위해 DisplayAlerts 속성을 False로 지정한 후 프로시저를 종료하기 전에 ❻에서 True로 지정해 정상적으로 표시합니다.

❷ 'lst고객명단' 목록 상자에서 선택한 자료 중 [예약현황] 시트의 'tbl예약현황' 표에 등록하지 않은 고객인지 확인하여 등록 처리합니다.

❸ [예약현황] 시트에 첫 번째로 등록하는 자료인 경우 표에서 데이터의 첫 행을 변수 R에 저장합니다. 첫 번째로 등록하는 자료가 아니면 데이터의 아래쪽에 있는 빈 행의 위치를 R에 저장합니다.

❹ 강좌 코드 및 고객 코드, 현재 날짜를 [예약현황] 시트에 등록합니다.

❺ 등록한 예약자 명단을 'lst예약명단' 목록 상자에 표시하기 위해 466쪽에서 작성한 'sb예약명단출력' 프로시저를 실행합니다.

❻ 화면이 정상적으로 표시되도록 지정합니다.

이벤트 프로그래밍

ActiveX 컨트롤

사용자 정의 폼

프로그램 구성

폼 디자인

오피스 연동

함수

매크로

사용자 리본 메뉴

추가 기능 파일

5 엑셀 창으로 되돌아오면 [Main] 시트에서 [강좌 예약 조회 및 신규 등록] 단추를 클릭하세요.

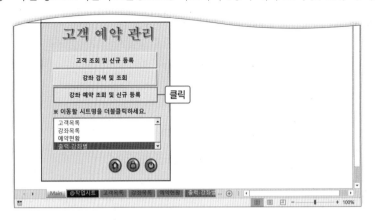

6 [예약현황 조회 및 등록] 폼이 표시되면 '강좌코드'에 『L00005』를 입력하고 Enter 를 누르세요. 예약자 현황이 표시되면 [모두 선택]에 체크하여 예약자 명단을 모두 선택하고 [선택한 예약 고객 삭제] 단추를 클릭하세요. 삭제 확인 메시지 창이 열리면 [예]를 클릭하고 삭제가 완료되었다는 메시지 창에서 [확인]을 클릭하세요.

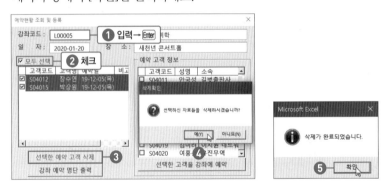

7 해당 강좌에 신규 고객을 등록하기 위해 '예약 고객 정보' 목록 상자에서 Ctrl 을 이용해 고객들을 선택하고 [선택한 고객을 강좌에 예약] 단추를 클릭하세요. 왼쪽 목록 상자에 예약 고객 목록이 등록되었는지 확인해 보세요.

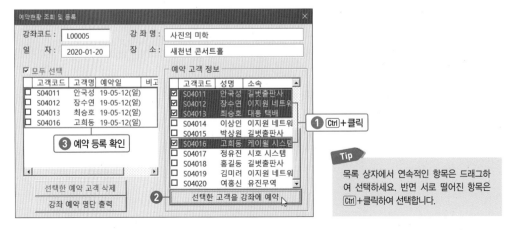

실무
예제 **14** # [예약 조회] 폼에 출석부 출력 기능 작성하기

[예약현황 조회 및 등록] 폼(frm예약조회)에서 [강좌 예약 명단 출력] 단추를 클릭하면 해당 강좌 정보와 예약자 명단을 [출력-강좌별] 시트에 출력하고 미리 보기 화면이 표시되도록 작성해 보겠습니다.

1 예제파일에서 Alt + F11 을 눌러 VB 편집기 창을 열고 '폼'-'frm예약조회'를 더블클릭합니다. [예약현황 조회 및 등록] 폼이 표시되면 [강좌 예약 명단 출력](cmd명단출력) 단추 컨트롤을 더블클릭하세요.

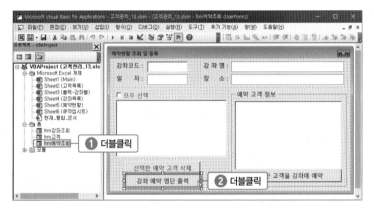

2 'Private Sub cmd명단출력_Click' 프로시저가 삽입되면 다음과 같이 코드를 작성하고 Alt + F11 을 누르세요.

```
Private Sub cmd명단출력_Click( )
    Dim R As Long, Cnt As Long, i As Long
    Dim rngT As Range

    If Application.CountIf(Range("tbl개설강좌[강좌코드]"), Me.txt강좌코드) > 0 Then
        R = Application.Match(Me.txt강좌코드, Range("tbl개설강좌[강좌코드]"), 0)
    End If

    With Sheets("출력-강좌별")
        .Range("C3") = Me.txt강좌명 & " (" & Me.txt강좌코드 & ")"
        .Range("C4") = Format(Me.txt일자, "yy-mm-dd(aaa)")
        .Range("C5") = Me.txt장소
        .Range("G3") = Range("tbl개설강좌[일시]").Cells(R)
```

이 코드는 '04-13_29.txt' 파일로 제공합니다.

```
③  ┌──────── Set rngT = .Range("A8")
    └──────── .Range(rngT.Offset(1, 0), rngT.SpecialCells(xlLastCell)).Clear
        End With


        With Me.lst예약명단
    ┌──────── rngT.EntireRow.Copy
    │         With rngT.Offset(1, 0).Resize(.ListCount − 1).EntireRow
④  ─┤              .PasteSpecial Paste:=xlPasteFormats
    │              .PasteSpecial Paste:=xlPasteFormulas
    └──────── End With
        Application.CutCopyMode = False


    ┌──────── For i = 0 To .ListCount − 1
    │             rngT.Offset(i, 0) = i + 1
    │             rngT.Offset(i, 1) = .List(i, 0)      '−−// 고객코드
    │             rngT.Offset(i, 3) = .List(i, 1)      '−−// 고객명
⑤  ─┤             rngT.Offset(i, 6) = Format(.List(i, 2), "yy-mm-dd(aaa)") '−−//예약일
    │             rngT.Offset(i, 7) = .List(i, 3)      '−−// 비고
    │             rngT.Offset(i, 8) = .List(i, 4)      '−−// 참석여부
    └──────── Next


⑥          Sheets("출력-강좌별").PageSetup.PrintArea = "$A$1:$I$" & (rngT.Row + .ListCount)
⑦          Sheets("출력-강좌별").PrintOut preview:=True
        End With
    End Sub
```

❶ 강좌 정보를 가져오기 위해 [강좌목록] 시트의 'tbl개설강좌' 표에서 현재 폼에 있는 강좌 코드의 위치를 찾아 변수 R
   에 저장합니다.

❷ [출력-강좌별] 시트에 강좌 정보를 표시합니다.

❸ [출력-강좌별] 시트의 8행부터 고객 정보가 표시되는 행이기 때문에 rngT에 A8셀을 저장하고 8행의 아래쪽에 현
   재 입력된 내용을 모두 지웁니다.

❹ ❸의 Clear 메서드를 통해 8행의 아래쪽에 있는 내용의 서식이 지워진 상태입니다. 따라서 rngT 변수의 전체 행인 8
   행을 복사해서 출력할 예약자 명단(lst예약명단)의 항목 개수만큼의 행에 값과 서식을 붙여넣습니다.

❺ [출력-강좌별] 시트에 예약자 명단(lst예약명단)을 표시합니다.

❻ 목록 상자(lst예약명단)의 자료 개수만큼 인쇄 영역이 지정되도록 설정합니다.

❼ 인쇄 미리 보기를 실행합니다. 미리 보기 창이 표시된 상태에서는 폼이 비활성화되므로 이 문의 이전 줄에 『Unload
   Me』를 입력하여 폼을 미리 닫을 수 있습니다.

Tip

❼을 실행해 미리 보기 창을 표시한 상태에서는 사용자 정의 폼을 선택할 수 없는 비활성화 상태가 됩니다. 반면 미리 보기 창을 닫으면 폼
이 다시 활성화됩니다.

3 엑셀 창으로 되돌아오면 [Main] 시트에서 [강좌 예약 조회 및 신규 등록] 단추를 클릭하세요.

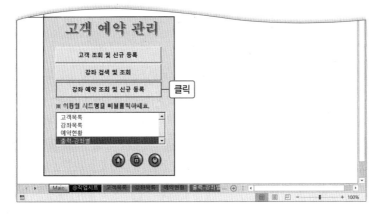

4 [예약현황 조회 및 등록] 폼이 표시되면 '강좌코드'에 『L00005』를 입력하고 Enter를 누르세요. 예약자 현황이 표시되면 [강좌 예약 명단 출력] 단추를 클릭하세요.

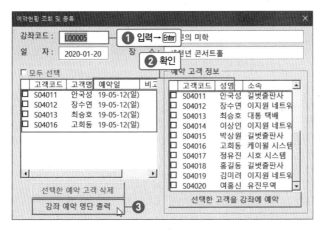

5 인쇄 미리 보기 화면에 예약자 명단이 표시됩니다. 미리 보기 화면 상태에서는 폼이 비활성화되기 때문에 [인쇄 미리 보기] 탭 – [미리 보기] 그룹에서 [인쇄 미리 보기 닫기]를 클릭해야 폼을 선택할수 있어요.

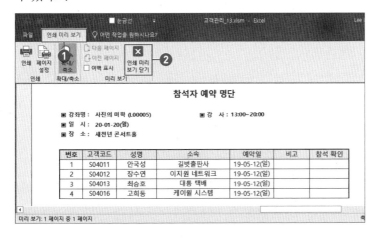

1 | 수신 회사 검색 폼 만들기

◐ **예제파일** : 13-Ex1.xlsm　◐ **완성파일** : 13-Ex1(완성).xlsm

예제파일에 다음과 같은 사용자 정의 폼을 작성하고 다음의 처리 조건과 같은 기능이 실행되도록 이벤트 프로시저를 작성해 보세요.

▲ 폼을 실행한 상태

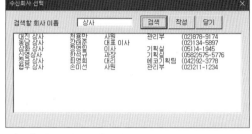

▲ [검색] 단추를 클릭해 조건을 검색한 상태

	개체 및 컨트롤	(이름) 속성	Caption 속성	기타 속성
①	사용자 정의 폼	frm거래처	수신회사 선택	
②	[레이블](**A**)		검색할 회사 이름	
③	[텍스트 상자](▥)	txtFind		IMEMode : 10 - fmIMEModeHangul
④	[명령 단추](▦)	cmd검색	검색	
		cmd작성	작성	
		cmd닫기	닫기	
⑤	[목록 상자](▥)	lst명단		

> **처리 조건**
> ① 주어진 표를 참조하여 사용자 정의 폼을 작성하세요.
> ② '검색할 회사 이름'(txtFind)을 입력하고 [검색](cmd검색) 단추를 클릭하면 [거래처명단] 시트의 자료 중에서 회사명에 내용이 포함되는 자료를 목록 상자(lst명단)에 표시하세요.
> ③ 조건에 맞는 자료를 검색하고 Additem 메서드를 사용해 목록 상자에 추가하세요.
> ④ 폼이 실행될 때 [거래처명단] 시트의 모든 회사가 목록 상자에 표시되도록 지정하세요.
> ⑤ [닫기](cmd닫기) 단추를 클릭하면 폼이 닫히도록 지정하세요.

핵심! 실무 노트

VBA Tips & Tricks

엑셀의 화면 상태와 처리 성능을 향상시키기 위한 속성 살펴보기

VBA 코드로 자동화 작업을 처리하면 빠른 시간 안에 다양한 작업이 이루어지는데, 이 작업 과정을 화면에 일일이 표시하면 작업 시간이 더 소요됩니다. 일반적인 작업은 그대로 처리해도 시간 차이를 못 느낍니다. 하지만 셀에 입력된 수식이 많거나 시트 이동과 셀 내용을 많이 변경할 경우 화면에 변화 과정이 나타나면 보기에 불편하고 작업 시간도 오래 걸릴 수 있습니다. 그래서 다음과 같은 엑셀 환경을 변경하는 속성을 사용합니다.

기능	형식	반환값/지정값
❶ 화면 업데이트	Application.ScreenUpdating	True 또는 False
❷ 경고 메시지 표시	Application.DisplayAlerts	
❸ 계산 방법	Application.Calculation	xlCalculationAutomatic xlCalculationManual xlCalculationSemiautomatic
❹ 이벤트 반응	Application.EnableEvents	True 또는 False
❺ 상태 표시줄 내용 표시	Application.DisplayStatusBar	
❻ 페이지 분할선 표시	ActiveSheet.DisplayPageBreaks	

❶ 셀 내용을 변경하거나 워크시트를 변경하는 등의 동작을 처리할 때 엑셀 창에 변화되는 상태를 표시할지를 True 값이나 False 값으로 지정하거나 반환합니다. 엑셀의 기본 설정 상태는 True로 지정되어 있지만, VBA 실행 속도는 False일 때가 더 빠르게 실행됩니다.

❷ 시트를 삭제할 때 경고 메시지 창이 열리는데, 이런 종류의 경고 메시지 창을 표시할지를 True 값이나 False 값으로 지정하거나 반환합니다. 엑셀의 기본 설정 상태는 True로 지정되어 있지만, 편리하게 VBA 자동화를 진행하기 위해 False로 지정합니다.

▲ 시트를 삭제하면 열리는 경고 메시지 창

❸ 엑셀 창의 [수식] 탭-[계산] 그룹에서 [계산 옵션]을 클릭하면 현재 엑셀 문서의 계산 방법을 변경할 수 있습니다. 기본적으로 엑셀의 계산 방법은 자동(xlCalculationAutomatic)이지만, 복잡한 실행 과정에서 잠시 계산을 수동(xlCalculationManual)으로 변환하면 실행 속도를 향상시킬 수 있습니다.

▲ [수식] 탭-[계산] 그룹에서 [계산 옵션]을 클릭해 계산 방법을 확인 및 변경할 수 있습니다.

이벤트 프로그래밍

ActiveX 컨트롤

사용자 정의 폼

프로그램 구성

폼 디자인

오피스 응용

함수

매크로

사용자 리본 메뉴

추가 기능 파일

❹ 워크시트에 작성한 ActiveX 컨트롤이나 워크시트에 이벤트 프로시저를 작성한 경우 매크로를 실행하는 도중에 해당 이벤트 프로시저가 자동으로 실행될 수 있습니다. 이때 원하지 않는 이벤트 프로시저가 실행되면 실행 속도가 떨어집니다. 프로시저의 실행 도중에 이벤트 프로시저를 실행하지 않게 하려면 'Application.EnableEvents = False'로 지정한 후 프로시저를 종료할 때 기본값인 'Application.EnableEvents = True'로 되돌려놓아야 합니다.

❺ 엑셀 창의 상태 표시줄은 상황에 따라 다양한 정보를 표시합니다. 하지만 작업 도중 프로시저를 실행한 상태에서 상태 표시줄의 정보를 표시하지 않으면 실행 시간을 줄일 수 있습니다.

▲ 블록을 설정하면 상태 표시줄에 '평균'이나 '개수', '합계' 등의 정보가 표시됩니다.

❻ 워크시트에 내용이 많은 경우 화면에 페이지 구분선을 표시하지 않으면 실행 시간을 줄일 수 있습니다. 이 속성을 이용해 페이지 구분선을 표시할지를 결정합니다.

사용 예 1

다음은 시트를 삭제할 때 확인 메시지 창이 열리지 않도록 처리하는 예제입니다.

이 코드는 '04-13_30.txt' 파일로 제공됩니다.

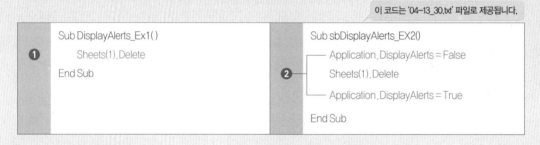

❶ 시트를 삭제할 때 경고 메시지 창이 표시되고 메시지 창의 선택에 따라 삭제를 취소할 수도 있습니다.

❷ 'Application.DisplayAlerts = False'로 설정하고 시트를 삭제하기 때문에 시트가 경고 메시지 창이 열리지 않고 곧바로 삭제됩니다. 프로시저를 종료하기 전에 엑셀 상태를 정상으로 되돌리려면 'Application.DisplayAlerts = True'를 실행해야 합니다.

사용 예 2

다음은 [작업] 시트의 A1셀에 『1』을 입력하고 아래쪽으로 수식 '=A1+1'을 1,000번 반복하는 프로시저를 두 가지 방법으로 처리하는 예제입니다. 이들 프로시저를 실행한 후 속도의 차이를 확인해 보면 엑셀 환경 설정을 False로 지정한 상태에서 실행해야 빠르게 처리되는 것을 알 수 있습니다.

```vb
        For i = 2 To 1000
            .Cells(i, 1).FormulaR1C1 = "=R[-1]C + 1"
        Next
    End With
    MsgBox Timer - sTime & "초 경과"
End Sub
```

```vb
Sub Sub sbSpeedUp_EX2( )
    Dim sTime, i

    sTime = Timer
    Application.Calculation = xlCalculationManual
    Application.ScreenUpdating = False
    Application.DisplayStatusBar = False
    Application.EnableEvents = False
    ActiveSheet.DisplayPageBreaks = False
    With Sheets("작업")
        .Cells.Clear
        .Cells(1, 1) = 1
        For i = 2 To 1000
            .Cells(i, 1).FormulaR1C1 = "=R[-1]C + 1"
        Next
    End With
    Application.Calculation = xlCalculationAutomatic
    Application.ScreenUpdating = True
    Application.DisplayStatusBar = True
    Application.EnableEvents = True
    ActiveSheet.DisplayPageBreaks = True

    MsgBox Timer - sTime & "초 경과"
End Sub
```

실행하는 컴퓨터마다 처리 속도는 다르지만, 필자의 PC에서는 다음과 같은 결과 화면이 표시됩니다. 반복문이 1,000번 실행되고 별도의 자료가 없기 때문에 시간 차이가 크지 않았습니다. 하지만 자료가 많고, 수식이 복잡하며, 시트나 셀이 자주 이동할수록 속도는 더 크게 차이가 납니다.

▲ ❶의 실행 결과   ▲ ❷의 실행 결과

엑셀 작업할 때 하나의 엑셀 문서만 사용하는 경우보다 여러 엑셀 문서의 자료를 통합하거나, 엑셀 자료를 워드나 파워포인트 문서로 내보내는 일이 많습니다. 좀 더 많은 자료를 활용하는 경우 개인용 데이터베이스인 액세스 프로그램과 연동하는 경우도 자주 발생합니다. 이번 섹션에서는 VBA에서 오피스 제품과 연동하여 처리하는 방법을 익혀서 VBA 작업을 할 때 엑셀뿐만 아니라 워드나 파워포인트까지 좀 더 폭넓게 활용해 보겠습니다.

> **PREVIEW**

엑셀에서 워드, 파워포인트, 액세스, 아웃룩과 연동할 수 있습니다.

엑셀의 표와 차트를 그대로 파워포인트의 슬라이드로 구성할 수 있습니다.

엑셀에서 강의 평가 분석 내용을 자동으로 워드 문서로 작성할 수 있습니다.

숫자 형태의 텍스트를 숫자로 변경하기

공공 데이터를 엑셀 형태로 다운로드할 때 숫자 자료도 문자열 형태로 입력된 경우가 있습니다. 이 경우 합계와 같은 수치적인 계산을 하려면 숫자로 변경해야 하는데, 데이터의 크기가 크면 계산이 불편할 수 있어요. 이번에는 간단하게 단축키만 누르면 편리하게 숫자로 변경되는 기능이 실행되도록 작성해 보겠습니다.

▲ 예제파일에는 'Big Data Hub'에서 다운로드한 자료가 텍스트로 입력되어 있습니다.

'텍스트숫자(예제).xlsm' 예제파일에는 다음과 같은 공공 데이터가 3개의 시트로 구성되어 있습니다. 그런데 공공 데이터는 필요한 경우에 수시로 다운로드할 수도 있고 파일의 이름도 달라지므로 매크로가 포함된 파일과 상관없이 실행되도록 작성해야 합니다. 이렇게 하려면 다음과 같은 순서로 작업하세요.

엑셀 작업 순서 정리하기

❶ 텍스트로 입력된 숫자를 숫자로 변경하는 엑셀 기능을 찾습니다.
  여러 가지 방법이 있지만 공백 셀을 복사하고 [선택하여 붙여넣기] 대화상자에서 '값'을 '더하기' 연산으로 붙여넣기하는 방법이 가장 간단합니다.
❷ 매크로의 작성 위치는 어디에서나 실행되도록 새 통합 문서에 작성하고 매크로 단축키를 지정하세요.

1 '텍스트숫자변환.xlsm' 예제파일에서 [Sheet1] 시트에 미리 작성된 단추에 연결할 매크로를 작성하기 위해 Alt + F11 을 누르세요.

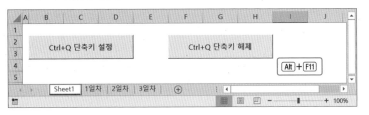

2 VB 편집기 창이 열리면 **[삽입]-[모듈]** 메뉴를 선택하세요. 새로운 모듈의 코드 창이 표시되면 다음과 같이 'sbTextToNumberUpdate' 프로시저를 작성하세요.

```
Sub sbTextToNumberUpdate( )
    Dim rngT As Range
    Dim rngData As Range

    On Error Resume Next
    Set rngData = Application.InputBox("숫자 형태의 텍스트를 숫자로 변경합니다." _
                  , "숫자 변환", Selection.Address, Type:=8)
    If rngData Is Nothing Then Exit Sub

    Set rngT = rngData.SpecialCells(xlCellTypeConstants, 2)
    If rngT Is Nothing Then Exit Sub

    Cells(Rows.Count, Columns.Count).Copy
    rngT.PasteSpecial Paste:=xlPasteValues, Operation:=xlAdd

    MsgBox "작업이 완료되었습니다."
End Sub
```

이 코드는 '04-14_1.txt' 파일로 제공합니다.

❶ ❷와 ❹를 실행할 때 조건에 맞는 범위가 없으면 오류가 발생하기 때문에 오류를 무시하도록 선언합니다.

❷ 숫자로 변경할 범위를 입력받습니다.

❸ ❷에서 범위를 지정하지 않으면 이 프로시저를 종료합니다.

❹ ❷에서 지정된 범위 중 텍스트가 입력된 범위만 선택합니다. SpecialCells 메서드에 대해서는 157쪽을 참고하세요.

❺ ❹에서 텍스트 범위가 없는 경우 프로시저를 종료합니다.

❻ Rows.Count와 Columns.Count는 현재 워크시트의 가장 마지막 행과 열의 번호입니다. 빈 셀을 복사해야 하므로 항상 빈 셀을 쉽게 찾기 위해 현재 워크시트의 가장 마지막 셀을 지정해서 복사합니다.

❼ 빈 셀을 선택하여 붙여넣기 기능 중 값만 더하기 기능으로 붙여넣기합니다. 엑셀에서 사칙연산(덧셈, 뺄셈, 나눗셈, 곱셈)을 실행하면 텍스트도 숫자로 자동 형 변환이 되는데, 이러한 엑셀 특징을 이용하여 공백 셀, 즉 0을 더해서 숫자로 변경합니다.

3 작성한 'sbTextToNumberUpdate' 프로시저의 아래쪽에 다음과 같이 2개의 프로시저를 작성하고 **Alt** + **F11** 을 누르세요.

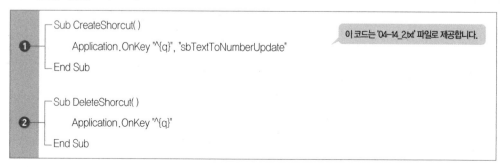

```
Sub CreateShortcut( )
    Application.OnKey "^{q}", "sbTextToNumberUpdate"
End Sub

Sub DeleteShorcut( )
    Application.OnKey "^{q}"
End Sub
```

이 코드는 '04-14_2.txt' 파일로 제공합니다.

❶ Ctrl + Q를 누르면 'sbTextToNumberUpdate' 프로시저가 실행되도록 단축키를 지정합니다. Application.OnKey 메서드에 대해서는 326쪽을 참고하세요.

❷ Ctrl + Q로 지정했던 단축키 기능을 해제합니다.

4 엑셀 창으로 되돌아오면 [Ctrl+Q 단축키 설정] 단추를 클릭하세요.

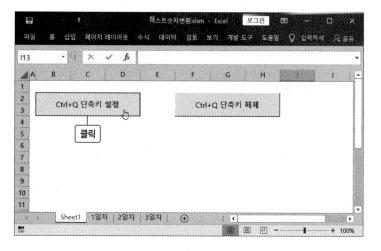

5 [1일차] 시트를 선택하고 Ctrl + Q를 누르세요.

6 [숫자 변환] 입력 창이 열리면 A1:H3683 범위를 지정하고 [확인]을 클릭하세요.

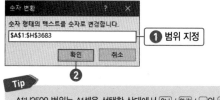

Tip

A1:H3598 범위는 A1셀을 선택한 상태에서 Ctrl + Shift + → 와 Ctrl + Shift + ↓를 누르면 한 번에 선택할 수 있어요.

이벤트 프로그래밍

ActiveX 컨트롤

사용자 정의 폼

프로그램 구성

폼 디자인

오피스 활용

함수

매크로

사용자 리본 메뉴

추가 기능 파일

7 A1:H3683 범위가 선택되고 범위 중에서 텍스트로 입력되었던 숫자 부분인 A열, C열, H열의 내용이 숫자로 변환되면서 작업이 완료되었다는 메시지 창이 열리면 [확인]을 클릭하세요.

8 다른 파일에서도 작업이 가능한지 확인하기 위해 '텍스트숫자(예제).xlsm' 파일을 열고 [2일차] 시트를 선택한 후 Ctrl + Q 를 누르세요.

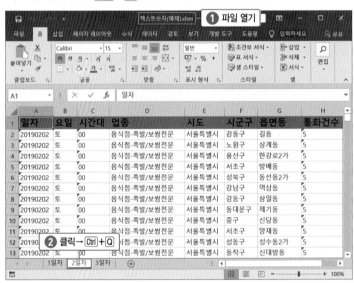

9 [숫자 변환] 입력 창이 열리면 A1:H3598 범위를 지정하고 [확인]을 클릭하세요.

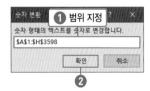

10 A1:H3598 범위가 선택되고 범위 중에서 숫자 부분인 A열, C열, H열의 내용이 숫자로 변환되면서 작업이 완료되었다는 메시지 창이 열리면 [확인]을 클릭하세요.

① 숫자 변환 확인

11 '텍스트숫자변환.xlsm' 파일을 선택하고 [Sheet1] 시트에서 [Ctrl+Q 단축키 해제] 단추를 클릭하여 Ctrl + Q에 지정되었던 단축키 기능을 해제하세요.

Tip

Ctrl + Q에 대한 단축키 기능의 지정을 자동으로 해제하려면 통합 문서의 Open 이벤트와 BeforeClose 이벤트를 이용하세요.

형식이 같은 여러 파일들을 하나로 취합하기

구조가 같은 여러 파일들을 하나로 합치려면 파일을 열고 복사한 후 빈 공백 줄을 찾아 붙여넣어야 합니다. 이 과정이 한두 개의 파일이면 어렵지 않지만, 주기적이고 반복적으로 여러 파일을 대상으로 실행하는 경우에는 매우 번거로운 작업입니다. 이번에는 이러한 작업을 간단한 매크로를 작성하여 자동화해 보겠습니다.

▲ 부록 실습 파일의 '가져올파일목록' 폴더에는 '조미료제품.xlsx'와 같은 구조를 가지는 파일들('조미료제품.xlsx', '해산물제품.xlsx', '육류제품.xlsx')이 있습니다.

구조가 같은 파일을 가져오는 작업에 필요한 엑셀 기능과 작업할 때의 주의 사항을 미리 정리해 보면 다음과 같습니다. 다음 작업을 어떤 기능으로 해결할지 생각해 보세요.

필요한 작업 순서와 엑셀 기능 정리하기

❶ [열기] 대화상자에서 가져올 파일들을 선택하는 자동화 기능이 필요합니다. 이 기능은 [열기] 대화상자를 다루는 매크로를 이용합니다.

❷ 파일을 열고 무조건 복사하는 것보다 해당 파일의 첫 행의 구조가 가져올 파일의 구조인지 체크해야 합니다. 파일을 무조건 가져오다 보면 잘못된 데이터를 가져올 수 있습니다.

❸ 같은 파일을 여러 번 작업할 수 있기 때문에 중복을 제거하는 기능도 처리해야 합니다.

1 [Data] 시트의 A4셀에 'nmStart'라는 이름이 정의되어 있는데, 이 셀을 기준으로 자료의 구조를 확인하고 빈 행을 찾아 붙여넣어보겠습니다. 2개의 명령 단추가 미리 작성되어 있고 앞으로 작성할 매크로 이름이 연결된 상태에서 이 단추에 연결할 매크로를 작성하기 위해 Alt+F11을 누르세요.

2 VB 편집기 창이 열리면 [삽입]-[모듈] 메뉴를 선택하세요. 새로운 모듈 코드 창이 표시되면 다음과 같이 엑셀 파일을 통합하는 'sbImport' 프로시저를 작성하세요.

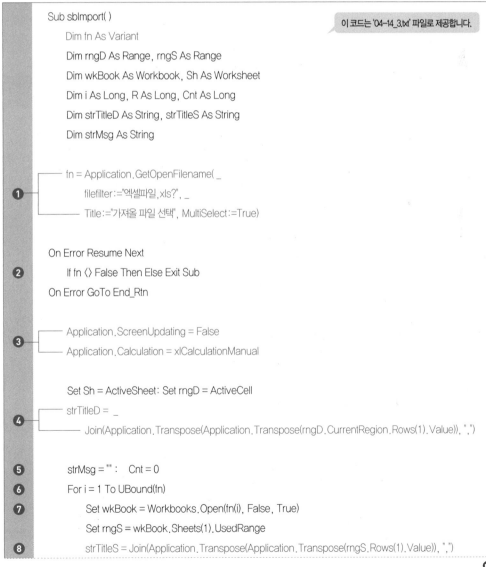

```
Sub sbImport( )
    Dim fn As Variant
    Dim rngD As Range, rngS As Range
    Dim wkBook As Workbook, Sh As Worksheet
    Dim i As Long, R As Long, Cnt As Long
    Dim strTitleD As String, strTitleS As String
    Dim strMsg As String

❶  fn = Application.GetOpenFilename( _
        filefilter:="엑셀파일,xls?", _
        Title:="가져올 파일 선택", MultiSelect:=True)

❷  On Error Resume Next
        If fn <> False Then Else Exit Sub
    On Error GoTo End_Rtn

❸  Application.ScreenUpdating = False
    Application.Calculation = xlCalculationManual

    Set Sh = ActiveSheet: Set rngD = ActiveCell
❹  strTitleD = _
        Join(Application.Transpose(Application.Transpose(rngD.CurrentRegion.Rows(1).Value)), ",")

❺  strMsg = "":   Cnt = 0
❻  For i = 1 To UBound(fn)
❼      Set wkBook = Workbooks.Open(fn(i), False, True)
        Set rngS = wkBook.Sheets(1).UsedRange
❽      strTitleS = Join(Application.Transpose(Application.Transpose(rngS.Rows(1).Value)), ",")
```

이 코드는 '04-14_3.txt' 파일로 제공합니다.

이벤트 프로그래밍

ActiveX 컨트롤

사용자 정의 폼

프로그램 구성

폼 디자인

오피스 연동

함수

매크로

사용자 지정 메뉴

추가 기능 파일

```
            ┌─── If strTitleD = strTitleS Then
            │         rngS.Offset(1, 0).Resize(rngS.Rows.Count − 1).Copy
  ⑨   ┌─────┤
            │         R = rngD.CurrentRegion.Rows.Count
            │         rngD.Offset(R, 0).PasteSpecial xlPasteValues
            └─── Application.CutCopyMode = False
  ⑩                   Cnt = Cnt + 1
                 Else
  ⑪                   strMsg = strMsg & vbCrLf & "▶" & fn(i) & vbCrLf & ": " & strTitleS
                 End If
  ⑫             wkBook.Close False
             Next i
         End Sub
```

❶ GetOpenFilename 메서드를 이용하여 여러 파일들을 선택할 수 있도록 [열기] 대화상자를 열고 선택한 파일들을 배열 형태로 fn에 저장합니다. GetOpenFilename 메서드에 대해서는 421쪽을 참고하세요.

❷ ❶을 실행해 [열기] 대화상자를 열고 [취소]를 선택한 경우 fn에는 False 값이 전달되어 프로시저를 종료합니다.

❸ 화면을 업데이트하지 않도록 하여 여러 파일들을 열고닫는 과정이 표시되지 않습니다. 그리고 [계산 방법]을 수동으로 지정하여 셀 값이 변화에 따라 재계산되지 않도록 합니다. 이것에 대해서는 479쪽을 참고하세요.

❹ 현재 셀이 놓인 범위에서 첫 행의 셀 내용을 읽어들일 파일의 구조로 지정하기 위해 Join 함수를 이용해 하나의 문자열로 만들어서 strTitleD 변수에 저장합니다. strTitleD를 ❾에서 사용하여 파일의 구조가 같은지 비교할 때 사용합니다. Application.Transpose는 엑셀의 행과 열 내용을 바꿔주는 Transpose 함수입니다. 이 함수를 2번 사용하고 Transpose 함수와 함께 사용하여 범위에 입력된 셀 내용을 '제품 코드,제품 이름,판매 금액,…' 형식의 문자열로 변경합니다. Join 함수에 대해서는 297쪽을 참고하세요.

❺ strMsg는 가져올 파일의 필드명이 다른 경우 해당 필드를 기억하기 위한 변수이고, Cnt는 가져온 파일이 정상적으로 처리된 개수를 기억할 변수입니다.

❻ ❶에서 [열기] 대화상자를 통해 선택한 파일의 개수만큼 반복해서 실행합니다.

❼ 파일을 읽기 전용으로 열어 wkBook 변수에 저장하고 첫 번째 시트의 데이터가 입력된 사용 영역을 rngS 변수에 저장합니다.

❽ ❹와 같은 방법으로 rngS에 저장한 범위의 첫 행 내용을 문자열로 변환하여 strTitleS 변수에 저장합니다.

❾ strTitleD와 strTitleS를 비교하여 파일의 구조가 같은지 판단합니다. 구조가 같은 경우에만 첫 행을 제외한 나머지 내용을 복사한 후 rngD 셀의 아래쪽에 있는 빈 행을 찾아 값만 붙여넣습니다.

❿ 정상적으로 처리한 개수인 Cnt 변수값을 1씩 증가시킵니다.

⓫ 파일의 구조가 다른 경우 다른 필드 이름을 stMsg 변수에 저장합니다.

⓬ ❼에서 열었던 파일을 저장하지 않고 닫습니다.

3 'sbImport' 프로시저의 나머지 내용도 아래쪽에 다음과 같이 작성하세요.

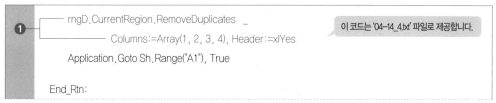

```
  ❶  ┌─── rngD.CurrentRegion.RemoveDuplicates _
      └───     Columns:=Array(1, 2, 3, 4), Header:=xlYes
           Application.Goto Sh.Range("A1"), True

           End_Rtn:
```

이 코드는 '04-14_4.txt' 파일로 제공합니다.

490

```
②      ┌─ Application.ScreenUpdating = True
       └─ Application.Calculation = xlCalculationAutomatic
       ┌─ If Err.Number = 0 Then
       │      If strMsg = "" Then
       │          MsgBox Cnt & "개 파일의 자료가 추가되었습니다.", vblnformation, "작업완료"
       │      Else
       │          MsgBox Cnt & "개 파일의 자료가 추가되었고, " _
③ ─────┤              & "다음 파일은 구조가 달라 제외되었습니다." _
       │              & strMsg, vblnformation, "작업완료"
       │      End If
       │  Else
       │      MsgBox Err.Description, vbCritical
       └─ End If
       End Sub
```

❶ 엑셀의 [데이터] 탭-[데이터 도구] 그룹에서 **[중복된 항목 제거]**를 실행하는 코드입니다. Columns:=Array(1, 3, 4)
인수를 이용해 중복을 체크할 기준 열을 지정하는데, 여기서는 첫 번째 열, 두 번째 열, 세 번째 열, 네 번째 열로 지정
합니다.

❷ 앞에서 속도를 위해 변경했던 화면 업데이트 속성과 재계산 속성을 기본 설정 값으로 되돌립니다.

❸ 오류가 발생하지 않으면 strMsg에 따라 적절한 메시지를, 오류가 발생하면 오류 메시지 창을 표시합니다.

4 코드 창의 아래쪽에 있는 빈 영역에 [Data] 시트의 내용을 지우는 'sbDeleteData' 프로시저를
다음과 같이 작성하고 `Alt` + `F11` 을 누르세요.

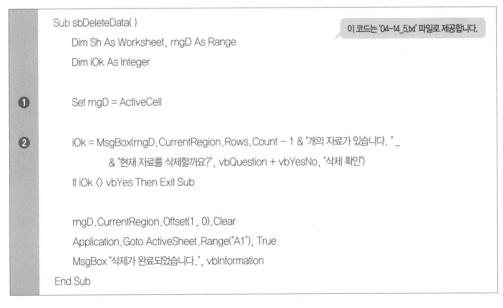

```
Sub sbDeleteData( )
    Dim Sh As Worksheet, rngD As Range
    Dim iOk As Integer

①   Set rngD = ActiveCell

②   iOk = MsgBox(rngD.CurrentRegion.Rows.Count - 1 & "개의 자료가 있습니다. " _
            & "현재 자료를 삭제할까요?", vbQuestion + vbYesNo, "삭제 확인")
    If iOk <> vbYes Then Exit Sub

    rngD.CurrentRegion.Offset(1, 0).Clear
    Application.Goto ActiveSheet.Range("A1"), True
    MsgBox "삭제가 완료되었습니다.", vblnformation
End Sub
```

> 이 코드는 '04-14_5.txt' 파일로 제공됩니다.

❶ 현재 셀을 기준으로 아래의 데이터를 삭제하기 위해 rngD에 현재 셀을 저장합니다.

❷ 현재 셀의 연속 영역에 제목을 제외한 행의 개수를 표시하고 삭제 확인 창을 나타낸 후 [예]를 선택한 경우에만 삭제
합니다.

5 엑셀 창으로 되돌아오면 [Data] 시트에서 A4셀을 선택하고 [파일 집계] 단추를 클릭하세요.

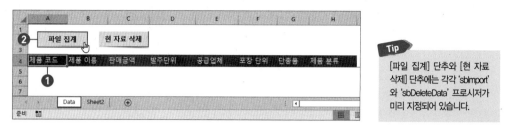

Tip

[파일 집계] 단추와 [현 자료 삭제] 단추에는 각각 'sbImport'와 'sbDeleteData' 프로시저가 미리 지정되어 있습니다.

6 [가져올 파일 선택] 창이 열리면 부록 실습 파일의 '가져올파일목록' 폴더에서 '기타.xlsx', '배달업체이용현황(201812~201901).xlsx', '육류제품.xlsx'를 선택하고 [열기]를 클릭하세요.

Tip

'기타.xlsx'와 '육류제품.xlsx'는 파일의 구조가 같지만, '배달업체이용현황 (201812~201901).xlsx'는 구조가 다릅니다.

7 3개의 파일 중 '배달업체이용현황(201812~201901).xlsx' 파일은 구조가 다르다는 메시지 창이 열리면 [확인]을 클릭하세요.

8 나머지 2개의 파일이 A4셀의 아래쪽에 붙여넣기되었으면 집계된 데이터를 삭제하기 위해 A4셀을 선택하고 [현 자료 삭제] 단추를 클릭하세요. A4셀과 연속된 영역의 행 개수가 표시되면서 삭제 확인을 묻는 [삭제 확인] 메시지 창이 열리면 [아니요]를 클릭하세요.

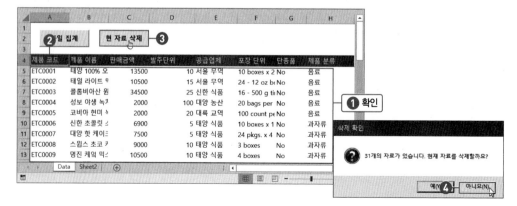

잠깐만요 ListObjects 개체와 표 다루기

일정한 규칙이 적용되는 범위는 표로 정의해서 사용하면 편리합니다. 정의된 표를 VBA 코드로 다룰 경우에는 pListObjects 개체로 관리합니다. 특정 워크시트에 정의한 표는 다음의 형식으로 확인 및 관리하세요.

형식	워크시트.ListObjects(인덱스 번호 또는, 표 이름)

번호	사용 예
①	Sheets("표기능").ListObjects.Count
②	Sheets("표기능").ListObjects(1).Name
③	Sheets("표기능").ListObjects(1).ListRows.Count
④	Sheets("표기능").ListObjects(1).ListColumns.Count
⑤	Sheets("표기능").ListObjects("tblChannel").DataBodyRange
⑥	Sheets("표기능").ListObjects("tblChannel").Range
⑦	Sheets("표기능").ListObjects("tblChannel").ListColumns("채널").DataBodyRange
⑧	Sheets("표기능").ListObjects("tblChannel").ListColumns("채널").Range

① [표기능] 시트에 작성된 표의 개수
② [표기능] 시트의 첫 번째 표의 이름
③ [표기능] 시트의 'tblChannel' 표에서 제목을 제외한 데이터 행의 개수
④ [표기능] 시트의 'tblChannel' 표에서 열의 개수
⑤ [표기능] 시트의 'tblChannel' 표에서 제목 행을 제외한 데이터 범위
⑥ [표기능] 시트의 'tblChannel' 표에서 제목 행을 포함한 전체 범위
⑦ [표기능] 시트의 'tblChannel' 표에서 '채널' 열의 제목을 제외한 데이터 열 전체
⑧ [표기능] 시트의 'tblChannel' 표에서 '채널' 열 전체

Range 속성으로 표 영역 지정하기

표 자체가 아니라 표로 정의된 영역을 대상으로 작업할 때는 Range 속성을 이용해 표의 전체 또는 일부 영역을 Range 개체로 반환할 수 있습니다.

사용 예	기능
Range("표1")	'표1'의 머리글을 제외한 전체 자료 범위
Range("표1[#All]")	'표1'의 머리글을 포함한 전체 범위
Range("표1[#Headers]")	'표1'의 제목 행(머리글) 전체
Range("표1[[#Headers],[채널]]")	'표1'의 제목 행 중 '채널' 열 머리글
Range("표1[[#All],[채널]]")	'표1'의 '채널' 열 전체
Range("표1[채널]")	'표1'의 '채널' 열의 제목을 제외한 데이터 열 전체

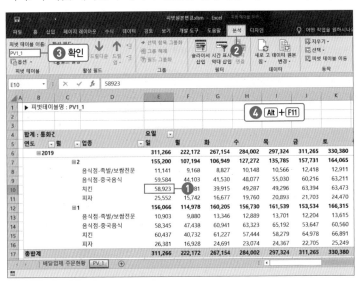 예제파일 : 피벗원본변경.xlsm　　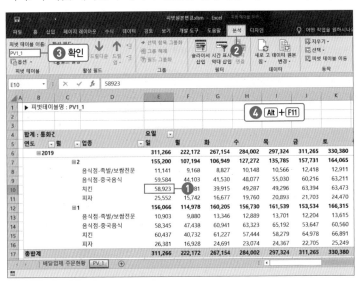 완성파일 : 피벗원본변경(완성).xlsm

[열기] 대화상자로 피벗 테이블의 원본 변경하기

월별 실적과 같이 주기적으로 발행되는 파일을 원본 데이터로 참조하는 피벗 테이블이 작성된 파일의 경우 피벗 테이블의 원본을 변경하는 일은 간단하지만 번거롭습니다. 이번에는 이 과정을 간단한 매크로로 해결해 보겠습니다.

1 [PV_1] 시트에서 E10셀을 선택하고 [피벗 테이블 도구]의 **[분석] 탭-[피벗 테이블] 그룹**에서 '피벗 테이블'을 살펴보면 B4셀에 작성된 피벗 테이블의 이름의 'PV1_1'로 지정된 것을 확인할 수 있습니다. 이 피벗 테이블의 데이터 원본을 변경하는 매크로를 작성하기 위해 Alt + F11 을 누르세요.

2 VB 편집기 창이 열리면 **[삽입]-[모듈]** 메뉴를 선택하세요. 새로운 모듈 코드 창이 표시되면 다음과 같이 엑셀 파일을 통합하는 'sbPivotDataSourceUpdate' 프로시저를 작성하고 Alt + F11 을 누르세요.

```
Sub sbPivotDataSourceUpdate( )

    Dim fn As Variant

    Dim wkBook As Workbook, Sh As Worksheet

    Dim strTitleS As String

    Dim PvT As PivotTable

    Dim rngData As Range
```

이 코드는 '04-14_6.txt' 파일로 제공합니다.

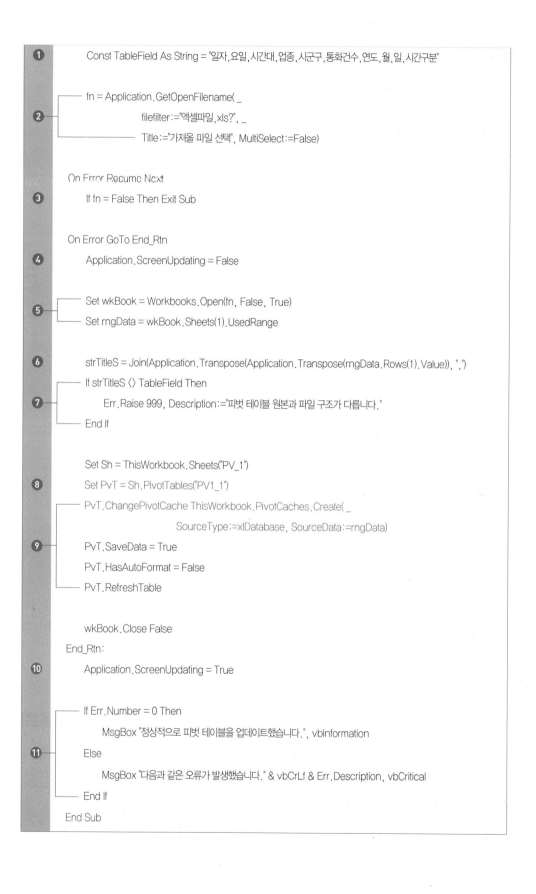

```vba
Const TableField As String = "일자,요일,시간대,업종,시군구,통화건수,연도,월,일,시간구분"

fn = Application.GetOpenFilename( _
        filefilter:="엑셀파일,xls?", _
        Title:="가져올 파일 선택", MultiSelect:=False)

On Error Resume Next
    If fn = False Then Exit Sub

On Error GoTo End_Rtn
    Application.ScreenUpdating = False

Set wkBook = Workbooks.Open(fn, False, True)
Set rngData = wkBook.Sheets(1).UsedRange

strTitleS = Join(Application.Transpose(Application.Transpose(rngData.Rows(1).Value)), ",")
If strTitleS <> TableField Then
    Err.Raise 999, Description:="피벗 테이블 원본과 파일 구조가 다릅니다."
End If

Set Sh = ThisWorkbook.Sheets("PV_1")
Set PvT = Sh.PivotTables("PV1_1")
PvT.ChangePivotCache ThisWorkbook.PivotCaches.Create( _
            SourceType:=xlDatabase, SourceData:=rngData)
PvT.SaveData = True
PvT.HasAutoFormat = False
PvT.RefreshTable

wkBook.Close False
End_Rtn:
    Application.ScreenUpdating = True

If Err.Number = 0 Then
    MsgBox "정상적으로 피벗 테이블을 업데이트했습니다.", vbInformation
Else
    MsgBox "다음과 같은 오류가 발생했습니다." & vbCrLf & Err.Description, vbCritical
End If
End Sub
```

이벤트 프로그래밍

ActiveX 컨트롤

사용자 정의 폼

프로그램 구성

폼 디자인

오피스 연동

함수

매크로

사용자 리본 메뉴

추가 기능 파일

❶ 원본 피벗 테이블 데이터 파일의 구조가 원하는 데이터 형식인지 확인하기 위해 필드 구조를 상수로 기억합니다.

❷ [열기] 대화상자에 엑셀 파일만 선택할 수 있도록 지정하여 표시합니다.

❸ ❷에서 파일을 선택하지 않으면 fn은 False 값을 가지므로 프로시저를 종료합니다.

❹ 파일을 열고 닫는 과정이 화면에 나타나지 않도록 환경을 변경합니다.

❺ ❷에서 선택한 파일을 읽기 전용으로 열어 wkBook에 저장하고 해당 파일의 첫 번째 시트의 사용 영역을 rngData 에 저장합니다.

❻ rngData의 첫 행 영역의 내용을 Join 함수를 이용하여 콤마로 구분한 하나의 문자열로 만들어서 strTitleS에 저장합 니다. 이 값을 가지고 ❶에서 선언한 피벗 테이블의 구조와 같은지 비교합니다. Transpose 함수에 대해서는 297쪽 을 참고하세요.

❼ ❶과 ❻에서 구한 값이 다르면 원본 피벗 테이블의 구조가 아니므로 오류가 발생합니다. 이 경우 위에서 선언한 On Error GoTo End_Rtn문의 영향으로 ❿의 위치로 순서가 이동하여 실행됩니다.

❽ [PV_1] 시트의 'PV1_1' 피벗 테이블을 PvT 변수에 저장합니다.

❾ 피벗 테이블의 데이터는 PivotCache 개체라는 메모리 영역으로 지정합니다. PvT 피벗 테이블의 데이터 원본인 PivotCache가 ❺에서 구한 새로운 데이터 영역을 참조하도록 변경한 후 피벗 테이블을 새로 고침합니다.

❿ ❹에서 변경했던 화면 업데이트의 속성을 정상적으로 되돌립니다.

⓫ 오류의 발생 여부에 따라 적절한 메시지를 표시합니다.

3 엑셀 창으로 되돌아오면 [배달업체 주문현황] 시트에서 [M] 도형을 클릭하세요.

Tip

[M] 도형에는 'sbPivotData SourceUpdate' 프로시저가 연결된 상태입니다.

4 [가져올 파일 선택] 대화상자가 열리면 부록 실습 파일의 '가져올파일목록' 폴더에서 '배달업체 이용현황(201902~03).xlsx' 파일을 선택하고 [열기]를 클릭하세요. 정상적으로 피벗 테이블을 업데이트했다는 메시지 창이 열리면 [확인]을 클릭하세요.

496

5 F3셀의 월을 '3'으로 변경하여 B8:P12 범위의 내용이 정상적으로 표시되는지 확인해 보세요. 이 표는 [PV_1] 시트의 'PV1_1' 피벗 테이블을 참조하는 표이기 때문에 피벗 테이블이 변경되면 표 내용도 변경됩니다.

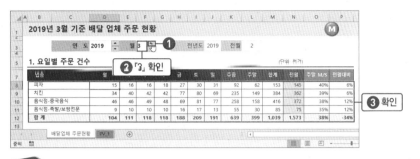

Tip

[PV_1] 시트의 'PV1_1' 피벗 테이블을 확인해 보면 2019년 2월~3월의 자료로 변경되었습니다. 하지만 나머지 피벗 테이블의 원본은 2019년 1월~2월의 자료가 데이터 원본으로 설정된 상태여서 [배달업체 주문현황] 시트의 14행 이후에는 표에 오류가 발생하는데, 이러한 오류는 다음 과정인 498쪽에서 해결할 수 있습니다.

🔵 **예제파일** : PivotCache.xlsm

잠깐만요 **피벗 테이블(PivotTable)과 피벗 캐시(PivotCache) 이해하기**

피벗 테이블을 만들기 전에 원본 데이터를 지정해야 하는데, 원본 데이터를 저장하는 개체가 피벗 캐시(PivotCache)입니다. 피벗 캐시가 많아질수록 파일의 크기도 커집니다. 피벗 테이블을 만들려면 피벗 캐시가 먼저 생성되어야 합니다. 만약 같은 데이터 원본을 사용하는 경우 피벗 테이블마다 새로운 피벗 캐시를 만든다면 중복된 자료를 계속 저장하는 것과 같습니다. 그러므로 이 경우에는 하나의 피벗 캐시를 여러 피벗 테이블에서 공유해야 가장 합리적으로 피벗 테이블을 관리할 수 있어요.

다음은 피벗 캐시를 생성하는 Create 메서드의 형식입니다.

형식	Workbook개체.PivotCaches.Create(*SourceType*, *SourceData*, *Version*)

다음은 [PV_1] 시트에 있는 피벗 테이블의 피벗 캐시 번호와 데이터 범위를 확인하는 프로시저입니다.

```
Sub sbPivotCache( )

    Dim PvT As PivotTable
    Dim PvC As PivotCache


①   For Each PvT In Sheets("PV_1").PivotTables
②       Set PvC = ThisWorkbook.PivotCaches(PvT.CacheIndex)
③       Debug.Print PvC.Index, PvC.SourceData
    Next
End Sub
```

이 코드는 '04-14_7.txt' 파일로 제공합니다.

❶ [PV_1] 시트의 모든 피벗 테이블을 대상으로 반복 실행합니다.

❷ 피벗 테이블의 캐시 인덱스를 이용하여 통합 문서 단위로 관리하는 피벗 캐시를 구하여 PvC 변수에 저장합니다.

❸ 피벗 캐시의 인덱스 번호와 참조 데이터 영역을 표시합니다.

한 번에 여러 피벗 테이블의 원본 변경하기

피벗 테이블을 사용한다면 경우 하나의 데이터 원본을 참조하는 여러 피벗 테이블을 작성하는 경우
가 많습니다. 494쪽의 방법으로 다양한 원본 피벗 테이블을 변경하는 경우에는 피벗 테이블 데이터
를 기억하는 메모리 개체인 PivotCache 개체가 여러 개 생성됩니다. 작은 데이터는 문제가 없지만,
대용량 데이터는 PivotCache의 개수만큼 파일의 크기도 커지기 때문에 가능하면 같은 데이터 원
본을 사용하는 경우 같은 PivotCache를 참조하도록 설정하는 것이 좋습니다.

이번에는 첫 번째 피벗 테이블의 PivotCache를 다른 전체 피벗 테이블에 적용하는 매크로를 작성
해 보겠습니다.

1 예제파일에서 Alt + F11 을 눌러 VB 편집기 창을 열고 [프로젝트] 탐색기 창에서 '모듈'– 'mod_
PivotTable'을 더블클릭합니다.

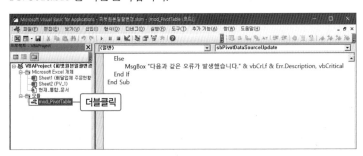

2 'mod_PivotTable' 코드 창에서 아래쪽의 빈 공간에 다음과 같이 'sbPivotCachUpdate' 프로
시저를 작성하고 Alt + F11 을 누르세요.

```
Sub sbPivotCachUpdate( )

    Dim PvT As PivotTable, PvT_One As PivotTable

    Dim PvC As PivotCache

    Dim Sh As Worksheet

    Dim iOk As Integer


    On Error GoTo End_Rtn

    Application.ScreenUpdating = False

    Application.Calculation = xlCalculationManual

    Application.Cursor = xlWait
```

이 코드는 '04-14_8.txt' 파일로 제공합니다.

❶

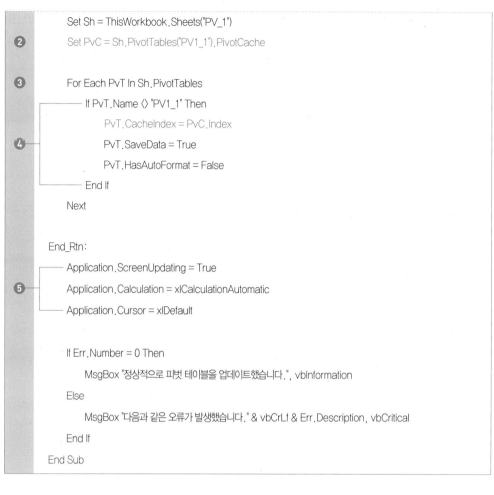

```
❷      Set Sh = ThisWorkbook.Sheets("PV_1")
       Set PvC = Sh.PivotTables("PV1_1").PivotCache


❸      For Each PvT In Sh.PivotTables
          If PvT.Name <> "PV1_1" Then
❹            PvT.CacheIndex = PvC.Index
             PvT.SaveData = True
             PvT.HasAutoFormat = False
          End If
       Next


       End_Rtn:
          Application.ScreenUpdating = True
❺         Application.Calculation = xlCalculationAutomatic
          Application.Cursor = xlDefault


       If Err.Number = 0 Then
          MsgBox "정상적으로 피벗 테이블을 업데이트했습니다.", vbInformation
       Else
          MsgBox "다음과 같은 오류가 발생했습니다." & vbCrLf & Err.Description, vbCritical
       End If
       End Sub
```

❶ 피벗 테이블의 원본 데이터를 변경할 경우 화면의 변화를 숨기고 재계산도 수동으로 지정한 후 커서를 모래시계 모양으로 변경하여 빠르게 작업할 수 있습니다.

❷ 기준이 되는 [PV_1] 시트에서 'PV1_1' 피벗 테이블의 PivotCache 개체를 PvC 변수에 저장합니다.

❸ [PV_1] 시트의 모든 피벗 테이블을 대상으로 반복 실행합니다.

❹ 피벗 테이블의 'PV1_1' 피벗이 아닌 경우에만 PivotCache 개체를 변경하고, 데이터를 저장하며, 열 너비가 자동으로 조절되도록 지정합니다.

❺ ❶에서 지정한 환경을 기본 환경으로 되돌립니다.

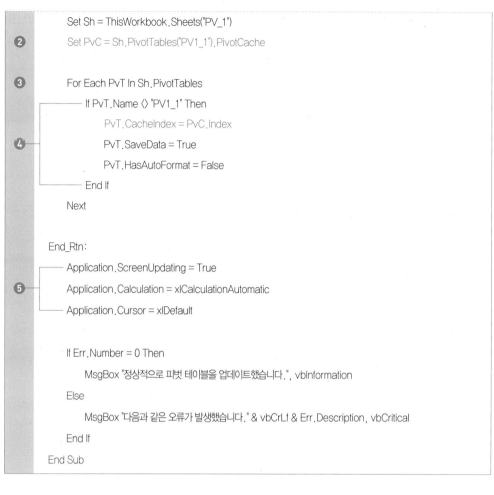
이벤트 프로그래밍 | ActiveX 컨트롤 | 사용자 정의 폼 | 프로그램 구성 | 폼 디자인 | **오피스 연동** | 함수 | 매크로 | 사용자 리본 메뉴 | 추가 기능 파일

3 엑셀 창으로 되돌아오면 [배달업체 주문현황] 시트에서 8~12행 사이의 자료는 정상적이지만, 16 행의 아래쪽 행인 경우 참조한 피벗 테이블의 원본이 3월 자료가 아니어서 오류가 발생했습니다. 이것은 각 표가 참조하는 원본 피벗 테이블이 달라서 발생하는 문제이므로 원본 피벗 테이블을 하나로 통일하기 위해 [U] 도형을 클릭하세요.

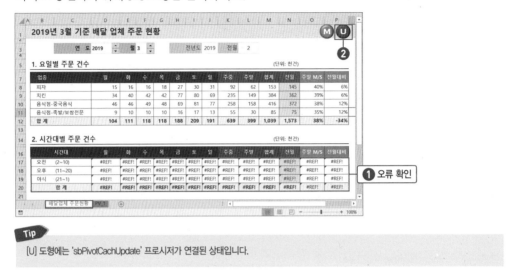

> **Tip**
>
> [U] 도형에는 'sbPivotCachUpdate' 프로시저가 연결된 상태입니다.

4 정상적으로 피벗 테이블을 업데이트했다는 메시지 창이 열리면 [확인]을 클릭하고 16행의 아래 쪽 내용도 정상적으로 계산되었는지 확인해 보세요.

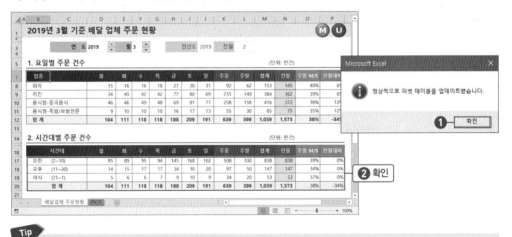

> **Tip**
>
> [PV_1] 시트의 모든 피벗 테이블은 첫 번째 피벗 테이블인 'PV1_1'과 같은 데이터 원본을 참조하는 것을 확인할 수 있습니다.

난이도 1〉2〉3〉4〉5

실무
예제 **05**   # 차트 작성하고 삭제하기

차트에서 참조 영역의 내용이 변경되면 자동으로 모양이 변경됩니다. 이 경우 새로운 차트를 작성하는 대신 차트 계열을 변경하고, 차트 범례의 위치와 눈금 단위 등과 같이 차트의 부분적인 요소들을 자동으로 변경할 수 있습니다. 이번에는 차트를 생성해 보면서 VBA 코드로 차트의 각 요소를 다루는 방법을 살펴보겠습니다.

1 [평가분석] 시트에서 J5셀을 선택하면 'nm강사'로 정의된 이름을 확인할 수 있습니다. I6:J16 범위를 참조하여 작성된 방사형 차트를 삭제하고 새로 작성하는 매크로를 작성하기 위해 Alt + F11 을 누르세요.

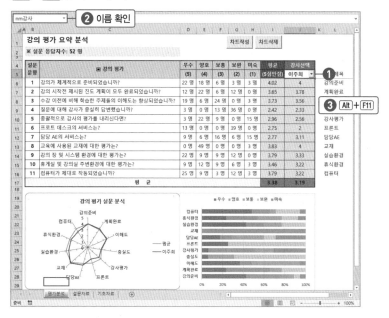

2 VB 편집기 창이 열리면 **[삽입]-[모듈]** 메뉴를 선택하세요. 새로운 모듈의 코드 창이 표시되면 다음과 같이 [평가분석] 시트의 '분석차트'라는 이름의 차트를 삭제하는 'sbDeleteChartObject' 프로시저를 작성하세요.

이 코드는 '04-14_9.txt' 파일로 제공합니다.

```
Sub sbDeleteChartObject( )
    Dim Ch As ChartObject
    For Each Ch In Sheets("평가분석").ChartObjects
        If Ch.Name = "분석차트" Then Ch.Delete
    Next
End Sub
```

이벤트 프로그래밍   ActiveX 컨트롤   사용자 정의 폼   프로그램 구성   폼 디자인   **오피스 응용**   함수   매크로   사용자 리본 메뉴   추가 기능 파일

① 차트 개체를 저장할 변수를 정의합니다.
② [평가분석] 시트의 모든 차트를 대상으로 반복 처리하면서 차트 이름이 '분석차트'인 차트만 찾아 삭제합니다.

3 [평가분석] 시트의 B19셀에 차트 이름이 '평가분석'인 차트를 작성하는 'sbCreate Chart Object' 프로시저를 코드 창의 아래쪽에 있는 빈 영역에 다음과 같이 작성하고 Alt + F11 을 누르세요.

```
Sub sbCreateChartObject( )
①      Call sbDeleteChartObject

②      Sheets("평가분석").Activate
③      ActiveSheet.Shapes.AddChart.Select
       With ActiveChart
④          .SetSourceData Source:=Range("nm강사").Offset(1, -1).Resize(11, 2)
⑤          .ChartType = xlRadar              '방사형 차트
           .ChartStyle = 4                   '차트 스타일 4번 적용

           With .SeriesCollection(1)
               .XValues = "=" & Range("nm강사").Offset(1, 2).Resize(11, 1).Address(external:=True)
⑥              .Name = "=""평균"""
               .Format.Line.ForeColor.RGB = RGB(0, 200, 0)
           End With
           With .SeriesCollection(2)
⑦              .Name = "=" & Range("nm강사").Address(external:=True)
               .Format.Line.ForeColor.RGB = RGB(200, 0, 0)
           End With

           .HasLegend = True    '--// 범례 표시
           .HasTitle = True
           .ChartTitle.Text = "강의 평가 설문 분석"
           .ChartTitle.Characters.Font.Size = 12
⑧          .Axes(xlValue).MaximumScale = 5        '값 축 최대값
           .Axes(xlValue).MajorUnit = 1           '값 축 주 눈금
           .Axes(xlValue).MajorGridlines.Delete   '주 눈금선 제거

           .Parent.RoundedCorners = True          '차트 영역 둥근 모서리 서식
⑨          .Parent.Name = "분석차트"               '차트 이름 변경
       End With
       With ActiveChart.Parent                    '차트 위치 및 크기 조절
⑩          .Top = Range("B19").Top
           .Left = Range("B19").Left
```

이 코드는 '04-14_10.txt' 파일로 제공합니다.

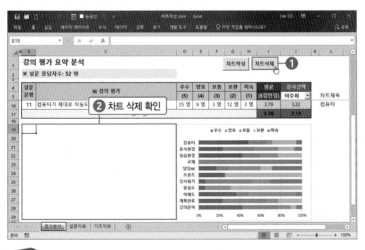

```
                    .Width = Range("D19").Left – Range("B19").Left

                    .Height = Range("B30").Top – Range("B19").Top

                    .TopLeftCell.Select

              End With

        End Sub
```

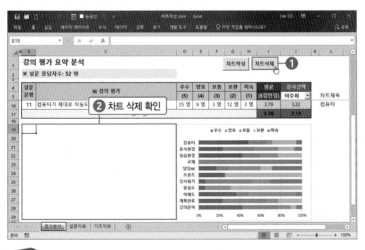

❶ 2 과정에서 작성한 차트 개체 삭제 프로시저를 호출합니다.

❷ [평가분석] 시트를 활성화합니다. 차트를 작성할 때 차트가 선택된 상태에서 상세 속성을 지정할 수 있기 때문에 차트가 속한 시트를 먼저 활성화해야 합니다.

❸ 현재 시트에 차트 개체를 추가하고 선택합니다. 셀의 위치에 따라 내용이 있으면 해당 내용으로 차트가 작성되고, 빈 셀이 선택된 상태이면 내용이 없는 빈 차트 개체가 생깁니다.

❹ ❸에서 작성한 차트의 데이터 범위를 I6:J16 범위로 지정합니다. 'nm강사'(J5) 셀로부터 한 행 아래쪽의 왼쪽 셀인 I6 셀부터 11행 2열이 I6:J16 범위입니다. 간단하게 '.SetSourceData Source:=Range("I6:J16")'으로 지정해도 되지만, 이름을 사용하면 표의 위치가 변경되어도 자동으로 차트 위치가 조절되는 장점이 있습니다.

❺ 차트의 모양은 방사형으로, 4번 차트 스타일로 지정합니다.

❻ 차트의 첫 번째 데이터 계열을 대상으로 차트의 항목 축을 L6:L16 범위로 지정하고, 계열 이름은 '="평균"'으로, 계열 색은 그린 계통의 색으로 지정합니다.

❼ 차트의 두 번째 데이터 계열 이름을 'nm강사' 셀 내용으로 지정하고 계열 색을 빨강 계통의 색으로 지정합니다.

❽ 차트의 범례, 제목, 축 최대값, 눈금 단위 등의 서식을 지정합니다.

❾ 차트의 이름을 '분석차트'라고 지정합니다.

❿ 차트의 위치는 B19셀에, 너비와 높이는 B19:C29 범위에 놓이게 조정하고 차트의 선택이 해제되도록 차트의 왼쪽 위 셀(B21셀)을 선택합니다.

4 엑셀 창으로 되돌아오면 [평가분석] 시트에서 [차트 삭제] 단추를 클릭하여 '강의 평가 요약 분석' 표의 왼쪽 아래에 있는 차트를 삭제하세요.

> **Tip**
>
> [차트 작성] 단추와 [차트 삭제] 단추에는 각각 'sbCreateChartObject', 'sbDeleteChartObject' 프로시저가 연결되어 있습니다.

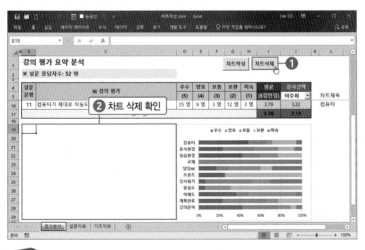

5 차트가 삭제되었으면 [차트 작성] 단추를 클릭하여 새로운 차트를 작성하세요.

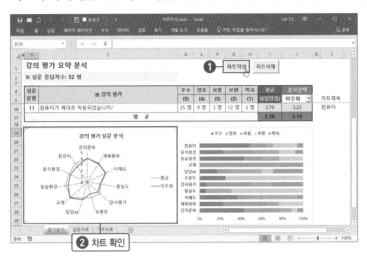

잠깐만요 **ChartObjects 개체 살펴보기**

Charts 개체는 차트 시트 개체들의 컬렉션이고, 워크시트에 삽입된 차트는 ChartObject 개체로 인식됩니다. ChartObjects 는 한 워크시트에 삽입된 ChartObject 개체들의 컬렉션입니다.

사용 예	기능
Sheets(1).Shapes.AddChart	첫 번째 시트에 차트 추가
Sheets(1).ChartObjects.Add 100, 30, 400, 250	차트 위치(x, y)와 크기를 픽셀 단위로 지정하여 차트 추가
ActiveChart.SetSourceData Source:=Range("B7:C16"), PlotBy:=xlColumns	선택한 차트의 데이터 영역은 B7:C16 범위로, 열 방향으로 지정
ActiveChart.ChartType = xl3DColumn	차트의 종류를 3차원 세로 막대형 차트로 지정
Sheets(1).ChartObjects.Count	첫 번째 시트에 삽입된 차트 개체의 개수
Sheets(1).ChartObjects(1).Name	첫 번째 시트의 첫 번째 차트 이름

GetObject, CreateObject 함수와 CopyPicture 메서드 살펴보기

이벤트 프로그래밍

ActiveX 컨트롤

사용자 정의 폼

프로그램 구성

폼 디자인

오피스 연동

함수

매크로

사용자 리본 메뉴

추가 기능 파일

1 | GetObject, CreateObject 함수

워드나 파워포인트 능과 같이 엑셀에서는 외부적인 프로그램을 '외부 개체(라이브러리 개체)'라고 하는데, 이것을 실행 및 참조하는 방법은 크게 두 가지입니다. 즉 GetObject 함수와 CreateObject 함수를 사용하는 방법(Late Binding)과 [도구]-[참조] 메뉴를 선택하여 개체 라이브러리 파일을 참조하는 방법(Early Binding)입니다.

GetObject 함수와 CreateObject 함수를 사용하는 방법은 프로그램의 실행 도중에 동적으로 개체를 생성하는 방법으로, 쉽게 사용할 수 있어요. GetObject 함수는 현재 특정 개체가 실행 중인 상태일 때 해당 개체를 반환하고, CreateObject 함수는 새로 특정 개체를 실행하여 개체 자체를 반환합니다.

GetObject 함수는 현재 특정 프로그램이 실행 중이지 않으면 오류가 발생할 수 있으므로 2개의 함수를 함께 사용합니다. CreateObject 함수만 사용해도 되지만, 이 경우 특정 프로그램이 여러 번 실행될 수 있습니다. 그래서 일반적으로 GetObject 함수로 실행 상태를 확인하고 오류가 발생할 경우, 즉 실행 중이지 않을 때만 CreateObject 함수를 이용해 새로 실행합니다. 이들 함수의 사용 형식은 다음과 같습니다.

GetObject 함수	CreateObject 함수
Dim 변수명 As Object Set 변수명 = GetObject(pathname, class)	Dim 변수명 As Object Set 변수명 = CreateObject(class, servername)

위의 사용 형식에서 각 매개변수의 기능은 다음과 같습니다.

매개변수	필수	기능
pathname	선택	참조할 개체의 경로명을 텍스트로 지정
class	필수	참조할 개체명으로, 레지스트리에 등록된 이름 형태 예 Excel.Application 등
servername	선택	원격 컴퓨터의 개체를 실행할 때 사용하고 원격 서버명을 텍스트로 지정

위의 사용 형식에서 MS-Office 개체의 Class 텍스트는 다음과 같습니다.

개체의 종류	개체 호출 텍스트	개체의 종류	개체 호출 텍스트
Excel	"Excel.Application"	PowerPoint	"PowerPoint.Application"
Word	"Word.Application"	Outlook	"Outlook.Application"

다음은 파워포인트 프로그램을 실행하여 myApp 변수에 저장하는 예제입니다.

```
❶  Dim myApp As Object

❷  On Error Resume Next
❸      Set myApp = GetObject(, "PowerPoint.Application")
❹      If Err.Number <> 0 Then Set myApp = CreateObject("PowerPoint.Application")
❺  On Error GoTo 0
```

❶ 응용 프로그램을 저장할 변수는 Object 변수로 선언해야 합니다.

❷ ❸에서 GetObject 함수로 실행 중인 파워포인트 프로그램 개체를 가져올 때 파워포인트가 실행 중이지 않으면 오류가 발생하므로 이것을 무시하기 위해 사용합니다.

❸ 파워포인트 프로그램이 실행 중이면 해당 프로그램을 myApp 변수에 기억시켜서 myApp가 파워포인트 프로그램 자체가 되도록 합니다.

❹ ❸에서 오류가 발생한 경우 CreateObject 함수를 이용해 파워포인트 프로그램을 실행한 후 myApp 변수에 기억시킵니다.

❺ ❷에서 선언했던 오류 발생 무시를 다시 지정하여 정상적으로 오류 메시지를 표시합니다.

2 │ CopyPicture 메서드

셀 영역이나 도형, 차트 등을 그림으로 복사해서 붙여넣을 때 CopyPicture 메서드를 사용합니다.

형식	개체.CopyPicture(*Appearance, Format*)

위의 사용 형식에서 각 매개변수의 기능은 다음과 같습니다.

매개변수	필수	기능
Appearance	필수	• 복사 형태를 인쇄 형식인지, 화면 형식인지 결정 • xlPrinter, xlScreen을 사용하고, 생략하면 기본값은 xlScreen
Format	선택	• 복사할 데이터의 형식 결정 • xlBitmap, xlPicture를 사용하고, 생략하면 기본값은 xlPicture

다음은 CopyPicture 메서드의 사용 예입니다.

```
❶  Sheets("결재란").Range("B2:E3").CopyPicture xlScreen, xlBitmap
    Sheets("운임").Paste Destination:=Sheets("운임").Range("B15")
❷  Sheets("운임").ChartObjects("차트 1").CopyPicture xlScreen, xlBitmap
    ActiveSheet.Paste Destination:=ActiveCell
```

❶ [결재란] 시트의 B2:E3 범위를 그림으로 복사하여 [운임] 시트의 B15셀에 붙여넣습니다.

❷ [운임] 시트에서 이름이 '차트 1'인 차트를 그림으로 복사하여 현재 워크시트의 현재 셀에 붙여넣습니다.

실무 예제 07 **자동으로 워드 문서 만들기**

[평가분석] 시트의 표 내용을 새로운 워드 문서의 내용으로 정리한 후 개별 강사들의 강의 평가 공문으로 사용해 보겠습니다. 엑셀의 표 자체를 그대로 복사해서 워드의 표로 삽입할 수도 있지만, 워드 문서 및 단락을 다루는 VBA 코드를 사용하기 위해 11개의 평가 항목을 탭 기능을 사용해 각각 한 단락으로 표시해 보겠습니다.

1 예제파일에서 Alt + F11 을 눌러 VB 편집기 창을 열고 **[삽입]-[모듈]** 메뉴를 선택하세요. 새로운 모듈의 코드 창이 표시되면 다음과 같이 'sbExcelToWord' 프로시저를 작성하세요.

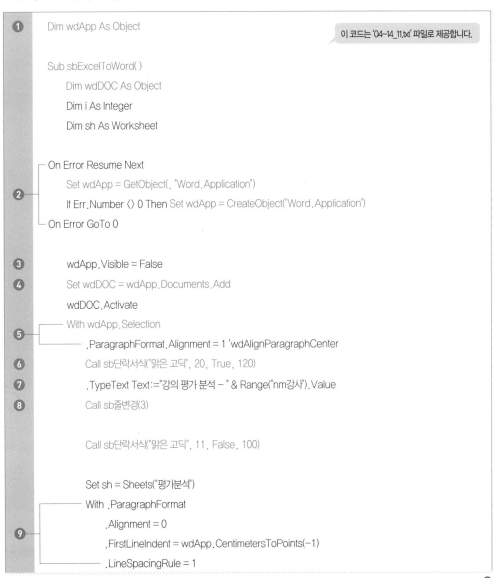

```vba
① Dim wdApp As Object

   Sub sbExcelToWord( )
       Dim wdDOC As Object
       Dim i As Integer
       Dim sh As Worksheet

② On Error Resume Next
       Set wdApp = GetObject(, "Word.Application")
       If Err.Number <> 0 Then Set wdApp = CreateObject("Word.Application")
   On Error GoTo 0

③     wdApp.Visible = False
④     Set wdDOC = wdApp.Documents.Add
       wdDOC.Activate
⑤     With wdApp.Selection
           .ParagraphFormat.Alignment = 1 'wdAlignParagraphCenter
⑥         Call sb단락서식("맑은 고딕", 20, True, 120)
⑦         .TypeText Text:="강의 평가 분석 - " & Range("nm강사").Value
⑧         Call sb줄변경(3)

           Call sb단락서식("맑은 고딕", 11, False, 100)

           Set sh = Sheets("평가분석")
⑨         With .ParagraphFormat
               .Alignment = 0
               .FirstLineIndent = wdApp.CentimetersToPoints(-1)
               .LineSpacingRule = 1
```

이 코드는 '04-14_11.txt' 파일로 제공합니다.

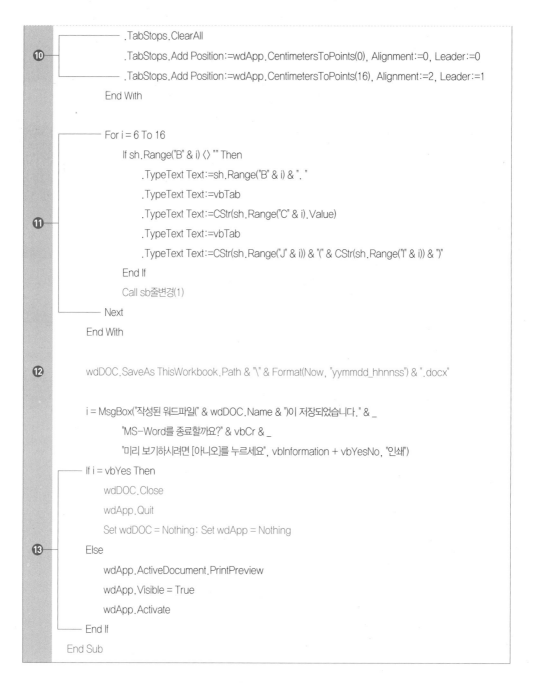

```
                    .TabStops.ClearAll
⑩                  .TabStops.Add Position:=wdApp.CentimetersToPoints(0), Alignment:=0, Leader:=0
                    .TabStops.Add Position:=wdApp.CentimetersToPoints(16), Alignment:=2, Leader:=1
            End With

            For i = 6 To 16
                If sh.Range("B" & i) <> "" Then
                    .TypeText Text:=sh.Range("B" & i) & ". "
                    .TypeText Text:=vbTab
⑪                  .TypeText Text:=CStr(sh.Range("C" & i).Value)
                    .TypeText Text:=vbTab
                    .TypeText Text:=CStr(sh.Range("J" & i)) & "(" & CStr(sh.Range("I" & i)) & ")"
                End If
                Call sb줄변경(1)
            Next
        End With

⑫      wdDOC.SaveAs ThisWorkbook.Path & "\" & Format(Now, "yymmdd_hhnnss") & ".docx"

        i = MsgBox("작성된 워드파일(" & wdDOC.Name & ")이 저장되었습니다." & _
                "MS-Word를 종료할까요?" & vbCr & _
                "미리 보기하시려면 [아니오]를 누르세요", vbInformation + vbYesNo, "인쇄")
        If i = vbYes Then
            wdDOC.Close
            wdApp.Quit
            Set wdDOC = Nothing: Set wdApp = Nothing
⑬      Else
            wdApp.ActiveDocument.PrintPreview
            wdApp.Visible = True
            wdApp.Activate
        End If
End Sub
```

❶ wdApp 변수에 MS-Word 프로그램 개체를 기억시킨 후 모듈 안에 있는 여러 프로시저에서 공통으로 사용하기 위해 모듈 수준으로 변수를 선언합니다.

❷ GetObject 함수와 CreateObject 함수를 이용해 wdApp에 워드 프로그램 개체를 저장합니다. GetObject 함수와 CreateObject 함수에 대해서는 505쪽을 참고하세요.

❸ 워드 프로그램 표시를 숨깁니다.

❹ 워드 프로그램에 새 문서를 추가해서 wdDOC 변수에 저장합니다.

❺ 워드 프로그램에서 선택한 영역, 즉 새 문서를 추가한 상태이므로 새 문서의 첫 행과 첫 열을 기준으로 작업이 진행되고 문서의 내용을 가운데 정렬합니다. 워드 VBA에서 가운데 정렬을 의미하는 상수는 wdAlignParagraphCenter이고 이 값이 숫자 1이기 때문에 여기서는 1을 사용해 가운데 정렬합니다. 워드의 VBA 기록 방법에 대해서는 536쪽을 참고하세요.

❻ 'sb단락서식' 프로시저는 **3** 과정에서 작성할 프로시저로, 단락의 글꼴, 크기, 굵게, 장평 속성을 지정합니다. 여러 곳에서 단락 서식이 지정되므로 이렇게 공통 프로시저를 작성해서 사용합니다.

❼ 현재 커서의 위치에 '강의 평가 분석'과 엑셀 문서의 강사 이름을 함께 입력합니다.

❽ 'sb줄변경' 프로시저는 **2** 과정에서 작성할 프로시저로, 지정한 숫자만큼 Enter를 누르는 동작을 실행합니다. 여기서는 3을 인수로 지정했기 때문에 Enter를 3번 누른 것처럼 줄이 변경됩니다.

❾ 현재 단락 서식을 정렬은 왼쪽(0)으로, 단락 첫 줄 내어쓰기는 −1cm로, 줄 간격은 1로 지정합니다. CentimetersToPoints는 워드에서 포인트(mint) 단위를 센티미터(cm) 단위로 지정하게 처리하는 속성으로, 괄호 안에 센티미터 단위로 숫자가 입력됩니다.

❿ Tab을 누르면 커서가 이동하는 탭의 위치를 새로 지정하기 위해 기존 탭의 설정을 모두 지우고 2개의 탭을 설정합니다. 이 중에서 첫 번째 탭은 0cm 위치에 왼쪽 정렬 탭으로, 채움 선은 '없음'으로 지정하고, 두 번째 탭은 16cm 위치에 오른쪽 정렬로, 채움은 '점선'으로 지정합니다.

⓫ 엑셀에서 [평가분석] 시트의 6행부터 16행까지의 설문 내용을 워드에 입력하는 것처럼 작성하기 위해 For문을 이용해 셀 내용을 입력합니다. vbTab은 Tab을 누르는 동작의 내장 상수입니다.

⓬ 작성한 워드 문서를 저장할 때 파일명은 현재 엑셀 문서가 저장된 폴더의 위치에 현재 날짜와 시간을 이용해서 만든 파일명으로 지정합니다.

⓭ 워드에서 미리 보기 상태로 표시할지에 따라 워드를 종료하거나 미리 보기 상태로 표시합니다.

2 Enter를 누른 것처럼 줄을 변경하는 'sb줄변경' 프로시저를 코드 창의 아래쪽에 있는 빈 영역에 다음과 같이 작성하세요.

```
Sub sb줄변경(cnt As Integer)
    Dim i As Integer


    For i = 1 To cnt
        wdApp.Selection.TypeParagraph
    Next
End Sub
```

이 코드는 '04-14_12.txt' 파일로 제공합니다.

❶ 매개변수 cnt 숫자만큼 줄을 변경하기 위해 For문을 사용해 워드 프로그램에서 줄을 변경하는 TypeParagraph 메서드를 실행합니다.

3 워드 프로그램에서 현재 선택 영역의 글꼴 서식을 지정하는 'sb단락서식' 프로시저를 코드 창의 아래쪽에 있는 빈 영역에 다음과 같이 작성하고 Alt + F11을 누르세요.

이벤트 프로그래밍

ActiveX 컨트롤

사용자 정의 폼

프로그램 구성

폼 디자인

오피스 연동

함수

매크로

사용자 리본 메뉴

추가 기능 파일

```
Sub sb단락서식(폰트 As String, 크기 As Byte, 굵게 As Boolean, 장평 As Byte)

    With wdApp.Selection.Font

                    .Name = 폰트

                    .Size = 크기

                    .Bold = 굵게

                    .Scaling = 장평

    End With

End Sub
```

이 코드는 '04-14_13.txt' 파일로 제공합니다.

❶ 워드 프로그램에서 선택 영역의 글꼴 속성 중 글꼴 이름, 크기, 굵게, 장평 서식을 매개변수 값으로 지정합니다.

4 엑셀 창으로 되돌아오면 [평가분석] 시트에서 [워드 문서] 단추를 클릭하세요. [인쇄] 메시지 창이 열리면 [예]를 클릭하여 워드 프로그램을 종료합니다.

Tip

[워드 문서] 단추에는 'sbExcel ToWord' 프로시저가 연결되어 있습니다.

5 윈도우 탐색기를 열고 예제파일이 저장된 폴더에서 현재 날짜와 시간을 이용해 'yymmdd-hhnnss.docx' 형식으로 저장된 파일을 찾아 더블클릭하여 자동으로 작성된 워드 문서를 확인해 보세요.

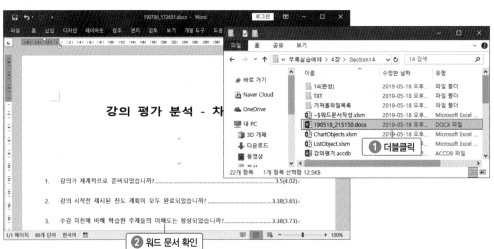

예제파일 : PPT문서작성.xlsm　　**완성파일** : PPT문서작성(완성).xlsm

자동으로 파워포인트 문서 만들기

엑셀에 작성한 표와 차트를 파워포인트 문서로 복사해서 붙여넣는 작업은 자주 사용하는 기능으로, VBA를 이용해 자동화할 수 있습니다. 이번에는 [평가분석] 시트의 표와 차트를 파워포인트의 새 문서에 제목 슬라이드와 표 슬라이드, 차트 슬라이드로 구성되도록 작업해 보겠습니다.

1 예제파일에서 Alt + F11 을 눌러 VB 편집기 창을 열고 [삽입]-[모듈] 메뉴를 선택하세요. 새로운 모듈의 코드 창이 표시되면 다음과 같이 새 파워포인트 문서를 만들어 현재 [평가분석] 시트의 내용을 내보내는 프로시저를 작성하세요.

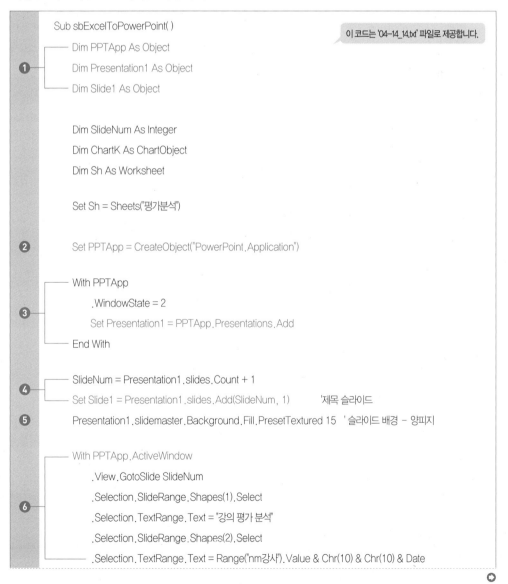

```
Sub sbExcelToPowerPoint( )

    Dim PPTApp As Object
    Dim Presentation1 As Object
    Dim Slide1 As Object

    Dim SlideNum As Integer
    Dim ChartK As ChartObject
    Dim Sh As Worksheet

    Set Sh = Sheets("평가분석")

    Set PPTApp = CreateObject("PowerPoint.Application")

    With PPTApp
        .WindowState = 2
        Set Presentation1 = PPTApp.Presentations.Add
    End With

    SlideNum = Presentation1.slides.Count + 1
    Set Slide1 = Presentation1.slides.Add(SlideNum, 1)      '제목 슬라이드
    Presentation1.slidemaster.Background.Fill.PresetTextured 15   ' 슬라이드 배경 – 양피지

    With PPTApp.ActiveWindow
        .View.GotoSlide SlideNum
        .Selection.SlideRange.Shapes(1).Select
        .Selection.TextRange.Text = "강의 평가 분석"
        .Selection.SlideRange.Shapes(2).Select
        .Selection.TextRange.Text = Range("nm강사").Value & Chr(10) & Chr(10) & Date
```

이 코드는 '04-14_14.txt' 파일로 제공됩니다.

511

```
        SlideNum = Presentation1.slides.Count + 1
        Set Slide1 = Presentation1.slides.Add(SlideNum, 16)      '제목 및 내용 슬라이드
❼       .View.GotoSlide SlideNum
        .Selection.SlideRange.Shapes(1).Select
        .Selection.TextRange.Text = Sh.Range("B2").Value

❽       Call sb차트및컨트롤표시(Sh, False)

        Sh.Range("B4:J17").Copy
❾       .View.Paste
        Call sb차트및컨트롤표시(Sh, True)

        For Each ChartK In ActiveSheet.ChartObjects
            If ChartK.Name = "분석차트" Then
                SlideNum = Presentation1.slides.Count + 1
                Set Slide1 = Presentation1.slides.Add(SlideNum, 12)
❿               .View.GotoSlide SlideNum
                Sh.ChartObjects("분석차트").Copy
                .View.Paste
            End If
        Next

        Application.CutCopyMode = False
⓫       .ViewType = 7        '여러 슬라이드 보기
        End With

    With PPTApp
        .Activate
⓬       .WindowState = 1    '창 상태 보통으로 지정
    End With

        MsgBox "작업이 완료되었습니다.", vbInformation
    End Sub
```

❶ PPTApp에는 파워포인트 프로그램 자체를, Presentation1에는 프레젠테이션 문서를, Slide1에는 슬라이드를 기억할 개체 변수를 선언합니다.

❷ 파워포인트 프로그램을 새로 실행해 PPTApp에 저장합니다.

❸ PPTApp, 즉 파워포인트 프로그램 창을 최소화한 후 새 프레젠테이션 문서를 추가해서 Presentation1에 저장합니다. 파워포인트 창의 크기(WindowState)를 지정하는 숫자 및 상수는 다음과 같습니다.

번호	PPT 상수	기능	번호	PPT 상수	기능	번호	PPT 상수	기능
1	ppWindowNormal	창 복원	2	ppWindowMinimized	창 최소화	3	ppWindowMaximized	창 최대화

❹ 현재 프레젠테이션 문서의 맨 마지막에 새 슬라이드를 추가하기 위해 슬라이드의 총 개수에 1을 더해 추가할 슬라이드 번호를 SlideNum에 저장합니다. 이 슬라이드의 위치에 '제목 슬라이드'를 추가하고 추가한 슬라이드를 Slide1에 저장합니다. 파워포인트 슬라이드 레이아웃의 모양을 지정하는 숫자 및 상수는 다음과 같습니다.

번호	PPT 상수	기능	번호	PPT 상수	기능
1	ppLayoutTitle	제목 슬라이드	11	ppLayoutTextOnly	제목만 슬라이드
2	ppLayoutText	제목 및 텍스트 슬라이드	12	ppLayoutBlank	빈 슬라이드
3	ppLayoutTwoColumnText	제목 및 2단 텍스트 슬라이드	16	ppLayoutObject	제목 및 내용 슬라이드
4	ppLayoutTable	제목 및 표 슬라이드			

❺ 프레젠테이션의 배경색 질감을 '양피지'로 지정합니다.

❻ ❹에서 작성한 제목 슬라이드로 이동한 후 첫 번째 도형(제목)을 선택하고 『강의 평가 분석』을 입력합니다. 두 번째 도형(부 제목)을 선택하고 엑셀의 [평가분석] 시트의 강사명과 오늘 날짜를 입력합니다.

❼ 새 슬라이드를 '제목 및 내용 슬라이드' 레이아웃으로 추가하고 첫 번째 도형에 [평가분석] 시트의 B2셀 내용(설문 응답자 수)을 입력합니다.

❽ 'sb차트및컨트롤표시' 프로시저는 [평가분석] 시트의 표만 복사하기 위해 차트의 도형들을 숨기는 프로시저로, 2과 정에서 작성합니다.

❾ 도형과 차트를 숨긴 상태에서 [평가분석] 시트의 셀 B4:J17 범위를 복사해서 프레젠테이션의 현재 슬라이드에 붙여 넣습니다. 이렇게 하면 엑셀 내용이 파워포인트 표로 삽입됩니다.

❿ 엑셀 [평가분석] 시트의 차트와 도형이 표시된 상태에서 차트명이 '분석차트'인 차트를 찾아 별도의 슬라이드를 삽 입하여 복사합니다. 그러면 '분석차트'라는 차트의 개수만큼 슬라이드가 삽입됩니다.

⓫ 파워포인트 보기 상태를 '여러 슬라이드'로 표시합니다. 파워포인트 슬라이드의 모양을 지정하는 숫자 및 상수는 다 음과 같습니다.

번호	PPT 상수	기능	번호	PPT 상수	기능
9	ppViewNormal	기본	7	ppViewSlideSorter	여러 슬라이드

⓬ 파워포인트 문서를 활성화하고 창의 크기를 보통으로 지정합니다.

2 엑셀에서 [평가분석] 시트의 도형과 개체를 표시하거나 숨기는 'sb차트및컨트롤표시' 프로시저를 코드 창의 아래쪽에 있는 빈 영역에 다음과 같이 작성하고 Alt + F11 을 누르세요.

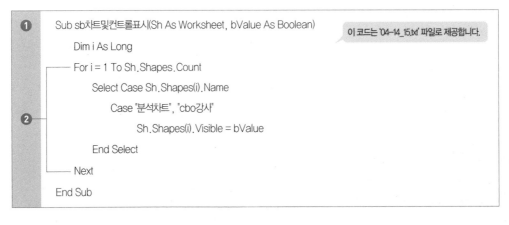

```
❶  Sub sb차트및컨트롤표시(Sh As Worksheet, bValue As Boolean)
                                                    이 코드는 '04-14_15.txt' 파일로 제공합니다.
        Dim i As Long
        For i = 1 To Sh.Shapes.Count
            Select Case Sh.Shapes(i).Name
                Case "분석차트", "cbo강사"
❷                   Sh.Shapes(i).Visible = bValue
            End Select
        Next
    End Sub
```

① 기준이 되는 시트 개체와 표시 여부를 지정하는 매개변수를 입력받을 수 있게 선언합니다.

② 매개변수로 입력한 시트(Sh)에 있는 모든 도형(ActiveX 컨트롤 및 차트, 그림 등)의 개수만큼 반복하면서 도형의 이름이 '분석차트'이거나 'cbo강사'인 경우에만 해당 도형을 bValue 값에 따라 표시하거나 숨깁니다.

3 엑셀 창으로 되돌아오면 [평가분석] 시트의 [PPT 문서] 단추를 클릭하세요. 파워포인트 문서가 표시된 후 작업 완료 메시지 창이 열리면 [확인]을 클릭하세요.

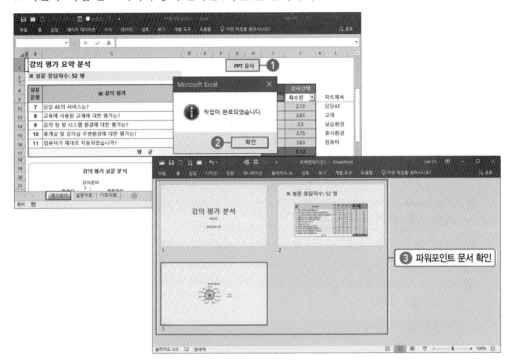

핵심
기능 | **09** | ADO 개체 연결하고 SQL 사용하기

1 | ADO 개체 및 데이터 종류별 연결 텍스트 사용하기

ADO(ActiveX Data Object)는 마이크로소프트의 데이터 접속 개체로, 대부분의 데이터 형태를 접속 해서 처리할 수 있도록 지원하는 개체입니다. ADO는 파일을 직접 열지 않고 연결하여 사용할 수 있고 적은 메모리를 요구하기 때문에 서버 자원을 적게 사용합니다. 특히 네트워크를 통해 연결할 때 데 이터의 접근에 최적화되도록 구현되어 네트워크에 부하가 적게 발생합니다. 또한 다양한 옵션을 지정 하여 연결 가능하므로 권한과 기능에 따라 적절하게 연결 방법을 선택할 수 있어요.

ADO를 사용하려면 VB 편집기 창에서 [도구]-[참조] 메뉴를 선택해 [참조 - VBAProject] 대화상자를 열고 ADO 개체 라이브러리를 참조해야 합니다. ADO 버전은 'Microsoft ActiveX Data Objects x.x Library' 형식으로 표시되는데, PC의 윈도우 버전 및 업데이트 상황에 따라 이 형식은 달라집니다. 윈도우 10 이상에서는 6.1 이상의 ADO 버전을 사용하고, 해당 버전이 없으면 가능한 높은 버전을 선택하세요.

◀ [참조 - VBAProject] 대화상자에서 ADO 버전 선택하기

[참조 - VBAProject] 대화상자에서 선택한 ADO 개체를 실제로 사용하려면 다음과 같은 형식으로 데이터베이스와 연결해야 합니다.

형식	db연결 개체.Open *ConnectionString* [,*ID, Pw, Options*]

ADO 개체를 이용해 연결할 DB 종류별 OLE DB 연결 문자열(ConnectionString)은 다음과 같습니다.

DB의 종류	OLE DB 연결 문자열
액세스 2007 이상	"PROVIDER=Microsoft.ACE.OLEDB.12.0;DATA SOURCE=경로명"
액세스 2003 이하	"PROVIDER=Microsoft.Jet.OLEDB.4.0;DATA SOURCE=경로명"
엑셀 2007 이상	"PROVIDER=Microsoft.ACE.OLEDB.12.0;DATA SOURCE=경로명" _ & ";Extended Properties='Excel 12.0;HDR=YES' "
엑셀 97~엑셀 2003	"PROVIDER=Microsoft.Jet.OLEDB.12.0;DATA SOURCE=경로명" _ & ";Extended Properties='Excel 8.0;HDR=YES' "

여기서 정리한 OLE DB 연결 문자열 외에 DB 종류 및 버전별로 다양한 문자열이 있는데, 이것에 대해서는 'https://www.connectionstrings.com/ace-oledb-12-0/' 사이트를 참고하세요.

실제로 실행되는 예제는 예제파일에서 'mod1_ADO' 모듈을 확인하세요.

2 | SQL 이해하기

SQL(Structured Query Language)은 데이터베이스에 연결해서 데이터의 검색 및 저장, 수정, 삭제 등을 할 수 있는 데이터베이스 조작 언어로, '시퀄' 또는 '에스큐엘'이라고 부릅니다. 데이터베이스를 사용하는 많은 프로그램에서 SQL문을 사용해 조건에 맞는 레코드셋을 지정하는데, SQL문은 시작 단어에 따라 다음과 같이 크게 네 가지 유형으로 분류합니다.

유형	기능	유형	기능
SELECT	검색 조건에 맞는 데이터를 선택할 때 사용	INSERT	새로운 데이터를 삽입할 때 사용
UPDATE	기존 데이터를 수정할 때 사용	DELETE	기존 데이터를 삭제할 때 사용

자료를 선택하는 SELECT문의 기본 구조는 다음과 같습니다.

```
❶   Select [Distinct] * | 필드명 1, 필드명 2, …
❷   From  테이블명
❸   Where 조건식
❹   Order By 필드명 1 [Asc|Desc], 필드명 2 [Asc|Desc], …
```

❶ 필수 입력 사항으로, 가져올 필드명을 지정합니다. Select 다음에 별표(*)만 사용하면 전체 필드명을 가져오고, 필드명을 콤마(,)로 구분하여 직접 지정하면 해당 순서대로 표시됩니다. 중복된 자료는 하나만 가져올 때 Distinct를 사용합니다.

❷ 필수 입력 사항으로, 데이터를 가져올 테이블명을 지정합니다. 엑셀 파일을 대상으로 SQL문을 작성하면 시트명의 뒤에 $ 기호가 붙어서 '[설문자료$]' 형식으로 사용합니다.

❸ 선택 입력 사항으로, 레코드 선택 조건을 지정합니다. 조건식의 결과값이 True인 자료만 가져옵니다.

❹ 선택 입력 사항으로, 정렬 순서를 지정합니다. 필드명을 나열한 순서대로 정렬 기준이 되고, 필드명의 뒤에 ASC를 사용하거나 생략하면 오름차순 정렬되며, DESC를 사용하면 내림차순 정렬됩니다.

SELECT문의 사용 예는 다음과 같습니다.

```
❶   SELECT * FROM [설문종합]
❷   SELECT * FROM 설문종합 WHERE (과목='엑셀') AND (강사='홍미영')
❸   SELECT 교육일, 과목, 강사, [1번] FROM 설문종합 ORDER BY 교육일, [1번] DESC
❹   SELECT DISTINCT 교육일, 과목, 강사 FROM 설문종합
❺   SELECT 교육일, 과목, 강사 FROM 설문종합 WHERE 교육일)=#11/1/2019# ORDER BY 교육일
❻   SELECT * FROM 설문종합 WHERE 회사 Like '%해운'
```

❶ '설문종합' 테이블의 모든 레코드를 가져옵니다. 테이블이나 필드명을 구분하기 위해 대괄호([ ])를 사용하는데, 생략해도 됩니다. 하지만 공백이나 특수 문자가 포함되거나 숫자로 시작하는 필드명이나 테이블명은 대괄호로 지정해야 합니다.

❷ '설문종합' 테이블에서 [과목] 필드가 '엑셀'이고 [강사] 필드가 '홍미영'인 레코드를 가져옵니다.

❸ '설문종합' 테이블에서 '교육일' 필드, '과목' 필드, '강사' 필드, '1번' 필드만 '교육일' 필드의 오름차순으로 가져오고, '교육일' 필드가 같으면 '1번' 필드를 내림차순으로 가져옵니다.

❹ '설문종합' 테이블에서 '교육일' 필드, '과목' 필드, '강사' 필드만 가져오는데, 3개의 필드가 중복되는 레코드의 경우에는 하나만 가져옵니다.

❺ '설문종합' 테이블에서 '교육일' 필드가 2019년 11월 1일보다 크거나 같은 자료를 '교육일' 필드의 오름차순으로 '교육일' 필드, '과목' 필드, '강사' 필드만 가져옵니다. 날짜 값을 직접 지정할 때 앞뒤로 # 기호를 지정해서 '#연-월-일#' 또는 '#월/일/연#' 형식으로 지정합니다

❻ '설문종합' 테이블에서 '회사' 필드가 '해운'으로 끝나는 레코드만 가져옵니다. 일반적인 DB에서 와일드카드 문자는 * 기호가 아니라 % 기호를 사용합니다.

Tip

실제로 실행되는 예제는 예제파일에서 'mod2_SQL' 모듈을 확인하세요.

3 | CopyFromRecordset 메서드

CopyFromRecordset 메서드는 ADO 레코드셋 개체나 DAO 레코드셋 개체와 함께 사용해 레코드셋의 레코드(자료)를 엑셀의 특정 셀에 붙여넣습니다. 이때 레코드셋의 필드 및 레코드 순서대로 붙여넣기한 후 레코드셋의 EOF 속성은 True가 됩니다. CopyFromRecordset 메서드의 사용 형식과 매개변수의 기능은 다음과 같습니다.

형식	Range개체.CopyFromRecordset(*Data, MaxRows, MaxColumns*)

매개변수	필수	기능
Data	필수	셀에 복사할 레코드셋 개체
MaxRows	선택	셀에 복사할 최대 레코드 수로, 생략하면 전체 레코드 출력
MaxColumns	선택	셀에 복사할 최대 필드 수로, 생략하면 전체 필드 출력

다음은 ADO(또는 DAO) 레코드셋인 adoRs 변수에 저장된 레코드와 필드명을 첫 번째 시트와 두 번째 시트에 출력하는 코드입니다.

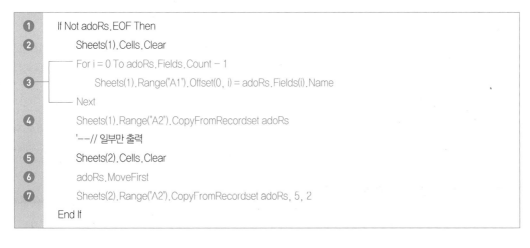

```
❶   If Not adoRs.EOF Then
❷       Sheets(1).Cells.Clear
        For i = 0 To adoRs.Fields.Count - 1
❸           Sheets(1).Range("A1").Offset(0, i) = adoRs.Fields(i).Name
        Next
❹       Sheets(1).Range("A2").CopyFromRecordset adoRs
        '--// 일부만 출력
❺       Sheets(2).Cells.Clear
❻       adoRs.MoveFirst
❼       Sheets(2).Range("A2").CopyFromRecordset adoRs, 5, 2
    End If
```

① adoRs 레코드셋 개체에 레코드가 있는 경우에만 IF문 안의 코드를 실행합니다.

② 첫 번째 시트의 셀 내용을 모두 지웁니다.

③ A1셀부터 오른쪽으로 필드명을 표시합니다. 레코드 셀의 필드(Fields) 인덱스는 0부터 시작합니다.

④ 첫 번째 시트의 A2셀에 레고드셋 자료를 모두 출력합니다.

⑤ 두 번째 시트의 셀 내용을 모두 지웁니다.

⑥ ④에서 CopyFromRecordset 메서드를 실행한 후에는 레코드 위치가 EOF이기 때문에 다시 CopyFromRecordset 메서드를 실행할 수 없습니다. 레코드의 위치를 첫 번째 위치로 이동합니다.

⑦ 두 번째 시트의 A2셀에 레코드셋 자료를 다섯 개의 레코드에서 2개의 열만 출력합니다.

> **Tip**
>
> 실제로 실행되는 예제는 예제파일에서 'mod3_CopyFromRecordset' 모듈을 확인하세요.

4 │ Execute 메서드

Execute 메서드는 ADO 또는 DAO로 연결된 데이터베이스 개체에서 SQL문을 실행하는 메서드로, SQL문의 형식에 따라 레코드를 삽입 및 삭제, 수정, 선택 등의 작업이 가능합니다.

형식	DB개체.Execute (*SQL문*)

다음은 액세스 파일을 ADO(또는 DAO)로 연결한 adoConn 데이터베이스 개체 변수에 Execute 메서드를 사용해서 파일을 가져오거나 수정 및 추가 작업을 하는 코드입니다.

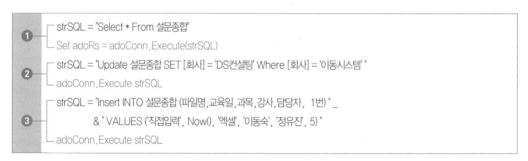

```
①  strSQL = "Select * From 설문종합"
    Set adoRs = adoConn.Execute(strSQL)

②  strSQL = "Update 설문종합 SET [회사] = 'DS컨설팅' Where [회사] = '이동시스템' "
    adoConn.Execute strSQL

③  strSQL = "Insert INTO 설문종합 (파일명,교육일,과목,강사,담당자, 1번) " _
            & " VALUES ('직접입력', Now(), '엑셀', '이동숙', '정유진', 5) "
    adoConn.Execute strSQL
```

① Select로 시작하는 SQL문은 반환 레코드셋이 있는 경우로, [설문종합] 테이블의 모든 자료를 레코드셋으로 adoRs에 저장합니다.

② Update, Delete, Insert로 시작하는 SQL문은 반환 레코드셋 없이 데이터를 변경하거나 추가하기 때문에 [설문종합] 테이블의 '회사' 필드 값이 '이동시스템'인 자료의 '회사' 필드 값을 'DS컨설팅'으로 변경합니다. 변경된 내용은 테이블을 직접 열어보거나 Select SQL문으로 확인합니다.

③ [설문종합] 테이블에 '파일명' 필드 값은 '직접입력'으로, '교육일' 필드 값은 등록되는 시스템 날짜와 시간을 입력합니다. 그리고 '과목' 필드 값은 '엑셀'로, '강사' 필드 값은 '이동숙'으로, '담당자' 필드 값은 '정유진'으로, '1번' 필드 값은 '5'로 지정하여 신규 레코드를 추가합니다.

> **Tip**
>
> 실제로 실행되는 예제는 예제파일에서 'mod4_Excute' 모듈을 확인하세요.

● 예제파일 : DB로내보내기.xlsm, 강의평가내보내기.accdb   ● 완성파일 : DB로내보내기(완성).xlsm

엑셀 데이터를 액세스로 내보내기

MS-Access는 개인용 데이터베이스 파일로, 오라클이나 MS-SQL 등과 같은 데이터베이스의 형태와 구조 및 명령을 제공합니다 액세스를 이용하면 대용량의 데이터를 엑셀보다 효율적으로 저장 및 관리할 수 있고 동시에 여러 명이 공유하여 사용할 수 있어요.

이번에는 액세스 파일을 직접 열지 않고 엑셀 파일에서 ADO 개체를 이용하여 연결한 후 엑셀 표([설문자료] 시트의 'tbl설문자료')의 자료를 액세스 파일(강의평가내보내기.accdb)의 '설문종합' 테이블에 저장해 보겠습니다.

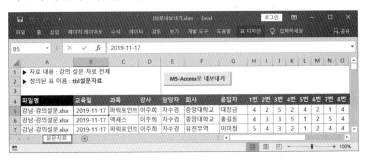

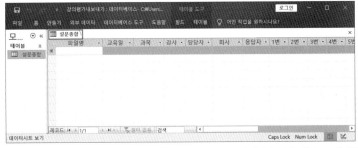

▲ 엑셀 파일 'DB로내보내기.xlsm'에서 [설문자료] 시트의 구조와 액세스 파일 '강의평가내보내기.accdb' 파일에서 '설문종합' 테이블의 구조는 같습니다.

1 'DB로내보내기.xlsm'에서 Alt + F11 을 눌러 VB 편집기 창을 열고 ADO 개체를 사용하기 위해 [도구]-[참조] 메뉴를 선택하세요.

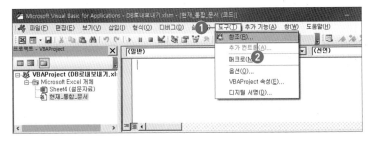

이벤트 프로그래밍

ActiveX 컨트롤

사용자 정의 폼

프로그램 구성

폼 디자인

오피스 연동

함수

매크로

사용자 리본 메뉴

추가 기능 파일

2 [참조 - VBProject] 대화상자가 열리면 '사용 가능한 참조'에서 [Microsoft ActiveX Data Objects x.x Library]에 체크하고 [확인]을 클릭하세요. 여기서는 [Microsoft ActiveX Data Objects 6.1 Library]에 체크하세요.

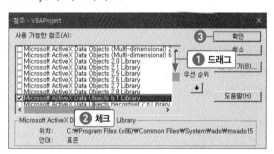

Tip
[Microsoft ActiveX Data Objects x.x Library]는 최소 2.5 이상의 버전을 사용하세요.

3 [삽입]–[모듈] 메뉴를 선택하여 'Module1' 개체가 삽입되면 코드 창에 [설문자료] 시트의 'tbl설 문자료' 표를 액세스 파일의 '설문종합' 테이블로 내보내는 프로시저를 다음과 같이 작성하고 [Alt]+[F11]을 누르세요.

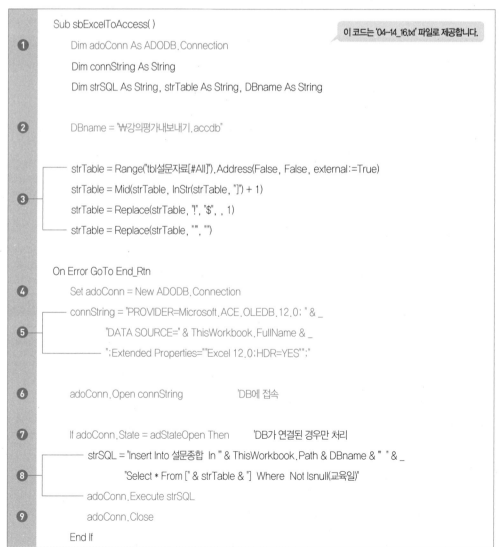

```
Sub sbExcelToAccess( )                                    이 코드는 '04-14_16.txt' 파일로 제공합니다.

①      Dim adoConn As ADODB.Connection

        Dim connString As String

        Dim strSQL As String, strTable As String, DBname As String

②      DBname = "\강의평가내보내기.accdb"

        strTable = Range("tbl설문자료[#All]").Address(False, False, external:=True)

        strTable = Mid(strTable, InStr(strTable, "]") + 1)

③      strTable = Replace(strTable, "!", "$", , 1)

        strTable = Replace(strTable, "'", "")


    On Error GoTo End_Rtn

④      Set adoConn = New ADODB.Connection

        connString = "PROVIDER=Microsoft.ACE.OLEDB.12.0; " & _

⑤              "DATA SOURCE=" & ThisWorkbook.FullName & _

                ";Extended Properties=""Excel 12.0;HDR=YES"";"


⑥      adoConn.Open connString               'DB에 접속


⑦      If adoConn.State = adStateOpen Then         'DB가 연결된 경우만 처리

            strSQL = "Insert Into 설문종합 In '" & ThisWorkbook.Path & DBname & "' '" & _

⑧              "Select * From [" & strTable & "]  Where  Not Isnull(교육일)"

        adoConn.Execute strSQL

⑨      adoConn.Close

    End If
```

```
⑩        Set adoConn = Nothing              '할당된 연결 객체 변수 해제


    End_Rtn:
        If Err.Number = 0 Then
            MsgBox "엑셀 자료를 액세스 테이블에 모두 추가했습니다. " vblInformation, "작업완료"
        Else
            MsgBox Err.Description, vbCritical, "작업 오류"
        End If
    End Sub
```

❶ ADODB는 **[도구]-[참조]** 메뉴를 통해 'Microsoft ActiveX Data Objects x.x Library' 개체, 즉 DB를 연결하는 개체로, 액세스 파일과 연결하기 위해 ADO DB 연결 개체를 저장할 변수를 선언합니다. 이 변수에 ❹와 같이 New 키워드를 이용해 새로운 연결 개체를 지정합니다. ❶과 ❹를 합쳐 'Dim adoConn As New ADODB.Connection'으로 사용할 수도 있습니다.

❷ 내보내기할 대상 액세스 파일의 이름을 저장합니다.

❸ 'tbl설문자료' 표의 필드명을 포함한 전체 자료 범위의 주소를 외부 참조 형태로 구하고 ADO DB의 SQL문에서 인식할 수 있는 표현 방법으로 변환합니다. 주소 중 오른쪽 대괄호(])의 다음에 나오는 문자부터 기억해서 시트명과 셀 영역만 표시합니다. 이렇게 변형된 주소에서도 느낌표(!)를 $ 기호로 변경하고 작은따옴표(')도 없앱니다. !와 작은따옴표(') 문자는 SQL문에서 다른 의미로 사용하기 때문에 이런 과정이 필요합니다.

❹ adoConn 변수에 데이터 연결 개체를 새로 할당합니다.

❺ 'tbl설문자료' 표를 ADO DB로 연결하기 위해 연결 텍스트를 구성합니다. 즉 엑셀 2007 이상에 대한 연결 텍스트로, 첫 행을 필드명으로 사용하기 위해 'HDR=YES'를 사용합니다. ADO 개체의 ConnectionString에 대해서는 515쪽을 참고하세요.

❻ adoConn 개체에 지정한 조건으로 DB를 연결합니다.

❼ DB를 연결한 상태에서 ❽을 실행합니다.

❽ 액세스 파일의 '설문종합' 테이블에 'tbl설문자료' 표 내용 전체를 삽입합니다.

❾ DB 연결을 종료합니다.

⑩ 개체 변수가 사용하던 메모리를 반환합니다.

4 엑셀 창으로 되돌아오면 [설문자료] 시트에서 [MS-Access로 내보내기] 단추를 클릭하세요.

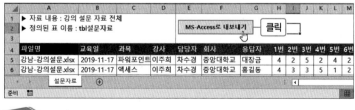

Tip

[MS-Access로 내보내기] 단추에는 'sbExcelToAccess' 프로시저가 연결된 상태입니다.

5 내보내기 작업이 완료된 후 메시지 창이 열리면 [확인]을 클릭하세요.

6 '강의평가내보내기.accdb' 파일을 열고 [설문종합] 테이블로 내보낸 자료가 추가되었는지 확인
해 보세요.

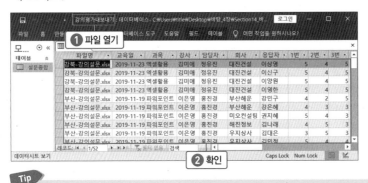

Tip

'설문종합' 테이블의 레코드 수는 [MS-Access로 내보내기]를 한 번 누를 때마다 52개씩 증가됩니다. 중복된 자료를 제거하려면 액세스에
서 중복 제거 SQL문을 실행하거나 테이블에 기본키를 설정해야 합니다.

🔵 예제파일 : DB_가져오기.xlsm, 강의평가가져오기.accdb   🔵 완성파일 : DB_가져오기(완성).xlsm

액세스 자료를 엑셀로 가져오기

엑셀에서는 [데이터] 탭-[데이터 가져오기 및 변환] 그룹의 명령을 이용하여 손쉽게 다양한 종류의 파일과 데이터베이스의 자료를 참조할 수 있습니다. 이러한 기능도 OLEDB와 같은 데이터의 호환을 위한 드라이버를 사용하는 것입니다. 여기서는 ADO 개체를 이용하여 MS-Access 파일의 '설문종합' 테이블의 내용을 엑셀 시트로 가져와 보겠습니다.

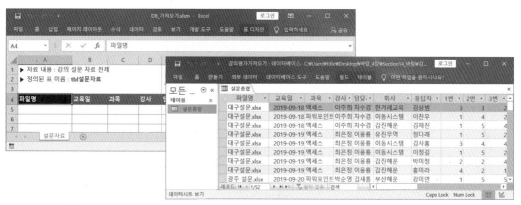

▲ 엑셀 파일 'DB_가져오기.xlsm'에서 [설문자료] 시트의 구조와 액세스 파일 '강의평가가져오기.accdb' 파일에서 '설문종합' 테이블의 구조는 같습니다.

1 'DB_가져오기.xlsm'에서 Alt + F11 을 눌러 VB 편집기 창을 열고 ADO 개체를 사용하기 위해 [도구]-[참조] 메뉴를 선택하세요.

2 [참조 - VBProject] 대화상자가 열리면 '사용 가능한 참조'에서 [Microsoft ActiveX Data Objects x.x Library]에 체크하고 [확인]을 클릭하세요. 여기서는 [Microsoft ActiveX Data Objects 6.1 Library]에 체크하세요.

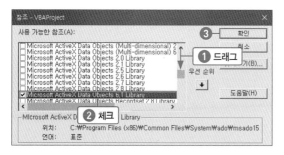

3 **[삽입]-[모듈]** 메뉴를 선택하여 'Module1' 개체가 삽입되면 코드 창에 액세스 파일의 '설문종합' 테이블 자료를 [설문자료] 시트의 'tbl설문자료' 표로 가져오는 프로시저를 다음과 같이 작성하고 **Alt** + **F11**을 누르세요.

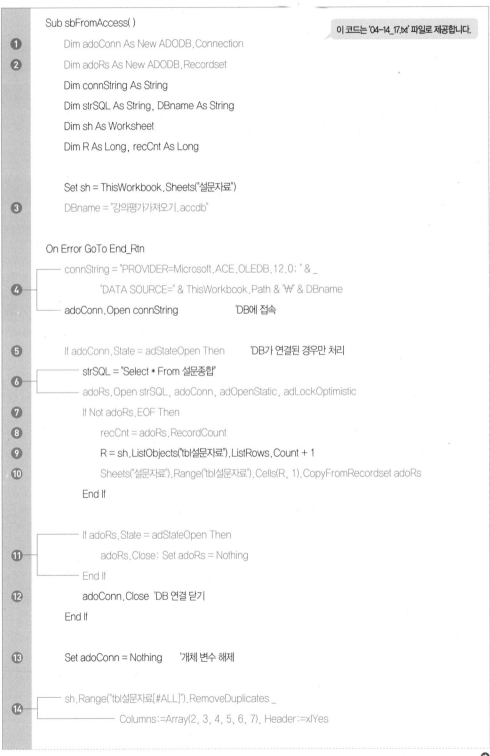

```
Sub sbFromAccess( )
                                                              이 코드는 '04-14_17.txt' 파일로 제공합니다.
①      Dim adoConn As New ADODB.Connection
②      Dim adoRs As New ADODB.Recordset
        Dim connString As String
        Dim strSQL As String, DBname As String
        Dim sh As Worksheet
        Dim R As Long, recCnt As Long


        Set sh = ThisWorkbook.Sheets("설문자료")
③      DBname = "강의평가가져오기.accdb"


On Error GoTo End_Rtn
        connString = "PROVIDER=Microsoft.ACE.OLEDB.12.0; " & _
④             "DATA SOURCE=" & ThisWorkbook.Path & "\" & DBname
        adoConn.Open connString                '   DB에 접속


⑤      If adoConn.State = adStateOpen Then          'DB가 연결된 경우만 처리
            strSQL = "Select * From 설문종합"
⑥          adoRs.Open strSQL, adoConn, adOpenStatic, adLockOptimistic
⑦          If Not adoRs.EOF Then
⑧              recCnt = adoRs.RecordCount
⑨              R = sh.ListObjects("tbl설문자료").ListRows.Count + 1
⑩              Sheets("설문자료").Range("tbl설문자료").Cells(R, 1).CopyFromRecordset adoRs
            End If


            If adoRs.State = adStateOpen Then
⑪              adoRs.Close: Set adoRs = Nothing
            End If
⑫          adoConn.Close  'DB 연결 닫기
        End If


⑬      Set adoConn = Nothing       '개체 변수 해제


        sh.Range("tbl설문자료[#ALL]").RemoveDuplicates _
⑭             Columns:=Array(2, 3, 4, 5, 6, 7), Header:=xlYes
```

```
End_Rtn:
    If Err.Number = 0 Then
        MsgBox DBname & " 파일에서 " & recCnt _
            & "개의 자료를 가져왔습니다.", vbInformation, "작업완료"
    Else
        MsgBox Err.Description, vbCritical, "작업 오류"
    End If
End Sub
```

❶ 액세스 파일 연결 정보를 기억할 변수인 ADODB 연결 정보 개체 변수를 선언합니다.

❷ DB를 연결한 후 조건에 맞는 데이터만 선언하여 사용해야 하는데, 이것을 '레코드셋'이라고 합니다. 액세스 파일에서 엑셀로 가져올 자료를 저장할 레코드셋 변수를 선언합니다.

❸ 연결할 DB인 액세스 파일을 '강의평가가져오기.accdb'로 지정합니다.

❹ 현재 엑셀과 같은 폴더에 위치한 액세스 파일을 연결합니다. Open 메서드를 사용할 때 연결할 DB의 종류와 위치 및 암호 등의 정보를 텍스트 형태로 지정하는데, 'Microsoft.ACE.OLEDB.12.0'은 액세스 2007 이상 파일을 지정할 때 사용합니다. DB 연결 문자열에 대해서는 515쪽을 참고하세요.

❺ DB가 정상적으로 연결된 상태에서만 ❻~❶까지의 자료 가져오기 작업을 처리합니다.

❻ 가져올 자료로 [설문종합] 테이블의 모든 레코드를 adoRs 변수에 저장합니다. SQL문의 사용법에 대해서는 516쪽을 참고하세요.

❼ adoRs에 레코드(자료)가 하나도 없는 경우 EOF(End Of File) 속성은 True 값을 갖습니다. 이 경우 IF문 안의 내용을 실행하지 않습니다.

❽ 레코드, 즉 자료의 개수를 계산합니다.

❾ 'tbl설문자료' 표에서 자료가 입력된 마지막 셀의 다음 행의 행 번호를 R에 저장합니다. ❿에서 이 행의 위치에 adoRs의 레코드를 출력합니다.

❿ 'tbl설문자료' 표에서 마지막 자료의 아래쪽으로 adoRs의 레코드들을 모두 복사해서 붙여넣습니다. CopyFromRecordset 메서드에 대해서는 517쪽을 참고하세요.

⓫ adoRs가 연결된 상태인 경우에만 adoRs를 닫고 메모리에 개체 변수를 반환합니다.

⓬ 연결하고 있던 DB를 닫습니다. Close 메서드로 닫지 않으면 이 파일을 닫을 때까지 액세스 파일이 계속 연결된 상태입니다. 따라서 작업을 종료한 후에는 항상 레코드셋과 DB를 닫고 개체 변수에 Nothing을 대입해서 반환해야 합니다.

⓭ DB 연결에 사용했던 개체 변수를 메모리에 반환합니다.

⓮ 'tbl설문자료' 표에서 중복된 자료를 제거하기 위해 2~7열(교육일, 과목, 강사, 담당자, 회사, 응답자)이 같은 자료를 비교하여 중복 제거합니다.

4 엑셀 창으로 되돌아오면 [설문자료] 시트에서 [DB에서 가져오기] 단추를 클릭하세요.

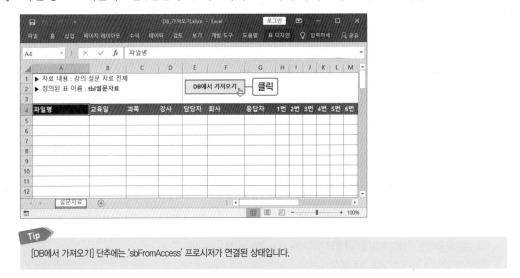

5 '강의평가가져오기.accdb' 파일에서 52건의 자료를 가져왔다는 메시지 창이 열리면 [확인]을 클릭하세요.

6 [설문자료] 시트에서 [설문종합] 테이블에 있는 52건의 자료가 추가되었는지 확인해 보세요.

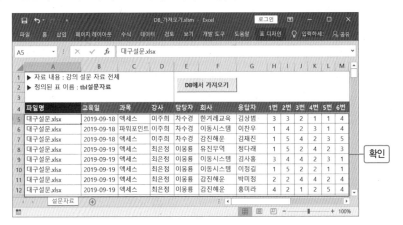

● 예제파일 : 아웃룩_자동메일.xlsm ● 완성파일 : 아웃룩_자동메일(완성).xlsm

엑셀 내용으로 아웃룩 메일 만들기

MS-Outlook을 이용해 메일을 주고받는 경우 VBA를 이용해 메일 기능을 제어할 수 있습니다. 엑셀의 내용을 기준으로 아웃룩 메일을 작성해서 보낼 편지함에 담는 기능을 작성해 보겠습니다.

▲ 아웃룩에서 [새 전자 메일]을 작성할 때의 메일 작성 화면

1 예제파일에서 Alt + F11 을 눌러 VB 편집기 창을 열고 **[삽입]–[모듈]** 메뉴를 선택하세요. 'Module1'의 코드 창이 삽입되면 다음과 같이 'sbOutlookMail' 프로시저를 작성하고 Alt + F11 을 누르세요.

```
Sub sbOutlookMail( )
    Dim OutApp As Object      'Outlook.Application
    Dim OutMail As Object     'Outlook.MailItem

    On Error Resume Next
    Set OutApp = GetObject(, "Outlook.Application")
    If OutApp Is Nothing Then
        Set OutApp = CreateObject("Outlook.Application")
        If OutApp Is Nothing Then
            MsgBox "Outlook 사용이 불가능 합니다."
            Exit Sub
        End If
    End If
    On Error GoTo 0

    Set OutMail = OutApp.CreateItem(0)     ' olMailItem
```

이 코드는 '04-14_18.txt' 파일로 제공합니다.

사이드 탭: 이벤트 프로그래밍 | ActiveX 컨트롤 | 사용자 정의 폼 | 프로그램 구성 | 폼 디자인 | **오피스 연동** | 함수 | 매크로 | 사용자 리본 메뉴 | 추가 기능 파일

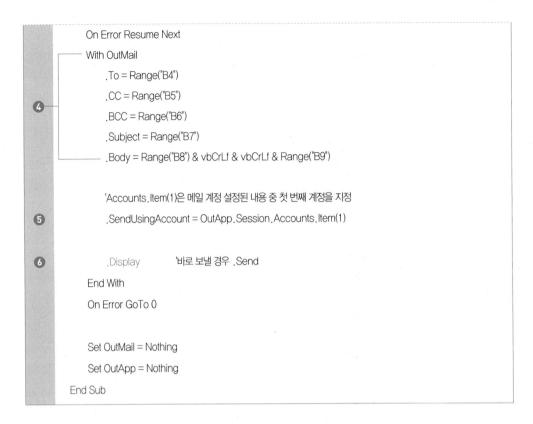

```
            On Error Resume Next
        With OutMail
                .To = Range("B4")
                .CC = Range("B5")
                .BCC = Range("B6")
                .Subject = Range("B7")
                .Body = Range("B8") & vbCrLf & vbCrLf & Range("B9")


                'Accounts.Item(1)은 메일 계정 설정된 내용 중 첫 번째 계정을 지정
                .SendUsingAccount = OutApp.Session.Accounts.Item(1)


                .Display              '바로 보낼 경우 .Send
        End With
        On Error GoTo 0


        Set OutMail = Nothing
        Set OutApp = Nothing
    End Sub
```

❶ OutApp 변수에는 MS-Outlook 프로그램 개체를, OutMail 변수에는 메일 개체를 저장하기 위해 선언합니다.

❷ GetObject 함수와 CreateObject 함수를 이용해 OutApp에 아웃룩 프로그램 개체를 저장합니다. GetObject 함수와 CreateObject 함수에 대해서는 505쪽을 참고하세요.

❸ OutMail에 아웃룩의 새 메일 개체를 생성하여 저장합니다.

❹ 메일 전송에 필요한 받는 사람(To), 참조(CC), 숨은 참조(BCC), 제목(Subject), 메일 내용(Body)를 셀 내용으로 지정합니다.

❺ 아웃룩에 여러 개의 계정을 등록했으면 메일 계정 중 첫 번째 계정을 '보낸 사람'으로 사용합니다.

❻ 메일 내용을 화면에 표시할 경우에는 .Display를, 곧바로 전송하는 경우에는 .Send를 사용합니다. .Send를 사용해도 보안 때문에 메일이 즉시 전송되지 않고 [보낼 편지함]에 담겨집니다.

2　엑셀 창으로 되돌아오면 [아웃룩메일] 시트에서 [메일 작성] 단추를 클릭하세요.

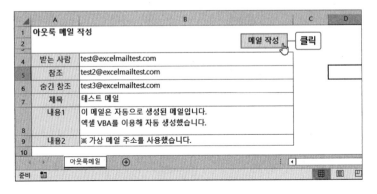

> **Tip**
>
> [메일 작성] 단추에는 'sbOut lookMail' 프로시저가 연결되어 있습니다.

3 아웃룩 메일이 셀 내용을 기준으로 작성되어 화면에 표시되면 [보내기]를 클릭하여 메일을 전송
해 보세요.

① 확인

Tip

예제에서 사용하는 메일 주소
는 실습용으로 가상의 메일
주소로, 전송할 때 수신 오류
가 발생합니다.

잠깐만요 **Protect, Unprotect 메서드와 ProtectContents 속성 살펴보기**

시트 보호(protect)를 이용하면 셀 내용을 수정하지 못하게 하고 매개변수를 통해 행/열 삽입 및 삭제 등의 다양한 작업을
선택적으로 동작하도록 지정할 수 있습니다. 매크로가 실행하는 도중에 필요에 따라 시트 보호를 지정 및 해제하거나 확
인할 때 다음의 메서드와 속성을 사용합니다.

사용	결과값	사용	결과값
❶ 시트 보호	개체.Potect (Password, …)	❷ 시트 보호 해제	개체.Unprotect (Password)
❸ 시트 보호 상태 확인	시트 개체.ProtectContents		

❶ Protect 속성은 시트뿐만 아니라 Workbook 개체와 Chart 개체에도 사용할 수 있는 메서드로, 위의 형식은 워크시트
의 형식입니다. 기본적으로 password 매개변수는 공통적으로 사용하고 영문자의 대소문자를 구별하여 지정합니다.

❷ 개체의 암호를 해제하는 메서드로, 영문자의 대소문자를 구별하여 암호를 지정합니다.

❸ 읽기 전용 속성으로, 시트 보호 상태이면 True 값을, 해제 상태이면 False 값을 반환합니다.

사용 예

```
Sub sbProtect( )
❶      If Sheets(1).ProtectContents Then
❷          Sheets(1).Unprotect "1234"
            MsgBox "시트 보호를 해제했습니다."
        Else
❸          Sheets(1).Protect Password:="1234"
            MsgBox "시트 보호를 실행했습니다."
        End If
End Sub
```

❶ 현재 통합 문서의 첫 번째 시트가 보호된 상태이면 True 값을, 그 이외의 경우에는 False 값을 반환합니다.

❷ 첫 번째 시트의 시트 보호를 해제합니다.

❸ 첫 번째 시트에 암호 1234를 지정해서 시트를 보호합니다.

이쁘든 프로그래밍

ActiveX 컨트롤

사용자 정의 폼

프로그램 구성

폼 디자인

오피스 응용

함수

매크로

사용자 리본 메뉴

추가 기능 파일

핵심 기능 | 13 Application.FileDialog 대화상자 사용하기

1 | FileDialog 개체의 사용법

파일을 대상으로 한 주요 작업은 '열기'와 '저장' 작업으로, 엑셀 창에서는 [열기] 대화상자와 [다른 이름으로 저장] 대화상자를 통해 이루어집니다. 이 작업을 VBA로 처리할 때 Application.GetOpenFilename 메서드와 Application.GetSaveFilename 메서드를 사용하거나 Application.FileDialog 속성을 이용합니다.

> **Tip**
> Application.GetOpenFilename 메서드의 사용법은 421쪽을 참고하세요.

Application.FileDialog 속성을 이용하면 대화상자를 다음과 같이 네 가지 형태로 표시할 수 있고, 창 제목과 필터 종류, 여러 개의 파일 선택 등의 속성을 지정할 수 있습니다. Application.FileDialog 속성을 이용해 생성된 대화상자 개체를 실제 화면으로 표시할 때 Show 메서드를 사용합니다.

다음은 Application.FileDialog 속성과 대화상자의 종류를 표시하는 fileDialogType의 유형입니다.

형식	Application.FileDialog(*fileDialogType*)

내장 상수	값	기능
msoFileDialogFilePicker	3	[찾아보기] 대화상자를 표시하고 선택한 파일의 정보 반환
msoFileDialogFolderPicker	4	• [찾아보기] 대화상자를 표시하고 선택한 폴더의 정보 반환 • 폴더는 한 번에 하나만 선택 가능
msoFileDialogOpen	1	• [파일 열기] 대화상자를 표시하고 선택한 파일의 정보를 반환한 후 Execute 메서드를 이용해 자동으로 엶 • Application.GetOpenFilename 메서드와 기능이 같음
. msoFileDialogSaveAs	2	• [다른 이름으로 저장] 대화상자 표시 • 입력한 파일 이름의 정보를 반환한 후 Execute 메서드를 이용해 자동으로 저장

2 | 대화상자 개체에 속성과 메서드 지정하기

다음은 Application.FileDialog 속성으로 생성한 대화상자 개체에 지정하는 대표적인 속성과 메서드입니다.

속성 및 메서드	기능	
Title	• 대화상자의 창 제목 지정	• 생략하면 '열기'로 표시
Filters.Clear	• 지정된 파일의 종류를 모두 지워 초기화	• 기본값인 "모든 파일" , "*.*"로 지정

속성 및 메서드	기능
Filters.Add	• '파일 종류'를 지정하는 옵션으로, ["설명", "확장자", 위치 번호] 형식으로 하나의 파일 종류 지정 • 확장자의 종류가 여러 개인 경우 세미콜론(;)으로 구분하여 여러 개를 지정할 수 있고 와일드카드 문자 (*, ?) 사용
FilterIndex	• 기본 선택되는 파일 종류를 번호로 지정 • 기본값은 1
AllowMultiSelect	여러 개의 파일들을 선택할 수 있는지를 True와 False로 지정
Show	개체 실행
SelectedItems(인덱스)	대화상자에서 선택한 항목(파일 또는 폴더)을 인덱스로 구분해서 반환

사용 예 1 **폴더명 표시하기**

다음은 [찾아보기] 대화상자를 이용해 선택한 폴더명을 표시하는 프로시저입니다.

❶ msoFileDialogFolderPicker 내장 상수를 사용해서 폴더를 선택하는 대화상자 개체를 생성합니다. 이 개체는 ❹의 Show 메서드로 화면에 표시합니다.

❷ 초기에 표시되는 폴더를 C 드라이브의 루트로 지정합니다.

❸ 대화상자의 제목을 '작업할 폴더 선택'으로 지정합니다.

❹ Show 메서드를 이용해 ❶~❸으로 정의한 대화상자를 화면에 표시합니다. [취소]를 클릭하면 False가 반환되기 때문에 프로시저를 종료합니다.

❺ 선택한 첫 번째 파일명을 메시지 창으로 표시합니다.

▲ Show 메서드로 대화상자가 표시된 상태에서 임의의 폴더를 선택하고 [확인]을 클릭한 결과

531

```
Sub sbFileDialog_Ex( )
    Dim Cnt Λc Long
                                                          이 코드는 '04-14_20.txt' 파일로 제공됩니다.

①  With Application.FileDialog(3)
②      .Filters.Clear
        .Filters.Add "Excel 2007 이상", "*.x???"
        .Filters.Add "Excel 2003 이하", "*.x??"
③      .Filters.Add "텍스트 파일", "*.txt;*.bas"
        .Filters.Add "모든 파일", "*.*"
④      .FilterIndex = 1
⑤      .AllowMultiSelect = True
⑥      .Show
⑦      For Cnt = 1 To .SelectedItems.Count
            MsgBox .SelectedItems(Cnt)
        Next Cnt
    End With
End Sub
```

① msoFileDialogFilePicker 내장 상수의 실제 값은 숫자 3입니다. Application.FileDialog(msoFileDialogFilePicker)와 같은 기능으로, 파일을 선택할 수 있는 창을 표시합니다.

② 파일 형식을 지정하는 필터 속성을 지워서 초기화합니다.

③ 파일 형식을 네 가지 형식으로 추가합니다.

④ ③에서 지정한 목록 중 첫 번째 항목을 선택합니다.

⑤ 한 번에 여러 개의 파일을 선택합니다.

⑥ ②~⑤의 속성을 사용해서 FileDialog(3) 개체를 실행하면 [찾아보기] 창이 표시됩니다.

⑦ 선택한 파일들의 개수만큼 반복하면서 선택한 파일명을 메시지 창에 표시합니다.

▲ ⑥을 실행한 후 화면에 표시되는 대화상자에서 파일을 선택하고 [확인]을 클릭한 결과

**핵심
기능 14** # Dir 함수와 Shell 함수 사용하기

이벤트 프로그래밍

ActiveX 컨트롤

사용자 정의 폼

프로그램 구성

폼 디자인!

오피스 연동

함수

매크로

사용자 리본 메뉴

추가 기능 파일

1 │ Dir 함수의 사용법

특정 파일이나 폴더의 유무 및 정보를 확인할 때 Dir 함수를 사용합니다. Dir 함수는 경로명에 맞는 첫 번째 파일 명을 반환하기 때문에 해당 경로명의 파일이나 폴더가 없으면 공백("")을 반환합니다. 파일을 검색할 때 다음 과 같이 두 번째 인수를 사용하여 파일의 속성(읽기 전용, 시스템 파일 등)을 지정해서 검색할 수 있 습니다.

형식	Dir(["경로명" [,파일 속성]])

다음은 Dir 함수의 형식에서 '파일 속성'으로 지정 가능한 상수 목록입니다.

상수	기능	상수	기능
vbNormal	기본값으로 특성이 없는 파일 대상	vbVolume	볼륨 레이블 지정
vbReadOnly	읽기 전용 파일 포함 검색	vbDirectory	디렉토리(폴더) 지정
vbHidden	숨겨진 파일 포함 검색	vbAlias	마지막 백업 이후 변경된 파일 대상
vbSystem	시스템 파일 포함 검색		

사용 예 1 Dir 함수의 일반적인 사용법

❶	If Dir("C:\Test.txt") = "" Then
	　　MsgBox "해당 파일이 존재하지 않습니다."
	End If

❷	If Dir("C:\Test", vbDirectory) = "" Then
	　　MsgBox "해당 폴더가 존재하지 않습니다."
	End If

❸	Msgbox Dir("c:\windows\")
❹	Msgbox Dir("c:\windows*.exe")
❺	Msgbox Dir("c:\windows\", vbSystem Or vbHidden)

❶ 'C:\Test.txt' 파일이 있는 경우 'Test.txt' 파일명이 반환되지만, 없으면 공백("")이 반환됩니다.

❷ vbDirectory를 사용하여 'Test' 폴더가 있는지 확인합니다. 해당 폴더가 있으면 폴더명이 표시되지만, 없으면 공백("")이 반환됩니다.

❸ 'c:\windows\' 폴더에서 첫 번째 파일명을 표시합니다.

❹ 'c:\windows\' 폴더에서 확장자가 exe인 첫 번째 파일명을 표시합니다.

❺ 'c:\windows\' 폴더에서 일반 파일과 시스템 파일, 숨겨진 파일 중 첫 번째 파일명을 표시합니다. 파일 속성은 OR이나 AND 연산자로 다양한 속성을 연결하여 사용할 수 있습니다.

특정 폴더에 있는 여러 개의 파일명을 가져올 때 Do문과 Dir 함수를 함께 이용하여 다음과 같이 사용합니다.

```
Sub sbDir_Ex3( )
    Dim strFile As String
①  strFile = Dir("C:\*.*")
②  Do While strFile <> ""
        Debug.Print strFile
③      strFile = Dir( )
    Loop
End Sub
```

> 이 코드는 '04-14_21.txt' 파일로 제공됩니다.

❶ C 드라이브의 첫 번째 파일명이 strFile에 저장됩니다. ❸의 Dir( )은 이 Dir 조건에 따라 검색되기 때문에 Do문의 반복 횟수에 따라 두 번째, 세 번째와 같은 파일명이 반환됩니다.

❷ 더 이상 검색되는 파일명이 없을 때까지 반복합니다.

2 │ Shell 함수의 사용법

지정한 경로명의 파일을 실행한 후 해당 파일의 고유 작업 ID(task ID) 번호(Double형 데이터)를 반환합니다.

형식	Shell("경로명" [, 창 상태])

- **경로명** : 실행할 파일의 경로명을 입력합니다.
- **창 상태** : 창 상태는 화면의 크기와 표시 방법을 지정하는 숫자로, vbHide, vbNormalFocus, vbMaximizedFocus, vbNormalNoFocus, vbNormalNoFocus 중 하나로 지정합니다. 생략하면 vbMinimizedFocus로 지정됩니다.

① Shell "C:\Windows\System32\notepad.exe", vbNormalFocus
② Shell "notepad.exe", vbNormalFocus
③ Shell "notepad.exe c:\test.txt", vbNormalFocus

❶ 'C:\Windows\System32\notepad.exe' 파일(메모장)을 실행한 후 활성화됩니다.

❷ 윈도우에서 제공하는 실행 파일의 경우 'c:\windows\'를 생략하고 ❶과 기능이 같습니다.

❸ 메모장 파일을 실행하여 'c:test.txt' 파일을 자동으로 엽니다. 만약 C 드라이브에 'text.txt' 파일이 없으면 새로 작성할지 확인하는 메시지 창이 열립니다.

1 | 각 명령 단추에 오피스 실행 프로시저 연결하기

◐ 예제파일 : 14-Ex1.xlsm, 14_국제특송.xlsx, 14_대륙통운.xlsx, 14_한일특급.xlsx   ◑ 완성파일 : 14-Ex1(완성).xlsm

다음과 같은 기능의 프로시저를 작성하고 각 명령 단추에 연결해 보세요.

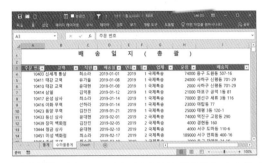

▲ 화면 1 [취합] 단추를 클릭해서 3개의 파일을 [수하물통계] 시트로 가져오기

▲ 화면 2 [PT자료] 단추를 클릭해서 작성한 파워포인트 문서

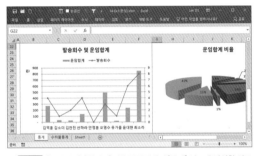

▲ 화면 3 [막대차트], [원차트] 단추를 클릭해서 [통계] 시트에 작성한 차트

▲ 화면 4 [안내문] 단추를 클릭해서 작성한 워드 문서

처리 조건	① [취합] 단추 : 화면 1 과 같이 [열기] 대화상자에서 '14_국제특송.xlsx', '14_대륙통운.xlsx', '14_한일특급.xlsx'를 선택하면 각 파일의 [배송일지] 시트에 입력된 자료를 복사하여 [수하물통계] 시트에 추가되도록 프로시저를 작성하세요.
	② [막대차트] 단추 : 화면 3 과 같이 '직원', '발송 횟수', '운임 합계' 필드를 이용해 [통계] 시트의 B22셀에 이중 축 차트가 작성되도록 프로시저를 작성하세요.
	③ [원차트] 단추 : 화면 3 과 같이 '직원', '운임 합계' 필드를 이용해 [통계] 시트의 G22셀에 원 차트가 작성되도록 프로시저를 작성하세요.
	④ [차트지우기] 단추 : [통계] 시트에 작성된 모든 차트를 삭제하는 프로시저를 작성하세요.
	⑤ [PT자료] 단추 : 화면 2 와 같이 파워포인트 문서에서 제목 슬라이드에 엑셀 [통계] 시트에 있는 C4셀과 E4셀의 배송 연도와 월이 부제목으로 입력되고, 표와 차트가 각각 별도의 슬라이드에 작성되도록 프로시저를 작성하세요.
	⑥ [안내문] 단추 : 화면 4 와 같이 워드 문서에 제목과 배송 연도, 월을 입력하고 표를 삽입한 후 적당한 표 스타일을 지정하고 차트가 삽입되도록 프로시저를 작성하세요.

Hint	워드에서 매크로 기록기를 이용해 표 스타일을 지정하는 과정을 기록하고 관련 VBA 코드를 찾아 사용하세요.

워드에서 매크로 기록(VBA 코드) 사용하기

MS-Word에서도 엑셀과 마찬가지로 매크로 기록기를 제공합니다. 워드의 기능을 자동화할 때도 엑셀과 마찬가지로 매크로 기록기를 통해 해당 기능을 기록한 후 기록된 VBA 코드를 기반으로 수정하는 것이 쉬운 방법입니다. 워드 창에서도 엑셀처럼 [개발 도구] 탭을 표시하거나 상태 표시줄의 [매크로 기록] 단추(圖)를 사용할 수 있고 Alt + F11을 눌러 VB 편집기 창과 엑셀 창을 교대로 표시할 수 있어요. 이번에는 워드에서 간단한 매크로를 기록하고 기록된 내용을 살펴보겠습니다.

1 워드 창을 열고 매크로 기록기를 사용하기 위해 상태 표시줄에서 [매크로 기록] 단추(圖)를 클릭하세요.

2 [매크로 기록] 대화상자가 열리면 '매크로 저장 위치'에서 현재 작업 중인 문서 이름을 선택하는데, 여기서는 [문서1(문서)]을 선택하고 [확인]을 클릭하세요. 만약 '매크로 저장 위치'에서 [모든 문서(Normal.dotm)]를 선택하면 매크로가 워드 응용 프로그램 설치 폴더에 저장되어 워드가 실행될 때마다 자동으로 열립니다.

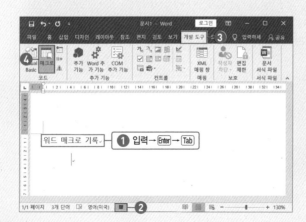

3 워드 창에 『워드 매크로 기록』을 입력하고 Enter와 Tab을 차례대로 누른 후 상태 표시줄에서 [매크로 기록 중지] 단추(圖)를 클릭하여 매크로 기록을 중지하세요. 기록한 매크로 내용을 확인하기 위해 [개발 도구] 탭-[코드] 그룹에서 [매크로]를 클릭하거나 [보기] 탭-[매크로] 그룹에서 [매크로]를 클릭하세요.

Tip

[파일] 탭-[옵션]을 선택하여 [Word 옵션] 대화상자를 열고 [리본 사용자 지정] 범주의 '리본 메뉴 사용자 지정' 목록에서 [개발 도구]를 선택하면 리본 메뉴에 [개발 도구] 탭이 표시됩니다.

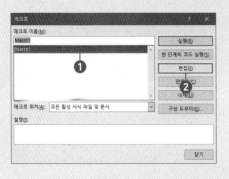

4 [매크로] 대화상자가 열리면 앞에서 작성한 매크로 이름인 [Macro1]을 선택하고 [편집]을 클릭하세요.

Tip

Alt + F8 을 눌러도 [매크로] 대화상자를 열 수 있어요.

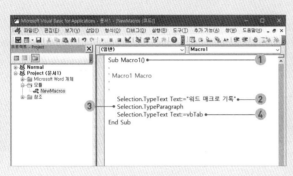

5 워드 VB 편집기 창에 기록된 매크로 내용이 표시됩니다. 이때 모듈 개체의 이름은 워드에서는 기본적은 'NewMacros'로, 워드 개체는 'ThisDocument'로 표시됩니다. 기본적인 VBA의 구조는 같고 각 응용 프로그램의 개체명 속성, 메서드 등이 다를 뿐입니다.

① 워드의 매크로도 Sub 프로시저로 작성됩니다.

② 매크로를 기록할 때 현재 위치에서 『워드 매크로 기록』을 입력했던 내용이 기록된 코드입니다. Selection은 현재 커서의 위치와 블록 설정한 영역을 의미합니다.

③ Enter를 눌러 기록된 코드로, 줄 변경을 실행하는 메서드입니다.

④ Tab을 눌러 기록된 내용으로, vbTab은 엑셀에도 상수입니다. 보통 vb가 붙은 내장 상수는 VB를 사용하는 모든 프로그램에서 공통으로 사용합니다.

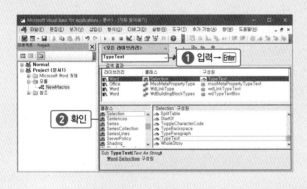

6 도움말이 필요한 경우에는 해당 키워드에서 F1을, 좀 더 자세한 관련 속성을 확인하려면 F2를 누르세요. F2를 눌러 [개체 찾아보기] 창을 열고 찾을 키워드를 입력한 후 Enter를 누르면 해당 자료를 검색하고 도움말을 조회할 수 있는데, 여기서는 키워드 'TypeText'를 조회했습니다.

이벤트 프로그래밍

ActiveX 컨트롤

사용자 정의 폼

프로그램 구성

폼 디자인

오피스 연동

함수

매크로

사용자 리본 메뉴

추가 기능 파일

Section **15**

그대로 가져와서 사용하는 함수와 매크로 활용하기

지금까지 엑셀 자동화 기능을 위한 다양한 기능을 익혔지만, 자신이 원하는 기능을 작성하기에는 아직 프로그램 작성 기술과 경험이 많이 부족할 것입니다. 이번 섹션에서는 자주 사용하는 기능을 모은 후 곧바로 가져와서 사용할 수 있는 사용자 정의 함수와 매크로 기능을 소개합니다. 학습하다 보면 쉬운 부분도 있고 어렵게 느껴지는 부분도 있는데, 이 경우에는 필요한 부분을 그대로 가져온 후 일부분을 수정해서 사용하는 방법이 가장 효과적입니다.

> PREVIEW

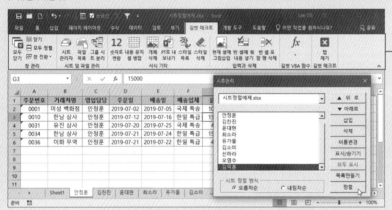

몇 가지 편리한 기능과 계산 기능을 곧바로 사용할 수 있도록 매크로와 함수를 제공합니다.

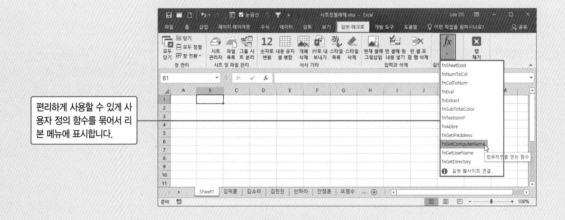

편리하게 사용할 수 있게 사용자 정의 함수를 묶어서 리본 메뉴에 표시합니다.

섹션별 주요 내용

01~05 | fnColNum, fnEval, fnExtract, fnSubTotalColor, fnTextJoinIF 함수 사용하기

06~10 | sbMergeCell, sbWriteLog, sbGroupSplit, sbSheetManager, sbFileList 매크로 사용하기

11 | 사용자 리본 메뉴 작성을 위한 준비 작업하기   **12** | 특정 파일에만 표시되는 리본 메뉴 만들기

13 | 매크로가 포함된 추가 기능 파일 만들기

실무 예제 **01** 열 번호 입력해 알파벳 열 이름 표시하기

– fnColNum 함수

워크시트의 행 번호는 숫자로 지정되어 있어서 몇 번째 행인지 쉽게 알 수 있지만, 열 번호는 알파벳으로 지정되어 있어서 쉽게 알아보기가 어렵습니다. 그래서 열 번호로 열 이름 알파벳을 표시하는 fnNumToCol 함수와 알파벳을 입력하면 해당 열의 번호를 표시하는 fnColToNum 함수를 가져와서 사용해 보겠습니다.

1 예제파일에서 Alt + F11 을 눌러 VB 편집기 창을 열고 [파일]–[파일 가져오기] 메뉴를 선택하세요. [파일 가져오기] 대화상자가 열리면 부록 실습 파일에서 'fn_NumToCol.bas' 파일을 가져온 후 [닫기] 단추(⊠)를 클릭하세요.

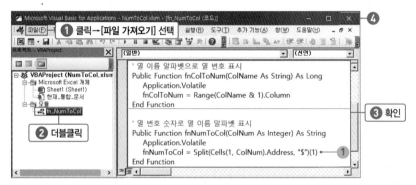

① Cells(1, ColNum)로 열 번호에 해당하는 셀 주소($A$1 형태)를 얻고 Split 함수를 이용해 $ 기호로 구분하여 배열을 만든 후 첫 번째 배열 요소인 알파벳 부분을 반환합니다. Split 함수에 대해서는 294쪽을 참고하세요.

2 엑셀 창으로 되돌아오면 [Sheet1] 시트에서 C5:C8 범위를 선택하고 『=fnNumToCol(B5)』를 입력한 후 Ctrl + Enter 를 누르세요. G5:G8 범위를 선택하고 『=fnColToNum(F5)』를 입력한 후 Ctrl + Enter 를 눌러 왼쪽의 번호와 문자에 따라 해당 열의 이름과 번호가 표시되는지 확인해 보세요.

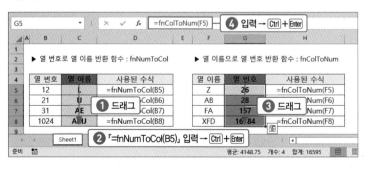

이벤트 프로그래밍

ActiveX 컨트롤

사용자 정의 폼

프로그램 구성

폼 디자인

오피스 연동

함수

매크로

사용자 리본 메뉴

추가 기능 파일

예제파일 : Evaluate.xlsm, fn_Evaluate.bas　　**완성파일** : Evaluate(완성).xlsm

실무
예제 **02**

수식 형태로 입력한 문자열 계산하기

– fnEval 함수

수식을 입력하면 계산된 결과값만 확인할 수 있습니다. 엑셀 2013부터는 수식 자체를 확인해 주는 FORMULATEXT 함수를 제공하지만, 수식만으로는 이해하기 어려운 경우가 많습니다. 이번에는 '=2명*2,500원*3회'와 같이 이해하기 쉽게 수식을 작성하고 실제로 이 문자열을 수식으로 인식하여 계산하는 fnEval 함수를 가져와서 사용해 보겠습니다.

1 예제파일에서 Alt + F11 을 눌러 VB 편집기 창을 열고 **[파일]–[파일 가져오기]** 메뉴를 선택하세요. [파일 가져오기] 대화상자가 열리면 부록 실습 파일에서 'fn_Evaluate.bas' 파일을 가져온 후 [닫기] 단추(❌)를 클릭하세요.

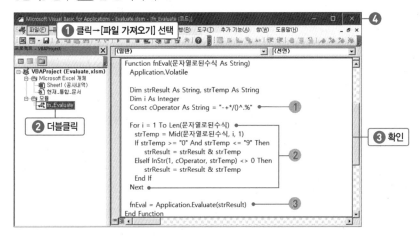

① 연산자의 종류를 정리한 문자열로, ②에서 매개변수 '문자열로된수식'을 한 문자씩 분리하여 연산자인지 확인합니다.

② 매개변수 '문자열로된수식'을 한 문자씩 분리하여 숫자나 연산자이면 strResult 변수에 차례대로 저장하고 나머지는 제외합니다.

③ strResult 변수에 저장된 숫자와 연산자로 구성된 텍스트를 실제로 계산하여 함수명으로 반환합니다.

2 엑셀 창으로 되돌아오면 [공사내역] 시트에서 F5:F18 범위를 선택하고 『=fnEval(E5)』를 입력한 후 Ctrl + Enter 를 눌러 왼쪽의 계산식 문자열이 계산되어 표시되는지 확인해 보세요.

예제파일 : Extract.xlsm, fn_Extract.bas　　완성파일 : Extract(완성).xlsm

실무
예제 | **03**　텍스트에서 숫자, 영문자, 한글, 특수 문자만 추출하기

– fnExtract 함수

핸드폰 번호와 같이 자릿수에 의미가 있는 정보가 있습니다. 이 경우 LEFT 함수나 MID 함수 등의 함수를 이용해 특정 위치의 문자를 가져올 수 있지만, 내용 중 숫자나 영문자, 한글 등과 같은 특정 자료의 종류에 의미가 있을 경우에는 사용할 수 없습니다. 이번에는 이러한 기능을 제공하는 fnExtract 함수를 가져와서 사용해 보겠습니다.

1　예제파일에서 Alt + F11 을 눌러 VB 편집기 창을 열고 **[파일]–[파일 가져오기]** 메뉴를 선택하세요. [파일 가져오기] 대화상자가 열리면 부록 실습 파일에서 'fn_Extract.bas' 파일을 가져온 후 [닫기] 단추(❌)를 클릭하세요.

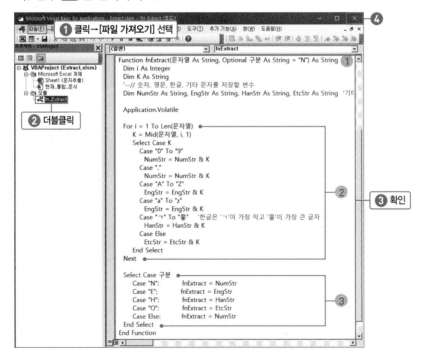

① 매개변수 '구분'은 Optional로 선언했기 때문에 생략 가능한 인수가 됩니다. '구분' 인수를 생략하면 기본값을 N으로 지정해서 숫자가 추출됩니다.

② 매개변수 '문자열'을 한 문자씩 분리하여 숫자, 영문, 한글, 기타로 구분합니다. 영문자의 대소문자를 구별하지 않고 비교하기 위해 모듈 위쪽의 선언문에 'Option Compare Text'를 사용했으면 'Case "A" To "Z"'와 'Case "a" To "z"' 중에서 하나만 사용해도 됩니다.

③ 매개변수 '구분' 값에 따라 반환되는 값을 다르게 지정합니다.

2 엑셀 창으로 되돌아오면 [문자추출] 시트에서 C5:C16 범위를 선택하고 『=fnExtract(B5)』를 입력한 후 Ctrl + Enter 를 누르세요. 그러면 왼쪽 셀의 내용 중 숫자만 추출되는 것을 확인할 수 있어요.

> **Tip**
> fnExtract 함수에서 두 번째 인수인 '구분'을 생략하면 숫자가 추출됩니다.

3 E5:E16 범위를 선택하고 『=fnExtract(B5,"e")』를 입력한 후 Ctrl + Enter 를 누르면 각 열에 영문자가 추출됩니다. F5:F16 범위를 선택하고 『=fnExtract(B5,"h")』를 입력한 후 Ctrl + Enter 를 누르면 각 열에 한글이 추출됩니다. G5:G16 범위를 선택하고 『=fnExtract(B5,"o")』를 입력한 후 Ctrl + Enter 를 누르면 각 열에 기타 문자가 추출됩니다.

실무
예제 **04** # 글꼴 색이 같은 자료만 계산하기

– fnSubTotalColor 함수

많은 자료를 다룰 때 메모나 글꼴 색 등으로 자료를 구분하는 경우가 있습니다. 만약 특정 글꼴 색으로 구분해 놓은 자료만 모아서 합계, 평균, 개수 등과 같은 계산을 해야 하면 fnSubTotalColor 함수를 가져와서 사용해 보세요.

1 예제파일에서 [Alt]+[F11]을 눌러 VB 편집기 창을 열고 **[파일]–[파일 가져오기]** 메뉴를 선택하세요. [파일 가져오기] 대화상자가 열리면 부록 실습 파일에서 'fn_SubTotalColor.bas' 파일을 가져온 후 [닫기] 단추(✕)를 클릭하세요.

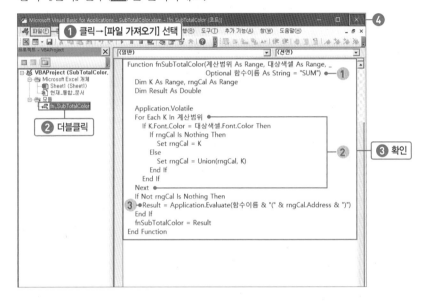

1️⃣ 세 번째 매개변수 '함수이름'은 Optional 키워드를 사용해서 생략 가능하도록 지정했습니다. 생략하면 기본값으로 Sum이 됩니다.

2️⃣ 매개변수 '계산범위' 영역의 셀들을 하나씩 분리하여 각 셀의 글꼴 색과 매개변수 '대상색셀'의 글꼴 색이 같은지 비교합니다. 글꼴 색이 같으면 rngCal 변수에 UNION 함수를 이용해 기존 내용과 합쳐진 영역을 저장합니다.

3️⃣ rngCal 변수에 저장된 글꼴 색이 같은 영역의 주소와 매개변수 '함수이름'을 사용하여 실제로 계산합니다. Evaluate 메서드에 대해서는 548쪽을 참고하세요.

2 엑셀 창으로 되돌아오면 [Sheet1] 시트에서 I5:I7 범위를 선택하고 『=fnSubTotalColor(표1[주문수],H5,"sum")』을 입력한 후 Ctrl + Enter 를 눌러 '주문수' 열의 셀 중에서 왼쪽(H5셀)의 글꼴 색과 같은 셀의 합계가 계산되는지 확인해 보세요. 두 번째 인수는 계산할 함수 이름을 실제 함수 Sum, Average, Count, Count, Max 등으로 다양하게 지정할 수 있어요.

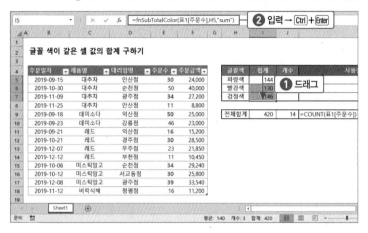

3 이번에는 J5:J7 범위를 선택하고 『=fnSubTotalColor(표1[주문수],H5,"count")』를 입력한 후 Ctrl + Enter 를 누르세요. 그러면 '주문수' 열의 셀 중 H5셀의 글꼴 색과 같은 셀의 개수가 계산됩니다.

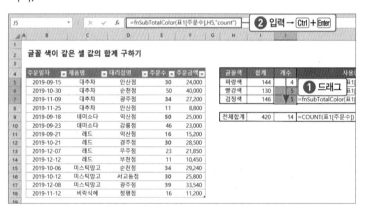

예제파일 : TextJoinIF.xlsm, fn_TextJoinIF.bas   완성파일 : TextJoinIF(완성).xlsm

실무
예제 **05**   **범위 중 조건에 맞는 자료만 오름차순으로 연결하기**

– fnTextJoinIF 함수

엑셀 2016 버전부터 추가된 함수인 TEXTJOIN 함수는 여러 영역의 셀을 구분 문자로 구분하여 하나의 문사열로 넌설하여 표시합니다. TEXTJOIN 함수가 지원되지 않는 버전을 사용하는 경우 이 함수와 같은 기능이 필요합니다. 이번에는 TEXTJOIN 함수에 기능을 추가하여 조건에 맞는 자료만 찾아 중복된 자료를 하나만 출력하고 가나다순(알파벳순)으로 정렬하여 반환해 주는 fnTextJoinIF 함수를 가져와서 사용해 보겠습니다.

1 예제파일에서 Alt + F11 을 눌러 VB 편집기 창을 열고 **[파일]–[파일 가져오기]** 메뉴를 선택하세요. **[파일 가져오기]** 대화상자가 열리면 부록 실습 파일에서 'fn_TextJoinIF.bas' 파일을 가져온 후 **[닫기]** 단추(**×**)를 클릭하세요.

① 두 번째 매개변수와 세 번째 매개변수는 조건을 지정해 검색할 때 사용하기 위한 값으로, 생략하면 '가져올자료범위' 매개변수의 모든 셀을 반환합니다. 네 번째 매개변수 '구분기호'는 셀 내용과 셀 내용을 연결할 때 구분하기 위한 문자로, 생략하면 콤마(,)로 지정합니다.

② OutData는 컬렉션 개체로 선언하여 해당 개체에 값을 추가하면 자동으로 중복된 자료가 추가되지 않습니다. 컬렉션 개체는 자동으로 Key 순으로 정렬되기 때문에 별도의 정렬 명령이 필요 없습니다. 컬렉션 개체에 대해서는 301쪽을 참고하세요.

③ 매개변수 '찾을값'을 지정하면 '검색범위' 영역의 크기와 '기져올자료범위' 영역의 크기가 같은지 비교하고 다르면 메시지를 반환한 후 프로시저를 종료합니다.

④ 매개변수 '찾을값'을 지정하면 '검색범위' 영역의 셀을 '찾을값'과 같은지 하나씩 비교하여 일치하는 자료만 OutData에 추가합니다.

⑤ 매개변수 '찾을값'을 지정하지 않으면 '가져올자료범위' 영역의 셀을 모두 OutData에 추가합니다.

⑥ 컬렉션 개체 변수 OutData에 저장된 결과값을 차례대로 구분 기호를 삽입해 하나의 문자열로 연결합니다.

2 엑셀 창으로 되돌아오면 [가격표] 시트에서 H5:H14 범위를 선택하고 『=fnTextJoinIF($B$5:$B$50,$D$5:$D$50,G5,";")』을 입력한 후 Ctrl + Enter 를 누르세요. D5:D50 범위가 G5셀의 '제품분류'와 일치하는 자료의 '거래처명'(B5:B50)만 가나다순으로 정렬되고 세미콜론(;)으로 구분되어 하나의 셀에 표시되는데, 이것은 두 번째 인수와 세 번째 인수를 지정해서 조건을 지정한 결과입니다.

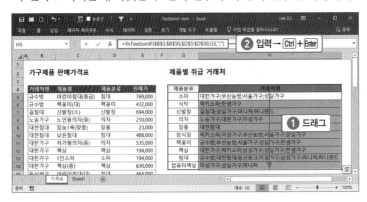

3 G20셀에 『=fnTextJoinIF($B$5:$B$50)』을 입력하고 Enter 를 누르면 B열의 '거래처명' 항목이 중복되지 않고 가나다순으로 콤마(,)로 구분되어 표시됩니다.

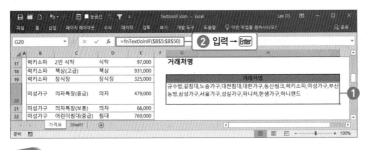

> **Tip**
>
> fnTextJoinIF 함수에서 두 번째 인수와 세 번째 인수를 생략한 형태로 사용하면 일정한 영역을 연결하는 용도로 사용할 수 있습니다.

실무
예제 **06**

셀 내용 유지한 상태에서 셀 병합하기

– sbMergeCell 매크로

셀을 병합할 때 범위에서 왼쪽 위의 셀 내용만 유지된다는 단점이 있습니다. 이런 문제를 해결하기 위해 셀 병합할 때 셀 내용을 모두 유지해서 표시해 주는 'sbMergeCell' 매크로 프로시저를 가져 와서 사용해 보겠습니다.

1 예제파일에서 Alt + F11 을 눌러 VB 편집기 창을 열고 [파일]–[파일 가져오기] 메뉴를 선택하세요. [파일 가져오기] 대화상자가 열리면 부록 실습 파일에서 'sb_MergeCell.bas' 파일을 가져온 후 [닫기] 단추(⊠)를 클릭하세요.

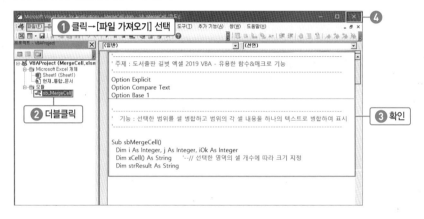

2 엑셀 창으로 되돌아오면 [Sheet1] 시트에서 B2:D3 범위를 선택하고 Alt + F8 을 누르세요. [매크로] 대화상자가 열리면 '매크로 이름'에서 [sbMergeCell]을 선택하고 [실행]을 클릭하세요.

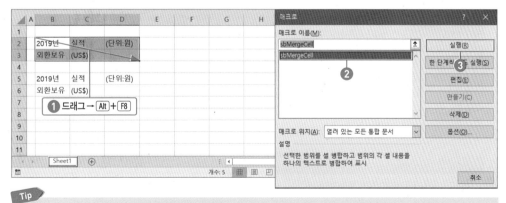

> **Tip**
>
> [개발 도구] 탭–[코드] 그룹에서 [매크로]를 클릭해도 [매크로] 대화상자를 열 수 있어요.

이벤트 프로그래밍 ActiveX 컨트롤 사용자 정의 폼 프로그램 구성 폼 디자인 오피스 요소 함수 **매크로** 사용자 리본 메뉴 추가 기능 파일

3 선택 영역의 내용이 모두 유지된 상태에서 셀이 병합되었는지 확인해 보세요. [셀 병합 해제] 메시지 창이 열리면 [아니요]를 클릭하여 셀 병합을 유지하세요.

Application.Evaluate 메서드 살펴보기

Evaluate 메서드는 주어진 'Name'(텍스트 형식)을 엑셀의 개체나 값으로 변환하는 메서드입니다. 매개변수 Name은 최대 255문자로 구성된 텍스트로, 수식이나 엑셀 개체를 지정하는 명칭 형식이어야 합니다.

형식	Application.Evaluate(*Name*)

[Sheet1] 시트에 다음의 내용이 입력되었다고 가정해 보세요.

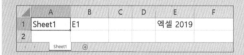

이 상태에서 다음 표의 예문을 실행했을 때 나타나는 결과값입니다.

	사용 예	결과값
①	Msgbox Application.Evaluate("3+4")	7
②	Msgbox Application.Evaluate(Range("A1") & "!" & Range("B1"))	엑셀 2019

① 3과 4를 더해 결과값 7이 표시됩니다.

② Range("A1") 셀의 값 'Sheet1'과 Range("B1") 셀의 값 E1을 연결한 'Sheet1!E1' 문자열을 식으로 인식하여 E1셀의 값 '엑셀 2019'가 표시됩니다.

난이도 ① ② 3 4 5

실무 예제 07 파일을 저장할 때마다 사용 기록 남기기

– sbWriteLog 매크로

엑셀 파일을 제공한 후 해당 엑셀 파일을 수정했던 사용자의 정보와 컴퓨터 정보, 시간 등을 남기는 'sbWriteLog' 매크로 프로시저를 가져와서 사용해 보세요. 로그 기록에는 저장 시간뿐만 아니라 컴퓨터 IP, 컴퓨터 이름, 윈도우 사용자 계정, 엑셀 사용자 이름, 그리고 동시에 열어놓은 파일 정보 등이 기록됩니다.

1 예제파일을 열면 로그 기록을 남기기 위해 미리 준비한 [LogHistory] 시트에서 코드를 가져오기 위해 Alt + F11 을 누르세요. 이 시트의 이름이나 열 위치 등은 다음 단계에서 가져올 'sb_WriteLog.bas' 모듈에서 지정하기 때문에 시트 이름과 열 위치를 변경할 때는 해당 프로시저도 함께 지정해야 합니다.

> **Tip**
>
> 시험이나 보안을 위해 로그인 시트를 숨기는 것도 좋은 방법입니다. VB 편집기 창의 [속성] 창에서 시트 개체의 Visible 속성을 [2 – xlSheetVeryHidden]으로 지정하면 엑셀 창에서 숨기기를 해제할 수 없게 숨겨집니다.

2 VB 편집기 창이 열리면 [파일]–[파일 가져오기] 메뉴를 선택하여 부록 실습 파일에서 'sb_WriteLog.bas' 파일을 가져오세요.

이벤트 프로그래밍 | ActiveX 컨트롤 | 사용자 정의 폼 | 프로그램 구성 | 폼 디자인 | 오피스 연동 | 함수 | **매크로** | 사용자 리본 메뉴 | 추가 기능 파일

① 컴퓨터 이름과 윈도우 계정 이름을 얻으려면 윈도우 API 함수를 사용해야 합니다. 윈도우 API 함수는 오피스 32비트 용과 64비트용으로 구분해서 사용하는데, 오피스 버전이 64비트인지 확인하기 위해 '#If VBA7 And Win64 Then'을 사 용합니다. API에 대해서는 558쪽을 참고하세요.

② 기본적으로 엑셀 2016 이전 버전에서는 32비트로, 엑셀 2019 이후 버전에서는 기본적으로 64비트로 설치되는데, 이 부분은 32비트용 API 참조입니다.

3 코드 창을 아래쪽으로 이동하면 API를 참조해 작성한 몇 개의 함수들이 보입니다. 전체 함수들 을 알아보기 위해 코드 창에서 [프로시저] 단추(▼)를 클릭하여 현재 모듈에 작성된 프로시저 들을 확인해 보세요.

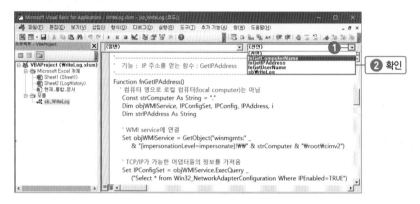

프로시저명	기능	사용 예
fnGetComputerName	컴퓨터명을 얻는 함수	MsgBox fnGetComputerName( )
fnGetIPAddress	IP 주소를 얻는 함수	MsgBox fnGetipAddress( )
fnGetUserName	윈도우 계정을 얻는 함수	MsgBox fnGetUserName( )
sbWriteLog	[LogHistory] 시트에 기록을 남기는 프로시저	Call sbWriteLog

4 파일이 정상적으로 저장된 후 로그 기록을 남기기 위해 [프로젝트] 탐색기 창에서 '현재_통합_ 문서'를 더블클릭하고 코드 창이 열리면 'Workbook' 개체의 'AfterSave' 프로시저를 선택합 니다. 'Workbook_AfterSave' 이벤트 프로시저가 삽입되면 다음과 같이 작성하고 [닫기] 단추 (✕)를 클릭하세요.

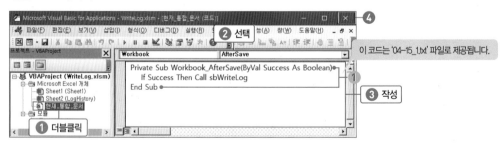

① AfterSave 이벤트는 저장한 후에 발생하며, 매개변수 Success는 정상적으로 저장하면 True 값을, 비정상적으로 저장하면 False 값을 가집니다. 그리고 정상적으로 저장할 때만 [LogHistory] 시트에 기록을 남기는 'sbWriteLog' 프로시저를 호출합니다.

> **Tip**
>
> [프로젝트] 탐색기 창에 '현재_통합_문서'가 없으면 'ThisWork book'을 더블클릭하세요.

5 엑셀 창으로 되돌아오면 [저장] 도구(🖫)를 클릭하고 [LogHistory] 시트에 기록이 남겨졌는지 확인해 보세요.

6 임의의 엑셀 문서를 열고 [LogHistory] 시트를 포함하는 엑셀 파일에서 [저장] 도구(🖫)를 클릭하세요. 그러면 현재 문서 외에 열어놓은 파일에 대한 정보도 기록된 것을 확인할 수 있어요.

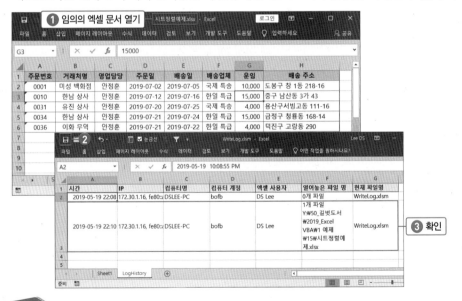

> **Tip**
>
> 기록 결과는 작성자의 PC 상황에 따라 다르게 표시됩니다.

● 예제파일 : GroupSplit.xlsm, frmGroupSplit.frm, frmGroupSplit.frx, sb_GroupSplit.bas　　● 완성파일 : GroupSplit(완성).xlsm

다른 시트에 그룹별로 표 내용 복사하기

– sbGroupSplit 매크로

표에서 담당자나 제품별로 그룹화하여 별도의 시트나 파일로 복사하는 경우 일일이 처리하기가 쉽지 않습니다. 이 경우 'sbGroupSplit' 매크로 프로시저를 가져와서 사용해 보세요.

1 예제파일에서 Alt + F11 을 눌러 VB 편집기 창을 열고 [파일]-[파일 가져오기] 메뉴를 선택하여 부록 실습 파일에서 'frmGroupSplit.frm' 파일을 가져오세요. 이 폼을 통해 분리할 내용의 전체 자료 범위와 분리 기준 필드를 선택하고 실행합니다.

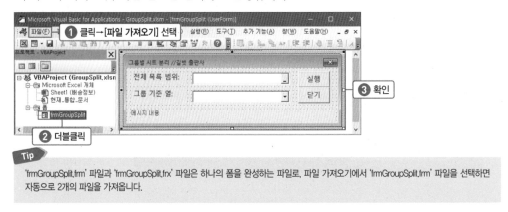

> **Tip**
>
> 'frmGroupSplit.frm' 파일과 'frmGroupSplit.frx' 파일은 하나의 폼을 완성하는 파일로, 파일 가져오기에서 'frmGroupSplit.frm' 파일을 선택하면 자동으로 2개의 파일을 가져옵니다.

2 **1** 과정을 통해 가져온 'frmGroupSplit' 폼을 실행하는 프로시저를 작성하기 위해 [삽입]-[모듈] 메뉴를 선택하세요. 새로운 'Module1' 모듈의 코드 창이 표시되면 다음과 같이 'sbGroupSplit' 프로시저를 작성하고 Alt + F11 을 누르세요.

① 'frmGroupSplit' 폼에는 셀 영역을 선택하기 위해 'RefEdit' 컨트롤을 사용했기 때문에 모델리스(vbModeless) 창으로 표시해서는 안 됩니다. 따라서 Show 메서드의 뒤에 아무것도 지정하지 않도록 주의하세요.

3 엑셀 창으로 되돌아오면 [배송정보] 시트에 미리 작성해 놓은 [그룹별 시트분리] 매크로 단추를 클릭하세요.

4 [그룹별 시트 분리] 대화상자가 열리면 '전체 목록 범위'에 [배송정보] 시트의 B3:I43 범위를 지정 하고 '그룹 기준 열'에서 [배송업체]를 선택한 후 [실행]을 클릭하세요. 작업이 완료되었다는 메시 지 창이 열리면 [확인]을 클릭하세요.

5 새 통합 문서에 배송 업체별로 시트가 생성되면서 해당 자료가 복사되었는지 확인해 보세요.

이벤트 프로그래밍

ActiveX 컨트롤

사용자 정의 폼

프로그램 구성

폼 디자인

오피스 연동

함수

매크로

사용자 지정 메뉴

추가 기능 파일

예제파일 : SheetManager.xlsm, frmSheetManager.frm, frmSheetManager.frx, 시트정렬예제.xlsx

완성파일 : SheetManager(완성).xlsm

시트 정렬하고 관리하기

– sbSheetManager 매크로

하나의 파일에 여러 시트들을 작성하다 보면 한 화면에서 볼 수 없는 경우가 많고 시트를 보기 좋은 위치로 정렬하는 작업도 쉽지 않습니다. 시트를 가나다순(알파벳순)으로 정렬하거나 시트의 목록을 출력하는 등 다양한 시트 관리 기능을 제공하는 'sbSheetManager' 매크로 프로시저를 가져와서 사용해 보세요.

1 예제파일에서 Alt + F11 을 눌러 VB 편집기 창을 열고 **[파일]–[파일 가져오기]** 메뉴를 선택하여 부록 실습 파일에서 'frmSheetManager.frm' 파일을 가져오세요. 이 폼을 이용해서 현재 통합 문서의 시트를 관리할 수 있어요.

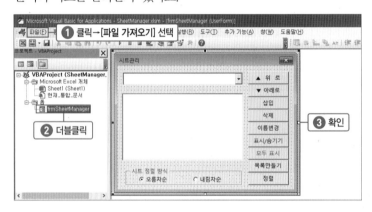

2 **1** 과정에서 가져온 'frmSheetManager' 폼을 실행하는 프로시저를 작성하기 위해 **[삽입]–[모 듈]** 메뉴를 선택하세요. 새로운 'Module1' 모듈의 코드 창이 표시되면 다음의 화면과 같이 'sbSheetManager' 프로시저를 작성하고 Alt + F11 을 누르세요.

① 'frmSheetManager' 폼을 모델리스 창으로 표시합니다.

3 엑셀 창으로 되돌아오면 시트 관리 테스트를 위해 현재 통합 문서를 열어놓은 상태에서 '시트정렬
예제.xlsx' 파일을 여세요. '시트정렬예제.xlsx' 파일이 활성화된 상태에서 Alt + F8 을 누르세요.

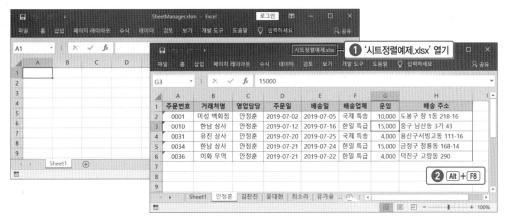

4 [매크로] 대화상자가 열리면 '매크로 이름'에서 [sbSheetManager]를 선택하고 [실행]을 클릭
하세요.

5 [시트관리] 대화상자에 현재 통합 문서의 시트 목록이 표시되면 [Sheet1]을 선택하고 [삭제]를
클릭하세요. 삭제 확인 메시지 창이 열리면 [삭제]를 클릭하세요.

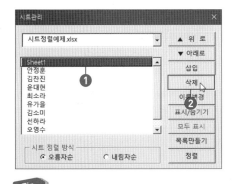

> **Tip**
>
> 여러 개의 문서가 열려있으면 위쪽에 있는 콤보 상자의 목록 단추(-)를 클릭해서 열려있는 파일 중 하나를 선택할 수 있어요.

이벤트 프로그래밍

ActiveX 컨트롤

사용자 정의 폼

프로그램 구성

폼 디자인

오피스 연동

함수

매크로

사용자 리본 메뉴

추가 기능 파일

6 시트들을 가나다순으로 정렬하기 위해 [시트관리] 대화상자의 '시트 정렬 방식'에서 [오름차순]을 선택하고 [정렬]을 클릭하세요.

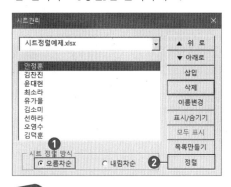

Tip

기타 나머지 단추들도 실행해 보면 해당 기능을 쉽게 이해할 수 있어요.

7 [시트관리] 대화상자의 시트 목록과 현재 통합 문서 시트들이 오름차순으로 정렬되었는지 확인해 보세요.

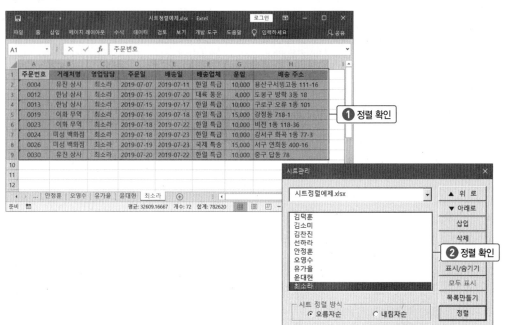

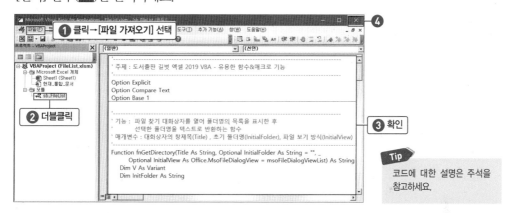

📀 예제파일 : FileList.xlsm, sb_FileList.bas   📀 완성파일 : FileList(완성).xlsm

실무
예제 **10** # 특정 폴더의 파일 목록 만들기

– sbFileList 매크로

[찾아보기] 대화 상자에서 폴더를 선택하면 해당 폴더의 파일명, 파일 크기, 최근 저장 날짜 등의 정보를 워크시트에 정리해 주는 'sbFileList' 매크로 프로시저를 가져와서 사용해 보세요. 'sbFileList' 매크로 프로시저는 Application.FileDialog 메서드와 Dir 함수를 이용해서 작성했는데, 이것에 대해서는 530쪽을 참고하세요.

1 예제파일에서 [Alt]+[F11]을 눌러 VB 편집기 창을 열고 **[파일]-[파일 가져오기]** 메뉴를 선택하세요. [파일 가져오기] 대화상자가 열리면 부록 실습 파일에서 'sb_FileLIst.bas' 파일을 가져온 후 **[닫기]** 단추(❎)를 클릭하세요.

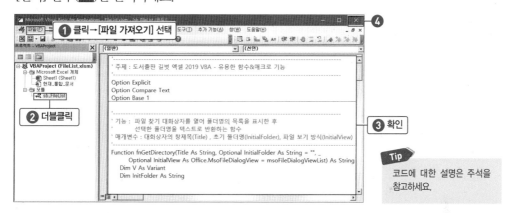

> **Tip**
> 코드에 대한 설명은 주석을 참고하세요.

2 엑셀 창으로 되돌아오면 [Alt]+[F8]을 누르세요. [매크로] 대화상자가 열리면 '매크로 이름'에서 [sbFileLIst]를 선택하고 [실행]을 클릭하세요.

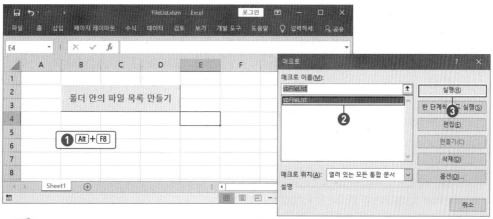

> **Tip**
> 예제파일에서 [Sheet1] 시트의 [폴더 안의 파일 목록 만들기] 단추에는 'sbFileList' 매크로가 이미 지정된 상태이므로 이 단추를 클릭해도 됩니다.

3 [작업 폴더 선택] 창이 열리면서 폴더 목록만 표시되면 적당한 폴더를 선택하고 [확인]을 클릭하세요.

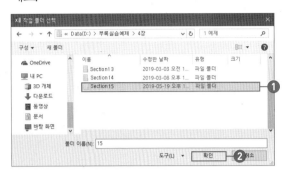

4 새 통합 문서가 열리면서 선택한 폴더 안의 파일과 폴더 목록이 표시되었는지 확인해 보세요. 작업 완료 메시지 창이 열리면 [확인]을 클릭하세요.

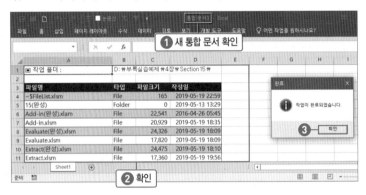

API(응용 프로그램 인터페이스) 살펴보기

API(Application Program Interface) 함수는 특정 응용 프로그램이 외부 프로그램을 위해 제공하는 함수와 메서드 등을 의미합니다. 이러한 함수와 메서드는 일반적으로 동적 연결 라이브러리(DLL; Dynamic Link Library) 파일을 통해 제공됩니다. 그 중에서 가장 많이 사용하는 윈도우 API 함수는 윈도우가 제공하는 기능으로, 'System32' 폴더나 'Syswow64' 폴더에 제공됩니다. 윈도우 API 함수의 종류는 약 1,500개 정도로, 이 함수들을 모두 알 필요는 없고 필요한 함수만 가져와서 사용하세요.

VBA에서 API 함수를 사용할 때는 Declare문을 사용해 다음과 같은 형식으로 모듈의 위쪽에 있는 선언부에 선언해야 합니다. 윈도우를 구성하는 C 계열 언어는 영문자의 대소문자를 구별하므로 API 함수를 선언할 때는 영문자의 대소문자를 구별하여 사용해야 합니다.

형식	Declare Function 함수명 Lib "라이브러리 파일명" Alias "별명" (인수) As 반환 데이터형

- **함수명** : VBA에서 사용할 API 함수명
- **라이브러리 파일명** : API 함수가 들어있는 DLL 파일의 이름으로, 실제 파일이 운영체제 시스템(System32)에 있어야 합니다.
- **별명** : API 함수의 별명으로, 함수명이 DLL 파일에서 사용하는 함수명과 같으면 생략합니다.
- **인수** : API 함수의 매개변수로, 사용할 API 함수마다 다르기 때문에 해당 함수에 대한 도움말을 참고해서 사용해야 합니다.
- **반환 데이터형** : API 함수 결과값의 데이터형

실무
예제 **11** 사용자 리본 메뉴 작성을 위한 준비 작업하기

리본 메뉴에 표시되는 탭이나 그룹, 명령은 기본적으로 [Excel 옵션] 대화상자를 이용해서 편집할 수 있습니다. 이렇게 편집하면 엑셀 리본 메뉴를 변경하기 때문에 어떤 파일을 열어도 형태가 같습니다. 매크로가 작성된 파일을 열었을 때만 매크로를 실행할 수 있는 메뉴가 리본 메뉴에 표시되도록 편집할 수 있습니다. 이 기능은 엑셀 내부에서 작성하는 작업이 아니라 엑셀 파일의 외부에서 XML 코드를 이용해서 작성하기 때문에 XML 편집기를 준비하는 것이 편리합니다. 이때 XML 문법에 대한 기본적인 이해가 필요합니다.

2019년 현재 오피스 2007 이상의 대표적인 XML 편집기는 Office Ribbon Editor입니다. 그러므로 이 제품을 다운로드해서 설치한 후에 560쪽의 실습예제를 따라해 보세요.

종류	특징	사이트
Office Ribbon Editor	한국어 지원	• http://download.cnet.com/Office-Ribbon-Editor/3000-7241_4-75628723.html • **단축 URL** : https://bit.ly/2VCswlW

Tip

Office Ribbon Editor 설치 프로그램은 'RibbonTool' 폴더에서 'OfficeRibbonEditor441.exe(개발자 : Peter Leaf)'로 제공됩니다.

Office Ribbon Editor를 설치한 후 실행한 상태에서 [File]-[Open] 메뉴를 선택하세요. 부록 실습 파일에서 '길벗매크로2019추가기능.xlam'을 선택하여 열고 사용자 리본 메뉴를 정의하는 [RibbonX14]의 XML 코드를 확인해 보세요.

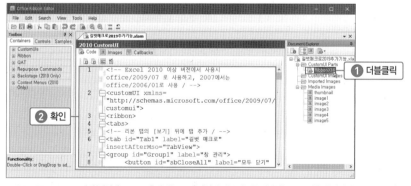

▲ Office Ribbon Editor에서 '길벗매크로2019추가기능.xlam' 파일의 리본 메뉴를 정의하는 XML 내용 확인하기

특정 파일에만 표시되는 리본 메뉴 만들기

Office Ribbon Editor가 설치되었으면 리본 메뉴에 [길벗 매크로] 탭을 추가하고 [길벗 매크로]
탭에 2개의 매크로를 실행할 수 있는 단추를 작성해 보겠습니다.

1 Office Ribbon Editor를 실행하고 [File]-[Open] 메뉴를 선택하세요. [Open Microsoft Office
　2007 Document] 대화상자가 열리면 부록 실습 파일에서 'Ribbon.xlsm'을 선택하고 [열기]를 클
　릭하세요.

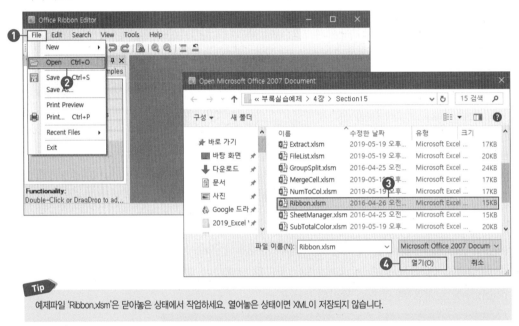

> **Tip**
>
> 예제파일 'Ribbon.xlsm'은 닫아놓은 상태에서 작업하세요. 열어놓은 상태이면 XML이 저장되지 않습니다.

2 작업 중인 파일의 이름이 중앙 편집기의 위쪽에 탭으로 표시되고 화면의 오른쪽에 있는 [Document
　Explorer] 작업 창에 작업중인 파일의 XML 구조의 형태가 표시됩니다. [Document Explorer] 작업
　창에서 [Add CustomUI](🔡▾)를 클릭하고 [Add 2010 CustomUI]를 선택하세요.

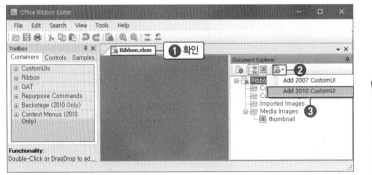

> **Tip**
>
> 리본 탭의 XML 구조는 오
> 피스 2007 버전과 오피스
> 2010~2019 버전으로 구분되
> 는데, 엑셀 2019에서도 [Add
> 2010 CustomUI]를 사용합니다.

3 [Document Explorer] 작업 창의 파일 구조에서 'CutomUI Parts' 폴더의 하위 파일인 'RibbonX14'를 더블클릭하세요. 화면의 왼쪽에 있는 [Toolbox] 작업 창의 [Samples] 탭에서 'Office 2010'의 'Custom Ribbon'을 더블클릭하여 편집기 창에 리본 메뉴 작성을 위한 XML 코드를 삽입하세요.

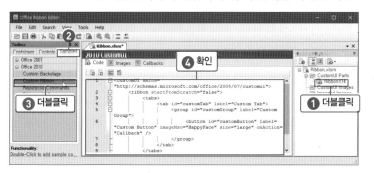

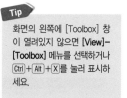

Tip
화면의 왼쪽에 [Toolbox] 창이 열려있지 않으면 [View]-[Toolbox] 메뉴를 선택하거나 Ctrl + Alt + X 를 눌러 표시하세요.

4 삽입된 XML 코드를 다음과 같이 수정하세요.

1 customUI 태그는 리본 메뉴 시작 및 식별자를 지정합니다. '2009/07'은 오피스 2010 이상 버전의 식별자를 의미합니다.

2 ribbon 태그는 리본 메뉴를 의미하고 startFromScratch 속성은 리본 항목에 사용자가 정의한 메뉴만 표시할지 True/False로 지정합니다. startFromScratch="false"는 생략하면 기본값으로 지정되어 모든 리본 메뉴가 정상적으로 표시됩니다.

3 리본 메뉴의 탭을 의미하며 탭을 추가하기 위해 사용합니다.

4 전체 탭의 끝에 고유 id를 'customTab'인 [길벗 매크로] 탭을 추가합니다. id 속성은 유일한 값으로, 영문자의 대소문자를 구별하여 지정합니다.

❺ 탭의 첫 번째 그룹으로 id가 customGroup인 '메시지'를 추가합니다.

❻ 그룹의 첫 번째 명령 단추로 id가 'Button1'인 '시간 표시'를 추가합니다. 이 명령 단추의 아이콘 모양은 큰 단추 모양의 'HappyFace'로 지정되고, 단추를 클릭하면 onAction 속성에 지정한 'RibbonControl_Click' 프로시저를 엑셀에서 찾아 실행합니다. 아이콘 모양에 대해서는 566쪽의 '잠깐만요'를 참고하세요.

❼ 그룹의 두 번째 명령 단추를 작성합니다.

5 작성한 XML 코드를 검증하기 위해 [Validate CustomUI] 아이콘(📝)을 클릭하고 CustomUI XML에 오류가 없다는 메시지 창이 열리면 [확인]을 클릭하세요. 도구 모음에서 [Save File] 도구(💾)를 클릭하여 저장하고 [닫기] 단추(❌)를 클릭하여 프로그램을 종료하세요.

> **Tip**
>
> 사용자 리본 메뉴를 제거하려면 [Document Explorer] 창의 파일 구조 중 'CutomUI Parts'-'RibbonX14'에서 마우스 오른쪽 단추를 눌러 [Remove CustomUI]를 선택하세요.

6 예제파일 'Ribbon.xlsm'을 열고 리본 메뉴의 끝에 [길벗 매크로] 탭이 추가되었는지 확인해 보세요. [길벗 매크로] 탭을 클릭하여 [메시지] 그룹에 2개의 단추가 생성된 것을 확인하고 Alt + F11 을 누르세요.

7 VB 편집기 창이 열리면 **[파일]-[파일 가져오기]** 메뉴를 선택하여 부록 실습 파일에서 'sb_Ribbon Control.bas' 파일을 가져온 후 Alt + F11 을 누르세요.

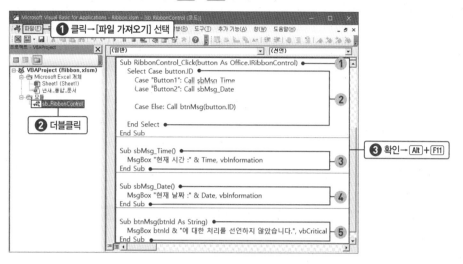

① **5** 과정에서 작성한 XML 코드에서 onAction 속성에 지정한 'RibbonControl_Click' 프로시저를 작성해야 단추를 클릭할 때 해당 프로시저가 실행됩니다. 클릭한 단추 정보는 매개변수 button으로 전달됩니다.

② 매개변수 button의 ID 값은 XML 코드 id 속성에서 지정한 값으로, 이 값에 따라 실행할 프로시저를 다르게 지정합니다.

③ 메시지 창에 시간을 표시합니다.

④ 메시지 창에 날짜를 표시합니다.

⑤ Button1, Button2 이외의 ID를 클릭하면 오류 메시지가 표시됩니다.

8 엑셀 창으로 되돌아오면 **[길벗 매크로] 탭-[메시지] 그룹**에서 **[시간 표시]**를 클릭하세요. 현재 시간을 표시하는 메시지 창이 열리면 시간을 확인하고 [확인]을 클릭하세요.

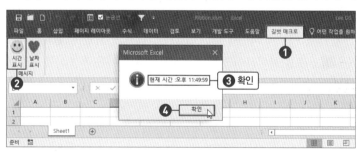

Tip

해당 리본 탭은 'Ribbon.xlsm' 파일에서만 표시됩니다. 다른 통합 문서를 선택하면 일시적으로 리본 메뉴가 사라지고 다시 'Ribbon.xlsm'을 열면 [길벗 매크로] 탭이 표시됩니다.

예제파일 : Add-in.xlsm 완성파일 : Add-in.xlam

매크로가 포함된 추가 기능 파일 만들기

엑셀의 파일 중에서 추가 기능(Add-In) 파일은 파일을 열면 통합 문서가 보이지 않고 숨겨진 상태가 되며, 해당 파일에 작성된 기능을 그대로 사용할 수 있어서 매우 유용합니다. Acrobat이나 Snag-It 등의 프로그램을 설치하다 보면 Add-In 기능으로 지원되어 리본 메뉴에 추가 탭이 표시됩니다. 이번에는 앞에서 작성한 사용자 리본 메뉴 파일을 추가 기능으로 설치하고 추가 기능을 제거하는 기능을 작성해 보겠습니다.

1 파일 설명을 지정하기 위해 **[파일] 탭-[정보]**를 선택하고 [속성]-[고급 속성]을 선택합니다.

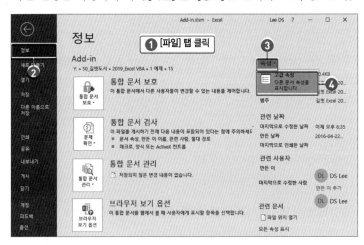

2 [속성] 창이 열리면 [요약] 탭에서 '메모'에 파일에 대한 설명을 입력하고 [확인]을 클릭하세요. 백스테이지의 왼쪽 위에 있는 ⬅ 단추를 클릭하여 엑셀 워크시트로 되돌아온 후 F12 를 누르세요.

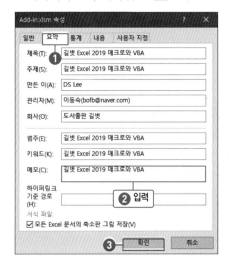

3 [다른 이름으로 저장] 대화상자가 열리면 '파일 형식'에서 [Excel 추가 기능 (*.xlam)]을 선택합니다. 기본 폴더의 위치가 엑셀이 설치된 폴더의 하위 폴더인 'Addins' 폴더로 이동하면 저장 폴더의 위치를 변경하기 위해 [Section(15)(으)로 이동] 단추(←)를 클릭하세요.

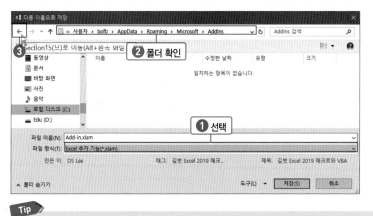

> **Tip**
>
> 추가 기능 파일이 'Addins' 폴더에 저장되면 엑셀을 시작할 때 해당 파일의 제목 속성이 [Excel 옵션] 창의 [추가 기능] 탭에 추가 기능 파일 목록으로 추가됩니다.

4 추가 기능 파일을 저장할 폴더를 선택하고 [저장]을 클릭하세요.

5 추가 기능 파일의 확장자가 xlam이기 때문에 예제파일과 같은 이름이지만, 아이콘과 확장자가 다릅니다. 엑셀을 종료한 후 윈도우 탐색기에서 추가 기능 파일로 저장된 파일을 찾아 더블클릭하세요.

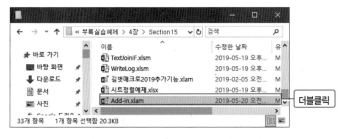

이벤트 프로그래밍

ActiveX 컨트롤

사용자 정의 폼

프로그램 구성

폼 디자인

오피스 연동

함수

매크로

사용자 리본 메뉴

추가 기능 파일

6 엑셀 파일이 열리면서 보안 경고 창이 열리면 [매크로 포함]을 클릭하세요.

7 추가 기능 파일이 열리고 [길벗 매크로] 탭도 표시되지만, 워크시트가 나타나지 않습니다. 추가 기능 파일은 파일이 보이지 않아도 해당 기능을 그대로 사용할 수 있기 때문에 [길벗 매크로] 탭의 명령 단추를 클릭하면 정상적으로 실행됩니다. 따라서 공통적으로 사용하는 매크로나 함수 기능은 추가 기능 파일로 작성해서 사용하는 것이 편리해요.

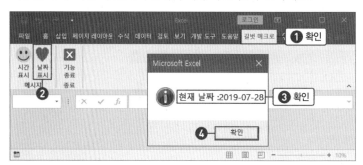

> **Tip**
>
> [길벗 매크로] 탭-[종료] 그룹에서 [기능 종료]는 해당 문서를 닫는 매크로와 연결되어 있습니다. 추가 기능 파일을 닫으면 자동으로 [길벗 매크로] 탭도 사라집니다.

🔗 **예제파일** : 'RibbonTool' 폴더의 DV_Ribbon_Icon_Browser.xlsm

잠깐만요 **리본 메뉴에 사용 가능한 아이콘 찾기**

리본 메뉴를 수정하기 위해 작성하는 CustomUI XML 파일에서 imageMso 속성을 이용해서 아이콘을 선택할 수 있습니다. 이 아이콘의 종류와 이름은 부록 실습 파일에서 'DV_Ribbon_Icon_Browser.xlsm'을 참고하면 쉽게 확인할 수 있어요. 검색한 아이콘 이름을 이용해 XML에서 imageMso 속성을 'imageMso="아이콘명"' 형식으로 지정합니다.

예 imageMso="Heart"

❶ [Info (English)] 시트에서 [Start Image Browser] 단추를 클릭하세요.

❷ 아이콘을 조회할 수 있는 창이 열리면 [Large Icons]에 체크해서 아이콘을 확대하고 이름을 확인할 아이콘을 클릭하세요. [imageMso] 대화상자가 열리면 해당 아이콘의 이름을 확인할 수 있어요.

핵심! 실무 노트

VBA Tips & Tricks

[길벗 매크로] 탭 사용하기

이번 장에서 설명했던 내용을 하나의 파일로 묶어서 사용하기 쉽게 추가 기능 파일로 만들었습니다. 사용 중인 컴퓨터에 여기서 제공하는 추가 기능이 저장된 파일을 설치하면 엑셀의 리본 메뉴에 [길벗 매크로] 탭이 추가되어 모든 엑셀 문서에서 매크로 기능과 함수를 편리하게 사용할 수 있어요.

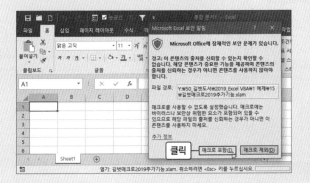

1 '길벗매크로2019추가기능.xlam'을 열고 보안 경고 창이 열리면 [매크로 포함]을 클릭하세요.

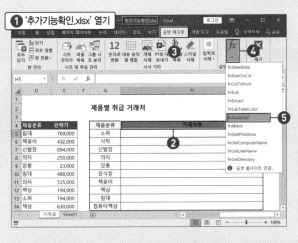

2 리본 메뉴에 [길벗 매크로] 탭이 표시되면 리본 메뉴 기능을 확인하기 위해 '추가기능확인.xlsx'를 열고 H5셀을 선택합니다. [길벗 매크로] 탭-[길벗 VBA 함수] 그룹에서 [fx]-[fnTextJoinIF]를 선택하세요.

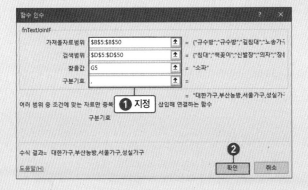

3 fnTextJoinIF 함수의 [함수 인수] 대화상자가 열리면 왼쪽의 화면과 같이 함수 인수를 지정하고 [확인]을 클릭하세요.

Tip

fnTextJoinIF 함수의 사용에 대해서는 545쪽을 참고하세요.

이벤트 프로그래밍

ActiveX 컨트롤

사용자 정의 폼

프로그램 구성

폼 디자인

오피스 연동

함수

매크로

사용자 리본 메뉴

추가 기능 파일

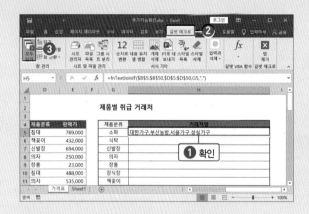

④ H5셀에 가구 제품이 쉼표(,) 기호로 구분되어 표시되면 다른 매크로 기능도 확인하기 위해 [길벗 매크로] 탭-[창 관리] 그룹에서 [모두 닫기]를 클릭하세요.

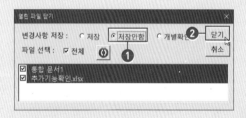

⑤ [열린 파일 닫기] 대화상자가 열리면 '변경사항 저장'에서 [저장안함]을 선택하고 [닫기]를 클릭하세요.

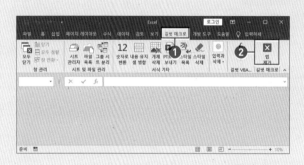

⑥ 열려있던 모든 엑셀 문서가 닫히고 빈 영역만 표시된 상태에서도 추가 기능 파일로 제공하는 [길벗 매크로] 탭이 그대로 표시됩니다. 추가 기능을 제거하려면 [길벗 매크로] 탭-[길벗 매크로] 그룹에서 [탭 제거]를 클릭하세요.

> **Tip**
>
> 추가 기능도 일종의 파일이기 때문에 엑셀을 종료하면 자동으로 닫힙니다. 따라서 엑셀을 종료해도 추가 기능이 사라집니다.

⑦ [길벗 매크로] 탭이 사라졌는지 확인해 보세요.

> **Tip**
>
> 엑셀이 시작될 때 추가 기능 파일이 자동으로 열리면서 설치되도록 하려면 'XLStart' 폴더에 해당 파일을 복사하세요. 'XLStart' 폴더의 위치는 사용하는 컴퓨터나 계정에 따라 다를 수 있으므로 엑셀 VB 편집기 창의 [직접 실행] 창에서 『? application.startuppath』를 입력해서 해당 경로를 확인해야 합니다.

Excel 2019 Macro&VBA

엑셀로 작성하는 매크로도 프로그램이기 때문에 워크시트에서 작업하는 것처럼 간단하지 않습니다. 우선 VBA에 대한 기초적인 문법 구조와 규칙을 정확하게 알고 있어야 해요. 하지만 처음 매크로를 시작하는 경우에는 매크로가 너무 생소한 작업이어서 간단한 기능조차도 어떻게 처리해야 할지 몰라 당황스러울 때가 많습니다. 이번에는 엑셀 매크로 작업할 때 발생할 수 있는 질문을 정리했으니 궁금한 점을 찾아 문제를 해결해 보세요.

Q1 엑셀 2019 사용 라이선스를 얻는 방법은 무엇인가요?

엑셀 2019 사용 라이선스를 얻는 방법은 오피스 365를 구독하는 방법과 엑셀 2019 영구 버전을 구매하는 방법이 있습니다. 오피스 365를 구독하면 항상 최신 버전을 사용할 수 있고 최대 5개의 디바이스에 설치 가능하다는 장점이 있습니다. 하지만 사용하는 기간 동안 월 단위로 구독 비용을 지불해야 단점도 있어요. 반면 엑셀 2019 영구 버전은 한 번 비용을 지불한 후에는 영구적으로 사용할 수 있지만, 오피스 365에서 제공하는 최신의 새로운 기능을 업데이트할 수 없고 1개의 디바이스에만 설치가 가능합니다. **오피스 365의 최신 기능을 사용하는 매크로를 작성한 경우 해당 매크로는 엑셀 2019에서는 작동하지 않게 됩니다.**

Q2 엑셀 2019의 새로운 기능은 무엇인가요?

엑셀 2019에서는 다음과 같은 새로운 함수와 차트가 제공되고 피벗 테이블의 기능이 향상되었어요.

새로운 함수

엑셀 2019에 새로 추가된 함수는 CONCAT 함수, IFS 함수, MAXIFS 함수, MINIFS 함수, TEXTJOIN 함수, SWITCH 함수입니다. 이들 함수를 VBA에서 사용할 때 다음과 같이 사용하지만, 엑셀 2019 이하 버전에서는 사용할 수 없어요.

```
Dim strMsg As String
❶ strMsg = Application.TextJoin(",", True, Selection)
```

❶ 현재 선택 영역의 셀 내용 중에서 빈 셀은 무시하고 콤마(,)로 구분하여 하나의 문자열로 연결한 후 strMsg 변수에 저장합니다.

새로운 차트

엑셀 2007 이후부터 조금씩 추가된 차트들은 각 버전 이후에서만 지원됩니다. 특히 엑셀 2013 버전부터는 차트 서식 인터페이스도 많이 바뀌었기 때문에 차트 작성이나 수정과 관련된 VBA 개체도 달라졌어요. 특히 엑셀 2019에 추가된 지도 차트나 깔때기형 차트는 엑셀 2019 이후 버전에서만 지원됩니다.

향상된 피벗 테이블

피벗 테이블 기능은 엑셀 2007 이후로 엑셀 2019까지 각 버전별로 기능이 향상되거나 추가되었고, 슬라이서 기능은 엑셀 2010 이후부터 추가되었습니다. 엑셀 2019에서는 '기본 피벗 테이블 레이아웃 개인 설정' 기능과 '다중 선택 슬라이서 기능' 등이 추가되었어요.

버전별 주요 새로운 기능 및 변경 기능

기능	엑셀 2010	엑셀 2013	엑셀 2019	엑셀 2019	오피스 365
통합 문서별로 열리는 창		○	○	○	○
블랙 테마				○	○
설명(Tell Me) 기능			○	○	○
스마트 조회 기능			○	○	○
3D 모델				○	○
아이콘(SVG)				○	○
3D 맵			○	○	○
스파크라인	○	○	○	○	○
피벗 테이블 슬라이서	○	○	○	○	○
표 슬라이서, 슬라이서 필터		○	○	○	○
새로운 함수(FORMULATEXT, NUMBERVALUE, XOR)		○	○	○	○
새로운 함수(CONCAT, FORCAST 시리즈)			○	○	○
새로운 함수(CONCAT, IFS, MAXIFS, MINIFS, SWITCH, TEXTJOIN)				○	○
새로운 함수(FILTER, UNIQUE, SEQUENCE, SORT, SORTBY 등)					○
추천 차트, 콤보 차트, 데이터 레이블, 시간 표시 막대		○	○	○	○
분석 차트(트리맵, 선버스트, 파레토, 상자수염, 폭포)			○	○	○
지도 차트 및 깔때기형 차트				○	○
피벗 테이블의 기능 향상 (자동 관계 검색, 자동 시간 그룹화, 피벗 테이블의 검색 등)				○	○
파워 피벗(추가 기능)	○	○	○	○	○
파워 뷰(추가 기능)		○	○	○	○
파워 쿼리		○	○	○	○

Q3 엑셀 버전 변화와 VBA 코드로 매크로를 확인하는 방법을 알고 싶어요.

엑셀 2003에서 엑셀 2007로 변화되면서 엑셀은 파일 구조와 사용자 인터페이스가 많이 변화되었습니다. 사용자 인터페이스가 변경되면 해당 엑셀 개체도 변경되기 때문에 엑셀 2003 이전의 매크로와 엑셀 2007 이후의 매크로는 크게 다릅니다. 엑셀 2007, 엑셀 2010, 엑셀 2013, 엑셀 2019, 엑셀 2019를 사용하는 경우 **기본적인 사용 환경에는 큰 변화가 없기 때문에 이 책에서 다루는 대부분의 기능은 해당 버전에서 작동하는 데 크게 문제되지 않습니다.**

다른 버전에서 매크로 사용하기

기본적인 엑셀 하위 버전으로 작성한 기능은 상위 버전에서 정상적으로 작동됩니다. 하지만 엑셀 2010 버전부터 지원하지 않은 달력 컨트롤(Calendar)이나 API 함수를 사용한 경우 64비트용 엑셀에서는 오류가 발생합니다. 또한 각 엑셀 버전별로 추가되거나 변경된 기능을 사용하는 경우 하위 버전에서는 정상적으로 작동되지 않습니다. 그러므로 다양한 엑셀 버전을 사용하는 환경을 고려하여 매크로를 작성하는 경우에는 가장 낮은 버전의 기능을 중심으로 작성하되, 지원이 중단된 기능을 제외하고 작성하면 크게 문제가 발생하지 않습니다.

엑셀 설치 버전(32비트와 64비트)에 따라 매크로 사용하기

엑셀의 2019과 엑셀 2019로 표시되는 버전 외에 설치 버전도 32비트와 64비트로 구분됩니다. 이것은 엑셀 2010 버전 이후부터 추가된 설치 방법으로, 기존 설치 방법인 32비트 외에 대용량 데이터를 효과적으로 관리하기 위한 64비트 설치 버전이 있습니다. 엑셀 2019나 오피스 365를 설치하는 경우에는 기본적으로 64비트로 설치됩니다.

엑셀 창에서 설치 버전을 간단히 확인하려면 **[파일]-[계정]** 메뉴를 선택하세요. [제품 정보] 화면이 표시되면 [Excel 정보]를 클릭해서 현재 엑셀 프로그램의 업데이트 버전 및 비트를 확인할 수 있어요.

 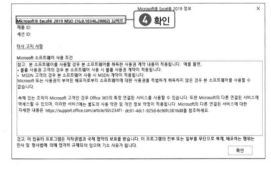

▲ [Microsofot Excel 정보] 창에서 비트 정보 확인하기

VBA 코드를 이용해 매크로를 실행하는 도중에 확인하는 방법은 다음과 같습니다.

```
Function fn63BitApp( ) As Boolean
        Dim bis64Bit As Boolean
        #If Win64 Then
            bis64Bit = True
        #End If
        fn63BitApp = bis64Bit
End Function
```

❶ #으로 시작하는 If문은 '전처리(Pre-processor)'문이라고 하며, 동적/조건부 코드를 생성해 컴파일되기 전에 처리되는 명령으로, 윈도우나 VBA 환경을 판단할 때 사용합니다. Win64는 컴파일 상수로, 값이 1 이상(True)이면 64비트 상태이고, 그 외에는 32비트 상태를 의미합니다.

❷ ❶의 끝을 지정하는 End If문의 앞에도 #을 붙여 지정합니다.

64비트 엑셀에서 API 함수를 사용하는 매크로를 실행하는 경우 'Compile error : Type mismatch'와 같은 오류가 표시될 수 있습니다. API 사용의 문제라면 다음과 같이 해당 API의 데이터형을 변경하면 됩니다.

API 선언문을 #if 전처리문을 이용하여 63비트와 32비트로 분리하여 정의해야 합니다. 64비트에서는 Declare~Function 사이에 'PtrSafe'를 추가하고 사용하는 데이터형을 LongLong이나 LongPtr도 수정해야 합니다.

```
#If Win64 Then
    Private Declare PtrSafe Function GetTickCount64 Lib "kernel32" () As LongLong
#Else
    Private Declare Function GetTickCount64 Lib "kernel32" () As Long
#End If
```

① #으로 시작하는 If문은 전처리(Pre-processor)문으로, 매크로를 실행하기 전에 처리되어 윈도우나 VBA 환경을 판단하는 용도로 사용합니다. Win64는 조건부 컴파일 상수로, 64비트인 경우에는 True 값을 가지기 때문에 64비트용 API 함수를 선언합니다. GetTickCount64 API 함수는 컴퓨터가 부팅한 시간으로부터 경과된 시간을 ms(밀리초)로 표시합니다. 즉 1000인 숫자를 반환하면 1초가 경과되었다는 의미입니다.

② 32비트용 API 함수를 선언합니다.

Q4 Excel for Mac에서도 VBA를 사용할 수 있나요?

이전 엑셀 2019까지는 Mac용 엑셀과 윈도우용 엑셀이 구분되어 있었지만, 엑셀 2019부터는 자동으로 인식하여 설치됩니다. 따라서 별도의 버전 없이 Mac과 윈도우에 모두 설치할 수 있어요. Mac에서도 엑셀의 VB 편집기 창과 VBA 개체를 이용해 매크로 작성이 가능하고 XML을 사용한 리본 메뉴의 변경도 가능합니다. 다만 Mac과 윈도우의 환경 차이 때문에 일부 VBA 개체의 사용이 다르거나 지원되지 않을 수 있습니다. 그렇지만 계속 업데이트되고 있기 때문에 각 VBA 개체의 Mac 버전 사용에 대한 자세한 내용은 개체의 도움말을 이용하는 것이 좋습니다. 자세한 사항은 매크로 작성과 관련된 http://bitly.kr/0zx9oa나 Office for Mac(https://docs.microsoft.com/en-us/office/vba/api/overview/office-mac)을 참고하세요.

Q5 엑셀 2019에서 작성한 매크로를 다른 버전에서도 사용할 수 있나요? ▶ 571쪽 참고

매크로를 기록하는 VBA 언어는 기본적으로 버전과 상관 없이 동일하기 때문에 각 버전에 추가된 엑셀 기능을 사용하지 않으면 크게 문제되지 않습니다.

Q6 엑셀 32비트와 엑셀 64비트가 있는데, 어떤 차이가 있나요? ▶ 572쪽 참고

엑셀 2007 버전까지는 32비트만 존재했지만 엑셀 2010 버전부터는 64비트가 추가되었습니다. 비트(bit)는 도로의 차선과 비교되는데, 비트가 크면 더 많은 양의 데이터를 빠르게 처리할 수 있어요. 엑셀을 포함한 오피스 32비트 버전에서 파일 1개의 최대 크기는 2GB입니다. 컴퓨터 성능이 아무리 우수해도 엑셀

32비트로 할 수 있는 작업에는 한계가 있어요. 따라서 빅데이터를 관리를 위해 파워 쿼리, 파워 피벗 등의 기능을 사용하는 경우에는 반드시 엑셀 64비트를 설치해야 합니다. 매크로 동작은 32비트와 64비트에서 모두 실행되지만, API 기능을 사용하는 경우에는 비트에 따라 다르게 처리해야 합니다.

Q7 매크로를 실행한 후 작업을 취소할 수 있나요?

매크로를 처음 기록할 때의 과정은 취소가 가능하지만, 직접 작성한 매크로나 기록된 매크로를 실행한 경우에는 작업 과정을 취소할 수 없어요. 매크로 작업 내용에서 파일 저장(Save 메서드) 명령을 실행하지 않은 경우 파일을 저장하지 않고 종료하면 매크로로 처리한 내용이 반영되지 않습니다.

Q8 VBA 코드에 사용하는 밑줄(_)과 콜론(:)의 의미는 무엇인가요? ▶ 215쪽 참고

VBA 코드를 작성할 때 기본적으로 하나의 명령문은 한 줄로 작성해야 합니다. 하지만 내용이 너무 긴 경우에는 여러 줄로 작성하는 것이 이해하기 쉽고 작성도 편리한데, 이 경우 공백과 밑줄(_)을 이용해 줄을 변경해야 합니다. 반대로 여러 줄의 명령문을 한 줄로 입력할 경우에는 명령문과 명령문 사이를 콜론(:)으로 구분해야 합니다.

Q9 매크로 단추가 보이는데 클릭하면 매크로가 실행되지 않아요. ▶ 29쪽 참고

매크로가 연결된 단추이고 연결한 매크로에 오류가 없다면 파일을 열 때 매크로를 포함해서 열지 않아 발생한 문제일 수 있습니다. 이 경우에는 파일을 닫고 다시 연 후 [보안 경고] 메시지 창이 열리면 [콘텐츠 사용]을 클릭하세요.

Q10 작성한 매크로와 사용자 정의 함수를 엑셀에서 항상 사용하고 싶어요. ▶ 564쪽 참고

공통적으로 사용할 수 있는 매크로나 사용자 정의 함수를 항상 사용하려면 추가 기능 파일로 저장한 후 추가 기능으로 설치하면 됩니다.

Q11 매크로를 빠르게 배우고 싶어요.

안타깝지만 매크로를 쉽고 빠르게 배우는 방법은 없습니다. 인터넷에는 수많은 매크로 코드가 있고 누군가가 완벽하게 작성해 놓은 엑셀 자동화 문서도 많아요. 하지만 이렇게 수많은 문서가 있어도 자신의 업무에 맞지 않기 때문에 자신에게 맞는 문서로 수정하기 위해 매크로 코드를 체계적으로 배워야 합니다. 매크로를 좀 더 쉽게 이해하는 방법 중 하나는 엑셀 기능을 잘 알고 있는 것입니다. 엑셀의 함수나 기능을 다양하게 알지 못하면 매크로는 아무 소용이 없어요. 그러므로 하루에 한두 시간씩 투자해서 1장~3장까지의 내용을 잘 익혀두면 어느 정도의 매크로 자동화는 가능합니다. 매크로의 기본기가 탄탄하게 다져지면 다른 사람이 작성한 매크로를 이해하고 수정하는 능력도 빠르게 향상됩니다.

Q12 리본 메뉴에 매크로를 실행하는 명령을 등록하고 싶어요. ▶ 94쪽, 560쪽 참고

리본 메뉴에 매크로 실행 명령을 등록하는 방법은 두 가지입니다. 첫 번째 방법은 리본 메뉴에서 **[파일]** **탭−[옵션]**을 선택해서 [Excel 옵션] 대화상자를 열고 [리본 사용자 지정] 범주를 선택한 후 '기본 탭' 목록을 이용하는 방법입니다. 두 번째 방법은 XML을 이용해 해당 파일에만 독립적으로 표시되는 명령을 작성하는 방법입니다.

Q13 매크로를 실행한 후에 화면이 정상적으로 표시되지 않아요. ▶ 479쪽 참고

이러한 문제는 여러 가지 이유가 있지만, 일반적으로 매크로에 삽입된 Application.ScreenUpdating =False 기능 때문에 발생할 수 있습니다. Application.ScreenUpdating=False를 사용하면 매크로를 실행하는 도중에 화면의 변화를 숨기기 때문에 실행 속도가 빨라집니다. 하지만 매크로를 종료하기 전에 반드시 Application.ScreenUpdating=True로 변경하여 원래 상태로 복원해야 하는데, 이 코드를 실행하지 않은 경우에는 엑셀 화면이 정상적으로 표시되지 않아요. 따라서 엑셀을 종료했다가 다시 실행하거나 VB 편집기의 [직접 실행] 창에서 Application.ScreenUpdating=True를 직접 입력하여 실행하면 화면이 정상적으로 되돌아옵니다.

Q14 매크로를 꼭 배워야 하나요?

매크로를 모두 배울 필요는 없습니다. 하지만 엑셀 매크로를 사용할 수 있는 사람과 사용할 수 없는 사람이 가질 수 있는 기회에는 엄청나게 큰 차이가 있어요. 엑셀은 유료 제품이어도 거의 모든 곳에서 사용하는 일반적인 프로그램으로, 기능이 매우 다양하고 활용도가 높습니다. 다만 데이터가 많아질수록 파일의 개수도 많아지고 복잡해지면서 사람이 수작업으로 처리해야 하는 단순 작업이 늘어난다는 단점이 있어요. 바로 이러한 단순 작업과 반복 작업이 매크로가 필요한 가장 큰 이유입니다. 데이터를 다루는 영업, 마케팅, 회계, 고객 관리 등의 직종에 종사한다면 엑셀 매크로를 꼭 배워두기를 권합니다. 그러면 여러분에게 지금과 다른 새로운 기회가 주어질 수 있습니다.

이 책의 앞부분에서 제공하는 목차는 VBA 문법을 공부하기 위한 순서이기 때문에 특정 기능을 자동화하려는 목적으로 찾아볼 때는 원하는 기능을 찾기가 어렵습니다. 그래서 엑셀 매크로 작업을 할 때 중요한 엑셀 기능을 좀 더 빠르게 찾을 수 있도록 다음과 같이 중요한 기능 활용을 위한 목차를 정리해 보았습니다.

번호	분류	자동화 기능	빠른 쪽 찾기
29	실행	매크로 실행하는 동안 마우스 포인터를 모래시계 모양으로 변경하기	498~499
30		리본 메뉴에 매크로 실행 단추 추가하기	94, 560
31		엑셀에서 매크로와 사용자 정의 함수 항상 사용하기	564
32		매크로 보안 경고 창 숨기기	31
33		오류 메시지가 나타나지 않게 처리하기	287
34	외부 개체	액세스에 연결해 자료 가져오고 내보내기	515, 519
35		워드로 엑셀 데이터 내보내기	507
36		파워포인트로 엑셀 데이터와 차트 내보내기	511
37		엑셀 화면을 사진으로 저장하기	505
38		자동으로 아웃룩의 메일 작성하기	527
39	외부 프로그램	자동으로 외부 프로그램 실행시키기	505
40	이벤트	특정 시간에 맞춰 자동으로 매크로 실행하기	323
41		특정 단축키를 누를 때 특정 매크로 실행하기	326
42		특정 셀의 내용이 변경될 때 자동으로 매크로 실행하기	321
43		Enter를 누를 때만 매크로 실행하기	448, 460
44	입력	선택 가능한 값 목록 표시한 후 클릭하여 선택하기	348, 396
45		대화상자 이용해 작업 범위 입력받기	231, 418
46	정보 확인	엑셀 버전에 따라 다르게 처리하기	109, 572
47		컴퓨터 이름 및 사용자 정보 등의 중요한 정보 확인하기	330, 549
48	제어	실행 횟수를 세어 최대 실행 횟수 제한하기	261, 269
49		빈 셀 만날 때까지 특정 기능 반복하여 처리하기	276
50		조건에 따라 다르게 처리하기	249, 255
51	텍스트	원하는 형태로 텍스트 자료 변형하기	540~541
52		특정 문자 단위로 텍스트 분리하기	541
53		여러 셀의 내용을 하나의 텍스트로 합치기	545, 547
54		문자로 입력된 숫자 데이터를 일괄 숫자로 변경하기	483
55	파일	한 번에 여러 파일 열고 작업하기	201
56		하나의 시트에 여러 파일의 내용 취합하기	488
57		파일이 있는지 확인하기	533
58		특정 폴더 안의 파일 정보 가져오기	557
59		파일을 다른 이름이나 형식으로 저장하기	190, 194
60	피벗 테이블	피벗 테이블 새로 고침하기	160
61		피벗 테이블의 원본 데이터를 일괄적으로 새로 고치기	494, 498
62	함수	경과 시간 측정하기	324, 580
63		VBA에서 엑셀 함수 활용하기	200, 391
64		원하는 범위에 있는 랜덤 숫자 발생시키기	290, 580
65		날짜 사이의 기간 계산하기	581

엑셀 VBA에서는 엑셀 함수와 다른 함수들을 제공합니다. VB에서 가장 일반적으로 사용하는 함수들을 분류하면 다음과 같습니다. 각 함수들을 쉽게 확인하려면 VB 편집기 창의 [직접 실행] 창에서 물음표(?) 다음에 제시된 예문을 입력한 후 [Enter]를 눌러 확인해 보세요.

1 | 문자열 관련 함수

함수 형식	기능
ASC(String)	문자열 첫 글자의 문자 코드(아스키코드) 값 반환
사용 예 Asc("A") Asc("a")	대문자 A에 대한 코드값 65 반환 소문자 a에 대한 코드값 97 반환
Chr(charcode)	지정된 문자 코드에 해당하는 문자 표시
사용 예 Chr(65)	대문자 A 표시
Str(Number)	숫자를 문자열로 변환
사용 예 Str(20)	문자열 20 표시
Len(String)	문자열의 총 길이 반환
사용 예 Len("Hello!")	6 반환
InStr([start,] string1, string2 [,compare])	• 한 문자열 안에(string1) 특정 문자열(string2)이 처음 발생한 위치 번호 반환 • start는 검색할 시작 위치로, 생략하면 1 부여 • compare는 비교 방법으로, −1(Option Compare문에 따라 결정), 0(이진 비교), 1(문자열 비교), 2(DB 비교) 의미
사용 예 InStr(6, "Visual Basic 6.0","a", 1) InStr("Visual Basic 6.0","a")	• 여섯 번째 자리 이후의 a를 찾기 때문에 9 반환 • 시작 위치와 비교 방법을 생략한 경우 시작 위치는 1로 지정되고, 비교 방법은 Option Compare문에서 지정한 방법으로 비교 • Option Compare문이 없는 경우 이진 비교가 발생하여 결과값 5 반환
Replace(string,find,replace [,start[,count[,compare]]])	• 문자열 안에서 지정된 하위 문자열(find)이 지정된 횟수만큼 다른 문자열(replace)로 대체 • count가 생략되면 모두 변경
사용 예 Replace("ks−01,ks−02,ks−03","ks","Q")	문자열의 ks가 모두 Q로 변경되어 'Q−01,Q−02,Q−03' 반환
Left(string,length)	문자열의 왼쪽에서 지정된 수만큼의 문자 반환
사용 예 Left("Visual Basic 6.0", 6)	'Visual Basic 6.0'에서 왼쪽부터 여섯 번째 문자인 'Visual' 반환
Right(string,length)	문자열 오른쪽에서 지정된 수만큼의 문자 반환
사용 예 Right("Visual Basic 6.0",3)	'Visual Basic 6.0'에서 오른쪽부터 세 번째 문자인 '6.0' 반환
Mid(string, start [,length])	문자열의 start 위치부터 지정된 수만큼의 문자 반환
사용 예 Mid("Visual Basic 6.0", 8, 5)	'Visual Basic 6.0'에서 여덟 번째 문자부터 다섯 개의 문자인 'Basic' 반환
Trim(string)	문자열의 양쪽 끝의 공백을 없애고 반환
사용 예 Trim(" 《《GilBut》》 ")	양쪽의 공백을 다 없앤 '《《GilBut》》' 반환

함수 형식	기능
LTrim(string)	문자열의 왼쪽 끝 공백을 없앤 후 반환
사용 예 Lrim(" 《《GilBut》》 ")	왼쪽 공백을 없앤 '《《GilBut》》' 반환
RTrim(string)	문자열의 오른쪽 끝 공백을 없앤 후 반환
사용 예 MsgBox RTrim(" 《《GilBut》》 ")	오른쪽 공백을 없앤 ' 《《GilBut》》' 표시
UCase(string)	문자열이 영문자인 경우 대문자로 변환
사용 예 MsgBox UCase("GilBut")	대문자로 변환한 'GILBUT' 표시
LCase(string)	문자열이 영문자인 경우 소문자로 변환
사용 예 MsgBox LCase("GilBut")	소문자로 변환한 'gilbut' 표시
String(number, character)	문자(character)를 지정한 숫자(number)만큼 반복해서 출력
사용 예 MsgBox String(10,"#")	10개의 # 기호 표시
Space(number)	공백이 지정된 수만큼 반복되는 문자열 출력
사용 예 MsgBox "V" & Space(5) & "B"	V와 B 사이에 5개의 공백을 연결해서 표시
LSet 문자열 변수 = 문자열	문자열을 변수의 왼쪽으로 정렬해서 대입
사용 예 strMy = Space(10) LSet strMy = "Hello!"	• strMy 변수에 열 자리 공백을 채움 • strMy는 열 자리 공백 중 왼쪽 여섯 자리만 'Hello!'로 채우고 뒤의 네 자리는 공백으로 남음
Rset 문자열 변수 = 문자열	문자열을 변수의 오른쪽으로 정렬해서 대입
사용 예 strMy = Space(10) RSet strMy = "Hello!"	• strMy 변수에 열 자리 공백을 채움 • strMy는 열 자리 공백 중 오른쪽 여섯 자리만 'Hello!'로 채우고 앞의 네 자리는 공백으로 남음
Val(string)	문자열을 숫자로 변환
사용 예 Val("02")	숫자 2 반환
StrReverse(string)	문자열을 역순으로 변환
사용 예 StrReverse("Hello!")	'!olleH' 반환

2 | 숫자 관련 함수

함수 형식	기능
INT(number)	number보다 크지 않은 정수 반환
사용 예 INT(23.5) INT(−23.5)	23.5보다 크지 않은 정수 23 반환 −23.5보다 크지 않은 정수 −24 반환
FIX(number)	number의 소수점 이하를 버리고 정수 반환
사용 예 FIX(23.5) FIX(−23.5)	23 반환 −23 반환
ROUND(number, DecimalPlace)	숫자를 소수점 이하 DecimalPlace 위치에서 반올림
사용 예 ROUND(23.56, 1)	23.56을 소수점 이하 둘째 자리에서 반올림해서 23.6으로 표시

함수 형식	기능
ABS(number)	number의 부호를 없앤 값 반환
사용 예 ABS(23.5) ABS(−23.5)	23.5 반환 23.5 반환
RND( )	• 0~1 사이의 난수(무작위수) 반환 • 주어진 범위 안에 있는 정수 난수를 발생시키는 공식 : INT(RND( )*(상한 값−하한 값+1))+하한 값
사용 예 1~100 사이의 난수를 발생시키려면	INT(RND( )*(100−1+1)+1)

3 | 날짜/시간 관련 함수

날짜/시간과 관련된 함수는 날짜/시간 표시 함수와 날짜 기간 계산 함수로 나뉩니다.

날짜/시간 표시 함수

함수	기능	사용 예	결과(예)
Date	현재 시스템 날짜 표시	Date	2019-07-04
Time	현재 시스템 시간 표시	Time	오후 4:42:07
Now	현재 시스템 날짜와 시간 표시	Now	2019-07-04 오후 4:41:50
Day(날짜)	일에 해당하는 정수 부분만 표시	Day(Date)	현재 날짜의 일
Month(날짜)	월에 해당하는 정수 부분만 표시	Month(Date)	현재 날짜의 월
Year(날짜)	연도에 해당하는 정수 부분만 표시	Year(Date)	현재 날짜의 연도
WeekDay (날짜, 시작 요일)	날짜에 해당하는 요일을 일요일부터 토요일을 차례대로 1~7까지의 정수로 표시	WeekDay(Date)	현재 날짜의 요일 번호
		WeekDay(Date,2)	현재 날짜의 요일 번호를 월요일은 1, …, 일요일은 7로 표시
Hour(시간)	시간에 해당하는 부분 표시(0~23)	Hour(Time)	현재 시간의 시간
Minute	분에 해당하는 부분 표시(0~59)	Minute(Time)	현재 시간의 분
Second	초에 해당하는 부분 표시(0~59)	Second(Time)	현재 시간의 초
DateSerial(년,월,일)	년, 월, 일을 각각 정수로 받아 해당 날짜 표시	DateSerial(99,10,1)	1999-10-01
TimeSerial(시,분,초)	시, 분, 초를 각각 정수로 받아 해당 시간 표시	TimeSerial(01,10,00)	오전 1:10:00
DateValue(문자열)	날짜 형태로 표시된 문자열을 받아 진짜 Date형으로 변환	DateValue("2019-10-1")	2019-10-01
TimeValue(문자열)	시간 형태로 표시된 문자열을 받아 진짜 Date형으로 변환	TimeValue("1:20 pm")	오후 1:20:00
Timer	자정 이후 경과한 초 값을 나타내는 Single 값 반환	Timer	현재 시간의 초를 숫자로 표현

날짜 기간 계산 함수

날짜와 날짜 사이의 기간을 계산하거나 특정 날짜의 요일, 분기 등의 정보를 표시하는 함수는 다음과 같습니다. 날짜의 앞뒤에 # 문자를 입력해 '#연도-월-일#' 형식으로 입력하면 화면에 '#월/일/연도#' 형식으로 표시됩니다.

함수 형식	기능
DateDiff(interval, start-date, end-date)	두 날짜 사이의 시간 간격을 interval 값에 따라 숫자(Long형)로 반환
사용 예 DateDiff("q", #1/1/2019#, #12/31/2020#) DateDiff("ww", #1/1/2019#, #12/31/2020#) DateDiff("yyyy", #1/1/2019#, #12/31/2020#)	두 날짜 사이의 분기(Quarter) 수 7 반환 두 날짜 사이의 Week 수 105 반환 두 날짜 사이의 Year 수인 1 반환
DateAdd(interval, number, date)	날짜에 interval 값에 따라 숫자를 더한 날짜 반환
사용 예 DateAdd("q", 1, #1/1/2019#) DateAdd("ww", 1, #1/1/2019#) DateAdd("yyyy", 1, #1/1/2019#)	2019-01-01에 1분기를 더한 '2019-04-01' 반환 2019-01-01에 1주를 더한 '2019-01-08' 반환 2019-01-01에 1년을 더한 '2020-01-01' 반환
DatePart(interval, date)	주어진 날짜의 interval 값에 따라 해당 정보를 숫자(integer형)로 반환
사용 예 DatePart("q", #1/15/2019#) DatePart("ww", #1/15/2019#) DatePart("yyyy", #1/15/2019#)	2019-1-15 일자의 분기 1 반환 2019-1-15 일자의 주 3 반환 2019-1-15 일자의 연도 2019 반환

날짜 함수에 사용하는 interval 옵션 종류는 다음과 같습니다.

인수	yyyy	q	m	y	d	w	ww	h	n	s
설명	연도	분기	월	일(1년 기준)	일	요일	주	시간	분	초

4 | Format 함수

Format 함수는 숫자, 날짜/시간, 문자 등 다양한 값을 원하는 형태의 문자열(String형)로 표시할 때 사용합니다.

형식	Format(값, "표시 형식")

• **표시 형식** : 값을 텍스트 형태로 바꿀 형식으로, 숫자와 날짜/시간, 문자열에 따라 지정된 서식 기호를 사용합니다.

숫자 표시 형식 기호

표시 형식	기능	사용 예	결과
#	0 값이 아닌 유효 숫자값만 표시	Format(1234.56, "#,##0")	1,235
0	• 0 값을 포함한 유효 숫자 표시 • 빈 자리는 0으로 표시	Format(1234.56, "000000")	001235
,	천 단위마다 콤마 표시	Format(1234.56, "#,##0.00")	1,234.56
.	소수점 표시	Format(10.5, "#,##0.0%")	1,050.0%
%	값에 100을 곱한 후 % 기호를 붙여 표시		
문자열	빈 칸을 포함한 입력된 문자열 표시	Format(1234.56, "$ #,##0 ")	$ 1,235

문자열 표시 형식 기호

표시 형식	기능	사용 예	결과
@	• 문자열을 오른쪽 정렬로 채움 • 문자가 없으면 공백으로 표시	Format("Hi!","@@@@@")	' Hi!' 왼쪽에 2칸의 공백 표시
&	• 문자열 표시 • 문자열이 없으면 아무 것도 표시하지 않음	Format("Hi!","&&&&&")	Hi!
<	• 모든 문자를 소문자로 표시 • LCase 함수와 같은 기능	Format("Hi!", "<")	hi!
>	• 모든 문자를 대문자로 표시 • UCase 함수와 같은 기능	Format("Hi!", ">")	HI!
!	문자열을 왼쪽 정렬로 채우고 나머지는 공백으로 표시	Format("Hi!", "!@@@@@")	'Hi! ' 오른쪽에 2칸의 공백 표시

날짜/시간 표시 형식 기호

다음은 오늘 날짜(Date)와 시간을 2019년 11월 04일 17시 5분 14초라고 가정하고 다양한 표시 형식으로 정리한 표입니다.

표시 형식	기능	사용 예	결과
y	동일 연도에 대해 현재까지의 날짜 수 표시	Format(#2019-1-4#,"y")	4
yy	두 자리의 연도 표시	Format(Date, "yy-mm-dd")	19-11-04
yyy	네 자리의 연도 표시		
m	한 자리의 월 표시	Format(Date, "yyyy-mm-dd")	2019-11-04
mm	두 자리의 월 표시		
mmm	'Jan'~'Dec' 형식으로 월 표시	Format(Date, "mmm")	Nov
mmmm	'January'~'December' 형식으로 월 표시	Format(Date, "mmmm")	November
ooo	'1월'~'12월' 형식으로 월 표시	Format(Date, "ooo")	11월
d	한 자리의 날짜 표시	Format(Date, "yy-mm-dd")	19-11-04
dd	두 자리의 날짜 표시	Format(Date, "yy-m-d")	19-11-4
ddd	'Sun'~'Sat' 형식으로 요일 표시	Format(Date, "ddd")	Mon
dddd	'Sunday'~'Saturday' 형식으로 요일 표시	Format(Date, "dddd")	Monday
aaa	'일'~'토' 형식으로 요일 표시	Format(Date, "aaa")	월
aaaa	'일요일'~'토요일' 형식으로 요일 표시	Format(Date, "aaaa")	월요일
h	0~23의 한 자리 형식의 시간 표시		
hh	00~23의 두 자리 형식의 시간 표시	Format(Time, "h:n:s")	17:5:14
n	한 자릿수의 분 표시		
nn	두 자릿수의 분 표시		
s	한 자릿수의 초 표시		
ss	두 자릿수의 초 표시	Format(Time, "hh:nn:ss")	17:05:14

표시 형식	기능	사용 예	결과
AM/PM	오전/오후 표시	Format(Time, "h:n:s AM/PM")	5:5:14 PM
Long Date	자세한 날짜 유형으로 표시	Long Date/Long Time은 윈도우 제어판에서 '국가별 설정 등록 정보'의 설정값에 따라 표시	
Long Time	자세한 시간 유형으로 표시		

5 | 자료형을 변경하는 함수

숫자로 구성된 문자열을 실제 숫자나 날짜형으로 데이터형을 변형할 때 다음과 같은 형 변환 함수를 사용합니다. 예를 들어 금액을 문자열 50,000으로 입력한 경우 수식 계산이 가능한 Long형으로 변환하려면 'CLng("50,000")'으로 사용합니다.

함수	바꾸려는 자료형	함수	바꾸려는 자료형	함수	바꾸려는 자료형
CBool	Boolean형	CDbl	Double형	CStr	문자열(String)형
CByte	Byte형	CInt	Integer형	CVar	가변(Variant)형
CCur	Currency형	CLng	Long형	CVErr	Error
CDate	Date형	CSng	Single형		

6 | 자료형을 확인하는 함수

Variant형으로 선언한 변수의 경우 마지막에 저장된 데이터에 따라 데이터형이 달라집니다. 변수나 값 등의 데이터형을 확인할 때는 다음과 같은 세 종류의 함수를 사용할 수 있습니다.

VarType 함수 사용

VarType 함수는 변수나 개체의 데이터형을 숫자로 반환합니다.

형식	VarType(변수)

사용 예

```
Dim A As String, B As Long, C As Date
Dim K

❶ Debug.Print VarType(A)
❷ Debug.Print VarType(B)
❸ Debug.Print VarType(C)
❹ Debug.Print VarType(K)
❺ Set K = ActiveSheet
❻ Debug.Print VarType(K)
```

❶ 변수 A가 String형이므로 숫자 8을 표시합니다.
❷ 변수 B가 Long형이므로 숫자 3을 표시합니다.
❸ 변수 B가 Date형이므로 숫자 7을 표시합니다.

❹ 변수 K는 Variant로 선언되었고 값이 저장되지 않은 Empty 상태이므로 숫자 0을 표시합니다.

❺ 변수 K에 ActiveSheet가 저장된 후에는 숫자 9를 표시합니다.

VarType 함수의 반환값 종류는 다음과 같습니다.

반환값		기능
실제 값	상수 표현	
0	vbEmpty	아무 것도 없는 상태(초기값 상태이거나 공백("")으로 값을 지정한 경우)
1	vbNull	유효한 데이터가 없는 상태(Null로 값을 지정한 경우)
2	vbInteger	Integer형의 정수를 보관하고 있는 상태
3	vbLong	Long형의 정수를 보관하고 있는 상태
4	vbSingle	Single형의 실수를 보관하고 있는 상태
5	vbDouble	Double형의 실수를 보관하고 있는 상태
6	vbCurrency	Currency형의 자료를 보관하고 있는 상태
7	vbDate	날짜/시간값을 보관하고 있는 상태
8	vbString	문자열을 보관하고 있는 상태
9	vbObject	개체를 보관하고 있는 상태
10	vbError	오류 개체를 보관하고 있는 상태
11	vbBoolean	Boolean형의 자료를 보관하고 있는 상태
12	vbVariant	더 많은 Variant의 배열을 보관하고 있는 상태
13	vbDateObject	데이터 액세스 개체를 보관하고 있는 상태
14	vbDecimal	10진 값을 보관하고 있는 상태
17	vbByte	Byte형의 자료를 보관하고 있는 상태
36	UserDefinedType	사용자 정의 타입을 보관하고 있는 상태
8192	vbArray	데이터 배열을 보관하고 있는 상태

TypeName 함수 사용

TypeName 함수는 변수나 개체의 데이터형을 알아보기 쉽게 문자열로 반환합니다.

형식	TypeName(변수)

사용 예

```
    Dim A As String, B As Long, C As Date
    Dim K

❶  Debug.Print TypeName(A)
❷  Debug.Print TypeName(B)
❸  Debug.Print TypeName(C)
❹  Debug.Print TypeName(K)
    Set K = ActiveSheet
❺  Debug.Print TypeName(K)
```

❶ 변수 A의 데이터형인 'String'을 표시합니다.

❷ 변수 B의 데이터형인 'Long'을 표시합니다.

❸ 변수 C의 데이터형인 'Date'를 표시합니다.

❹ 변수 K는 Variant로 선언되었고 값이 지정되지 않은 상태이므로 'Empty'를 표시합니다.

❺ 변수 K에 ActiveSheet가 저장된 후에는 'Worksheet'를 표시합니다.

TypeName 함수의 반환값 종류는 다음과 같습니다.

반환값	기능
Object type	각 개체의 데이터형 **예** Worksheet, Range, Shape 등
Byte, Integer, Long, Single, Double, Currency, Decimal, Date, String, Boolean	인수에 대한 데이터형 반환
Error	오류값 상태
Empty	초기화되지 않은 상태
Null	유효한 데이터가 없는 상태
Object	개체
Unknown	확인 불가능한 개체
Nothing	개체 변수가 개체를 참조하지 않은 빈 상태

자료형 확인 함수 사용

Is로 시작하는 함수로, 데이터형을 확인할 때 결과를 True와 False로 반환합니다.

함수명	기능	사용 예	결과
IsArray	변수가 배열인지 판단	Dim MyArray(1 to 5) As Integer Msgbox IsArray(MyArray)	True
IsEmpty	변수가 초기화되었는지 판단	Dim MyVar Msgbox IsEmpty(MyVar)	True
IsNumeric	수치형인지 판단	MyVar = 10 Msgbox IsNumeric(MyVar)	True
IsDate	날짜형인지 판단	MyVar = Date( ) Msgbox IsDate(MyVar)	True
IsNull	유효한 데이터를 포함하지 않은 Null 상태인지 판단	Dim MyVar Msgbox IsNull(MyVar)	False
		MyVar = Null Msgbox = IsNull(MyVar)	True
IsObject	개체형인지 판단	Dim MyObject Msgbox IsObject(MyObject)	True

7 | 조건 처리 함수

간단한 조건에 따라 다르게 처리할 때 IF문이나 Select Case문과 같은 제어문보다 다음의 조건 처리 함수를 사용하면 편리합니다.

함수 형식	기능
IIF(조건, 참일 때, 거짓일 때)	조건의 결과가 True(참)일 때와 False(거짓)일 때의 결과값 반환
사용 예　Iif(ActiveCell 〉 80, "합격", "불합격")	현재 셀 값이 80 이상이면 '합격', 아니면 '불합격' 반환
CHOOSE(번호, 값 1, 값 2, …)	'번호' 인수를 1 이상의 점수로 지정하여 해당 위치의 값 반환
사용 예　Choose(Weekday(Date), "일", "월", "화", "수", "목", "금", "토")　　오늘 요일 표시	
SWITCH(조건 1, 값 1, 조건 2, 값 2, …)	'조건'과 '값'을 세트로 입력받아 가장 먼저 True 결과가 나오는 조건에 대한 값 반환
사용 예　Switch(ActiveCell = "", "미입력", ActiveCell 〉= 70, "합격", ActiveCell 〈 70, "불합격")　　현재 셀 내용이 공백이면 '미입력', 70 이상이면 '합격', 70 미만이면 '불합격' 반환	

8 | Dir 및 파일 관리용 DOS 함수

VBA에서 외부 데이터를 사용할 때 파일의 존재 여부를 확인하거나 폴더를 새로 만드는 등의 작업을 프로시저로 처리하는 경우가 발생합니다. 이때 파일이나 폴더를 직접 관리할 수 있는 함수는 다음과 같습니다.

함수 형식	기능
Dir(["경로명" [,파일 속성]])	지정한 조건을 충족하는 파일이나 폴더 검색
사용 예　Dir("C:₩test.xlsm")	C 드라이브에 'test.xlsm' 파일이 있으면 파일명을 반환하고, 없으면 공백("") 반환
ChDir "경로명"	'Change Directory'의 준말로, 현재 폴더 변경
사용 예　ChDir "C:₩Windows"	현재 폴더를 'C:₩Windows'로 변경
ChDrive "드라이브명"	'Change Drive'의 준말로, 현재 드라이브 변경
사용 예　ChDrive "D:"	현재 드라이브를 D 드라이브로 변경
MkDir "경로명"	'Make Directory'의 준말로, 새로운 폴더 생성
사용 예　MkDir "C:₩test"	C 드라이브의 아래에 'test' 폴더를 생성하고, 이미 해당 폴더가 있으면 오류 발생
RmDir "경로명"	'Remove Directory'의 준말로, 빈 폴더 삭제
사용 예　RmDir "C:₩test"	C 드라이브의 아래의 'test' 폴더를 삭제하고, 'test' 폴더가 비어있지 않으면 오류 발생
CurDir "드라이브명"	'Current Drive'의 준말로, 지정한 드라이브의 현재 폴더 표시
사용 예　CurDir "D:"	D 드라이브의 현재 폴더를 표시하고 D 드라이브가 없으면 공백("") 반환

함수 형식	기능
Kill "경로명"	지정한 파일 삭제
사용 예 Kill "C:₩test.xlsm"	'C:₩test.xlsm' 파일을 삭제하고 파일을 사용중이면 삭제가 안 되면서 오류 발생
FileDateTime("경로명")	파일의 최종 수정 날짜와 시간을 가져옴
사용 예 FileDateTime("C:₩test.xlsm")	'C:₩test.xlsm' 파일의 수정 날짜와 시간 반환
FileLen("경로명")	파일의 크기 가져옴
사용 예 FileLen("C:₩test.xlsm")	'C:₩test.xlsm' 파일의 크기를 Byte 단위로 반환
FileCopy "원본 경로명", "복사할 경로명"	파일 복사
사용 예 FileCopy "C:₩test.xlsm", "D:₩Exam.xlsm"	'C:₩test.xlsm' 파일을 D 드라이브에 'Exam.xlsm'이라는 이름으로 복사
GetAttr("경로명")	파일의 속성 가져옴
사용 예 GetAttr("C:₩test.xlsm")	'C:₩test.xlsm' 파일의 속성을 숫자로 반환
SetAttr "경로명", 속성	파일의 속성 변경
사용 예 SetAttr "C:₩test.xlsm", vbHidden	'C:₩test.xlsm' 파일 속성을 숨기기로 변경

컴퓨터는 모든 정보를 2진수(0, 1)라는 숫자로 기억합니다. 개인용 컴퓨터에서는 문자를 숫자 형태로 표현하는 방법 중 하나인 아스키코드(ASCII ; American Standard Code for Information Interchange)를 사용해 정보를 저장합니다. 자판에서 입력하는 모든 키는 내부적으로 처리될 때 해당 아스키코드 값으로 변환되어 입력되므로 어떤 키를 눌렀는지 확인할 때 아스키코드 값을 알아야 합니다.

아스키 코드	문자	아스키 코드	문자	아스키 코드	문자	아스키 코드	문자	아스키 코드	문자
0	^@①	27	^[⑤	54	6	81	Q	108	l
1	^A	28	^₩	55	7	82	R	109	m
2	^B	29	^]	56	8	83	S	110	n
3	^C	30	^^	57	9	84	T	111	o
4	^D	31	^_	58	:	85	U	112	p
5	^E	32	[space]	59	;	86	V	113	q
6	^F	33	!	60	<	87	W	114	r
7	^G	34	"	61	=	88	Z	115	s
8	^H②	35	#	62	>	89	[	116	t
9	^I	36	$	63	?	90	₩	117	u
10	^J③	37	%	64	@	91	]	118	v
11	^K	38	'	65	A	92	^	119	w
12	^L	39	(	66	B	93	_	120	x
13	^M④	40	)	67	C	94	'	121	y
14	^N	41	*	68	D	95	a	122	z
15	^O	42	+	69	E	96	b	123	{
16	^P	43	,	70	F	97	c	124		
17	^Q	44	–	71	G	98	d	125	}
18	^R	45	.	72	H	99	e	126	~
19	^S	46	/	73	I	100	f	127	^?
20	^T	47	0	74	J	101	g		
21	^U	48	0	75	K	102	f		
22	^V	49	1	76	L	103	g		
23	^W	50	2	77	M	104	h		
24	^X	51	3	78	N	105	i		
25	^Y	52	4	79	O	106	j		
26	^Z	53	5	80	P	107	k		

※ ① Null Character ② Backspace ③ Line Feed ④ Carriage Return ⑤ Escape

부록 05

특수 문자표

VB에서는 특수 문자를 사용할 때 한글 자음을 입력한 후 [한자]를 눌러 나타난 특수 문자 중 하나를 선택해서 입력합니다. 다음은 한글 자음으로 입력 가능한 특수 문자 목록표입니다. 한글 자음을 입력한 후 [한자]를 누르면 다음과 같은 종류의 특수 문자를 사용할 수 있습니다.

ㄱ		!	'	,	.	/	:	;	?	^	_	`	|	￣	、	。	·	‥	…	¨	〃
	-	―	∥	＼	∼	´	～	ˇ	˘	˝	˚	˙	¸	˛	¡	¿	ː				
ㄴ	"	(	)	[	]	{	}	‘	’	“	”	〔	〕	〈	〉	《	》	「	」	『	』
	【	】																			
ㄷ	+	-	<	=	>	±	×	÷	≠	≤	≥	∞	∴	♂	♀	∠	⊥	⌒	∂	∇	≡
	≒	≪	≫	√	∽	∝	∵	∫	∬	∈	∋	⊆	⊇	⊂	⊃	∪	∩	∧	∨	￢	⇒
	⇔	∀	∃	∮	∑	∏															
ㄹ	$	%	₩	F	′	″	℃	Å	¢	£	¥	¤	℉	‰	㎕	㎖	㎗	ℓ	㎘	㏄	㎣
	㎤	㎥	㎦	㎙	㎚	㎛	㎜	㎝	㎞	㎟	㎠	㎡	㎢	㏊	㎍	㎎	㎏	㏏	㎈	㎉	㏈
	㎧	㎨	㎰	㎱	㎲	㎳	㎴	㎵	㎶	㎷	㎸	㎹	㎀	㎁	㎂	㎃	㎄	㎺	㎻	㎼	㎽
	㎿	㎐	㎑	㎒	㎓	㎔	Ω	㏀	㏁	㎊	㎋	㎌	㏖	㏅	㎭	㎮	㎯	㏛	㎩	㎪	㎫
	㎬	㏝	㏐	㏓	㏃	㏉	㏜	㏆	㏆												
ㅁ	#	&	*	@	■	※	☆	★	○	●	◎	◇	◆	□	■	△	▲	▽	▼	→	←
	↑	↓	↔	〓	◁	◀	▷	▶	♤	♠	♡	♥	♧	♣	⊙	◈	▣	◐	◑	■	▤
	▥	▨	▧	▦	▩	♨	☏	☎	☜	☞	¶	†	‡	↕	↗	↙	↖	↘	♭	♩	♪
	♬	㉿	㈜	№	㏇	™	㏂	㏘	℡	®	ª	º	㉾								
ㅂ	─	│	┌	┐	└	┘	├	┬	┤	┴	┼	━	┃	┏	┓	┗	┛	┣	┳	┫	┻
	╋	┠	┯	┨	┷	┿	┝	┰	┥	┸	╂	┒	┑	┚	┙	┖	┕	┎	┍	┞	┟
	┡	┢	┦	┧	┩	┪	┭	┮	┱	┲	┵	┶	┹	┺	┽	┾	╀	╁	╃	╄	╅
	╆	╇	╈	╉	╊																
ㅅ	1	2	3	4	5	6	7	8	9	㉠	㉡	㉢	㉣	㉤	㉥	㉦	㉧	㉨	㉩	㉪	㉫
	㉬	㉭	㉮	㉯	㉰	㉱	㉲	㉳	㉴	㉵	㉶	㉷	㉸	㉹	㉺	㉻	㈀	㈁	㈂	㈃	㈄
	㈅	㈆	㈇	㈈	㈉	㈊	㈋	㈌	㈍	㈎	㈏	㈐	㈑	㈒	㈓	㈔	㈕	㈖	㈗	㈘	㈙
	㈚	㈛																			
ㅇ	ⓐ	ⓑ	ⓒ	ⓓ	ⓔ	ⓕ	ⓖ	ⓗ	ⓘ	ⓙ	ⓚ	ⓛ	ⓜ	ⓝ	ⓞ	ⓟ	ⓠ	ⓡ	ⓢ	ⓣ	ⓤ
	ⓥ	ⓦ	ⓧ	ⓨ	ⓩ	①	②	③	④	⑤	⑥	⑦	⑧	⑨	⑩	⑪	⑫	⑬	⑭	⑮	⒜
	⒝	⒞	⒟	⒠	⒡	⒢	⒣	⒤	⒥	⒦	⒧	⒨	⒩	⒪	⒫	⒬	⒭	⒮	⒯	⒰	⒱
	⒲	⒳	⒴	⒵	⑴	⑵	⑶	⑷	⑸	⑹	⑺	⑻	⑼	⑽	⑾	⑿	⒀	⒁	⒂		
ㅈ	0	1	2	3	4	5	6	7	8	9	ⅰ	ⅱ	ⅲ	ⅳ	ⅴ	ⅵ	ⅶ	ⅷ	ⅸ	ⅹ	Ⅰ
	Ⅱ	Ⅲ	Ⅳ	Ⅴ	Ⅵ	Ⅶ	Ⅷ	Ⅸ	Ⅹ												
ㅊ	½	⅔	½	¼	¾	⅛	⅜	⅝	⅞	^{1}	^{2}	^{3}	^{4}	^{n}	$_{1}$	$_{2}$	$_{3}$	$_{4}$			
ㅋ	ㄱ	ㄲ	ㄳ	ㄴ	ㄵ	ㄶ	ㄷ	ㄸ	ㄹ	ㄺ	ㄻ	ㄼ	ㄽ	ㄾ	ㄿ	ㅀ	ㅁ	ㅂ	ㅃ	ㅄ	ㅅ
	ㅆ	ㅇ	ㅈ	ㅉ	ㅊ	ㅋ	ㅌ	ㅍ	ㅎ	ㅏ	ㅐ	ㅑ	ㅒ	ㅓ	ㅔ	ㅕ	ㅖ	ㅗ	ㅘ	ㅙ	ㅚ
	ㅛ	ㅜ	ㅝ	ㅞ	ㅟ	ㅠ	ㅡ	ㅢ	ㅣ												
ㅌ	ㅥ	ㅦ	ㅧ	ㅨ	ㅩ	ㅪ	ㅫ	ㅬ	ㅭ	ㅮ	ㅯ	ㅰ	ㅱ	ㅲ	ㅳ	ㅴ	ㅵ	ㅶ	ㅷ	ㅸ	ㅹ
	ㅺ	ㅻ	ㅼ	ㅽ	ㅾ	ㅿ	ㆀ	ㆁ	ㆂ	ㆃ	ㆄ	ㆅ	ㆆ	ㆇ	ㆈ	ㆉ	ㆊ	ㆋ	ㆌ	ㆍ	ㆎ
ㅍ	A	B	C	D	E	F	G	H	I	J	K	L	M	N	O	P	Q	R	S	T	U
	V	W	X	Y	Z	a	b	c	d	e	f	g	h	i	j	k	l	m	n	o	p
	q	r	s	t	u	v	w	x	y	z											
ㅎ	Α	Β	Γ	Δ	Ε	Ζ	Η	Θ	Ι	Κ	Λ	Μ	Ν	Ξ	Ο	Π	Ρ	Σ	Τ	Υ	Φ
	Χ	Ψ	Ω	α	β	γ	δ	ε	ζ	η	θ	ι	κ	λ	μ	ν	ξ	ο	π	ρ	σ
	τ	υ	φ	χ	ψ	ω	χ	ψ	ω												

1 두 가지 이상의 프로그램을 한 권으로 끝내고 싶을 때!

핵심 기능만 쏙! 실무를 단숨에!

모든 버전 사용 가능

2016 버전

2013 버전

2 A-Z, 프로그램의 기본과 활용을 제대로 익히고 싶을 때!

기초 탄탄! 실무 충실!

2016 버전   ### 2013 버전

2013 버전   ### 2014 버전

'독자의 1초를 아껴주는 정성' : 검색보다 빠르고 동료보다 친절하다 :

길벗 출판사의 〈무작정 따라하기〉 시리즈는 개개인의 실력과 사용 목적(상황)에 따라 독자에게 꼭 맞는 책을 찾아 학습할 수 있도록 도와줍니다.

3 현업에 꼭 필요한 실무 예제로 업무력을 강화하고 싶을 때!

직장인 업무 지침서 ! 현장 밀착 실무

버전 범용

2013 버전

프로 비즈니스맨 지침서

효율적인 업무 정리부터 PPT 디자인까지 총망라!

| 무작정 따라하기 |

20년 이상 500만 독자에게 인정받은 길벗만의 노하우로,
독자의 1초를 아껴줄 수 있는 책을 한 권 한 권 정성들여 만들었습니다.